Otfried Höffe

Demokratie im Zeitalter der Globalisierung

OTFRIED HÖFFE

Demokratie im Zeitalter der Globalisierung

VERLAG C. H. BECK

Für Evelyn . . .
denn das Leben ist individuell

Die Deutsche Bibliothek – CIP-Einheitsaufnahme

Höffe, Otfried:
Demokratie im Zeitalter der Globalisierung / Otfried Höffe. – Orig.-Ausg. – München : Beck, 1999
ISBN 3-406-45424-0

Originalausgabe
ISBN 3 406 45424 0

Satz: Janß, Pfungstadt
Druck und Bindung: Ebner, Ulm
Gedruckt auf säurefreiem, alterungsbeständigem Papier
(hergestellt aus chlorfrei gebleichtem Zellstoff)
Printed in Germany

Inhalt

Vorwort 9

1. Herausforderungen der Epoche 13
  1.1 Komplexe Globalisierung 13
  1.1.1 Entmachtung des Einzelstaates 13 · 1.1.2 Globalisierung im Plural 14 · 1.1.3 Zwei Relativierungen 20 · 1.1.4 Nur ein Trend 24
  1.2 Zwei Visionen 25
  1.3 Modernisierungen 29
  1.4 Philosophie als Anwalt der Menschheit 34

Erster Teil
Qualifizierte Demokratie

2. Zustimmung aus Vorteil 40
  2.1 Zwangsbefugnis 40
  2.2 Gemeinwohl (Utilitarismus) oder Gerechtigkeit? . . . 42
  2.3 Legitimatorischer Individualismus 45
  2.4 Metapher Vertrag 48
  2.5 Ein transzendentaler Tausch 53

3. Gerechtigkeitsprinzipien 58
  3.1 Eine transzendentale Grammatik 58
  3.2 Menschenrechte 62
  3.3 Negative Freiheitsrechte 66
  3.3.1 Integrität von Leib und Leben 66 · 3.3.2 Meinungs- und Religionsfreiheit 70 · 3.3.3 Kriterien der Freiheitsrechte 71
  3.4 Positive Freiheitsrechte: Sozialrechte 74
  3.5 Proto-Gerechtigkeit 80
  Erste Liste der Gerechtigkeitsprinzipien 88
  3.6 Solidarität 89

4. Öffentliche Gewalten 95
4.1 Realisierungsaufgaben 96
4.2 Gewaltenteilung 104
4.3 Demokratie 107
4.3.1 Herrschaftslegitimierende Demokratie 107 · 4.3.2 Herrschaftsausübende Demokratie 110 · 4.3.3 Partizipatorische Demokratie 117
4.4 Recht auf Differenz 120

5. Subsidiarität und Föderalismus 126
5.1 Traditionelle Subsidiarität 126
5.2 Modernisierungen 134
Vollständige Liste der Gerechtigkeitsprinzipien 140
5.3 Föderalismus 141

6. Entmachtung des Staates? 153
6.1 Metamorphosen im Inneren 154
6.1.1 Wider die falsche Heroisierung 154 · 6.1.2 Ein Blick in die Geschichte 156 · 6.1.3 Entmachtung? 160
6.2 Erosion von außen 166
6.3 Ein aufgeklärter Nationalstaat 173
6.3.1 Ein neutraler Begriff 173 · 6.3.2 Fünf Modernisierungen 179

7. Vom Untertan zum Bürger 190
7.1 Bürgertugenden 190
7.2 Rechtssinn und Zivilcourage 195
7.3 Gerechtigkeitssinn und Toleranz 199
7.4 Staatsbürgersinn 208
7.5 Gemeinsinn 212
7.6 Besonnenheit, Gelassenheit, Klugheit 217

Zweiter Teil
Subsidiäre und föderale Weltrepublik

8. Ein Blick in die Geschichte 229
8.1 Bürger oder Weltbürger 230
8.1.1 Antike 230 · 8.1.2 Sieben Modelle 238 · 8.1.3 Neuzeit 240
8.2 Zum ewigen Frieden 243
8.2.1 Platon und Aristoteles 243 · 8.2.2 Positiver oder negativer Begriff? 244 · 8.2.3 Augustinus 247 · 8.2.4 Mittelalter 252 · 8.2.5 Neuzeit 255

8.3 Kant 257
8.4 Nach Kant 263

9. Weltordnung ohne Weltstaat? 267
9.1 Strategische Weltordnung 268
9.2 Regieren ohne Staat 276
9.3 Demokratisierung der Staatenwelt 282
9.3.1 Pro-Argumente 282 · 9.3.2 Kontra-Argumente 285 · 9.3.3 Bilanz 291
9.4 Erste konstruktive Vetos 292

10. Die komplementäre Weltrepublik 296
10.1 Weltstaat in Differenz 296
10.2 Globalität statt Globalismus 303
10.3 Eine kontinentale Zwischenstufe 306
10.4 Der zweifache Weltgesellschaftsvertrag 308

11. Wider einen globalen Leviathan 315
11.1 Gefährdung der Menschenrechte? 316
11.2 Globale Öffentlichkeit 320
11.3 Staatenrechte 324
11.4 Ein Blick auf die Vereinten Nationen 325
11.4.1 Keine rudimentäre Weltrepublik 325 · 11.4.2 „Glanz und Elend“ 329 · 11.4.3 Acht Reformvorschläge 332

12. Welt-Bürgertugenden 335
12.1 Komplementäre Welt-Bürger 335
12.2 Welt-Rechtssinn und Welt-Gerechtigkeitssinn 341
12.3 Welt-Bürgersinn und Welt-Gemeinsinn 346

Dritter Teil
Aufgaben und Institutionen

13. Friede und Recht 352
13.1 Völker-Rechtsschutz 352
13.2 Welt-Bürgerschutz 354
13.2.1 Freizügigkeit 356 · 13.2.2 Asyl 359 · 13.2.3 Kriminalität 360
13.3 Weltgerichte 362
13.3.1 Richterlicher Weltrechtssinn 363 · 13.3.2 Gesetzesstaat und Richterstaat 365 · 13.3.3 Weltschiedsgerichte? 366

13.4 Ein Weltstrafrecht 367
13.5 Opus iustitiae pax 374

14. Selbstbestimmung, Sezession und Intervention 376
14.1 Absolute Souveränität? 376
14.2 Selbstbestimmung und Sezession 379
14.2.1 Welches Volk? 380 · 14.2.2 Welche Selbstbestimmung? 383 · 14.2.3 Kollektive Rechte 384 · 14.2.4 Sezessionsrecht 390
14.3 Humanitäre Intervention 393

15. Ein sozialer und ökologischer Weltmarkt 399
15.1 Welt-Wettbewerbsordnung 400
15.2 Welt-Wirtschafts- und Weltfinanzpolitik 403
15.3 Globale Gerechtigkeit 407
15.3.1 Sozialstandards 407 · 15.3.2 Entwicklung 409
15.4 Globale Solidarität und globale Menschenliebe 413
15.5 Globaler Umweltschutz 418

16. Ausblick 422
16.1 Eine komplexe Weltordnung 422
16.2 Eine dritte demokratische Revolution 426
16.3 Eine realistische Vision 429

Literaturverzeichnis 435

Personenregister 461

Sachregister 468

Vorwort

Einzelgesellschaften pflegen ihren gemeinsamen Handlungsbedarf rechts- und staatsförmig zu decken. Auf diese Weise organisieren sie sich als ein zwar kollektives, gleichwohl verantwortliches Subjekt. Beide Momente, die Selbstorganisation und die Verantwortlichkeit, gelangen im Fall der qualifizierten Demokratie zu einer gewissen Vollendung: Weil das Kollektivsubjekt sich von den entscheidenden Rechtssubjekten, den natürlichen Individuen, her rechtfertigt, findet eine Selbstorganisation im emphatischen Sinn statt. Und weil es sich an Gerechtigkeitsprinzipien bindet, ist es nicht bloß verantwortungsfähig, sondern nimmt die Verantwortung auch tatsächlich wahr.

Nun drängt die gesellschaftliche Wirklichkeit über die einzelnen Demokratien mächtig hinaus. Von der Wirtschaft über Wissenschaft, Medizin und Technik bis zur Kultur und von Völkerwanderungen über Umweltprobleme bis zu Terrorismus und organisierter Kriminalität entsteht ein Handlungsbedarf, der sich nicht an Staatsgrenzen hält. Wird also der Handlungsbedarf global, so legt sich der Gedanke eines ebenso globalen Gemeinwesens nahe: einer weltweiten Rechts- und Staatsordnung, die sich um der emphatischen Selbstorganisation willen als globale Demokratie, als Weltrepublik, etabliert. Mit ihr reicht die Verantwortung kollektiver Akteure über die Grenzen einzelner Staaten, selbst Staatengruppen hinaus; und die Lösung globaler Probleme bleibt weder nur den Marktkräften (Neoliberalismus) noch einer bloß kontingenten Evolution (Systemtheorie) oder deren Verbindung überlassen.

Diese Studie bestreitet nicht, daß auch auf globaler Ebene Markt und Evolution ein Recht haben. Sie weist aber deren Exklusivrecht zurück. Die Globalisierung soll nicht mit einer politischen Regression, dem Abbau der Demokratie, bezahlt werden. Die Alternative heißt: demokratische Rahmenverantwortung. Mit ihr werden zwei Einseitigkeiten vermieden, ein globaler Etatismus, der alle Probleme staatsförmig: durch zwangsbewehrte Interventionen „von oben", und ein Ökonomismus, der sie alle durch Wettbewerb und „von unten" lösen will.

Das einführende Kapitel stellt die gesellschaftliche und zugleich politische Herausforderung unserer Epoche vor: Globalisierungsphänomene, die sich nicht etwa auf die Wirtschaft beschränken (Kapitel 1). Der erste Teil entwickelt das Modell einer selbstverantwortlichen Gesellschaft: die auf Gerechtigkeitsprinzipien (Kapitel 2–3) verpflichtete Demokratie (Kapitel 4). Dabei versuche ich, meine Theorie politischer Gerechtigkeit (Höffe 1987) zu einer umfassenderen Staatstheorie fortzubilden: teils durch Ergänzungen zur Solidarität und einer Proto-Gerechtigkeit (Kapitel 3.4–3.6), teils durch zusätzliche Prinzipien wie Subsidiarität und Föderalismus (Kapitel 5), teils durch die Frage nach der Entmachtung des Staates (Kapitel 6), nicht zuletzt durch die Ergänzung institutioneller Überlegungen um ein reiches Tableau von Bürgertugenden (Kapitel 7).

Nach einem relativ ausführlichen Blick in die Ideengeschichte (Kapitel 8) stellt sich der zweite Teil der Frage, ob eine Weltordnung nicht auch ohne Staatlichkeit möglich sei: als eine strategische Ordnung oder mittels internationaler Organisationen und Regelwerke oder auch mittels einer Demokratisierung aller Staaten (Kapitel 9). Obwohl die Frage negativ zu beantworten ist, läßt sich das einzelstaatliche Modell auf die globalen Verhältnisse nicht problemlos übertragen. Es tauchen vielmehr Einwände und Komplikationen auf, derentwegen jener staatstheoretische Globalismus zu verwerfen ist, der sich für einen homogenen Weltstaat einsetzt. Die plane Gegenposition, ein jede Weltstaatlichkeit ablehnender Kommunitarismus, überzeugt aber auch nicht. Es bedarf einer konstruktiven Vermittlung, die den beiden widerstreitenden Positionen gleichermaßen Recht wie Unrecht gibt: Zu Recht verlangt der Globalismus nach einer Weltstaatlichkeit, zu Unrecht soll sie alle Einzelstaatlichkeit aufheben. Der Kommunitarismus wiederum sperrt sich zu Unrecht gegen eine globale Staatlichkeit, verteidigt aber zu Recht einen Anspruch auf Differenz (Kapitel 10). Die konstruktive Vermittlung besteht in einer globalen Demokratie, in der die bisherigen Demokratien weitgehende Rechte behalten und zusätzlich eine kontinentale Zwischenstufe eingeschaltet wird. Weil die globale Demokratie in einer komplementären: subsidiären und föderalen („bundesstaatlichen") Weltrepublik besteht, weil sie auf eine globale Öffentlichkeit Wert legt und Staatenrechte anerkennt, vermag sie der Gefahr eines „globalen Leviathan" zu entkommen (Kapitel 11). Wie der erste, so endet auch der zweite Teil mit einer Skizze von Bürgertugenden, jetzt von „Welt-Bürgertugenden" (Kapitel 12).

Der dritte Teil stellt exemplarisch die Aufgaben einer komplementären Weltrepublik vor: Friede und Recht (Kapitel 13), Fragen von Selbstbestimmung, Sezession und Intervention (Kapitel 14) und Rahmenbedingungen für einen sozialen und ökologischen Weltmarkt (Kapitel 15). Der Epilog weist eine komplexe Weltordnung aus, die gerade deshalb ein realistisches Ideal ist (Kapitel 16).

Den Kern der Studie bildet eine normative, näherhin rechtsmoralische Argumentation. Im Gegensatz zu einem normativistischen Fehlschluß (Höffe 1981, 16), der spezifische Verbindlichkeiten allein aus normativen Überlegungen gewinnen will, befaßt sie sich aber auch mit Sachgesetzlichkeiten und Randbedingungen. Schon bei der Weichenstellung für eine subsidiäre Weltrepublik, bei der Bestimmung des globalen Handlungsbedarfs, ist außerphilosophische Kompetenz gefragt. Hier wie auch andernorts setze ich mich mit einschlägigen Forschungen auseinander, je nach dem näheren Thema mit dem Völkerrecht, der Theorie internationaler Politik, der Politischen Ökonomie und der Soziologie.

Für zahlreiche Anregungen danke ich meinen Studenten in Tübingen und Zürich, meinen Mitarbeitern Corinna Mieth, Peter Rinderle und Tim Wagner, besonders Christoph Horn und meinem Freund in New York Thomas Pogge.

Tübingen, im März 1999

1. Herausforderungen der Epoche

1.1 Komplexe Globalisierung

Auch Themen der Politischen Philosophie haben ihre angemessene Zeit. Für die Verbindung der Demokratie mit Menschenrechten und Gewaltenteilung, für die qualifizierte Demokratie, bot den Kairos geistesgeschichtlich gesehen die Aufklärung und praktisch-politisch die Epoche der konfessionellen Bürgerkriege mit dem anschließenden Absolutismus. Auf eine Erweiterung um Sozialstaatlichkeit drängt die Epoche der Industrialisierung und Urbanisierung hin. Deren Siegeszug wiederum fordert als zusätzliche Staatsaufgabe den Umweltschutz und generell eine Verantwortung vor den künftigen Generationen heraus. Und spätestens die beiden Weltkriege verlangen nach einer Weltfriedensordnung.

Das neueste Stichwort für die Politische Philosophie heißt Globalisierung. Der Ausdruck ist zwar mit widersprüchlichen Emotionen, teils Hoffnungen, teils Ängsten, besetzt. Überdies wird er so inflationär und zugleich so konturenarm verwendet, daß man ihn lieber vermeiden möchte. Vorausgesetzt, man gibt ihm ein genaueres Profil, hat er aber für unsere Epoche einen hohen diagnostischen Wert: Er präzisiert eine Herausforderung, ohne ihre Antwort zu präjudizieren.

Eine erste Bestimmung ist unstrittig, aber auch profilarm: die Globalisierung als Zunahme und Verdichtung der weltweiten sozialen Beziehungen. Erst durch vier Qualifizierungen gewinnt dieses Phänomen an Kontur und Profil. (Einen Einblick in die internationale Diskussion, aber auch in ihre in der Regel verengte Perspektive bieten Beck 1998 und 1998 a.)

1.1.1 Entmachtung des Einzelstaates

Ob wir an die innere oder die äußere Sicherheit denken, an die Daseinsvorsorge, das volkswirtschaftliche Wohlergehen und den Schutz der Umwelt – ein Großteil jener Aufgaben, die die Rechts- und Staatsform menschlicher Selbstorganisation auf den Plan rufen, überschreitet heute staatliche Grenzen. Zusätzlich gewinnen auf der internationalen Bühne neue Akteure Macht und Einfluß: international tätige Unternehmen, inter- und transnationale Institutionen und regierungsunabhängige Organisationen. Die Neuerungen schieben die bisherigen Stichworte zwar nicht beiseite, weder die liberale Demokratie noch ihre soziale und ökologische Verantwortung. Sie erhalten aber eine neue Dimension, die die Politik und ihre Theorie einschneidend verändert.

Von den ersten großen Vertretern, Platon und Aristoteles, über römische Theoretiker wie Cicero bis zum Mittelalter und erneut von der Neubegründung der Rechts- und Staatstheorie in der Moderne bis weit in unser Jahrhundert liegt die entscheidende Bezugsgröße der Rechts- und Staatsphilosophie im partikularen Gemeinwesen. Dieses nimmt zwar erst spät die Gestalt eines Nationalstaates an. Von den antiken Stadtrepubliken über das Römische Reich und dessen mittelalterlichen Nachfolgern bis zum neuzeitlichen Territorialstaat und selbst den politischen Utopien bleibt sich der Gegenstand aber insofern gleich, als es um regional begrenzte Gemeinwesen geht. Durch die Globalisierung verlieren diese erheblich an Gewicht.

Die superlativische Diagnose, mit der Globalisierung sei „alles anders geworden" (Cerny 1995, 264), trifft zwar nicht zu. Die beliebte These, nationale Regierungen könnten immer weniger die nur im Weltmaßstab lösbaren Probleme bewältigen, ist sogar zirkulär; genuin globale Aufgaben lassen sich nicht regional lösen. Und die gehaltvolle Behauptung, der mehr und mehr entmachtete Einzelstaat werde am Ende ganz abgeschafft, ist weder empirisch richtig noch normativ geboten (s. Kap. 6). Aber auch der bescheidenere Sachverhalt, eine Entmachtung des Einzelstaates, beläuft sich auf eine Herausforderung der Politischen Philosophie. Nachzudenken ist über eine neue Gestalt des Politischen, die den Einzelstaat freilich nicht ersetzt, aber ergänzt.

1.1.2 Globalisierung im Plural

Viele verbinden die Globalisierung nur mit wirtschaftlichen Veränderungen. Träfe die darin enthaltene Einschätzung zu, so wären bloß andere Wissenschaften zuständig, vornehmlich die Ökonomie und hilfs- oder ergänzungsweise auch das Völkerrecht, die Theorie internationaler Poltitik und die Soziologie. Mindestens zwei Gründe rufen auch die Politische Philosophie auf den Plan:

Zum einen befaßt sich die Philosophie generell mit einer Bedingung, die die Globalisierung allererst möglich macht: mit der allen

Menschen gemeinsamen Sprach- und Vernunftfähigkeit. Und weil sich die Philosophie letztlich auf nichts anderes beruft, gelingt ihr zum anderen ihre frühe und rasche Globalisierung. Ausgehend von Kleinasien, später Athen, breitet sie sich zunächst über den Mittelmeerraum, dann nach und nach über den gesamten Globus aus. Infolgedessen werden die Klassiker der Philosophie, werden Platon und Aristoteles, Hobbes und Descartes, Kant und Hegel schon zu einer Zeit weltweit studiert, als an eine Globalisierung der Wirtschafts- und Finanzmärkte nicht einmal gedacht war. Und lange vor den Computern stehen in den gebildeten Häusern der Welt zusätzlich die Werke von Nietzsche, Heidegger und Wittgenstein.

Nur vordergründig ein Lob auf die Philosophie, führt dieser Hinweis mitten ins Thema. Gewöhnlich spricht man nämlich von der Globalisierung im Singular und meint wirtschaftliche Entwicklungen, die der Kritiker zuspitzt zu einer „Durchkapitalisierung der Welt“ (Altvater/Mahnkopf ²1997, 17). Der Globalisierung im Singular liegt aber jene ökonomische Verkürzung zugrunde, die zwei sonst so erbitterte Gegner vereint: den orthodoxen Liberalismus mit dem orthodoxen Marxismus. Denn beide sehen in der Welt vornehmlich Wirtschaftskräfte am Werk. In Wahrheit haben nicht einmal die wirtschaftlichen Veränderungen nur wirtschaftliche Ursachen, sondern hängen auch von politischen Entscheidungen und technischen Neuerungen sowie Mentalitätsveränderungen ab. Außerdem besteht die Globalisierung nicht bloß in einer globalen Wirtschafts- und Arbeitswelt, ergänzt um ihr Gegenstück, die globale Freizeitwelt, samt dem globalen Tourismus. Hinzukommt vielmehr eine Fülle von wenig oder gar nicht ökonomischen Phänomenen. Ihre Gesamtheit, einschließlich der wirtschaftlichen Globalisierung, läßt sich in drei Themenfelder bündeln.

Ob die damit verbundenen Strukturveränderungen sich auf einen Epochenwechsel belaufen, ist eine müßige Frage; folgendes trifft jedoch zu: Teils weil sie nicht mehr will, teils weil sie nicht länger kann, schafft sich die Menschheit ein globales Beziehungsfeld: ein Netz von Einflüssen und Verbindungen, von Quer- und Gemengelagen, das sowohl neue Chancen als auch neue Gefahren eröffnet und nicht nur Vereinheitlichungen, sondern auch Abgrenzungen mit sich führt. Auf diese Weise entsteht eine gemeinsame Weltgesellschaft im Sinne einer Schicksalsgemeinschaft von drei Dimensionen; sie alle haben für eine Politische Philosophie der Globalisierung Gewicht.

(1) Man darf die Globalisierung weder beschönigen noch lediglich aus einer einzigen geographischen Perspektive wahrnehmen. Statt uns

auf den Standpunkt des Westens einzuschränken, überdies nur die positive, kooperative Seite wahrzunehmen, allenfalls noch negative Folgen wie die Umweltbelastung anzuerkennen, sammeln wir im ersten Phänomenbündel die akute Bedrohung menschlichen Lebens und Wohlergehens: die weltweit operierende Gewalt. Nach ihrer ersten Dimension besteht die menschliche Schicksalsgemeinschaft in einer facettenreichen *Gewaltgemeinschaft*.

Der verheerendste Faktor, der Krieg, ist menschheitsgeschichtlich alt. Die Gemeinwesen lassen untereinander zu, was sie sich im Inneren verbieten: Willkür und Gewalt, bzw. Macht vor Recht. Die längste Zeit beschränkte sich der jeweilige Krieg aber auf eine Region. Schon bald in der europäischen Neuzeit, im Verlauf der Kolonialisierung und des Imperialismus, erhält er globale Ansätze, die sich in den beiden Weltkriegen und noch einmal mehr durch die seitherige Waffenentwicklung verstärken. Raketen erreichen in kürzester Zeit jeden Punkt der Erde; und wegen der großflächigen Zerstörungskraft von Atomsprengköpfen droht der Menschheit ein kollektiver (Selbst-) Mord.

Staatenübergreifende Gewalt übt die organisierte Kriminalität aus, etwa der Drogen-, Waffen- und Menschenhandel, ferner der internationale Terrorismus. Auch die grenzüberschreitenden Umweltschäden beinhalten Gewalt, ausgeübt gegen das Eigentum fremder Staaten. Zur ökologischen Globalisierung, aber nicht notwendig zur Gewaltgemeinschaft gehört übrigens der Umstand, daß die Menschheit tatsächlich den ganzen Globus in ihre Hand genommen hat; es gibt kein ökologisches Außen mehr. Beschränkte sich früher die Zivilisation auf einige Inseln im Meer einer weitgehend unberührten Natur, liegt heute selbst jeder Naturschutzpark innerhalb der Grenzen menschlicher Verfügung. Schließlich birgt die globale Gewaltgemeinschaft auch eine konstruktive und zukunftsweisende Chance. Aus der gemeinsamen Erinnerung großer Gewalttaten: der Eroberungen, Unterdrückungen und Ausbeutungen, der Versklavungen, Kolonialisierungen und Imperialismen, der Greuel der Nationalismen und der zahllosen Opfer im Namen sozialer oder sozialistischer Revolutionen, könnte ein „kritisches Weltgedächtnis" entstehen. Und vorausgesetzt, daß es nicht selektiv verfährt, vielmehr eine „anamnetische Gerechtigkeit" pflegt, überdies beim bloßen Erinnern nicht stehenbleibt, hilft es, künftigen Gewalttaten vorzubeugen.

(2) Glücklicherweise gibt es ein zweites Bündel von Phänomenen, die dem individuellen und zugleich kollektiven Leben und Wohlergehen dienen: Die reiche Gewaltgemeinschaft ergänzt sich um die hof-

fentlich noch reichere *Kooperationsgemeinschaft.* Selbst in ihr spielt die Wirtschaft keineswegs die einzige Rolle. Anders als das erste Faktorenbündel hat das zweite eine geographische Komponente, die allerdings nicht auf alle Faktoren zutrifft. Zumindest für einen Faktor verfügen Kulturen wie China über eine beachtliche Eigenentwicklung (schon Needham 1954–1988 und 1977). Und bei anderen Faktoren spielen noch weit mehr Kulturen eine Rolle. Gleichwohl breitet sich heute das zweite Phänomenbündel vornehmlich von West- und Mitteleuropa sowie Nordamerika aus.

Sowohl sachlich als auch geschichtlich gesehen setzt die Kooperationsgemeinschaft bei der entwickelten Gestalt der Sprach- und Vernunftbegabung an: bei der Philosophie und den Wissenschaften, hier sowohl der Naturwissenschaft, Medizin und Technik als auch den Geisteswissenschaften einschließlich dem zugehörigen Schul- und Hochschulwesen. Sie alle breiten sich, durchaus mit regionalen Unterschieden, so gut wie über die ganze Welt aus.

In der abgeschwächten Form eines Globalisierungsdrucks gilt es auch für die qualifizierte Demokratie: Autokratische Regimes werden teils von innen, teils von außen bedrängt, und Menschenrechtsverletzungen werden zwar noch nicht weltweit geahndet, stoßen aber weltweit auf Protest. Auf diese Weise wächst eine gemeinsame Öffentlichkeit, eine Weltöffentlichkeit, heran, die sich übrigens an das genannte Weltgedächtnis anschließen kann.

Verstärkt wird die Weltöffentlichkeit durch die Erweiterung und Verdichtung des internationalen Rechts und des Völkerrechts, das für gewisse Bereiche sogar schon global zuständige Gerichtshöfe kennt. Dazu kommt eine wachsende Zahl weltweit wirksamer Organisationen und Aktivitäten. Internationale Regierungs- und Nichtregierungsorganisationen, entsprechende Konferenzen und Konsultationen verfolgen bald ökonomische oder technische, bald ökologische und andere politische Ziele. Und über den Neulingen, etwa der Weltbank, Amnesty International und Ärzte ohne Grenzen, darf man die älteren nicht vergessen, weder internationale Sportverbände wie das Olympische Komitee noch die weit älteren Kirchen. Ferner werden weite Bereiche der Kultur weltweit wechselseitig beachtet: Museen, Theater und Filme, die Architektur (sowohl in ihren anspruchsvollen Formen als auch den Billiggestalten) und die klassische sowie die unterhaltende Musik. Die Wechselseitigkeit begnügt sich hier nicht mit der Bereitschaft, kulturelle Elemente aus allen Teilen der Welt authentisch zu rezipieren. Zur universalen Öffnung treten regionale Adaptationen, sogar Neuschöpfungen im Schnittfeld verschiedener Kulturen hinzu. Pars pro toto kann man von Hellenisierungen sprechen; denn in vielen Bereichen und immer neuen Varianten befruchten sich westliche und östliche Faktoren, aber auch nord- und südamerikanische, europäische und afrikanische Elemente ... Dabei finden sich alle Arten des Vermischens: das Kreuzen, Pfropfen und Verschmelzen, auch der Synkretismus und die Hybridbildungen (Nederveen Pieterse 1998). Daß sich Sitten und Gebräuche aus ihrem bisherigen Zusammenhang lösen, um sich mit neuen Sitten zu neuen Praktiken zu verbinden, findet sich auf so verschiedenen Ebenen wie den Avantgarden der schönen Künste und der populären Jugendkultur.

Der meistgenannte Bereich, die wirtschaftliche Globalisierung, ist seinerseits vielschichtig. Am Anfang stehen politische Entscheidungen. Denn die wirtschaftliche Globalisierung ist kein Naturphänomen, das wie die Schwerkraft auch ohne den Willen der Menschen oder sogar gegen ihn stattfindet. In den bekannten Abkommen: von Bretton Woods (1944), dem Allgemeinen Zoll- und Handelsabkommen (GATT, 1947) und der Organisation für europäische wirtschaftliche Zusammenarbeit (OEEC, 1948, später OECD, 1960), wird die Liberalisierung bzw. Entregelung (Deregulierung) der Güter- und Finanzmärkte eingeleitet. Die daraus hervorgehende Globalisierung wird durch Faktoren beschleunigt wie etwa sinkende Transportkosten, raschere Transport- und Kommunikationswege und die Ortsunabhängigkeit elektronisch gehandelter Güter und Dienstleistungen. Gewicht haben auch das internationale Lohngefälle, weltweit getätigte Investitionen und eine Zunahme des Ausbildungsniveaus in vielen Teilen der Welt. Augenfällig wird die wirtschaftliche Globalisierung in der Auslagerung von Produktions- und Forschungsstätten sowie von Firmensitzen und in jenen trans- und multinationalen Unternehmen, die als Global players so gut wie überall auf der Welt tätig sind. Und ein besonders hohes Maß an Internationalität herrscht auf den Finanz- und Warenmärkten.

Eine eigene Erwähnung verdient das elektronische Weltnetz („Internet"). Denn es bildet sowohl ein Medium der Globalisierungsvorgänge als auch einen Faktor ihrer Beschleunigung. Nicht zuletzt steuert es dem Trend entgegen, die transnationalen Management-, Kontroll- und Koordinationsaufgaben in wenigen Großstädten, den sog. „global cities", zu konzentrieren. Die Entmachtung geographisch fixierter Orte hat überdies einen Demokratisierungseffekt: Im elektronischen Weltnetz werden alle Orte der Welt, überdies alle Personen,

Unternehmen und Staaten gleich behandelt. Dazu kommt ein ökologischer Gewinn: Wer im Internet statt mit Auto oder Flugzeug reist, spart Energie und verringert die Umweltbelastung. Schließlich steigt seine Rechtssicherheit; zumindest Leib und Leben sind ungefährdet. (Für andere Rechtsprobleme s. Kap. 13.)

In ihrer Gesamtheit sorgen die ökonomischen Faktoren für eine fortschreitende Internationalisierung aller Märkte. Wenn der Prozeß nicht abgebrochen wird, werden bald alle Waren, als da sind: Rohstoffe, halb und fertig verarbeitete Erzeugnisse, und alle Dienstleistungen, einschließlich Information, Management und Organisation, ferner Arbeitsplätze und Kapital insofern „globalisiert", als man sie weltweit handelt. Und dieses Ergebnis beläuft sich insofern auf einen Weltmarkt, als es zwar noch lokale und regionale Märkte geben wird, die globalen Vorgaben auf sie aber durchschlagen.

Man darf die globale Kooperationsgemeinschaft nicht mit „eitel Liebe und Freundschaft" gleichsetzen. Im Gegenteil herrscht nicht bloß in der Wirtschaft, sondern in all diesen Bereichen einschließlich Wissenschaft und Kultur, selbst Sprache und Religion, der Wettbewerb. Und dieser reicht bis hin zur Konkurrenz jener regionalen und nationalen „Standorte", unter denen ein Strauß von Elementen zu verstehen ist wie etwa Ausbildungsstand und Infrastruktur, aber auch Steuerbelastung, Regulierungsdichte und Freizeitwert.

Die weltweite Schicksalsgemeinschaft, die sich dem zweiten Faktorenbündel verdankt, liegt auf der Hand: Beeinflußt von technischen Fortschritten, internationalen Vereinbarungen und politischer Liberalisierung, hervorgerufen durch die weltweite Vernetzung von Informations- und Verkehrsmitteln, verbunden mit einem Schrumpfen der Übermittlungszeiten, derentwegen räumliche Distanzen an Gewicht verlieren, werden Ereignisse weltweit so gut wie gleichzeitig wahrgenommen und verarbeitet. Die darunter fallende kulturelle Globalität darf man freilich nicht auf jene Ereignisse verkürzen, die „simultan als massenmediale Erfahrung überall auf dem Globus präsent" sind (Beck 1998, 55). Die Reaktorkatastrophe von Tschernobyl oder die Olympischen Spiele können zwar, weil vom Fernsehen in alle Welt ausgestrahlt, weltweit Emotionen bündeln. Zur kulturellen Globalität gehört aber auch, daß man weltweit Bach, Beethoven und Mozart oder Jazz und gewisse Popmusik hört, ferner daß man in allen Universitäten die Relativitätstheorie und die Quantentheorie studiert, Homer, Shakespeare und Goethe liest oder sich mit Platon, Aristoteles und Kant auseinandersetzt.

(3) Der Wettbewerb stachelt nicht bloß jene Kräfte an, von denen man einen kollektiven, aber nicht bloß wirtschaftlichen Reichtum erwartet: Anstrengung, Wagnis und Kreativität. Er hat auch wirtschaftsinterne Folgelasten wie etwa die Arbeitslosigkeit und wirtschaftsexterne Folgen wie die Umweltschäden. Damit deutet sich nicht bloß im ersten, sondern auch im zweiten Phänomenbündel an, was das dritte Phänomenbündel auszeichnet, die Schicksalsgemeinschaft im engeren Sinn: die *Gemeinschaft von Not und Leid.*

Ein Großteil der hier zuständigen Faktoren hat zwar eine nur (groß-)regionale Herkunft, da er von außerhalb Europas und Nordamerikas ausgeht. Durch die Rückwirkung auf diese Länder erhält er aber eine globale Bedeutung: Es gibt eine eklatante Mißachtung von Menschenrechten, ferner Bürgerkriege, die vielerorts (Spät-)Folgen der Kolonialisierung und Entkolonialisierung, aber auch die eruptive Antwort auf Korruption und Mißwirtschaft sind. Es gibt Hunger, Armut und sowohl wirtschaftliche als auch kulturelle und politische Unterentwicklung, außerdem große Naturkatastrophen. Teils aus politischen oder religiösen, teils aus wirtschaftlichen Ursachen erleben wir Flüchtlings- und Wanderbewegungen großen Stils. Und bei den Gruppen, deren Wanderung schon vor langem begonnen hat, finden wir einen „grenzüberschreitenden Patriotismus“: die internationale Verbundenheit in der Diaspora, wie wir sie von den Armeniern, Iren und Juden, von Kurden und Palästinensern kennen.

1.1.3 Zwei Relativierungen

Selbst in der auf drei Dimensionen erweiterten Diagnose bildet die Globalisierung nicht das einzige Signum unserer Epoche. Zum exklusiv gültigen Grundbegriff eignet sie sich schon deshalb nicht, weil es beachtliche Gegenbewegungen gibt. Eine von ihnen, die Regionalisierung, ist sogar von der wirtschaftlichen Globalisierung mitbedingt. Im globalen Markt stehen auch Staaten und Regionen im Wettbewerb untereinander. Zur Regionalisierung gehört freilich mehr, beispielsweise die Auflösung größerer Staaten („Reiche“) in mehrere kleine, außerdem die Bildung von Gebietskörperschaften. Ohnehin reicht das Selbstbewußtsein gewisser Regionen über die wirtschaftliche Seite weit hinaus. Eine Gegenbewegung stellt auch die Fragmentierung der Mega-Städte in ethnische und kulturell disparate Gruppen dar, ferner in jungen Demokratien die Stärkung des Nationalgefühls. (Die Umkehrung der Gegenbewegung, etwa den Drang in die Europäische

Union, gibt es freilich auch.) Weiterhin dürfen wir die Vielfalt von Sprachen, Sitten und Religionen nicht vergessen. Wegen derartiger Kontrapunkte ist die Rede von der einen Weltgesellschaft oder gar dem einen Weltdorf simplifizierend und, glücklicherweise, die Gefahr einer „unvermeidbaren Standardisierung" des Lebens (schon Strindberg 1903/1916, 79) vermeidbar. Obwohl sich die Menschheit zu einer globalen Schicksalsgemeinschaft entwickelt, spielt sich das Schicksal in vieler Hinsicht regional, kommunal und ganz individuell ab.

Die genauere Diagnose erkennt eine zweite Einschränkung, nach der sachlichen eine geschichtliche Relativierung an. Sie tritt der beliebten Selbstüberschätzung unserer Epoche und ihrer historischen Kurzsichtigkeit entgegen. Nach Dahrendorf (1998, 41) könnte man die Globalisierung am 20. Juli 1969, mit der ersten Mondlandung, beginnen lassen. Mindestens ebenso plausibel ist aber die Zeit um 1800, nämlich mit dem Beginn der Industrialisierung. Denkbar ist aber auch 1492, das Jahr der Entdeckung Amerikas; und der weitere Blick in die Geschichte sieht die Verdichtung weltweiter sozialer Beziehungen schon lange vor der Neuzeit beginnen.

Die Grundlage bildet die Conditio humana. Im Gegensatz zur heutigen Skepsis gegen philosophische Anthropologie gibt es für die Globalisierung zwei geschichts- und kulturunabhängige Faktoren. Die naturale Anwendungsbedingung besteht in der gemeinsamen, räumlich begrenzten Erde, samt ihren Bodenschätzen und Früchten. Und die psychische Vorbedingung, die Sprach- und Vernunftbegabung, befähigt den Menschen, sich überall zurechtzufinden und selbst mit den entferntesten Menschen dieselbe Welt kommunikativ zu teilen. Schon der Vorsokratiker Demokrit weiß, daß sich der Mensch dank seiner Vernunft im Prinzip überall zu Hause fühlt: „Dem weisen Mann steht die ganze Erde offen; das Universum ist das Vaterland der guten Seele" (Diels/Kranz 68 B 247, s. Kap. 8.1.1).

Die beiden anthropologischen Bedingungen stellen zwar erst Bedingungen der Möglichkeit bereit, noch nicht die Globalisierung selbst. Daß das Globalisierungspotential aber auch realisiert wird, zumindest in Ansätzen, dafür sorgen drei weitere Bedingungen, die sich so gut wie allerorten und fast seit jeher finden: Die soziale Bedingung, daß man den Lebensraum in konkreter Erfahrung miteinander teilt, weil man nämlich Nachbarn hat, mit denen man teils freundschaftliche, teils feindliche Beziehungen pflegt, trifft fast überall zu. Vollständig beziehungsfreie, rundum autarke Gemeinwesen kennen wir nur aus den Staatsromanen des 16. und 17. Jahrhunderts, die aber seit Thomas Morus' Vorbild zu Recht Utopie, Nirgendwo bzw. Nirgendland, heißen. Die realen Gemeinwesen haben Nachbarn, mit denen sie bald freundschaftliche, bald feindliche Beziehungen unterhalten.

Weil man innerhalb der eigenen Grenzen gemeinsamen Regeln: Sitte und Recht, folgt, drängt sich die Bereitschaft auf, auch grenzüberschreitende Beziehungen rechtsförmig zu gestalten. Einer derartigen grenzüberschreitenden inter- und transnationalen Rechtsbereitschaft verdanken sich die Ansätze und Vorläufer eines übernationalen Rechts. So gut wie von Anbeginn dürfte es zwei Aufgabenbereiche behandeln: als ein internationales öffentliches Recht, als Völkerrecht, die zwischenstaatlichen Beziehungen, und als internationales Privatrecht, später Weltbürgerrecht die zwischen-gesellschaftlichen Beziehungen, also den Handel, grenzüberschreitende Heiraten und den Wissens- und Kulturaustausch.

Die internationale Rechtsbereitschaft und das daraus fließende Recht haben schließlich eine psychologische und zugleich normative Voraussetzung: daß man den Fremden nicht als schlechthin fremd ansieht. Zumindest teilweise erkennt man ihn als seinesgleichen an: nicht als ein Tier, das vogelfrei wäre, sondern als einen anderen Menschen.

Während die beiden ersten Bedingungen schlichte Vorgaben sind, hängen die drei anderen von Eigenleistungen ab; selbst die Frage, ob man sich streng innerhalb der eigenen Grenzen bewegt oder sie überschreitet, liegt mit in der menschlichen Verantwortung. In allen drei Hinsichten scheinen die Menschen aber relativ bald das bloß Partikulare überwunden und ein minimales grenzübergreifendes Recht anerkannt zu haben. Denn als schlechthin vogelfrei galt ihnen der Fremde kaum. Nennt man schon die frühen Gemeinwesen, selbst Sippen oder Sippenverbände, modernisierend „Staaten", so dürften die Anfänge eines zwischen- und überstaatlichen Rechts (einschließlich zwischen- und überstaatlicher Sitte) weit zurückreichen, fast bis in die Anfänge von Recht überhaupt.

Man darf verallgemeinern: Weil die fünf Anwendungsbedingungen seit langem bestehen, schafft die heutige Globalisierung keine schlechthin neuen Verhältnisse. Überall, wo Gemeinwesen mit Nachbarn streiten oder aber Güter und Dienstleistungen austauschen, ferner Kenntnisse, Fertigkeiten und Künste, nicht zuletzt Geschichten, Lieder oder Ehepartner, dort entsteht ein Geflecht von Beziehungen, derentwegen kein Gemeinwesen unberührt von allen anderen nur seine eigene Geschichte lebt. Heben wir drei Globalisierungszeiten heraus: die Antike, die Neuzeit und die (erweiterte) Gegenwart.

Einen Austausch unter Kulturen gibt es zwischen Mesopotamien und Ägypten schon vor mehr als vier Jahrtausenden. Weit vor der Neuzeit entwickeln sich auch internationale Handelswege wie die antike Seidenstraße, die bekanntlich von China über Zentral- und Westasien nach Europa und Afrika ausgreift. In hellenistischer Zeit verschmelzen der Orient (einschließlich Indien und China) und der Mittelmeerraum (sogar bis Inner-Afrika) – in Annäherung – zu einem Welthandelsgebiet mit Weltmarktpreisen und mit Welthandelszentren wie Alexandria und dem mesopotamischen Seleukia. Im übrigen beschränkt sich die Verschmelzung nicht auf die Wirtschaft, vielmehr entsteht aus der Verbindung des Griechentums mit orientalischen Elementen eine neue, ebenfalls beinahe weltumfassende Kultur. Außerdem breiten sich gewisse Religionen weltweit aus, weshalb sie – etwa Judentum, Christentum, Islam und Buddhismus – Weltreligionen heißen. Und innerhalb von ihnen entstehen zu den heiligen Stätten internationale Pilgerwege: nach Jerusalem, nach Mekka oder als Jakobsweg nach Santiago de Compostela. Außer den religiösen Pilgerwegen gibt es auch „epische Pilgerwege“: Die Geschichten, Fabeln und Schwänke, die wir in Boccaccios *Decamerone* lesen, sind internationales Treibgut aus Orient und Okzident. Manches läßt sich über Persien bis nach Indien zurückverfolgen; später taucht vieles in der Novellenkunst fast aller europäischen Sprachen wieder auf. Und vor allem „globalisieren sich“ in und seit der Antike die Gestalten der natürlichen Vernunft: Philosophie, Wissenschaft, Medizin und Technik.

Einen neuen Globalisierungsschub bringt das Zeitalter der Entdekkungen, an das sich die Kolonialisierung anschließt. Rasch bilden sich sogenannte Weltreiche aus, die, von Einzelstaaten getragen – sukzessive Spanien und Portugal, Großbritannien, Niederlande und Frankreich –, miteinander um die „Herrschaft über die Weltmeere“ wetteifern. Dabei werden allerdings fremde Völker erobert und unterdrückt, so daß sich nicht erst die heutige Globalisierung mit Unrecht verbinden kann. Die diesbezügliche Kritik beginnt aber früh: schon in der Aufklärungsphilosophie, deutlich beispielsweise bei Kant (*Frieden*, 3. Definitivartikel; *Rechtslehre*, § 62). Übrigens wird die damalige Globalisierung durch einschlägige Erfindungen: des Kompasses und des Fernrohrs, des Schießpulvers und in anderer Weise der Buchdruckkunst, teils ermöglicht, teils verstärkt.

Im Gegensatz zur zweiten, „neuzeitlichen Globalisierung“ ist die neueste, „zeitgenössische Globalisierung“ kaum noch von Einzelstaaten getragen. Erneut spielen aber friedliche (Funktechnik, elektronische Medien) und militärische Erfindungen (erst die Langstreckenbomber, dann die Interkontinentalraketen) eine besondere Rolle. Hinzu kommen politische Entscheidungen: sowohl über die Liberalisierung der Güter- und Finanzmärkte als auch über internationale Organisationen und Verträge (Vereinte Nationen, Weltbank, Menschenrechtspakte, ...).

1.1.4 Nur ein Trend

Noch ist die Reprofilierung nicht abgeschlossen; zur genauen Diagnose gehören zwei Prisen Skepsis. Weil sie vor allem die ökonomische Globalisierung betreffen (s. Hirst/Thompson 1998, kritisch: Perraton u. a. 1998), sprechen sie einmal mehr gegen deren Überbewertung. Die erste Prise besteht in der Einsicht, daß die heutige Globalisierung gar nicht so „heutig“ ist. Das Moment, das als besonders eindrucksvoll gilt, die Internationalisierung der Finanz- und Devisenmärkte, erscheint nämlich dem Historiker als eine Reprise. Die Moderne frönt zwar gern der Illusion, jede Generation überflügele die vorangehenden. In der Zeit der klassischen Goldwährung, also in den Jahren von 1887 bis 1914, bewegt sich aber zwischen den entwickelten Ländern der globale Handel in etwa auf dem heutigen Niveau (vgl. Thomson/Krasner 1989). Insofern kehren wir heute nur zum Status quo jener Epoche zurück, die durch den Ersten Weltkrieg, die Krisen der dreißiger Jahre und den Zweiten Weltkrieg unterbrochen war. Ob die Informationen über Tiefseekabel oder elektronisch übermittelt werden, ist zwar nicht belanglos, der Unterschied für den globalen Handel aber auch nicht so gewaltig. Und für die Friedenspolitik kann man ihn – fast – vergessen. Nehmen wir als Beispiel den Friedensschluß, der vor 350 Jahren einen der größten Schrecken für Deutschland, den Dreißigjährigen Krieg, beendete: Weil die damalige Post nach Madrid einen Monat brauchte, mußte man zwar auf die neuen Instruktionen Spaniens insgesamt etwa ein Vierteljahr warten, was dazu beitrug, daß der Friede erst nach vierjährigen Verhandlungen zustande kam. Aber weder Flugzeuge noch die elektronische Nachrichtenübermittlung haben die Friedensaufgaben im Vorderen Orient oder im ehemaligen Jugoslawien beschleunigen können.

Die zweite Prise Skepsis folgt aus der Einsicht, daß selbst heute die wirtschaftliche Globalisierung nur im abgeschwächten Sinn stattfindet. Quantitativ gesehen spielt sich der globale Handel vor allem zwischen der Europäischen Gemeinschaft, Japan und den USA ab. Und von den hundert größten Unternehmen bestehen erst zwei außerhalb der hochindustrialisierten Staaten. Die wirtschaftliche Globalisierung ist also selektiv. Die Exportquote der USA liegt – ebenso wie die Japans – z. B. nur bei 10 % des Bruttoinlandsproduktes (Siebert ^{6}1994, 11). Selbst die Finanzierung der Unternehmen erfolgt überwiegend „zu Haus": in der eigenen Volkswirtschaft. In anderen Bereichen ist der Austausch vermutlich größer; einmal mehr sind für die Globalisierung Wissenschaft und Kultur der Wirtschaft mindestens ebenbürtig, vielleicht sogar überlegen.

Weil die doppelte Skepsis berechtigt ist, bedeutet die gegenwärtige Globalisierung erst einen Trend, nicht schon dessen schließliches Resultat. Wir leben in einer „Zivilisation im Übergang"; die *eine* und in jeder Hinsicht global vernetzte Weltgesellschaft gibt es – noch – nicht.

1.2 Zwei Visionen

Wie antwortet die Menschheit auf die Herausforderung der Globalisierung am besten? Für ihr Zusammenleben kennt sie generell zwei Grundmuster (zur Ergänzung s. Kap. 3.6). Beide enthalten eine visionäre Kraft; wer will, spricht von einer Utopie. Auf der einen Seite lösen gemeinsame Regeln und öffentliche Gewalten die private Willkür und private Gewalt ab. Daß statt der Gewalt Recht und Gerechtigkeit herrsche, und zwar stets und überall, daß zu diesem Zweck öffentliche Gewalten eingerichtet und diese demokratisch organisiert werden, halten wir sogar für moralisch geboten. Ich nenne es das universale Rechts- und Staatsgebot und das ebenso universale Demokratiegebot (s. Kap. 3–4).

Namentlich die qualifizierte Demokratie gibt dem freien Spiel der Kräfte Raum und erwartet von diesem Spiel, in Wahrheit einem harten Wettbewerb, den großen Reichtum: an Gütern und Dienstleistungen, darüber hinaus an Wissenschaft, Medizin und Technik, an Musik, Literatur und Kunst. Zur Vision von Frieden und Gerechtigkeit tritt also die Vision eines vieldimensionalen Wohlstands hinzu, auf daß sich ein uralter Traum der Menschheit verwirkliche. In Übereinstimmung mit dem Prophetenwort „Ihre Schwerter schmieden sie zu Pflugscharen um und ihre Speere zu Winzermessern" (Jesaja 2,4) soll die physische Gewalt in ökonomische und kulturelle Kraft umgewandelt werden, und wo Friede herrscht, soll zusätzlich ein nicht bloß materieller Wohlstand einkehren.

Eine Rechts- und Staatsphilosophie erkennt die zweite Vision an, tritt aber ihrer Verabsolutierung entgegen, einer zweiten Art von Ökonomismus: der Verdrängung der Politik durch den Markt. Gelegentlich hört man zwar die Ansicht, die Politik werde gar nicht verdrängt, sondern „nur" andernorts gemacht: nicht mehr von demokratisch gewählten Amtsinhabern, sondern von den weltweit tätigen Unternehmen bzw. Unternehmern. Den Global players mangelt es aber nicht bloß an demokratischer Legitimation; von Unternehmenszielen, ökonomischen Gesetzen und der Marktsituation bestimmt, überdies ohne die Fähigkeit der Gesetzgebung ausgestattet, fehlt ihnen auch die politische Gestaltungsmacht. Infolgedessen treten sie nicht etwa in Konkurrenz zur (demokratischen) Politik, sondern nehmen, falls sie zur dominanten Kraft werden, deren Verdrängung vor; sie ersetzen sie durch ein anderes Medium.

Die zweite Art von Ökonomismus will nicht bloß für ökonomische, sondern auch für wissenschaftliche und kulturelle Themen allein das Gesetz von Angebot und Nachfrage anerkennen. Mancherorts herrscht sogar ein „ökonomistischer Fatalismus" vor, demzufolge die Wirtschaft über beides, nicht bloß über Mittel, sondern auch über Ziele entscheide. Mit ihren Mitteln setze sie nämlich Ziele, auf die die Politik nur noch re-agieren könne, so daß sie, statt zu gestalten, auf Anpassung verkürzt werde und zugleich auf sie verpflichtet sei. Tatsächlich liegt aber kein anonymes Schicksal vor; von allein gewinnen die Marktkräfte nicht die Oberhand; die Globalisierung hat Namen, etwa die genannten Abkommen über die Liberalisierung des Weltmarktes. Und wie der innerstaatliche Markt Rahmenbedingungen unterworfen wird, so legt sich für den globalen Markt ein analoger Rahmen nahe. Es ist die Politik selbst, jetzt freilich eine internationale Politik, die sich den Kräften des Marktes unterwirft oder aber sie, etwa durch eine Wettbewerbsordnung und durch soziale und ökologische Mindestkriterien, in einen fairen Rahmen zwingt.

Vielleicht ist auch eine Steuerung denkbar, obwohl man weder die Fähigkeit noch die Befugnis der Politik zur Steuerung überschätzen darf. Weder die antiken Zentren der Macht, Athen, Seleukia oder Rom, noch im Mittelalter Paris, Wien oder London noch die neuzeitlichen Weltstädte glauben, die Wirtschaft vollständig steuern zu können, ohnehin nicht die Philosophie und Wissenschaft, die Kunst, Musik und Literatur. Zensur hat es zwar immer wieder gegeben, von ihrer häufigen Machtschwäche abgesehen, gilt sie aber längst als illegitim. Daß hier eigene Mächte nach eigenen normativen Kriterien am Werk sind und man sie am besten frei agieren lasse, wissen die alteuropäischen Gesellschaften lange vor den heutigen Systemtheorien, nämlich spätestens seit der Aufklärung.

Vieles darf und muß die Weltgesellschaft sich selbst überlassen: der Kreativität von Individuen und Gruppen, dem freien Wettbewerb und der zufälligen Evolution. Für manches ist aber ihre Gestaltungsmacht gefragt. Und weil die Grundform kollektiver Gestaltung in einem Rechts- und Staatswesen liegt, erscheint dieses auch im Weltmaßstab als erforderlich: Sollen zwischen Individuen und Gruppen statt der Gewalt das Recht und die Gerechtigkeit herrschen und beide demokratisch „organisiert" werden, so müßte doch dasselbe staatenübergreifend und zwischen den Staaten gelten: Braucht es nicht eine auf Gerechtigkeit verpflichtete Weltrechtsordnung und für sie eine demokratische Organisation? Besteht also die Antwort der Politik auf das Zeitalter der Globalisierung in einer Erweiterung der Einzeldemokratie zur Weltdemokratie, man kann auch sagen: zur Weltrepublik?

Für welche Aufgabenfelder genau ein globaler Handlungsbedarf besteht und nach welchen Prinzipien er zu decken ist, wird noch zu prüfen sein. In den drei Phänomenbündeln zeichnen sich aber schon drei Bereiche ab: (1) Zur Überwindung der globalen Gewaltgemeinschaft erscheint eine globale Rechts- und Friedensordnung als geboten. (2) Die globale Kooperationsgemeinschaft bedarf eines fairen Handlungsrahmens, der von Maßnahmen gegen Wettbewerbsverzerrungen seitens der Staaten bis zur Sicherung ihrer sozialen und ökologischen Mindestkriterien reicht. (3) Hunger und Armut schließlich werfen Fragen globaler Gerechtigkeit, aber auch globaler Solidarität und globaler Menschenliebe auf.

Zunächst sieht die Erweiterung des Einzelstaates zum Weltstaat rein quantitativ, also einfach aus: Durch eine geographische und bevölkerungsmäßige Extrapolation entstehe aus den kleinen Gemeinwesen, den partikularen Poleis, die große, weltumspannende Kosmo-Polis. Die Erweiterung verspricht sogar utopische Energien freizusetzen. Denn für Globalisierungsprobleme, deren Gewicht uns in Angst versetzt, für wahrhaft existentielle Bedrohungen, bietet sie mehr als nur eine kleinliche Lösung an. Allerdings gibt es einen ernsthaften Gegner, die pragmatische Skepsis. Gegen sie hat nur eine Chance, wer sich der schwärmerischen Vision, einem trügerischen Heilsversprechen und grundsätzlichen Nirgendwo, widersetzt und mit nüchternem Problembewußtsein ein realisierbares Noch-Nicht, also eher ein Ideal als eine Utopie, entwirft.

Angesichts der weltweiten Gewaltgemeinschaft liegt das Ideal in einer globalen Friedensordnung, die auch der neueren Formen globaler Gewalt Herr wird: der nuklearen und der ökologischen Bedrohung, des Terrorismus, des Menschen-, Drogen- und Waffenhandels sowie der organisierten Kriminalität. Und wenn das Ideal sich zusätzlichen Problemen der Globalisierung stellt, etwa dem Umweltschutz und der Anerkennung sozialer Mindeststandards, weitet es sich zu einer globalen Rechtsordnung aus. Diese läßt allerdings auch die erste Vision gelten: daß mittels wirtschaftlichen, wissenschaftlichen und kulturellen Wettbewerbs die Gesellschaften und vor allem ihre Individuen aufblühen. Eine – zum Wettbewerb offene – globale Rechtsgemeinschaft bedeutet freilich einen so radikalen Bruch mit der Gegenwart, daß sich Einwände aufdrängen. Deren nähere Erörterung folgt später, in den Kapiteln 9 bis 11; schon hier seien aber fünf der wichtigsten Einwände genannt:

Nach einem ersten Einspruch gibt es für den weltweiten Schutz der Menschenrechte ein weit einfacheres Mittel, die Demokratisierung aller Staaten. Nach dem zweiten Einspruch führt die Globalisierung zu einer Nivellierung, gegen die es einen kräftigen Kontrapunkt braucht: eine Stärkung regionaler und lokaler Besonderheiten, auf daß der soziale und kulturelle Reichtum der Welt gewahrt und die daran gebundene Identität der einzelnen Menschen gesichert bleiben. Den dritten Einspruch erhebt niemand Geringerer als Kant: Eine Weltrepublik sei ein Ungetüm, das sich wegen seiner Größe und Unübersichtlichkeit gar nicht regieren lasse (*Rechtslehre* § 61; ähnlich auch Bodin und Grotius, s. Kap. 8.1.3). Viertens soll eine Weltrepublik die große zivilisatorische Errungenschaft, die Menschen- und Bürgerrechte, aufs Spiel setzen; denn bisher verstehe es nur der Einzelstaat, diese Rechte zu gewährleisten. Nicht zuletzt beeinträchtige ein Weltstaat den Wettstreit unter den Menschen so stark, daß die Kreativitätskräfte der Menschheit einzuschlafen drohen.

Alle fünf Einwände – werden wir sehen – haben ein gewisses Recht. Die Kraft eines schlagenden Gegenargumentes, eines, das der Vision einer demokratischen Weltordnung den Todesstoß versetzt, haben sie aber weder distributiv: jeder Einwand für sich, noch kollektiv: alle Einwände zusammen. Statt das Gewicht eines absoluten Vetos hat jeder Einwand nur das eines relativen und zugleich konstruktiven Vetos: Er macht unmittelbar auf Gefahren aufmerksam und mittelbar auf die Richtung, in der sie zu überwinden sind. Infolgedessen bleibt die Weltrepublik erlaubt, sogar rechtsmoralisch geboten – vorausgesetzt, sie läßt sich auf die konstruktiven Vetos ein und bewältigt im Prinzip jede der angedeuteten Gefahren. Die Weltrepublik muß der weltweiten Demokratisierung überlassen, was diese schon zu leisten versteht. Sie muß dem Nivellieren aller Besonderheiten mit einem Recht auf Differenz entgegentreten. Sie hat die Unregierbarkeit zu vermeiden, allerdings auch deren Überkompensation, eine zu hohe Bürokratisierung oder gar einen Überwachungsstaat, einen globalen Leviathan. Sie hat ferner die Menschen- und Bürgerrechte zu sichern und muß dem Wettbewerb Raum lassen.

1.3 Modernisierungen

Die Globalisierung enthält eine weitere Herausforderung. Auch wenn sie unsere Lebensverhältnisse nicht standardisiert, führt sie zu Veränderungen, die weltweit stattfinden und trotz ihrer Verschiedenheit so ineinandergreifen, daß sich eine global gemeinsame Gesellschaftsform, eine globale Zivilisation, abzeichnet. Bezüglich der Kooperationsgemeinschaft besteht sie in der Verbindung von rationaler Wirtschaft mit Wissenschaft, Medizin und Technik sowie der qualifizierten Demokratie. Auch dort, wo diese Zivilisation noch nicht anzutreffen ist, strahlt sie eine Suggestion aus, die, soweit nicht Verbote aufgestellt werden, jeden Widerstand überwindet. Mancherorts versucht man sich zwar in einer „technokratisch halbierten Modernisierung“: Man will die Wirtschaft, vielleicht noch die Wissenschaft übernehmen, sperrt sich aber gegen die Demokratie. Auf Dauer scheint dieser Versuch jedoch nicht zu gelingen.

Nun geht die globale Zivilisation von einer Großregion, dem Westen, aus; und darin liegt die zweite Herausforderung: Eine Zivilisation, die sich so gut wie kampflos ausbreitet, praktiziert eine Hegemonie, die das Selbstwertgefühl der anderen verletzt. Weil sich diese Demütigung schwerlich mit einer globalen Gerechtigkeit verträgt, sie überdies konfliktträchtig, sogar polemogen ist, drängt sich erneut die Frage auf, wie man mit ihr normativ angemessen umgeht.

Wie bei der ärztlichen Therapie, so hängt auch hier die Antwort von der genauen Diagnose ab. Nach dem Politikwissenschaftler Huntington (1993, neuerdings 1996) droht ein globaler Zivilisationenkampf („clash of civilizations“). Die Kriege, die früher zwischen Fürsten, dann zwischen Nationalstaaten und später zwischen Ideologien stattfanden, würden sich künftig vornehmlich zwischen Zivilisationen, hier im Sinne von Gesellschaftsformen oder Kulturkreisen, abspielen. Huntington zählt davon sieben oder acht auf: den Westen, den Islam, die chinesisch-konfuzianische Kultur, Japan, den Hinduismus, die slawisch-orthodoxe, die lateinamerikanische und möglicherweise auch die afrikanische Zivilisation.

Schon diese Aufzählung verlangt manche Korrektur. Beispielsweise ist der Unruheherd Afrika nicht annähernd so homogen, daß er als eigene Zivilisation angesprochen werden könnte. Ferner leben in Japan zwei nach europäischem Verständnis heterogene Religionen, der Schintoismus und der Buddhismus, sogar im selben Individuum friedlich miteinander; und zusätzlich ist man für viele Elemente des Westens offen. Drittens bekennt sich ein erheblicher Teil der ost(mittel-)europäischen Länder nicht zum orthodoxen Christentum und ist trotzdem slawisch. Nicht zuletzt fühlt sich Lateinamerika zu stark mit Spanien und Portugal und mit christlichen Kirchen verbunden, als daß es sich gegen den Westen als eigener Kulturkreis absetzen ließe.

Die Grenzen jener Zivilisationen, die sich angeblich bekämpfen werden, verlaufen also nicht so klar, wie es Huntington annimmt. Außerdem spricht gegen Huntington die Erfahrung: Bislang zeichnen sich keine großräumigen Blockbildungen entlang religiös oder kulturell definierter Bruchlinien ab. Viel eher finden Fragmentierungen und Regionalisierungen statt, bestimmt von einem „Narzißmus der kleinen Unterschiede", innerhalb des Islam beispielsweise als Konflikt zwischen Sunniten und Schiiten, ferner zwischen „orthodoxen" und „aufgeklärten" Muslimen.

Weiterhin erweisen sich die genannten Zivilisationen nicht bloß in ihren Grenzgebieten, sondern auch in ihren Zentren als „synkretistisch". Insbesondere der Westen gibt innerhalb seines Lebensraumes nicht bloß Christen und Juden, sondern auch Muslimen, Hinduisten und Buddhisten ein Lebensrecht, und in seiner Kunst läßt er sich bereitwillig von allen Kulturen inspirieren. Ferner pflegen sich Kulturen entlang transkultureller Faktoren auszudifferenzieren, beispielsweise nach Alter, Geschlecht und Beruf, nach sozialer und politischer Einstellung, nach Siedlungsweise, Geographie und Klima. Daraus ergeben sich kulturübergreifende Gemeinsamkeiten, derentwegen etwa jugendliche Großstädter aus Westeuropa mehr denen aus Osteuropa und Japan ähneln als der älteren, auf dem Land lebenden Generation des eigenen Kulturkreises. Und darin könnte sich der größere Konfliktstoff verbergen; im Islam beispielsweise reicht der Kampf zwischen der Lebensart der Städte und der der Stämme des Hinterlandes bis in die Frühzeit zurück. Jedenfalls verlaufen heute die entscheidenden Grenzen weniger zwischen den Religionen oder Kulturen als zwischen Stadt- und Landbevölkerung, auch zwischen (Aus-)Gebildeten und Un(-aus-)gebildeten oder zwischen Reich und Arm.

Einen noch gewichtigeren Einwand gegen Huntington bietet die Art und Weise, in der sich heute eine Gesellschaftsform ausbreitet; es geschieht, wie gesagt, weitgehend durch Suggestion, also kampflos. Unter den Zivilisationen findet allenfalls Wettbewerb statt, und dieser geht unbeschadet gelegentlicher Rückschläge zugunsten jener Form aus, die wegen ihrer Herkunft westlich und modern genannt wird. Andere Gesellschaftsformen erlangen zwar auch eine globale Bedeutsamkeit. Wo sich jedoch „nur“ eine Religion ausbreitet, früher der Buddhismus und das Christentum, bis heute der Islam, oder eine Ideologie wie früher der Sozialismus, dort erreichen die Gemeinsamkeiten noch nicht Rang und Gewicht einer eigenen Zivilisationsform. Dazu braucht es nämlich Bereiche, die wie Medizin, Naturwissenschaft und Technik nicht ernsthaft einen christlichen oder sozialistischen oder islamischen Charakter haben; und die Wirtschaft hat ihn allenfalls begrenzt. Diese Sachlage hilft übrigens, den Siegeszug der globalen Zivilisationsform zu erklären. Weil sie, gegen Glaubens- und Heilsfragen indifferent, sich mit den verschiedensten Religionen verträgt, ist sie sowohl globalisierungsfähig als auch globalisierungsberechtigt: Wegen ihrer „multireligiösen Verträglichkeit“ mutet sie keiner Religion eine Demütigung zu.

Zugunsten der genannten Zivilisationsform spricht auch der Umstand, daß die regionale Herkunft nicht wesentlich ist. Obwohl heute ein Großteil der entsprechenden Inspirationsquellen vom Westen ausgeht, sind sie nicht ihrem Wesen nach europäisch oder europäisch-nordamerikanisch. Dagegen sind sie in dem Sinn modern, daß allgemeinmenschliche Anlagen und Interessen zu einer vollen Entfaltung gelangen. Der vieldeutige Ausdruck „modern“ wird hier im normativen Sinn Aristotelischer *physis* verstanden: als Entfaltung eines allgemeinmenschlichen Potentials zu seiner vollen Wirklichkeit und Blüte. Allerdings kann eine Modernisierung im zweiten, epochalen Verständnis hinzukommen: daß sich die Entfaltung der Anlagen gewissen Besonderheiten der europäischen Neuzeit verdankt.

Außerdem droht die Gefahr, daß die sich faktisch ausbreitende Zivilisation keine im normativen Sinn „reine Modernität“ darstellt. Statt der Wissenschaft, der Wirtschaft und der Demokratie in Reinform findet sich häufig eine „Verunreinigung“: die Verbindung allgemeinmenschlicher Elemente mit partikularen Verhaltensmustern und Interessen, etwa mit denen eines Sprachraumes, einer gewissen Volkswirtschaft, vielleicht sogar bloß bestimmter Unternehmen. Berechtigt zur Globalisierung, globalisierungslegitim, ist aber lediglich die jeweilige Reinform: die globale Verbreitung Europas, der eine Enteuropäisierung, bzw. die globale Verbreitung des Westens, der eine Entwestlichung vorangegangen ist. Nur wenn sich die europäische Neuzeit von spezifisch europäischen und spezifisch neuzeitlichen Elementen freimacht, wenn sie aufgrund allgemeinmenschlicher Interessen und einer allgemeinen Menschenvernunft Chancen realisiert, die in anderen Kulturen und Epochen noch unentdeckt geblieben sind, nur dann entsteht eine Zivilisation, die zwar in der Genese europa- und neuzeitabhängig, in der Sache aber im normativen Sinn modern ist. Dann, aber auch lediglich dann gilt das pathetische Wort, daß die Menschheit durch die Modernisierung zu sich selbst kommt.

Daß der Begriff einer normativen Modernisierung kein Feigenblatt ist, hinter dem sich ein Eurozentrismus ungestört entfalten kann, zeigt die „moderne" Wissenschaft samt Medizin und Technik. Ihr gelingt es nämlich, jenes Wissen und Können, das die Menschheit schon immer sucht, in einem vorher ungeahnten Maß zu erfüllen. Im Rahmen einer allgemeinmenschlichen Wißbegier wird allerdings ein besonderer Akzent gesetzt: eine Verschiebung vom Wissen zum Können. Während die Antike die reine, nutzenfreie Wißbegier vorzieht (z. B. Aristoteles, *Metaphysik*, Buch I, Kap. 1–2), wird sie in der Neuzeit zugunsten eines nutzenorientierten und zugleich humanitären Wissens entmachtet. Die Entmachtung dient freilich allgemeinmenschlichen Zwecken: der Linderung materieller Not, der Heilung von Krankheiten und der Verringerung mühseliger Arbeit. Im übrigen kommt die Akzentverschiebung vom Wissen zum Können der praktischen Seite in den Religionen entgegen, jenem Plädoyer für Mitleid und Nächstenliebe, das die verschiedenen Religionen und Konfessionen über ihre dogmatischen Kontroversen hinweg eint (vgl. das Plädoyer für ein die Religionen verbindendes Weltethos bei Küng 1990). Die Akzentverschiebung ist also der Gefahr, eine der Religionen vorzuziehen und die anderen zu demütigen, enthoben.

Der Vorteil eines zweiten Elementes der globalen Zivilisation, der ökonomischen Rationalität, ist ebenfalls kulturenindifferent. Die Effizienz sowohl im Umgang mit Arbeit als auch mit natürlichen Ressourcen kommt dem allgemeinmenschlichen Interesse entgegen, die „im Schweiße seines Angesichts" zu erbringende Arbeit zu minimieren und entweder bei gleichem Einsatz einen größeren Ertrag oder aber denselben Ertrag mit geringerem Einsatz zu erzielen. In der Tat verfügt die Menschheit von heute über einen früher unbekannten wirtschaftlichen Reichtum. Keine Gesellschaft ist allerdings je reich genug, um allen Bedürfnissen und Interessen ihrer Mitglieder nachzukommen. Auch die europäische Neuzeit kann den Menschen nicht von seiner Neigung zum Mehr-und-mehr-Wollen befreien. Der Stachel steter Unzufriedenheit verbindet sich sogar noch mit der Gefährdung natürlicher, sozialer und kultureller Ressourcen.

Damit können wir eine Zwischenbilanz ziehen; sie beginnt mit einer klaren Gegendiagnose zu Huntington. Aus drei Gründen: wegen der religiösen Neutralität der westlichen Zivilisation, wegen der Relativierung ihrer regionalen Herkunft und wegen ihrer Modernisierung im normativen Sinn, stehen sich in der heute wesentlichen Auseinandersetzung nicht der Westen und der Nicht-Westen gegenüber, schon gar nicht Christentum und Islam, unmittelbar nicht einmal, was religiös geprägte Kulturen belasten würde, säkularisierte und vorsäkularisierte Gesellschaften. Damit können zwar Nebengesichtspunkte angesprochen sein, da mancher Konflikt eine religiöse oder anderswie kulturelle Komponente hat. Der entscheidende Konflikt findet aber zwischen Gruppen oder Gesellschaften statt, die sich der normativen Modernisierung aussetzen, und denen, die sich ihr versperren. Dazu kommt ein erheblicher Konfliktstoff bei den „Modernisierungsverlierern".

Zweitens läßt die globale Zivilisationsform den einzelnen Gesellschaften und Teilgesellschaften ein hohes Maß an Eigenständigkeit. Die Indifferenz gegen die Religion und gegen andere Faktoren ermöglicht nämlich die Differenz: eine Vielfalt von Sitten, Sprachen und Religionen (einschließlich der Religionsverarmung), von positivem Recht und politischer Kultur. Weil die globale Zivilisation nur eine Gesellschafts*form* ist, die sich für gesellschaftlich-kulturelle Unterschiede offenhält, kann man für sie plädieren, ohne jenem Kulturimperialismus zu verfallen, der die eigene Kultur allen anderen als Vorbild aufzwingt. Im übrigen wird der Eurozentrismus am radikalsten von westlichen Intellektuellen kritisiert.

Da es auf allgemeinmenschliche Interessen ankommt, können sich – drittens – die nichtwestlichen Kulturen das Gefühl der Demütigung ersparen und sich statt dessen mit der Modernisierung positiv identifizieren. Der Westen spielt sich hier nicht als herrschsüchtiger Hegemon auf, sondern ist allenfalls der Wortführer einer Entwicklung, die ein allgemeinmenschliches Potential zugunsten allgemeinmenschlicher Interessen und Fähigkeiten zur Blüte führt.

Weil nur die allgemeinmenschliche Rationalität zählt, lassen sich – viertens – Erfahrungen anderer Kulturen integrieren. Nicht in jeder konkreten Gestalt, wohl aber von ihren Prinzipien her ist die globale Zivilisation flexibel und lernfähig. Sie ist es auch deshalb, weil – fünftens – zur umfassenden Rationalität die Aufklärung im Sinne reflexiver Selbstkritik hinzugehört, einschließlich der Fähigkeit, Fehlentwicklungen der globalen Zivilisation entgegenzusteuern.

1.4 Philosophie: Anwalt der Menschheit

Seit ihren Anfängen unterwirft sich die Philosophie einem Universalitätsanspruch: Zu generellen, oft universalen Problemen sucht sie mittels universal gültiger Argumente ebenso universal gültige Aussagen. Angesichts einschlägiger Zweifel – die universalen Prinzipien seien in Wahrheit nur partikular gültig – läßt sich die Philosophie auf einen teils die Kulturen vermittelnden: interkulturellen, teils sie umgreifenden: transkulturellen Diskurs ein (vgl. Höffe 1996, Kap. 1, auch Höffe 1999 a). Hinsichtlich Recht und Staat ist er auf drei Ebenen zu führen:

In der Rechts- und Staats*theorie* beruft er sich nicht auf spezifische Elemente der europäisch-amerikanischen Rechtskultur, weder hinsichtlich der normativen Grundsätze noch der empirischen Umstände. Denn nur dort, wo man zunächst alle Besonderheiten beiseite setzt, kann man Gesellschaften, die grundlegend verschiedenartig sind, trotzdem auf Gemeinsamkeiten verpflichten. Der Preis liegt auf der Hand: Man gewinnt keine ausbuchstabierte Rechtsordnung, nur formale Prinzipien. In Wahrheit ist es aber kein Preis, sondern ein Vorteil. Die Prinzipien sind einerseits alternativelos gültig und bleiben andererseits, bei der konkreten Ausgestaltung, für Erfahrung, Klugheit und die jeweiligen Randbedingungen, einschließlich der Traditionen und Gesellschaftsentwürfe, offen.

Auf der zweiten Ebene, der Rechts- und Staats*geschichte*, verbindet der Diskurs historisches Bewußtsein mit sozialgeschichtlichen Kenntnissen. Er erinnert sich beispielsweise, daß die westliche Zivilisation schon in ihren Anfängen von außerwestlichen Quellen, daß die griechische Kultur etwa von orientalischen (ägyptischen, babylonischen, hethitischen, phönizischen) Einflüssen mitgeprägt ist und daß die Vermittlung dieser Kultur ins lateinische Mittelalter großenteils nicht über Rom erfolgte, sondern über syrische Christen und den islamisch-arabischen Kulturraum. Weiterhin vergißt der Diskurs nicht, daß „der Westen“ zunächst jene Pathologien wie den Kolonialismus, die religiöse Intoleranz und den absolutistischen Staat schafft, gegen die die Menschenrechte als Therapie nötig werden. Allerdings erinnert er auch daran, daß weder die Kolonialisierung noch der Imperialismus von der europäischen Neuzeit erfunden werden. Praktiziert werden sie nämlich schon von Ägypten, Phönizien und Persien, später von Griechenland und Rom, außerdem von den Inkas, in Indien und China.

Dank seines historischen Bewußteins findet der interkulturelle Diskurs für drei Bestandteile „moderner Gemeinwesen“, für die Volkssouveränität, die Menschenrechte und die Gewaltenteilung, Ansätze in anderen Kulturen: Für die Volkssouveränität verweist er auf die frühen Jägerkulturen, in denen verwandtschaftlich aufgebaute Horden (Sippen) ihre Entscheidungen (etwa über die Jagd und ihr Lager) gemeinschaftlich treffen. Demokratischen Charakter haben auch viele religiöse Orden, etwa die Dominikaner und die Franziskaner, deren Obere von einer Versammlung der Mitglieder, dem Kapitel, auf Zeit gewählt werden. Und in der afrikanischen Institution des Palavers wird so lange unter allen Betroffenen beraten, bis ein Konsens erzielt ist. Einen Großteil der Menschenrechte wiederum schützt das in den Rechtsordnungen geltende Strafrecht (vgl. Höffe 1999a). Asiatische Autoren wie Carolina Hernandez (1997) und Eun-Jerny Lee (1997) sehen den Gedanken der Menschenrechte sogar in eigenen, asiatischen Traditionen verwurzelt. Schließlich finden sich überall dort Ansätze von Gewaltenteilung, wo den Herrschern teils als Gewohnheitsrecht, teils als göttliches Recht Regeln vorgegeben sind. Und verstärkt wird die Gewaltenteilung, wo dem Herrscher ein Beratungsgremium zur Seite, vielleicht sogar ein Kontrollgremium gegenüber steht.

Mindestens ebenso wichtig ist die dritte Ebene: Für die Rechts*praxis* plädiert der interkulturelle Diskurs für eine so behutsame Verwirklichung der formalen Prinzipien, daß deren Offenheit tatsächlich zum Tragen kommt. Die Rechts- und Gerechtigkeitsansprüche der modernen Zivilisation dürfen nur dann anderen Kulturen zugemutet werden, wenn diese ein hohes Maß an Eigenständigkeit behalten. Statt ihre Identität aufgeben zu müssen, haben sie das Recht auf eine Akkulturation: auf eine ihrer Kultur gemäße Einverleibung.

Zweifelsohne wird die dritte Bedingung lange Zeit kräftig verletzt. Auf der einen Seite befleißigen sich die westlichen Staaten nicht bloß staatsintern jener religiösen Intoleranz, die zu den Glaubenskriegen und einer Auswanderung großen Stils führt. Selbst den Staaten, die sich auf dem Grundsatz religiöser Toleranz gründen, sind weder Sklaverei noch Kolonialismus und Imperialismus fremd. Und zu deren Spätfolgen gehören Identitätsschwierigkeiten anderer Kulturen, die bis in die Gegenwart wirksam sind und „den Westen" zu einer weniger hochgemuten Selbsteinschätzung mahnen. Auf der anderen Seite werden die in Europa und Nordamerika entwickelten Staatsformen zu rasch und zu direkt importiert: Als etwa Südamerika nach Auflösung der spanischen und portugiesischen Kolonialreiche das Präsidialregime der Vereinigten Staaten und als Japan nach der Meji-Restauration den preußischen Konstitutionalismus übernimmt oder als Afrika sich je nach der früheren Kolonialmacht an französischen, britischen oder anderen Vorbildern orientiert, läßt man sich nicht auf die erforderliche Zeit und Mühe ein (vielleicht konnte man es auch nicht), um die westlichen Staatsformen mit der eigenen Tradition und Mentalität zu vermitteln. Die Folgen, die bekannten Krisen, bekräftigen die dritte Bedingung: daß das Grundmodell, die qualifizierte Demokratie, sehr behutsam und nur unter Berücksichtigung der eigenen Kultur zu verwirklichen sei.

Grundlegend neu ist der inter- und transkulturelle Rechtsdiskurs nicht. Denn schon immer hat sich die Philosophie als Anwalt der Menschheit verstanden. Und „Menschheit" bedeutet hier primär das Humane im Menschen, dessen Berücksichtigung aber sekundär der Menschheit im Sinne der Gattung zukommt. Gewohnt, sich nicht auf gewisse Traditionen oder Konventionen zu stützen, auch nicht auf heilige Texte oder eine Offenbarung, verläßt sich die Philosophie lediglich auf die allgemeinmenschliche Vernunft und auf allgemeinmenschliche Erfahrungen. Auf diese Weise gewinnt sie, was sich als normativer Kern weltöffentlicher Debatten eignet: kulturübergreifend gültige Begriffe und Aussagen.

Erster Teil

Qualifizierte Demokratie

Wer von der Demokratie als Ideal menschlicher Selbstorganisation überzeugt ist, unterwirft die Herausforderung unserer Epoche, die Globalisierung, diesem Ideal unmittelbar. Er verlangt direkt nach globaler Demokratisierung oder globaler Demokratie. Gründliche Philosophie setzt sich aber mit der einschlägigen Skepsis auseinander; gegen die Demokratie tritt sie in Form zweier Rückfragen auf. Erstens: Besteht das Ideal in der bloßen Demokratie oder erst in ihrer qualifizierten Form, in ihrer Verbindung mit Gerechtigkeitsprinzipien, namentlich den Menschenrechten? Zweitens: Ob schlichte oder qualifizierte Demokratie: hängt das politische Ideal von den Prämissen einer Kultur, der westlichen Neuzeit, ab, oder ist es kulturübergreifend gültig?

Für beide Fragen reicht das neuerdings vorherrschende Verfahren, die Rekonstruktion der Demokratie, nicht aus. Eine Rekonstruktion legt zwar normative Grundlagen frei, resigniert aber vor deren Legitimation. Infolgedessen überzeugt sie nur den, der im Prinzip schon überzeugt ist. Eine „politische Fundamentalphilosophie" (Höffe 1987) beginnt gründlicher: mit einer universal gültigen Legitimationsaufgabe, der Zwangsbefugnis, und einem ebenso universalen Legitimationskriterium, einer allseitigen Zustimmungswürdigkeit aufgrund allseitigen Vorteils (Kapitel 2).

Aus dem genannten Legitimationskriterium ergeben sich normative Sozialprinzipien: zunächst ein universales Rechtsgebot mit ebenso universalen Rechtsprinzipien (Kapitel 3), sodann sukzessive ein universales Staats- und ein universales Demokratiegebot (Kapitel 4). Diese Abfolge hält sich für den Gedanken der normativen Modernisierung offen: Die politische Selbstorganisation mag durchaus in einer anderen Rechts- und Staatsgestalt ansetzen, voll entfalten kann sie sich aber erst in der qualifizierten Demokratie. Nach Einführung von zwei komplementären Staatsprinzipien, Subsidiarität und Föderalismus (Kapitel 5), überprüfen wir die These der globalisierungsbedingten Entmachtung des Einzelstaates (Kapitel 6). Und während sich die übliche Demokratietheorie mit einer bloß institutionellen Theorie zufrieden gibt, schließen wir Überlegungen zur personalen Entsprechung an: Zum Entstehen und Fortbestehen demokratischer Institutionen braucht es eine reiche Zahl von Bürgertugenden (Kapitel 7).

2. Zustimmung aus Vorteil

2.1 Zwangsbefugnis

Wir beginnen mit der Frage, was denn zur Legitimation ansteht, und blicken zu diesem Zweck auf die Struktur von Gemeinwesen: Solange sie reine Kooperationsgemeinschaften bilden, die spontan entstehen und freiwillig weiterbestehen, kann man sich zwar fragen, warum die Menschen überhaupt zusammenleben. Und darauf läßt sich mit einer Fülle guter Gründe antworten. Abgesehen vom Thema der Sozialrechte (s. Kap. 3.4), überläßt die politische Fundamentalphilosophie aber deren nähere Bestimmung der Gesellschaftstheorie. Denn eine rein freiwillige Kooperationsgemeinschaft bedarf nur der Erklärung, nicht auch der Rechtfertigung.

Anders sieht es dort aus, wo das Gemeinwesen sich mit Freiwilligkeit nicht begnügt, sondern zwangsbefugte Regeln einführt und mit ihnen in die Freiheit ihrer Mitglieder eingreift. Da jedes Gemeinwesen Zwangsbefugnis beansprucht, liegt hier die gesuchte Legitimationsaufgabe. Auch heute, im Zeitalter des praktizierten Historismus, gibt sie der Philosophie eine kulturübergreifend gültige Frage auf und verlangt für sie eine universal gültige Antwort: Wieso darf es unter Menschen Eingriffe in die Freiheit geben; wieso kann Zwang legitim sein?

Den Inbegriff der regelförmigen Zwangsbefugnisse bildet das Recht. Mit seinen teils prozeduralen, teils substantiellen Regeln bringt es drei Leistungen zustande. Es koordiniert die Teile des Gemeinwesens: die Individuen, Gruppen und Institutionen. Es hilft, Konflikte unter ihnen erst gar nicht entstehen zu lassen oder aber sie ohne (private) Gewalt zu lösen. Nicht zuletzt nimmt es bei Fragen der Mündigkeit oder der Autorisierung von Rechtsinstanzen Ermächtigungen vor. In allen drei Arten zeichnet sich das Recht durch ein Merkmal aus, die Zwangsbefugnis, das erstaunlicherweise in neueren Theorien von Recht, Gerechtigkeit und Staat ausgeblendet wird: Weder Rawls (1971 und 1993) noch Dworkin (^{8}1996 und ^{8}1993) oder Habermas (1992) gehen näher darauf ein.

Mit dem „Gorgonenhaupt der Macht" darf man freilich die Zwangsbefugnis nicht gleichsetzen. Im Gegensatz zu nackter Gewalt ist der Rechtszwang in strenge Regeln eingebunden, außerdem autorisiert. Auch darf man ihn nicht auf seine ultima ratio, den Strafzwang, verkürzen. Nicht minder wichtig ist der Formzwang, dessen Mißachtung zur Nichtigkeit des intendierten Rechtsgeschäftes führt. Überdies gibt es einen Leistungszwang, namentlich Steuern zu zahlen. Und bei der Globalsteuerung gibt das Recht dem konkreten Handeln einen verbindlichen Rahmen vor.

In all diesen Bereichen beansprucht ein Gemeinwesen das Gewaltmonopol und setzt sich so eifersüchtig, freilich auch so berechtigt durch, wie die monotheistische Gottheit sich gegen fremde Götter behauptet. Nicht erst der Regelverstoß, sondern schon die persönliche Sanktion von Regelverstößen, die private Gewalt, gilt als gravierender Rechtsverstoß.

Als Inbegriff der nicht mehr privaten, sondern öffentlichen Gewalt stellt sich das Gemeinwesen als eine Herrschaftsordnung dar, die als solche in die Freiheit der Bürger eingreift und in genau dieser Hinsicht der Rechtfertigung bedarf: Warum soll das Recht der privaten Verantwortung entzogen und öffentlichen Gewalten überlassen werden? Und wegen dieser Anschlußfrage erweist sich die Rechtfertigung als zweistufig. Zunächst ist das Recht zu legitimieren, sodann die nicht mehr private, sondern öffentliche Verantwortung für das Recht, der Staat, hier in seinem weiten Verständnis.

Manche sind der Ansicht, beim politischen Ideal, der qualifizierten Demokratie, hebe sich der Zwang auf. Und diese – oft unausgesprochene – Ansicht könnte ein Grund sein, warum in prominenten Rechts- und Demokratietheorien das Thema Zwangsbefugnis fehlt. In Wahrheit ändert sich im Fall der Demokratie zwar die Herkunft des Zwangs; er kommt nicht mehr von einer (fremden) Obrigkeit, sondern von den Zwangsbetroffenen. Zudem wandelt sich der Zweck; der Zwang dient nicht den Inhabern der Zwangsbefugnis, den Herrschern, sondern den Bürgern selbst. Auch in einer rousseauistisch interpretierten Demokratie, bei einer Einheit von Herrschern und Beherrschten, bleiben aber Strafzwang, Formzwang und Leistungszwang erhalten. Die demokratische Metamorphose: die Umwandlung des Fremdzwangs in einen Selbstzwang der Betroffenen, beläuft sich also auf eine grundlegende Veränderung, hebt aber die Legitimationsaufgabe, die Zwangsbefugnis, nicht auf.

2.2 Gemeinwohl (Utilitarismus) oder Gerechtigkeit?

Auf das letztlich deskriptive Element, die Legitimationsaufgabe, folgt in methodischer Hinsicht ein normatives Element, das Legitimationskriterium: Nach welchem Maßstab kann die Zwangsbefugnis als legitim gelten? Die normativ bescheidene Antwort, eine prudentielle bzw. pragmatische Rechtfertigung, beruft sich auf klugheitsgebotene Zwecke, bei einem Gemeinwesen etwa auf die innere oder die äußere Sicherheit oder das wirtschaftliche Wohlergehen. Und weil es viele derartige Zwecke gibt, die man klugerweise nicht alternativ verfolgt, drängt sich als Maßstab deren Inbegriff, das Gemeinwohl, auf: Die Zwangsbefugnis erscheint dann als legitim, wenn sie dem Gemeinwohl dient.

Gegen eine derartige sozialpragmatische Legitimation könnte man einwenden, ihr Leitbegriff sei hoffnungslos unterbestimmt, darüber hinaus ideologieverdächtig. Wer sich aufs Gemeinwohl berufe, verstecke seine partikularen Interessen unter dem Deckmantel des Allgemeinen. Die in der Tat gegebene Unterbestimmtheit hat aber einen guten Grund. Das Gemeinwohl ist der Inbegriff kluger Zwecke, von dem sich nicht apriori sagen läßt, was alles darunter fällt. Die zugehörigen Zwecke aufzusuchen, sie näher zu bestimmen und miteinander abzustimmen, ist vielmehr eine immer wieder neu zu bewältigende und im Ergebnis offene Aufgabe. Die Offenheit erleichtert zwar den ideologischen Mißbrauch; ideologisch ist aber nicht der Begriff selbst, sondern der Versuch, ihn auf eine nur partikular gültige Interpretation festzulegen.

Die wirkungsmächtigste Ethik des Gemeinwohls ist der Utilitarismus. Dieser versteht den Leitbegriff als maximales Kollektivwohl und versucht es – so Bentham – mittels eines hedonischen Kalküls zu berechnen, läßt aber ansonsten den Begriff ausdrücklich offen. (Für eine Textauswahl zur utilitaristischen Ethik s. Höffe ²1992; zur neueren Diskussion s. Brandt 1992, Nida-Rümelin 1993 und Häyry 1994; zum Vergleich mit der Vertragstheorie s. Rinderle 1998.) Aus diesem Grund und weil er unter der intellektuellen Führung von Bentham und Mill in deren Heimat, im spätfeudalen, frühkapitalistischen und kolonisierenden Großbritannien, bedeutende Reformen inspiriert, spielt er seither im englischen Sprachraum eine besondere Rolle. In Deutschland wird der Utilitarismus dagegen rezipiert (z. B. Kaler 1885), von führenden Intellektuellen aber scharf abgelehnt: Marx und

Engels werfen ihm eine „exploitation de l'homme par l'homme" vor (*Deutsche Ideologie* 1845/46, Abschn. „Moral, Verkehr, Exploitationstheorie": MEW 3, 394 ff.). Nietzsche zählt ihn zu den „Vordergrunds-Denkweisen und Naivitäten" (*Jenseits von Gut und Böse*, Nr. 225); und auch in einem Aphorismus aus der *Götzen-Dämmerung* dürfte Utilitarismus-Kritik mitschwingen: „Der Mensch strebt *nicht* nach Glück; nur der Engländer tut das" („Sprüche und Pfeile", Nr. 12).

In der Tat darf man über den politischen Erfolgen, auch über den theoretischen Vorteilen wie etwa der Offenheit für den Reichtum der empirischen Wirklichkeit, die gravierenden Schwierigkeiten nicht übersehen. Zwei davon können hier außer Betracht bleiben: daß die Rechtfertigung des utilitaristischen Prinzips bis heute ungelöst ist und daß die zur Berechnung des Gemeinwohls erforderlichen intrapersonalen, noch mehr die interpersonellen Nutzenvergleiche häufig so gut wie unmöglich sind (dazu Griffin 1986, Teil II; Elster/Roemer 1991). Entscheidend für die politische Legitimation ist eine dritte Schwierigkeit, das Defizit an Gerechtigkeit. Es liegt sogar in zwei Stufen vor, als Defizit sowohl an der üblichen, rechts- und staats*normierenden* als auch an der grundlegenderen, rechts- und staats*legitimierenden* Gerechtigkeit.

In normierender Hinsicht, also im Blick auf die Unterscheidung von legitimen und illegitimen Handlungen, Gesetzen oder Staatsformen, zählt für den Utilitarismus zwar jeder, sogar jeder in gleichem Maß. Dieser demokratische Ansatz betrifft aber nur die Ausgangsdaten, aus denen das größte Kollektivwohl berechnet wird. Die dort stattfindende strenge Gleichbehandlung verhindert nicht, daß im Zuge der Berechnung das Leid der einen gegen das Wohl der anderen aufgerechnet wird, ohne den Benachteiligten einen Ausgleich anzubieten. Infolgedessen kennt der Utilitarismus keine genuinen Menschenrechte. Der Ehrenbürger des revolutionären Frankreichs, Bentham (*Political Thought*, 269; vgl. Waldron 1987), verspottet die Menschenrechtserklärung sogar als „gestelzten Unsinn".

Vorausgesetzt, das Kollektivwohl wird maximiert, so erlaubt der Utilitarismus, Unschuldige zu bestrafen oder die Sklaverei einzuführen, und gibt damit Marx' und Engels' Vorwurf einer Ausbeutung des Menschen durch den Menschen recht. Bei entsprechenden empirischen Bedingungen fällt das Gerechtigkeitsdefizit zwar gering aus. Wo das (psychologische) Gesetz des abnehmenden Grenznutzens herrscht, also der Gratifikationswert eines Gutes bei wachsender Gütermenge sinkt (der erste Apfel hat einen größeren Sättigungs- und Genußwert als der zweite, der wiederum einen größeren Wert als der dritte hat ...), und wo noch weitere Zusatzbedingungen erfüllt sind, dort gebietet der Utilitarismus sogar eine strenge Gleichbehandlung. Auch dann bleibt aber der Einwand, daß die Gleichbehandlung an zufällige empirische Umstände gebunden ist, während sie für den Gerechtigkeitsstandpunkt, falls er denn Gleichheit gebietet, eine normative Vorgabe darstellt: Unveräußerliche Rechte wie die Menschenrechte kommen dem Menschen in jedem Fall zu, unabhängig vom Vorliegen glücklicher Umstände. Nach einer provokativen Studie von Fogel (^{2}1994) soll dagegen die nordamerikanische Sklaverei nicht bloß dem partikularen Vorteil der Sklaven (!), sondern auch dem kollektiven Vorteil der betreffenden Staaten gedient haben; sie war also utilitaristisch geboten. (Zur Kritik an Mills Versuch, den Gerechtigkeitseinwand zurückzuweisen – Mill, *Utilitarianism*, 1861, Kap. 5 – s. Höffe 1990, Kap. 6.)

Hinsichtlich der rechts- und staatslegitimierenden Gerechtigkeit wiederum, also bei der Frage, warum es überhaupt Recht und Staat geben darf, legen sich weder Utilitaristen noch andere Vertreter des Prinzips Gemeinwohl die Frage nach der Zwangsbefugnis vor. Gewisse Dinge, etwa Mäzenatentum oder Ehrenämter, tragen nämlich zum Gemeinwohl bei, ohne daß man dazu gezwungen werden dürfte (vgl. Kap. 7.4). Infolgedessen ist der Utilitarismus nicht deshalb unzureichend, weil er sein Prinzip nicht begründet oder weil er Schwierigkeiten mit dem Nutzenvergleich hat. In unserem Zusammenhang ist er es auch nicht wegen seines generellen Gerechtigkeitsdefizits, sondern nur wegen eines Teiles: wegen des Mangels an einer die Zwangsbefugnis legitimierenden Gerechtigkeit.

Innerhalb der Sozialmoral bedeutet die Gerechtigkeit die Grund- und Elementarschicht, jene Minimalmoral, deren Anerkennung die Menschen einander schulden. Die Optimalmoral dagegen, die Menschen- oder Nächstenliebe, bleibt zwar ein moralisches Gebot, das aber erst jenseits des Geschuldeten ansetzt. Dieser klare begriffliche Unterschied spiegelt sich in den Reaktionen auf Moralverstöße wider: Weil Menschenliebe bzw. Wohltätigkeit erbeten werden, sind wir über ihren Mangel nur enttäuscht, auf fehlende Gerechtigkeit reagieren wir dagegen mit Protest und Empörung. (Zur Gegenüberstellung s. schon A. Smith, *Theory of Moral Sentiments*, 2. Teil, 2. Abschn.) Im Utilitarismus aber und generell dem Prinzip Gemeinwohl fehlt diese Unterscheidung. Weil Zwangsbefugnisse die Freiheit einschränken, können sie sich nur von dem her rechtfertigen, was die Menschen einander schulden, nicht von dem, was sie bloß voneinander erbitten. Die Menschenliebe scheidet daher ebenso als Legitimationskriterium aus wie ein Gemeinwohl, das gegen die Differenz von Menschenliebe und Gerechtigkeit noch indifferent ist.

Weil die folgenden Überlegungen vom Standpunkt der Gerechtigkeit ausgehen, belaufen sie sich in zwei Hinsichten auf eine politische Fundamentalphilosophie: Thematisch gehen sie hinter die heutige Gestalt des Gemeinwesens, die Demokratie, zurück und befassen sich, kultur- und epochenunabhängig, mit Recht und Staat überhaupt, mit deren Zwangsbefugnis nämlich. Mit dem Aristotelischen Argument einer immanenten Vollendung werden wir allerdings auch zur qualifizierten Demokratie übergehen. Und normativ gesehen begnügen wir uns nicht mit einer kollektiven Klugheit. Im Gegensatz zu einer sozialpragmatischen bzw. utilitaristischen Rechtfertigung berufen wir uns auf die normativ höchste Stufe, die Moral, des näheren auf die Sozialmoral des wechselseitig Geschuldeten, die Gerechtigkeit.

2.3 Legitimatorischer Individualismus

Die Gerechtigkeit wirft freilich eine neue Schwierigkeit auf. Über die näheren Prinzipien gibt es einen so erbitterten Streit, daß aus diskussionspragmatischen Gründen viele lieber auf die Gerechtigkeit verzichten. Der politischen Legitimation steht ein solcher Verzicht aber nicht frei. Läßt sich nämlich die Zwangsbefugnis nicht von der Gerechtigkeit her rechtfertigen, dann verüben die Gemeinwesen, die sie ja trotzdem beanspruchen, gegen ihre Mitglieder Gewalt und tun ihnen Unrecht an. Glücklicherweise gibt es aber für die Zwangsbefugnis ein unstrittiges Kriterium. Offensichtlich sind Freiheitseinschränkungen gerechtfertigt, denen jeder zustimmen kann. Gemäß dem Grundsatz „Dem Willigen geschieht kein Unrecht" (volenti non fit iniuria) ist ein freiwillig übernommener Zwang legitim.

Die Bedingung Freiwilligkeit wird allerdings nur dort erfüllt, wo die Zustimmung jedes Individuums zählt. Insofern kommt es auf einen Individualismus an, freilich nicht auf eine Form, gegen die man den beliebten Vorwurf mangelnder Intersubjektivität erheben könnte (so Habermas 1989, 322ff., zur Gegenkritik s. Höffe 1990, Kap. 13.3). Zweifellos ist der Mensch kein isoliertes Atom, das unabhängig von seinesgleichen existieren kann. Selbst eine an sich individuelle Lebensform wie der *bios theôrêtikos*, das der Philosophie und den Wissenschaften gewidmete Leben, bedarf als Voraussetzung und Ergänzung einer sozialen Lebensform, des *bios politikos* (Aristoteles, *Nikomachische Ethik* X 8, 1178 a25–b3; vgl. X 9, 1178 b33–1179 a9). Man kann diese Einsicht sogar in eine anthropologische Bestimmung bringen und den Menschen als ein „Tier" definieren, das nur in der Gesellschaft sich vereinzeln kann.

Um den Vorwurf fehlender Intersubjektivität zu entkräften, sei an eine elementare Mehrdeutigkeit erinnert: Nach einem ersten, sozialtheoretischen Individualismus soll der Mensch auch ohne Gesellschaft ein handlungsfähiges Individuum sein können. Es bleibe dahingestellt, ob mit Ausnahme von Ibn Thofaïls (Abubacers) philosophischem Roman *Hayy ben Yaqdhan*, einer Art Ur-Robinson aus dem zwölften Jahrhundert (vgl. Conrad 1996), und Max Stirners Werk *Der Einzige und sein Eigentum* (1845) die Position eines radikalen Solipsismus je ernsthaft vertreten worden ist. Haltbar ist sie jedenfalls nicht, denn der Mensch ist in vielfacher Hinsicht ein Sozialwesen (s. Kap. 3.4).

Im Unterschied zum sozialtheoretischen Individualismus erkennt der legitimatorische Individualismus die Sozialnatur des Menschen an. Statt aber nur trocken zu behaupten, ihretwegen bedürfe der Mensch eines zwangsbefugten Gemeinwesens, wird diese Behauptung einer Prüfung unterzogen. Dabei muß sich das Gemeinwesen vor jedem einzelnen rechtfertigen, nicht umgekehrt, wie in einem legitimatorischen Kollektivismus, das Individuum vor dem Gemeinwesen. Der legitimatorische Individualismus beläuft sich auf eine Konsenstheorie strengster Provenienz.

Bekanntlich spielen in den neueren Debatten um Moral, Recht und Staat außer dem Utilitarismus die Zustimmungs- bzw. Konsenstheorien eine besondere Rolle. Bei ihnen darf man weder ihre lange Tradition vergessen noch den Umstand übersehen, daß sie eine Großfamilie bilden, bei der es auf die Feinbestimmung ankommt. Innerhalb derselben Großfamilie der Konsenstheorien zeichnet sich der legitimatorische Individualismus durch zweierlei aus: durch die Unterscheidung der geschuldeten Moral vom verdienstlichen Mehr und durch jenen strengen Konsensbegriff, der eine allseitige Zustimmung, die strenge Einstimmigkeit, verlangt. Ihretwegen steht am systematischen Beginn eine elementare Freiheit, die sich mit einer ebenso elementaren Gleichheit verbindet: Insofern die einzelnen frei zustimmen müssen, gelten sie als freie und gleiche Personen.

Im Verlauf der Rechtfertigung tritt übrigens ein weiterer, jetzt politischer Individualismus zutage: Die Zwangsbefugnis ist nur dort legitim, wo sie jedem Individuum einen Anspruch auf unveräußerliche Rechte, einschließlich positiver Freiheitsrechte und demokratischer Mitwirkungsrechte, einräumt. Diese haben auch in Habermas' Diskurstheorie den lebensweltlichen Rang von unhintergehbaren Voraussetzungen: von angeborenen und unveräußerlichen Präjudizien. Ihretwegen begnügt sich Habermas, freilich à contre coeur, nicht mit einem bloß prozeduralistischen Rechtsverständnis; sein Diskurs macht substantielle Voraussetzungen, deren man sich zwar reflexiv vergewissern kann, die man aber in praxi schon vorab anerkannt haben muß. Wer Menschenrechte wie die Integrität von Leib und Leben, wie die Meinungsfreiheit und das Mitbestimmungsrecht nicht achtet, führt nämlich mit seinem Gegner keinen Diskurs.

Gegen den legitimatorischen Individualismus drängt sich, nächst dem Einwand fehlender Intersubjektivität, der pragmatische Einwand auf, historisch-faktisch lasse sich die Einstimmigkeit nie erfüllen. Denn zum einen könne die Zustimmung auch aus Gedankenlosigkeit oder Verblendung erfolgen, womit sie nicht im vollen Sinn frei wäre. Zum anderen seien manche Personen gar nicht anwesend, und Kleinkinder oder geistig Behinderte könnten sich mangels Zurechnungsfähigkeit nicht frei entscheiden. Weil der Einwand eine gewisse Berechtigung hat, ist unser Legitimationskriterium zu präzisieren: Damit die Zustimmung überlegterweise („vernünftig") erfolgt, ist sie an einen nachprüfbaren Vorteil zu binden. Das formale Kriterium „freie Zustimmung" geht deshalb in das substantielle Kriterium „zustimmungswürdig" im Sinne von „eigener Vorteil" über. Dabei reicht eine schwache Zustimmungswürdigkeit – die Zustimmung *kann* aus guten Gründen gegeben werden – nicht aus. Die Zwangsbefugnis ist nur unter der anspruchsvolleren Bedingung legitim, daß man ihr die Zustimmung *nicht* überlegterweise *versagen* kann.

Dieses Kriterium löst auch den zweiten Teil des Einwandes, das Problem der Stellvertretung von Abwesenden und der Vormundschaft für nichtzurechnungsfähige Personen. Nicht wegen einer historisch-faktischen Zustimmung ist die Zwangsbefugnis legitim, sondern weil und insoweit ihr die Zustimmung niemand begründet versagen kann. In diesem wohlbegrenzten Sinn läßt die politische Legitimation sogar einen legitimatorischen Paternalismus zu. Als Inbegriff autoritären Verhaltens erscheint uns der Paternalismus zwar generell als obsolet und gegenüber der liberalen Demokratie sogar als klarer Widerspruch.

Er bleibt jedoch insofern unverzichtbar und zugleich legitim, als die Zwangsbefugnis eines Gemeinwesens auch denjenigen zugute kommen muß, deren Vernunft und Wille vorübergehend oder auf Dauer versagen. Daß etwas auch gegen Uneinsichtigkeit oder Unwilligkeit legitim sein kann, wird allerdings nur auf einen elementaren und eng begrenzten Bereich zutreffen. Keineswegs ist ein umfassender Paternalismus zu rechtfertigen.

Weil der Vorteil jedes Betroffenen zählt, könnte man einen normativen Egoismus befürchten, demzufolge Recht und Staat aus selbstsüchtigen Privatinteressen gerechtfertigt werden. Über die Art des Vorteils ist aber noch nichts gesagt. Nicht auf ein „selbstsüchtiges Privatinteresse", etwa den Schutz von Eigentum, kommt es an, sondern darauf, daß niemand den Interessen anderer, und sei es auch noch so vieler anderer, geopfert werde. Worin auch immer der Vorteil liegt: er muß jedem einzelnen zugute kommen. Auf diese Weise erfüllt der legitimatorische Individualismus die berühmte „Selbstzweckformel" von Kants kategorischem Imperativ (*Grundlegung*, 2. Abschn., IV 429). Im Gegensatz zu der beim Utilitarismus drohenden Ausbeutung des Menschen durch den Menschen ist niemand bloß Mittel für die anderen. Jeder zählt als eigene Person; auch wer noch nicht (Kleinkinder), wer nicht mehr (gewisse ältere Menschen) oder wer auf Dauer nicht zustimmungsfähig ist (geistig schwer Behinderte), gilt als Zweck an sich selbst und als Träger entsprechender Rechte (s. auch Kap. 3.5).

2.4 Metapher Vertrag

Das Muster einer freiwilligen Selbstverpflichtung liegt im Vertrag. Die politische Legitimation läuft daher auf einen speziellen Vertrag hinaus, auf einen ursprünglichen, Recht und Staat begründenden Vertrag, auf einen politischen Urvertrag. Die philosophische Tradition spricht hier etwas mißverständlich von einem Gesellschaftsvertrag. Zu begründen ist aber nicht die Gesellschaft, sondern die bürgerliche Gesellschaft im Sinn der societas civilis, des politischen Gemeinwesens.

Die Anfänge der philosophischen Vertragstheorie reichen bis in die Antike zurück, beispielsweise zu Solon (Fragm. 36 West, V. 15–27; Fragm. 37), zu Sophisten wie Protagoras (vgl. Platon, *Protagoras* 322 a–d) und Lykophron (nach Aristoteles, *Politik* III 9, 1280 b8 ff.), zu Platon im Dialog *Kriton* (50 a–52 d), zu Epikur (*Kyriai doxai* 33) und zu Augustinus (*De civitate dei* IV 4). Im Spätmittelalter lesen wir das Kernelement, die wechselseitige Zustimmung, bei Duns Scotus: Keiner hat Befugnis über einen anderen, es sei denn aus wechselseitiger Zustimmung (*Reportationes Parisienses*, Opera Omnia 24, 234). Erst in der Aufklärungsphilosophie, bei Hobbes, Locke, Rousseau und Kant, wird aber das Legitimationsmuster voll entwickelt. Seit der Spätaufklärung werden zwar Einwände laut, vorgetragen etwa von Hume und Adam Smith, von Burke, Hegel und Schlegel, später von Bentham, Austin und den Sozialdarwinisten, nicht zuletzt von Nietzsche und Durkheim. Ihre Kritik verkennt jedoch, das läßt sich an vier der bekanntesten Einwände zeigen, den legitimatorischen Anspruch der Vertragstheorie. Und ein fünfter Einwand, der Individualismus-Vorwurf, ist schon behandelt (Kap. 2.3).

(1) Nach Humes Einwand bindet ein Vertrag nur die Vertragschließenden, so daß die Nachkommen ihn erneuern müßten, worauf aber kein Staat, bevor er Rechtsgehorsam verlange, warte (*Of the Original Contract*, 189). Ähnlich wie später bei Nietzsche (*Zur Genealogie der Moral*, 2. Abh. Abschn. 17) und Durkheim (*De la division du travail social*, 179) wird hier der Vertrag als ein historisches Ereignis verstanden und ist dann zu Recht als Grundmuster der Entstehung von Staaten kritisierbar. Nur wenige Staaten entstehen nämlich durch Vertragsschluß; und selbst sie erwarten den Rechtsgehorsam späterer Generationen, bevor diese den Vertrag erneuern. Außerdem ist nicht jeder Vertrag so vorbildlich, daß er die kritiklose Zustimmung der Nachgeborenen verdient. Der politische Urvertrag befaßt sich aber nicht mit geschichtlichen Verträgen, weder mit ausdrücklichen noch stillschweigenden Vereinbarungen. Nicht an der Entstehung von Gesellschaft, auch nicht an der Festlegung konkreter Rechts- und Staatsverhältnisse interessiert, unternimmt er ein Gedankenexperiment zu legitimatorischen Zwecken. Der politische Urvertrag ist ein virtueller Vertrag, der die primäre, rechts- und staatslegitimierende Gerechtigkeit: die Rechtmäßigkeit von Recht und Staat überhaupt, ausweist.

(2) Der zweite Einwand entfaltet wegen der Bedeutung seines Autors eine besondere Wirkungsmacht: Hegel sieht im Vertrag ein Rechtsinstitut bloß des Privateigentums, das der ‚ganz anderen und höheren Natur' eines Staates unangemessen (*Rechtsphilosophie*, § 75 Anm.; vgl. § 258 Anm. u. ö.) sei; denn das Gemeinwesen, so läßt sich zuspitzen, ist doch keine Aktiengesellschaft. In Wahrheit ist der Vertrag aber ein Rechtsinstitut auch des öffentlichen Rechts. Im angeblichen Gegensatz zur Vertragstheorie plädiert Hegel, von Aristoteles

inspiriert, für eine substantielle Sittlichkeit. Auch heute stellt man der „neuzeitlichen" Vertragstheorie gern die antike, insbesondere Aristotelische These von der politischen Natur des Menschen entgegen (*physei politikon zôon*: *Politik* I 2). Die Gegenthese eignet sich aber schon deshalb nicht als Alternative, weil sie sich auf das Legitimationsziel der philosophischen Vertragstheorie nicht einläßt. Aristoteles geht es um Sozialverhältnisse, die das gute Leben *(eu zên)*, also ein Optimum, ermöglichen, während sich die Vertragstheorie mit einem Minimum, den zwangsbefugten Vorbedingungen, zufriedengibt. Infolgedessen handelt es sich hier weder um die Alternative „Aristoteles oder Vertragstheorie" noch um die andere, angeblich parallele Alternative „das Gute oder das Gerechte". Es geht vielmehr um ein Sowohl-als-auch und zusätzlich um eine Priorität: Bevor man sich auf das Optimum mit seinen zum Teil freiwilligen Mehrleistungen einlasse, befasse man sich mit dem zwangsbefugten Minimum. (Zur Aristoteles-Interpretation s. Höffe [2]1999, Abschn. 15.2; daß man auch auf Aristotelischer Grundlage eine Vertragstheorie entwickeln kann, zeigt Althusius, *Politica*, [3]1614, XIX 23; dazu schon Gierke, [5]1958, der aber Althusius' philosophischen Rang im Verhältnis zu Hobbes, Locke und Rousseau zu hoch einschätzt.)

(3) Nach dem wissenschaftstheoretischen Einwand ist der philosophische Gesellschaftsvertrag mit methodischen Erwartungen der frühen Neuzeit verknüpft. Namentlich binde er sich an Hobbes' Enthusiasmus für eine Philosophie nach dem Vorbild Euklids, dem rationalistischen und nach Ansicht einiger Interpreten auch quasi-technischen Ideal einer streng deduktiven Legitimation: dem *mos geometricus*. In der Tat nimmt noch ein Vertragstheoretiker von heute, John Rawls (1971, §§ 4 und 87), ein gewisses Äquivalent, eine rationale Klugheitswahl, in Anspruch. Anderen Vertragstheoretikern wie Locke und Kant ist der *mos geometricus* aber fremd. Jedenfalls kann eine systematische Wiederbelebung der Vertragstheorie auf den quasi-mathematischen Rationalismus verzichten. Auch Rawls relativiert ihn; in der *Theorie der Gerechtigkeit* (1971) gibt er dem anderen methodischen Element, dem Überlegungsgleichgewicht, den Vorrang (vgl. O'Neill 1998); und im zweiten Hauptwerk, dem *Politischen Liberalismus* (1993), spielt die rationale Klugheitswahl keine Rolle mehr.

(4) Nach einem weiteren Einwand soll die Vertragstheorie die Leistungskraft der Subjektivität überschätzen. Sie unterstelle rechtsfreien Subjekten die Fähigkeit, das Recht, und staatsfreien Subjekten die Fähigkeit, den Staat hervorzubringen, wolle also das Recht aus Nicht-

Recht und den Staat aus Nicht-Staat erschaffen. Diesen „kontraktualistischen Schöpfungsmythos“ braucht die Vertragstheorie aber nicht zu behaupten. Im übrigen fallen Recht und Staat nicht vom Himmel, werden vielmehr von Menschen gemacht, so daß ihre Existenz eine entsprechende Fähigkeit menschlicher Subjektivität belegt: Im Wissen um die eigene Selbstgefährdung, nämlich um die Gefahren, die bei ungehinderter Freiheit drohen, lassen sich die Menschen auf Freiheitseinschränkungen ein und stellen sie mittels Recht und Staat auf Dauer. Der Mensch vermag sich also selbst zu überlisten und die Gefährdungen der Subjektivität durch Institutionalisierungen zu bändigen.

Da sich die Einwände gegen die Vertragstheorie entkräften lassen, darf man ihre tatsächliche Leistung vergegenwärtigen: Gemäß der doppelten Legitimationsaufgabe ist der politische Urvertrag zweigeteilt. Auf den rechtslegitimierenden Vertrag, den originären Rechtsvertrag (pactum iuris), folgt der staatslegitimierende Vertrag, der originäre Staatsvertrag (pactum iuris publici). Diese Zweiteilung weicht vom Paradigma neuzeitlicher Vertragstheorie, Hobbes, und dessen unterschiedlichen Nachfolgern Locke, Rousseau und Kant, ab, ohne in die Doppelvertragslehre der deutschen Naturrechtstheoretiker Althusius (*Politica*, ³1614, 1,1.2; 2), später Pufendorf (*Naturrecht*, 1672, VII 2, §§ 7 ff.) und Achenwall (*Elementa Iuris Naturae*, 1750, §§ 655 ff.) einzutreten:

Die Doppelvertragslehre verzichtet auf die strenge Bindung der „klassischen Vertragstheorie“ an die politische Legitimation und beginnt mit einem *pactum unionis*, einem Vereinigungsvertrag, der die Menschen um ihres gemeinschaftlichen Wohls willen zu einer Gesellschaft verbinde. Erst darauf folgt das legitimatorische *pactum subjectionis*, der Unterwerfungsvertrag, der die Herrschaft staatlicher Gewalt begründe. Nach dem hier vertretenen zweiteiligen Legitimatonsvertrag wird dagegen im ersten Teil, dem originären Rechtsvertrag, der Inbegriff der Regeln, das Recht, legitimiert. Darauf folgt im zweiten Teil, dem originären Staatsvertrag, die Rechtfertigung der für das Recht zuständigen öffentlichen Gewalten. In beiden Teilen ist der Vertrag eine Metapher, die aufgrund von drei Gesichtspunkten den Kern der Rechts- und Staatslegitimation trifft:

Erstens steht es allen Beteiligten frei, den Vertrag einzugehen, und zwar allen im distributiven, nicht bloß kollektiven Sinn; jedem einzelnen steht der Eintritt in den Vertrag frei. Damit der Vertrag niemandem Unrecht tut, darf er sich nicht mit einer auch noch so qualifizierten Mehrheit zufrieden geben. Unter strenger Beachtung des Prinzips

„volenti non fit iniuria" muß es zu einem Ein-vernehmen bzw. zu einer Ver-ein-barung im wörtlichen Sinn, zur Zustimmungswürdigkeit für jeden einzelnen, kommen. (Und weil es auf alle Menschen, auch Kleinkinder und Schwerbehinderte, ankommt, entfällt Tugendhats [1998, 53 ff.] Argument gegen die Vertragstheorie.)

Um den je eigenen Vorteil auszuweisen, argumentiert die Vertragstheorie *zweitens* e contrario: Sie nimmt eine Form des Zusammenlebens, den Naturzustand, an, der aber nicht die Lebensform sogenannter Naturvölker meint, sondern eine Gesellschaft, in der es keinerlei Recht und Staat gibt. Nun erlaubt der Naturzustand zwei Bestimmungen, die freilich nicht reale Lebensmöglichkeiten, sondern zwei Phasen eines Gedankenexperiments meinen: Der vollständige, primäre Naturzustand ist sowohl rechts- als auch staatsfrei; der aus der Rechtslegitimation hervorgehende, aber der öffentlichen Gewalten noch entbehrende, sekundäre Naturzustand ist lediglich staatsfrei.

Wo man Recht und Staat ganz beiseite setzt, scheiden a fortiori auch deren geschichtliche und kulturelle Besonderheiten aus. Infolgedessen gelingt der Vertragstheorie, was im Zeitalter der Globalisierung auch politisch geboten ist: Sie macht sich von den normativen Überzeugungen einer Kultur oder Epoche frei und operiert mit inter- oder transkulturell gültigen Argumenten.

Sieht man von allem ab, was Rechts- und Staatscharakter hat, so bleiben vier Elemente übrig. Der primäre Naturzustand zeichnet sich aus durch: (1) eine Mehrzahl von Menschen, die (2) auf der räumlich begrenzten Erde (3) frei im Sinne rationalen Gutdünkens leben. Dabei beläuft sich das dritte Element nicht auf jenen kompetitiven Egoismus von Hobbes, der aus Gründen von Konkurrenz, Mißtrauen und Ruhmsucht mehr und mehr, vor allem mehr als alle Mitmenschen will (*Leviathan*, Kap. 13). Die Annahme eines derartigen Egoismus würde den Universalitätsanspruch der Vertragstheorie aufs Spiel setzen, da er sich allenfalls in gewissen Kulturen findet. Dasselbe geschieht dort, wo man – wie Locke zugeschrieben (*Second Treatise* § 123, dagegen aber §§ 6 ff.) – nur den als volles Rechtssubjekt anerkennt, der Eigentum besitzt. Im Verzicht auf derartige Zusatzannahmen erweist sich der primäre Naturzustand als weit bescheidener; er gibt sich mit der negativen Freiheit: der Abwesenheit von Einschränkungen rationaler Handlungs- bzw. Willkürfreiheit, zufrieden. Jeder entscheidet selbst, was er will und wie er es zu erreichen unternimmt. (4) Schließlich dürfen die Menschen durchaus über innere Bindungen verfügen, die sich aus wechselseitiger Abhängigkeit, aus gemeinsamer Geschichte oder aus Mitleid und Hilfsbereitschaft entwickeln. Gemäß der Bedingung rationalen Gutdünkens darf man aber mit derartigen Bindungen nicht rechnen, weshalb der primäre Naturzustand von ihnen abstrahiert.

Drittens entsprechen die originäre Rechts- und die originäre Staatslegitimation insofern einem Vertrag, als man den Naturzustand in Form einer wechselseitigen Übertragung von Rechten und Pflichten verläßt: Jeder Mensch gibt gewisse Freiheiten verbindlich preis, auf daß er im Gegenzug in den verbindlichen Genuß eines größeren Vorteils gelange. Und „verbindlich" heißt hier, daß man sich an die Übertragung rechtskräftig bindet; die Grundsätze zunächst des Rechts, dann auch die des Staates sind zwangsbefugt verpflichtend.

Faßt man die drei Momente zusammen, so besteht der politische Urvertrag in einer freien und wechselseitigen, allseits vorteilhaften und rechtskräftigen Selbsteinschränkung der negativen Freiheit: des rationalen Gutdünkens. Gemäß dem Rechtsgrundsatz *pacta sunt servanda* ist man zum Abschließen des Vertrages frei, durch den Abschluß aber gebunden.

2.5 Ein transzendentaler Tausch

Wegen ihrer Wechselseitigkeit hat die Übertragung von Rechten und Pflichten den Charakter eines Tausches, freilich den einer exzeptionellen Art: Die Übertragung steht unter keinem Befristungsvorbehalt, sondern gilt auf Dauer. Und vor allem geht es nicht um Güter, Dienstleistungen oder Kapital und überhaupt nicht um einen ökonomischen Tausch. Man tauscht auch nicht, was in archaischen Gesellschaften zusätzlich wichtig und durchaus einem ökonomischen Tausch analog ist: Gesänge, Geschichten oder – in Form kollektiver Heiratsverträge – Personen (vgl. Mauss 1923/24, Lévi-Strauss ^{2}1967, Kramer/Siegrist 1978; vgl. auch Wetzel/Rabaté 1993). Die Wechselseitigkeit erstreckt sich vielmehr auf regelförmige Verpflichtungen. Im übrigen führt das Tauschdenken, soweit es denn sachlich angemessen ist, „aus den Unwägbarkeiten der Verteilungsgerechtigkeit heraus" (Richli 1998, 203).

Der transzendentale Tausch richtet sich also auf die Regelform, mithin auf etwas genuin Soziales. Im Gegensatz zum sozialtheoretischen Individualismus erstreckt er sich auf einen kollektiven Vorteil, der im Gegensatz zum utilitaristischen Verständnis nicht an die Stelle eines distributiven Vorteils tritt, sondern sich mit ihm zu einem distributiv-kollektiven Vorteil verbindet: Der utilitaristische, bloß kollektive Vorteil erlaubt, einzelne dem Gemeinwohl zu opfern; er dient vielen, aber nicht allen. Ein bloß distributiver Vorteil dagegen kommt zwar allen im Sinne von jedem einzelnen zugute; die einzelnen schließen sich aber nicht zu einem geordneten Ganzen zusammen. Wie in den Vertragstheorien von Buchanan (1977) und Gauthier (1988) wird zwar niemand zum Mittel der anderen degradiert. Die einzelnen bleiben aber isolierte Atome, zwischen denen lediglich eine strategische Wechselseitigkeit herrscht, während alles genuin Gemeinsame fehlt.

Die für den legitimatorischen Individualismus charakteristische, dritte und anspruchsvollste Art, der distributiv-kollektive Vorteil, besteht in einer genuinen Gemeinsamkeit: in Regeln, die gleichwohl jedem einzelnen zugute kommen. Im Gegensatz zu einer bloß strategischen Gemeinsamkeit sind die persönlichen Interessen der Beteiligten nicht wie Sandkörner, die lediglich zu einem Haufen, zu einer volonté de tous, zusammentragen werden. Man schafft vielmehr eine gemeinsame Ordnung; und diese wird deshalb von jedem einzelnen und zugleich von allen gemeinsam gewollt, weil sie allseits vorteilhaft ist.

Auf diese Weise unterscheidet sich der Urvertrag von einer Koalition von Privatvorteilen oder von einem Kuchen, bei dem jeder einen möglichst großen Anteil will. Wegen des distributiv-kollektiven Vorteils entzieht er sich der Alternative von gewöhnlichem Egoismus und altruistischer Sympathie. Weil der persönliche Vorteil zählt, bedarf es keines Altruismus, und weil der Vorteil nur gemeinsam zustandekommt, scheidet jener Egoismus aus, dessentwegen die Menschen in Konkurrenz zueinander treten. An die Stelle des „entweder Altruismus oder Egoismus“ tritt – auf basaler Ebene – eine interessegeleitete Kommunikation.

Der Gedanke eines sowohl distributiven als auch kollektiven Vorteils wendet sich nicht nur gegen einen bloß individualistischen Gesellschaftsvertrag. Deutlicher als Rousseau unterscheidet er sich auch von jeder nur kollektiven Gemeinsamkeit. Weil Rousseau seinen Grundbegriff, die volonté générale, nur gegen die distributive Gemeinsamkeit, die volonté de tous, absetzt (*Contrat social*, I 6), läuft er Gefahr, ein bloß kollektives Verständnis zu formulieren. Wie Kant richtig sieht, wird aber der ursprüngliche Vertrag von „allen“ im doppelten Sinn von „omnes et singuli“ abgeschlossen (*Rechtslehre*, § 47: VI 315): von allen zusammen und zugleich, im Gegensatz zu einem organizistischen Verständnis der Gesellschaft, von jedem einzelnen. Und daraus folgt die universale Zustimmungswürdigkeit des legitimatorischen Vertrages: Er richtet sich auf ein Allgemeininteresse („omnes“ bzw. „volonté générale“), in dem sich jeder einzelne („singuli“ bzw. „volonté de tous“) wiederfinden kann.

Zweifellos ist nicht jeder Tausch gerecht. Im Gegenteil kann eine Seite die andere übervorteilen, so daß zum Zweck der Tauschgerechtigkeit gewisse Vorbedingungen erfüllt sein müssen. Die beiden wichtigsten liegen auf der Hand: Subjektiv ist die freie Zustimmung erforderlich und objektiv, daß das Getauschte in etwa gleichwertig ist, zumindest keine gravierende Ungleichwertigkeit aufweist. Gerecht ist weder ein Tausch, bei dem man die Zwangs- oder Notlage eines anderen ausnützt, ihn unter Druck setzt oder ihn über erhebliche Dinge täuscht, noch ein Tausch, bei dem das Getauschte – sei es mit, sei es ohne Absicht einer Seite – allzu ungleichwertig ausfällt. Sich gegen etwas Alkohol ganze Ländereien einzutauschen ist kaum gerecht, und zweifellos ungerecht ist es, für etwas „Feuerwasser“ die eigene Freiheit oder gar noch die der Kinder und Kindeskinder zu verkaufen. Beim transzendentalen Tauschen entfallen aber derartige Probleme. Denn bei einem Allgemeininteresse, in dem sich jeder einzelne wiederfinden kann, sind sowohl eine freie Zustimmung, hier im Sinne der genannten Zustimmungswürdigkeit, als auch die ungefähre Gleichwertigkeit des Getauschten gegeben.

Der distributiv-kollektive Vorteil bedeutet allerdings erst eine Aufgabe; und deren Lösung erscheint auf den ersten Blick sogar als unmöglich, da die Bedürfnisse und Interessen der Menschen zu unterschiedlich sind, als daß es einen allseitigen Vorteil geben könnte. In der Tat findet er sich nicht auf der Stufe der gewöhnlichen Interessen, wohl aber bei jenen notwendigen Bedingungen menschlichen Handelns, die sowohl für das Entwickeln und Haben gewöhnlicher Interessen als auch für deren Verfolgen unverzichtbar sind. Ein allseitiger Vorteil findet sich erst bei den Bedingungen von Handlungsfähigkeit bzw. praktischer Subjektivität.

Als *conditions of agency* bestehen diese Bedingungen nicht in generellen empirischen Tatbeständen, sondern in logisch höherstufigen Interessen. Sie ergeben sich aus einer Handlungstheorie, die sich auf Bedingungen von Handlungsfähigkeit richtet, aus einer insoweit transzendentalen Handlungstheorie und können – relativ – transzendentale Interessen heißen. Da wir die Handlungsfähigkeit nur vom Menschen kennen, können wir diese Interessen auch einer neuartigen, transzendentalen Anthropologie zuordnen: einer Lehre vom Menschen, die sich nicht mit den Besonderheiten einer biologischen Spezies, etwa mit aufrechtem Gang, Mängelwesen und Antriebsüberschuß, befaßt, auch nicht mit Formen vollendeten Menschseins wie Wissenschaft und Kunst, Freundschaft, Großmut und Liebe. Im Unterschied zu einer (umfassenden) biologisch-philosophischen Anthropologie reicht eine Partial- und zugleich Minimalanthropologie aus. Und im Gegensatz zu einer Theorie des erfüllten: des guten, sogar vollendeten Lebens genügt eine ateleologische Anthropologie: eine Theorie jener Anfangsbedingungen des Menschseins, in denen die unverzichtbaren Bedingungen von Handlungsfähigkeit liegen.

Transzendentale Interessen sind insofern recht anspruchsvoll, als sie universale Gültigkeit reklamieren. Andererseits sind sie aber auch wieder bescheiden, da sie sich mit einer Minimalanthropologie zufrieden geben: mit Anfangsbedingungen der (menschlichen) Handlungsfähigkeit. Und wegen dieser Verbindung von Anspruch und Bescheidenheit eignen sie sich für einen Diskurs in Zeiten der Globalisierung. Als universal gültige Interessen kommen sie nicht bloß dem westlichen Menschen, sondern dem Menschen jedweder Kultur zu. Und als logisch höherstufige Interessen und bloße Anfangsbedingungen entgehen sie jener Gefahr, die ein strenger Kulturrelativismus befürchtet, der der Uniformität. Weil sich die transzendentalen Interessen nicht auf der Ebene gewöhnlicher Interessen befinden, halten sie sich für deren Reichtum, für die Verschiedenheit sowohl der Individuen als auch der Gruppen, selbst Kulturen und Epochen, offen. Aus dieser Offenheit folgt übrigens ein Recht auf Differenz (s. Kap. 4.4 und 10.1).

Transzendentale Interessen allein rechtfertigen allerdings noch nicht die Zwangsbefugnis, denn sie besagen nur, daß jedermann diese Interessen hat, zeigen aber noch nicht, warum andere verpflichtet sind, sich dafür einzusetzen. Hier bleibt ein Begründungsdefizit: eine legitimatorische Kluft von der Art des Sein-Sollens-Fehlers. Sie schließt sich dort, wo der transzendentale Charakter sich um den im Urvertrag angesprochenen sozialen Charakter erweitert und zu einer transzendentalen Wechselseitigkeit, pars pro toto: zu einem transzendentalen Tausch, führt. Dieser exzeptionelle Tausch ist durchaus in dem Sinn transzendental, daß er die Bedingung der Möglichkeit gewöhnlicher Wechselseitigkeit und gewöhnlichen Tauschens darstellt. Er bringt nicht etwa ein konkretes Geflecht reziproker Beziehungen hervor, weder das Beziehungsnetz archaischer noch das moderner Gesellschaften. Er macht aber die Vergesellschaftung möglich und zugleich notwendig. Die transzendentalen und zusätzlich genuin sozialen, die „soziotranszendentalen Interessen" sind die Bedingungen, auf die kein Mensch verzichten kann, weil sie für jedwede Lebensform gültig sind, und die darüber hinaus, weil vom Zusammenwirken abhängig, der Vergesellschaftung bedürfen.

3. Gerechtigkeitsprinzipien

3.1 Eine transzendentale Grammatik

Der politische Urvertrag, bislang erst formal, als transzendentaler Tausch bestimmt, ist jetzt inhaltlich auszubuchstabieren. Zunächst ist für den originären Rechtsvertrag jener Vorteil geltend zu machen, den der Mensch bloß als Mensch hat und der nur in Wechselseitigkeit zustandekommt. Sollte sich dabei die Hypothese der normativen Modernisierung bewahrheiten, ist mit einer zweistufigen Antwort zu rechnen: Auf einen elementaren Vorteil beim Recht überhaupt folgt die volle Entfaltung in der im normativen Sinn „modernen" Gestalt von Recht.

Die entsprechenden Gerechtigkeitsprinzipien betreffen die Grundordnung einer Gesellschaft, nicht die Grundhaltung einer Person. Es geht in ihnen nicht um die personale, sondern die soziale, näherhin politische Gerechtigkeit, auch wenn sich ein Gemeinwesen erst mit dem zweiten, dem originären Staatsvertrag konstituiert. Das erste Gerechtigkeitsprinzip verlangt, die Gesellschaft überhaupt rechtsförmig einzurichten, die beiden nächsten fordern deren gerechte Gestalt. Dort handelt es sich um die rechtskonstituierende, hier um die rechtsnormierende Gerechtigkeit. Beginnen wir mit dem Recht überhaupt.

Nach der in der Rechtstheorie lange Zeit vorherrschenden Imperativentheorie eines Hobbes, Bentham und Austin besteht das Recht aus Befehlen einer überlegenen Macht. Dagegen sprechen aber sowohl das Gewohnheitsrecht als auch der Umstand, daß der Befehlende, der Gesetzgeber, seinerseits dem Recht unterworfen ist, nicht zuletzt die Differenz von Recht und (organisierter) Kriminalität (s. Höffe 1987, Kap. 6; zu Hobbes, *Leviathan*, 1651, Kap. 26, auch Höffe 1996 a). Das Recht ist eher als Inbegriff von sozialen Regeln zu bestimmen, die allen Beteiligten, auch den Mitgliedern der Gesetzgebung, ein strenges Richtmaß vorgeben. Den unterschiedlichen Interessen und Meinungen der Individuen enthoben, entmachten sie den Hang des Menschen, Richter in eigener Sache zu sein und Konflikte nach persönlichen Interessen, persönlichen Meinungen und persönlicher Macht („privater Gewalt") zu lösen.

Obwohl die Regeln kollektiven Charakter haben, liegt ihnen keine hypostasierte Gemeinschaft oder Gesellschaft zugrunde, keine Wesenheit, die unabhängig von den einzelnen und zugleich ihnen vorgeordnet existierte. Es gibt vielmehr Bedingungen von Gegenseitigkeit, und diese lassen sich mit dem Grundgerüst einer Sprache, der Grammatik, vergleichen. Wie die Grammatik eine Sprache nicht etwa in Fesseln legt, wohl aber den Rahmen korrekten Sprachgebrauchs bildet, so müssen auch zwangsbefugte Regeln nicht zu Einschnürungen führen, wohl aber leisten sie Ordnung und Struktur. Als eine Grammatik des Zusammenlebens legen sie den Rahmen fest, innerhalb dessen alles Tun und Lassen, sei es von Individuen, sei es von Vereinen, Verbänden oder Institutionen, sozial zulässig ist. Und wie zum normativen Regelsystem einer konkreten Sprache nicht nur bewußte, sondern auch unbewußte Bauprinzipien gehören, so besteht auch die soziale Grammatik nicht nur in ausbuchstabierten, vielleicht sogar schriftlich festgehaltenen Verbindlichkeiten. Zu ihr zählen auch das Gewohnheitsrecht, ferner das genaue Gegenteil von wohlabgezirkelten Regeln, Rechtsgrundsätze wie Treu und Glauben oder gute Sitten, nicht zuletzt ein „weiches Recht“ (soft law).

Weil sich das entsprechende Regelwerk so gut wie allerorten findet, bildet es die universal geltende soziale Grammatik. Universal gilt freilich nicht ein konkretes Recht, sondern lediglich die Rechtsform des Zusammenlebens. Und diese besteht in Bedingungen, die das Zusammenleben erst ermöglichen, in Funktionsbedingungen von Gegenseitigkeit überhaupt, die den Rang einer transzendentalen (sozialen) Grammatik haben. Auf sie richtet sich der originäre Rechtsvertrag.

Im Sinne des distributiv-kollektiven Vorteils ist nach dem Gewinn sozialer Regeln zu fragen: Wozu eine „Herrschaft von Regeln“? Als eine soziale Grammatik bringt das Recht nicht etwa Pedanterie und Regelfetischismus an die Macht. Es erhebt vielmehr gegen einen Sozialdarwinismus im kruden Verständnis, gegen das „Recht des Stärkeren“, Einspruch und Widerspruch. Anstelle individueller Willkür, einschließlich Leidenschaften wie Neid, Eifersucht, Rachsucht, sogar Bosheit, und ebenso anstelle individueller Gewalt, sei sie physischer, emotionaler oder intellektueller Natur, herrsche jene strenge Gemeinsamkeit, in der sich jede Mehrheit mit jeder Minderheit vereint findet: die Regel. Gegen Minderheiten und Mehrheiten neutral, ist die Regel der unparteiische Dritte schlechthin und damit Ausdruck von Gerechtigkeit.

Allerdings drängt sich der Einwand auf, es gebe doch eine Kriminalität, die sich nach Regeln organisiere und nicht deshalb, wegen ihrer Regelform, den Rang von Recht und Gerechtigkeit erhalte. Im Gegenteil begehe die organisierte Kriminalität sogar Unrecht im großen Stil. Der Einwand scheint nach einer Zusatzbedingung zu verlangen. Nicht schon die bloße Regelform bedeutet Recht und Gerechtigkeit, sondern erst qualifizierte Regeln, namentlich Regeln, die einem besonderen Zweck dienen.

In der Tat folgen sowohl Kriminelle als auch Vertreter einer Rechtsordnung, etwa Steuerbeamte, derselben Meta-Regel „Wer nicht zahlt, wird bestraft". Und darauf bezogen, zeichnet sich das Recht durch eine doppelte, eine formale und eine substantielle Zusatzbedingung aus. Formaliter gehört zum Recht eine Autorisierung; die Zahlungsaufforderung eines Steuerbeamten ist von einem Steuergesetz ermächtigt, das sich seinerseits einer Gesetzgebungskompetenz verdankt. Und inhaltlich muß das Regelwerk, dessen Teil die Regel bildet, zu einem erheblichen Teil unmittelbar allen Betroffenen zugute kommen. Steuern finanzieren Aufgaben eines Gemeinwesens, die nicht erst im Zuge der Zahlungsaufforderung, sondern davon unabhängig existieren. Selbst wenn ein mildtätiger Mafioso sein „Schutzgeld" gelegentlich karitativ einsetzt, fließt es doch unmittelbar nur in die Taschen der Organisation, die das Geld einfordert, und dient deren diversen persönlichen, sei es egoistischen, sei es altruistischen Interessen. Ebenso besteht auf der Seite der Opfer das Interesse, den angedrohten Repressalien zu entgehen, nicht unabhängig von den Drohungen, sondern erst ihretwegen.

Wegen der beiden Zusatzbedingungen scheint das Recht nicht in irgendwelchen Regeln, sondern nur in qualifizierten: einerseits autorisierten, andererseits gemeinwohlorientierten Regeln zu bestehen. Genau genommen kann man aber auf die Zusätze verzichten. Denn die organisierte Kriminalität erfüllt das zur Regelform unverzichtbare Gleichheitsgebot nur zur Hälfte, bei der Organisation des Verbrechens, überdies bloß instrumentell zu ihr; die Regelform dient nicht etwa der Umwandlung von Kriminalität in Recht, sondern der Steigerung der Effizienz und Effektivität der Kriminalität. Und die andere, sachlich vorrangige Hälfte verstößt gegen das Gleichheitsgebot. Der Steuerbeamte unterliegt seiner Regel, dem Steuergesetz, ebenfalls und zeigt damit en passant, daß das Recht nicht aus machtgestützten Befehlen, sondern aus sozialen Regeln besteht. Der Mafioso richtet dagegen die Schutzgeldforderung nur an andere, nicht auch an sich selbst; und genau dadurch, durch die strukturelle Verletzung des Gleichheitsgebotes und der Regelform, wird sein Verhalten zur Kriminalität.

Man kann sich noch eine Steigerung des mildtätigen Mafioso vorstellen, einen Robin Hood, der seine Beute nicht bloß gelegentlich, sondern grundsätzlich an die Armen verteilt. Auch er verstößt aber gegen die strenge Regelform und schafft genau deshalb kein alternatives Recht, kein Gegenrecht. Denn er tut den Beraubten an, was er weder, solange die Beute noch nicht verteilt ist, für sich will, noch für die Armen will, sobald sie die Beute erhalten haben. Denn wenn auch sie – zunächst Robin Hood, später die Armen – beraubt werden, scheitert Hoods Lebenswerk. Positiv formuliert, ist eine streng widerspruchsfreie Umverteilung von Reichtum nur regelförmig und rechtsförmig möglich.

Damit hat sich das *erste rechtskonstituierende Gerechtigkeitsprinzip* gefunden. Den gewöhnlichen Gerechtigkeitsprinzipien, auch Rawls' Prinzip der größten gleichen Freiheit noch vorgeordnet, besteht es im universalen Rechtsgebot: *Als Inbegriff von streng allseits gültigen Regeln tritt das Recht der persönlichen Willkür und persönlichen Gewalt entgegen und soll genau deshalb überall unter den Menschen herrschen.*

Das Recht als solches hat eine emanzipatorische Kraft; es setzt von Willkür und Gewalt frei. Diese Emanzipation kann weniger oder mehr erfolgen; und diese Differenz von nur teilweiser oder aber vollständiger Befreiung spricht für die Hypothese der immanenten Vollendung: Zum Recht überhaupt gehören Ansätze von Willkür- und Gewaltfreiheit, und diese drängen von sich aus auf jene Fortsetzung und schließliche Vollendung hin, die aus dem bloßen Recht ein gerechtes Recht machen. So erwächst der Anspruch auf die Vollendung aus der qualifizierten Regelhaftigkeit selbst. Die weitergehende, rechtsnormierende Gerechtigkeit bringt das „Wesen" der elementaren Gerechtigkeit, den Einspruch gegen Willkür und Gewalt, zur vollen Entfaltung.

Gegen diesen ersten Rechtfertigungsschritt drängt sich eine Frage auf, die die Philosophie seit Platons Auseinandersetzung mit dem Sophisten Kallikles (*Gorgias* 482 ff.) kennt: Warum sollen sich auch die Stärkeren an Regeln halten? Darauf läßt sich durchaus mit empirisch-pragmatischen Argumenten antworten. Erstens will selbst derjenige, der stets und überwältigend stark ist, nicht lediglich kämpfen, sondern auch für andere Dinge des Lebens Zeit und Kraft reservieren. Zweitens ist niemand so überwältigend stark, daß er es in jeder Hinsicht, überdies ständig und auf Dauer wäre: Wer physisch überlegen ist, kann durch charakterliche Überlegenheit (hinsichtlich Mut, Entschlossenheit und Ausdauer) oder durch intellektuelle Überlegenheit (hinsichtlich Erfahrung, Verstand oder Urteilsfähigkeit), manchmal sogar aufgrund glücklicher Zufälle überwunden werden. Ferner muß auch der Starke schlafen, kann er krank werden, einem Unfall erliegen oder durch die vereinte Kraft der Schwächeren besiegt werden. Vor allem wird auch der Stärkste altern und dann von den Nachwachsenden überrundet. Aus diesen Gründen verläßt sich auch der Stärkste nicht lediglich auf seine derzeitige Überlegenheit, sucht sie vielmehr auf Dauer zu stellen, wozu er unter anderem Regeln braucht. Am liebsten läßt er sich zur Regelsetzung sogar autorisieren; er zieht also die Rechtsform vor.

3.2 Menschenrechte

Die faktische, empirisch-pragmatisch motivierte Zustimmung selbst der Starken begründet noch kein Sollen: weder das Gebot, Recht zu etablieren, noch die Pflicht, sich seiner Herrschaft zu unterwerfen. Das Sollen legitimiert sich erst aus der im transzendentalen Tausch gegenwärtigen, deshalb universalen Wechselseitigkeit.

Hobbes sieht den universalen Vorteil in einem dominanten Interesse. Positiv, als größtes Gut betrachtet, handle es sich um das natürliche Recht auf die Erhaltung des eigenen Lebens (*Leviathan*, Kap. 14), negativ, als größtes Übel, um die Angst vor einem gewaltsamen Tod (Kap. 13). Die politische Situation der Epoche widerlegt aber diese Ansicht. Die damaligen Bürgerkriege zeigen geradezu hand-greiflich, was spätere Konflikte bestätigen: daß manche die Religionsfreiheit für wichtiger als das eigene Überleben halten, andere die politische Freiheit und wieder andere die sprachliche und kulturelle Identität.

Eigentümlich für diese „Widerlegung" ist eine zweifache Relativierung. Einerseits taucht nicht eine einzige, unstrittig bessere Alternative auf, vielmehr gibt es verschiedene, durchaus plausible Optionen, zudem mehr als nur die genannten Optionen, beispielsweise auch Ansehen, Wohlstand und Macht. Andererseits verliert das Überleben zwar den Rang des exklusiven Leitzieles, es bleibt aber einer der möglichen Kandidaten. Infolgedessen hat sich Hobbes nicht erst im Inhaltlichen, im Prinzip Lebenserhaltung, geirrt, sondern schon in der

Annahme, es gebe überhaupt ein dominantes Interesse im Singular: ein für alle Menschen gleichermaßen höchstes Gut. Die Alternative besteht in Interessen höherer Stufe, in den schon genannten Bedingungen von Handlungsfähigkeit. Diese führen zu Rechten des Menschen, bloß weil er Mensch ist: zu Menschenrechten. Aus diesem Umstand, daß die Menschenrechte ihren legitimatorischen Ort schon im originären Rechtsvertrag haben, ergeben sich einige Besonderheiten, die wir vorab anführen. (Vgl. schon Höffe 1996, Kap. 3–4, vorher Höffe 1979 und 1987, Kap. 12.3; zur neueren Diskussion um die Menschenrechte s. Gosepath/Lohmann 1998 und Perry 1998; zur Dreiteilung s. schon Jellinek [3]1914, neuerdings Marshall 1992.)

(1) Als moralische Ansprüche im Rahmen der zwangsbefugten Moral, der Gerechtigkeit, entziehen sich die Menschenrechte der vereinfachten Antithese, entweder nur moralische oder bloß positivrechtliche Befugnisse zu bedeuten. Als rechtsmoralische Ansprüche, deren Nichtanerkennung jede positive Rechtsordnung als illegitim, als ungerecht disqualifiziert, haben sie zwei sachlich komplementäre, methodisch aber grundverschiedene Existenzweisen. Innerhalb der Rechtsmoral sind sie „nur Menschenrechte“: überpositive Ansprüche, die aber, sobald man sie positivrechtlich anerkennt, zu „Menschenrechten als Grundrechte“ eines positiven Gemeinwesens werden.

(2) Daß die Menschenrechte schon aus dem primären Vertrag hervorgehen, aus jenem originären Rechtsvertrag, den der Staatsvertrag voraussetzt, hat eine Tragweite, die vielen Theorien entgeht: Menschenrechte sind vorstaatliche Rechte, die sich die Menschen als Rechtsgenossen gegenseitig gewähren müssen. Selbst eine Demokratie trägt hier nur die legitimatorisch sekundäre Verantwortung, daß sie überpositiven Rechten zur positiven Wirklichkeit verhilft; sie kann sie nicht originär gewähren, wohl aber subsidiär gewährleisten. Infolgedessen wird zunächst, im originären Rechtsvertrag, nur die (rechtsförmige) Verpflichtung begründet, wechselseitig bestimmte Güter wie Leib und Leben anderer nicht zu verletzen. Eine Rechtfertigung des Gebotes, diese Güter rechtsstaatlich zu schützen und etwa bei entsprechender Bedrohung von Leib und Leben Polizeischutz zu gewähren, erfolgt erst im originären Staatsvertrag (s. Kap. 4.1).

(3) Zum Recht überhaupt gehört ein Kern von Gerechtigkeit, der in distributiv-kollektiven Vorteilen wie dem Schutz von Rechtsgütern wie Leib und Leben und Eigentum zutage tritt. Nun haben diese Rechtsgüter einen menschenrechtlichen Rang, so daß gewisse Menschenrechte zur rechtsdefinierenden, nicht erst zur rechtsnormieren-

den Gerechtigkeit gehören. Erneut kommt die normative Modernisierung ins Spiel: Während das Optimum erst im gerechten Recht erreicht wird, ist ein Minimum von Menschenrechten für das Recht überhaupt unverzichtbar.

(4) Für die inhaltliche Feinbestimmung der Menschenrechte gibt es durchaus Kontroversen, die aber für den Kern entfallen. Für ihn braucht es keine sehr subtilen Überlegungen, vielmehr genügen jene Einsichten oder „Binsenwahrheiten", die wir von den überlieferten anthropologischen Bestimmungen her kennen. Seit ihren griechischen Anfängen weiß die philosophische Anthropologie, daß sich die Handlungsfähigkeit eines Wesens vom Typ des Menschen durch dreierlei auszeichnet. (a) Im Gegensatz zu reinen Vernunftwesen, einer Gottheit oder einem Engel, geht es um ein *zôon* bzw. *animal*: um ein Leib- und Lebewesen. (b) Im Unterschied zu den uns gewöhnlichen Tieren ist es ein *zôon logon echon* oder *animal rationale*: ein denk- und sprachfähiges Wesen. (c) Nicht zuletzt ist es *zôon politikon* sowohl im unspezifischen Sinn des *ens sociale*: der Angewiesenheit auf Gemeinschaft, als auch im spezifischen Sinn des *ens politicum*: der Anlage auf ein Gemeinwesen, eine Polis, hin. In allen drei Bereichen sind soziotranszendentale Interessen zu erwarten. Infolgedessen kann man drei Gruppen von Menschenrechten unterscheiden: Rechte des Leib- und Lebewesen, Rechte des Denk- und Sprachwesens und Rechte des sozialen sowie des politischen Wesens.

Nach der näheren Art des transzendentalen Tausches drängt sich noch eine andere Unterscheidung auf. Es gibt eine negative Wechselseitigkeit, den Tausch von Verzichten, der zu negativen Freiheitsrechten führt und jene positive Wechselseitigkeit, den Tausch von Leistungen, der positive Freiheitsrechte bzw. Sozialrechte begründet. Schließlich gibt es eine Wechselseitigkeit der politischen Autorisierung, die sich in den demokratischen Mitwirkungsrechten niederschlägt. Während aber die beiden ersten Gruppen schon zum originären Rechtsvertrag gehören, wird die dritte Gruppe erst im originären Staatsvertrag begründet.

Ohne Anspruch auf Vollständigkeit behandeln wir nur Rechte, deren *Menschenrechts*charakter sich schwerlich bezweifeln läßt. Unter Berufung auf die transzendentalen bzw. anthropologischen Interessen und eine inhärente Wechselseitigkeit unterlaufen wir kulturrelative Menschenbilder, und die entsprechenden Rechte können ihren Anspruch auf interkulturelle Gültigkeit erfüllen. Im übrigen hat die Gegenbehauptung einer bloß kulturrelativen Gültigkeit gelegentlich nur strategische Bedeutung; ganz- oder teilautoritäre Regierungen wollen sich gegen Kritik schützen. Selbst wenn die Gegenbehauptung nicht nur strategisch gemeint ist, läßt sich ihre Begründung, die Inanspruchnahme von angeblich konkurrierenden asiatischen oder afrikanischen Werten, in der Regel kulturimmanent entkräften:

Beispielsweise soll der Konfuzianismus nicht über einen abstrakten Begriff „des Menschen“ verfügen, sondern nur die Verschiedenheit von Rollen und Leistungen kennen, so daß ihm schon der Träger der Menschenrechte, „der Mensch“, fehle. Nach dem zweitwichtigsten Klassiker des Konfuzianismus, Mong Dsi (Meng zi, 4. Jh. v. Chr.), besitzt aber „jeder einzelne Mensch“ eine ihm angeborene „Würde in sich selbst“ (*Lehrgespräche*, 163 f.). Weil sie in der dem Menschen vom „Himmel“ verliehenen moralischen Natur gründe, könne sie durch Machthaber weder gewährt noch genommen werden; legitime Herrschaft dagegen sei an die Achtung dieser Würde gebunden. Mong Dsi bekräftigt also nicht bloß eine normativ anspruchsvolle Grundlage der Menschenrechte, die Menschenwürde. Er unterscheidet auch deutlich das originäre Gewähren von seiten des Himmels und das bloß subsidiäre Gewährleisten seitens menschlicher Herrschaft.

Ebensowenig läßt sich der Gedanke der Menschenrechte von der afrikanischen Kultur her relativieren. Manche afrikanische oder europäische Intellektuelle befürchten zwar, in der für Afrika charakteristischen Betonung der Solidarität gehe die Grundlage der Menschenrechte, die individuelle Personalität des Menschen, unter (vgl. Höffe 1999 a, 43 f.). Der afrikanische Sozialethiker Bujo (1993) aber weist diese Deutung entschieden zurück. Schon in der Namensgebung vieler Stämme Afrikas trete die Hochschätzung der Individualität zutage. Denn der im Westen übliche Familienname, der vom Vater zum Sohn – liberaler: von den Eltern zu den Kindern – übergehe, entfalle. Statt dessen habe jedes Kind nur einen eigenen Namen, der durch jene Umstände bedingt sei, unter denen es geboren wurde, so daß er „das Individuum in seiner Geschichtlichkeit und seiner unwiederholbaren Einmaligkeit“ bezeichne.

Derartige Beispiele erlauben, die beliebte, aber unberechtigte Annahme zurückzuweisen, der Westen sei der einzige Treuhänder der Menschenrechte (lesenswert: Rouland 1991). Ohnehin widerspricht dem das Strafrecht. In so gut wie allen Kulturen schützt es nämlich gewisse Rechte menschenrechtlicher Dignität, namentlich die Rechte auf Leib und Leben, auf Eigentum und auf einen guten Namen („Ehre“). Weitere Bausteine für Menschenrechte lassen sich in jener Kritik ungerechter Herrschaft entdecken, die weit in die Frühzeit zurückreicht. Im Gilgamesch-Epos (in seiner ältesten Fassung ca. 2000 v. Chr.) etwa wird der Titelheld, der große König von Uruk, aufgefordert, seine Macht nicht zu mißbrauchen und die Diener gerecht zu behandeln. Im indischen Nationalepos *Mahabharata* aus dem 16. Jahrhundert v. Chr. wird von den Herrschern verlangt, ihr Volk mit allen Mitteln zu schützen. Besonders eindrucksvoll ist ein Bund der Irokesen, der schon in der ersten Hälfte des 15. Jahrhunderts, also mehr als drei Jahrhunderte vor der ersten westlichen Menschenrechtserklärung, alle Mitglieder der irokesischen Stämme als persönlich frei und in ihren Privilegien und Rechten gleich erklärt (Morgan 1851). Und gegen die Gefahr religiöser Intoleranz darf man den Islam an die Sure 2, 257 aus dem Koran erinneren: „In der Religion soll kein Zwang ausgeübt werden." Angesichts einer so überwältigenden Evidenz darf man eine Generalisierung wagen und zumindest Ansätze des Gedankens von Menschenrechten zum gemeinsamen Gerechtigkeitserbe der Menschheit zählen. Wer die Menschenrechte allerdings wie Renteln (1990) lediglich aus einem faktischen Wertkonsens der Kulturen bestimmen will, läuft Gefahr, eine Minimalisierung vorzunehmen (für eine substantielle Verteidigung des westlichen Universalismus vgl. etwa S. Tönnies ²1997).

Unberechtigt ist nicht bloß jener Hochmut des Westens, der die Menschenrechte zur exklusiven Erfindung des Abendlandes macht. Falsch ist auch die plane Umkehrung, jene bloße Selbstkritik, die die Menschenrechte durch Pathologien herausgefordert sieht, die sich angeblich nur im Westen finden. Zweifellos sind Menschenrechtserklärungen oft buchstäblich „aus der Not geboren". Die Not, massives Unrecht wie etwa Sklaverei, Kolonialismus, religiöse und andere Unterdrückung, findet sich aber auch außerhalb des Westens und seiner Neuzeit.

3.3 Negative Freiheitsrechte

Beginnen wir mit dem negativen Tausch, der Wechselseitigkeit elementarer Verzichte.

3.3.1 Integrität von Leib und Leben

Ein klares Beispiel für ein transzendentales Interesse bietet die Integrität von Leib und Leben. Extremsituationen zeigen zwar, daß hier nicht, wie Hobbes annimmt, ein dominantes Interesse vorliegt. Man kann nämlich als religiöser oder politischer Märtyrer sein Leben opfern oder es aus Lebensüberdruß selber aufgeben. Trotzdem hat es den besonderen Rang, daß man ohne es weder etwas zu begehren noch sein Begehren zu erfüllen vermag. Wie der Märtyrer bestätigt, und ebenso derjenige, der Hand an sich legt, liegt eine unverzichtbare Bedingung von Handlungsfähigkeit vor. Der eine will nämlich selbst entscheiden, wofür, der andere, wann und in der Regel auch wie er sein Leben beendet; andernfalls werden sie schlicht umgebracht.

Aus zwei generellen empirischen Bedingungen droht jedem Menschen die Gefahr, fremder Gewalt zum Opfer zu fallen. Einerseits kann man auf der räumlich und ressourcenmäßig begrenzten Erde konfliktträchtige Begegnungen auf Dauer nicht vermeiden. Andererseits können die Menschen bei etwaigen Konflikten gegen ihresgleichen die Hand erheben und durch die Hand von ihresgleichen verletzt werden. Infolgedessen gibt es eine elementare Gleichheit bzw. Gleichverteilung: Die Menschen sind sowohl mögliche Opfer als auch mögliche Täter von Gewalt. Nicht etwa an gewisse Kulturen und Epochen gebunden, bildet die Gewaltgefahr einen Teil der Conditio humana socialis und läßt sich nicht, wie „utopische" Sozialtheoretiker annehmen, irgendwann und irgendwo grundsätzlich überwinden.

Angesichts der generellen Gewaltgefahr stellt sich die Frage, ob man lieber seine volle Handlungsfreiheit wahren, dann aber sowohl Opfer als auch Täter der Gewalt sein will oder lieber, um weder Opfer noch Täter zu sein, auf das Recht auf volle (private) Gewalt verzichtet. Gemäß dem ersten Gerechtigkeitsprinzip, der qualifizierten Regelform, ist mit einer Regel zu antworten: mit einem regelförmigen Sowohl-als-auch oder einem regelförmigen Weder-noch. Durch Gegenseitigkeit zeichnen sich zwar beide Optionen aus, wegen des transzendentalen Interesses an Leib und Leben ist jedem aber die Weder-noch-Gegenseitigkeit lieber als die des Sowohl-als-auch. Also verzichtet er auf die volle, besser: wilde Handlungsfreiheit, um im Gegenzug eine Bedingung von Handlungsfreiheit, Leib und Leben, gesichert zu erhalten. Hier erweist sich der transzendentale Tausch als ein transzendentaler Freiheitstausch: Man schränkt seine Freiheit um der Freiheit willen ein, und aus der schrankenlosen Ungebundenheit („licentia"), einschließlich der Gefahr von Grausamkeit, wird die sowohl gebundene als auch gesicherte Freiheit („libertas").

Wie gesagt, ist nicht jeder Tausch gerecht, sondern lediglich der, bei dem niemand übervorteilt wird, weil er – subjektiv – frei zugestimmt hat und – objektiv – in etwa Gleichwertiges tauscht (s. Kap. 2.5). Beide

Kriterien werden vom transzendentalen Freiheitstausch erfüllt: Den Bedingungen von Handlungsfähigkeit kann niemand seine freie Zustimmung vernünftig versagen; und da jeder auf dasselbe, die wilde Freiheit, verzichtet und im Gegenzug dasselbe, die gebundene, aber auch gesicherte Freiheit, gewinnt, ist das Getauschte in etwa gleichwertig, der Tausch also gerecht.

Trotzdem drängt sich der Einwand auf, wo immer die Menschen gegen einander gewalttätig werden, ziehe man dem Weder-noch offensichtlich das Sowohl-als-auch vor, womit der transzendentale Tausch hinfällig werde. Der Einwand übersieht, daß zwischen (alternativen) Regeln zu wählen ist. Nun setzt die Gewalttat schon Handlungsfähigkeit voraus, die sich wiederum der Weder-Opfer-noch-Täter-Situation verdankt: Nur wer zunächst nicht fremder Gewalt zum Opfer gefallen ist, entwickelt jene Handlungsfähigkeit, die ihm den gelegentlichen Verstoß erlaubt. Der Verstoß weicht also von einer vorausgesetzten Regel ab und widerspricht dem ersten Gerechtigkeitsprinzip, der Regelform.

Nach Hohfeld (1966, 35 ff.) kann man vier Arten von Rechten unterscheiden. Die Rechte erster Stufe bestehen in Ansprüchen (claims) und Freiheiten (liberties), die Rechte zweiter Stufe teils in Befugnissen (powers), mit deren Hilfe man Ansprüche und Freiheiten verändern, etwa verschenken kann, teils im Schutz von Ansprüchen oder Freiheiten gegen Eingriffe anderer (immunities). Unser erstes Menschenrecht verbindet drei dieser Rechte; es besteht im Anspruch, in seiner (Handlungs-)Freiheit fremder Gewalt (einschließlich Grausamkeit) enthoben zu sein. Gemäß dem transzendentalen Charakter ist der Anspruch aber nicht aufgebbar, so daß die dritte Art, die Befugnis (power) zur Veränderung, entfällt.

Selbst ein unverzichtbares Interesse begründet freilich noch keinen Anspruch. Denn nach dem Sein-Sollens-Fehlschluß, also rein formallogisch gesehen, ergibt sich aus einem Interesse kein Recht auf dessen Anerkennung. Das noch fehlende Legitimationsmoment besteht in der Minimalmoral der Gegenseitigkeit. Es geht von dem Umstand aus, daß es nur dort das subjektive Recht auf Leib und Leben gibt, wo andere die Pflicht, sich der Gewalt zu enthalten, übernehmen. Nun besteht generell dort ein Anspruch auf eine Leistung, wo diese von vornherein unter dem Vorbehalt einer Gegenleistung erbracht wird. Ansprüche rechtfertigen sich aus einer Wechselseitigkeit, und universale Ansprüche aus jener universalen Wechselseitigkeit, die den Menschen, bloß weil er Mensch ist, auszeichnet. Dort, wo sich ein unverzichtbares Interesse nur in und durch Wechselseitigkeit verwirklichen läßt, überträgt sich die Unverzichtbarkeit auf die Wechselseitigkeit, und der entsprechende Tausch – bei Leib und Leben: der von Gewaltverzichten – ist seinerseits unverzichtbar.

Lévinas (1987, 173–187) versucht, die Menschenrechte vom Antlitz des Anderen her zu verstehen; wenn der Andere uns sein offenes, wehrloses, schutzloses Antlitz zuwende, so bedeute er uns: „Du wirst mich nicht töten." Offensichtlich ist diese Argumentation – wenn sie denn mehr als eine ansprechende Intuition sein soll – übermäßig verkürzt. Denn im Antlitz eines Anderen *kann* zwar dessen Würde besonders sinn- und augenfällig zutage treten. Realisiert wird die Möglichkeit aber nur, wenn man schon die Bereitschaft mitbringt, die Würde wahrzunehmen. In dieser Bereitschaft wiederum liegt eine vorgängige moralische Leistung, die Lévinas übergeht. Ebenfalls übergeht er die Frage, warum man diese moralische Leistung, die doch zum Begriff eines Rechtsanspruchs gehört, vom Anderen soll beanspruchen dürfen.

Nicht schon deshalb, weil jeder Mensch ein höherstufiges Interesse an Leib und Leben hat, besteht das entsprechende Menschenrecht, sondern erst, weil das Interesse sich nur in Wechselseitigkeit verwirklichen läßt und weil darüber hinaus jeder im „System der Wechselseitigkeit" schon jene Leistung, den Gewaltverzicht der anderen, in Anspruch nimmt, die lediglich unter der Bedingung der Gegenleistung, dem eigenen Gewaltverzicht, stattfindet. Weil das Getauschte dabei gleichwertig ist, folgt der Tausch dem Prinzip der Tauschgerechtigkeit und erweist sich als grundlegend gerecht.

Nach dem Argument des transzendentalen Tausches fallen die Menschenrechte und Menschenpflichten nicht vom Himmel und nötigen dann zu ihrer wechselseitigen Anerkennung. Sie sind auch nicht deshalb gültig, weil sie den Grundkonsens liberaler Demokratien bilden, schließlich nicht, weil sie sich als Antwort auf die Schwierigkeiten vorliberaler Gemeinwesen bewähren. Ihnen gelingt vielmehr, die genannte Conditio humana socialis, die Möglichkeit, sowohl Opfer als auch Täter von Gewalt zu sein, auf eine allseits zustimmungswürdige Weise zu bewältigen.

Damit hat sich ein zweiter Gehalt des originären Rechtsvertrages gefunden, nach dem rechtsdefinierenden Gehalt, der qualifizierten Regelform, jetzt ein rechtsnormierender Gehalt. Das *zweite Gerechtigkeitsprinzip* verlangt in seiner *vorläufigen* Formulierung, *durch einen wechselseitigen Verzicht auf Gewalt sich gegenseitig die Integrität von Leib und Leben, soweit sie gewaltbedroht ist, zu gewähren.*

3.3.2 Meinungs- und Religionsfreiheit

„Handlungen“ heißen Vorgänge, dic weder reflexhaft noch instinktartig, vielmehr intentional verlaufen, daher an eine Denk- und Sprachfähigkeit gebunden sind. Auch wenn wir eine nichtmenschliche Spezies als handlungsfähig entdecken, müßte sie über Denk- und Sprachfähigkeit verfügen. Für sie, die zweite (transzendental-)anthropologische Bestimmung, trifft eine zum ersten Menschenrecht analoge Überlegung zu. In der hier entscheidenden, praktischen Hinsicht ist die Denk- und Sprachfähigkeit in einem weiten Sinn gemeint: daß die gewöhnlichen Interessen nicht einfachhin vorhanden sind, sich vielmehr wesentlich in Reflexion und im Miteinander-Denken und Miteinander-Sprechen ausbilden. Auf diese reflexive und kommunikative, im Fall von Grundlagendebatten sogar diskursive Weise gewinnen sowohl die Ansichten über die Ziele des Begehrens ihr näheres Profil als auch die über Mittel der Verwirklichung, nicht zuletzt die darauf bezogenen Meinungen über sich, die soziale und die natürliche Welt. Im Rahmen der Denk- und Sprachfähigkeit haben auch die Religionen und in anderer Weise die Medien ihren Ort.

Die Ziele und die Mittel können zwar höchst verschieden ausfallen. Weil sie aber die Denk- und Sprachfähigkeit voraussetzen, gibt es ihr gegenüber ein höherstufiges, sogar transzendentales Interesse. Jeder hat das Interesse, im Miteinander-Denken und Miteinander-Sprechen seine handlungsbezogenen Ansichten so entwickeln zu dürfen, daß er seine gewöhnlichen Interessen ausbilden und verfolgen kann. Offensichtlich ist dafür nicht eine volle Entfaltung der Denk- und Sprachfähigkeit vonnöten, ein gewisses Minimum aber doch. Der dafür erforderliche negative transzendentale Tausch erweitert den Gewaltverzicht:

Nur durch den wechselseitigen Verzicht, die Meinungen (einschließlich der religiösen Glaubensvorstellungen) der anderen zu behindern, entsteht jenes Recht auf Meinungsfreiheit (einschließlich Glaubens- und Gewissensfreiheit, Wissenschafts- und Kunstfreiheit, Pressefreiheit ...), das die intentionale Seite menschlicher Handlungsfähigkeit teils überhaupt ermöglicht, teils zur Entfaltung bringt. Analog zur Integrität von Leib und Leben kann man hier von einer Integrität der Denk- und Sprachfähigkeit reden und sie als logische und kommunikative Integrität von der gewohnten, biologischen bzw. physischen Integrität unterscheiden. Erneut entspricht dem zuständigen Menschenrecht auf Freisein von der Gewalt anderer die Menschenpflicht, seinerseits auf Gewalt zu verzichten. Ebenso geht aus dem Verzicht eine positive Leistung hervor, die logische und kommunikative Integrität, ohne die man kein Interesse am Tausch hätte. Schließlich gibt und erhält jeder dasselbe, so daß der Tausch wieder in einem grundlegenden Sinn gerecht ist.

Meine Erläuterung transzendentaler Interessen am Beispiel von Leib und Leben wird aus dem Umkreis der Apelschen Diskurstheorie mit dem Argument kritisiert, einem anderen Interesse, dem an Verständigung, komme ein Vorrang zu (Kettner 1997). Gegen dieses Prioritätsbegehren spricht aber, daß die Handlungsfähigkeit weder auf den Leibcharakter noch auf den Sprach- und Vernunftcharakter verzichten kann. Zu Recht nimmt die philosophische Tradition beide Bestimmungen zusammen und spricht vom *zôon logon echon* oder *animal rationale*, dem vernunftbegabten Tier: Die Leiblichkeit der Menschen ist sprachbegabt und umgekehrt die Sprachfähigkeit der Menschen leibgebunden. Und weil beides verschränkt ist, da sich das menschliche Handeln sowohl leibhaft als auch sprachlich vollzieht, sind Prioritätsannahmen wenig sinnvoll. Allenfalls ist das Lebensinteresse insofern vorrangig, als man – in Grenzen – fehlende Sprachfähigkeit kompensieren und nachholen kann, während das einmal zerstörte Leben unwiderruflich vernichtet bleibt.

3.3.3 Das Kriterium der Freiheitsrechte

Das Kriterium geht auf Kants *Rechtslehre* zurück, auf § 4 der „Einleitung in die Rechtslehre" (zur Interpretation s. Höffe 1999e, Kap. 3) und auf den Abschnitt „Das angeborene Recht ist nur ein einziges". Gegen die gesetzlose („wilde") Freiheit gerichtet, fordert es jenes größte Maß an Handlungsfreiheit, das einem allgemeinen Gesetz folgt und mit demselben Maß an Freiheit aller anderen verträglich ist. Und darin besteht das *erweiterte zweite Gerechtigkeitsprinzip, das Prinzip der größten gleichen negativen Freiheit*:

Durch wechselseitige Freiheitsverzichte erhalte jeder Rechtsgenosse jenes Höchstmaß an Handlungsfreiheit, das, gemäß dem ersten Gerechtigkeitsprinzip, in allseits gültigen Regeln möglich ist.

Mit Hilfe dieses Prinzips läßt sich eine erste Gruppe von Menschenrechten ausweisen. Sie haben den Charakter von Abwehrrechten, allerdings nicht im gewöhnlichen, staatstheoretischen Verständnis. Denn sie schränken private, nicht staatliche Gewalt ein, da es sie im originären Rechtsvertrag noch nicht gibt. Die Menschen selber sind es, die sich gegenseitig Menschenrechte gewähren und sich zugleich als freie und gleiche Subjekte anerkennen. Letztlich verdanken die Menschen ihren Status als Rechtsgenossen weder Regierungen oder Behörden noch Gerichten, nicht einmal Parlamenten, vielmehr wechselseitig sich selber. Sie konstituieren sich gegenseitig als Rechtspersonen, wobei Autor und Adressat eine grundlegende Einheit bilden. Gemäß der Korrelation von Menschenrechten und Menschenpflichten gewähren sich die Menschen dadurch die Freiheitsrechte, daß sie gegenseitig auf die wilde Freiheit verzichten. Ein Staat vermag legitimationstheoretisch nicht mehr, als die Freiheitsrechte zu gewährleisten (s. Kap. 4.1).

Die elementaren Bedingungen von Handlungsfähigkeit lassen sich weiter ausbuchstabieren. Auf diese Weise gewinnt man eine mehr oder weniger vollständige Liste, einen Katalog von Freiheitsrechten. Nur ein Teilbereich davon sei hier eigens erwähnt, jene Freiheitsrechte in bezug auf das Eigentum und die Wirtschaftswelt, die im Zuge der Globalisierung eine besondere Rolle spielen (s. Kap. 15); Kriterium bleibt das zweite Gerechtigkeitsprinzip: Hinsichtlich einer Wirtschaftsordnung sind vor allem Sklaverei, einschließlich Leibeigenschaft und Erbuntertänigkeit, sowie Zwangsarbeit menschenrechtlich verboten. Und geboten ist die Befugnis, Sachen nach eigenem Gutdünken zu erwerben und zu gebrauchen, also das Recht auf persönliches Eigentum. Eine genaue Eigentumsordnung gibt der Menschenrechtsgedanke zwar nicht her. Er verlangt aber, das Eigentum als eine Bedingung von Handlungsfähigkeit überhaupt zuzulassen und es darüber hinaus zu schützen, also Diebstahl, Raub und eine willkürliche, überdies entschädigungslose Enteignung zu verbieten.

Man kann sich den sachlich zweiten Teil eines Eigentumsrechts, das Diebstahlverbot, erneut am Beispiel eines Robin Hood vorstellen, der, um die strenge Regelform des Rechts zu erfüllen, die Rolle eines Gesetzgebers annimmt und ein armenfreundliches Recht schafft. Vorab muß er den ersten Teil eines Eigentumsrechts, die Eigentumsbefugnis überhaupt, anerkennen. Sodann wird er den Armen den Zugang zu Eigentum erleichtern, teils direkt, teils über bessere Ausbildung; außerdem wird er über Steuern eine Sozialhilfe finanzieren. Da das Recht, das er setzt, nicht in machtgestützten Befehlen, sondern in sozialen Regeln besteht, die für alle, Arm wie Reich, gleichermaßen gelten, kann er aber weder Diebstahl noch Raub erlauben.

Ein Teil der näher ausbuchstabierten Rechte ist geschichts- und kulturabhängig. Trotzdem bietet er keinen Anlaß, in eine radikale Aufklärungskritik (MacIntyre ²1985, Kap. 5) oder einen radikalen, selbst die Menschenrechte einbeziehenden Kulturrelativismus von Herskovits (1947) bis Rorty (1993, 116) zu verfallen. Auf den ersten Blick erscheint zwar die Annahme von Rechten, die für den Menschen als solchen und doch nur innerhalb gewisser Kulturen gelten, als ein Widerspruch. Der Widerspruch löst sich aber auf, wenn man die Rede von einem kulturabhängigen Menschenrecht als eine Abkürzung für den Umstand versteht, daß ein generelles Menschenrecht einen spezifischen, jetzt kulturabhängigen Anwendungsbereich haben kann. Im Gedanken der Menschenrechte muß man nämlich die deskriptiven Anwendungsbedingungen vom normativen Rechtsbegriff und innerhalb der Anwendungsbedingungen einen kulturunabhängig gültigen Kern von kulturabhängigen Besonderungen trennen. Kulturabhängige Menschenrechte spezifizieren generelle Menschenrechte, namentlich die beiden Grundfreiheiten, die physische und die logische und kommunikative Integrität, für kulturabhängige Anwendungen. Die Pressefreiheit beispielsweise setzt trivialerweise eine Presse und diese entsprechende technische und soziale Gegebenheiten, der Datenschutz setzt die Möglichkeit von Dateien voraus. Zu beiden Rechten gibt es ein kulturunabhängiges „Oberrecht“, überdies Vorläufer. Die Pressefreiheit beispielsweise spezifiziert, was als Meinungsfreiheit, einschließlich dem Recht auf Herrscherkritik, schon lange vorher aktuell war.

Andere Fälle sind legitimatorisch schwieriger zu beurteilen: Nach westlichem Verständnis menschlicher Würde verbietet sich die Polygamie; denn als Polygynie verletzt sie die Würde der Frau, als Polyandrie die Würde des Mannes. Die partnerschaftliche Gleichberechtigung findet in der Tat nur in der Monogamie voll statt. Gleichwohl kann es Verhältnisse geben, in denen das Beharren auf der Monogamie die Würde stärker beeinträchtigt, beispielsweise wenn die Scheidung von einer Frau deren Selbstachtung nachhaltiger verletzt als die Aufnahme einer zweiten Frau in den Haushalt; überdies könnte sich die geschiedene Frau sogar zur Prostitution gezwungen sehen (vgl. den Sozialethiker Bujo 1998, 39). Wer dann nicht auf der Monogamie beharrt, muß aber nicht ihren menschenrechtlichen Rang anzweifeln. Im Rahmen einer schwierigen Güterabwägung sucht er vielmehr nach der geringeren Beeinträchtigung der Menschenrechte – und behält sich vor, jene besseren Verhältnisse zu fordern, in denen die Menschenwürde nicht beeinträchtigt wird.

3.4 Positive Freiheitsrechte: Sozialrechte

Gewaltverzichte allein ermöglichen die Handlungsfähigkeit noch nicht. Sowohl zum Leben als auch zur Ausbildung der Denk- und Sprachfähigkeit bedarf es positiver Leistungen, die teils in Gütern, teils in Dienstleistungen, teils Positionen und Chancen bestehen. Daß der Mensch dieser positiven Leistungen sowohl bedürftig als auch fähig ist, macht seine Sozialnatur aus. Um sie gegen die Fähigkeit zur gegenseitigen Bedrohung abzusetzen, spricht man genauer von einer positiven Sozialnatur oder vom Kooperationswesen im Gegensatz zur destruktiven Sozialnatur, dem Konflikt- und Gewaltwesen.

Die Zahl und das Gewicht der Belege zugunsten der positiven Sozialnatur sind überwältigend: Ohne das Zusammenwirken seiner Eltern wird der Mensch nicht gezeugt und geboren. Weil er als Neugeborener extrem hilfsbedürftig ist, kann er ohne die Hilfe Erwachsener nicht überleben und bleibt, wenn ein Tier sich schon selbst versorgen kann, noch lange auf Hilfe angewiesen. Während der Mensch zur selbstverantwortlichen Person heranwächst, lebt er sich in eine konkrete Gesellschaft mit ihren Traditionen und Wertvorstellungen ein. Er braucht aber auch die Auseinandersetzung mit seinesgleichen und deren Anerkennung, die übrigens ein so kostbares Gut ist, daß man um sie, häufig ein Leben lang, kämpft. Zur Kooperationsnatur gehören auch die Arbeitserleichterung durch Arbeitsteilung, ferner Freundschaft und Liebe als Lebensformen hoher, humaner Selbstverwirklichung. Nicht zuletzt pflegt man im Alter erneut hilfsbedürftig zu werden und dann auf Jüngere angewiesen zu sein.

Mit den Ansprüchen, die sich auf diese vielfältige Sozialnatur beziehen, verfahren manche recht großzügig. Sie stellen reiche Listen von Sozialrechten auf, ohne sich vorab begrifflich gegen Pflichten der Solidarität und der Menschenliebe abzugrenzen und sich dann der Mühe ihrer Legitimation zu unterziehen. Die in der Politik beliebte, ebenfalls tendenziell inflationäre Berufung auf soziale Gerechtigkeit kann das Begründungsdefizit nicht beheben. Denn im Unterschied zu anderen Gerechtigkeitsbegriffen: der Tausch-, der Verteilungs-, der Kompensations-, auch der Prozeßgerechtigkeit, ist der Begriff der sozialen Gerechtigkeit sehr jung und hat noch keine überzeugende Rechtfertigung gefunden. Ohnehin läuft er von seiner Herkunft, der christlichen Sozialethik, her Gefahr, in Richtung auf die christliche Nächstenliebe, zumindest auf eine christlich inspirierte Solidarität hin überdehnt zu werden. Auch der neuerdings behauptete Grundsatz vom gleichen Recht aller auf Leben in kommunikativer Freiheit ist erst eine philosophisch-politische Absichtserklärung, zu der die rechtsethische Begründung aussteht. Ähnliches gilt für Habermas, wenn er in *Faktizität und Geltung* (bes. Kap. III 3) von kommunikativer Freiheit redet und an sie eine Verpflichtung knüpft, ohne den Grund der Verpflichtung und ihre Reichweite zu nennen.

Die den Sozialrechten bislang fehlende Begründung kann bei ihrer Bedeutung für die Handlungsfähigkeit ansetzen. Ihretwegen schließen sich die Sozialrechte fast nahtlos an die negativen Freiheitsrechte an. (Damit gehe ich über einen früheren Versuch – Höffe 1996, Kap. 9 – hinaus.) Soweit sie von freiheitsfunktionaler Bedeutung sind, haben sie keinen menschenrechtlich geringeren Rang als die negativen Freiheitsrechte. Diese erscheinen zwar insofern als prioritär, als sie selbst für ein „kooperationsresistentes Subjekt", einen strengen Eremiten, aktuell sind. Auch jemand, der alle Kooperation von sich weist, will vor der Gewalt anderer sicher sein. Insofern sind die negativen Freiheitrechte kooperationsindifferent, die positiven Freiheitsrechte dagegen kooperationsabhängig. Ein kooperationsresistentes Verhalten steht aber niemandem offen, der nicht vorab einige Zeit in den Genuß elementarer Sozialrechte gelangt ist, als da sind Rechte auf Nahrung, Kleidung und eine gewisse Ausbildung.

Wenn im Rahmen der Sozialrechte einige menschenrechtliche Dignität haben sollen, dann müssen sie sich im Rahmen des originären Rechtsvertrages, mithin vor der Einrichtung eines politischen Gemeinwesens, legitimieren lassen. Erneut müssen die Rechtsgenossen sie sich gegeneinander gewähren; erst sekundär und subsidiär trägt das Gemeinwesen eine Verantwortung.

Schon die Bezeichnung „positive" Freiheitsrechte sagt freilich, daß sie sich in anderer Hinsicht von den „negativen" Freiheitsrechten wesentlich unterscheiden: Als erstes kommt es nicht mehr auf negative Leistungen, auf Verzichte, sondern auf positive Leistungen an, beispielsweise auf die Sorge für Nahrung, Kleidung und Wohnung, für Gesundheit, auch für Bildung und Ausbildung. Darüber hinaus sucht der Mensch zwar auch Geborgenheit und Anerkennung, was sich aber schwerlich in die Form einklagbarer Sozialrechte bringen läßt. Als Leistungsrechte sind die positiven Freiheitsrechte einem Problem, dem der Knappheit, unterworfen, das die Abwehrrechte nicht kennen. Im Gegensatz zu Rawls (1971, § 22) und Hume, auf den er sich beruft, ist die Knappheit keine generelle Anwendungsbedingung für Gerechtigkeit.

Aus diesem ersten Unterschied folgt ein zweiter: Während die negativen Freiheitsrechte unter allen Umständen, selbst bei Knappheit, eingefordert werden können, ist dies den Sozialrechten verwehrt. Notwehr ausgenommen, verletzt, wer einen anderen tötet, in jedem Fall ein Menschenrecht. Wer dagegen jemanden nur deshalb verhungern oder erfrieren läßt, weil er die notwendige Nahrung und Kleidung nicht aufbringen kann, macht sich keiner Menschenrechtsverletzung schuldig.

Im zweiten Unterschied deutet sich der dritte an: Positive Leistungen sind wesentlich komparativ; es gibt ein Mehr-und-Weniger, wobei sich die nähere Bestimmung sowohl nach den vorhandenen Ressourcen als auch den Bedürfnissen einer Gesellschaft zu richten hat; Sozialrechte sind sowohl ressourcen- als auch kulturabhängig. In kalten Zonen beispielsweise braucht man mehr an schützender Kleidung und Wohnung als in warmen Zonen. Oder: Was bei einer körperlich oder geistig erschöpfenden Arbeit menschenrechtlich geboten sein kann, ein Anspruch „auf periodischen, bezahlten Urlaub“ (Allgemeine Erklärung der Menschenrechte, Art. 24), ist es schwerlich bei einer Arbeitsweise, die die Elemente der Erholung schon in sich trägt. Oder: In vor-schriftlichen Kulturen muß niemand und in frühen Schriftkulturen muß nicht jeder lesen und schreiben können, so daß in der Alphabetisierung kein kulturunabhängiges Maß für die Anerkennung von Menschenrechten liegt. In hochspezialisierten Gesellschaften braucht es dagegen weit mehr als bloß eine Lese- und Schreibfähigkeit; für entsprechende Lebenschancen sind lange und spezielle Ausbildungen unverzichtbar.

In all diesen Bereichen, von der Nahrung und Kleidung über Gesundheit bis zu Arbeit und Ausbildung, liegt ein Kontinuum vor, an dessen einem Ende das nackte Überleben, am anderen Ende das rundum gute: das leichte, angenehme und schöne Leben steht. Und gemäß dem komparativen Charakter gibt es eine Fülle von Zwischentönen, bei denen der Übergang vom (bloßen) Leben zum Gutleben fließend ist. Infolgedessen können die Rechte hier nicht so (relativ) wohlabgegrenzt sein wie die Rechte hinsichtlich der Gewaltverzichte. Positive Freiheitsrechte lassen einen Spielraum, den die Gemeinwesen unterschiedlich ausfüllen dürfen und der das „Recht auf Differenz“ mitbegründet (s. Kap. 4.4 und 10.1): Einige Gemeinwesen geben sich mit Leistungen für das bloße Leben zufrieden, andere öffnen sich in Richtung auf das gute Leben. Eine genaue Grenze gibt die Gerechtigkeit zwar nicht vor; bei einer zu weiten Öffnung zum guten Leben wird aber der Bereich des Geschuldeten in Richtung auf Solidarität oder sogar Wohltätigkeit und Menschenliebe verlassen. Und gewisse Gesichtspunkte des Sozialen entziehen sich der Moral ganz: Selbst bei einem großzügigen Verständnis von Sozialmoral hat niemand einen moralischen Anspruch auf Freundschaft. Es gibt weder eine geschuldete oder auch nur eine verdienstliche Pflicht, jemandem Freund zu sein, noch hat ein Gemeinwesen die Aufgabe, jemandem einen Freund zuzuteilen, oder das Recht, Umverteilungen von Freunde-Reichen zu Freunde-Armen vorzunehmen.

Wie angedeutet, kann bei gewissen Gesellschaftsverhältnissen ein Recht auf Bildung und Ausbildung einen menschenrechtlichen Rang haben. Und dort, wo man sich die Subsistenzmittel durch Arbeit erwerben muß, diese außerdem über Selbst- und Fremdachtung entscheidet, ferner zur Persönlichkeitsentfaltung beiträgt, ist ein Menschenrecht auf Arbeit nicht abwegig. Es kann allerdings mit einem negativen Freiheitsrecht, dem auf freie Berufswahl, kollidieren. Außerdem bleibt das Ressourcenproblem: Arbeitsplätze können konjunkturell, sogar strukturell knapp werden. Nicht zuletzt gibt es persönliche Vorbedingungen wie Qualifikationserfordernisse und die Bereitschaft zur Arbeit und Zusammenarbeit.

Persönliche Vorbedingungen spielen auch andernorts eine Rolle, bei der (Aus-)Bildung etwa die Begabung und der eigene Einsatz und bei materiellen Ressourcen gegebenenfalls die Bereitschaft zum Sparen, sprich: Konsumverzicht, woraus ein vierter Unterschied folgt: Positive Freiheitsrechte sind mehr als bloß „fromme Wünsche" und „hochgemute Versprechen" und doch weniger als subjektiv einklagbare Individualrechte. Es handelt sich eher um programmatische Forderungen, für deren Umsetzung in die gesellschaftliche Wirklichkeit komplexe Beurteilungen erforderlich sind. Und diese können politisch hoch umstritten sein: sowohl wegen des generellen Spielraums bei den Sozialrechten als auch wegen unterschiedlicher Einschätzungen der ökonomischen Gesetzlichkeiten und ihrer jeweiligen Randbedingungen (s. Kap. 3.4 und 3.6).

Eine fünfte Besonderheit: Die genannten Leistungen müssen nicht von allen Menschen erbracht werden. Sobald ein einziger den Gewaltverzicht gegen einen anderen verweigert, ist eo ipso dessen Leib und Leben gefährdet; Gewaltverzichte dürfen sich keinesfalls auf den Kreis „meiner Lieben und Freunde" beschränken. Verweigert dagegen jemand die angedeuteten Leistungen, so können andere in der Regel problemlos einspringen. Daraus folgt aber nicht, die Sozialrechte seien, wie man gelegentlich befürchtet, unklare Ansprüche oder sogar nur rhetorische Manifest-Rechte.

Weil die Leistungen nicht von jedermann erbracht werden müssen, stellt sich allerdings die Anschlußfrage, bei wem die Bringschuld liegt. Darauf läßt sich – sechstens – mit „natürlichen Leistungserbringern“ antworten. Denn nur wer Notleidenden hilft, an deren Not er unschuldig ist, handelt aus Wohltätigkeit. Wer dagegen die Not mitverschuldet hat, trägt nach Maßgabe seiner Mitschuld eine Verantwortung im Sinne ausgleichender (korrektiver) Gerechtigkeit. Beispielsweise sind für ihre Kinder primär die Eltern zuständig; denn diese haben sie als hilfsbedürftige Wesen und ohne deren Zustimmung auf die Welt gebracht. (Für weitere Gesichtspunkte korrektiver Gerechtigkeit s. Kap. 5.2)

Trotz vieler Unterschiede stimmen die positiven mit den negativen Freiheitsrechten im Legitimationsmuster, dem transzendentalen Tausch, überein. Gewisse Zuwendungen sind so elementar, daß sie teils zum bloßen Überleben, teils zur selbstverantwortlichen Handlungsfähigkeit unverzichtbar sind. Weil die Zuwendungen asymmetrisch, von den Hilfsfähigen zu den Hilfsbedürftigen, erfolgen, scheint zwar die zweite Legitimationsbedingung, die Wechselseitigkeit, zu fehlen. Das ändert sich aber, wenn man Phasenverschiebungen berücksichtigt: Die Kinder können die Hilfe, die sie erhalten, durch jene Hilfe „wiedergutmachen“, die sie zu entsprechender Zeit ihren alten, vielleicht auch gebrechlichen Eltern angedeihen lassen. Daß manche Menschen, beispielsweise die geistig Schwerbehinderten, zu derartigen „Wiedergutmachungen“ nicht fähig sind, wird uns noch beschäftigen (s. Kap. 3.5).

Obwohl auch zu den positiven Freiheitsrechten ein tauschtheoretisches Moment gehört, reicht dieses zur Legitimation nicht aus. Auch in legitimatorischer Hinsicht erweisen sich die positiven Freiheitsrechte als komplexer denn die negativen Freiheitsrechte, was den bisherigen Mangel an angemessener Rechtfertigung verständlich macht. Die zu tauschenden Leistungen haben eine Voraussetzung, die sich weder einem Tausch noch einer anderen menschlichen Leistung verdankt. Die letzte Grundlage aller Arbeit, die selbst nicht mehr erarbeitet wird, ist schlechthin vorgegeben: unser Planet mitsamt seinen Bodenschätzen, Früchten und Tieren sowohl des Himmels als auch der Erde und des Wassers. Nun sind sowohl das Territorium als auch seine Ressourcen knapp, womit sich eine primordiale Verteilungsaufgabe stellt, die eine dritte Art von Gerechtigkeit, nach der Tauschgerechtigkeit und der ausgleichenden Gerechtigkeit jetzt die Verteilungsgerechtigkeit, auf den Plan ruft. Nur in Parenthese sei angemerkt, daß für die Gerechtigkeit einer Eigentumsordnung alle drei Arten eine Rolle spielen und bei der Tauschgerechtigkeit sowohl der Gesichtspunkt der negativen als auch der der positiven Freiheit. Alle Eigentumstheorien nehmen daher eine unzulässige Vereinfachung vor, wenn sie nicht mindestens vier Gerechtigkeitsprinzipien berücksichtigen: das negative und das positive Freiheitsrecht auf Eigentum, das Gebot, vergangenes Unrecht auszugleichen, und eine primordiale Verteilungsgerechtigkeit.

Das *dritte, erneut rechtsnormierende Gerechtigkeitsprinzip*, das *Prinzip der komparativen positiven Freiheit*, sperrt sich einer einfachen Formulierung; es lautet:

a) Durch wechselseitige positive Leistungen erhalte jeder Rechtsgenosse die Möglichkeit einer elementaren positiven Handlungsfreiheit, darstellbar in gewissen positiven Freiheitsrechten.

b) Dabei ist das erste Gerechtigkeitsprinzip, die Rechtsform, anzuerkennen: Nur jene positiven Freiheitsrechte sind gerecht, die sich nach allseits gültigen Regeln verwirklichen lassen.

c) Das zweite Prinzip hat Vorrang vor dem dritten Prinzip: Nur jene positiven Freiheitsrechte sind gerecht, die mit dem Prinzip der größten gleichen negativen Freiheit vereinbar sind.

d) Die Leistungen der positiven Freiheitsrechte sind ressourcen- und kulturabhängig und haben einen komparativen Charakter.

e) Es gibt für das dritte Gerechtigkeitsprinzip keine exklusive: nur tausch-, nur korrektiv- oder nur verteilungstheoretische Begründung.

Auch bei den Freiheitsrechten liegt die sachlich erste Zuständigkeit bei den Betroffenen, den Rechtsgenossen, während ein Gemeinwesen nur eine subsidiäre Verantwortung trägt. Nicht anstelle der natürlichen Leistungsbringer soll es die Leistungen gewähren, wohl aber soll es fehlende Leistungen von den primär Zuständigen einfordern und allenfalls, wo dies nicht möglich ist, selber tätig werden. Wird es dagegen unmittelbar tätig, so verletzt es zweierlei Rechte: sowohl die Rechte – aber auch Pflichten – der Direktverantwortlichen als auch die Rechte der Nichtverantwortlichen; denn letztere sind genau deshalb, weil sie nicht verantwortlich sind, nicht einmal zu Teilleistungen gerechtigkeitsverpflichtet. Mit der Frage, ob es auch kollektive Sozialrechte geben kann, befassen wir uns später (Kap. 14.2.3).

3.5 Proto-Gerechtigkeit

Das Recht ist nicht naturhaft vorhanden, sondern muß gestiftet werden. Die Stiftung, das zeigt der originäre Rechtsvertrag, liegt im wechselseitigen Vorteil, den jeder um seiner Handlungsfähigkeit willen immer schon in Anspruch nimmt. Dieses Ergebnis, daß das Recht eine Form des Zusammenlebens ist, die jeder vernünftigerweise will, kann durchaus als Rechtfertigung gelten. Zur Begründung eines universalen moralischen Rechtsgebotes bleiben aber noch zwei Fragen offen: erstens, wer zu „seinesgleichen", also zu denen gehört, deren Zustimmung und Vorteil zählt; zweitens, warum es denn Handlungsfähigkeit in Koexistenz geben soll. (Mit dieser doppelten Frage gehe ich über frühere Überlegungen hinaus.)

In der ersten Frage kommt es auf nichts weniger als das Recht an, Partner des Rechtsvertrages zu sein. Da ein „originärer" Rechtsvertrag das Recht von Grund auf zu legitimieren hat, darf er keine Vorabselektion vornehmen und einige zulassen, andere aber ausschließen. Vielmehr ist jeder aufzunehmen, der die zwei Bedingungen erfüllt, auf die es im originären Rechtsvertrag ankommt: die Handlungsfähigkeit und ihre Bedrohung durch seinesgleichen. Man kann sich auch direkt auf das Rechtsgeschäft beziehen und sagen, es komme auf jeden an, der zu einem Rechtsvertrag fähig und zusätzlich seiner bedürftig ist. Nun verfügt über die grundlegende Rechtsfähigkeit, wer zu den negativen und positiven Gegenleistungen fähig ist, und über das grundlegende Rechtsbedürfnis, wer auf die entsprechenden Leistungen der anderen angewiesen ist.

Die Frage, auf wen diese doppelte Bedingung zutrifft, hat vor allem in zwei Hinsichten Gewicht: Zählen auch nichtmenschliche Wesen, etwa Tiere? Und: Kommt es beim Menschen auf jeden an? Nach Rortys (1993, 116) radikalem Kulturrelativismus unterscheiden sich Menschen von Tieren nicht prinzipiell, sondern ausschließlich wegen kontingenter, kultureller Tatsachen. Nach dieser Ansicht wären auch Tiere in die Klasse der Vertragspartner aufzunehmen, und wo es nicht geschieht, müßte man den zum Rassismus-Vorwurf analogen Vorwurf des „Speziesismus", des Gattungsegoismus, erheben. In Wahrheit findet sich aber sowohl hinsichtlich der wechselseitigen Verzichte als auch der wechselseitigen Leistungen ein mehr als bloß kultureller Unterschied: Ein Tier kann zwar Opfer von Gewalt sein, auch kann es gewisse Leistungen erbringen oder verweigern. Den Gewaltverzicht und die positiven Leistungen vollbringt es aber nicht aufgrund von Handlungs- und Rechtsfähigkeit. Er geschieht vielmehr entweder instinktmäßig oder durch Dressur oder aufgrund einer affektiven Bindung, vielleicht auch durch ein Zusammenspiel derartiger Faktoren. Nach allem bisherigen Wissen fehlt dem Tier die Fähigkeit, in dem nachdrücklichen Sinn Urheber („Täter“) der eigenen Taten zu sein, daß diese ihm zuzurechnen sind. In der grundlegenden Zurechnungsfähigkeit liegt aber die rechtserhebliche Handlungsfähigkeit, die rechtlich-praktische Subjektivität. Über sie verfügen Tiere allenfalls in sehr geringen Ansätzen.

Nur bei Zurechnungsfähigkeit kann man Regeln unterworfen werden und für deren Verletzung zur Rechenschaft gezogen werden: sowohl vor sich, in Form von Gewissensbissen und in entwickelten, nicht bloß ansatzweisen Schuld- oder Schamgefühlen, als auch vor den anderen, durch Tadel, gegebenenfalls auch Verachtung oder Strafe. Sollten sich allerdings Tiere mit mehr als einer ansatzweisen Zurechnungsfähigkeit finden, so fallen sie selbstverständlich in die Klasse der Rechtssubjekte. Und im Fall erheblicher Ansätze von Zurechnungsfähigkeit empfiehlt es sich, über einen entsprechend ansatzweisen Rechtsstatus nachzudenken. Jedenfalls verbietet sich jeder rein biologisch definierte Gattungsegoismus; nicht die bloß biologischen Gattungsmerkmale zählen, sondern das rechtserhebliche Gattungsmerkmal, die Zurechnungsfähigkeit. Im übrigen folgt aus mangelnder Zurechnungsfähigkeit nicht, daß Tiere vogelfrei, also einer legitimen Willkür der Menschen ausgeliefert seien. Ein Tierschutz ist im Gegenteil moralisch, sogar mit Gerechtigkeitsargumenten geboten (s. Höffe ^{3}1995, Kap. 13).

Gegen das Kriterium Zurechnungsfähigkeit erhebt sich der Einwand, es sei ungebührlich streng, da es auch Kleinkinder und geistig Schwerbehinderte aus der Klasse der Rechtssubjekte herausdränge. Kindern fehlt die Zurechnungsfähigkeit aber nur vorläufig, nicht auf Dauer, was der phasenverschobene Tausch berücksichtigt. Anders sieht es mit jenen geistig Schwerbehinderten aus, die selbst bei bester Hilfe nie zurechnungsfähig werden. Wäre der grundsätzliche Mangel an Zurechnungsfähigkeit das letzte Wort, so wären sie dem Rechtsschutz zwar ebensowenig wie Tiere entzogen. Der Unterschied von Tier und Mensch bliebe aber unberücksichtigt; der Rechtsschutz von Schwerbehinderten bestünde bloß analog zum Tierschutz.

Daß Schwerbehinderte keinen anderen Schutz als Tiere verdienen sollen, erscheint uns zu Recht als unplausibel, sogar als moralisch ungeheuerlich. Der Grund liegt aber nicht in einer Gattungsüberheblichkeit, wie Singer ([4]1990) vorschnell behauptet. Es gibt nämlich das schon angedeutete, von allem Gattungsegoismus unabhängige Argument kompensatorischer Gerechtigkeit: Weil Kinder in Kenntnis ihrer Hilfsbedürftigkeit und trotzdem ohne deren Zustimmung in die Welt gesetzt werden, haben sie einen Anspruch auf Hilfe, im Regelfall auf eine zeitlich begrenzte, im Fall von Behinderten aber auf eine anhaltende Hilfe. Und wenn die Hilfe die Fähigkeit der Eltern übersteigt, tritt ergänzend eine Solidaritätspflicht der zuständigen Großgruppe in Kraft. Im Fall äußerster Knappheit könnte sich ein Verstoß gegen die Hilfe für Schwerbehinderte vielleicht entschuldigen lassen, er bliebe aber ein Verstoß, der sich gegen die geschuldete Moral, die Gerechtigkeit, richtet und nicht nur gegen ein verdienstliches Mehr, das Mitleid oder die Menschenliebe.

Auch im „Normalfall" zurechnungsfähiger Personen reicht die Zurechnungsfähigkeit als Vorbedingung nicht aus. Denn diese Fähigkeit muß nicht bloß ausgebildet, sondern auch im tatsächlichen Handeln realisiert werden. Die Realisierung wiederum kann nicht von anderen, stellvertretend, vorgenommen werden. Das jeweilige Subjekt hat sie selber zu vollbringen; erforderlich ist eine genuine Eigenleistung. Abgesehen vom Fall geistiger Behinderung stehen ihr zwei Arten von Hindernissen entgegen, denen zwei Stufen von Zurechnungsfähigkeit entsprechen: Einerseits kann die Zurechnungsfähigkeit im Prinzip vorhanden sein, aber aufgrund von Zorn, Trunkenheit oder Drogen nur eingeschränkt, in Extremfällen sogar so gut wie gar nicht realisiert werden. Derartige, subjektinterne Hindernisse verlangen als Gegengewicht die seit altersher bekannten Charakterfähigkeiten. Wer die von innen, den Leidenschaften her drohenden Gefährdungen seiner Zurechnungsfähigkeit überwinden will, braucht Selbstbeherrschung, noch besser: Besonnenheit.

Die subjektinternen Hindernisse bestehen im Rahmen schon etablierter Rechtsverhältnisse, unterscheiden sich daher von der Aufgabe, die Zurechnungsfähigkeit auch dort zu realisieren, wo es auf die ursprüngliche Konstitution von Rechtsverhältnissen ankommt. Die im originären Rechtsvertrag erforderliche Eigenleistung ist daher grundlegender als die Selbstbeherrschung oder die Besonnenheit, auch grundlegender als die (wechselseitigen) Leistungen des originären Rechtsvertrages. Sie hat die Bedeutung einer Vor-Leistung.

Die Vor-Leistung ist allerdings von subjektexternen, sozialen Hindernissen bedroht, nämlich vom eventuellen Widerstand anderer, jemanden als Rechtssubjekt anzuerkennen. In dieser Situation behauptet man sich als mögliches Rechtssubjekt, indem man dem Widerstand der anderen seinerseits Widerstand entgegensetzt. Man kann sich dem Widerstand aber auch beugen, was vor allem dort viele Menschen tun, wo sie andernfalls das eigene Leben gefährden: sei es das nackte Überleben, sei es das angenehme und sichere Leben. Wer sich hingegen auch in dieser Situation behaupten will, muß eine grundlegendere Selbstbeherrschung üben; er muß sich nicht nur über seine Leidenschaften als Herr erweisen, sondern sogar über sein natürliches Interesse am Leben, einschließlich dem angenehmen und sicheren Leben.

Daß es einer derartigen Vor-Leistung bedarf, wird in den bekannten Rechts- und Gerechtigkeitstheorien übergangen. Eine Ausnahme bildet Kant, dessen Hinweis in der *Rechtslehre* (VI 236; zur Trias elementarer Pflichten im Römischen Recht s. Kap. 7.2) aber thetisch und sehr knapp, fast kryptisch ausfällt. Da auch die Kant-Interpreten (z. B. Kersting [2]1993, Kap. A. V, und Pippin 1999) den systematischen Gehalt noch nicht hinreichend erläutern, empfiehlt sich hier ein *Kant-Exkurs*, der freilich über eine bloße Textexegese hinausgeht:

Schon in der frühen Neuzeit spielt der Gedanke der Selbstbehauptung eine besondere Rolle. Er wird aber in der Regel empirisch-pragmatisch bestimmt: inhaltlich als die Behauptung seiner selbst als Leib- und Lebewesen, als physische Selbsterhaltung, und modaliter, hinsichtlich der Anspruchsart, als ein (natürliches) Recht (z. B. Hobbes, *Leviathan*, Kap. 14; Pufendorf, *Naturrecht*, 1672, § 7). Kant setzt sich gegen beide Seiten ab. In einer originellen Interpretation der von (Pseudo-) Ulpian bekannten Rechtsmaxime „honeste vive" („Sei ein rechtlicher Mensch") führt er eine inhaltlich neuartige, nicht mehr physische, sondern rechtsmoralische Selbstbehauptung ein. Diese meint modaliter kein natürliches Recht, sondern eine rechtsmoralische Pflicht, so daß die zweite Frage nach der Handlungsfähigkeit in Koexistenz auf die erste, wer zu „seinesgleichen" gehört, durchschlägt. (Zur Interpretation der insgesamt drei Rechtsmaximen s. auch Kap. 7.2.)

Unter der im „honeste vive" gemeinten rechtlichen Ehrbarkeit (honestas iuridica) versteht man gewöhnlich eine rechtliche Unbescholtenheit: Man hat sich rechtlich nichts zuschulden kommen lassen. Ihr gegenüber macht Kant auf eine Tiefendimension aufmerksam, die den Rang einer ursprünglichen, originären rechtlichen Ehrbarkeit hat. Mit dem Unterlassen von Rechtsverstößen nicht zufrieden, verlangt sie mehr als Rechtskonformität bzw. juridische Legalität. Dieses Mehr besteht allerdings nicht in der von Kant bekannten Steigerung der (juridischen) Legalität zur (juridischen) Moralität. Es geht vielmehr um etwas Drittes, das aus Kants Moralphilosophie sonst nicht bekannt ist und deshalb der Aufmerksamkeit der Interpreten leicht entgehen konnte.

In einem ursprünglichen Sinn ist rechtlich ehrbar, wer sich überhaupt als Rechtsgenosse konstituiert. Zu diesem Zweck muß er sich weigern, von anderen zum bloßen Mittel degradiert zu werden: zu einer Sache, mit der die anderen beliebig schalten und walten dürfen. Gegen diese rechtliche Entwürdigung und Verdinglichung durch andere muß er einen nicht bloß verbalen, sondern gelebten Einspruch erheben. Dieser Einspruch allein genügt aber noch nicht. Denn eine Selbstentwürdigung und Selbstverdinglichung droht auch vom Subjekt selbst, da es sich nämlich als Urheber der eigenen Handlungen leugnen kann. Um ein Rechtssubjekt zu sein, muß man nicht bloß von anderen, sondern wesentlich auch von sich selbst als Rechtssubjekt anerkannt werden. Man muß zu seinen rechtlich guten („rechtskonformen") und schlechten („rechtswidrigen") Taten stehen, sich also selbst die Zurechnung zusprechen, und dies erneut nicht bloß verbal, sondern durch die Art der Lebensführung vornehmen. Nur wer sich der grundlegenden Alternative, mit dem Recht konform zu gehen oder dagegen zu verstoßen, öffnet, erfüllt die für den Status eines Rechtsgenossen unverzichtbare Bedingung, daß man ihn für sein Tun und Lassen zur (rechtlichen) Verantwortung ziehen kann.

Für den originären Rechtsvertrag braucht es also zwei Vor-Leistungen: eine originäre rechtliche Ehrbarkeit, die sich gegen andere, und eine ebenso originäre Zurechnungsbereitschaft, die sich gegen sich selbst als Rechtsgenosse behaupten. Beide Vorleistungen zusammen nennen wir die originäre rechtliche Selbstbehauptung.

Selbst Kant hat die Bedeutung der rechtlichen Ehrbarkeit erst spät eingesehen. Noch in den „Vorarbeiten zur Tugendlehre" (XXIII 386), sogar in den Vorlesungen zur Metaphysik der Sitten vom Wintersemester 1793/94 (Nachschrift Vigilantius), also nur drei Jahre vor der *Rechtslehre* und fast ein Jahrzehnt nach der *Grundlegung*, sieht er in der Maxime „honeste vive" „das Prinzip der Ethik", das „den ganzen Complexum der ethischen Pflichten" enthält und sich „dadurch von den rechtlichen Pflichten abschneidet" (XXVII 527). Diese Zuordnung nicht zur Rechtsethik, sondern ihrem Gegenstück, der Tugendethik, korrigiert er in der *Rechtslehre* nicht durch eine volle Kehrtwendung, wohl aber durch eine Unterscheidung. Kant trennt jetzt die

„honestas interna" (VI 420) von der „honestas iuridica" und ordnet nur die erste der Tugend-, die zweite aber der Rechtsethik zu (VI 236). Nach der ersten, ethischen Ehrbarkeit darf man gegen die Menschheit in seiner Person generell nicht verstoßen und sich nie zum bloßen Mittel machen (IV 429), nach der rechtlichen Ehrbarkeit ist diese Selbstentwürdigung und Selbstverdinglichung lediglich in bezug auf andere verboten (vgl. VI 236, 27).

Beispiele für die rechtserhebliche Selbstverdinglichung führt Kant nicht an. Gegen die ursprüngliche rechtliche Ehrbarkeit dürfte aber verstoßen, wer sich einem Zustand der Rechtlosigkeit, etwa der Sklaverei oder Leibeigenschaft, fügt. Und gegen die originäre Zurechnungsbereitschaft verstößt, wer sich jener Haltung vollständiger Passivität hingibt, die einer Rundum-Fürsorge und dem Stichwort „Lauter Opfer, keine Täter" entspricht, ferner wer durch Suchtabhängigkeit seine Handlungsfähigkeit schwer einschränkt.

Im Sinne von Ehrbarkeit spricht gegen die Versklavung nicht etwa ein Interesse: man will nicht Sklave, Leibeigener, Suchtabhängiger, werden, sondern eine Pflicht: Man darf sich nicht zum Sklaven machen lassen. Es geht freilich um eine eigene, für die Rechtsmoral sogar ungewöhnliche Pflicht. Die üblichen Rechtspflichten sind sowohl äußere Pflichten als auch Pflichten gegen andere. Die rechtliche Selbstbehauptung ist dagegen innerlich geboten, überdies eine Pflicht gegen sich, so daß sie eher zur Tugendethik zu gehören scheint. Tatsächlich zählt sie zum Recht, aber nicht als sein Teil, sondern als eine das Recht konstituierende Vor-Leistung. Und nur deshalb kann sie, „systemwidrig" zu den gewöhnlichen Rechtspflichten, das singuläre Phänomen einer rechtlichen Pflicht sein, die sowohl gegen sich als auch als innere Pflicht besteht.

Den systematischen Anfang einer Rechtsethik bildet jedenfalls die Pflicht, sich in zweierlei Hinsicht selbst als Rechtsgenossen anzuerkennen: im Sinne der rechtlichen Ehrbarkeit gegen andere und im Sinne der originären Zurechnungsbereitschaft auch gegen sich selbst. Mit der zweiteiligen Selbstanerkennung allein ist es allerdings noch nicht getan; die Rechtssubjektivität bedarf der Ergänzung durch eine Rechtsintersubjektivität, die originäre Selbstanerkennung der Ergänzung durch eine originäre Fremdanerkennung: Jeder hat jeden anderen als ein Wesen anzuerkennen, das im originären Rechtsvertrag, bei dessen vorteilsbedingter Zustimmung und wechselseitiger Leistung, als Vertragspartner zählt. Und weil jeder dasselbe zu leisten hat, kommt es wieder auf Wechselseitigkeit an.

Ohne die zusätzliche Fremdanerkennung stößt die Selbstanerkennung auf den Widerstand der anderen, was zu einer ungebührlichen Alternative führt: Entweder bleibt man der rechtlichen Selbstbehauptung treu und verweigert sich der Degradierung zum bloßen Mittel, setzt dann aber, bei erbittertem Widerstand, sein Leben aufs Spiel. Oder man zieht das Leben vor, jedoch zum Preis seiner rechtlichen Selbstbehauptung. Hier verzichtet man auf den Status des (gleichberechtigten) Rechtsgenossen unmittelbar, dort mittelbar. Wer nämlich im Zuge der Selbstbehauptung sein Leben verliert, ist nur ein potentieller Rechtsgenosse; realiter tritt er als Rechtsgenosse ab bzw. tritt er als solcher gar nicht ins Leben. Die bloße Rechtsintersubjektivität genügt allerdings ebensowenig. Wer nur von anderen als Rechtssubjekt anerkannt wird, ohne sich selbst so anzuerkennen, hat zwar Rechte, ist aber doch nicht, was zu einem Rechtsgenossen gehört: der zurechnungsfähige Täter seiner Taten und der schuldhafte Täter seiner Untaten.

Kant deutet die Fremdanerkennung zumindest an. Nach seiner – erneut: originellen – Interpretation der zweiten (Pseudo-)Ulpianischen Maxime „neminem laede“ darf man niemandem Unrecht tun, selbst auf die Gefahr, darüber „aus aller Verbindung mit anderen herausgehen“ zu müssen (*Rechtslehre*: VI 236). Eine Beziehung zur Fremdanerkennung zeichnet sich hier insofern ab, als Kant unter Unrecht die Verletzung des Rechts bzw. das Hindernis der Freiheit nach allgemeinen Gesetzen versteht (§ D: VI 231). Mit dem strengen Verbot jedes Unrechts fordert Kant zur strengen Anerkennung des Rechts auf. Das Recht wird aber nur dort anerkannt, wo man jeden gemäß der Freiheit nach allgemeinen Gesetzen, also als gleichberechtigten Rechtsgenossen behandelt.

Man kann sich fragen, ob die beiden Vor-Leistungen unserem Kriterium des distributiv-kollektiven Vorteils genügen oder es im Gegenteil außer Kraft setzen. Die rechtliche Selbstbehauptung ist durchaus vorteilhaft, so daß, wer sie verweigert, sich selbst schadet. Vorteil und Schaden bemessen sich aber nicht am gewöhnlichen, empirisch-pragmatischen Kriterium. Auf die Frage, warum man rechtsmoralisch sein solle und die Pflicht habe, sowohl die originäre Selbst- als auch die originäre Fremdanerkennung vorzunehmen, kann man nicht von der Rechtsmoral unabhängig, mit empirisch-pragmatischen Vorteilen antworten. Wer sich rechtlich behauptet, stellt sich zwar besser; verbessert wird aber nicht die Lage desselben Selbst. Der Vorteil liegt in einer Veränderung des Selbst zum Besseren, in einer Verbesserung seines

„ontologischen" Ranges: Aus einem naturalen Selbst wird ein auch rechtsmoralisches Selbst. Dabei ist das „auch" wichtig; denn man darf ein naturales Selbst bleiben, das am bloßen Leben, darüber hinaus am angenehmen und sicheren Leben hängt. Diese Interessen verfolgt man aber weder bloß instinkthaft noch lediglich nach Gefühlen von Angenehm und Unangenehm, vielmehr *als* zurechnungsfähiges Subjekt in Auseinandersetzung mit anderen zurechnungsfähigen Subjekten und zugleich unter Anerkennung ihrer Zurechnungsfähigkeit. Genau in diesem Als liegt die rechtlich entscheidende Handlungsfähigkeit. Und die Antwort auf die erste Frage lautet: Abgesehen von den empirisch-pragmatischen Vorteilen, die es auch gibt, soll es Handlungsfähigkeit in Koexistenz deshalb geben, weil dadurch der Mensch und seine Koexistenz den ontologisch höheren Rang der Zurechnungsfähigkeit erhalten.

In den beiden Vor-Leistungen des transzendentalen Tausches, der originären Selbst- und der originären Fremdanerkennung, haben wir die letzten Bedingungen für eine Handlungsfähigkeit in sozialer Perspektive gefunden. Sie haben den Rang eines weiteren, sachlich vorgeordneten Gerechtigkeitsprinzips, eines *Prinzips der Proto-Gerechtigkeit*, und lautet:

Durch eine originäre Selbst- und eine originäre Fremdanerkennung sollen alle Mitglieder der Gattung zurechnungsfähiger Wesen sich selbst und ihresgleichen als Rechtsgenossen anerkennen.

Weil beide Vor-Leistungen rechtsmoralischer Natur sind, setzen sie hinter den Versuch, das Recht lediglich aus empirisch-pragmatischen Argumenten zu begründen, ein Fragezeichen. Und ein zweites Fragezeichen setzen sie hinter das heutige Verdikt gegen Metaphysik. Beschränken wir uns hier auf die rechtliche Selbstbehauptung: Ihr liegt ein dem Individuum immanenter, insoweit vor- und außersozialer Konflikt zugrunde. Das dem Prinzip Überleben unterworfene Selbst steht in Konkurrenz zu dem auf seinen Zweckcharakter pochenden Selbst; das naturale Selbst und das (rechts-)moralische Selbst widerstreiten einander. Nun gelangt man zum rechtsmoralischen Selbst nur durch eine Relativierung des natürlichen Selbst; mit ihm betritt man eine jenseits der „naturalen Natur" liegende, also im buchstäblichen Sinn meta-physische Dimension. Freilich kommt es nicht auf eine theoretische, sondern eine in doppeltem Sinn praktische Metaphysik an. Einerseits geht es um Bedingungen nicht von Erkenntnis, sondern von Praxis, des näheren: von Recht. Andererseits ist die Bedingung nicht schlicht vorhanden, sondern tritt erst durch eine doppelte Leistung in die Welt. Wo jeder sich und die anderen stets nur als Mittel behandelt und niemand die rechtliche Selbst- und Fremdanerkennung praktiziert, dort gibt es kein Recht und mangels Recht keine Rechtsmetaphysik.

Jeder, der im emphatischen, freilich nur bescheiden-emphatischen Sinn eines Rechtssubjekts Person sein will, muß diese Leistung vollbringen. Infolgedessen ist Kants Behauptung, eine Metaphysik zu haben sei Pflicht (IV 389ff.), provokativ und doch plausibel. Denn ihr kommt es in erster Linie nicht auf eine – umstrittene – erkenntnistheoretische Position, sondern auf eine rechtsmoralische Vor-Leistung an. Erst sekundär und subsidiär behauptet Kant, diese Leistung sei nur als Metaphysik denkbar und erfülle deren erkenntnistheoretische Bedingung, das synthetische Apriori. Selbst diese Behauptung ist aber nicht ganz unplausibel. Als eine Bedingung, die selbst dem originären Rechtsvertrag noch vorausliegt, erscheint sie nämlich als ein Apriori. Und wer die Bedingung nicht aus dem bloßen Begriff der Zurechnungsfähigkeit oder dem der Koexistenz zurechnungsfähiger Wesen glaubt ableiten zu können, kann ihm schwerlich einen synthetischen Charakter absprechen. Aus – angeblicher – Bescheidenheit mag man auf den metaphysischen Anspruch verzichten, die rechtsmoralische Voraussetzung der Rechtsbegründung verwerfen kann man aber nicht.

Erste Liste der Gerechtigkeitsprinzipien

Prinzip der Proto-Gerechtigkeit:
Durch eine originäre Selbst- und eine originäre Fremdanerkennung sollen alle Mitglieder der Gattung zurechnungsfähiger Wesen sich selbst und ihresgleichen als Rechtsgenossen anerkennen.
Erstes, rechtskonstituierendes Prinzip, das universale Rechtsgebot:
Als Inbegriff von streng allseits gültigen Regeln tritt das Recht der persönlichen Willkür und persönlichen Gewalt entgegen und soll genau deshalb überall unter den Menschen herrschen.
Zweites, rechtsnormierendes Prinzip, das Prinzip der größten gleichen negativen Freiheit:
Durch wechselseitige Freiheitsverzichte erhalte jeder Rechtsgenosse jenes Höchstmaß an Handlungsfreiheit, das, gemäß dem ersten Gerechtigkeitsprinzip, in allseits gültigen Regeln möglich ist.
Drittes, erneut rechtsnormierendes Prinzip; das Prinzip der komparativen positiven Freiheit:

a) Durch wechselseitige positive Leistungen erhalte jeder Rechtsgenosse die Möglichkeit einer elementaren positiven Handlungsfreiheit, darstellbar in gewissen positiven Freiheitsrechten.
b) Dabei ist das erste Gerechtigkeitsprinzip, die Rechtsform, anzuerkennen: Nur jene positiven Freiheitsrechte sind gerecht, die in allseits gültigen Regeln möglich sind.
c) Das zweite Prinzip hat Vorrang vor dem dritten Prinzip: Nur jene positiven Freiheitsrechte sind gerecht, die mit dem Prinzip der größten gleichen negativen Freiheit vereinbar sind.
d) Die Leistungen der positiven Freiheitsrechte sind ressourcen- und kulturabhängig und haben einen komparativen Charakter.
e) Es gibt für das dritte Gerechtigkeitsprinzip keine exklusive: nur tausch-, nur korrektiv- oder nur verteilungstheoretische Begründung.
(Fünf weitere Gerechtigkeitsprinzipien folgen in den Kapiteln 4.1, 4.2, 4.3 und 5.2.)

3.6 Solidarität

Die für das Mit- und Gegeneinander zuständige Moral, die Sozialmoral, erschöpft sich nicht in der Gerechtigkeit. Die Moral der Menschenliebe gebietet vielmehr, der Gerechtigkeit das Salz der Liebe beizumischen und aus einem Mitleiden mit fremder Not heraus Wohltätigkeit: Hilfsbereitschaft, sogar Großzügigkeit, zu üben. Wohltätigkeit ist allerdings nicht geschuldet. Als eine verdienstliche Mehrleistung gebührt ihr zwar ein Platz im Gemeinwesen, trägt sie doch als Gemeinsinn zu dessen Wohlergehen bei (s. Kap. 7.5), als rein freiwillige Leistung darf sie aber nicht erzwungen werden.

Schwieriger ist die Solidarität einzuschätzen. Sowohl mit der geschuldeten Moral, der Gerechtigkeit, als auch der freiwilligen Moral, der Wohltätigkeit, verwandt, macht diese normative Zwischenstellung die politische Legitimation fast ratlos: Die Verwandtschaft mit der geschuldeten Moral weist ihr innerhalb der zwangsbefugten Ordnung, dem Recht, einen legitimen Platz zu, den ihr die Verwandtschaft mit der freiwilligen Moral streitig macht. In dieser Situation braucht der Begriff als erstes ein genaueres Profil (vgl. Scheler 1915, 110; 119; 139; vgl. Scheler 1916, Teil II; Hartmann [4]1962, 424 ff., 458 ff., 488 ff.; neuerdings Bayertz 1998, Hondrich/Koch-Arzberger 1992, Isensee 1998 und Rorty 1989, Kap. 9).

Ursprünglich, im Römischen Recht, bedeutet der heute inflationär verwendete Ausdruck Solidarität eine besondere Form der Haftung, die „obligatio in solidum": In einer Gemeinschaft, meist einer Familie, muß jedes Mitglied für die Gesamtheit der bestehenden Schulden aufkommen, so wie umgekehrt die Gemeinschaft für die Schulden jedes einzelnen haftet. Die Solidarität spielt hier in beide Richtungen; sie bietet Hilfe dem einzelnen von seiten der Gemeinschaft und der Gemeinschaft von seiten der einzelnen. Die zuständige, populäre Formel „Einer für alle und alle für einen" bereitet ein *Encyclopédie*-Artikel von 1773 vor. Noch heute meint die „Solidarobligation" die unbegrenzte Haftung jedes Schuldners für eine Gesamtschuld, die bei Zahlung durch einen für die anderen erlischt.

Sehr spät, erst gegen Ende des 18. Jahrhundert, wird der strenge Schuldbegriff auf nichtrechtliche Beziehungen erweitert. Der begriffliche Kern bleibt aber erhalten. Solidarität bezeichnet (1) eine Haftung: die wechselseitige Verpflichtung, das Füreinander-Einstehen-Müssen, (2) in Gefahr und bei Notlagen, (3) innerhalb von Gruppen, die teils unfreiwillig (z. B. Geschwister), teils durch freie Wahl (etwa Mitglieder einer Expedition), teils durch ein zufälliges Schicksal eng miteinander verbunden sind. Solidargemeinschaften sind Not- und Gefahrengemeinschaften, auf die das Bild „Man sitzt im selben Boot" zutrifft, und deren Mitglieder (4) emotionale Bindungen zueinander entwickeln, die um so stärker ausfallen, je emphatischer das Phänomen der Schicksalsgemeinschaft ausfällt. In bloßen Interessengemeinschaften, in Berufsverbänden und Versicherungsvereinen, sind sie naturgemäß gering.

Mit diesen vier Elementen allein ist die Solidarität noch unterbestimmt; denn nicht in jeder Notlage ist sie gefragt. Ist die Not von anderen verschuldet, so müssen die anderen schon aus Gerechtigkeitsgründen helfen. Ist die Not aber allein selbst verschuldet, so ist die Hilfe ein Gebot der Menschenliebe. Solidarität ist dagegen dort geboten, wo die Alternative Fremd- oder aber Selbstverschulden nicht zutrifft und man von Schicksal sprechen kann. Wenn sich beispielsweise – sei es vorübergehend, sei es auf Dauer – die Rahmenbedingungen für eine Gruppe so stark ändern, daß die übliche Vorsorgefähigkeit der Menschen überfordert wird, dann sitzt man schicksalhaft „im selben Boot", und die Hilfe auf Gegenseitigkeit für Notlagen, eben Solidarität, ist angesagt.

Nach der Art des gemeinsam geteilten Schicksals kann man drei Arten von Solidarität unterscheiden: (1) Die kooperative Solidarität sucht individuelle Risiken, die individuell vorhersehbar sind, trotzdem gemeinsam zu bewältigen; denn nur die Art des Risikos (Krankheit, Unfall, Arbeitslosigkeit) ist vorhersehbar, aber nicht, wen es und wie stark es trifft. Die gemeinsame Bewältigung ist dort noch stärker geboten, wo das individuelle Risiko wie etwa bei Seuchen auch eine Gefahr für die Allgemeinheit darstellt. (2) Die antagonistische Solidarität verfolgt kollektive Interessen gegen konkurrierende Kollektiva, beispielsweise geht es um die Abwehr von Feinden oder die Selbstbehauptung gegen Widersacher. (3) Die kontingente Solidarität dient der Bewältigung unvorhergesehener, aber kollektiver Schicksalsschläge, etwa Naturkatastrophen. Das Muster der ersten Art von Solidarität bildet die Sozialversicherung, das der zweiten Art der Kampfverband gegen eine feindliche Gruppe und das der dritten Art eine sich ad hoc bildende und nach dem Unglück wieder auflösende Solidargemeinschaft.

Als Hilfe auf Gegenseitigkeit bedeutet die Solidarität eine Brüderlichkeit bzw. Geschwisterlichkeit, die nicht dem asymmetrischen Muster folgt, daß die größeren Brüder und Schwestern stets den kleineren helfen. Die Hilfe kann zwar unterschiedlich ausfallen; Eltern beispielsweise haben andere Aufgaben als Kinder. Außerdem muß sie nicht zur selben Zeit fällig werden; nicht zuletzt kann die Not die einen mehr, die anderen weniger und unter glücklichen Umständen sogar überhaupt nicht treffen. Trotz inhaltlicher Unterschiede, mancher Phasenverschiebung und kontingenter Umstände geht es aber insgesamt um Symmetrie, um Wechselseitigkeit unter Gleichen. Der Grundgedanke einer gegenseitigen Hilfe weckt daher Bedenken gegen die Praxis, selbst dort noch von Solidarität zu sprechen, wo die Stärkeren für die Schwächeren eintreten sollen, obwohl sie, weil deutlich und auf Dauer überlegen, in den Genuß einer Gegenleistung kaum je geraten. Hier wird die Solidarität in Richtung auf Menschenliebe gedehnt, sogar überdehnt.

Durch die begriffliche Erweiterung über das Schuldrecht hinaus wird der Verpflichtungscharakter selbst dort abgeschwächt, wo man sich der Überdehnung widersetzt und bei der symmetrischen Wechselseitigkeit bleibt. Hinsichtlich der Reichweite gibt es Interpretations- und Ermessensspielräume, ferner gewisse Konventionen, die entscheiden, wo noch die Solidaritätsleistung und wie weit sie gefragt ist. Und hinsichtlich der Verpflichtungsart, der Modalität, besteht oft eine nur noch „moralische" und „politische" Verpflichtung: die Erwartung gegenseitiger Hilfe, die durch informelle Sanktionen (vom

Tadel bis zur sozialen Ächtung) erzwungen werden kann, die aber der rechtlichen Einklagbarkeit in der Regel entbehrt.

Nur wenn man trotz dieser Abschwächung die Kernbedeutung bewahrt: die Hilfe auf Gegenseitigkeit innerhalb einer Schicksalsgemeinschaft, ist die Solidarität nicht länger das so gefällige, aber vage Prinzip (vgl. Höffe 1996), das man dehnen und überdehnen kann. Sie bedeutet eine moralische Einstellung, die in der Tat zwischen streng geschuldeter Gerechtigkeit und freiwilliger Menschenliebe steht: Wie bei Gerechtigkeit kommt es auf Wechselseitigkeit an, im Unterschied zu ihr aber nicht auf einen rundum geschuldeten Anspruch. Daß die Solidarität nicht streng geschuldet ist, verbindet sie mit der Menschenliebe, bei der jedoch eine Hilfe einseitig erfolgt: ohne die Erwartung, daß die Hilfe, falls benötigt, erwidert wird. Wer aus Menschenliebe hilft, macht ein Geschenk; er handelt altruistisch. Wer aus Solidarität hilft, kommt den Anforderungen einer Gegenseitigkeit nach, von der man gegebenenfalls selber profitiert; er erbringt eine Leistung für eine Gegenleistung, von der er aber noch nicht weiß, ob sie je fällig sein wird.

Schon das schuldrechtliche Institut hat einen Vor- und einen Nachteil, die beide auf der Hand liegen und bei einer Erweiterung des Begriffs erhalten bleiben. Vorteilhaft ist, daß sich die Haftung auf mehrere Schultern verteilt, was sowohl dem Schuldner wie dem Gläubiger erlaubt, Risiken einzugehen, die andernfalls zu gefährlich wären. Dabei kann es aber, so der Nachteil, zu einer nur „pro forma“-Wechselseitigkeit kommen: Wo sich immer dieselben Mitglieder verschulden, für die immer dieselben anderen einspringen müssen, geht der normative Kern der Solidarität, die Wechselseitigkeit, verloren. Bei der abgeschwächten Verpflichtung kommt noch die Gefahr hinzu, daß der Einsatz, den die Solidarität verlangt, von den Bedürfnissen und Fähigkeiten der Beteiligten und den besonderen Umständen abhängt und im Rahmen des dadurch entstehenden Interpretationsspielraumes der Schuldner gern zu viel verlangt, der Gläubiger dagegen zu wenig geben will. Und noch lieber wird die Solidarität bloß von den anderen eingefordert, statt sie ihnen entgegenzubringen. Notfalls zieht man die bloß verbale, euphemistisch „moralisch“ genannte Unterstützung dem wirklichen Einsatz vor. Insbesondere im Ernstfall, wenn die erwartete Gegenleistung hoch ausfällt, ist mit Ausflüchten, sogar Weigerung zu rechnen: mit einem Ausscheren aus der Solidarität, selbst wenn man früher von ihr profitiert hat.

Das Trittbrettfahren an einer Solidargemeinschaft droht um so mehr, je schwächer das Gegenmittel, die informellen Sanktionen, greifen und je geringer die emotionale Verbundenheit geworden ist. In einer Familie oder Freundschaft darf man eher auf die Solidarität zählen als in einem Staat oder gar in der Menschheit. Generell kann man sie in persönlichen mehr als in anonymen Beziehungen erwarten und in traditionellen, relativ statischen mehr als in „modernen", dynamischen Gesellschaften. Und „auf der sozialen Wesensstufe der Masse", sagt Max Scheler (²1960, 516) zu Recht, gibt es „keinerlei Solidarität".

Frühere Solidargemeinschaften wie etwa Zünfte wirkten der Gefahr des Trittbrettfahrens durch klare Regeln über Rechte und Pflichten und durch Sanktionen für Rechtsverstöße entgegen. Will eine moderne Gesellschaft trotz ihrer Größe, Komplexität und Anonymität immer noch eine Solidargemeinschaft sein, also „Solidarität unter Fremden" (Brunkhorst 1997) üben, so muß sie beide Elemente, Regeln und Sanktionen, fortbilden. In diesem Sinn kehren Sozialversicherungen zur ursprünglichen, rechtlichen Bedeutung zurück. Ihre Ansprüche können eingeklagt werden; die Beiträge sind Pflichtbeiträge, und zu geringe Zahlungen werden nachgefordert.

Trotzdem enthält die neue, anonyme Solidargemeinschaft einen „Webfehler": Obwohl alles Menschliche von Pleonexie, von ausufernden Begehrlichkeiten, bedroht ist, kommen die traditionellen, sowohl „konkreten" als auch persönlich überschaubaren Solidargemeinschaften damit gut zurecht. Der „objektiven" Sorge für die Bedürftigen und Schwachen entspricht nämlich eine „subjektive" Haltung, ein Ethos wechselseitiger Rücksichtnahme und Kontrolle, das den beiden Seiten der Pleonexie, sowohl die Verweigerung der Solidarität als auch deren übermäßige oder sogar mißbräuchliche Inanspruchnahme, entgegentritt. Auf diese Weise leistet das Ethos eine Bestandsgarantie. In der modernen, jetzt abstrakten und unpersönlichen Solidargemeinschaft gehen aber diese Gegenkräfte der Pleonexie verloren. Nicht etwa aus Bosheit, sondern „systembedingt" macht sich die für private Güter und den Markt charakteristische Maximierungsstrategie breit. Zum Beispiel suchen im Gesundheitswesen alle Beteiligten: Ärzte, Krankenhäuser und die einschlägige Industrie, ihren Vorteil. Das Ergebnis liegt auf der Hand. Wo die Pleonexie freigesetzt wird, treten, ökonomisch gesprochen, Rationalitätsfallen und Defektionsanreize auf, die den finanziellen Rahmen sprengen. Nur wenig dramatisiert gesagt, plündern alle Seiten ohne konzertierte Aktionen geleitet und doch gemeinsam die öffentlichen Kassen aus. (Zur Ressourcenknappheit im Gesundheitswesen s. Höffe 1999c.)

Fragen wir abschließend, welche Rolle der Solidarität innerhalb einer zwangsbefugten Sozialordnung, dem Recht, gebührt. Zweifellos stehen nicht der Gesamtheit von Solidaritätsverpflichtungen Zwangsbefugnisse zu. Ein offensichtliches Gegenbeispiel bieten Freundschaften; wird die unter Freunden gebotene Solidarität verletzt, so hat das Recht keine Befugnis einzugreifen. Nennen wir sie die freie im Gegensatz zur zwangsbefugten Solidarität. Eine Zwischenstellung bilden Solidargemeinschaften, zu denen man sich freiwillig, aber rechtsförmig zusammenschließt; offensichtlich sollte die Rechtsordnung derartige Zusammenschlüsse zulassen.

Solidargemeinschaften mit Zwangsmitgliedschaft sind dagegen nur dort berechtigt, wo der Beitritt gerechtigkeitsgeboten ist. Betrachtet man die drei Arten von Solidarität, so kann man bei der kooperativen Solidarität die Zwangsmitgliedschaft mit dem Argument rechtfertigen, daß im Ernstfall, beispielsweise bei Krankheit ohne entsprechende Vorsorge, die Nichtmitglieder der Gruppe zur Last fallen. Dagegen darf sich die Gruppe prospektiv schützen, was sich auf eine zwangsbefugte Verantwortung für Sozialversicherungen, etwa hinsichtlich Krankheit, Unfall und Arbeitslosigkeit, beläuft. Freilich braucht es dafür keine Pflichtversicherung, eine Versicherungspflicht reicht aus. Anders verhält es sich bei der öffentlichen Gesundheit. Für Seuchenprävention und Seuchenbekämpfung, für gewisse Schutzimpfungen, im weiteren Sinn auch für Schulgesundheitspflege und Mütterberatung besteht unmittelbar eine gemeinsame, „öffentliche" Verantwortung, so daß hier der Unterschied von Versicherungspflicht und Pflichtversicherung hinfällig wird.

Ähnlich sieht es bei der antagonistischen Solidarität aus. Solange jemand Mitglied des betreffenden Kollektivs ist, kommt ihm eo ipso der kollektive Selbstschutz zugute. Da Trittbrettfahren der Gerechtigkeit widerspricht, ist hier eine Beteiligung an den zum kollektiven Selbstschutz erforderlichen Leistungen gerechtigkeitsgeboten. Ein analoges Argument spricht für die zwangsbefugte Beteiligung bei kontingenter Solidarität. Zwangsbefugte Solidarität bleibt aber eine Besonderheit, die stets der Legitimation bedarf und dafür die Beweislast trägt. Für sie sind die angedeuteten Pauschalargumente notwendig, aber nicht zureichend. In jedem konkreten Falltyp ist beides auszuweisen: das Recht auf eine Zwangsmitgliedschaft und die Reichweite dieses Rechtes.

4. Öffentliche Gewalten

Über mindestens drei Steuerungsformen verfügt die Gesellschaft: (1) über eine spontane und anonyme Steuerung, den Markt, (2) über eine politische Rahmenordnung mit Herrschaftscharakter, den Staat in einem weiten Sinn, und (3) über eine Kooperation aufgrund affektiver Bindungen, die (freie) Solidarität. Vereinfacht gesagt, steuert der Markt mittels Geld, in Bereichen wie Wissenschaft und Kultur freilich auch durch Ansehen („Prestige"); der Staat steuert mittels zwangsbewehrten Rechts und die (freie) Solidarität mittels entsprechender Erwartungen. Die politische Legitimation weiß um alle drei Formen und konzentriert sich doch auf die mittlere; denn sie ist gewissermaßen die ultima ratio: Wo der Markt versagt und auf die Solidarität kein hinreichender Verlaß ist, die Gesellschaft sich aber trotzdem steuern will, dort ist der Staat gefragt.

In seinem weiten, nicht epochal gebundenen Verständnis bestimmt sich der Staat durch sieben Elemente, die sich drei Dimensionen zuordnen. Nach einer ersten Dimension, der inneren Vertikalen, besteht er (1) in einer öffentlichen Gewalt, der politischen Herrschaft („Staatsgewalt"), die (2) auf Dauer angelegt und dabei (3) rechtsförmig geordnet ist. Nach der zweiten Dimension, der inneren Horizontalen, erstreckt sich die Herrschaft (4) auf einen Personenverband mehrerer Generationen, auf das „Staatsvolk", durch das der Staat zu einem genossenschaftlichen Verband wird. (5) In der Regel erstreckt er sich auf ein abgegrenztes Gebiet („Staatsgebiet"). (6) Von sehr frühen Gesellschaften wie Sammlern und Jägern abgesehen, bildet er sich aus mehreren sozialen Institutionen, womit er zu einer Institution zweiter Ordnung wird. Und nach seiner dritten Dimension, der äußeren Horizontalen, in der Beziehung zu anderen Staaten, ist er (7) völkerrechtlich, nicht notwendig auch faktisch unabhängig („äußere Souveränität"). (Für die Staatstheorie noch immer lesenswert Jellinek 1914; neuerdings z. B. Breuer 1998.)

Zur Legitimation steht nicht dieses Gesamtphänomen an, zumindest primär weder die innere Horizontale, der genossenschaftliche Verband, noch die äußere, völkerrechtliche Horizontale. Und bei der inneren Vertikalen kommt es, weil die Rechtsform schon im Rechtsvertrag legitimiert ist, auf die Unterordnung der Bürger unter eine Staatsgewalt an; zu rechtfertigen bleibt das Moment der Herrschaft.

Die Legitimationsfrage richtet sich an alle Gemeinwesen, selbst an jene häuptlingslosen („akephalen") Gesellschaften unter Jägern, Fischern und Sammlern, die zwar extrem herrschaftsarm sind, vollständig herrschaftsfrei, wie man von Rousseau bis Clastres (1974), Sigrist (1967) und M. Taylor (1982, Kap. 15) behauptet, aber nicht. Auch die häuptlingslosen Gesellschaften kennen nämlich Regeln, etwa die Verbote von Inzest, von Tötung der Gruppenmitglieder und von Diebstahl, ferner Regeln, um Streit hinsichtlich Jagdbeute oder Frauen zu schlichten. Außerdem gibt es zwar keine politischen Ämter, aber, wie schon Adam Smith sieht (*Lectures on Jurisprudence* 1766, 404, vgl. 401 f.), Personen von hoher Autorität, etwa erfolgreiche Jäger, die die Entscheidungsfindung stark beeinflussen. Da die Herrschaft in derartigen Ansätzen steckenbleibt, kann man mit Max Weber (*Wirtschaft und Gesellschaft*, [5]1976, 670) von „regulierte[r] Anarchie" sprechen. Weil sie nicht ausdrücklich gewählt sind, können sie aber jederzeit entmachtet, sogar aus der Gruppe herausgedrängt werden. Weiterhin fallen Entscheidungen nicht ohne die Zustimmung aller, dadurch werden die Regeln nicht allzu streng gehandhabt; und Sanktionen, die mehr als Wiedergutmachtung wären, sind selten. (Zur Einführung s. Wesel 1997, Teil I; vgl. Ingold/Riches/Woodburn 1991.)

Beim Staat im engen Sinn, dem der europäischen Neuzeit, fallen die Freiheitseinschränkungen der Herrschaft und ihre Alimentierung („Steuern") weit stärker aus. Der im Epochenverständnis moderne Staat bindet sich zwar selber an das Recht und unterwirft dieses sogar grundlegenden Prinzipien rechtsmoralischer Dignität, den Menschenrechten. Er verfügt aber über (öffentliche) Gewalt, beansprucht sogar das Gewaltmonopol, außerdem einen hohen Anteil des Bruttosozialproduktes, so daß sich die Legitimationsfrage um so nachdrücklicher stellt: Warum darf es Herrschaft von Menschen über Menschen geben?

4.1 Realisierungsaufgaben

Weil der originäre Rechtsvertrag jedem zugute kommt, könnte er sich selber in die geschichtliche Wirklichkeit bringen und müßte der sekundäre Naturzustand einer vorstaatlichen, natürlichen Rechtsgesellschaft genügen. Tatsächlich stehen einer spontanen, dem Markt analogen Durchsetzung drei Hindernisse im Weg. Alle drei liegen nicht etwa in kontingenten Umständen, so daß man unter besseren Randbedingungen auf eine herrschaftsfreie Wirklichkeit des Rechts hoffen könnte. Im Gegensatz zu dieser Hoffnung utopischer Sozialtheorien legt der Markt dem Recht drei Hindernisse in den Weg. Und aus diesem dreifachen strukturellen Marktversagen, positiv formuliert: aus drei Realisierungsaufgaben rechtfertigt sich der Staat.

Die beiden ersten Aufgaben ergeben sich aus einem Mangel an gemeinsamer Rechtsbestimmtheit; nur ein wohlbestimmtes Recht ist aber ein vollwirkliches Recht: Erstens richtet sich der originäre Rechtsvertrag nur auf Regeln zweiter Stufe, auf Prinzipien, die ihren Gegenstand, den distributiv-kollektiven Vorteil, noch nicht genau umgrenzen. Zweitens stellen selbst genauere Regeln, Regeln erster Stufe, noch nicht ihre situationsgerechte Anwendung sicher („Was genau besagt die Regel in der jetzigen Lage?"). Wegen beider Wirklichkeitsdefizite drohen einer bloß natürlichen Rechtsgesellschaft Interpretationskonflikte: dort bei der Rechtssetzung qua Regelbestimmung, hier bei der Rechts- qua Regelanwendung. Solange es an Gemeinsamkeit fehlt, werden die Konflikte von jedem für sich, also nach Gutdünken entschieden, was dem Gedanken des Rechts widerspricht. Trotz des allseitigen Vorteils setzt sich daher der originäre Rechtsvertrag nicht rein spontan durch. Rechtstheoretisch gesprochen, bedürfen seine Absprachen der Positivierung. Aus moralischen Menschenrechten müssen wohlbestimmte positive Grundrechte werden, und diese bedürfen einer autoritativen Auslegung. Dort braucht es eine gemeinsame, „öffentliche" Festlegung präziser Regeln mittels einer Legislative, ferner eine gemeinsame Interpretation, die Gerichtsbarkeit.

Die dritte und einschneidenste Realisierungsaufgabe folgt aus dem Unterschied von Zwangs*befugnis* und Zwangs*fähigkeit*: Wo immer die Absprachen in Phasenverschiebung erfüllt werden, muß die eine Seite eine Vorleistung erbringen und fürchten, daß die andere Seite die Gegenleistung nicht erfüllt. Die Nichterfüllung widerspricht zwar den Gerechtigkeitsprinzipien, mangels einer gemeinsamen Gewalt kann die natürliche Rechtsgemeinschaft den Widerspruch aber nicht beheben. Wie nämlich schon Hobbes sagt, ist „das Band der Worte viel zu schwach, um den Ehrgeiz, die Habgier, den Zorn und die anderen menschlichen Leidenschaften zu zügeln" (*Leviathan*, Kap. 14). Die Auflösung des Widerspruchs durch Errichtung einer gemeinsamen Gewalt kennt die Menschheit aber nicht erst seit Hobbes, sondern zumindest seit den archaischen Griechen: „Denn welcher Mensch", fragt Athene in Aischylos' *Orestie*, „der nichts mehr fürchtet, bleibt gerecht?" (*Eumeniden*, V. 699).

Weil die Vorleistung im Rahmen einer Wechselseitigkeit erbracht wird, läuft die Nichterfüllung der Gegenleistung auf ein Trittbrettfahren, sogar einen Betrug hinaus. Und dieser wird von pragmatisch-vernünftigen, prudentiellen Wesen tatsächlich verübt: Wer schon in den Genuß der Vorleistung gelangt ist, kann sich ohne eigenen Nachteil die Gegenleistung schenken. Weil man deshalb mit dem Betrug der anderen rechnet, läßt man sich auf die Vorleistung erst gar nicht ein, und beide Seiten finden sich in jenem primären, nicht bloß staats-, sondern auch rechtsfreien Naturzustand wieder, den sie wegen seines allseitigen Nachteils doch überwinden wollten. Hier tut sich eine Rationalitätsfalle oder ein Anerkennungsdilemma auf: Mangels Sicherheit des Vereinbarten werden die Vereinbarungen nicht wirklich anerkannt, und die bloße Absprache bleibt „Schall und Rauch". Den Ausweg bietet eine gemeinsame, „öffentliche" Durchsetzung mittels einer Exekutive.

Bekanntlich läßt sich das Anerkennungsdilemma spieltheoretisch mit dem Gefangenendilemma darstellen. Wird der originäre Rechtsvertrag zwischen zwei Parteien A und B abgeschlossen, so stehen ihnen bei phasenverschobener Wechselseitigkeit je zwei Handlungsmöglichkeiten offen: das Einhalten des Vertrages oder aber der Betrug. Dabei hängt deren Nutzen von der Handlung des anderen ab, so daß sich vier Konstellationen ergeben: (1) Sind beide ehrlich und halten sich an den Vertrag, so stellen sie sich besser, als wenn (2) beide betrügen und keine Leistung erbringen. (3) Noch besser als die wechselseitige Ehrlichkeit ist aber der eigene Betrug, sofern er allein bleibt; dann erhält man nämlich die Leistung des anderen, ohne die Gegenleistung erbringen zu müssen. Und (4) noch schlechter als der wechselseitige Betrug ist die einseitige, aber eigene Leistung. Am besten steht also der Betrüger da; am zweitbesten stellen sich zwei Ehrliche, am zweitschlechtesten zwei Betrüger; und am schlechtesten ergeht es dem Ehrlichen, der betrogen wird. Nun kommt die gemeinsam beste Lösung, die wechselseitige Ehrlichkeit, nicht spontan zustande, da der Ehrliche aus Furcht, auf einen Betrüger zu stoßen, lieber selbst betrügt, was wegen der Wechselseitigkeit zur zweitschlechtesten Lösung führt. Auch hier liegt der Ausweg in einer gemeinsamen, „öffentlichen" Gewalt.

Während das Argument der Wirklichkeitsdefizite rechtsmoralischer Natur ist, argumentiert die Spieltheorie pragmatisch, mit einer Nutzenkalkulation. Die Staatsbegründung kann somit zwei Legitimationsstrategien einschlagen, die legitimatorisch grundverschieden sind und doch zum selben Ergebnis kommen. Die Koinzidenz der nutzenkalkulatorischen mit der rechtsmoralischen Legitimation betrifft aber nur die dritte Aufgabe.

Keine der drei Aufgaben hängt mit den Besonderheiten einer Kultur oder Epoche zusammen. Selbst an die biologische Sonderausstattung des Menschen nicht gebunden, ist die Staatslegitimation nicht bloß interkulturell, sondern auch für etwaige Vernunftwesen anderer Planeten, also interplanetarisch gültig. Offen bleibt nur die von der Rechtsbegründung her bekannte Frage, ob sich die Legitimationsaufgabe lediglich bei Wesen aus so „krummem Holz" wie Menschen stellt oder selbst bei reinen Vernunftwesen wie Engeln. Gewöhnlich fällt die Antwort positiv aus: „If men were angels, no government would be necessary" (Madison in: *Federalist Papers*, Nr. 51). Ein Volk von Menschen, selbst ein Volk von Teufeln, sofern sie nur Verstand haben, soll einen Staat brauchen, ein Volk von Engeln aber nicht. Wir fragen zurück und beginnen mit der Unterscheidung einer moralischen und einer epistemischen Seite der Engel:

Nach der moralischen Seite sind Engel stets und grundsätzlich gutwillige Geister; dank einer von Leidenschaften ungetrübten Rechtsgesinnung erkennen sie die Gerechtigkeitsprinzipien um ihrer selbst willen an; moralische Engel zeichnen sich durch eine juridische Moralität aus. Diese allein verhindert aber nicht, daß man sich in der genauen Bestimmung: sowohl über die präzisen Regeln als auch deren situationsbezogene Auslegung, unterscheidet. Infolgedessen sind bloß moralische Engel weder gegen das Gutdünken hinsichtlich der Interpretation noch gegen einen Konflikt der Gutdünken gefeit, so daß auch sie öffentliche Gewalten gegen die Rechtsunbestimmtheit brauchen. Lediglich Engel sowohl im moralischen als auch epistemischen Sinn, also reine Moralwesen, die zusätzlich über ein vollkommenes Wissen verfügen, sind den ersten zwei Wirklichkeitsdefiziten enthoben. Nur epistemische, nicht auch moralische Engel dagegen sind zwar der Rechtsunbestimmtheit, nicht aber dem Anerkennungsdilemma enthoben und bedürfen der dafür zuständigen öffentlichen Gewalt. Ohnehin trifft es auf die Menschen zu, denn „the passions of men will not conform to the dictates of reason and justice without constraint" (Hamilton in: *Federalist Papers*, Nr. 15). Ausschließlich für Engel im vollen Sinn entfällt also der originäre Staatsvertrag; bloß Wesen, die sowohl im moralischen als auch im epistemischen Verständnis reine Vernunft sind, können sich mit der rein spontanen Ordnung des originären Rechtsvertrages begnügen.

In der üblichen Beschreibung der spontanen Ordnung, des sogenannten Naturzustandes, gilt er als ein Kriegszustand. Dagegen erheben sich drei Einwände, die auf die Rechtfertigung des Staates durchschlagen könnten. Nach dem *ersten Einwand* liegen die Menschen doch nicht ständig im Kampf gegeneinander. Selbst in der Welt der Tiere werde, wo immer möglich, der Kampf vermieden; statt dessen herrsche teils Kooperation, teils Desinteresse; nur bei der Verteidigung des Territoriums und des Nachwuchses lasse man sich auf Kampf ein. In der Tat muß man auch bei Menschen nicht mit einem steten Hauen und Stechen rechnen. Auch der zwar rechtsförmige, aber staatsfreie, der sekundäre Naturzustand ist ein nur latenter Krieg, in dem gleichwohl ständig Gewalt droht. Denn mangels öffentlicher Gewalten richtet erstens jeder in eigener Sache und setzt er zweitens seinen privaten Richterspruch mittels privater Gewalt durch. Und weil es auf die private Gewalt ankommt, sieht sich jeder gezwungen, möglichst stark, jedenfalls stärker als sein Gegner zu sein. Insofern sagt Hobbes (*Leviathan*, Kap. 13) zu Recht, daß jeder nach immer mehr Macht streben muß.

Von Hobbes' drei Faktoren: Wettstreit, Mißtrauen und Ruhmsucht, ist zwar der dritte für rationale Akteure entbehrlich, die beiden anderen sind es aber nicht: Weil in einer Konkurrenzlage – Faktor 1: Wettstreit – der Schwächere sich dem Stärkeren als Beute darbietet, besteht ein objektiver Zwang, auch dann nach immer mehr Macht zu streben, wenn man selber gar nicht anzugreifen vorhat. Mangels einer öffentlichen Rechtsordnung kann man sich nämlich – Faktor 2: Mißtrauen – der Aggressionsabneigung der anderen nicht sicher sein. Von den Subjekten her gesehen, besteht daher eine Angstkonkurrenz, die vom Ergebnis her, auf die Selbstverteidigung bezogen, das von der Spieltheorie untersuchte Sicherheitsdilemma ausmacht.

Trotzdem ist die Gewaltgefahr nicht der entscheidende Punkt. Im primären Naturzustand gibt es vielmehr keinerlei Recht; und im sekundären Naturzustand bestehen zwar (gerechte) Rechtsregeln, denen aber die Garantie, als solche angewandt und als solche durchgesetzt zu werden, fehlt. Aufgrund fehlender Rechtsgarantie besteht die paradoxe Lage, daß das Recht, obwohl vorhanden, doch nicht vorhanden ist. Statt dessen herrscht eine Privatjustiz, obwohl sie doch überwunden werden sollte: Noch immer entscheidet das persönliche Gutdünken, jetzt als eine private Auslegung der Rechtsprinzipien, als eine interpretatorische Privatjustiz. Und noch immer zählt die persönliche Durchsetzungsmacht, die exekutive Privatjustiz als private Durchsetzung des privaten Gutdünkens.

Nach dem *zweiten Einwand* gegen die Beschreibung des Naturzustandes als eines Kriegszustandes gibt es durchaus den Kampf, aber nicht jeder will aus ihm als Sieger hervorgehen. Albert Camus hat das Problem in der nachgelassenen Autobiographie (*Der erste Mensch*, 177 f.) treffend formuliert: Bei einem rituellen Kampf schlägt der kleine Jacques seinem Gegner ein blaues Auge und wird beim Anblick des „fassungslosen Gesichts" des Geschlagenen von „düsterer Traurigkeit" erfüllt: „Und so begriff er, daß der Krieg nicht gut ist, da einen Menschen zu besiegen ebenso bitter ist, wie von ihm besiegt zu werden." In der Tat wollen nicht alle Menschen letztendlich siegen; in steter Demutsgebärde sich ständig als Opfer anbieten wollen sie aber auch nicht. Infolgedessen bleibt nichts anderes übrig, als die ungeliebte Alternative „Sieger oder Besiegter", mit Hegel: „Herr oder Knecht", durch öffentliche Gewalten zu überwinden.

Ein *dritter Einwand* ergibt sich aus dem wiederholten („iterierten") Gefangenendilemma. „Dynamisiert" man die Situation und entscheidet die Frage, ob man die Absprachen einhalten soll, nicht in einem einzigen Zug, so zeichnet eine Computersimulation jene Strategie als erfolgreichste aus, die zwar mit einer Vorleistung beginnt, dann aber auf strenge Gegenseitigkeit achtet (Axelrod 1984; s. Kap. 7.6: Bilanz, 5.; zur Kritik an Axelrod vgl. schon Höffe 1990, Kap. 10): Wird die Vorleistung mit entsprechender Gegenleistung beantwortet, so setzt man die Kooperation fort; andernfalls bricht man sie ab, um sie aber wiederaufzunehmen, sobald die Gegenseite Kooperation signalisiert. Weil nach dieser Strategie TIT FOR TAT die Kooperation eine sich selbst lohnende und die Kooperationsweigerung eine sich selbst strafende Strategie ist, erscheint der Staat, verstanden als Inbegriff von die Kooperation ermöglichenden Gewalten, als überflüssig. Dieses schöne Bild einer herrschaftsfreien Kooperation trübt sich aber bei näherer Betrachtung ein. Das Computerspiel arbeitet nämlich mit übermäßigen Vereinfachungen, die die politische Legitimation zurücknehmen muß:

Erstens setzt das Computerspiel voraus, daß eine fehlende Kooperationswilligkeit so weit bekannt wird, daß sie schon „vom Leben bestraft" wird. Ferner gibt es nicht bloß das Anerkennungsdilemma, sondern auch die im Computerspiel ausgeblendeten Interpretationsprobleme. Drittens lohnt die Kooperation nur unter der Bedingung, daß man das Risiko der unerwiderten Vorleistung durch eine Politik der kleinen Schritte, durch bloß minimale Vorleistungen, und durch dauerhafte Beziehungen vermindert. Beides ist in der Wirklichkeit bedroht, da man aus einer Gruppe mit Gewalt vertrieben und sogar getötet werden kann. Nicht zuletzt setzt das Computerspiel eine strenge Machtsymmetrie an, womit das Problem der zweiten exekutiven Privatjustiz „wegdefiniert" wird, die Gefahr, daß die Starken „straflos" die Rechte der Schwachen verletzen.

Weil das iterierte Gefangenendilemma mit übermäßigen Vereinfachungen operiert, bleibt die Einsicht gültig, daß das im Rechtsvertrag Vereinbarte nicht rundum „von allein" zur Wirklichkeit gelangt, vielmehr gemeinsame Gewalten braucht. Und erst wenn sie auf Dauer eingerichtet, also institutionalisiert, überdies wirksam ausgeübt werden, weicht die barbarische Form der Streitschlichtung, der Krieg, der zivilen, sogar prinzipiell gerechten Form, dem Prozeß vor einem unparteiischen Dritten. Zur entsprechenden Wirklichkeit der Gerechtigkeit, zur executio iusti, gehört das Gewaltmonopol hinzu (vgl. schon Max Weber, *Wirtschaft und Gesellschaft*, [5]1976, 516). Die Rechtsgenossen müssen entwaffnet und alle Formen von Selbstjustiz: Privatlegislation, Privatexekution und Privatjustiz, abgeschafft werden. Andererseits müssen sich die Staatsgewalten tatsächlich als Garanten von Recht und Gerechtigkeit etablieren. Keineswegs besitzen sie eine Blankovollmacht. Wie beim originären Rechtsvertrag verbindet sich im originären Staatsvertrag die Legitimation mit einer Limitation. Öffentliche Gewalten sind nur sekundär und subsidiär zu den Wirklichkeitsdefiziten legitim.

Nach einer berühmten These Hegels ist es die höchste Pflicht der Einzelnen, Mitglieder des Staates zu sein (*Rechtsphilosophie* § 258). Diesen Superlativ, der beigetragen hat, Hegel eine Staatsvergottung vorzuwerfen, (vgl. Marx 1843: *Zur Kritik der Hegelschen Rechtsphilosophie*, Einleitung) teilt die Rechts- und Staatsethik nicht, den Positiv erkennt sie aber an: Um der realen Gerechtigkeit willen sind die Rechtsgenossen verpflichtet, den natürlichen oder privaten Rechtszustand in einen öffentlichen Rechtszustand zu überführen. Das *vierte, rechtsrealisierende Prinzip der Gerechtigkeit, das universale (Rechts-)Staatsgebot*, lautet:

Zur Realisierung der Gerechtigkeit ist der Inbegriff öffentlicher Gewalten, ein (Rechts-)Staat, einzurichten.

Nicht erst für die positiven, sondern schon für die legitimatorisch vorrangigen, negativen Freiheitsrechte müssen die öffentlichen Gewalten Leistungen erbringen. Ihretwegen geht der Unterschied des Rechtsvertrages – negative oder aber positive Rechte – auf der Ebene des Staatsvertrages nicht verloren, verliert aber an Unterscheidungskraft. Für beide Arten von Rechten braucht es positive Staatsleistungen, und diese konkurrieren um knappe Ressourcen, etwa die Mittel für den Polizeischutz mit denen für das öffentliche Gesundheitswesen und die Sozialhilfe.

Wegen der Gerechtigkeitsaufgabe des Staates ist am üblichen Verständnis der Freiheitsrechte als Abwehrrechte gegen den Staat eine zweite Korrektur vorzunehmen. Nach dem originären Rechtsvertrag sind es Abwehrrechte der Bürger gegeneinander, für deren Gewährleistung, sagt der originäre Staatsvertrag, die öffentlichen Gewalten zuständig sind. Deren primäre Aufgabe liegt also im Schutz der Freiheitsrechte; und nur sekundär, weil jene Macht, die die Rechte schützt, sie auch zu gefährden vermag, erhalten die Freiheitsrechte ein Moment des üblichen Verständnisses von Abwehrrechten: des Schutzes vor dem Staat. Der legitimatorisch sekundäre Schutz *vor* dem Staat darf aber den legitimatorisch primären Schutz *durch* den Staat nicht ersetzen, ihn nicht einmal abschwächen; Abstriche an der Aufgabe der Rechtssicherheit vorzunehmen steht dem Staat nach seinem rechtsmoralischen Begriff nicht frei.

Die Gerechtigkeitsverpflichtung überwindet den Konflikt zwischen zwei konkurrierenden Vertragstheoretikern. Hobbes sieht den Hauptfeind der richtigen Gesellschaftsordnung in mangelnder Herrschaft (*Leviathan*, Kap. 13), Rousseau dagegen in fehlender Freiheit (*Contrat social*, I 1). Der originäre Staatsvertrag stimmt insofern mit Hobbes überein, als er den Zustand der Herrschaftsfreiheit überwindet, mit Rousseau aber – und hier ebenso mit Kant –, als die Herrschaft nur unter Bindung an Gerechtigkeitsprinzipien, als „Schwert der Gerechtigkeit", legitim ist. Zugleich wird das Gemeinwesen zu jenem „wahren Staat", von dem etwa Fichte spricht (*Die Bestimmung des Menschen*, 3. Buch, II.). Der Staat ist nicht länger ein „Räuberstaat", in dem „die herrschenden Stände" im Inneren vornehmen, was nach Augustinus' berühmten Wort aus *De civitate dei* (IV 4) nach außen geschieht: daß man, von Unersättlichkeit getrieben, sich immer mehr Vorrechte aneignet.

Im Fall der Verwaltung und Gerichtsbarkeit liegt das Kriterium für einen „wahren Staat" auf der Hand: Jeder von der Regel (Gesetzesnorm) betroffene Fall und ebenso jede betroffene Person sind nach Maßgabe der Regel, also gleich zu behandeln. Die den öffentlichen

Gewalten überantwortete, rechts*realisierende* Gerechtigkeit entspricht dem ersten Gerechtigkeitsprinzip, der (qualifizierten) Regelform. Sie verlangt, das Gleichheitsgebot und dessen negative Fassung, das Unparteilichkeitsgebot bzw. das Willkürverbot, anzuerkennen. Obwohl man das Gebot seit altersher kennt, ist es lange gefährdet. In der Frühzeit bringen die Parteien dem Richter Geschenke, die zwar eine Vorform von Gerichtsgebühren darstellen, aber auch, je nach Größe des Geschenks, sein Urteil beeinflussen. Adam Smiths Einschätzung der frühen Monarchien Europas dürfte generell gelten: daß „die Gerichtsbarkeit lange Zeit äußerst bestechlich" war (*The Wealth of Nations*, 1779, Kap. V 1, 2.). Subsidiär, zum Zweck der Durchsetzung, schlägt sich die Gerechtigkeit in Verfahrensregeln, freilich Regeln einer unvollkommenen Verfahrensgerechtigkeit, nieder; selbst ihre peinlich genaue Anwendung kann nämlich das gerechte Ergebnis nicht garantieren. Beim Gerichtsprozeß gehören dazu Regeln von der Art „Niemand sei Richter in eigener Sache" oder „Auch die andere Seite ist anzuhören". Und im Strafrecht kommt es vor allem auf die Unschuldsvermutung an und auf den Grundsatz, keine Strafe ohne ein (vorher bekanntes) Gesetz zu verhängen. (Zur Frage eines interkulturellen Strafrechts s. Höffe 1999a.)

Bei der Gesetzgebung stellt sich dieselbe Aufgabe in bezug auf die Regeln zweiter Stufe, letztlich die Gerechtigkeitsprinzipien: Aufgrund einer Unparteilichkeit höherer Stufe ist jede gewöhnliche Regel nach Maßgabe der höherstufigen Regel gleich zu behandeln.

Öffentliche Gewalten, deren Zusammenspiel diesen Anforderungen genügt, werden zu einem gemeinsamen Willen im Sinne einer *volonté générale*, die als durchsetzungsfähiger Wille den Rang einer *volonté générale capable à la réalisation* erhält. Bestehend aus zwei Elementen: aus substantiellen Prinzipien wie den Menschenrechten und aus Verfahrensprinzipien, die dem Metaprinzip der Unparteilichkeit genügen, macht dieser Wille den rechtsmoralischen oder legitimatorischen Begriff des Staates aus.

4.2 Gewaltenteilung

Im realen Staat liegt das Schwert der Gerechtigkeit nicht in der Hand der Gerechtigkeit selbst, sondern in der von natürlichen Personen. Damit tut sich eine Kluft auf zwischen dem Ideal und Kriterium, dem von der Gerechtigkeit selbst, und der erfahrbaren Wirklichkeit, dem von natürlichen Personen geführten und von deren Interessen und Leidenschaften gefährdeten Schwert. Um die Kluft zu verkleinern und den realen Staat dem idealen möglichst weit anzunähern, braucht es Vorsichtsmaßnahmen wie etwa die Teilung der Gewalten, und zwar zunächst die horizontale und funktionelle Teilung. (Zur vertikalen Gewaltenteilung, dem Föderalismus, s. Kap. 5.3; zu subsidiaritätstheoretischen Vorsichtsmaßnahmen s. Kap. 5.2.) Positiv, zur Förderung der Gerechtigkeit, vor allem aber negativ, als Prävention gegen Wucherungen der Staatsmacht und gegen ihren Mißbrauch, werden die verschiedenen Realisierungsaufgaben unabhängigen Organen überantwortet. Nach diesem Argument hat die Gewaltenteilung eine subsidiäre Bedeutung; sie dient der gegenseitigen Hemmung und Kontrolle der Staatsgewalten.

Ideengeschichtlich pflegt man die Gewaltenteilung auf Milton zurückzuführen (vgl. Geisst 1984), ferner Locke (*The Second Treatise of Government*, §§ 107, 138, 143, 149 ff.), Montesquieu („il faut que le pouvoir arrête le pouvoir“: *De l'esprit des lois*, XI, Kap. 4), Hume (*The Origin of Government*, in: *Essays*, 40 f.) und die *Federalist Papers* (z. B. Nr. 47: Madison) sowie auf Kant (*Frieden*, 2. Abschn., 2. Definitivartikel; *Rechtslehre* § 45). In Wahrheit gibt es Vorläufer, beispielsweise im 16. Jahrhundert Donato Gianotti, den letzten bedeutenden Staatsdenker der Republik Florenz (vgl. Riklin 1992). Und vor allem reicht der Gedanke bis in die Anfänge abendländischer Rechts- und Staatsphilosophie zurück: Die politische Macht durch Gesetze zu bändigen, verlangt schon Platon (z. B. *Politikos* 293e7–297b4 und *Nomoi* 713e3–714b2); und nach Aristoteles' *Politik* (IV 14, 1297b35 ff.) gibt es in jeder Verfassung genau drei Teile, die weitgehend den heutigen Gewalten entsprechen: Während (1) die beratende Gewalt *(bouleuomenon)*, zuständig für die gemeinsamen Angelegenheiten *(koina)*, ein Vorläufer unserer Legislative ist, entsprechen (2) die regierende *(peri tas archas)* und (3) die richterliche Gewalt *(dikazon)* unserer Exekutive und Jurisdiktion. Auch in der Ämterliste von Platons politischer Spätphilosophie, den *Nomoi* (Buch VI), findet sich, freilich nicht ganz so klar, eine Dreiheit der Gewalten.

Aristoteles' Hinweis, daß sich die drei Gewalten in jeder Verfassung, also auch im idealen Staat, finden, deutet für die Gewaltenteilung ein größeres als nur subsidiäres Gewicht an. Dessen Begründung liegt im Nachweis von drei distinkten Wirklichkeitsdefiziten und drei ebenso distinkten Realisierungsaufgaben. Systematisch gesehen, gibt es nicht ursprünglich eine einheitliche Gewalt, die wegen der Mißbrauchsgefahr nachträglich aufgeteilt wird. Aus der dreifachen Unbestimmtheit bloßer Prinzipien folgt vielmehr eine ursprüngliche Verschiedenheit: Es ist eine Aufgabe, den Inhalt (Gehalt und Reichweite) eines Prinzips in einer genaueren Regel zu bestimmen, eine zweite Aufgabe, die genauere Regel in konkreten Fällen anzuwenden, und eine dritte, angesichts von Anwendungskontroversen eine autoritative Entscheidung vorzunehmen. Bei einer Kontamination der Gewalten darf man deshalb auch dann von Despotie sprechen, wenn die Gewalten nicht mißbraucht und die Freiheit der Bürger geachtet sein sollten. Im Unterschied zur „üblichen", substantiellen Despotie, die die Freiheit, namentlich die Menschenrechte mißachtet, wäre es eine formale Despotie. Sie klingt bei Kant an, wenn er eine Regierung, die zugleich gesetzgebend ist, despotisch nennt (*Rechtslehre*, § 49; vgl. vorher Montesquieu, *De l'esprit des lois* XI 6).

Halten wir als *fünftes, wieder rechtsrealisierendes Gerechtigkeitsprinzip*, als Prinzip der Gewaltenteilung, fest: *Die öffentlichen Gewalten sind zu teilen.*

Achtet man auf die Abläufe öffentlicher Gewalten, gewissermaßen ihre strukturelle Dynamik, so zeigt sich zunächst ein linearer Prozeß: Die durch die Legislative bestimmten Gesetze treten durch die Exekutive und die Jurisdiktion in die konkrete Lebenswirklichkeit ein. Dort aber, wo die Gerichtsbarkeit ihre denkbaren Befugnisse voll ausschreitet und in Form einer Normenkontrolle die Gesetzgebung auf Verfassungskonformität hin überprüft, biegt sich der Prozeß auf sich zurück. Es entsteht eine Zirkularität, eine Selbststeuerung des Rechts, durch die es einen reflexiven Charakter erhält. Zugleich werden die Gewalten mit sich selbst konfrontiert, sogar sich wechselseitig unterworfen: Die Gesetzgebung insgesamt entscheidet zwar über Kompetenz und Organisation von Regierung, Verwaltung und Gerichtsbarkeit, die in unterschiedlicher Weise Gesetze „umsetzen". Die Gesetze lassen der Regierung aber einen erheblichen Gestaltungsrahmen; und mancherorts darf die Regierung das Parlament auflösen und Wahltermine festlegen, womit sie sich die Legislative unterwirft. Die Gerichtsbarkeit wiederum kontrolliert die Verwaltung, auch die Regierung, und dort, wo es eine Verfassungsgerichtsbarkeit gibt, sogar den Gesetzgeber.

4.3 Demokratie

In den öffentlichen Gewalten tritt die spezifische Bedeutung des *zôon politikon* zutage: daß der Mensch einer Herrschaft bedarf, die sich freilich nicht auf Knechtung der Unterworfenen belaufen muß, sondern auch als freie Selbstorganisation der Betroffenen möglich ist. In ihrer griechischen Bezeichnung, Demokratie, ist diese Selbst- bzw. Volksherrschaft zum Schlüsselwort der heutigen Staatstheorie aufgestiegen. Wegen der Mehrdeutigkeit der beiden Bestandteile, Volk und Herrschaft, ist allerdings der Gesamtausdruck mehrdeutig. Die Frage, ob die Demokratie interkulturell zu legitimieren ist, läßt sich daher nicht pauschal, sondern nur im Durchgang durch die verschiedenen Bedeutungen beantworten. Bei jeder Bedeutung gibt es eine andersartige Alternative zur Demokratie; und die heute prominente Entgegensetzung von „liberalem" und „republikanischem" Modell der Demokratie wird sich als Engführung erweisen. Eine gründliche Begriffsklärung stößt auf neun Elemente bzw. Begriffe von Demokratie, die sich drei Dimensionen zuordnen lassen. (Für die mittlerweile uferlose Demokratiedebatte s. z. B. Schumpeter [5]1980, Dahl [20]1997 und 1989, Burdeau 1956, Downs 1957, Forsthoff 1964, Friedrich [2]1966, Kielmansegg 1977, neuerdings Brunkhorst 1998, Manin 1995, March/Olsen 1995, Mueller 1996, F. Müller 1997 und Weidenfeld 1996).

4.3.1 Herrschaftslegitimierende Demokratie

Die legitimatorisch elementarsten Begriffe laufen in der ersten Dimension, der herrschaftslegitimierenden Demokratie, zusammen: (1) Nach dem *herrschaftsetablierenden* Begriff geht die politische Herrschaft von der Gesamtheit der betroffenen Rechtsgenossen, dem Volk, aus („government of the people"). Mag auch die Souveränität, völkerrechtlich gesehen, beim Staat liegen, legitimatorisch kommt sie dem Volk zu. Und mit dieser Legitimationsmacht der Rechtsgenossen verbindet sich ihre grundlegende Gleichheit. Denn für den Verzicht, die Vereinbarungen des originären Rechtsvertrages selber („privat") durchzusetzen, gilt dasselbe wie für den originären Rechtsvertrag: Um den Grundsatz „volenti non fit iniuria" zu erfüllen, müssen sowohl alle einzelnen („singuli") als auch alle gemeinsam („omnes") zustimmen. Am legitimatorischen Ursprung, freilich auch nur an ihm, sind Herrscher und Beherrschte identisch. Ein planer Rousseauismus dagegen, der die Identität auch empirisch-organisatorisch versteht, wird rasch totalitär. (Zur Erfahrung mit der französischen Revolution vgl. Gauchet 1989.)

Wegen der Identität von Urheber und Adressat könnte man meinen, der Zwang höbe sich als Zwang auf, so daß die Demokratie mit Platon (*Politeia* 558c) als herrschaftsfrei *(anarchos)* und die Herrschaftsfreiheit im Gegensatz zu Platon als positiv zu verstehen wäre. Die öffentlichen Gewalten bleiben jedoch erhalten; nicht Herrschaftsfreiheit liegt vor, sondern eine selbstauferlegte, freiwillige Herrschaft. *E contrario* gewinnen wir den Gegenbegriff zum ersten Begriff von Demokratie. Er liegt in der Fremdherrschaft: in der Despotie bzw. Tyrannis im formalen Sinn, der Herrschaft als Unterwerfung durch überlegene Macht.

(2) Zustimmungswürdig sind die öffentlichen Gewalten nach demselben Kriterium wie das Recht: aufgrund eines distributiv-kollektiven Vorteils. Dieser wiederum deckt sich mit der dreifachen Realisierungsaufgabe. Weil die Menschenrechte jedem zugute kommen, aber erst durch öffentliche Gewalten verbürgt werden, kommt die Positivierung ihrerseits jedem zugute. Nach diesem zweiten, *intentionalen* oder *herrschaftsnormierenden* Begriff dient die Demokratie dem Volk („government for the people"). Den Gegenbegriff zu dieser Demokratie bildet die Despotie bzw. Tyrannis im substantiellen Sinn: die Unterdrückung der Bürger und ihre Ausbeutung. (Begriff und Gegenbegriff haben übrigens einen sichtbaren Ausdruck: Der – einigermaßen – legitime Herrscher kann sich einen öffentlich zugänglichen Sitz, gegebenenfalls einen Palast leisten, der Tyrann muß seinen Wohnsitz als Festung anlegen.)

Die ersten zwei Stufen zusammen machen die Fundamentaldemokratie aus, die den Entscheidungsspielraum aller staatlichen Gewalt, auch den einer demokratischen Mehrheit, begrenzt. Vom Staat nicht gewährt, nur gewährleistet, erlauben die Menschenrechte keine Mehrheitsentscheidungen, nur eine reflexive Vergewisserung und Zustimmung. Die in ihnen verbürgte Selbstbestimmung jedes Menschen wird durch keine noch so große Mitbestimmung aufgewogen. Infolgedessen widerspricht die (legitimatorische) Fundamentaldemokratie jener (organisatorischen) Totaldemokratie, die sich nicht vorab menschenrechtlichen Prinzipien unterwerfen, sondern für alles, selbst die Menschenrechte, Mehrheitsentscheidungen zulassen will. Die Fundamentaldemokratie darf man freilich nicht mit einer bloß liberalen, auf die negativen Freiheitsrechte verkürzten Demokratie gleichsetzen. Gemäß dem dritten Gerechtigkeitsprinzip gehören positive Freiheitsrechte, Sozialrechte, wesentlich dazu.

Sollte es nicht möglich sein, daß die Herrschaft vom Volk selbst ausgeübt wird, so muß man sie zumindest „im Namen des Volkes" und „zum Wohle des Volkes" vornehmen. Gemäß dem Legitimationskriterium des distributiv-kollektiven Vorteils sind eine eventuelle Monarchie oder Aristokratie nur legitim, wenn sie ihre Herrschaft in Treuhänderschaft des Volkes ausüben und die Menschenrechte als die elementaren Gerechtigkeitsprinzipien anerkennen. Ist dies der Fall, so kann man von einer „Monarchie für das Volk" oder einer „Aristokratie für das Volk", zugespitzt von einer „monarchischen Demokratie" und einer „aristokratischen Demokratie" sprechen. Mit der Fundamentaldemokratie ist jedenfalls eine unverzichtbare Minimaldemokratie benannt, die man nie auf später, auf eine Modernisierung verschieben darf. Infolgedessen lautet das *sechste*, erneut *rechtsrealisierende Gerechtigkeitsprinzip*, das universale Gebot einer Fundamentaldemokratie:

Jede Herrschaft ist im Namen des Volkes und zum Wohle des Volkes auszuüben.

Berechtigt kann eine Herrschaft in Treuhänderschaft nur dort sein, wo es den Bürgern an einer Mündigkeit zur herrschaftsausübenden Demokratie, kurz: an Demokratiemündigkeit, fehlt. Im Einzelfall muß man mit dieser Diagnose zwar vorsichtig sein, da die Mißbrauchsgefahr groß ist. Die Demokratiemündigkeit ist aber keine dem Menschen angeborene Eigenschaft. Angeboren ist nur die Anlage zur Demokratiemündigkeit, jene Sprach- und Vernunftbegabung, die die Menschen befähigt, sich selbst zu regieren und ihre Zukunft selbst in die Hand zu nehmen. Und wegen dieser allgemeinmenschlichen Vernunft braucht eine Demokratie keine politische oder moralische Elite, vielmehr kann der gewöhnliche Bürger demokratiemündig sein. Einer Entfaltung der allgemeinmenschlichen Anlage, einer realen Demokratiemündigkeit, können aber Defizite im Wege stehen, beispielsweise ein gravierender Mangel an Rechtssinn (s. Kap. 7.2; nach Kant ist ein Volk erst dann „zur eigenen Gesetzgebung ... tüchtig", wenn es zuvor „des Einflusses der bloßen Idee der Autorität des Gesetzes (gleich also ob es physische Gewalt besäße) fähig" ist: *Frieden*, Anhang I: VIII 372). Auch kann der Gerechtigkeitssinn (s. Kap. 7.3) so schwach entwickelt sein, daß die Menschenrechte stark gefährdet sind. Hier hat die Treuhänderschaft einzuspringen und etwa religiöse Toleranz auch gegen eine weitgehend intolerante Bürgerschaft durchzusetzen. Fehlen kann es auch an politischer Erfahrung und politischer Übung; nicht zuletzt gibt es Mängel bei den wirtschaftlichen, gesellschaftlichen und kulturellen Voraussetzungen.

4.3.2 Herrschaftsausübende Demokratie

An die herrschaftslegitimierende Demokratie schließen sich Gesichtspunkte einer ausdrücklichen Selbstregierung an, die zusammen die zweite Dimension, die herrschaftsausübende Demokratie („government by the people"), bilden.

(3) Im ersten, *organisatorischen* Gesichtspunkt, der Demokratie als Gegensatz zu Monarchie und Aristokratie, liegt das gewöhnliche Verständnis: die demokratische Politik als Auseinandersetzung um Sachen und Personen, um innen- und außenpolitische Richtungen, um deren Umsetzung in Gesetze, um die periodische Wahl der Amtsinhaber und um den Wechsel von Regierung und Opposition. Vor allem gehören dazu die demokratischen Mitwirkungsrechte, insbesondere das aktive und passive Wahlrecht, ferner das Recht, vermittelnde Instanzen zu bilden, namentlich Parteien und eine politische Öffentlichkeit.

Viele Demokratietheoretiker sehen in der Demokratie als Organisationsform sogar den Kern der Demokratie, obwohl dies nur für die legitimatorisch zweite Dimension, die Herrschaftsausübung zutrifft und nur im Fall von Demokratiemündigkeit sinnvoll ist. Die Voraussetzung von Demokratiemündigkeit schmälert allerdings nicht die interkulturelle Gültigkeit der herrschaftsausübenden Demokratie. Keineswegs ist sie an Werte oder Lebensbedingungen der europäischen Neuzeit gebunden. Ohnehin findet sich eine derartige Demokratie schon lange vorher. Die Athener Volksversammlung beispielsweise erkennt die *isêgoria*, das Rede-, sogar Antragsrecht jedes Bürgers, an, auf daß alles nicht bloß vor dem Volk, sondern auch vom Volk frei ausgetragen werde (vgl. Bleicken 1994, 292–298; Hansen 1995, 73–86). Zugunsten der herrschaftsausübenden Demokratie spricht das Argument der normativen Modernisierung: weil die Anlage zur Demokratiemündigkeit in der allgemeinmenschlichen Vernunft allen Menschen aller Kulturen gemeinsam ist und darüber hinaus eine positive Anlage, eine Chance, darstellt, dürfen Gemeinwesen, die die Chance ergreifen, denen, die sie verschenken, als überlegen gelten. Nennen wir es das *siebente,* erneut *rechtsrealisierende Gerechtigkeitsprinzip*, das universale Gebot einer herrschaftsausübenden Demokratie:

Zur Vollendung rechtsrealisierender Gerechtigkeit ist die Herrschaft in einer herrschaftsausübenden Demokratie vorzunehmen.

Daß die Demokratie keine kulturspezifische Herrschaftsform ist, läßt sich sozialgeschichtlich bekräftigen. Auch wenn der Ausdruck, wie überhaupt das meiste rechts- und staatstheoretische Vokabular, von den Griechen stammt und vor allem sie über eine ungewöhnlich reiche, sowohl verfassungspraktische als auch verfassungstheoretische Erfahrung mit der Demokratie verfügen (ein erster Überblick bei Barker [6]1967, vgl. Meier 1980), ist Derrida (1992, 57) zu korrigieren: Die Sache der Demokratie ist kein ausschließlich europäisches Erbe. Zwei eindrucksvolle Gegenbeispiele sind schon genannt: die herrschaftsarme, auf der Absprache und Zustimmung der Betroffenen basierende Selbstorganisation der Jäger- und Sammlergesellschaften und die afrikanische Versammlungsform mit jahrhundertealter Tradition, das Palaver. Nach Jacobsen (1943) kennt auch das vorgeschichtliche Mesopotamien eine „primitive Demokratie", in der zwar die Regierung in der Hand eines Ältestenrates, die letzte Souveränität aber bei einer Volksversammlung, der Versammlung aller freien Männer, lag. Ähnliches ist von den Germanen, ihrem Thing oder Ding, bekannt. Und in der Erklärung des Bundes aller Irokesen heißt es, daß alle Mitglieder persönlich frei sind, gleich in ihren Rechten und Privilegien und ohne eine Überlegenheit der Häuptlinge (s. Morgan 1851).

Eine herrschaftsausübende Demokratie braucht Entscheidungsverfahren, und bei ihrem Kriterium, der Mehrheitsregel, ist erneut die Gleichheit wichtig: Jedem Bürger gebührt eine und nur eine Stimme („one person, one vote"). Die Mehrheitsregel taucht als demokratisches Prinzip aber erst hier, in der legitimatorisch sekundären, herrschaftsausübenden Demokratie auf. Ohne Beschlußregeln ist zwar kein Gemeinwesen funktionsfähig. Der Beschluß, als Beschlußregel die Mehrheitsregel einzuführen und Mehrheitsbeschlüsse gegebenenfalls mit Zwang durchsetzen, läßt sich aber nicht seinerseits als Mehrheitsbeschluß rechtfertigen. Der logisch höherstufige Beschluß bedarf vielmehr jener Einstimmigkeit, die nur bei der universalen Zustimmungswürdigkeit eines distributiv-kollektiven Vorteils zu erwarten ist.

Das den Mehrheitsbeschlüssen zugrundeliegende Prinzip der Gleichheit versteht sich übrigens nicht ganz von selbst. Es gibt zumindest drei Einwände, nach denen die Gleichheit entweder grundsätzlich und auf Dauer oder aber funktional und vorübergehend einzuschränken sei. Das grundsätzliche Gegenargument taucht bei einem nur prudentiellen Gesellschaftsvertrag auf: Wenn letztlich bloß die Klugheit zählt, haben gewisse Personen, etwa Behinderte, eine schwächere Verhandlungsmacht. Um trotzdem die Einigung des originären Rechtsvertrages zustande zu bringen – und auch schwächere Personen sind an den Menschenrechten nachdrücklich interessiert –, geben sie sich nach Gauthier (1988) mit einem geringeren Stimmrecht zufrieden. Dagegen spricht jedoch, daß man bei einer schwächeren Verhandlungsmacht nicht nur formaliter einem geringeren Stimmrecht, sondern auch materialiter einer Abschwächung der Menschenrechte zustimmen muß. Gegen dieses Ergebnis einer bloß prudentiellen Legitimation spricht aber nicht nur die Intuition der Menschenrechte – daß sie dem Menschen als solchem zukommen –, sondern auch das Argument kompensatorischer Gerechtigkeit (Kap. 3.4). Das erste angebliche Gegenargument gegen die herrschaftsausübende Gleichheit ist daher in Wahrheit ein Argument gegen einen nur prudentiellen Gesellschaftsvertrag.

Die kompensatorische Gerechtigkeit könnte sogar ein eigenes, jetzt aber gegenläufiges Gegenargument gegen die demokratische Gleichheit beisteuern: Damit Gruppen, deren Anliegen bislang durchweg vernachlässigt wurden, etwa permanente Minderheiten wie die Schwarzen in den USA, endlich angemessen berücksichtigt werden, verdienen sie nach Guinier (1994) größere Stimmrechte. Dieses Argument ist demokratiefunktional und nur so lange aktuell, wie die Vernachlässigung tatsächlich stattfindet. Um ihr entgegenzutreten, muß man aber nicht ein überproportionales Stimmrecht einführen. Wo sich die herrschaftsausübende Demokratie an die Vorgaben der Fundamentaldemokratie, die negativen und positiven Freiheitsrechte, hält, dort ist das kompensatorisch größere Stimmrecht überflüssig.

Das dritte, ebenfalls demokratiefunktionale Gegenargument setzt einen komparativen Begriff der Demokratiemündigkeit voraus: Um der fachlichen und vor allem auch rechtsmoralischen Qualität der Gesetzgebung willen könnte man den entsprechend besseren Bürgern größere Stimmrechte zubilligen. Dieses aristokratische Sonderrecht dient zwar nicht etwa Sonderinteressen, versteht sich vielmehr als eine Form von Treuhänderschaft. In der von Mill bekannten Gestalt – daß die besser gebildeten Bürger das größere Gewicht erhalten sollen (*Representative Government*, Kap. 8; ebenso Rawls, 1971, § 37) – tritt aber das Problem zutage, daß eine Schul- und Hochschulausbildung der Demokratiemündigkeit förderlich sein mag, aber kein verläßliches Kriterium abgibt. Weder sind alle entsprechend Ausgebildeten demokratiemündiger und willens, ihre Sonderrechte nicht für Sonderinteressen einzusetzen, noch sind alle anderen demokratieunmündiger. Und so weit die kompetente Teilnahme an Abstimmungen und Wahlen eine gewisse Bildung voraussetzt, empfiehlt sich, sie allen Bürgern zu ermöglichen. Die demokratische Alternative zu aristokratisch, nämlich bildungsmäßig gestaffelten Stimmrechten besteht in einer demokratiefunktionalen Bildungspolitik.

(4) Selbst die ersten drei Begriffe zusammen, die berühmte Demokratieformel aus Abraham Lincolns „Gettysburg Address", das „government of the people, by the people, for the people", erschöpft den normativen Gehalt des Demokratiebegriffs noch nicht. In der Frühzeit der Rechtsgeschichte steht, was die Griechen Nomos nennen: die Einheit von Sitte, Herkommen und Recht, nicht zur Disposition. Muß der Nomos trotzdem fortgebildet werden, so wird das Neue für alt ausgegeben. In diesem Sinn heißt es noch in der Einleitung des ältesten und einflußreichsten Rechtsbuches des deutschen Mittelalters, des Sachsenspiegels (1993, 14): ‚Dieses Recht hab ich selber nicht erdacht,/es haben von alters auf uns gebracht/unsere guten Vorfahren'. Auch die herrschaftsausübende Demokratie gilt nicht etwa als Herr über den Nomos; beispielsweise werden Amtsinhaber, damit sie sich an den vom Nomos gezogenen Rahmen halten, von der Volksversammlung regelmäßig zur Rechenschaft gezogen, außerdem durch andere Amtsträger überwacht.

Die Demokratie erhält hier eine *rechtssichernde* Bedeutung; auch deren Begründung ist interkulturell gültig. Sie ergibt sich aus der Skepsis gegen die Alternative: daß man sich auf den Charakter von Personen verläßt, etwa auf jene moralische und intellektuelle Überlegenheit, auf die Platons Philosophenkönigssatz abhebt (*Politeia* 473c–d). Die Skepsis kann sich auf mindestens vier Argumente berufen. Weil erstens derart überlegene Personen nicht immer vorhanden und sie zweitens, wenn vorhanden, nicht leicht identifizierbar sind, weil sie drittens, wenn identifiziert, nicht immer zum Herrscheramt bereit und sie viertens, wenn bereit, durch die Macht des Herrscheramtes korrumpierbar sind, deshalb entkoppelt man sich lieber vom Charakter der Personen und verläßt sich auf Institutionen. Allerdings empfiehlt sich keine vollständige Entkoppelung. Ohne zu Platons Alternative der *Politeia* zurückzukehren, zum guten Herrscher anstelle guter Institutionen, braucht es doch eine personale Ergänzung: bei den Amtsinhabern ein Amtsethos (dessen Ethik allerdings noch ein philosophisches Desiderat ist; für Ansätze vgl. Benjamin 1990, Kirch/

Mackenscheidt 1985, Rinderle [2000, im Erscheinen]) und auf seiten der Bürger gewisse Einstellungen, die wir als Bürgertugenden erörtern (s. Kap. 7).

Den Gegenbegriff zur rechtssichernden Demokratie bilden die das Recht beugenden Herrschaftsformen: die Diktatur und der totalitäre Staat. Die Demokratie allein kann das Recht freilich nicht sichern. Zu Recht wird die schon von Aristoteles (*Politik* IV 4) geäußerte Skepsis von neuzeitlichen Demokratietheoretikern aufgenommen, beispielsweise als Warnung vor der Tyrannei der Mehrheit (Tocqueville, *De la démocratie en Amérique* 1835–41; vgl. Ozouf 1998). Durch die Verbindung mit den ersten drei Dimensionen wird die rechtssichernde Demokratie zum modernen Rechts- und Verfassungsstaat. Selbst seine Institutionen bieten aber noch keine Garantie gegen einen Machtmißbrauch: daß das Recht gebogen, sogar gebeugt wird oder daß Korruption stattfindet, sei es als persönliche Vorteilnahme, sei es als Bevorteilung von Parteien oder Verbänden. Ohnehin schlägt der demokratische Interessenkampf auf die Besetzung aller Ämter, einschließlich höchster Gerichte, durch und läßt deren Unparteilichkeit nicht vollkommen unangetastet.

(5) In der Rechenschaftspflicht von Amtsträgern und deren Überwachung durch andere Amtsträger deutet sich schon der nächste, *herrschaftsteilende* Begriff der Demokratie an. Im Wissen, daß die Demokratie als solche kein Heilmittel gegen jede Ungerechtigkeit darstellt, läßt sich das Volk auf eine weitere Selbstbeschränkung ein und übt die Gewalten nur begrenzt unmittelbar aus. Insbesondere bei der Gerichtsbarkeit verbietet sich der demokratische Verfassungsstaat jeden Eingriff des Volkes. Den Gegenbegriff bildet eine direkte Demokratie, die als reine bzw. totale Demokratie selbst die Gerichtsbarkeit dem Volk vorbehält. Weil es im Gerichtsprozeß außer auf professionelle Kompetenz auch auf das allgemeinmenschliche Rechtsbewußtsein ankommt, hält man zwar die Mitwirkung von Laienrichtern, Geschworenen, für richtig, lehnt aber (populistische) Volksgerichte oder gar parteihörige Volksgerichtshöfe ab.

Die gewaltenteilende Demokratie ist schon der Antike bekannt. Sie besteht in der „politischen Polis“, der Politeia bzw. Politie, die Aristoteles für die beste Verfassung hält (*Politik*, IV 8–9). Im Anschluß an die lateinische Entsprechung nennt die Neuzeit sie die Republik. Von ihr sagt Kant mit einem bei ihm seltenen Pathos: „ausser der Republik ist kein Heil“ (Reflexionen, Nr. 807b; zur Geschichte des Begriffs Republik s. Mager 1984.)

(6) Der uns heute so selbstverständliche gesetzgebende bzw. *legislatorische* Demokratiebegriff taucht erst spät auf. Solange das Gewohnheitsrecht als Vorgabe gilt, lautet der Grundsatz: „die lang herkommen Gewohnheit bricht das Recht" (vgl. *Deutsches Rechtswörterbuch* 1939, 814). Im Mittelalter vertritt Gratian die „volksrechtliche Vorstellung, daß gutes Recht alt (und altes Recht gut) sei" (Otte 1974, 617). Das anmaßende Wort „Ich werde die alten Gesetze aufheben und neue erlassen" kommt bezeichnenderweise aus dem Mund des Antichrist (deponam vetera, nova iura dictabo: Tegernseer *Ludus de Antichristo*, V. 185 f.). Im Verlauf der Neuzeit ändert sich diese Sachlage radikal. Das positive Gesetz wird jetzt „gemacht"; und Hobbes' berühmte Formel „authoritas, non veritas facit legem" (*Leviathan*, Kap. 26, dazu Höffe 1997) wird zum Maß auch demokratischer Legalität. In klarem Widerspruch zur früheren Metaregel heißt es jetzt: Das neue Gesetz bricht das alte.

Gegen die deshalb drohende Gefahr der Rechtsetzungswillkür gibt es freilich ein kräftiges Gegengewicht. Bei Rechtssoziologen, die wie Luhmann (1993) das Korrektiv übersehen und nur die Autopoiesis des Rechtsystems betonen, wird die Rechtswirklichkeit verzeichnet. In der Antike besteht das Gegengewicht in der *aischynê*, der Entehrung, die die Verletzung des ungeschriebenen Gesetzes bringt (vgl. Thukydides, *Peloponnesischer Krieg* II 37). Werden diese (archaische) Moral der Schande und ihre positiven Entsprechung, die Moral der Scham *(aidôs)*, so gut wie ohnmächtig, so braucht es als Gegengewicht institutionelle Vorgaben wie die Menschenrechte, die (funktionelle) Gewaltenteilung und zusätzlich eine politische Öffentlichkeit, die ein gewisses Äquivalent zur archaischen Moral einklagen kann: Politiker, die „ihr Gesicht verlieren", sehen sich zum Rücktritt gezwungen.

Im legislatorischen Demokratiebegriff – könnte man annehmen – kommen die ersten vier Begriffe zur Einheit und Wirklichkeit; denn die Bürger beanspruchen die Befugnis über alle Gesetze, denen sie fortan unterworfen sind. Tatsächlich liegt ein anderer, genuin neuzeitlicher und nicht schlechthin interkulturell gültiger Begriff vor. Statt dessen handelt es sich um eine so gut wie unvermeidbare Modernisierungsfolge: Die für die europäische Neuzeit charakteristische Dynamik der Gesellschaft wirft immer neue Regelungsaufgaben auf, die eine permanente Gesetzgebung erfordern, die wiederum der legislatorischen Demokratie ein weites Tätigkeitsfeld öffnet. (Zur legislatorischen Demokratie ist übrigens kein Gegenbegriff bekannt.) Der Sache nach besteht er in der vorneuzeitlichen Demokratie, sofern sie das Gesetz als Vorgabe betrachtet und sich der Gesetzgebung – weitgehend – enthält.

Die legislatorische Demokratie hat eine beträchtliche Folgelast: eine Verrechtlichung in drei Dimensionen. Die erste Dimension, ein ständiger Funktionszuwachs, stellt die kreative Antwort auf neue Herausforderungen dar (s. Kap. 6.1). Teils wegen veränderter Lebensbedingungen, teils wegen eines erweiterten Verantwortungsbewußtseins befaßt sich der Gesetzgeber mit dem Bildungs-, Wissenschafts- und Kulturwesen, mit dem Sozial- und dem Gesundheitswesen, mit der Arbeitswelt, nicht zuletzt dem Umweltschutz. Zusätzlich wird das Regelungswerk ständig verdichtet und verfeinert, was zur zweiten Dimension der Verrechtlichung, einer „synchronen Normenflut", führt. Und teils weil manche Gesetze zu rasch beschlossen werden, teils aber auch wegen veränderter Randbedingungen, findet drittens eine stete Novellierung, eine „diachrone Normenflut", statt.

In Verbindung mit einem vierten Gesichtspunkt, den Tendenzen zu einem „Richterstaat", kann die Verrechtlichung kontraproduktiv werden. Was anfangs die Dynamik moderner Gesellschaften in rechtliche Kanäle lenken sollte, zeigt mittlerweile eine die Dynamik lähmende Wirkung. Dazu kommt die Neigung zum „legislatorischen Patriarchalismus" eines Fürsorgestaates. Und der Machtzuwachs der Verfassungsgerichtsbarkeit ist nicht bloß die pure Vollendung der Rechtsstaatlichkeit, sondern erscheint gelegentlich schon als Fortsetzung des Obrigkeitsstaates mit neuen, justitialen Mitteln (vgl. Höffe 1996, Kap. 12, erweitert als Höffe 1999).

Die Normenflut hat drei bislang noch zu wenig beachtete Folgelasten. Erstens beläuft sich die diachrone Normenflut auf eine spezielle Instabilität des Rechts, die dessen Grundaufgabe, die Rechtssicherheit, untergräbt: Man kann sich nicht darauf verlassen, daß, was heute rechtens ist, es auch noch morgen sein wird. Mindestens ebenso gravierend ist die Folge der synchronen Normenflut: Die Dichte der Gesetze und Verordnungen schränkt die Handlungsfreiheit in einem Maß ein, das nicht überall, aber gelegentlich doch der Freiheitsaufgabe des Rechts zuwiderläuft. Nicht zuletzt hat die Normenflut die antidemokratische Konsequenz, daß der gewöhnliche Bürger sich immer weniger auf seine eigene Rechtskompetenz verlassen kann. Konnte er vorher auf ein „natürliches Rechtsbewußtsein" vertrauen, ergänzt um wenige elementare Rechtskenntnisse, hängt er neuerdings mehr und mehr von fremder Rechtskompetenz ab. Paradoxerweise blüht diese Einschränkung der rechtlichen Autonomie der Bürger in jener Herrschaftsform, die den Bürgern dienen soll: der Demokratie. Dieser Entwicklung entgegenzusteuern und die Rechtskompetenz des eigentlichen Souveräns der Demokratie, eben des gewöhnlichen Bürgers, wiederzugewinnen, ist jedenfalls demokratiefunktional geboten.

4.3.3 Partizipatorische Demokratie

(7) Als Vollendung der herrschaftsausübenden Demokratie kann die *partizipatorische Demokratie* gelten (vgl. Klein/Schmalz-Bruns 1997, Lindner 1990). Wesentlich für sie ist die politische Öffentlichkeit (vgl. Plessner 1960, Habermas ²1990, Rawls 1993, lect. VI, auch Kant, *Frieden*, 2. Zusatz und Anhang II). Mit ihrer Hilfe ist das Volk nicht bloß temporäres Wahlvolk, eventuell ergänzt um eine ständige Meinungsforschung (Demoskopie), sondern Träger der Politik, auch wenn es nicht stets über alles direkt entscheidet. Denn die direkte Demokratie ist weder die einzige noch die legitimatorisch überlegene Form (vgl. Böckenförde 1982, Gauchet 1995, vorher schon Mill *Considerations on Representative Government*, Kap. 3).

Im Rahmen einer partizipatorischen Demokratie hat die Öffentlichkeit viele Funktionen zu erfüllen. In den entsprechenden Medien – von der Wirtshausdebatte über Druck, Funk und Bild bis zu den einschlägigen Wissenschaften, Symposien und Akademien, nicht zuletzt Bürgerinitiativen – ist sie nicht nur ein Forum, auf dem Interessen und Meinungen zu Wort kommen, sondern auch eine Arena, in der um Einfluß und Macht gestritten wird. Weiterhin ist sie eine kritische Instanz, vor der sich die gesamte Politik, einschließlich der Gerichtsbarkeit, zumal einer Verfassungsgerichtsbarkeit, zu rechtfertigen hat. Bei der Vorbereitung parlamentarischer Debatten beispielsweise verhilft sie diesen zu mehr Sachverstand und politischem Niveau; und die nachträgliche Kontrolle der Entscheidungen drängt gegebenenfalls Revisionen auf. Nicht zuletzt trägt eine funktionierende Öffentlichkeit, da sie auch die Opposition zu Wort kommen läßt, zum inneren Frieden bei.

Die partizipatorischen Demokratien von heute sind das Ergebnis einer längeren Entwicklung: eines Prozesses politischer Zivilisierung, der durch entgegenkommende Institutionen, etwa aufgeklärte Gremien und Verfassungen, auch durch entgegenkommende Bürgertugenden unterstützt wird. Im Idealfall wird die Demokratie zu einem Plebiszit, das sich jeden Tag wiederholt. Den Gegenbegriff macht die

„Ohne-mich-Haltung" aus. Man darf heute die Gefährdungen nicht unterschätzen, namentlich den Verlust an „Milizdemokratie": In den zeitgenössischen Demokratien verliert die nebenamtliche, vielleicht sogar ehrenamtliche Ausübung demokratischer Ämter gegenüber dem Einfluß der professionellen Politiker zunehmend an Gewicht. Und diese müssen sich immer früher in ihrer Lebensentwicklung zur „Politik als Beruf" entscheiden, sich überdies an längst etablierte Parteien binden. Hier kommt zur Einschränkung der rechtlichen Autonomie eine zweite Einschränkung, die der politischen Autonomie der Bürger, hinzu. Dort aber, wo die Bürger ihre Angelegenheiten nicht der professionellen Politik überlassen, ist es nur ein kleiner Teil, der sich zu engagieren pflegt; die Demokratie erhält ein aristokratisches Element, und die entsprechenden Gruppen erlangen ein überproportionales Gewicht.

Gelegentlich sieht man in der partizipatorischen Demokratie eine Alternative zu der auf Gerechtigkeitsprinzipien vorabverpflichteten konstitutionellen Form. Eine „radikal-partizipatorische" Demokratie entspricht dem schon genannten Gegensatz zur Fundamentaldemokratie: einer „Totaldemokratie". Sie wird gelegentlich mißverständlich *republikanisch* genannt, einer liberalen Demokratie entgegengesetzt, und beinhaltet einen Vorrang der Volkssouveränität vor den Menschenrechten (vgl. Barber 1994). Auch der nicht so radikalen Variante von Habermas (1992, z. B. Teil III.III), der These einer Gleichursprünglichkeit von Menschenrechten und Volkssouveränität (zum Verhältnis von Habermas und Höffe siehe Pinzani [1999, im Erscheinen] bes. Kap. 1 und 4), ist mit dem Argument der Fundamentaldemokratie zu widersprechen: Weil keine Herrschaft ohne Anerkennung der Menschenrechte legitim ist, muß auch die herrschaftsausübende Demokratie sich vorab auf die Menschenrechte verpflichten. Erst bei deren Feinbestimmung hat die – legislatorische – Demokratie ein Recht. Angesichts sich ändernder Verhältnisse hat nämlich sie den Auftrag, den konkreten Gehalt der Menschenrechte neu zu bestimmen, auf daß sie im ständigen Wechsel der empirischen Randbedingungen ihre normative Gültigkeit bewahren.

(8) In den personalen und institutionellen Voraussetzungen der politischen Öffentlichkeit ist die Demokratie mehr als lediglich eine Herrschaftsform. Nach ihrem *existentiellen* Begriff ist sie auch eine Lebensform oder gesellschaftliche Praxis, bei der es im Gegensatz zur bloß formalen Demokratie auf den realen Vollzug ankommt: daß alle Bürger ihre politischen und sozialen Rechte wahrnehmen und an der

Entscheidung über deren Ausbau teilhaben. Wir greifen hier nur eine Vorbedingung heraus:

Wer die von Platon (*Politeia* 555 b ff.) und Aristoteles (*Politik* III 7 f.) befürchtete Herrschaft der wirtschaftlich mittellosen und politisch nicht sonderlich kompetenten Menge, wer eine zügellose Herrschaft der Armen und Unwissenden verhindern will, muß für bessere Voraussetzungen sorgen. Der hier zuständige *soziale* Demokratiebegriff gibt den Sozialrechten erneut eine funktionale Rechtfertigung; zur freiheitsfunktionalen tritt eine demokratiefunktionale Legitimation hinzu: Damit möglichst alle Bürger die genannte Bedingung der Demokratiemündigkeit erfüllen, überdies Mills Gedanke eines bildungsabhängigen Stimmrechts gegenstandslos wird, ist auf empirische Voraussetzungen zu achten, namentlich auf eine Hebung des Bildungsniveaus.

Aristoteles sieht einen Stabilitätsfaktor für ein ideales Gemeinwesen in einer breiten und einigermaßen begüterten Mittelschicht. Auch heute dürfte es leichtfertig sein, die Demokratie im verfassungsrechtlichen Sinn einzuführen, ohne zugleich für die gesellschaftlichen und wirtschaftlichen Voraussetzungen Sorge zu tragen. Allerdings erhöhen wirtschaftliche Verbesserungen nicht eo ipso die Demokratiemündigkeit. Sie können auch lediglich die Konsumfähigkeit steigern und zugleich das Interesse am Gemeinwohl schwächen. Die Forderung nach einer ständigen Hebung des Lebensstandards läßt sich jedenfalls nicht demokratiefunktional begründen; politisch mündige Bürger brauchen materiell nicht viel.

(9) Ein weiterer Gesichtspunkt der Demokratie trifft ihre dritte, außenpolitische Dimension. Daß die Demokratie nicht bloß dem inneren, sondern auch dem äußeren Frieden dienen kann; auf diese *friedensfördernde* Bedeutung gehen wir später ein (s. Kap. 9.3).

Ziehen wir nach diesem knappen Durchgang durch verschiedene Gesichtspunkte Bilanz: Ähnlich wie bei der öffentlichen Gewalt, so sind auch beim Volk zwei Begriffe, die rechtsmoralische Idee eines vereinigten Willens und das Volk im empirischen Sinn, zu unterscheiden. Die Idee des vereinigten Willens entspricht den ersten zwei Gesichtspunkten der Demokratie, die deshalb den legitimatorischen Vorrang haben. Als Inbegriff der herrschaftslegitimierenden Gerechtigkeit machen sie die legitimatorisch erste Dimension, die herrschaftslegitimierende Demokratie aus. Die folgenden sechs Begriffe, Gesichtspunkte der herrschaftsausübenden Demokratie, führen den Gedanken in die empirische Wirklichkeit ein und bringen ihn hier zu einer gewissen Vollendung.

Gemeinwesen, die die Elemente der zweiten Dimension erst rudimentär anerkennen, sind „Entwicklungsländer qualifizierter Demokratie", können aber bei fortgeschrittener Anerkennung „Schwellenländer qualifizierter Demokratie" heißen. Dabei sind die Elemente teilweise voneinander unabhängig: Während das klassische Athen die Sklaverei und die Ungleichheit der Frau, also eklatante Verletzungen der Menschenrechte, zuläßt, praktiziert es die herrschaftsausübende Demokratie noch nachhaltiger als die Moderne. Umgekehrt gibt es Staaten, die die Sklaverei verbieten, die Frauen gleichstellen und die Freiheitsrechte anerkennen, aber nicht demokratisch organisiert sind.

4.4 Recht auf Differenz

Verbindet sich die herrschaftsausübende mit der herrschaftslegitimierenden Demokratie, so erfüllen sich die politischen Ideale der Aufklärung: Die Bürger sind auf eine allgemeinverträgliche Weise frei; die Gewalthaftigkeit von Herrschaft ist aufgehoben, sogar der Obrigkeitsstaat überwunden, und eine mündige Bürgerschaft regiert sich selbst. Damit die Selbstregierung kein bloßes Wort bleibt, muß die Bürgerschaft allerdings einen Handlungsspielraum haben und das Recht, ihn auf die ihr gemäße Weise auszufüllen. Die Bürgerschaft muß mehr sein als das Vollzugsorgan universaler Gerechtigkeitsprinzipien; sie braucht ein Recht auf Differenz.

Für dieses Recht spricht schon die Unterbestimmtheit der universalen Prinzipien. Man stelle sich in einem Gedankenexperiment einen idealen Gesetzgeber vor, einen idealen Solon oder ein ideales Parlament. Im Gegensatz zum empirischen Gesetzgeber verfügt der ideale über alle relevanten Kenntnisse; er ist allwissend. Und in normativer Hinsicht orientiert er sich, ungetrübt von partikularen Interessen und Leidenschaften, ausschließlich an Gerechtigkeitsprinzipien; der ideale Gesetzgeber ist zusätzlich allgerecht.

Für einen derartigen „Supergesetzgeber" gibt es zwei Stufen. Ein idealer Gesetzgeber erster Stufe stellt aus Kenntnis der besonderen Randbedingungen keine abstrakt-idealen, sondern die für sein konkretes Gemeinwesen idealen Gesetze auf, passend beispielsweise für Athen zu Beginn des 6. Jahrhunderts. Überträgt man diese Gesetze auf eine andere Gesellschaft, so tut man dieser wegen ihrer anderen Randbedingungen unrecht und verrät eben damit die Aufgabe der konkret-idealen Gesetzgebung.

Die aus dem politischen Urvertrag begründeten Gerechtigkeitsprinzipien beinhalten dagegen eine ideale Gesetzgebung zweiter Stufe. Der dafür zuständige, abstrakt-ideale Gesetzgeber lehnt es ab, jedes Gemeinwesen über denselben Leisten eines konkret-idealen Gesetzes zu schlagen. Weil er von den Besonderheiten aller konkreten Gesellschaften absieht, gibt er den konkret-idealen Gesetzen zwar ein verbindliches Maß vor, durch das sie aber unterbestimmt bleiben. Noch weniger als man aus Kriterien wie Sitzbequemlichkeit und Haltbarkeit einen konkreten Stuhl entwerfen kann, läßt sich aus universalen Gerechtigkeitsprinzipien eine konkret-gerechte Rechtsnorm gewinnen.

Wissenstheoretisch gesehen, stellen die Gerechtigkeitsprinzipien erst einen normativen Grundriß dar, der ohne eine Fülle von Zusatzelementen kein „ausgemaltes Bild", weder eine genaue Institution noch eine wohlbestimmte Rechtsnorm, ergibt. Ein Teil der Zusatzelemente hängt von Sachgesetzlichkeiten, etwa der Wirtschaft und deren empirischen Randbedingungen ab. Schon weil sie in der Regel nicht eine einzige Deutung zulassen, aber auch aus weiteren Gründen erhalten kulturelle Besonderheiten ein Recht: die Geschichte und die Tradition, unterschiedliche Vorlieben und Akzentsetzungen, teilweise auch bloße Konventionen. Infolgedessen läßt sich einerseits kein konkretes Recht ausschließlich philosophisch begründen und kann es andererseits auch bei gleichen Prinzipien recht unterschiedliche Ausgestaltungen, mithin ein in den Kulturen verschiedenes Recht geben. Auch der ideale Gesetzgeber kann und will die Unterschiede nicht aufheben. Dank seiner Allwissenheit kennt er sie und dank seiner Allgerechtigkeit will er ihnen gleichermaßen Gerechtigkeit widerfahren lassen. Daraus ergibt sich ein eigenes, *siebentes Gerechtigkeitsprinzip*: das Recht der Gemeinwesen auf Differenz.

Das Ergebnis sieht nur auf den ersten Blick paradox aus: daß sich die interkulturell begründbaren Gerechtigkeitsprinzipien einer kulturellen Offenheit und die universalen Prinzipien einer partikularen Gestalt erfreuen. Hier, bei einem kulturenoffenen Universalismus, wissenstheoretisch einer „Allgemeinheit in Bescheidenheit" (vgl. Höffe 1999a, Abschn. 13), finden beide, sowohl der ideale Solon als auch das ideale Parlament, ihre Grenze. Und nur wegen dieser Grenze erhält die partizipatorische Demokratie einen erheblichen Handlungsspielraum. In der Mathematik dürfte es übrigens anders sein. Ein idealer Pythagoras unterliegt nicht den Einschränkungen des idealen Solon, da die Differenz von abstrakt-idealen und konkret-idealen Gesetzen entfällt.

Wenn der demokratische Diskurs mehr sucht als die Rekonstruktion universaler, folglich immerwahrer Menschenrechte, wenn er sich der geschichtlichen Konkretion und politischen Entscheidung stellt, dann nimmt er das Recht auf Differenz wahr und füllt den Spielraum, den die Gerechtigkeitsprinzipien lassen, nach Maßgabe der eigenen Besonderheiten aus. Aus der Unterbestimmtheit der universalen Prinzipien folgt jedenfalls ein Recht auf Besonderung; und nur wegen dieses Rechtes verbleibt der partizipatorischen Demokratie ein erheblicher Handlungsspielraum. Weil universalistische Theorien dazu neigen, Universalität als Uniformität zu verstehen, und ihr Antipode, kommunitaristische Theorien, ihren Einspruch gegen Uniformität gern an einen Widerspruch gegen Universalisierung knüpfen, übersehen beide das folgende Junktim: Je mehr Rechte wir der partizipatorischen Demokratie zusprechen wollen, als desto größer müssen wir die Unterbestimmtheit der universalen Prinzipien und als desto größer das Recht auf Differenz ansetzen. Umgekehrt kann man die partizipatorische Demokratie nicht stark machen wollen, ohne zugleich das Recht auf Differenz zu stärken. Andernfalls degeneriert die Demokratie zum Vollzugsorgan eines idealen Gesetzgebers. Das Recht auf Differenz hebt den mittlerweile unfruchtbaren Gegensatz von universalistischen und kommunitaristischen Theorien auf (s. Kap. 10.1–10.2).

Nehmen wir als Beispiel die Religionsfreiheit. Als menschenrechtliches Prinzip gebietet sie religiöse Toleranz, so daß kein Gemeinwesen legitim ist, das die Ausübung einer Religion, auch der „Freigeisterei" und des Atheismus, verbietet und das die Anhänger einer fremden Religionsgemeinschaft oder den Austritt aus der eigenen verfolgt. Über dieses Minimum, das Individualrecht einer negativen Religionsfreiheit, hinaus ist noch ein Minimum positiver und korporationsrechtlicher Religionsfreiheit geboten, jenes Recht, sich religiös zu entfalten und zu diesem Zweck sich in einer Religionsgemeinschaft zusammenzuschließen, das die korporativ-institutionelle Kirchenfreiheit ausmacht.

Das zweiteilige Gebot, das als Artikel 18 schon in die *Allgemeine Erklärung der Menschenrechte* eingegangen ist, läßt noch eine Fülle von Feinbestimmungen offen. Die Religionsfreiheit als menschenrechtliches Prinzip schließt nicht aus, daß sich ein Gemeinwesen als christlich, islamisch, jüdisch oder schintoistisch versteht; eine streng religionslose oder atheistische Ausgestaltung der Rechts- und Verfassungsordnung ist nicht menschenrechtlich geboten. Im Begriff der Religionsfreiheit ist nämlich die Freiheit ein Rahmenbegriff, der je nach Geschichte und politischem Willen unterschiedlich ausgefüllt werden darf: Vertretbar ist etwa der Laizismus Frankreichs, der die trotz Toleranzedikten aufflammenden Hugenotten-Verfolgungen durch die strenge Trennung von Kirche und Staat überwindet – und in Elsaß-Lothringen davon abweicht. Als Zufluchtsort verfolgter Religionsgemeinschaften gegründet, pflegen die USA dagegen die Praxis „wohlwollender Neutralität". Deutschland wiederum erlaubt ähnlich wie Österreich und Teile der Schweiz eine institutionelle Verbindung von Kirche und Staat, aber nachdrücklich nicht im inneren Verfassungsrechtskreis bzw. im politischen Kernbereich. Während die staatskirchliche Rechtsform verboten ist, dürfen die Großkirchen als Körperschaften des öffentlichen Rechts „Träger öffentlicher Kompetenzen und Rechte" sein (Entscheidungen des Bundesverfassungsgerichts 19, 129 [133]). Die skandinavischen Länder jedoch und in anderer Weise Großbritannien lassen, hier vom reformatorischen Landeskirchentum bestimmt, einen staatskirchlichen Charakter zu. Und Israel gewährleistet den Christen, Drusen und Muslimen volle Religionsfreiheit, erlaubt ihnen eine eigene Gerichtsbarkeit für das Personenstands-, Ehe- und Familienrecht und räumt trotzdem dem Judentum weitgehende Privilegien ein; beispielsweise werden die Kultuskosten zu einem Drittel vom Staat, zu zwei Dritteln von den Kommunen getragen. (Für einen knappen Überblick s. Hollerbach [7]1989.) Wegen der Unbestimmtheit oder, positiv, Offenheit des Prinzips Religionsfreiheit dürfen die Gemeinwesen auch die Schulfrage unterschiedlich lösen, etwa religiös geprägte Schulen zulassen oder in säkularen Schulen einen (konfessionellen) Religionsunterricht erlauben oder aber ausschließen.

Ähnlich verhält es sich bei der Kulturpolitik. Die Frage, ob ein Gemeinwesen Musik, Theater, Museen und andere Bereiche der Kunst weitgehend der Gesellschaft und einem freien Gemeinwesen überläßt (s. Kap. 7.5), oder ob es lieber fördernd, sogar gestaltend eingreift, die Anschlußfrage, ob gegebenenfalls nur die hohen Künste oder aber auch Kunstinteressen breitester Schichten gefördert werden sollen, die weitere Frage, ob eine staatliche Förderung eher zentralistisch oder aber föderalistisch geschehen und ob sie im Bereich der Innenpolitik verbleiben oder auch zum Teil der Außenpolitik werden soll – diese Fragen lassen sich durchaus diskursiv behandeln. Die Antworten hängen aber von Besonderheiten der Randbedingungen, der eigenen Geschichte und dem – veränderlichen – Selbstverständnis der Gemeinwesen ab, so daß erneut ein Recht auf Differenz besteht. Zu diesem Recht gehört auch, daß ein Staat wie Malaysia sogar in rechtlicher Hinsicht multikulturell ist und drei grundverschiedenen Rechtsformen, dem autochthonen Gewohnheitsrecht, der islamischen Scharia und dem kolonialen britischen Common Law, eine komplizierte Koexistenz erlaubt (vgl. Suffian ²1992).

Zusätzlich zur Aufgabe einer Feinbestimmung der universalen Prinzipien stellt sich die Aufgabe der Rechteabwägung, die erneut wegen der entsprechenden Offenheit von den Gemeinwesen unterschiedlich vorgenommen werden darf. Aktuell sind beispielsweise Abwägungen bei der Meinungs- und Pressefreiheit: Darf man in ihrem Namen gravierende Rechtsverletzungen wie schwere Sachbeschädigung, Entführung, vielleicht sogar (Völker-)Mord für das Fernsehen filmen, statt im Rahmen des Möglichen dagegen einzuschreiten? Oder: Darf man bei sog. öffentlichen Personen den ansonsten gebotenen Ehr- und Persönlichkeitssschutz mindern, vielleicht sogar verletzen? Oder: Der Kernbereich der Meinungsfreiheit ist in den Vereinigten Staaten so gut wie unantastbar, weshalb auch rechtsradikale Gruppen, vorausgesetzt sie agieren gewaltfrei, die volle Meinungsfreiheit genießen. Vom politischen Wettbewerb werden sie freilich in den Abgrund der Bedeutungslosigkeit gestoßen. Und in Dänemark ist das Gerede von der Auschwitzlüge nicht strafbar.

Eine Güterabwägung braucht es auch bei der Frage, welche Beweismittel bei einem Strafverfahren zulässig sind. Hier ist etwa der menschenrechtlich gebotene Schutz der Privatsphäre gegen die ebenfalls menschenrechtlich gebotene Aufgabe der Verbrechensbekämpfung abzuwägen. Und innerhalb der knappheitsbezogenen, positiven Freiheitsrechte ist zu überlegen, wieviel der Ressourcen das Bildungswesen, wieviel das Gesundheitswesen erhalten soll. Weil auch der rechtsstaatliche Schutz von Freiheitsrechten ressourcenabhängig ist – „Wieviel Polizei setzt man zum Rechtsschutz ein?“ –, sind sogar negative und positive Freiheitsrechte gegeneinander abzuwägen.

Ein anderes Beispiel für menschenrechtlich legitime Unterschiede bietet die Wirtschaftsordnung (zur näheren Diskussion s. Homann 1994–98, Koslowski 1997, Lenk/Maring 1992, Rich 1984 und 1990, Sen 1987): Der Gedanke der Menschenrechte gebietet zwar das Recht auf persönliches Eigentum, ferner einen freien Wettbewerb und gewisse soziale und ökologische Mindestbedingungen, so daß die soziale und ökologische Marktwirtschaft einen menschenrechtlichen Rang hat. Trotzdem bleibt ein relativ weites Spektrum legitimer Möglichkeiten offen, etwa die Frage, wie weit das Eigentumsrecht reicht: Ist es nur für Gebrauchsgüter oder auch für Produktionsmittel, und hier nur für gewisse oder aber für – fast – alle zulässig? Offen bleibt auch, wieweit sich der Wettbewerb erstreckt: auch auf das Unterrichts- und das Gesundheitswesen, und hier nur auf deren Grundordnung, oder auch auf einzelne Institutionen wie Schulen, Hochschulen und Krankenhäuser? Ein legitimer Spielraum besteht zudem hinsichtlich der näheren Festlegung der Sozialstandards und deren Abwägung gegen Anreize zu Selbstverantwortung und Eigeninitiative.

Idealtypisch kann man zwei Modelle unterscheiden, die im Rahmen des gemeinsamen Obermodells, der sozialen Marktwirtschaft, zwei konkurrierende Akzente setzen. Beide Modelle verdanken sich demokratischer Legitimation und zeigen, daß teils die normative, teils die empirische Seite der Wirtschaftsordnung unterschiedlich gesehen und gewichtet werden kann: Mit relativ geringen Sozialansprüchen zufrieden, setzt das „US-amerikanische Modell" stärker auf den Markt und erreicht durch das höhere Maß an Unternehmensgeist und Wettbewerb raschere Innovationen und ein großzügiges Mäzenatentum, aber auch wachsende Einkommens- und Vermögensunterschiede. Mit einem stärkeren Akzent auf das Soziale, verbindet das „kontinental-europäische Modell" weit höhere Sozialansprüche mit einem deutlich geringeren Spielraum von Wettbewerb und Unternehmensgeist. Die Folge sind geringere Einkommens- und Vermögensunterschiede, aber auch – zumindest derzeit – langsamere Innovationen, höhere Arbeitslosigkeit und ein weniger starkes Mäzenatentum. Zudem fällt die ökonomisch-soziale Mobilität deutlich geringer als in den USA aus.

Offensichtlich haben derartige Unterbestimmtheiten universalistischer Prinzipien eine große Tragweite. Sie belaufen sich nämlich für die Gemeinwesen auf eine universalistische Befugnis auf Partikularität, in etwa vergleichbar mit dem Recht auf Individualität, das den Menschen nicht trotz, sondern wegen der universalistischen Moral zukommt.

5. Subsidiarität und Föderalismus

Der politische Urvertrag richtet sich nur auf das Grundmodell eines Gemeinwesens, seine Rechtsform und den Herrschaftscharakter. Im Laufe der Geschichte nehmen die Gemeinwesen aber eine komplexe Gestalt an, für deren Beurteilung sich zwei Prinzipien bewähren: schon seit längerem der Föderalismus und seit neuem, aber noch umstritten, die Subsidiarität. Die Prinzipien treten nicht in Konkurrenz zum Vertragsdenken, denn sie bleiben dem legitimatorischen Individualismus verbunden. Es geht ihnen weniger um die basale Legitimation als um zwei Anschlußfragen, um die Kompetenzen eines Gemeinwesens: Subsidiarität, und um seinen Aufbau: Föderalismus.

5.1 Traditionelle Subsidiarität

Bekannt ist die Subsidiarität aus der christlichen Sozialethik. Sie betrifft dort Notlagen und verlangt, daß zunächst der einzelne sich selber helfe, falls aber Fremdhilfe geboten sei, bei ihr die „kleineren", die näherstehenden und nichtstaatlichen Gemeinschaften Vorrang vor der „größeren", namentlich der staatlichen Gemeinschaft haben. Dieser Gedanke erscheint als plausibel und weckt doch bei einer Staatstheorie eine Reihe von Bedenken.

Die Einwände beginnen bei der Herkunft aus der christlichen Sozialethik, die, so wird befürchtet, eine universalistische Staatstheorie gefährde. Der Subsidiaritätsgedanke speist sich aber nicht aus genuin christlichen Elementen, sondern aus einer philosophischen Sozialtheorie. Weil diese über die frühe Neuzeit (Althusius, *Politica*, ^{3}1614, auch Ludolph Hugo, *De statu regionum Germaniae*, 1661) und das Mittelalter (Thomas von Aquin, *Sententia libri Ethicorum* XI 1, 6ff.) bis zur Antike, namentlich Aristoteles, zurückreicht, sieht man zweitens den Gedanken von einer überholten Sozialphilosophie abhängen, ihn daher erneut in seiner universalen Gültigkeit gefährdet. Die traditionsverhafteten Elemente lassen sich aber herausfiltern, so daß ein moderner Begriff von Subsidiarität übrigbleibt. Und mit seiner Universalisierungsfähigkeit entkräftet er en passant einen dritten Einwand, den Ideologieverdacht.

Ein vierter Einwand geht von der Etymologie aus. Das lateinische Wort *subsidium* stammt aus der Militärsprache und bedeutet hier nicht irgendeine Hilfe, sondern eine Reservemannschaft, ökonomisch gesprochen: einen Notvorrat, dessen man unter günstigen Bedingungen gar nicht bedarf. Das Verständnis der christlichen Sozialethik trifft also die ursprüngliche Bedeutung der Subsidiarität als einer nachrangigen Hilfe, die erst dann ansteht, wenn die vorrangige Hilfe – die Selbsthilfe und die Hilfe nahestehender Gruppen – nicht reicht. In diesem Sinn, als ein (kooperativer) Notvorrat, wäre der Staat nicht grundsätzlich, sondern nur in Notzeiten erforderlich. Dem widersprechen die drei Realisierungsaufgaben des originären Staatsvertrages. Sie belaufen sich aber auf eine subsidiäre Staatslegitimation, die das Subsidiaritätsprinzip nicht bloß bekräftigt, sondern ihm auch eine basale Bedeutung verleiht: Nach dem Argument der Realisierungsdefizite versagt die Selbsthilfe einer vorstaatlichen, rein natürlichen Rechtsgesellschaft und macht die Fremdhilfe nötig: Obwohl es die öffentlichen Gewalten grundsätzlich braucht, sind sie kein Selbstzweck, dienen vielmehr der Wirklichkeit gerechten Rechts.

Nach einem fünften Einwand hat die Subsidiarät, zumindest im Rahmen des neuzeitlichen Staates, nämlich seiner Entscheidungsbefugnis über alle Kompetenzen, der sogenannten Kompetenzkompetenz, keinen Platz. Dieser Einwand ist aber allenfalls in einem Staatspositivismus stichhaltig, der die Legitimation des Staates von seiner Limitation abkoppelt und auf einen Staatsabsolutismus hinausläuft, der nicht bloß der hier entwickelten Theorie, sondern auch der Praxis des demokratischen Staates widerspricht. An substantielle Prinzipien einer geschriebenen oder ungeschriebenen Verfassung gebunden, sind seine Kompetenzen von vornherein begrenzt.

Ein letzter, pragmatischer Einwand verweist auf die Koordinationsprobleme und Reibungsverluste, die durch die gegliederten Zuständigkeiten einer subsidiaritätsbestimmten Gesellschaft entstehen. Derartige Schwierigkeiten sind aber nicht für die Subsidiarität spezifisch; denn keine nur ein wenig größere Gesellschaft kommt ohne Gliederung aus. Im übrigen kann man die Schwierigkeiten durch klare Zuständigkeiten beheben.

Da sich also die Einwände entkräften lassen, können wir zur konstruktiven Auseinandersetzung übergehen und die staatstheoretischen Möglichkeiten der Subsidiarität erkunden. (Für einen weiteren, siebenten Einwand s. u., Punkt 5.) Wir beginnen mit der traditionellen Subsidiarität und entwickeln danach einen modernen Begriff.

Nachdem das Subsidiaritätsprinzip wahrscheinlich unter dem Einfluß des deutschen Bischofs Ketteler (1862/1977, 244–247) in die katholische Soziallehre gelangte, ist es dort seit der ersten Sozialenzyklika *Rerum novarum* Papst Leos XIII. beheimatet (1891). Man könnte sogar einen weit älteren Text, eine Passage aus dem Buch Exodus (2. Mose) 18, 18–22, anführen wollen. Dort erhält Moses von seinem Schwiegervater Jetro den Rat (2. Mose 18, 13–27), zur Schonung der eigenen Kräfte das Volk aufzugliedern und Vorsteher (Richter) über je eintausend, je einhundert, je fünfzig und je zehn einzusetzen, auf daß sie alles Geringfügige selber entscheiden. Dieser Vorschlag ist aber insofern nicht subsidiaritätsbestimmt, als die Entlastung von oben nach unten, außerdem nicht im Namen des besseren Wohlergehens der Individuen geschieht.

Die klassische Bestimmung erfolgt in der Sozialenzyklika Papst Pius' XI. *Quadragesimo anno* (1931). Der zuständige Teil „Die neue Gesellschaftsordnung" (Abschnitte 76–80) setzt systematisch bei den damaligen sozialen Pathologien an, allerdings weniger an akuten Problemen wie der Weltwirtschaftskrise seit 1929, der blutigen Herrschaft des Sozialismus in der Sowjetunion und den Anfängen des italienischen Faschismus und des Nationalsozialismus. Ein wenig zeitenthoben lautet die Diagnose auf Verarmung an Gesellschaftsformen, die fast nur noch zwei Instanzen, die Einzelmenschen und den Staat (singulares homines et res publica), übriggelassen habe. Gegen die daraus folgende Überforderung des Staates wird als Therapie und zugleich als „überhaupt wichtigstes sozialphilosophisches Prinzip" der Subsidiaritätsgedanke angeführt: Jede Gesellschaftstätigkeit sei ihrer Kraft und ihrer Natur nach subsidiär; sie solle die Glieder des Sozialkörpers unterstützen, dürfe sie aber niemals zerschlagen oder aufsaugen. Am Ende soll der Staat nicht etwa entmachtet werden, vielmehr jene Aufgaben „um so freier, stärker und schlagfertiger" erfüllen können, die in seine ausschließliche Verantwortung fallen. (Ausführlicher Höffe 1996, Kap. 10 und Höffe 1997a; zusätzlich zur dort genannten Literatur s. auch Cattacin/Kissling-Näf 1997, Dichmann 1994, Isensee 1988, Pieper 1994, Richli 1998 und Waschkuhn 1995.)

Zuständig für die legitimen Kompetenzen von Institutionen, nimmt das Subsidiaritätsprinzip am Staat eine „Entzauberung" vor, die über die respektlose Diagnose von Systemtheoretikern (s. Kap. 6.1) noch hinausreicht. Daß der Staat weder allein noch primär zuständig ist, ohnehin seine Fähigkeiten überschätzt, erkennt das Subsidiaritätsprinzip an; zusätzlich kritisiert es noch das Überschreiten seiner Befugnisse. Dort geht es lediglich um Grenzen des staatlichen Könnens, hier zusätzlich um Grenzen des staatlichen Dürfens. Als staatsethisches Prinzip verstanden, billigt die Subsidiarität dem Staat zwar eine grundsätzliche Legitimität zu, schränkt aber seine Kompetenzen zugunsten nichtstaatlicher Institutionen kräftig ein.

In seiner ursprünglichen, nicht bloß staatsethischen Bedeutung betrifft das Prinzip den Gesamtbereich des Sozialen und hat dabei einen doppelten Gehalt. Die „konstruktive Subsidiarität" stellt alles Soziale, auch den Staat, in fremde Dienste, für die die „kritische Subsidiarität" eine absolute Grenze aufstellt: Glieder des Sozialkörpers zerstören oder ihnen auch nur die Selbständigkeit nehmen darf man auf keinen Fall. Des näheren kommt es auf sieben Momente an; sie alle sind von spezifisch christlichen, selbst genuin religiösen Elementen frei:

1. Die Subsidiarität widerspricht allen nur funktionalen Bestimmungen des Sozialen, jedem organologischen, kollektivistischen oder auch utilitaristischen Verständnis sowie jeder Hypostasierung der Gemeinschaft. In Übereinstimmung mit dem legitimatorischen Individualismus erklärt sie den Einzelmenschen zum entscheidenden Bezugspunkt und normativen Maß. (Die christliche Soziallehre spricht vom Prinzip der Personalität.)

2. Bei ihrer neueren Wertschätzung des Subsidiaritätsgedankens neigen Sozial- und Politikwissenschaftler dazu, ihn mit Delegieren und Dezentralisieren gleichzusetzen. Wer delegiert, wie schon Jetro Moses rät, gibt Kompetenzen ab, die ihn vielleicht überfordern, die er im Prinzip aber besitzt. Das Subsidiaritätsprinzip schlägt die Gegenrichtung ein und beginnt alle Rechtfertigung von unten, dem Individuum. Von ihm aus stellt es ein „Zuständigkeitsrecht" und zugleich ein „Wegnahmeverbot" auf: Was der einzelne aus eigener Initiative und mit eigenen Kräften leisten kann, darf ihm nicht geraubt und der Gemeinschaft zugewiesen werden. Das Individuum hat also sowohl das Recht als auch die Pflicht zur Eigenverantwortung und zur Selbsthilfe. Eine obere Instanz, die dagegen verstößt und beispielsweise den Sozialstaat zum Fürsorgestaat ausbaut, handelt nicht bloß unklug, da sie sich überfordert, sondern auch illegitim, denn sie macht sich einer Kompetenzanmaßung schuldig.

Die neuere Politikwissenschaft erweist sich hier trotz ihrer Kritik des traditionellen Staatsverständnisses noch als zu traditionsbehaftet. Sie nimmt eine Kompetenzvermutung zugunsten des Staats vor, was

„etatistisch" und antisubsidiär ist. Nach der subsidiären Legitimation werden nicht etwa die unteren Einheiten – Familien, Wohlfahrtsverbände, Kommunen ... – in den Dienst der oberen genommen, weil diese allein nicht mehr zurechtkommen. In Übereinstimmung mit dem legitimatorischen Individualismus müssen die oberen Einheiten ihre Zuständigkeit nach unten, letztlich vor den betroffenen Individuen rechtfertigen. Überschießende Kompetenzen werden nicht delegiert, sondern als angemaßte Kompetenzen an den rechtmäßigen Inhaber zurückgegeben. Die Kehrseite des Wegnahmeverbotes besteht im Rückgabegebot. Daß bei entsprechender Entmachtung die oberen Instanzen ihre verbleibenden, legitimen Aufgaben um so besser erfüllen, ist wohltuend, aber nicht der Zweck, sondern die willkommene Nebenfolge.

3. Der Subsidiaritätsgedanke macht eine empirische Voraussetzung, die mit der Vertragstheorie vereinbar ist, auf die diese aber nicht ihr Augenmerk richtet. Die Voraussetzung läßt sich aus der Verbindung einer anthropologischen Einsicht mit einer elementaren Sozialtheorie begründen: Auch wenn die Gesellschaft für den Menschen nur einen Notvorrat darstellt, ist sie doch grundsätzlich erforderlich. Und das Erforderliche stellt sich als eine hierarchisch gestufte Ordnung von kleineren, dem Individuum näherstehenden und größeren, ihm ferner stehenden Gemeinschaften dar.

Der Grundgedanke läßt sich bis zu Platons These zurückverfolgen, daß der einzelne sich nicht selbst genug ist *(ouk autarkês)*, sondern vieler Mitmenschen bedarf (*pollôn endeês*: *Politeia* II 369 b). Nach Aristoteles' argumentativ reicheren Überlegungen kommen Mann und Frau um der Fortpflanzung, Herr und Knecht (neutraler: ökonomisch unterschiedlich Begabte) um des persönlichen Überlebens willen zusammen. Aus beiden Beziehungen, ergänzt um eine dritte, die von Eltern und Kindern, entsteht die Grundform des Sozialen, die Hausgemeinschaft *(oikos)*. Und weil die erwachsenen Kinder ihrerseits eine Hausgemeinschaft gründen, entwickelt sich jene größere Einheit, der Dorfverband oder die Sippe *(kômê)*, deren Wir-Gefühl aus dem Wissen um gemeinsame Vorfahren lebt (vgl. *homogalaktai*, „Milchgenossen": *Politik* I 2, 1252 b 18).

Nach dieser „typisch subsidiären" Legitimation gibt es nicht zuerst Gemeinschaften, von denen man später Hilfe verlangt, vielmehr geht die Hilfe in die Genese ein: Die Gemeinschaften bilden sich genau wegen der Hilfsbedürftigkeit der Individuen. (Und weil beides, Hilfsbedürftigkeit und Hilfe, wechselseitig stattfindet, erweisen sich die elementaren Gemeinschaften, weil sie „Hilfe auf Gegenseitigkeit" bringen, als Solidargemeinschaften; s. Kap. 3.6.) Ebenso entstehen dort größere und umfassendere, „höhere" Gemeinschaften, wo die Leistungskraft der bisherigen Formen nicht mehr ausreicht. Im Verlauf von Aristoteles' Sozialgenese treten die zunächst vorherrschenden, biologischen Gesichtspunkte in den Hintergrund: Dank einer Gemeinschaft des Guten und Gerechten, die sich ihrerseits der Sprach- und Vernunftbegabung verdankt, schafft sich der Mensch eine höhere, jetzt künstliche Einheit, das politische Gemeinwesen bzw. den Staat. Der sozialtheoretische Grundbegriff bleibt aber derselbe: die Kooperation, nicht der Konflikt. (Zur Aristoteles-Interpretation vgl. Höffe ^{2}1999, Kap. 15.)

Über den großen Aristoteliker des Mittelalters, Thomas von Aquin, wird diese Sozialanthropologie bis weit in die Neuzeit wirkungsmächtig sein. Sie bestimmt etwa die reformierte Föderaltheologie des 16. Jahrhunderts und schlägt sich in der Gemeindeautonomie des calvinistischen Kirchenrechts, gültig bis heute, nieder. Im 17. Jahrhundert geht es in die politische Summe des von Calvin inspirierten Rechts- und Staatstheoretikers Althusius (*Politica* II 37) ein, bei ihm als Stufenbau der Lebensgemeinschaften *(consociationes symbioticae)*. Diese steigen von der privat-natürlichen Gemeinschaft, der Familie, über die privat-bürgerlichen Berufs- und Standesgenossenschaften zu den öffentlichen Gemeinschaften, den Stadt- und Landgemeinden und Provinzen, bis hinauf zum Reichsverband auf.

4. Normativ schlägt sich das Subsidiaritätsprinzip in zwei Kriterien, der positiven und der negativen Subsidiarität, nieder. Die „positive Subsidiarität" besteht in einem Hilfsgebot („Die Glieder sind zu unterstützen"), die „negative Subsidiarität" in einer Steigerung des Wegnahmeverbots, dem Destruktionsverbot („niemals zerschlagen oder aufsaugen"). Beide Kriterien sind jeweils zweigeteilt. Das Hilfsgebot stellt zunächst die Sphäre des Sozialen in den Dienst des Einzelmenschen. (Und da der Dienst als Hilfe in Gegenseitigkeit erfolgen soll, spricht die christliche Soziallehre von einem dritten Prinzip: nach Personalität und Subsidiarität von Solidarität.) Erst im zweiten Teil besagt das Subsidiaritätsprinzip, was man von ihm meist erwartet: daß im Rahmen einer Hierarchie von Gemeinschaften zunächst die kleineren und untergeordneten gefragt sind. Nimmt man jedoch das systematisch erste Moment, den Vorrang des einzelnen, ernst, dann gebührt den unteren Sozialeinheiten keine absolute Priorität. Hier ist das übliche Verständnis zu korrigieren: Bei Kompetenzkonflikten ist

nicht grundsätzlich die kleinere und lebensweltlich vertrautere Gemeinschaft, sondern diejenige zu stärken, die jeweils am meisten dem Individuum dient. Nun können Sippenverbände den einzelnen tragen und stützen, aber auch enge Fesseln mit sich führen. Will der Mensch sich von ihnen lösen, um dank größerer Eigenständigkeit zu mehr Selbsthilfe fähig zu sein, will er sich überdies der Kulturleistungen einer urbanen Zivilisation erfreuen, so sind Schwächungen unterer Einheiten unvermeidlich. Der Fortbestand starker Sippenverbände ist weder ein intrinsisches Gut noch subsidiaritätstheoretisch geboten. Er kann allerdings unter gewissen Randbedingungen, etwa für Minderheiten wie die Roma (wörtl: „Mensch“: Selbstbezeichnung einiger Zigeuner), überlebensnotwendig sein.

Noch ein zweites Argument spricht für die Korrektur der üblichen Lesart. Was Yerushalmi (1995) von den Juden zeigt, läßt sich verallgemeinern: Minderheiten können von einer starken Zentralmacht profitieren, sofern diese einen Rechtsschutz gewährleistet, zu dem lokale oder regionale Instanzen oft außerstande sind. Auch aus diesem Grund war im Mittelalter die Unabhängigkeit von – feudalen – Zwischeninstanzen, die Reichsunmittelbarkeit, ein begehrtes Privileg. Die Subsidiarität verlangt jedenfalls nicht, die staatlichen Kompetenzen soweit wie nur möglich einzuschränken, sondern nur so weit, wie es den Individuen zugute kommt. Im Gegensatz zu einem Gebot genereller Staatsentmachtung ist sie ein „Gebot der individuengerechten Ebene“.

5. Für die erforderlichen Kompetenzen stellt die andere, negative Seite den Grundsatz auf, keine Zuständigkeit höher als nötig anzusetzen. Nach diesem „Kompetenzbegrenzungsgebot“ darf die Gemeinschaft nicht übernehmen, was bereits das Individuum vermag, und darf die größere Gemeinschaft nicht beanspruchen, worauf sich schon die kleinere Einheit versteht – vorausgesetzt sie dient damit am besten dem Individuum. In diesem Sinn schreibt schon lange vor *Quadragesimo anno*, aber nicht vor deren Inspirationsquelle, der Enzyklika *Rerum Novarum* (1891), der Staatsrechtslehrer Jellinek ([3]1914, 258): „Nur soweit die freie individuelle oder genossenschaftliche Tat unvermögend ist, den vorausgesetzten Zweck zu erreichen, kann und muß ihn der Staat übernehmen.“ Zu unterscheiden ist also zwischen den obligatorischen Staatsaufgaben wegen der drei Wirklichkeitsdefizite und fakultativen Staatsaufgaben. Während dort der Staat sich nicht aus der Pflicht nehmen darf, hat er hier, etwa im Bereich staatlicher Bildungs-, Kultur- und Wirtschaftspolitik, zu überlegen, was unteren

Staatseinheiten und was freien Verbänden, Selbsthilfegruppen und den Individuen zu überlassen, genauer: ihnen erst gar nicht zu nehmen ist. Und die Vermutung, in der heutigen hochtechnisierten Gesellschaft erfülle die größere Einheit alle wesentlichen Aufgaben besser (H.-P. Bull 1995), unterschätzt die Lösungsfähigkeit kleinerer Einheiten.

6. Um das Individuum nicht einer einzigen, dann tendenziell übermächtigen, freilich auch überforderten Sozialeinheit, dem Staat, auszusetzen, erweitert die Subsidiarität das negative Destruktionsverbot zum konstruktiven „Zwischenschaltungsgebot". Sie verlangt, intermediäre Gesellschaftsformen, sofern sie schon bestehen, zu stärken, und, wo sie fehlen, neu einzurichten. Von der Staatslegitimation aus gesehen, ergänzt dieses Gebot die Vorsichtsmaßnahmen, wie die Gewaltenteilung, mit denen man die Kluft zwischen dem realen und dem idealen Staat verkleinert (s. Kap. 4.2). Gegen die Gefahr einer exzessiven Machtakkumulation beim Staat bei gleichzeitiger Entmachtung der vorstaatlichen Gesellschaft erhebt die Subsidiarität Einspruch.

7. Auch das letzte Moment, die Verbindlichkeitsart, besteht nicht in spezifisch christlichen Gedanken, etwa in jener hochgemuten Moral der Nächstenliebe, die wir in säkularisierter Form als Mitleid und Menschenliebe kennen. Die Enzyklika spricht von Ungerechtigkeit, e contrario also von jener kulturübergreifenden und zugleich bescheideneren Moral, die auch der Staatslegitimation zugrunde liegt. Außerdem macht sie auf eine kollektive Selbstschädigung aufmerksam. In normativer Hinsicht ist die Subsidiarität primär ein Gebot der Gerechtigkeit, sekundär des Gemeinwohls.

Das Subsidiaritätsdenken ist mit der neuen sozialtheoretischen Bewegung, dem Kommunitarismus, verwandt, mit dessen Plädoyer für die gewachsenen Lebensformen kleiner Sozialeinheiten (s. Kap. 10.1). Der Kommunitarismus enthält allerdings ein dem Subsidiaritätsdenkens fremdes Moment: einen Vorrang der Sozialform „Gemeinschaft" mit ihrem persönlichen Beziehungsgefüge und gemeinsamen Wir-Gefühl vor dem unpersönlichen Zweckverband, der Gesellschaft. Wie schon F. Tönnies in der klassischen Abhandlung *Gemeinschaft und Gesellschaft* (1887/1935, 3 f.) zeigt, besteht zwischen beiden Sozialformen bei funktioneller Verschiedenheit eine sozialtheoretische und sozialpraktische Komplementarität. Denn: „Alles vertraute, heimliche, ausschließliche Zusammenleben ... wird als Leben in Gemeinschaft verstanden. Gesellschaft ist die Öffentlichkeit, ist die Welt. In Gemeinschaft mit den Seinen befindet man sich von der Geburt an, mit allem Wohl und Wehe daran gebunden. Man geht in die Gesellschaft wie in die Fremde. Gemeinschaft der Sprache, der Sitte, des Glaubens; aber Gesellschaft des Erwerbs, der Reise, der Wissenschaften."

Im Kommunitarismus droht eine zweifache Überbewertung der Gemeinschaften, der der Subsidiaritätsgedanke entgegentritt. Gegen eine Verherrlichung der intermediären Gemeinschaften – frei nach dem Motto „small is beautiful" – billigt er der übergeordneten Rechts- und Staatsordnung ein Recht zu, selbst einer Fortsetzung der Sozialhierarchie über die Einzelstaaten hinaus zu einer übergreifenden, zunächst großregionalen (z. B. Europäische Union), dann globalen Sozialeinheit. Auf der anderen Seite widersetzt er sich einer Hypostasierung des Sozialen und sieht im Individuum das entscheidende Maß. Gemeinschaften haben keinen Selbstzweck, dienen vielmehr ihren Mitgliedern, einschließlich deren Selbständigkeit und Selbsthilfefähigkeit. Darüber hinaus ist dem Subsidiaritätsdenken die antiuniversalistische, sogar antiaufklärerische Spitze mancher Kommunitaristen (z. B. MacIntyre ²1985 und 1988) fremd.

Auf Ockham geht ein ontologisches und wissenschaftstheoretisches Sparsamkeitsprinzip zurück. Nach ihm, Ockhams Rasiermesser, sollen Philosophie und Wissenschaft mit möglichst wenigen theoretischen Entitäten auskommen („entia non sunt multiplicanda praeter necessitatem"). Analog läßt sich die Subsidiarität als ein soziales und politisches Sparsamkeitsprinzip verstehen, das in zwei Stufen auftritt. Auf der ersten Stufe verlangt es, keine gesellschaftliche oder politische Einrichtung zu schaffen, die man nicht für die Individuen braucht. Und der zweiten Stufe zufolge erhalten die gesellschaftlichen und politischen Einrichtungen, falls man sie denn braucht, nicht mehr Zuständigkeiten als nötig.

5.2 Modernisierungen

Von einer kirchlichen Enzyklika erwartet man keine philosophischen Begründungen, wohl aber überzeugungsfähige Ansichten. Zweifellos trifft dies auf verschiedene Momente des Subsidiaritätsdenkens zu, etwa auf den legitimatorischen Vorrang des Individuums vor der Gemeinschaft, auf dessen mangelnde Autarkie, auf das Plädoyer für eine strukturell reiche soziale Welt, nicht zuletzt auf die Orientierung an der Gerechtigkeit. Andere Momente hängen dagegen von einer mittlerweile überholten Tradition ab. Um allgemeingültig zu sein, muß man sich davon lösen und eine Reihe von normativen Modernisierungen vornehmen:

Wegen des Verbots, die Glieder des Sozialkörpers zu zerschlagen, könnte die Subsidiarität verlangen, auch obsolet gewordene Gemeinschaften – für viele heute die Sippe bzw. Großfamilie – zu restituieren. Im Gegensatz zu diesem „Antimodernismus" verpflichtet sich eine erste Modernisierung zwar auf die generelle Stärkung der intermediären Instanzen, überläßt aber deren nähere Gestalt der jeweiligen Epoche und Kultur.

Eine zweite Modernisierung verwirft jene Überbewertung des Autarkiepotentials von Einzelstaaten, die in der abendländischen Staatstheorie seit Platon und Aristoteles vorherrscht. Das Autarkiedefizit der Individuen wird nämlich erst bei größeren Einheiten, letztlich einer Verbindung der ganzen Menschheit behoben. Hier ist das übliche Subsidiaritätsverständnis ein zweites Mal zu korrigieren. Nach der ersten Korrektur kann die Subsidiarität auch eine Entmachtung intermediärer Gemeinschaften fordern, freilich nicht die Entmachtung des gesamten intermediären Bereiches; nach der zweiten Korrektur ist die soziale Ordnung über die traditionell höchste Einheit, den Einzelstaat, hinaus zu erweitern.

In einer dritten Modernisierung wird die traditionelle Sozialordnung noch radikaler relativiert. Während die beiden ersten Modernisierungen beim vertikalen, überdies linearen Aufbau zunehmend größerer Sozialeinheiten bleiben, wird jetzt eine Horizontale eingeführt. Zur Vertikalen, der Abfolge von Familien, Wohlfahrtsverbänden, Kommunen, Gebietskörperschaften, Bundesländern, tritt eine horizontale Vielfalt: ein Pluralismus von Bekenntnissen und Religionen, von weiteren Gesellschaftsgruppen und politikbestimmenden Kräften (s. Kap. 6.3.2). Weil dadurch immer zahlreichere Gruppen das Recht auf eigene Interessen, Überzeugungen und Werte sowie eigene Lebensstile und Verhaltensweisen erhalten, erfährt der subsidiaritätsgeforderte intermediäre Raum eine Bereicherung, allerdings auch Gefährdung. Beides wird im traditionellen Subsidiaritätsdenken unterschlagen. Insofern man einen gewissen Komplex von Interessen, Überzeugungen, Werten und Verhaltensweisen eine Kultur nennen kann, wird die Gesellschaft multikulturell. Im Kern ihrer sozialen Grammatik, dem Rechtswesen, bleibt sie freilich, von Ausnahmen wie Malaysia abgesehen (s. Kap. 4.4), unikulturell.

Im Pluralismus tritt ein Moment zutage, das der traditionellen Subsidiarität zwar nicht widerspricht, aber mit der zugrundeliegenden

Sozialanthropologie der Kooperation in Spannung liegt: Das Verhalten der pluralistischen Gruppen zueinander ist in erster Linie nicht durch Hilfe in Gegenseitigkeit, durch Solidarität, sondern durch Konkurrenz und Konflikt geprägt. In der Berücksichtigung dieser Wirklichkeit liegt die vierte Modernisierung und zugleich eine Erweiterung der ohnehin bestehenden Gemeinsamkeit mit der Rechts- und Staatslegitimation:

Solange die traditionelle Subsidiarität den Konflikt unterbewertet, verdrängt sie die Aufgabe, Zwangsbefugnisse zu rechtfertigen. Das Subsidiaritätsprinzip modernisiert sich, wenn sie sich dieser Aufgabe stellt und sie mit den verschiedenen Gesichtspunkten der Demokratie beantwortet: Nach der herrschaftsetablierenden Demokratie geht alle Herrschaft von den Betroffenen, dem Volk, aus. Nach der herrschaftsnormierenden Demokratie ist die Zustimmungswürdigkeit an die Anerkennung von Gerechtigkeitsprinzipien, namentlich den Menschenrechten gebunden, womit das von der traditionellen Subsidiarität lange Zeit geduldete Unrecht, etwa die Sklaverei und die Ungleichbehandlung der Frau, verworfen werden. Und nach der herrschaftsausübenden Demokratie regiert sich das Volk selbst, freilich unter Anerkennung dieser Vorgaben und bei Gewaltenteilung und Partizipation (s. Kap. 4.3).

Wegen der so weitreichenden Übereinstimmung scheint das Subsidiaritätsprinzip für den neuzeitlichen Staat überflüssig zu sein. Dagegen spricht schon die Gefahr einer Machtakkumulation beim Staat, der die Subsidiarität entgegentritt. Außerdem soll es gemäß der zweiten Modernisierung noch eine politische Einheit oberhalb des Staates geben, was Fragen der Kompetenzaufteilung aufwirft. In beiden Bereichen, sowohl bei der Beziehung von vor- und außerstaatlichen zu staatsförmigen Verbindungen als auch innerhalb einer föderal gestuften, sei es einzelstaatlichen, sei es weltstaatlichen Staatlichkeit, fungiert die Subsidiarität als ein Beweislastprinzip, das durchaus verfassungsrechtlichen Rang verdient:

Vereinfacht gesagt, benennt der erste, herrschaftsetablierende Begriff der Demokratie den Ursprung aller staatlichen Gewalt; die Grund- und Menschenrechte bestimmen deren legitimen Inhalt; und die Demokratie als Organisationsform (einschließlich Gewaltenteilung und Partizipation) handelt zusammen mit dem Föderalismus (s. Abschn. 5.3) über den Aufbau staatlicher Gewalt. Weil aber alle vier Prinzipien nur Grund- und Rahmenbedingungen, keine konkrete Politik benennen, bleibt der Ausübung von Herrschaft ein großer Spielraum. Für ihn fehlt der bisherigen Staatstheorie ein Kriterium der Kompetenzverteilung; diese Lücke füllt das Prinzip Subsidiarität aus und verstärkt damit die konstitutionellen Vorgaben der Demokratie. Im Fall einer föderalistisch gestuften Staatlichkeit schützt es die Kommunen vor den Gliedstaaten, diese vor dem Gesamtstaat und die Einzelstaaten vor einer höheren Einheit wie der Europäischen Union oder einer politischen Weltordnung. Nicht zuletzt schützt es die einzelnen und ihre vor- und außerstaatlichen Verbindungen, „die Gesellschaft", vor den öffentlichen Gewalten jedweder Stufe, indem sie für die jeweils niedrigeren Stufen eine Kompetenz vermutet – freilich mit der Einschränkung: soweit sie den Individuen dient.

Ein derartiges Kompetenz-Vermutungsprinzip spricht nicht etwa den höheren Instanzen möglichst viele Befugnisse ab; stets die Zuständigkeiten zu minimieren, ist nicht verlangt. Die höheren Einheiten sollen sich jedoch auf ihre originären Aufgaben konzentrieren und den unteren Einheiten überlassen, was diese selber zu leisten vermögen. Das Motto der Subsidiarität heißt: „In dubio pro individuo vel minore" (Im Zweifel für den einzelnen oder die untere Einheit). Die Tendenz des neuzeitlichen Staates, sich im Namen seiner Souveränität immer mehr Kompetenzen anzueignen, kritisiert der Subsidiaritätsgedanke nachdrücklich: Weil die politische Ordnung von unten aus erfolgt, plädiert er gegen einen wachsenden Zentralismus und für Kommunalismus, Regionalismus und Föderalismus.

Da soziale Aufgaben möglichst von unten wahrgenommen werden sollen, ist das Subsidiaritätsprinzip auch für die Sozialstaatlichkeit zuständig. Bekanntlich hat sie vor allem in Kontinentaleuropa Aufgaben übernommen, die über den ursprünglichen Verantwortungsbereich: Sozialversicherungen, Sozialhilfe, und öffentliche Gesundheit, weit hinausreichen und mittlerweile weite Teile des Gesundheitswesens, ferner der Bildungs-, Wissenschafts- und Kulturpolitik, der Arbeitsmarkt- und der Wirtschaftspolitik sowie der Technikförderung umfassen. Zwei Argumente für eine derartige Ausweitung sind schon genannt: die Freiheits- und die Demokratiefunktionalität gewisser Sozialrechte (s. Kap. 3.3. und 4.3.3). Drittens kann man sich auf gewisse sozialgeschichtliche Entwicklungen berufen, namentlich einer Entmachtung der primären Solidargemeinschaften, der Familien, Großfamilien (Sippen), Berufsgenossenschaften (Zünfte, Gilden) und Kommunen. Insofern ein politisches Gemeinwesen diese Gemeinschaften nicht bloß koordiniert, sondern in ihrem Eigenrecht und Eigengewicht auch beschneidet, überdies in Form von Steuern finanziell

„schröpft", verlangt die korrektive Gerechtigkeit eine Entschädigung: keine vollständige Übernahme der Verantwortung, aber eine nach Maßgabe der Entmachtung. Das Argument der korrektiven Gerechtigkeit trifft auch auf Sonderrisiken zu, die sich bei strukturellen Veränderungen einer Gesellschft ergeben (dazu Höffe 1996, Kap. 9.2).

Nach diesen drei Argumenten liegt der legitimatorische Kern des Sozialstaates nicht in einer originären Solidargemeinschaft und allenfalls begrenzt in einer Gemeinschaft der Verteilungsgerechtigkeit. Wichtiger ist die Verbindung des Gedankens freiheitsfunktionaler und demokratiefunktionaler Sozialrechte mit korrektiver Gerechtigkeit. Ein Staat, der im Zuge einer Kompensationspflicht und Auffangverantwortung in die entsprechenden Solidaraufgaben eintritt, wird zwar selber zu einer Solidargemeinschaft, legitimationstheoretisch gesehen aber nur in einem sekundären Sinn. Originäre Solidaraufgaben können allerdings dazukommen. Wo die Politik eines Staates die Lebensbedingungen seiner Bürger unmittelbar verändert, am entscheidensten durch einen Krieg, trägt er für die Folgen Verantwortung.

Für die zwei Seiten des Sozialstaates, für die Reichweite seiner Verantwortung und die Art, sie wahrzunehmen, ist das Prinzip der Subsidiarität einschlägig. Nach ihm hat die Selbsthilfe Vorrang vor der Fremdhilfe und bei der Fremdhilfe die Hilfe der vorstaatlichen vor der staatlichen Einheit; ein staatliches Sozialmonopol ist nicht zu rechtfertigen. Darüber hinaus bleibt zu prüfen, ob die im Laufe der Zeit vorgenommene Depotenzierung der primären Solidargemeinschaften für die Individuen so uneingeschränkt vorteilhaft ist, daß sich eine teilweise Repotenzierung verbietet. Ohnehin ist der direkten Hilfe die indirekte, die Hilfe zur Selbsthilfe, vorzuziehen; statt die Menschen staatlich zu alimentieren, ist es besser, ihnen Arbeitsmöglichkeiten zu eröffnen. Gegen eine immer größere Staatsquote empfiehlt es sich, nicht immer nur im öffentlichen Dienst Arbeit zu schaffen, sondern auch der Wirtschaft Rahmenbedingungen zu geben, die schließlich zu neuen Arbeitsplätzen führen. Und wegen der Ressourcenabhängigkeit des Sozialstaates steht er ständig unter einem Vorbehalt, der in Zeiten wirtschaftlichen Wachstums freilich gern in Vergessenheit gerät, dem Vorbehalt staatlicher Leistungsfähigkeit; die „unbedingte" Erhaltung des einmal erreichten Lebensstandardes kann seine Aufgabe nicht sein. Jedenfalls erhebt der Subsidiaritätsgedanke Bedenken gegen den Ausbau des Sozialstaates in einen umfassenden Fürsorgestaat und verlangt, sich wieder auf die Kernaufgaben zu beschränken.

Der Subsidiaritätsgedanke ist in erster Linie zwar normativ gemeint. Man kann ihn aber auch empirisch verstehen und fragen, ob die soziale Wirklichkeit ihm folgt. Die Kulturanthropologie gibt darauf eine positive Antwort und widerspricht damit der Befürchtung, die Subsidiarität sei ein weltfremdes Prinzip. In Wahrheit folgen bei der Gestaltung ihres Verhältnisses von großen zu kleinen Gruppen sehr verschiedene Kulturen demselben Grundsatz „So viel (Zentral-)Staat wie nötig, so wenig (Zentral-)Staat wie möglich" (Giordano 1994).

Zuständigkeiten lassen sich in der Regel verschieden weit, sowohl großzügig als auch eng auslegen. Beim entsprechenden Entscheidungsspielraum übernimmt das Subsidiaritätsprinzip als zweites die Aufgabe einer Kompetenzausübungsregel. Erneut tritt es als eine Beweislastregel auf, und diese läßt sich in drei Kriterien spezifizieren: Die Erfordernisklausel verlangt, daß die Oberinstanz in der entsprechenden Sache überhaupt nötig sein muß; nach der Besser-Klausel muß sie es besser als jede untere Instanz machen; und nach dem Gebot der Verhältnismäßigkeit ist ein berechtigter Eingriff der Oberinstanz (a) auf das erforderliche Ausmaß, (b) auf die erforderliche Regelungs- oder Leistungstiefe und (c) die erforderliche Regulierungsintensität zu beschränken.

Bei beiden Aufgaben, bei der Kompetenzverteilung und der Kompetenzausübung, darf man die Subsidiarität methodisch nicht falsch, nämlich weder als eine genaue Entscheidungsregel noch im Gegenteil als funktionsuntauglich einschätzen. Sie hat den Rang eines Prinzips, nicht den eines entscheidungsdefiniten Kriteriums, weder den eines Rezeptbuches, das konkrete politische Anweisungen gibt, noch auch nur den eines „Politometers", das alternative politische Optionen als mehr oder weniger subsidiaritätsgerecht mißt. Schon weil es auf zusätzliche Überlegungen zu den Sacherfordernissen und Randbedingungen angewiesen ist, definiert das Subsidiaritätsprinzip keinen genauen Weg. Es ist ein offenes, überdies geschmeidiges Prinzip, das sich auf zwei Richtungsangaben beschränkt: Sobald eine höhere staatliche Einheit die Leistungsfähigkeit der niedrigeren Einheit gefährdet, muß sie ihre Tätigkeit einschränken – es sei denn, damit dient sie dem entscheidenden Maß, dem Einzelmenschen. Und dort, wo eine nachträgliche Selbsteinschränkung nicht mehr genügt, weil mittlerweile die Selbsthilfefähigkeit der unteren Instanzen verkümmert ist, übernehmen die Oberinstanzen, um die unteren Instanzen zu regenerieren, eine Vorleistungspflicht. Aus Gründen kompensatorischer Gerechtigkeit leisten sie Hilfe zur Selbsthilfe und stellen jene (finanziellen, organisatorischen ...) Mittel bereit, die die unteren Instanzen wieder zur Selbsthilfe befähigen. Zur Subsidiarität gehört nämlich das genannte „Gebot der Rückübertragung“: Den Individuen oder den unteren Instanzen, die wieder selbsthilfefähig geworden sind, müssen die entsprechenden Verantwortlichkeiten zurückgegeben werden.

Halten wir die Subsidiarität in den genannten Modernisierungen als ein weiteres Gerechtigkeitsprinzip fest, das achte, erneut herrschaftsausübende Gerechtigkeitsprinzip, das universale Subsidiaritätsgebot:

Staatliche Kompetenzen sind nur dort und nur insoweit legitim, wie Individuen und vorstaatliche Sozialeinheiten der Hilfe bedürfen. Und im Rahmen einer gestuften Staatlichkeit sind die Kompetenzen so weit unten anzusetzen, wie es der legitimatorischen Letztinstanz, den Individuen, guttut.

Vollständige Liste der Gerechtigkeitsprinzipien

Die Gesamtheit der Gerechtigkeitsprinzipien ordnet sich drei Dimensionen zu; gemäß seinem sachlichen Rang ist mit dem Prinzip der Proto-Gerechtigkeit zu beginnen.

I. Rechtskonstituierende Gerechtigkeit
Prinzip der Proto-Gerechtigkeit:
Durch eine originäre Selbst- und eine originäre Fremdanerkennung sollen alle Mitglieder der Gattung zurechnungsfähiger Wesen sich selbst und ihresgleichen als Rechtsgenossen anerkennen.
(1) Universales Rechtsgebot:
Als Inbegriff von streng allseits gültigen Regeln tritt das Recht der persönlichen Willkür und persönlichen Gewalt entgegen und soll genau deshalb überall unter den Menschen herrschen.

II. Rechtsnormierende Gerechtigkeit
(2) Prinzip der größten gleichen negativen Freiheit:
Durch wechselseitige Freiheitsverzichte erhalte jeder Rechtsgenosse jenes Höchstmaß an Handlungsfreiheit, das gemäß dem ersten Gerechtigkeitsprinzip in allseits gültigen Regeln möglich ist.
(3) Prinzip der komparativen positiven Freiheit:
a) Durch wechselseitige positive Leistungen erhalte jeder Rechtsgenosse die Möglichkeit einer elementaren positiven Handlungsfreiheit, darstellbar in gewissen positiven Freiheitsrechten.

b) Dabei ist das erste Gerechtigkeitsprinzip, die Rechtsform, anzuerkennen: Nur jene positiven Freiheitsrechte sind gerecht, die in allseits gültigen Regeln möglich sind.
c) Das zweite Prinzip hat Vorrang vor dem dritten Prinzip: Nur jene positiven Freiheitsrechte sind gerecht, die mit dem Prinzip der größten gleichen negativen Freiheit vereinbar sind.
d) Die Leistungen der positiven Freiheitsrechte sind ressourcen- und kulturabhängig und haben einen komparativen Charakter.
e) Es gibt für das dritte Gerechtigkeitsprinzip keine exklusive: nur tausch-, nur korrektiv- oder nur verteilungstheoretische Begründung.

III. Rechtsrealisierende Gerechtigkeit
(4) Universales Rechtsstaatsgebot:
Zur Verwirklichung der Gerechtigkeit gebe es überall unter den Menschen den Inbegriff der dem Recht dienenden öffentlichen Gewalten, den Rechtsstaat.
(5) Prinzip der Gewaltenteilung:
Die öffentlichen Gewalten sind zu teilen.
(6) Universales Demokratiegebot:
Jede Herrschaft ist im Namen des Volkes und zum Wohle des Volkes auszuüben.
(7) Prinzip der Differenz:
Die Gemeinwesen haben ein Recht auf Differenz.
(8) Prinzip der Subsidiarität:
Staatliche Kompetenzen sind nur dort und nur insoweit legitim, wie Individuen und vorstaatliche Sozialeinheiten ihrer Hilfe bedürfen. Und im Rahmen einer gestuften Staatlichkeit sind die Kompetenzen so weit unten anzusetzen, wie es der legitimatorischen Letztinstanz, den Individuen, guttut.

5.3 Föderalismus

Seit langem, seit den kultisch-religiösen Bündnissen der Griechen, den Amphiktyonien, später etwa dem Aitonischen Bund Mittelgriechenlands und dem Aitolischen Bund der Peloponnes, ist dem Abendland der Föderalismus vertraut. Bekannt ist er auch dem biblischen Israel aus der Zeit der Richter (2 Sam 5, 1–3; vgl. 1 Sam 10, 20f.). Heute liegt er sowohl europäischen als auch außereuropäischen Staaten zugrunde, und seine Attraktivität wächst: Zu Beginn des 20. Jahrhunderts kommen zu den „klassischen" Bundesstaaten Deutschland, Kanada, der Schweiz und den USA nur drei weitere Föderalstaaten: Argentinien, Brasilien und Mexiko, hinzu; gegen Ende des Jahrhunderts ist dagegen 52% der Erdoberfläche mit 40% der Weltbevölkerung bundesstaatlich organisiert (Frenkel 1984, 134ff.).

Trotz dieses politischen Erfolges gibt es zum Föderalismus zwar eine reiche staatsrechtliche Literatur (z. B. Deuerlein 1972, Maier 1990, Reuter [4]1991, Scharpf 1994, Stewart 1984, Usteri 1977, Wheare [4]1963), Spuren in der großen Staatsphilosophie aber kaum. Hier herrschen zwei Paradigmen vor: die autarke Stadtrepublik der Griechen und später das zentralistische Römische Reich. In der Neuzeit lesen wir zwar bei Montesquieu eine Passage über die républiqúe fédérative mit den Beispielen Deutschland, Holland und der Schweiz (*De l'esprit des lois* IX 1–3), die Louis de Jaucourt im gleichnamigen Artikel der *Encyclopédie* fast wörtlich wiedergibt (vgl. Koselleck 1972, Anm. 285). Montesquieu ist von der reformierten Föderaltheologie, namentlich von Althusius' (*Politica*, [3]1614, IX 9–12) Gedanken beeinflußt, daß die „Bundesrepublik", wie Johann von Müller übersetzt (vgl. Koselleck 1972, 637 Anm. 285), zwei Gefahren vorbeugt: der inneren Korruption, derentwegen einem Großstaat, und der fehlenden Macht, derentwegen einem Kleinstaat der Untergang droht. Zu einem Grundgedanken der Staatsphilosophie, der in seinem Gewicht mit dem der Demokratie, den Menschenrechten und der Gewaltenteilung vergleichbar wäre, steigt der Föderalismus aber nicht auf. Daran können auch wenig ändern: die *Federalist Papers* und ihre Bekanntmachung durch Tocqueville, vorher die Gedanken von Sieyès (dazu Hafen 1994, 259–261), später die Beiträge von Proudhon (s. *Du principe fédératif*, 1863/1959, *La Fédération et l' Unité en Italie* 1862; vgl. Hahn 1975), Otto von Gierke (*Das deutsche Genossenschaftsrecht*, 1868), Konstantin Frantz (*Der Föderalismus als leitendes Prinzip*, 1879) oder die reiche Debatte um den Gedanken des Bundes mit seinen beiden Hauptoptionen, dem Staatenbund (oder Staatenverein) und dem Bundesstaat.

Bei Althusius, Proudhon und Frantz ist der Föderalismus ein generelles Gesellschaftsprinzip. Nach Frantz hat von der Ehe bis zum Völkerbund alles soziale Leben föderalistischen Charakter. Und nach Proudhons sozialistisch-syndikalistischer Variante soll der Föderalismus eine Gesellschaft ermöglichen, die, gegründet auf Gerechtigkeit, Gleichheit und Solidarität, alle Herrschaft absterben läßt. Versteht man den Föderalismus aber enger und zugleich präziser als ein politisches Ordnungsprinzip, so setzt er die demokratieinterne Selbstbeschränkung der Demokratie fort. Auch wenn der Föderalismus wie in Deutschland einen monarchischen Hintergrund hat (nach der Bundesakte von 1815, Artikel 1, vereinigen sich die „souveränen Fürsten und freien Städte Deutschlands"), führt er, sobald man die Demokratie übernimmt, zu ihrer Stärkung.

Mit dem lateinischen Ausdruck *foedus*, Vertrag, verbinden sich Assoziationen an Übereinkunft, Bündnis und Bund. Übersetzungen der einflußreichen Schriften Pufendorfs verdeutschen „foedus" durch den Ausdruck „Bund", der wiederum mit Einung, Gelübde, Verständigung, Frieden und Freundschaft zusammenhängt. Und bei beiden Ausdrücken, *foedus* und Bund, schwingt die Bedeutung von *fides*: Treue und Vertrauen, mit. Sowohl durch seine Kernbedeutung „Vertrag" als auch das genannte Wortfeld fügt sich aber der Föderalismus in das philosophische Vertragsdenken ein: Staatsrechtlich entspringt das Gemeinwesen einer freien Vereinbarung, die jedem Imperialismus nachdrücklich widerspricht. Statt aus einer Eroberung mit der Asymmetrie von Herrschern und Beherrschten zu entstehen, gehe das Gemeinwesen aus einer Verbündung von rechtlich Gleichberechtigten hervor. (Ein schönes Beispiel bietet die mittelalterliche Universität, zu der sich autonome und gleichberechtigte Fakultäten zusammenschließen. Bis heute sind die Universitäten Cambridge und Oxford eine Vereinigung von rechtlich und finanziell weitgehend selbständigen Einheiten, den Colleges.)

Beide Begriffe, Subsidiarität und Föderalismus, hängen sachlich zusammen. Innerhalb einer gestuften Staatlichkeit – und selbst Kleinstaaten wie Luxemburg und Liechtenstein sind in sich gegliedert – verlangt das Subsidiaritätsprinzip, womit sich Staaten mit föderalistischer Tradition leichter tun: daß bei der Gliederung des Staates die kleineren Einheiten nicht bloß Verwaltungseinheiten (etwa Departements oder Provinzen), sondern relativ selbständige politische Einheiten seien. Und die Gliedstaaten (Bundesländer oder Kantone) haben im Verhältnis zum Gesamtstaat, dem Bund, das Recht, ihre Angelegenheiten selber zu regeln. Dort aber, wo sie ihre Aufgaben nicht allein bewältigen können, dürfen sie Hilfe in Anspruch nehmen. In bezug auf Staatlichkeit votiert das Subsidiaritätsprinzip also für jene vertikale Ergänzung der bekannteren, horizontalen Gewaltenteilung, die über so hohe Vorzüge wie größere Transparenz und Bürgernähe, höhere Lernfähigkeit, größere Effizienz und verstärkte Kontrolle verfügt. Die Subsidiarität plädiert für eine vertikale Staffelung der Staatlichkeit, bei der möglichst viele Zuständigkeiten bei den unteren Instanzen bleiben. Umgekehrt ist der Föderalismus ein Gebot der Subsidiarität; denn er begnügt sich so weit wie möglich mit kleineren Gemeinwesen: Und soweit größere erforderlich werden, etwa zur Selbstbehauptung gegen starke Nachbarn, entstehen die neuen Gemeinwesen nicht von oben: durch Unterwerfung unter einen Hegemon, sondern durch Zusammenschluß von unten.

Der Föderalismus ist ein Prinzip der Staatsorganisation, das – nächst dem Imperialismus – den Einheits- und Zentralstaat zurückweist. Ob es um die lockere Verbindung, den Staatenbund („Konföderation") von der Art der griechischen Bünde, des Deutschen Bundes (von 1815 bis 1860) oder dem Vorläufer der USA (von 1783 bis 1788) geht oder um die engere Verbindung, den Bundessstaat („Föderation") wie die Bundesrepublik Deutschland, Österreich, die Schweiz oder die Vereinigten Staaten von Amerika: Es schließen sich staatsförmige Einheiten zusammen, die nur einen Teil ihrer Eigenstaatlichkeit aufgeben. Bei den USA sagt es schon die Selbstbezeichnung „Vereinigte Staaten ...". Auch andere Bundesstaaten legen darauf großen Wert. Die Schweizer Bundesverfassung spricht im Artikel 1 von den „souveränen Kantonen", deren „Völkerschaften" sich zum „gegenwärtigen Bund" vereinigt haben (vgl. Art. 3 und 5). Das Grundgesetz von 1949 gibt laut Präambel „das deutsche Volk in den Ländern". Und der Bundesstaat Österreich wird nach Artikel 2 (2) des Bundesverfassungsgesetzes von 1929 „aus den selbständigen Ländern ..." gebildet, für die nach Artikel 6 sogar je eine eigene „Landesbürgerschaft" besteht. Beim Zusammenschluß werden die bisherigen Staaten zwar zu Gliedstaaten, geben aber nicht etwa ihre Selbständigkeit auf; keineswegs entsteht eine einheitliche, allenfalls von oben nach unten delegierte Staatlichkeit.

Während die schwächere Verbindung, der Staatenbund, keine gemeinsamen öffentlichen Gewalten kennt, geben im Fall des Bundesstaates die Staaten wichtige Kompetenzen ab. In der Regel verlieren sie die Zuständigkeit für die Außenpolitik (Grundgesetz Artikel 32, 3 sagt aber: „soweit die deutschen Länder für die Gesetzgebung zuständig sind, können sie mit Zustimmung der Bundesregierung mit auswärtigen Staaten Verträge abschließen".) Weiterhin pflegt der Bund die Zuständigkeiten für die Landesverteidigung, die Währung, das Post- und Fernmeldewesen und das Straf- und das Zivilrecht zu übernehmen. (In den USA ist freilich das Straf- und Zivilrecht weitestgehend Sache der Einzelstaaten.) Ferner unterwerfen sich die Mitglieder des Bundes einer Mehrheitsregel; und vor allem richten sie eine gemeinsame Legislative und ein gemeinsames Bundesgericht mit Bundesexekutive ein.

Im Bundesstaat wird der Bodin-Hobbessche Gedanke der einen ungeteilten Souveränität zugunsten einer gestuften Staatlichkeit und einer geteilten Souveränität aufgelöst. Nur einer zentralistischen Lesart von Souveränität erscheint der Gedanke einer geteilten Souveränität als hölzernes Eisen, während weder die Theorie des Föderalismus noch seine Praxis damit Schwierigkeiten hat. Wie nach Schweizer und österreichischem Staatsverständnis verfügen auch in den USA und in Deutschland sowohl der Bund als auch die Mitgliedstaaten über Staatsqualität (vgl. Maunz 1990, bs. Rn. 1–8). Und gesetzt den Fall, daß der Bundesstaat demokratisch verfaßt ist, baut sich die Gesamtdemokratie aus kleineren Teildemokratien auf, wobei die Staatlichkeit (1) innerhalb der Teile, (2) zwischen den Teilen und schließlich (3) im Gesamtverband demokratischen Charakter hat. Beeinflußt von Tocquevilles Interpretation der amerikanischen Verfassung erklärt der Historiker Georg Waitz (1862, 43 f.) zu Recht: „Es findet eine zwiefache Organisation des Volkes zum Staate statt, teils in Gesamtheit, teils nach selbständigen Teilen." Im Bundesstaat teilt sich die Souveränität auf Bund und Gliedstaaten auf.

Sowohl der Föderalismus (Bundesstaat) als auch sein Widerpart, der Unitarismus (Einheitsstaat), erlauben vielfache Abstufungen, so daß man, schematisch gesehen, sieben Stufen zunehmender Zentralisierung unterscheiden kann: (1) Beim extremen Partikularismus bzw. extremer Dezentralisierung sind die Staaten vollständig voneinander unabhängig. (2) Beim Staatenbund finden sie zu einer ersten, ultraminimalstaatlichen Einheit zusammen; aufgrund entsprechender Verträge führt man zwar gemeinsame Aktionen, aber nur aufgrund einstimmiger Beschlüsse durch. (3) Die nächste Stufe stellt eine Zwischenform dar; die Europäische Union beispielsweise und früher das Heilige Römische Reich Deutscher Nation sind mehr als ein Staatenbund und zugleich weniger als ein Bundesstaat, da so elementare Bedingungen für Staatlichkeit wie Territorial- und Personalhoheit oder so entscheidende Kompetenzen wie die Außenpolitik und die Landesverteidigung bestenfalls rudimentär ausgebildet sind. Mit der Einführung einer gemeinsamen Währung und einer (in den Kompetenzen freilich eingeschränkten) Polizei sowie eines gemeinsamen (Europäischen) Gerichtshofes entwickelt man sich langsam auf einen Bundesstaat zu: (4) In dessen stärker partikularistischen Variante, beispielsweise der Schweiz, erhält der Bund weniger Kompetenzen als (5) beim stärker zentralistischen Bundesstaat wie etwa Deutschland oder den USA. Für beide Varianten der Bundesstaatlichkeit läßt sich noch ein Trenn- von einem Verbundprinzip unterscheiden. Beim dualen Föderalismus (Trennprinzip), etwa den USA, nehmen Bund und Gliedstaaten ihre (gesetzgeberischen, fiskalischen und administrativen) Aufgaben getrennt wahr, während beim kooperativen Föderalismus (Verbundprinzip) Deutschlands der gesetzgeberisch dominierende Bund gleichwohl auf die Zustimmung der Länderkammer und auf die Ausübung durch die Länder angewiesen ist. (6) Von den Zentral- oder Einheitsstaaten lassen sich einige, beispielsweise Frankreich, auf eine gewisse Dezentralisierung ein, während (7) der konträre Gegensatz zum extremen Partikularismus, der reine Zentral- oder Einheitsstaat, jede Dezentralisierung zurückweist.

Wichtig für den staatstheoretischen Föderalismus ist die Frage, welche Instanzen den Bund schließen. In der Debatte des 19. Jahrhundert über einen gemeinsamen deutschen Staat bildeten sich bald zwei Richtungen heraus. Die liberal-konstitutionelle Ansicht plädierte für einen doppelten Bund, bei dem der Bund der Fürsten durch einen Bund des Volkes ergänzt werden sollte. Nach republikanisch-demokratischer Ansicht sollte es dagegen nur den einen Bund durch das Volk geben (vgl. Huber [3]1986, 104–119; Wahl 1987). Bei diesem Streit verquickten sich zwei staatstheoretisch disparate Fragen. Weil das Gottesgnadentum der Fürsten noch vorherrschte, ging es einerseits um die Legitimationsgrundlage staatlicher Gewalt, bei der die Alternative heißt: Gottesgnadentum der Fürsten oder Demokratie. Andererseits stand der Zusammenschluß von bislang selbständigen Staaten zur Entscheidung, worüber, unbeschadet der Frage demokratischer Staatslegitimation, nicht die einzelnen Rechtsgenossen allein entscheiden, sondern zusätzlich jene schon existierenden Rechts- und Staatswesen, die zwar einen Bund bilden, innerhalb des Bundes aber den Rang von Gliedstaaten behalten wollen. Dabei sind zwei Phasen zu unterscheiden: die Entscheidung *über* den Bund und die Entscheidungen *innerhalb* des Bundes:

Wird das demokratische Grundaxiom anerkannt, daß alle Gewalt vom Volke ausgeht, so gehen den Bundesvertrag unmittelbar alle bisher selbständigen Staaten ein. Diese sind aber, weil ihrerseits demokratisch legitimiert, an den Ursprung der Demokratie, den Willen des Volkes, zurückgekoppelt, so daß mittelbar alle Rechtsgenossen den Bundesvertrag abschließen. Und den einzelnen Staaten bleibt es überlassen zu entscheiden, ob sie die Entscheidung über den Zusammenschluß repräsentativ, im Parlament, fällen oder wegen seiner großen Tragweite lieber plebiszitär, in einer Volksabstimmung. Im Unterschied zur Dezentralisierung eines bestehenden Zentralstaates ordnet ein Bundesvertrag nicht einen vorhandenen Staat neu, sondern schafft eine neue Staatlichkeit mit einem im verfassungsrechtlichen Sinn neuen Demos, einem neuen Staatsvolk. Es legt sich daher nahe, dem neuen Volk, also der Gesamtheit der Rechtsgenossen des Bundes, ein Mitbestimmungsrecht einzuräumen. Allerdings dürfen die anderen Rechtsgenossen keines der bisher selbständigen Staatsvölker, der primären Demoi, majorisieren und gegen deren Willen zum Zusammenschluß zwingen. Die legitimatorische Priorität liegt daher bei den bisher selbständigen Staaten. Diese können zwar stäatenintern die Entscheidung mit einer (qualifizierten) Mehrheit fällen; zwischen den Staaten ist aber Einstimmigkeit geboten: Jeder Staat hat das Recht, den Bund abzulehnen.

Anders sieht es mit den Entscheidungsprozessen *nach* dem Bundesvertrag aus. Da die Staaten bloß einen Teil ihrer Selbständigkeit abgegeben haben, herrscht, Demokratie vorausgesetzt, eine geteilte demokratische Legitimation: Zur Legitimation durch die Gesamtheit der primären Demoi, der demokratisch gebildeten Gliedstaaten, tritt eine Legitimation durch den neu geschaffenen Demos, das Gesamtstaatsvolk, hinzu. Diese Zweidimensionalität geht wegen ihrer grundlegenden Bedeutung in die Verfassung föderativer Staaten ein. Während innerhalb der Gliedstaaten das schlichte Axiom der Demokratie gilt: „Alle Gewalt geht vom Volke aus.“, erhält es im Gesamtstaat die kompliziertere Form: „Alle Gewalt geht vom Volk *und* von der Gesamtheit der Gliedstaaten aus.“ Folgerichtig besteht die Legislative aus zwei Kammern, aber nicht etwa einem Oberhaus und einem Unterhaus (Großbritannien ist insoweit kein föderaler, sondern ein Zentralstaat). Es gibt vielmehr eine „Volks-“ oder „Bürgerkammer“ (Bundestag, Kongreß, Nationalrat) und eine „Staatenkammer“ (Bundesrat, Senat, Ständerat). Sollte die Staatenkammer abgeschafft werden, ohne ein Äquivalent einzurichten, so ginge viel an Bundesstaatlichkeit verloren.

Bei der zweiten Kammer darf es durchaus Unterschiede geben. In den USA und der Schweiz sind alle Gliedstaaten, ob groß oder klein, jeweils mit derselben Stimmenzahl vertreten, was Deutschland, Kanada, auch die Europäische Union für „ungerecht“ halten. In einigen Staaten werden die Mitglieder der zweiten Kammer direkt vom Volk (USA und Schweiz), in anderen von den Landesparlamenten gewählt (Österreich), in wieder anderen von der Bundesregierung bestellt (Kanada). Und in den meisten Bundesstaaten gibt es ein freies, nur in

Deutschland ein imperatives Mandat. Repräsentative Demokratien pflegen gegen ein imperatives Mandat Vorbehalte, weshalb man die andere Lösung für eindeutig besser halten könnte. In Wahrheit haben beide Lösungen charakteristische Nachteile. Beim freien Mandat pflegen die Parteien, beim imperativen Mandat die Ministerpräsidenten im Bund mitzuregieren. Da Ministerpräsidenten zwar nur eine Regierungsmehrheit, aber immerhin die *ihres* Landes vertreten, Parteien dagegen zu gesamtstaatlichen Gesichtspunkten neigen, könnten sogar beim imperativen Mandat die Eigeninteressen der Länder und mit ihnen der Föderalismus besser aufgehoben sein. Das freie Mandat hat dagegen eine unitarische Tendenz.

Das Zweikammersystem erlaubt eine Praxis, mit der einige Demokratietheorektiker Schwierigkeiten haben: Eine bevölkerungsmäßige Minderheit vermag, sofern sie nur über die Mehrheit der Staatenkammer verfügt, die Politik der bevölkerungsmäßigen Mehrheit zu verhindern. Damit erweist sich der Föderalismus aber nicht als undemokratischer denn ein Einheitsstaat; zu Unrecht spricht Dahl (1985, 107) von einer Anomalie föderaler Systeme. Weil bei der Entscheidung über den Bund die Staaten gleichberechtigt sind, haben nämlich die kleineren das Recht, sich vor einer ständigen Marginalisierung durch die größeren Staaten zu schützen, und sich in der Staatenkammer eine größere Vertretung auszubedingen, als sie der Bevölkerungszahl entspricht. Andererseits darf die bevölkerungsmäßige Minderheit nicht ihrerseits die bevölkerungsmäßige Mehrheit marginalisieren, indem die Entscheidungen nur von der Staatenkammer gefällt werden. Beiden Marginalisierungsgefahren tritt das Prinzip der doppelten Mehrheit oder, kürzer, das „Prinzip des doppelten Mehr" entgegen: Bei entsprechenden Entscheidungen bedarf es sowohl der Mehrheit der Bürgerkammer als auch der der Staatenkammer.

Für die nähere Gestalt des Bundes bietet nun der Subsidiaritätsgedanke eine Entscheidungshilfe: Die Gliedstaaten sollen nur jene Art und jenes Maß an Kompetenzen abgegeben, die sie nicht selber besser wahrnehmen können. Vor allem bleibt die legitimatorische Grundrichtung erhalten: Falls ein Einheitsstaat sich auf Dezentralisierung und Regionalisierung einläßt, werden die Gestaltungsmöglichkeiten der untergeordneten Organe von oben gewährt; nach dem Föderalismus wandern die Kompetenzen von unten nach oben und bleiben nach unten zurückgebunden.

Dieser Unterschied verbleibt selten im Bereich der Verfassung. Unitaristische Zentralstaaten können die regional und lokal gewachsenen

Einheiten leichter auflösen, „zerschlagen" und statt dessen neue, künstliche Einheiten schaffen. Und die Geschichte lehrt, daß sie von dieser Möglichkeit kräftig Gebrauch machen. Der Föderalismus dagegen pflegt „gewachsenen Einheiten" ihre Besonderheit zu lassen. Regionale Neugliederungen stehen unter dem Zustimmungsvorbehalt und werden, wenn überhaupt, behutsam vorgenommen; denn die Vereinbarung, sich gegenseitig die Identität und einzigartige Bedeutung zuzugestehen, gehört zum jeweiligen Bund hinzu. Daß die USA trotz ihrer Größe sich die politische Freiheit eines Kleinstaates bewahren – man muß einschränken: zum Teil –, führt Tocqueville zu Recht auf den Föderalismus zurück (*De la démocratie en Amérique*, 1835–41, Erster Teil, Kap. I 8; dt. 179 ff.).

Weil der Föderalismus den gewachsenen Einheiten ihre Rechte läßt, erlaubt er – etwa im ethnischen, sprachlichen, konfessionellen und kulturellen Bereich – ein hohes Maß an Eigenständigkeit und Freiheit, die ihrerseits die entsprechenden (ethnischen, sprachlichen, religiösen ...) Konflikte entschärfen. Außer der Subsidiarität und der (partizipatorischen) Demokratie spricht also zugunsten des Föderalismus das Prinzip Freiheit. Die regionale Freiheit kann allerdings zulasten der Freiheit von Individuen gehen und beispielsweise in den frühen USA den Südstaaten-Weißen erlauben, die Sklaverei beizubehalten.

Der Föderalismus verändert auch die relativen Gewichte der drei Hauptsteuerungsformen einer Gesellschaft: (demokratische) Herrschaft, Markt und Solidarität (s. Kap. 4.0): Während der Zentralstaat zu einem Übergewicht der Herrschaft neigt, befördert der Föderalismus, weil kleinere Einheiten affektive Bindungen erleichtern, die davon abhängige Steuerungsform, die Solidarität. Und vor allem erlaubt er einen wirtschaftlichen, kulturellen und politischen Wettbewerb der Gliedstaaten, gibt also der dritten Steuerungsform, dem Markt, einen größeren Spielraum. Im Gegensatz zu einer einzigen, dann übermächtigen Metropole läßt der Föderalismus eine Vielzahl von Zentren zu, und die Regionen sind nie „Provinz". Chomsky (1996) wendet gegen den Föderalismus ein, in kleinen politischen Einheiten ließen sich die Entscheidungsträger von Großunternehmen leichter beeinflussen. Selbst Kleinstaaten – das zeigt das Beispiel Schweiz – können aber dem durch entsprechende Vorkehrungen gegensteuern. Der Wettbewerb zwischen (Glied-)Staaten hilft auch, die signifikant unterschiedliche Entwicklung von Großregionen zu erklären. Nicht der geringste Grund dafür, daß Europa seit dem (Spät-)Mittelalter einen so ungewöhnlichen Aufstieg nimmt und etwa das wissenschaftlich-technisch entwickeltere China deutlich überrundet, liegt im Wettbewerb der europäischen Staaten untereinander; China war dagegen ein Zentralstaat.

Mancherorts wird freilich der Wettbewerb geschmälert, sogar als „Konkurrenzföderalismus" diskreditiert. (Zum Vergleich verschiedener Föderalismen s. Villiers 1994.) In Deutschland beispielsweise gibt es das (der Schweiz fremde) Postulat der „Herstellung gleichwertiger Lebensverhältnisse" (Art. 72, 2, Grundgesetz). In seiner ursprünglichen Bedeutung, als Bereitstellung gleicher Chancen und Regeln, war es kaum problematisch. Anders sieht es aus, seitdem das Postulat zunehmend als Herstellung annähernder Ergebnisgleichheit verstanden wird und einen sehr weitgehenden Finanzausgleich herbeiführt, der überdies durch den verdeckten Finanzausgleich über die gesetzlichen Sozialversicherungen noch verstärkt wird. Der Finanzausgleich schmälert seinerseits den Anreiz zur Steigerung der Wirtschafts- und Steuerkraft, erhöht dagegen den zur Verschuldung, und beide Anreize werden durch die Verflechtung der finanziellen Zuständigkeiten von Bund, Ländern und Kommunen noch verstärkt. Wo keine Gebietskörperschaft finanziell allein verantwortlich ist, droht eine „strukturelle Unverantwortlichkeit": Jede Seite geht, um die andere Seite „auszubeuten", eine zu hohe Verschuldung ein, und am Ende stehen alle schlechter da.

Das Ergebnis besteht in einem ‚unitarischen Bundesstaat' (Hesse 1962) mit der Tendenz, die kleineren, finanzschwächeren Länder zu einer Zusammenlegung zu drängen, obwohl die Schweiz zeigt, daß kleine Kantone (etwa Zug und Schwyz) großen Kantonen wirtschaftlich überlegen sein können. Ohnehin unterschlägt das genannte Postulat den Umstand, daß nur wenige Parameter der Lebensverhältnisse angeglichen werden können, während Wohn- und Freizeitmöglichkeiten, der Lebensstil, das Klima, selbst die Lebenshaltungskosten unterschiedlich bleiben. Um die dem Föderalismus innewohnenden Chancen zu Vielfalt und Wettbewerb zu stärken, könnte es daher besser sein, die Übernivellierung zurückzubuchstabieren, zugleich die Einheitlichkeitsforderung abzuschwächen und die kleineren Länder vom Druck zum Zusammenschluß zu entlasten.

Das für die Theorie und Praxis von Bundesstaaten wichtigste Merkmal besteht in der eigenen Staatsqualität, die die Gliedstaaten behalten, sichtbar an ihren eigenen öffentlichen Gewalten: ihren eigenen Verfassungen und Gesetzen, ihren eigenen Parlamenten, Regierungen und Gerichtsbarkeiten und deren Kompetenzen, einschließlich der eigenen

Finanzhoheit. Sowohl die staatlichen Gewalten als auch die Staatsaufgaben sind also geteilt. Dabei liegen die Staatlichkeit und die Staatsaufgaben der Gliedstaaten originär bei diesen selbst; denn Kompetenzen, die im Bundesvertrag nie abgegeben wurden, leiten sich nicht vom Gesamtstaat ab. In diesem Sinn gehen die Verfassungen von Bundesstaaten wie Deutschland und der Schweiz hinsichtlich der Gesetzgebung von einer grundsätzlichen Zuständigkeitsvermutung der Länder aus (für Deutschland Art. 30, auch 70, 1 und 72 Grundgesetz; für die Schweiz Art. 3 Bundesverfassung). Allerdings besteht die Gefahr, daß der Bund die ihm geöffneten Chancen zur Gesetzgebung so exzessiv wahrnimmt, daß er bald zum dominierenden Gesetzgeber wird. In Deutschland wird diese Gefahr durch den Umstand verstärkt, daß das Bundesverfassungsgericht (BVerfGE 1,14; BVerfGE 3, 407; BVerfG, 1BvR 2306/96) die einschlägige Erfordernisklausel als nicht justiziabel ansieht (Art. 72 (2) Grundgesetz): „Der Bund hat in diesem Bereich (sc. der konkurrierenden Gesetzgebung) das Gesetzgebungsrecht, wenn und soweit ... eine bundesgesetzliche Regelung erforderlich" ist. Die Folge ist vorhersehbar und beläuft sich per saldo auf die Änderung der Verfassung, die überdies nie beschlossen worden ist: Mangels einer Gegenkraft hat der Bund das ganze Feld der (zwischen Bund und Ländern) konkurrierenden Gesetzgebung an sich gerissen, und die Autonomie der Länder wird mehr und mehr eingeschränkt.

Zu dieser verfassungsrechtlichen Entwicklung sei in Parenthese eine kritische Anmerkung erlaubt: Weil es infolge der Ansicht des Bundesverfassungsgerichtes allein auf das politische Ermessen einer Partei, nämlich des Bundes, ankommt, läuft die Ansicht auf eine Entscheidung zugunsten des Bundes und zulasten des Föderalismus hinaus. Darin liegt eine schleichende Veränderung der vorgegebenen Verfassung und zugleich eine (vielleicht unbewußte) Kompetenzüberschreitung des Bundesverfassungsgerichtes, denn kompetent ist es nur für die Auslegung, nicht die Veränderung der Verfassung. Wenn ein Gesetzgeber wie in Deutschland, abgesehen vom Kommunal-, Polizei- und Ordnungswesen, der Landesplanung und vor allem der Kulturhoheit, die Länder mehr und mehr auf eine Vollzugsfunktion („Verwaltungskompetenz") einschränkt, so nimmt er eine fortschreitende Unitarisierung vor. Diese stellt eine so einschneidende Veränderung des ursprünglichen Bundesvertrages dar, daß sie eigentlich nicht schleichend geschehen dürfte, sondern nur nach einer diesbezüglichen Grundsatzdebatte und Grundentscheidung. Daß beides nicht stattgefunden hat und es in anderen Bundesstaaten ähnlich aussieht, stellt die wirkliche Anomalie föderaler Demokratien dar; streng genommen liegt sogar Illegalität vor: Die Demokratien lassen eine zwar schleichende, per saldo aber gravierende Machtverschiebung von den Gliedstaaten zum Bund zu, ohne sie ihren eigenen Legalitätsanforderunen, einem demokratischen Entscheidungsprozeß, zu unterwerfen.

Während beim Staatenbund die gemeinsamen Aufgaben von gemeinsamen Organen erledigt werden, wirken beim Bundesstaat Bund und Gliedstaaten zusammen. Auf diese Weise ergänzt sich die bekanntere, horizontale Gewaltenteilung (in Legislative, Exekutive und Jurisdiktion) um eine vertikale Gewaltenteilung. Die „föderative Ergänzung" fällt sogar zweidimensional aus. Neben der Vertikalen, der Existenz von Entscheidungszentren sowohl im Bund als auch in den Ländern, gibt es eine zweite Horizontale, jene Mitwirkung der Länder an der Willens- und Entscheidungsbildung des Gesamtstaates, die in der zweiten Kammer, der Staatenkammer, der Legislative zutage tritt. Zusätzlich gibt es, gewissermaßen als dritte Horizontale, die Selbstkoordination der Länder, beispielsweise als Kultusminister- bzw. Erziehungsdirektorenkonferenz oder als Konferenz der Finanzminister bzw. Finanzdirektoren.

Zieht man Bilanz, so sind drei Gesichtspunkte hervorzuheben: Verfassungstheoretisch besteht der Föderalismus in einer „komplexen Verspannung zentripetaler und zentrifugaler Wirkkräfte" (Maier 1990, 229). Deren Gleichgewicht – lehrt die Verfassungspraxis – wird durch Unitarisierungstendenzen bedroht (für die Schweiz s. Frenkel 1984, 175–178, für die USA Friedrich 1968, 17–24). Tritt man ihnen rechtzeitig entgegen, so hat der Föderalismus den Vorteil, gewachsenen Einheiten ihre Rechte zu überlassen und die soziale und kulturelle Vielfalt zu fördern.

6. Entmachtung des Staates?

Lange Zeit wuchsen dem Staat mehr und mehr Aufgaben zu und dabei in vieler Hinsicht mehr Macht. Heute findet nach verbreiteter Auffassung die Gegenbewegung, eine zunehmende Entmachtung, statt. Solange man im Staat eine Obrigkeit sieht, ist die Entmachtung durchaus willkommen; ähnliches gilt vom Subsidiaritätsprinzip aus. Je nach Art und Ausmaß kann sie aber auch die originären und die subsidiären Staatsaufgaben gefährden und zugleich das politische Projekt der Moderne: die demokratische Selbstorganisation der Gesellschaft.

Während über die Entmachtung weitgehende Einigkeit herrscht, sind Art und Ausmaß strittig. In Stufen wachsender Dramatik behauptet (1) eine bescheidene Diagnose nur einen Effizienzverlust (Günther 1990), (2) die stärkere vermutet sinkende Steuerungsfähigkeit (Grimm 1990), (3) eine noch stärkere Diagnose spricht von Staatsversagen oder vom Scheitern der bisherigen Politik (zur Diskussion vgl. Decker 1993, Kreuzer 1986), und (4) die stärkste Diagnose lautet auf Entzauberung des Staates (Willke 1983) und auf Legitimationsverlust (Dogan 1988). (5) Nicht zuletzt ist von massiven Souveränitätseinbußen die Rede, sogar davon, daß der bisherige Schlüsselbegriff der Staatstheorie, die Souveränität, in der Staatswirklichkeit sein Recht verloren habe (schon Czempiel 1969).

Die dramatischeren Diagnosen nähern sich der Marx zugeschriebenen These vom Absterben des Staates (vgl. das *Manifest der kommunistischen Partei)* und Carl Schmitts Behauptung ([2]1973, 376) an, das Zeitalter der Staatlichkeit gehe jetzt zu Ende. Zugleich klingt die neuzeitliche Vorliebe für Endzeitutopien an; auf Nietzsches Diktum „Gott ist tot!“ (*Die Fröhliche Wissenschaft*, 3. Buch, Nr. 125) folgt jetzt die Toterklärung des (modernen) Staates. Nietzsche weiß allerdings um eine Voraussetzung – „Gott bleibt tot! Und wir haben ihn getötet!“ (ebd.) –, die sinngemäß auch für den Staat zutrifft: Wie das religiöse, so kommt auch das politische Ergebnis, falls überhaupt, nicht allein, durch pure Evolution, sondern nur mit menschlicher Hilfe zustande. Und diese dürfte im Fall des Staates, zumal der Demokratie, ausbleiben. Plausibler als ein „Ende“ sind erhebliche Strukturveränderungen: „Metamorphosen des Staates“ (Luhmann 1995, 101 ff.).

Die etwaigen Veränderungen ordnen sich zwei Dimensionen zu: Veränderungen von innen (6.1) und von außen (6.2). Dazu kommt als Anschluß- und Sonderproblem die These vom Ende des nicht bloß in Europa vorherrschenden Modells, des Nationalstaates (6.3). Alle drei Fragen interessieren uns im Blick auf die qualifizierte Demokratie: Muß sie wegen ihres Staatscharakters sich auf Entmachtung einstellen?

6.1 Metamorphosen im Inneren

In der Wahrnehmung der Bürger stellt sich die Macht des Staates nicht als absolute Größe dar, sondern als Variable von drei Parametern: den übernommenen Aufgaben, der erwarteten Aufgabenerfüllung und der tatsächlichen Leistung. Ein Staat, der wenige Aufgaben erwartungsgemäß erfüllt, erscheint als mächtiger denn ein aufgabenreicher Staat, der trotz größerer Leistungen hinter den noch höheren Erwartungen zurückbleibt. Die objektiv gegebene Macht fällt also mit der subjektiv wahrgenommenen nicht zusammen. Um perspektivischen Täuschungen zu entgehen, die sich teils aus Wahrnehmungs-, teils aus Urteilsverzerrungen oder auch aus selektiver Wahrnehmung ergeben (zur einschlägigen Sozialpsychologie s. Bierbrauer 1996, z. B. Kap. 2.1, 2.3, 4.1 und 6.3), skizzieren wir zunächst die Aufgabenentwicklung des Staates und erörtern danach die Frage, ob sie sich auf eine nicht bloß gelegentliche oder partielle, sondern grundsätzliche Entmachtung beläuft.

6.1.1 Wider die falsche Heroisierung

Mancher Entmachtungsargumentation liegt ein gewisser Zirkel zugrunde. Wo man zunächst Recht, Staat und Politik zu *dem* Zentrum der Gesellschaft, zu ihrem einzigen und umfassend zuständigen, überdies rundum erfolgreichen Steuerungsbereich erklärt, ist es nicht verwunderlich, daß man anschließend eine „Entzauberung des Staates“ (Willke 1993) behaupten kann, die angeblich sogar „in Theorie und Praxis weitgehend Allgemeingut geworden“ sei (Willke 1997, 7). Ein vorab „verzauberter Staat“ läßt sich danach leicht entzaubern. Wer sich dagegen dem ersten Schritt, der vorgängigen Verzauberung, entzieht, kann den zweiten Schritt, die Entzauberung, entbehren.

Willkes Projekt eines „postheroischen Staates“ lebt vom Gegenbild einer linear-hierarchisch gegliederten Gesellschaft, an deren Spitze der

Staat als „Heros der Gesellschaft“, als der „Garant des Gemeinwohls“, als „Wohltäter der Gesellschaft“ und als ihr (einziges) „Steuerungszentrum“ steht (a. a. O. 347). Nicht einmal dem absolutistischen Staat wird die Heroisierung aber gerecht. Denn einerseits war der absolutistische Staat trotz mancher Verquickung mit der Kirche, ferner mit der Wirtschaft, Wissenschaft und Kultur nicht deren Steuerungszentrum, und die genannten Bereiche waren weit mehr als seine Peripherie. Selbst beim „alteuropäischen“ Ständestaat trifft also die Diagnose einer linear-hierarchischen Gliederung nur einen Teil der Wahrheit. Andererseits garantiert der absolutistische Staat weder das legitimatorisch primäre Gemeinwohl, das der Grund- und Menschenrechte, noch das legitimatorisch sekundäre, auf Wohlfahrt bzw. Daseinsvorsorge verkürzte Gemeinwohl. Den klaren Gegenbeleg liefern die vielen Flüchtlinge und Auswanderer, die im Zeitalter des Absolutismus teils wegen religiöser und politischer Verfolgung, teils aus Armut ihr Land verlassen. Und auch von den Daheimgebliebenen erfreuen sich nach heutigen Maßstäben nicht sehr viele der Freiheit und Wohlfahrt.

Die meisten Verfassungen sind übrigens umsichtig genug, auf das Gemeinwohl als Staatsziel oder Staatsaufgabe zu verzichten (zustimmend jedoch Isensee 1988). Und wo der Begriff in einer Verfassung auftaucht, will man ihm wie in Bayern (Artikel 3, 1) nur dienen, es aber nicht garantieren. Ohnehin bestreitet eine selbstbewußte Bürgerschaft, zumal die in einer Demokratie, dem Staat einen Monopolanspruch auf das Gemeinwohl (s. Kap. 7.5). Denn sie weiß, daß der Staat nie anders zum Wohltäter der Gesellschaft werden kann, als daß er sich von ihr zunächst die erforderlichen Ressourcen holt.

Die falsche, weil überzogene Heroisierung des Staates spricht nicht gegen eine maßvolle Hochschätzung. Deren prägnantester Ausdruck, das Bild vom „sterblichen Gott“, räumt dem Staat zwar eine Macht und Würde ein, die nach „Staatsfrömmigkeit“, sogar nach einem anmaßenden Absolutismus klingen. Auch die Herkunft des Bildes weckt Bedenken, erinnert es doch an eine theokratisch ausgerichtete Tradition der antiken politischen Philosophie (vgl. *Politikos* 303 b) und wird von dem – angeblichen – Absolutismustheoretiker Hobbes bekräftigt. In Wahrheit stimmen zwei demokratie-ethische Argumente zugunsten einer maßvollen Heroisierung des Staates: Einerseits gewährleistet er seinem legitimatorischen Begriff nach die Gerechtigkeit und hat, soweit er dieser Aufgabe nachkommt, in der Tat Würde oder, mit Kant und auf die Gesetzgebung bezogen, ‚Majestät‘ (*Kritik der reinen Vernunft*, Vorrede A, Anm.). Andererseits verdient der Staat jenes Maß an nicht absoluter, aber relativer Allmacht, das er zum Zweck der realen Gerechtigkeit braucht und das ihn zu einem „sterblichen“ Gott macht. Die Entheroisierung ist also nur dort erforderlich, wo man beides verdrängt: die Relationalität der Staatsmacht, ihre Verpflichtung auf die Gerechtigkeit, und die Relativität: daß sie für das Gemeinwohl nur in Grenzen zuständig sein kann.

6.1.2 Ein Blick in die Geschichte

Läßt man den extremen Mißbrauch der Staatlichkeit und zugleich konträren Gegensatz zur qualifizierten Demokratie, den totalitären Staat, außer Betracht, so liest sich die neuzeitliche Staatsentwicklung als ein Drama in fünf Akten. Dabei entspricht jedem Akt, jeder Entwicklungsphase, ein eigener Staatsbegriff. (Die folgenden Überlegungen erweitern und differenzieren Höffe 1996, Kap. 8.) Mit Ausnahme des dritten Begriffs entsprechen die fünf Begriffe Stufen zunehmender Staatskompetenzen und bestätigen das schon 1901 von Wagner (1969) aufgestellte „Gesetz der zunehmenden Staatstätigkeit“: Die Aufgaben der jeweils vorangehenden Phasen bleiben erhalten und werden um neue Aufgaben ergänzt, was auf eine wachsende Macht hinausläuft. Deren Ursache-Wirkungs-Zusammenhang fällt zwar unterschiedlich aus; beim Absolutismus wächst zunächst die Macht, beim Sozialstaat der Aufgabenbereich. Sekundär pflegt aber auch die andere Seite zuzunehmen. Die gewachsene Macht kann sich nämlich auf Dauer nur bei zunehmenden Verantwortlichkeiten halten; umgekehrt lassen sich mehr Aufgaben nicht ohne mehr Macht erfüllen, zumindest mehr exekutiver Macht, in der Regel auch eines größeren Finanzvolumens und im Zusammenhang mit beidem mittels mehr Regelungskompetenzen:

(1) Für die Grundgestalt des modernen Staates, den Rechtsstaat, liegen die Anfänge vor der Epochenwende zur Neuzeit. In der komplexen Gliederung des Feudal- bzw. Lehenswesens ist schon der mittelalterliche Staat ein *Rechts- und Friedensbewahrstaat* („iustitia et pax“). Dessen Zuständigkeiten für das Recht und die innere und äußere Sicherheit reichen weit zurück: über das Römische Reich, die germanischen Königreiche und die griechischen Stadtrepubliken bis in den Alten Orient, wobei die Anfänge sich im Dunkel der Vor- und Frühgeschichte verlieren. (2) In der Staatstheorie etwa durch Jean Bodin und Thomas Hobbes vorbereitet, bildet sich namentlich auf dem europäischen Festland der *absolutistische Obrigkeitsstaat* heraus. Be-

sonders deutlich geschieht es im paradigmatischen Fall, dem zentralistischen Frankreich, in Annäherung auch in Preußen unter dem Großen Kurfürsten und in Sachsen unter August dem Starken. Nach dem anmaßenden, die komplexere Wirklichkeit vereinfachenden Ausspruch Ludwigs XIV. „L'etat c'est moi" zeichnet sich der absolutistische Staat durch sechs Momente aus. Er will (a) das Gravitationszentrum politischer Macht sein, (b) dessen Mitte der Monarch bildet und (c) das sich sowohl nach innen wie außen als vollsouveräne Handlungseinheit darstellt.

Er will (d) die Spitze der (feudal oder ständestaatlich gegliederten) gesellschaftlichen Hierarchie sein, seine Steuerungsaufgaben in linearer Weisung von oben nach unten erfüllen, (e) dabei auch Handel und Gewerbe („Merkantilismus"), Kunst und Wissenschaft fördern. Und (f) wegen dieser vielen Aufgaben, insbesondere wegen des stehenden Heeres und des Berufsbeamtentums, entwickelt er einen wachsenden Finanzbedarf.

(3) Seit dem 18. Jahrhundert bildet sich – nur auf dem Kontinent gegen den Absolutismus – nach und nach die *liberale Demokratie* aus. (3.1) Deren erste Stufe, der „bürgerliche Rechtsstaat", weist mit Nachdruck die wörtliche Bedeutung des Absolutismus, legibus solutus (allen Gesetzen enthoben) zu sein, zurück. Als *Verfassungsstaat* bindet er sich an ein Recht zweiter Stufe, an eine (meist geschriebene) Verfassung. In ihr tritt zur Sorge für die innere und äußere Sicherheit der Schutz der Menschen- und Grundrechte, zunächst vor allem der negativen Freiheitsrechte, hinzu. (3.2) Teils gleichzeitig, teils etwas zeitverschoben setzt sich als zweiter Teil der antiabsolutistischen Revolution der Gedanke durch, daß alle Staatsgewalt von den Betroffenen, dem Volk, ausgeht bzw. das Volk der Träger der Staatsgewalt ist: Der einfache Verfassungsstaat wird zum *demokratischen Verfassungsstaat*.

(4) Im Zuge der Industrialisierung und Urbanisierung entsteht ein Komplex von Schwierigkeiten, die soziale Frage, auf die der Staat mit neuen Zuständigkeiten antwortet: (4.1) Zunächst, als *elementarer Sozialstaat*, konzentriert er sich auf ein Krisenmanagement. Auch hier gibt der Staat keine Machtmittel oder Arbeitsinstrumente auf, sondern erweitert sie, indem er die teilweise schon vorher existierenden Ansätze zu einem öffentlichen Gesundheitsdienst, einer öffentlichen Fürsorge bzw. Sozialhilfe und zu den gesetzlichen Sozialversicherungen ausbaut. (4.2) Anfangs noch zögernd, verpflichtet sich der Staat später immer umfassender auf zwei positive Leitaufgaben: auf den nicht bloß

rechtlichen, sondern auch sozialen Frieden und auf ein menschenwürdiges Dasein, das um der Freiheit und der politischen Mitbestimmung willen allen zugute kommen soll. In diesem *freiheits-* und *demokratiefunktionalen Sozialstaat* entsteht eine Mitverantwortung für Chancengleichheit, deretwegen der schon vorher betriebenen Bildungs-, Wissenschafts- und Kulturpolitik neue Verantwortlichkeiten zuwachsen. (4.3) Damit noch nicht zufrieden, läßt sich ein *umfassender Sozialstaat* auf eine weitläufige „Daseinsvorsorge“ (Forsthoff 1938 und 1971) ein: Er betreibt auch Wirtschafts- und Arbeitsmarktpolitik, Stadt- und Regionalentwicklung sowie Technikförderung. Wie angedeutet (Kap. 4.3. und 5.2), ist ein Teil dieses Aufgabenzuwachses aus kompensatorischer Gerechtigkeit geboten, ein anderer Teil verdankt sich aber der „sozialstaatlichen Utopie“, jedem Menschen ein immer sichereres und komfortableres Leben zu garantieren.

(5) Der *Umweltstaat* schließlich übernimmt ökologische Aufgaben, die übrigens nicht schlechthin neu sind. Denn gegen eine Gefahr, auf die Rousseau im *Zweiten Diskurs* (I 2) aufmerksam macht, eine Überbeanspruchung des Bodens, wird schon in der Karolingerzeit die Dreifelderwirtschaft eingeführt. Sogar den ältesten Sabbatgeboten – weder zu pflügen und zu ernten (2. Mose 34, 21) noch ein Feuer anzuzünden (2. Mose 35,3) – kommt es nach neueren Forschungen nicht so sehr auf Arbeitsruhe als eine Schonung der Umwelt an; dasselbe trifft auf das alle sieben Jahre stattfindende Sabbat- oder Halljahr zu (Steck 1975, 189; Gese 1977, 79). Auch die Vorsorge der Bergbauern für ein ökologisches Gleichgewicht reicht weit, mindestens ins späte Mittelalter zurück (vgl. Bätzing 1984).

Offensichtlich verläuft in diesen fünf Entwicklungsphasen der Aufgaben- und Machtzuwachs nicht linear. Nach der großen Zuwachsrate von Phase 1 nach Phase 2 wird in Phase 3 die Staatsmacht wieder eingeschränkt. Während sich der Absolutismus einer Legitimation ohne Limitation, einer Blankovollmacht des souveränen Monarchen, annähert, setzt sich in der „antiabsolutistischen Revolution“ das staatsethisch allein legitime Gegenprogramm, die Legitimation plus Limitation, durch.

Mit dem entsprechenden Machtverlust geht ein Aufgabenverlust einher. In der Zensur oder im staatlich verordneten Glauben könnte man nämlich ein positives Element sehen wollen, eine Verantwortung für die wissenschaftliche, religiöse Wahrheit. Diese gibt der Staat, wenn er sie denn je legitimerweise gehabt hat, vollständig ab. Sichtbar in Prinzipien wie Wissenschafts- und Forschungsfreiheit, Religionsfreiheit, Kunstfreiheit und Zensurverbot, versteht sich für die qualifizierte Demokratie das Eigenrecht von Wissenschaft, Technik und Medizin, das der Religion, das von Kunst, Musik und Literatur, von selbst. Auch dann bleibt der Staat namentlich als Gesetzgeber, aber auch durch die Gerichtsbarkeit, noch eine Spitze der gesellschaftlichen Hierarchie, doch ohne Exklusivanspruch; der unbestimmte Artikel („eine Spitze") löst den bestimmten Artikel („die Spitze") ab: Komplexe Gesellschaften haben verschiedene Spitzen, von denen der Staat nur eine unter mehreren bildet.

Die antiabsolutistische Revolution hat eine zweite Seite, die Demokratisierung, die die lineare Hierarchie und mit ihr das Bild einer Spitze aufhebt. Selbst nur als Herrschaftsverband verstanden, ist der Staat keine Organisation von oben nach unten, sondern ein Kreislauf: Alle Gewalt geht von unten, den Bürgern, aus und wirkt über die gewählten Repräsentanten, das Parlament, via Regierung, Verwaltung und Gerichtsbarkeit auf die Bürger zurück. Und weil dabei die Parteien und die Öffentlichkeit eine wichtige Vermittlerrolle spielen, deren Macht überdies wächst, schieben sich zwei Perspektiven der Demokratie, der Herrschaftsverband und die Genossenschaft, ineinander. Nur eine Verkürzung des Staates auf den vertikalen Herrschaftsverband sieht in dieser neuerlichen Verquickung von Staat und Gesellschaft schon einen Abbau staatlicher Macht. In Wahrheit erhält die Macht eine andere Struktur und andere Qualität. Statt unter Hinweis auf göttliche Einsetzung oder wegen überlegener Macht schlicht hingenommen zu werden, muß sich die staatliche Herrschaft vor den Betroffenen rechtfertigen: formaliter durch Zustimmung, materialiter durch entsprechende Vorteile.

Bei der Weiterentwicklung zu den Phasen 4 und 5 kehrt sich die Richtung um. Auf den Aufgabenverlust folgt die Zunahme der Aufgaben, auf den Machteinbruch der Machtgewinn, deutlich sichtbar in neuen Rechtsbereichen. Zum traditionellen Recht, etwa dem Zivil-, Straf- und Staatsrecht, treten zunächst das Verwaltungsrecht, das Arbeits- und Sozialrecht, später das Schul- und Hochschulrecht, wieder später das Umwelt- und das Datenschutzrecht hinzu. Dabei nimmt der Staat selbst auf die im Prinzip autonomen Bereiche wie Wirtschaft, Wissenschaft, Kunst und Religion einen erheblichen Einfluß. Er tritt nämlich teils als deren direkter Mäzen auf (durch finanzielle Zuwendungen – Subventionen – bis hin zu Arbeitsplatzbeschaffungsmaßnahmen), teils als indirekter Mäzen (durch die Möglichkeit steuerlicher Abschreibung), teils als der Faktor, der durch das Steuerwesen, durch Status- und Organisationsvorschriften sowie Planungsvorgaben den Rahmen festlegt, der die an sich autonomen Bereiche einschnürt oder zum Blühen bringt.

Denkbar wäre es, daß zwar die Staatsaufgaben wachsen, nicht aber die zuständige Macht. Die Regulierungsweite und Regulierungsdichte der neuen Rechtsbereiche zeigt aber, daß das Gegenteil, ein Machtschub, stattfindet. Augenfällig wird er in den neuen staatlichen Einrichtungen, den neuen Ministerien, Ämtern und Gerichten, im Wachstum des staatlichen Finanzvolumens und der im öffentlichen Dienst Beschäftigten. Das Ausmaß der Staatstätigkeit läßt sich naturgemäß schwer messen. Trotzdem lohnt ein Blick auf die Statistik, exemplarisch für die Bundesrepublik Deutschland (Hesse/Zöpel 1990, 197ff.): Im Zeitraum von 1960 bis 1988 verdoppelt sich die Zahl der im öffentlichen Dienst Beschäftigten. Seit der Mitte der siebziger Jahre wachsen auch die öffentlichen Schulden erheblich. Während sie sich zwischen 1950 und 1974 um den Wert von 20 % des Bruttoinlandprodukts bewegen, steigen sie binnen zwölf Jahren auf mehr als das Doppelte (von 1974: 19,6 % auf 1986: 41,6 %) und in den folgenden zwölf Jahren auf das Dreifache an (1996: über 61 %; nach *Statistisches Jahrbuch* 1998, 505 mit 654). Diese Verbindung von wachsenden Personal- mit wachsenden Schuldzinsausgaben schränkt die Zukunftsausgaben, die Investitionen, drastisch ein. Zusätzlich belastet sie die künftigen Generationen mit den Tilgungslasten, überdies mit den wegen der staatlichen Kreditaufnahme erhöhten Zinssätzen. Infolgedessen findet, sofern man die Macht nicht als Entscheidungsrecht, sondern als Handlungsspielraum bestimmt, in der Tat eine Entmachtung statt. Sowohl rechtlich als auch finanziell stark gebunden, tendiert der Handlungsspielraum des Staates mancherorts fast schon gegen Null. Außerdem verletzt man die Gerechtigkeit gegen die Kinder und Kindeskinder. Die fiskalische Handlungsfähigkeit wiederherzustellen, gehört daher zu den wichtigsten, legitimatorisch unverzichtbaren Aufgaben eines zukunftstauglichen Staates.

6.1.3 Entmachtung?

Etwa Mitte der siebziger Jahre läßt das Wachstum der öffentlichen Haushalte zwar nach: zunächst die Zuwachsrate, dann das Wachstum selbst; außerdem mehren sich gegenläufige Tendenzen. Gegen die naheliegende Diagnose des Machtverlustes mahnen aber mehrere Gründe zur Skepsis.

(1) Hinsichtlich der historischen Entwicklung gibt es perspektivische Täuschungen: Bei einigen pauschal „Deregulierung" genannten Veränderungen, zieht sich der Staat zwar von manchen Eingriffen zurück, gibt aber keinen der Verantwortungsbereiche auf: weder den Umwelt- noch den Datenschutz, weder die (Mit-)Verantwortung für Chancengleichheit noch die für den Gesundheitsdienst, die Sozialhilfe oder die gesetzlichen Sozialversicherungen. Der von altliberalen Autoren geforderte Rückzug des Staates aus seinen klassischen Verantwortungsbereichen (für Sicherheit, Umwelt und Gesundheit), die „radikale Deregulierung", findet nicht statt, und insoweit Gerechtigkeitsaufgaben vorliegen, geschieht es zu Recht nicht. Anders sieht es mit einer behutsamen Deregulierung aus. Wo sie eine zu stark einengende Detail-Regelung zurücknimmt, stellt sie die fällige Korrektur einer „Regelungswut" bzw. „Überregulierung" dar. Im übrigen geht auch von der gestiegenen Komplexität der Gesellschaft ein Druck auf den Staat aus, sich von Einzelheiten abzukehren und auf Grund- und Rahmenregeln zu beschränken.

(2) Erkennt man das Prinzip Subsidiarität an, so erweist sich manche Entmachtung als Zurücknahme einer Kompetenzanmaßung. Wo der Staat schon die Eigenverantwortung geschwächt hat, sei es die der Individuen, sei es die der Familien, freien Sozialverbände oder der Teilsysteme wie Wirtschaft, Wissenschaft, Technik und Musik-Literatur-Kunst, dort hat er den legitimen Aufgabenbereich überschritten und verdient gemäß dem Rückgabegebot „zurückgestutzt" zu werden.

(3) Mancherorts sind Erwartungen zu korrigieren, im Fall des Sozialstaates etwa das per saldo utopische Versprechen, jedem ein immer sichereres und besseres Leben zu garantieren. Staatstheoretisch gesehen, beläuft sich das Versprechen auf eine Selbstüberforderung des Staates, subsidiaritätstheoretisch auf eine Kompetenzüberschreitung. Wer dem absolutistischen Obrigkeitsstaat nachtrauert und den Staat, da er angeblich weder finanzielle noch strukturelle noch legitimatorische Machtgrenzen kenne, für omnipotent hält, blickt nur auf die sozialstaatliche Utopie und beklagt deren Nichterfüllung, statt den immer noch üppigen Strauß tatsächlicher Leistungen zu würdigen. Die nüchterne Diagnose stellt dagegen keinen Machtabbau, nicht einmal eine Machtbegrenzung, sondern lediglich eine Enttäuschung überzogener Erwartungen fest. Und da sie vor einer Übermacht des Staates schützt, müßte sie willkommen sein; denn die überlange Zeit imperialistischen Staatsgewalten stoßen endlich an eine Grenze ihrer

Expansion. Selbst wer die gewachsene Sozialstaatlichkeit für rundum richtig hält, darf ihre Ressourcenabhängigkeit nicht vergessen. Der Sozialstaat ist nicht um so mächtiger, je mehr er verteilt, sondern je größer sein Anteil an den jeweiligen Ressourcen ist. Und nach diesem Kriterium kann angesichts der gegebenen Staatsquote, also dem Prozentsatz der öffentlichen Ausgaben am Bruttosozialprodukt, von einer signifikanten Entmachtung die Rede nicht sein.

(4) Zur Entmachtung des Staates zählt man auch jene Ablösung der bislang üblichen, direkten Intervention durch eine gemischte, öffentlich-private Steuerung. Daß der Staat private Organisationen und kollektive Akteure in Dienst nimmt, läßt sich zwar beobachten und macht die Grenze zwischen öffentlichem und privatem Sektor durchlässiger. Sie betrifft aber nur wenige Bereiche und schmale Sektoren, vor allem öffentliche Unternehmen wie Verkehrsbetriebe oder Strom-, Gas- und Wasserwerke, ferner öffentliche Planungen (vgl. schon Ossenbühl 1971). Überwiegend bleiben die traditionellen Mittel in Kraft: die zivil-, straf- und öffentlichrechtlichen Gebote und Verbote, die Verfahrens- und die Planvorschriften sowie das Recht, Leistungen wie etwa Steuern und Wehr- oder Ersatzdienst einzufordern. Ohnehin spielt sich die genannte Abkehr nur im Bereich der Verwaltung und der öffentlichen Hand, nicht beim Parlament und der Gerichtsbarkeit ab. Selbst bei der Verwaltung findet sie sich nicht bei ihrem hoheitlichen Teil, der freilich eingeschränkt werden könnte. Und weil sich die drei traditionellen Gewalten: Parlament, Verwaltung und Gerichtsbarkeit, weiterhin als wirkungsvoll erweisen, ist es legitim, beim Begriff des Staates zu bleiben, statt ihn zugunsten des „politischen Systems" zu verabschieden.

Die – begrenzte – Abkehr von der traditionellen Machtausübung ist sowohl demokratie- als auch subsidiaritätstheoretisch legitim: Einerseits ist die direkte Intervention eine ultima ratio, die der Staat nur einsetzt, wenn „weichere Instrumente" nicht greifen. Andererseits billigt er so weit wie möglich den substaatlichen Akteuren den Vorrang zu oder läßt sich auf eine Kooperation mit ihnen ein. Und dann wird er zum Moderator im doppelten Sinn: zur Instanz, die die eigenen überbordenden Ansprüche mäßigt und die verschiedene Akteure miteinander abstimmt.

Die Fähigkeit, für neue Aufgabenbereiche neue Handlungsmuster, etwa Planungs- und Gestaltungsfähigkeiten, zu entwickeln, zeugt von Kreativität. In ihr tritt ein zweiter Machtzuwachs zutage: nach der Erweiterung der Aufgaben eine Zunahme der Instrumente, mit denen der Staat seine Aufgaben wahrnimmt. Zusätzlich zur traditionellen, direkten Intervention pflegt er die Kooperation und die Einflußnahme zweiter Stufe: die Fremd- bzw. Außensteuerung von Selbst- oder Eigensteuerung.

Man spricht hier gern von dezentraler Steuerung oder auch einer Kontrolle von Kontrolle. Den genauen Sachverhalt trifft man damit aber nicht, denn in die Eigengesetzlichkeiten von Wirtschaft, Wissenschaft, Technik wird gar nicht eingegriffen, sondern lediglich ein Teil ihrer Grund- und Rahmenbedingungen beeinflußt. Für die Wissenschaft beispielsweise kann der Staat Zensur üben oder aber die Freiheit der Wissenschaft gewährleisten; er kann Institutionen kreativer Forschung erlauben, sie fördern oder, so die dritte Stufe, in öffentlicher Trägerschaft einrichten. Die Wissenschaft selber durchzuführen vermag er nicht. Er kann hier nicht rudern, sondern lediglich steuern, und selbst das nur in Form einer Steuerung zweiter Stufe, einer Steuerung von Selbststeuerung. Durch sie gewinnt er aber sogar dort Einfluß, wo er weder direkt zuständig noch zu direkter Einflußnahme befähigt ist; und wieder wächst ihm mehr Macht zu.

Mit der Erweiterung seiner Instrumente gewinnt der Staat neue, durchaus positive Qualitäten. Zum Beispiel wächst seine „responsiveness“: die Bereitschaft und Fähigkeit, auf Bedürfnisse und Interessen rascher und stärker zu antworten. Bei entsprechender Flexibilität und Lernfähigkeit wird der Staat sogar zu einem „Reflexionsstaat“. Die Verwaltung beispielsweise sieht die Bürger nicht mehr als Untertanen, sondern als Adressaten von Dienstleistungen an, womit die hier angemessene, überdies längst fällige Demokratisierung eintritt. Und bei der Außensteuerung von Selbststeuerung beugt sich der Staat dem Prinzip der Subsidiarität.

(5) Eine Gegenbewegung liegt in der Angewiesenheit des Staates auf wissenschaftlichen Sachverstand. Die wissenschaftliche Politikberatung (vgl. Höffe ^{2}1985) mit ihren zahllosen Gutachten, Anhörungen und Beratungsgremien, die für eine sachgerechte Erfüllung der Staatsaufgaben unverzichtbar geworden sind, zeigen dem Staat prinzipielle Grenzen seiner Macht, ohne daß sie sich auf Entmachtung beliefen. Denn angefangen mit Fragen äußerer Sicherheit (Militär) oder öffentlicher Hygiene, war externer Sachverstand schon immer nötig; neuartig sind nur die Vielfalt und die Dichte des erforderlichen Sachverstandes.

(6) Obwohl die Staatsaufgaben ständig gewachsen sind, werden sie noch immer im großen und ganzen erfüllt. Nicht nur bei traditionel-

len Aufgaben wie der inneren Sicherheit, sondern auch in der Sozial-, der Bildungs- und der Wissenschaftspolitik, der Regionalförderung und der Politik der Geldwertstabilität ist der Staat zwar nicht allmächtig, aber doch in hohem Maß erfolgreich. Weder eine Erosion des Staates läßt sich hier behaupten, noch seine Delegitimation. Zwar treten Effizienz- und Effektivitätsschwächen zutage, nicht ihre geringste Ursache liegt aber in den gewachsenen Staatsaufgaben. Nur kindliche Allmachtsphantasien verdrängen deren unvermeidbare Nebenwirkungen; wir heben sieben heraus:

(a) Wo die Zahl der Staatsaufgaben zunimmt, wächst die Wahrscheinlichkeit von Zielkonflikten. (b) Der Bedarf an Koordinationsaufgaben kann die erforderlichen Koordinationskapazitäten übersteigen. (c) Erhöhte Mitspracherechte verlangsamen die Entscheidungen, deren Umsetzung wegen gewachsener Einsprachen noch einmal verlangsamt wird. (d) Ferner folgt aus der Pleonexie, dem Mehr-und-mehr-Wollen, sowohl der Bürger als auch der Politiker, daß die Ansprüche der Einzelhaushalte, etwa von Bildung, von Gesundheit und von Arbeit und Sozialem, tendenziell unbegrenzt sind. Weil jeder Sektor am liebsten den gesamten öffentlichen Haushalt für sich beansprucht, kann kein Staat die neuen Aufgaben je vollständig erfüllen. (e) Andernorts macht man den Staat für Ergebnisse wie etwa die Arbeitslosigkeit verantwortlich, obwohl er wegen der Autonomie des zuständigen Bereiches, der Wirtschaft, diese nur begrenzt zu beeinflussen vermag. (f) Weil Politiker aus Rücksicht auf ihre heterogene Klientel oft bloß partikulare Vorteile addieren, statt die für das Gemeinwohl unerläßlichen Güterabwägungen vorzunehmen, kommen nur suboptimale Lösungen zustande. (g) Nicht zuletzt droht auch im Bereich der Effizienz- und Effektivitätsschwächen eine perspektivische Täuschung, verursacht durch das generelle Phänomen der Diskontierung sicher und verläßlich gewordener Leistungen: Weil wir den objektiven Wert von Dingen, die uns wie selbstverständlich zugute kommen, subjektiv gering einschätzen, sind uns die Leistungen, die der Staat noch immer zustande bringt, subjektiv nicht wert, was sie uns objektiv wert sind. Wir achten sie subjektiv weniger, als wir sie „objektiv", nachweislich durch unsere Reaktion auf einen Ausfall der Leistungen, brauchen.

(7) Komplizierter sieht es beim Thema Bürgergesellschaft bzw. Zivilgesellschaft aus, etwa beim zunehmenden Gewicht von regionalen und überregionalen Bürgerinitiativen. (Mit transnationalen Verbänden befaßt sich der nächste Abschnitt: 6.2.) Daß sich hier Interessen und

Aufgaben zu Wort melden, die in der „traditionellen Politik“ zu kurz kommen, zeugt von der politischen Kreativität „der Gesellschaft“, von ihrer Fähigkeit, einschlägigen Pathologien entgegenzutreten: Beschränkungen, Verkrustungen, auch einen bald direkten, bald strukturellen Nepotismus der bislang herrschenden Kräfte. Die neuen Entwicklungen erhöhen die Rückbindung der Politik an die Betroffenen; sie treten einer Unbeweglichkeit staatlicher Institutionen und einer sich ausbreitenden Staatsverdrossenheit entgegen; sie erweitern die Partizipation; sie stimulieren oder verstärken Debatten, was einmal mehr die Reflexivität und Diskursivität der Gesellschaft steigert. Und ein lebendiger Gemeinsinn der Bürger – werden wir sehen (Kap. 7.5) – schwächt die institutionelle Trennung von Staat und Gesellschaft ab.

In dieser Entwicklung spielt sich keine Erosion staatlicher Macht ab, wohl aber setzt sich der zweite Teil der antiabsolutistischen Revolution, die Demokratisierung, fort. Die Entwicklung ist positiv, allerdings auch nüchtern einzuschätzen, da nur auf eine neue Weise das in der Demokratie Übliche geschieht: Partikulare Interessen oder aber partikulare Interpretationen öffentlicher Interessen suchen sich Stimme und Gewicht zu verschaffen. Im ersten Fall treten die genannten Gruppen in eine berechtigte Konkurrenz zu den Parteien, im anderen Fall, nicht minder berechtigt, zu den etablierten Verbänden; eine prinzipiell höhere Legitimation besitzen sie aber nicht. Statt dessen droht die von den etablierten Kräften bekannte Gefahr, daß das demokratische Grundprinzip „eine Person, eine Stimme“ durchbrochen wird und gewisse Gruppen ein überproportionales Gewicht erhalten.

Ziehen wir für die Metamorphosen im Inneren Bilanz; sie fällt sechsteilig aus: Sieht man vom totalitären Staat ab, so ist – erstens – die Handlungsmacht von Staaten, sowohl ihr Aufgabenbereich als auch ihre Gestaltungsmacht, stets begrenzt. Im Verlauf der Neuzeit demokratisiert sich – zweitens – die Art der Staatlichkeit; wobei das Gegenteil von Delegitimation, ein erheblicher Legitimationszuwachs, stattfindet. Drittens nehmen die Staatsaufgaben gewaltig zu; und soweit es aus freiheits- und demokratiefunktionalen Gründen geschieht, tritt ein weiterer Legitimationszuwachs ein. Dieser verbindet sich mit einem Machtzuwachs, durch den die gestiegenen Staatsaufgaben im großen und ganzen erfüllt werden. Die Einschränkung „im großen und ganzen“ nennt schon den vierten Gesichtspunkt: Effizienz- und Effektivitätsschwächen, zu denen so gut wie unvermeidbare Nebenwirkungen der Demokratisierung gehören. Wegen dieser Schwächen muß sich – fünftens – der Staat zum Zweck seiner Zukunftstauglichkeit erneuern: „inhaltlich" durch Verzicht auf Universalzuständigkeit, durch Konzentration auf die Grundaufgaben und durch Wiederherstellung der fiskalischen Handlungsfähigkeit und „methodisch" durch Dezentralisierung, besser: Subsidiarität, seines Handelns und durch eine möglichst weitgehende Außensteuerung von Selbststeuerung. Das Ergebnis ist kein schwacher, sondern ein auf das Wesentliche konzentrierter Staat. Zu diesem Zweck muß er aber – sechstens – lernen, auf seiten „der Gesellschaft" überzogene Erwartungen zu korrigieren, besser noch: zu hohe Leistungsversprechen erst gar nicht abzugeben. Und vor allem muß er im demokratischen Verteilungskampf, dem „Konzert" der ausufernden Wünsche, eine den Grenzen der Ressourcen angemessene Abwägung vornehmen. Auf eine innere Erosion des Staates, auf eine zunehmende Entmachtung selbst der Demokratie, belaufen sich die Defizite, glücklicherweise, noch nicht.

6.2 Erosion von außen

Bei den Machteinbußen von außen sieht es anders aus. Da sie bis in die Kernaufgaben der Staaten reichen und sich nicht primär als perspektivische Täuschung entlarven lassen, findet eine Erosion hier in der Tat statt. Deren Art und Ausmaß bleibt aber zu bestimmen. Eine genaue Diagnose tritt der Neigung entgegen, in den Machteinbußen als solchen schon Souveränitätsverluste zu sehen. Diese bilden in Wahrheit nur einen kleinen Teil. Denn Macht geht schon dort verloren, wo der Handlungsspielraum verkleinert, Souveränität erst dort, wo unabhängig von der Größe des Handlungsspielraums das Recht zur Letztentscheidung geschmälert wird. Die Souveränität besteht nicht in einer substantiellen Handlungsmacht, sondern in einem (manchmal nur formalen) Handlungsrecht, in einer Berechtigung („entitlement"), nicht notwendigerweise auch in der Fähigkeit („capacity") zur Herrschaft. Großmächte verfügen per definitionem über weit mehr Macht als Klein- oder gar Zwergmächte, souverän sind letztere aber auch.

Der Begriff der Souveränität stammt aus dem Völkerrecht und zeichnet einen Herrschaftsverband aus, der in seinem Bereich das höchste und zugleich unumschränkte Entscheidungsrecht besitzt: die oberste, unabgeleitete, ihrerseits keiner fremden Bindung unterliegende Autorität. Nach der klassischen Formulierung von Emer de Vattel ist jede Nation souverän, die sich, in welcher Form auch immer, selbst regiert, ohne von außen abhängig zu sein („qui se gouverne elle-même sous quelque forme que ce soit sans dépendance d'aucun étranger": *Le droit des gens*, 1758; zur Souveränität s. auch Kap. 14.1).

Die Unabhängigkeit muß nicht umfassend ausfallen. Das in der Staatstheorie von Bodin und Hobbes vorbereitete und in der Staatspraxis durch den Westfälischen Frieden von 1648 „sanktionierte" Souveränitätsverständnis schloß wirtschaftliche, kulturelle, selbst politische Abhängigkeiten nie aus. Nicht auf eine wirtschaftliche, kulturelle oder politische Autarkie kam es an, wohl aber darauf, daß die öffentlichen Gewalten eines Staates nicht anderen, fremden öffentlichen Gewalten unterworfen sind: Souverän ist ein Staat, dessen Legislative keiner externen Legislative, dessen Regierung keiner externen Regierung und deren Gerichtsbarkeit keiner externen, höheren Gerichtsbarkeit unterliegt. In den vergangenen dreieinhalb Jahrhunderten hat es infolge wachsender ökonomischer Interdependenzen und wachsender zwischenstaatlicher Verflechtungen durchaus Veränderungen gegeben. Bei näherer Betrachtung erweisen sie sich aber als nicht so radikal, daß der Begriff der Souveränität aufgegeben werden müßte. Der Unterschied zur Macht läßt sich am Beispiel der Schweiz erläutern: Weder die hohe Export- und Importabhängigkeit noch die kulturelle Bindung an die Nachbarstaaten schränken ihre Souveränität ein, wohl aber – freilich in kleiner Dosis – der Umstand, daß sich das Land fremden Richtern, beispielsweise dem Europäischen Gerichtshof für Menschenrechte, unterwirft.

Von den möglichen Souveränitätseinbußen sind drei Arten aktuell: (1) Das Internationale Recht, beispielsweise die teils großregionalen, etwa europäischen, teils weltweiten Menschenrechtserklärungen, binden den staatlichen Gesetzgeber; und die (europäischen oder weltweiten) Gerichtshöfe binden die staatliche Gerichtsbarkeit. (2) Der Beitritt zu internationalen Organisationen, etwa den Vereinten Nationen, führt gewisse Souveränitätsverzichte mit sich; und noch mehr Verzichte erfolgen beim Beitritt zu Gemeinschaften wie der Europäischen Union. (3) Ein erheblicher Souveränitätsverzicht findet in der Regel beim Beitritt zu internationalen Militär- und Sicherheitsbündnissen wie der NATO, dem früheren Warschauer Pakt oder der OSZE statt. Denn für eine Kernaufgabe von Souveränität, die Entscheidungskompetenz in Fragen äußerer Sicherheit, geht ein Großteil auf die überstaatliche Organisation über.

Bei allen drei Arten erfolgt die Souveränitätseinbuße selten durch äußeren Zwang, etwa durch ein Friedensdiktat, vielmehr meistens durch Anerkennung der betreffenden Verträge oder durch die Beitrittserklärung, also durch freie Zustimmung. Insofern sind selbst die Souveränitätsverzichte ein Akt der Souveränität. Im übrigen darf man sie nicht als bloße Verzichte verstehen. Wie die Menschenrechte eine Herrschaftsordnung nicht bloß einschränken, sondern ihr die positive Gestalt einer qualifizierten Demokratie geben, so findet in der Anerkennung internationaler Menschenrechtsverträge und der zuständigen Gerichtshöfe nicht bloß ein Souveränitätsverzicht statt. Man bekräftigt vielmehr sein charakteristisches Staatsverständnis, die Verpflichtung auf vor- und überpositive Prinzipien wie die Menschenrechte, und akzeptiert, daß ein etwaiger Verstoß dagegen ein Unrecht darstellt, das, wenn es von Staatsseite geschieht, besser von einem unparteiischen Dritten, also von außen, zu beurteilen ist.

Selbst in der Summe ihrer verschiedenen Arten machen die Souveränitätsverzichte nur einen kleinen Teil der heute aktuellen externen Entmachtung der Staaten aus. Rein begrifflich gibt es neben der freien Selbstentmachtung durch Souveränitätsverzichte auch die Fremdentmachtung durch nichtsouveränitätsgesteuerte Entwicklungen und Kräfte. Beim überwiegenden Teil der heutigen Globalisierungsprobleme findet aber weder eine reine Selbst- noch eine reine Fremdentmachtung statt, sondern die dritte Grundform der Entmachtung, die unbeabsichtigte Selbstentmachtung:

Ein gutes Beispiel dieser einflußreichen Zwischenstufe bietet die wirtschaftliche Globalisierung. Insofern sie von internationalen Verträgen ausgeht (s. Kap. 1.1.2), liegt eine freie Selbstentmachtung vor. Ein Großteil der Nebenwirkungen beläuft sich aber auf eine unbeabsichtigte Entmachtung. Dazu gehören der Zusammenbruch wirtschaftlicher oder politischer Leistungsfähigkeit mancher Staaten, ferner die von der Attraktivität wohlhabender Demokratien verursachte Wanderbewegungen riesigen Ausmaßes und die damit verbundenen Probleme sowohl bei den Einwanderern als auch bei den „Gastgebern". Weiterhin droht die in der Wirtschafts- und Sozialpolitik bislang einzelstaatlich besorgte Daseinsvorsorge sich dieser Zuständigkeit zu entziehen und selbst bescheidene Sozial- und Umweltkriterien haben Schwierigkeiten, sich durchzusetzen. Auch die zunehmend internationale Tätigkeit von Wirtschaftsunternehmen, Banken und Versicherungen, von Finanz- und Devisenmaklern geht zwar auf entsprechende Liberalisierungsvereinbarungen zurück, wirkt aber in den Raum der unbeabsichtigten Selbstentmachtung hinein.

Mit der Antwort auf diese Veränderungen befassen wir uns später (bes. Kap.13 und 15). Hier geht es nur um die Frage, ob die Entmachtung der Staaten so weit reicht, daß diese zum Vollzugsorgan ökonomischer Sachzwänge degradiert werden, oder sich vielleicht sogar ein Ende der Einzelstaatlichkeit abzeichnet. Greifen wir einige staatliche Verantwortungsbereiche heraus und lassen dabei Veränderungen aufgrund großregionaler Zusammenschlüsse außer Betracht: Militärbündnisse wie die NATO und früher der Warschauer Pakt zeigen, daß eine erste klassische Staatsaufgabe, die äußere Sicherheit, schon seit längerem nicht mehr in staatlicher Eigenregie erfüllt wird. Wegen der grenzüberschreitenden Drogen-, Wirtschafts- und Terrorismuskriminalität, auch der grenzüberschreitenden Umweltbelastung, läßt sich die zweite klassische Aufgabe, die innere Sicherheit, ebenfalls nicht mehr vollständig in staatlicher Eigenverantwortung lösen. In abgeschwächtem Ausmaß trifft es sogar auf die dritte Aufgabe, die Außenpolitik, zu. Inter- und transnationale Akteure wie Unternehmen und Kirchen, bei entsprechender Politik auch Gewerkschaften, Parteien und Unternehmerverbände können zwar kaum im völkerrechtlichen Sinn, aber doch der Sache nach ein wenig Außenpolitik betreiben. Im Vergleich zu den Staaten gehen sie allerdings weit engeren Aufgaben nach. Ähnliches gilt für Wissenschaft und Kultur. Und über die weltweiten Kommunikationssysteme wird sogar die kollektive Identität beeinflußt.

Eingeschränkt wird die einzelstaatliche Macht auch durch internationale, nichtregierungsgetragene Organisationen, etwa Amnesty International, Greenpeace und Human Rights Watch. Und Staaten der Dritten Welt hängen zusätzlich von internationalen regierungsgetragenen Organisationen wie der sog. Weltbank, dem Internationalen Währungsfonds und den Entwicklungsorganisationen der Vereinten Nationen ab. Denn sie gewähren Unterstützung nur gegen weitreichende wirtschafts- und sozialpolitische Auflagen.

Erhebliche Machteinbußen finden sich beim Steuerwesen. Der globale Kapitalverkehr erschwert nämlich seine Besteuerung; und wegen Steuervorteilen wandern die in steuerrechtlicher Hinsicht entscheidenden Firmensitze gern aus. Ferner werden Arbeitsplätze „ausgelagert“, was zu Steuerausfällen führt, überdies, etwa wegen der Arbeitslosenhilfe, die Sozialversicherungen belastet. Nicht zuletzt drängen die Unternehmen zu Steuersenkungen, die die frühere Verteilung des Steueraufkommens nachhaltig zugunsten der Unternehmen und zulasten der Lohn- und Gehaltsempfänger verändert hat.

Betroffen sind auch der Sozialstaat und seine Daseinsvorsorge, die heute wesentlich von global wirksamen Kräften bestimmt wird: sowohl von Wirtschafts- und Finanzkräften als auch von den weltweiten Wanderbewegungen derjenigen, die in die prosperierenden Staaten drängen und dort die Sozialhilfe und den Arbeitsmarkt, in Großstädten auch die Stadtentwicklung und das Schulwesen, nicht selten auch die Rechtssicherheit beeinflussen, und zwar in der Regel belasten.

Insgesamt sind von den Machteinbußen so gut wie alle Bereiche des Staates betroffen, und in der Summe sind die Einbußen alles andere als gering. Trotzdem werden die Staaten nicht zu Vollzugsorganen ökonomischer Sachzwänge depotenziert, und noch weniger steht das Ende der Einzelstaaten nahe bevor. Im Gegenteil sprechen vier teils empirische, teils legitimatorische Gründe gegen eine „Toterklärung des Einzelstaates". Andererseits relativiert der globale Handlungsbedarf dessen Gewicht und verlangt nach handlungsfähigen Organen oberhalb der Einzelstaaten (s. Kap. 10ff.):

(1) Empirisch gesehen, müssen sich die Staaten zwar gewisse Zuständigkeiten mit nichtstaatlichen Akteuren teilen. Weil sie aber keinen Zuständigkeitsbereich ganz abgeben, hält sich ihr Machtverlust in engen Grenzen; ein umfassendes Abbröckeln der Staatsmacht findet nicht statt. Falls die Staaten nicht freiwillig auf entsprechende Kompetenzbereiche verzichten und sich zu einer neuen Einheit wie der Europäischen Union zusammenschließen – und selbst dann noch wichtige Kompetenzen sich vorbehalten –, bleiben sie mindestens teilverantwortlich für die äußere und die innere Sicherheit, für die Gesetzgebung und die Gerichtsbarkeit, für das Bildungs- und das Gesundheitswesen und die Sozialstaatlichkeit. Und wenn man prüft, wo das Steueraufkommen eingesetzt wird und nach welchen gesetzlichen Regeln oder was das Ausmaß der nationalen im Verhältnis zur europäischen Gesetzgebung oder dem bindenden Völkerrecht ist, so findet man zwar eine Erosion der Einzelstaaten, ein sehr erhebliches Gewicht bleibt ihnen aber erhalten. Selbst im Fall der Europäischen Union erweist sich der Einzelstaat noch immer als die für das Leben der Bürger vorrangige Ordnungsmacht.

(2) Das nächste Gegenargument unterzieht die These vom angeblich stärksten Entmachtungsfaktor, den internationalen Unternehmen als Totengräber einer nationalen Wirtschaftspolitik, einer empirischen Kritik. Als erstes zeigt die Wirklichkeit, daß die meisten internationalen Unternehmen noch immer in einer kleinen Anzahl von Ländern oder höchstens innerhalb eines Wirtschaftsblocks tätig sind. Die wenigen, in hohem Ausmaß *multi*nationalen Unternehmen sind vielleicht potentiell fähig, die Wirtschaftspolitik der Regierungen zu un-

tergraben; tatsächlich passen sie sich eher der Regierungspolitik an. Auch wenn sie ständig drohen, ihrem Land den Rücken zu kehren, brechen sie „ihre Zelte“ sehr ungern ab. Denn sie sind in nationalen Märkten verankert, besitzen dort ihre Zulieferfirmen und Handelspartner, suchen Währungsrisiken zu verringern, nicht zuletzt wollen sie – etwa gemäß dem Stichwort „buy American“ – als „nationales Unternehmen“ angesehen werden. Infolgedessen „wird es sowohl schwierig als auch teuer, nationale Märkte zu verlassen, es sei denn, es entstünden grundlegende strukturelle Gegenimpulse – konjunkturelle Schwierigkeiten oder politische Auflagen reichen dazu nicht aus“ (Hirst/Thompson 1998, 99 f.). Allerdings darf man die anderen Einflußmöglichkeiten nicht unterschätzen, etwa den Druck, die Unternehmenssteuern zu senken oder eine Ausnahme von geltenden Planauflagen zu erlauben. Im übrigen darf man nicht vergessen, daß die Staaten in Bereichen wie der Wirtschaft immer nur eine Teilverantwortung tragen. Was sie angeblich durch die Globalisierung verloren haben, kam ihnen nie zu: die Fähigkeit zum souveränen Regulieren der Wirtschaft (Hirst/Thompson 1996, 144).

(3) Nach einem ersten legitimatorischen Gegenargument findet sich die Errungenschaft der politischen Modernisierung, die qualifizierte Demokratie, wohl bei Einzelstaaten, aber nicht bei den völkerrechtlichen Konkurrenten, den Nichtregierungsorganisationen. Mit der freiwilligen Mitgliedschaft verfügen sie zwar über ein gewisses Äquivalent zur demokratischen Herrschaftslegitimation: Man kann beitreten und wieder austreten; man kann Sonderaktionen unterstützen oder deren Unterstützung verweigern. Die Organisationen lassen sich aber – noch? – nicht über gewählte Repräsentanten oder verfassungsrechtliche Normenkontrollen kontrollieren. Und vor allem kann man an Nichtregierungsorganisationen keine subjektiven Ansprüche richten. Amnesty International oder Greenpeace können über die öffentliche Meinung Regierungen aufrütteln, aber keinem, weder einem Individuum noch einer Gruppe, unmittelbar zu seinem Recht verhelfen.

Soweit die Organisationen kollektive Interessen und Energien kanalisieren, die andernfalls zu kurz kommen, lassen sie sich als „Fortsetzung der qualifizierten Demokratie mit anderen Mitteln“ verstehen. Und soweit sie als „Störenfriede von oligarchischen Tendenzen“ auftreten, die sich selbst in bewährten Demokratien ausbreiten, haben sie, obwohl nicht demokratisch legitimiert, gleichwohl eine demokratisierende Bedeutung. Häufig gelingt ihnen aber nur ein „symbolischer Inszenierungszauber“. Diesen kann man dank Massenmedien sogar zu einem Massenprotest ausweiten, was aber wegen der Konzentration auf ein einziges Themenfeld eine ebenso wichtige wie schwierige Aufgabe der Demokratie zu kurz kommen läßt: die mühevolle Abwägung konkurrierender Güter.

(4) Nach einem zweiten legitimatorischen Gegenargument ist der Einzelstaat, zumal in seiner Daseinsvorsorge, aber auch als historische Gemeinschaft („Schicksalsgemeinschaft"), ein genossenschaftlicher Verband: eine Solidargemeinschaft im Sinne des Rütli-Schwurs aus Schillers *Wilhelm Tell* (II 2): „Wir wollen seyn ein einzig Volk von Brüdern, in keiner Noth uns trennen und Gefahr." Nun setzt eine generationenübergreifende Solidarität eine kontinuierliche Abfolge von Generationen voraus, deutlich sichtbar in so verschiedenartigen Aufgaben wie der Wiedergutmachung vergangenen Unrechts und den als Generationenvertrag konzipierten Sozialversicherungen. Intergenerationelle Wechselseitigkeit zeigt sich auch im Zusammenspiel von Faktoren, die selbst in Zeiten der Globalisierung noch *Volks*wirtschaften konstituieren: in der Währung, dem Steuersystem und jenen rechtlichen, sozialen, auch kulturellen Rahmenbedingungen, die neuerdings als „Standortbedingungen" in Konkurrenz zueinander treten.

Infolgedessen drängt sich diese Zwischenbilanz auf: Auch wenn die Staaten weder ein Exklusivrecht auf den Rang des internationalen Akteurs haben, noch Regierungen die einzigen Vertreter eines Staates sind, zeichnet sich ein Abschied der Staaten von der politischen Bühne nicht im entferntesten ab. Ihr Ende ist weder empirisch gesehen zu erwarten noch legitimatorisch betrachtet wünschenswert. Die tatsächliche Entwicklung besteht in einer Relativierung, die idealtypisch gesehen in den schon genannten drei Formen stattfindet: in der freien Selbstentmachtung, der aufgezwungenen Fremdentmachtung und der unbeabsichtigten Selbstentmachtung.

Bei einem Großteil der Vorgänge benennt die Entmachtung allerdings nur die halbe Wahrheit. Bei völkerrechtlichen Verträgen, bei internationalen Organisationen oder politischen Neubildungen und bei Verteidigungsbündnissen, also bei den drei Arten ausdrücklicher Souveränitätsverzichte, geschieht die Relativierung zwar als willentliche Selbstbeschränkung, als souveräne Einschränkung von Souveränität. Wo diese Einschränkung aber nicht blind oder leichtfertig, sondern wohlüberlegt erfolgt, dient sie dem Selbstinteresse der Staaten, des näheren einem der drei folgenden Zwecke: Entweder will man eine ohnehin (etwa durch militärische Bedrohung) geschwächte Handlungsfähigkeit stärken. Oder man setzt willentlich wirtschaftliche und kulturelle Globalisierungskräfte frei, von deren Wirken man sich eine größere wirtschaftliche und kulturelle Blüte erwartet. Oder es geht um Themen wie die Menschenrechte, deren vor- und überstaatlichen Charakter man durch Anerkennung einer externen Instanz bekräftigt. Offensichtlich belaufen sich die beiden ersten Zwecke auf das Gegenteil von Entmachtung, nämlich auf eine Machtstärkung, die freilich nur über Kooperation zu gewinnen ist. Und auch der dritte Zweck läßt sich in diesem Sinn verstehen; denn die entsprechenden Vereinbarungen stärken die Macht derer, auf die es der Demokratie ankommt: der einzelnen, aber nicht vereinzelten Personen.

Die auch künftig gegebene Bedeutung von Einzelstaaten reicht aber kaum so weit, daß sie den gesamten globalen Handlungsbedarf deckt. Infolgedessen drängt sich nicht anstelle der Einzelstaaten, aber zu ihrer Ergänzung eine politische Ordnung oberhalb der Einzelstaaten und am Ende eine globale politische Ordnung auf.

6.3 Ein aufgeklärter Nationalstaat

6.3.1 Ein neutraler Begriff

Merkwürdigerweise herrscht im heutigen Denken über politische Ordnung weltweit ein Modell vor, das wegen der globalen Veränderungen angeblich unter noch stärkerem Rechtfertigungsdruck steht als der Einzelstaat (s. z. B. Albrow 1996, 266f.). Es ist die vornehmlich von Europa bekannte, von Frankreich paradigmatisch realisierte Verbindung von Nation und Territorialstaat zum Nationalstaat. Weil es andernorts, etwa in China und Japan, vergleichbare Entwicklungen gibt, darf man allerdings weder die Errungenschaften noch die Gefahren oder die neuerlichen Tendenzen der Entmachtung nur aus der Perspektive Europas betrachten. Und selbst hier ist der Blick auch auf die Zeit vor der Moderne, etwa auf die Antike zu richten.

Ob China, Japan oder Europa: die Nationalstaaten kommen unter besonderen Randbedingungen, also kontingent zustande. Im Falle des neuzeitlichen Europa bilden sie sich großenteils aus einem mittelalterlichen Personenverbandsstaat heraus: auf dem Kontinent, vor allem in Frankreich (anders in Spanien), durch eine dreifache Entmachtung des Heiligen Römischen Reiches. Durch die Entmachtung sowohl der Spitze, des Kaisers, als auch des unteren Adels, nicht zuletzt der Peripherien entstehen auf mittlerer Ebene territoriale Einheiten mit Zentralgewalten. Diese setzen freilich den nach außen gerichteten Anspruch, autonome („souveräne") politische Größen zu sein, erst nach langwierigen kriegerischen Auseinandersetzungen im Innern durch. Und noch langsamer gelingt ihnen eine Homogenisierung der Bevölkerung. Dabei spielen die Rechts- und Verfassungsordnung, ferner Sprache, Kultur und Bildungswesen, vielerorts auch die Armee, mancherorts die Religion und später die Medien eine besondere Rolle. Und diese Verbindung von Verdichtung und Homogenisierung nach innen mit der – oft aggressiven – Abgrenzung nach außen schafft eine nationale Gesellschaft oder, kürzer, die Nation.

Im Gegensatz zur Marx-Engelsschen Erwartung überlebt die Nation bislang beides: die „Entwicklung der Bourgeoisie, mit der Handelsfreiheit, dem Weltmarkt, der Gleichförmigkeit der industriellen Produktion (heute zusätzlich: der Dienstleistungen; O. H.) und der ihr entsprechenden Lebensverhältnisse" und die „Herrschaft des Proletariats", neutraler gesagt: die Emanzipation der Arbeiterschaft. Und daß mit „dem Gegensatz der Klassen im Innern der Nation" auch die „feindliche Stellung der Nationen gegeneinander entfalle" (*Manifest der kommunistischen Partei*, MEW IV 479), ist bestenfalls von einer Demokratisierung der Staaten zu erwarten (s. Kap. 9.3). In abgeschwächter Form haben Marx und Engels aber nicht unrecht. Der Aufstieg der „nationalen Gesellschaft" zur Exklusivmacht wird durch Gegengewichte verhindert, etwa durch den Freihandel des Wirtschaftsliberalismus, durch die internationale Arbeiterbewegung und innerhalb des Christentums durch den jede Nationalkirche ablehnenden Katholizismus. Ebensowenig pflegen sich Philosophie und Wissenschaft, Technik und Medizin, Kunst und Musik auf nationale Grenzen festzulegen.

Im Verlauf seiner Entwicklung bringt der Nationalstaat Leistungen zustande, die mittelbar oder unmittelbar der qualifizierten Demokratie zugute kommen; und nur deshalb konnte er trotz mancher verheerender Perversion zum Modell aufsteigen. Zu den Leistungen gehört die Trennung von Staat und Gesellschaft, die eine mehrdimensionale Autonomie der Individuen, etwa ihre religiöse, wirtschaftliche und kulturelle Freiheit, zur Folge hat. Die wirtschaftliche Autonomie wiederum trägt zum materiellen Wohlstand bei. Umgekehrt ist die moderne Wirtschaft ohne jene kommunikative Integration kaum denkbar, die erst der Nationalstaat zustande bringt; ähnliches gilt für die moderne Verwaltung. Die für den Rechtsstaat und die Industriegesellschaft erforderliche Hochkultur: Bürokratie, Kommunikation,

Spezialistentum und berufliche Mobilität, entwickelt sich im Rahmen einer gemeinsamen, „nationalen" Lebenswelt und verstärkt den gemeinsamen Rahmen (vgl. Gellner 1983). Auch übernimmt der Nationalstaat die Verantwortung für Folgelasten der Wirtschaftsentwicklung: In der Form von gesetzlichen Sozialversicherungen bildet er sich zur Solidargemeinschaft aus; und mit der Sozialhilfe übernimmt er sogar verdienstliche Mehrleistungen. Weil derartige Leistungen das Fundament für Vertrauen, Kooperationsbereitschaft und Solidarität abgeben, räumt selbst ein Anwalt des Postnationalen, Habermas, ein, daß erst das nationale Bewußtsein aus Untertanen Bürger macht, die sich füreinander verantwortlich fühlen ([2]1997, 136f.).

Noch weitere zivilisatorische Leistungen haben nationalstaatliche Wurzeln: die Erneuerung der europäischen Bildung und Wissenschaft, die Ausbildung der Sprach- und Literaturwissenschaften, ferner die Einführung einer allgemeinen Schulpflicht und überhaupt die Hebung des Bildungs- und Ausbildungsniveaus aller Bürger. Vor allem gibt der Nationalstaat dem Gedanken der Grund- und Menschenrechte Raum; er beseitigt die Leibeigenschaft, ständische Privilegien und die Rechtsungleichheit der Frau.

Nimmt man all diese Leistungen zusammen, so darf man sagen, der Nationalstaat bringe das Vorbild eines modernen Staates, die liberale und soziale Demokratie, hervor. Andererseits darf man die Gewalt nicht unterschlagen, die die Entstehung von Nationalstaaten begleitet: Xenophobie, Krieg, Imperialismus und wenn nicht sogar ethnische, dann zumindest linguistische Säuberungen. Bei zentralistischen Nationalstaaten kommt hinzu, was föderalistische Staaten verhindern können: die Unterdrückung vorher selbständiger Regionen. (Diesen Unterschied berücksichtigt Anderson [7]1996 nicht.) Nicht notwendig für die Zukunft, wohl aber die Herkunft sind mit Langewiesche (1995, 192) „Partizipationsverheißung und Gewaltbereitschaft als die zwei Gesichter" anzuerkennen.

Selbst wer per saldo den Nationalstaat für eine Errungenschaft hält, kann ihn kaum als geschichtlich notwendig behaupten. Für die Urheimat des Menschengeschlechtes, für einen Großteil von Afrika und seine Stammeskultur, erweist er sich sogar bis heute als verhängnisvoll (vgl. Davidson 1992). Und dort, wo er als schließlich gelungen gelten mag, verdankt er sich in der Regel nicht einem rationalen Interessenkalkül. Auch wenn gewichtige Interessen für ihn sprechen, nach den *Federalist Papers* (z. B. Nr. 15) etwa bei der Entscheidung der USA für einen Bundesstaat statt eines Staatenbundes, spielen geographische, soziale und politische Zufälligkeiten mit herein. Wenn sich aber schon die Entstehung nur begrenzt rechtfertigen läßt, könnte die Legitimation des Fortbestandes noch schwieriger werden. Rousseau lobt zwar im *Discours sur l'origine et les fondements de l'inégalité* (III 178) die wenigen großen kosmopolitischen Seelen, die die eingebildeten völkertrennenden Grenzen überschreiten und „... das ganze Menschengeschlecht in ihr Wohlwollen einschließen." Im *Émile* (IV 249) warnt er aber vor Kosmopoliten, die Pflichten zwar in der Ferne suchen, sie aber in ihrer Nähe nicht erfüllen: „Mancher Philosoph liebt die Tataren, damit er seine Nächsten nicht zu lieben braucht". Ähnliches schreibt er im Entwurf zum *Contrat social* (III 287). Und nach der *Abhandlung über politische Ökonomie* läßt sich das Gefühl der Menschlichkeit schwerlich auf die ganze Erde ausweiten (III 254). Folglich hält Rousseau die Verbundenheit mit dem eigenen Staat, den Patriotismus, für nicht vereinbar mit einer Verbundenheit mit der ganzen Menschheit. Ähnlich denkt Sidgwick (*The Elements of Politics*, [4]1919, 309).

Eine grundsätzliche Kritik am Nationalstaat kann sich – zusätzlich zur Kritik am Gewaltpotential – auf mindestens vier Argumente berufen. Erstens seien weder die staatlichen Kernaufgaben, wie etwa die Rechtssicherung und der demokratische Interessenausgleich zwischen den Bürgern, an die mentale Verwurzelung in einer „Nation" gebunden. Zweitens sei der Nationalstaat aufgrund veränderter Randbedingungen, namentlich der vielfältigen Globalisierung, geschichtlich überholt. Wegen der Idee der universalen Menschenrechte sei er, drittens, im Prinzip schon immer, heute, im Zeitalter ihrer allgemeinen Anerkennung, aber unübersehbar illegitim. Schließlich müsse man zwischen dem Einzelstaat und seinem nationalen Charakter begrifflich unterscheiden und dürfe bei den oben genannten Leistungen den Beitrag, der auf den nationalen Anteil des jeweiligen Einzelstaates zurückgehe, nicht überschätzen.

Zumindest dem letzten Gegenargument ist vorab ein gewisses Recht einzuräumen. So wichtige Faktoren für die Ausbildung der qualifizierten Demokratie wie die Reformation und die Aufklärung überschreiten die nationalen Grenzen. Dasselbe trifft auf den skizzierten Zuwachs von Staatsaufgaben und staatlichen Instrumenten zu (Kap. 6.1), so daß der *Einzel*staat, selbst wenn er seine externe Entmachtung überlebt (Kap. 6.2), nicht in der Gestalt des *National*staates erhalten bleiben muß.

In der Tat muß, wer den Streit um den Nationalstaat nicht semantisch vorentscheiden will, das Moment des Nationalen von dem der

Einzelstaatlichkeit trennen und das nationale Element so definieren, daß es nicht von vornherein als geschichtlich notwendig oder aber als überholt und als normativ legitim oder illegitim erscheint. Man muß sich der Mühe unterziehen, zumindest einen neutralen, wenn möglich auch einen im normativen Sinn modernen Begriff zu bilden. Weil weder der englische noch der französische Sprachraum damit Schwierigkeiten hat, sollte Deutschland nicht jenen semantischen Sonderweg gehen, der die Nation mit der Übersteigerung zum Nationalismus gleichsetzt: mit kriminellen Auswüchsen wie „ethnischen Säuberungen“, mit einer generell aggressiven, die Menschenrechte verletzenden Politik oder gar mit einem Totalitarismus. Die Gefahr, sich nach außen abzuschotten und einem kollektivem Egoismus zu frönen und im Inneren eine Ausländerfeindlichkeit zu pflegen, ist nämlich für den Nationalstaat nicht spezifisch. Sie droht auch nichtnationalen Staaten; sogar der derzeitigen Weltbevölkerung im Verhältnis zu den zukünftigen Generationen. Und gemäß dem Argument vom Gattungsegoismus (speciesism) kann sich die Menschheit auch gegen die nichtmenschliche Natur kollektiv-egoistisch verhalten. Im übrigen darf man nicht übersehen, daß nicht bloß von (National-)Staaten, sondern auch von anderen Partikularitäten, etwa Religions- oder Sprachgemeinschaften, kriminelle Gewalt ausgeht.

Die positive Einstellung zum Nationalstaat heißt traditionell Patriotismus (wörtlich: Vaterlandsliebe) und beinhaltet eine Wertschätzung ohne deren Übersteigung zu einem Nationalismus oder sogar Nationalwahn. Wer Schwierigkeiten hat, eine Wertschätzung des eigenen Gemeinwesens von seiner (vielleicht sogar aggressiven) Überholung begrifflich zu unterscheiden, mag auf den Ausdruck Patriotismus verzichten und von der Bindung an „seinen“ Staat sprechen. Der Kern dieser Bindung kann durchaus in der eigenen Verfassung, etwa einer liberalen Demokratie, liegen, was gegen MacIntyres These (1984) spricht, Patriotismus und liberale Moral seien unvereinbar. Ein bloßer Verfassungspatriotismus (Sternberger 1982) verbindet Bürger aber mehr mit einem Staatstyp als mit seiner Instantiierung in einem individuellen Gemeinwesen: mit genau diesem Einzelstaat. Solange die Individualisierung fehlt, bleibt der Verfassungspatriotismus abstrakt; mangels konkreter Bindung geht man nur eine mögliche, keine wirkliche, in der Realität also gar keine Bindung ein. Ein Verfassungspatriotismus kann daher den Kern ausmachen und trotzdem nur ein Minimum dessen darstellen, was es für die Bindung an einen konkreten Staat braucht.

Zu Recht spricht ein früherer Theoretiker des Verfassungspatriotismus, Adam Smith, vom Patriotismus nicht in seiner abstrakten, sondern der konkreten Form: von der Liebe zu „unserem“ Volk oder „unserem“ Land („nation“ bzw. „country“: *Theory of Moral Sentiments,* 6. Teil, Abschn. 2.2). Deren erstes Prinzip besteht in der Achtung und Verehrung („respect and reverence“) der Verfassung oder Regierungsform, der Smith ein erstes Individualisierungsmoment hinzusetzt: „welche tatsächlich (actually) besteht“. Denn „derjenige ist kein Bürger“ (im Sinne von: erfüllt nicht einmal die Minimalbedingungen eines Bürgers), „der nicht geneigt ist, die Gesetze zu achten und der öffentlichen Gewalt’ (civic magistrate) zu gehorchen.“ Die Verabsolutierung des ersten Prinzips führt allerdings zu einer Obrigkeitsmentalität – heute wäre es ein Verfassungspositivismus –, gegen die Smith ein zweites, erneut individualisierendes Prinzip einführt. (Zum Verfassungspatriotismus s. auch Kap. 7.2.).

Wo die jüngere (nicht mehr: jüngste!) Geschichte belastet ist, erleichtert man sich die für einen neutralen Begriff nötige Distanz durch den Blick auf ferne Epochen und den Kulturvergleich. Nach Herodot (vgl. Schuster 1996, 82–86) bestimmt sich die kollektive Identität der Griechen durch sechs Faktoren, durch (1) Abstammung, (2) Sprache und (3) Religion, durch (4) Lebensform, (5) Territorium und (6) politische Einheit. Man erkennt hier unschwer mögliche Bausteine für einen Begriff des Nationalstaates; nicht die Gesamtheit, wohl aber ein Großteil dieser Faktoren scheint für Nationalstaatlichkeit unverzichtbar zu sein. Eine Erzählung aus Ägypten, die Geschichte vom Höfling Sinuhe (älteste Abschriften dieser Erzählung aus dem 18. Jahrhundert v. Chr.), der im Zusammenhang der Ermordung Amenemhets I. ins syro-palästinensische Ausland flieht und später nach Ägypten zurückkehrt, weckt aber Skepsis. Denn nach Schuster mögen die von Herodot genannten Faktoren durchaus zur kollektiven Identität beitragen; fast keiner von ihnen bildet aber den entscheidenden Brennpunkt: Die ersten fünf Faktoren sind selbst in ihrer Verbindung nicht so gewichtig, daß sie Sinuhe zur Rückkehr bewegen; der sechste Faktor ist wichtiger, aber auch nicht im strengen Sinn entscheidend. Buchstabieren wir Herodots Kriterien durch:

(1) Die Abstammung spielt bei Sinuhe keine vorrangige Rolle; (2) die Dialekte, die sich übrigens in der Schrift nicht widerspiegeln, sind so stark ausgeprägt, daß sie eine interlokale Verständigung zumindest erschweren; (3) in der Religion gibt es trotz der pharao-orientierten Staatsreligion kräftige Regionalismen; (4) die Lebensform ist nur den

höheren Ständen gemeinsam; (5) die ausgeprägte Physiognomie der ägyptischen Flußoase schafft zwar ein starkes Zugehörigkeitsgefühl, wird aber durch landschaftliche Kontraste innerhalb dieser Flußoase relativiert. (6) Wichtiger ist der sechste Faktor, die politische Zugehörigkeit, denn Sinuhe läßt sich durch einen Brief des Pharao zurückholen. Trotzdem ist nicht der König das entscheidende Ziel der Sehnsucht nach Heimkehr, sondern ein neuer Faktor, (7) das Grab: „Die Geschichte des Sinuhe führt dem Leser vor Augen, daß man u(nter) U(mständen) im Ausland leben, unter keinen Umständen aber im Ausland sterben kann. Erst beim Gedanken an den Tod überkommt Sinuhe der Schrecken der Fremde" (Schuster 1996, 87).

6.3.2 Fünf Modernisierungen

Weder griechische Stadtrepubliken oder ihre Verbindung, Hellas, noch Alt-Ägypten sind Vorläufer eines modernen Nationalstaates. Sie wecken aber Bedenken gegen Gellners (1983, Kap. 1; 1988) Vorschlag, vom Standpunkt des modernen Nationalismus die Weltgeschichte in nur drei Epochen einzuteilen: in die Zeit der Horden und Stämme der Sammler und Jäger; in die Agrargesellschaften mit stabilen Ranghierarchien und vielerlei Völkerschaften; und in die nationalstaatlich verfaßten Industriegesellschaften. Die griechischen Poleis sind weder bloß Agrargesellschaften noch Vielvölkerstaaten; Ägypten isoliert sich schon in der Thiniterzeit (2850–2650 v. Chr.) gegen andere Völker und beseitigt fremde Einflüsse. Auch Alt-Israel fügt sich nicht Gellners Einteilung; und China und Japan verlieren lange vor der Industrialisierung einen polyethnischen Charakter.

Der Blick auf Hellas und Ägypten weist nicht bloß historische Vereinfachungen zurück. Er drängt auch Bausteine für einen nicht in historischer, sondern normativer Hinsicht modernen Nationalstaat auf. In den inhaltlichen Faktoren kollektiver („nationaler") Identität unterscheiden sich Griechenland und Ägypten wesentlich. Im Hinweis „unter keinen Umständen" (im Ausland sterben) tritt aber die formale Gemeinsamkeit zutage, daß man seine kollektive Identität nie abstreift: Wo auch immer man lebt, man behält sie sein Leben lang bei; der eine bleibt immer Grieche, der andere immer Ägypter. Der im normativen Sinn moderne Nationalstaat nimmt daran drei Abschwächungen vor. Zusammen mit zwei weiteren, sachlich nicht minder wichtigen Modernisierungen führen sie zu einem nicht mehr nationalistischen, sondern „aufgeklärten Nationalstaat":

Nach einer *ersten Modernisierung* bedeute die „Nation" primär die *civitas*: die Bürgerschaft, nicht die *gens*: die Nachkommenschaft gemeinsamer Vorfahren. Die Staatsbürgernation erhält Vorrang vor der Abstammungsnation; die nationalistische („braune") Version („Rettet die Ethnie") steht gar nicht zur Debatte. Im Gegenteil werden alle Staatsbürger, unabhängig von ihrer ethnischen Zugehörigkeit als gleichberechtigt anerkannt. (Nach der komplizierten Begriffsgeschichte von „Volk, Nation" ist die Staatsbürgernation schon immer gegenwärtig und hat gegenüber dem ethnischen Begriff oft sogar den Vorrang; s. Koselleck u. a. 1992). Die Kritik am Nationalismus setzt schon an den Wurzeln an; sie relativiert die – historisch ohnehin fragwürdigen – Gründungsmythen, deren politischen Prototyp wir aus Vergils *Aeneis* kennen: Durch den frei erfundenen Anschluß der römischen Geschichte an die griechische Mythologie – Aeneas soll nach Trojas Fall mit seinen Gefährten nach Latium gekommen sein – wird der römische Weltmachtanspruch glänzend gerechtfertigt. Schon in der ersten Modernisierung nimmt der Nationalstaat Abstand von einer Überhöhung des eigenen Gemeinwesens und der Abwertung oder sogar aggressiven Bekämpfung des anderen. Ein nationalistischer Staatsbürgersinn weicht seiner aufgeklärten Form (s. Kap. 7.4).

Nach der *zweiten Modernisierung* lege man die antike Exklusivität – immer Grieche, immer Ägypter – ab. Weder muß ein persönlicher Wechsel der Staatsangehörigkeit ausgeschlossen sein noch ihr Bezug auf eine staatliche Neugruppierung, weil sich teils kleinere, teils größere Einheiten bilden. Wer Nationalstaaten für zulässig hält, muß weder personal die Herkunftsnationalität noch kollektiv alle historisch zufälligen Staatsbildungen für unantastbar erklären. Auch hält er unter besonderen Bedingungen eine doppelte Staatsangehörigkeit für denkbar, ohne daß er deren Ausnahmecharakter und deren Schwierigkeiten unterschlägt:

An der Staatsangehörigkeit hängen wichtige Leistungsansprüche und Leistungspflichten des Staates, dort etwa der Wehr- oder Ersatzdienst und hier der Rechtsschutz gegen andere Staaten. Dazu kommen die politischen Mitwirkungsrechte und mancherorts das Recht, „sensibles Eigentum" wie Immobilien und Kunstwerke zu erwerben. Aus beiden Gründen verleiht die doppelte Staatsangehörigkeit einen Vorteil, der dem Grundgedanken von Recht und Demokratie, der Gleichheit, widerspricht und den Ausnahmecharakter begründet. Der Vorteil beginnt bei den doppelten Mitwirkungsrechten; er setzt sich fort in dem beim Eigentumserwerb doppelten Inländer-Privileg. Nicht zuletzt muß der eine Staat, weil Leistungsfähigkeit individuell begrenzt ist, seinen Leistungsanspruch, etwa auf Wehr- oder Ersatzdienst, mit einem anderen Staat teilen, obwohl er seine Leistung, den Rechtsschutz, vollumfänglich übernimmt.

Der Erwerb der Staatsangehörigkeit folgt im positiven Recht unterschiedlichen Prinzipien. Einwanderländer bevorzugen das ius soli: das Territorialprinzip, Länder mit geringen Traditionsbrüchen das ius sanguinis: das Abstammungsprinzip. Wegen der unterschiedlichen Prinzipien sind gewisse doppelte Staatsangehörigkeiten unvermeidbar: Das von deutschen Eltern in den Vereinigten Staaten geborene Kind wird nach dem Abstammungsprinzip Deutscher und nach dem Territorialprinzip US-amerikanischer Bürger. Und weil etwa Persien (Iran) seine Bürger aus der persischen Staatsangehörigkeit nicht entläßt, kann sich ein Perser nur zum Preis der doppelten Staatsangehörigkeit einbürgern.

Besonders problematisch ist die doppelte Staatsangehörigkeit, wenn der eine Staat die Menschenrechte schützt, der andere sie in einigen Bereichen deutlich verletzt. Daß jemand diesen legitimatorisch entscheidenden Unterschied relativiert, indem er lieber dort, beim Menschenrechte verletztenden Staat, statt hier den Militärdienst ableistet, ist nicht unbedenklich. Und daß er vielleicht sogar persönlich an menschenrechtsverletzenden Maßnahmen teilnimmt, ist mit der Verpflichtung der anderen Staatsangehörigkeit auf die Menschenrechte vollends unvereinbar. Aus diesen Gründen – wegen der (ungerechten) Bevorzugung und den möglichen Reibungen, sogar Konflikten – ist es verständlich, daß international die doppelte Staatsangehörigkeit nicht erwünscht ist und nach einem internationalen Abkommen von 1963 nicht ausgeweitet, sondern verringert werden soll. Nicht als Regel, aber in begründeten Sonderfällen kann sich aber ein moderner Staat großzügig verhalten.

Die in der zweiten Modernisierung begonnene Relativierung des Herkunftsstaates gibt sich damit nicht zufrieden. Die Relativierung erstreckt sich auch auf den Gesamtbereich der Einzel- oder Nationalstaatlichkeit: Das, was Staaten wegen der schon genannten Gegengewichte nie gewesen sind, trifft im Zeitalter der Globalisierung noch weniger zu: Es sind keine autarken Gemeinwesen, die als Monaden vollkommen unabhängig voneinander existieren. Nach der *dritten Modernisierung* reagiert der Nationalstaat darauf konstruktiv und hält sich für großregionale politische Gemeinschaften wie die Europäische Union, selbst für eine globale Ordnung offen. Infolgedessen kommt er seiner „regionalen“ Politikverantwortung in einem großregionalen, sogar globalen politischen Rahmen nach. Damit verbindet er, wo es nötig ist, eine Relativierung der nationalistischen Devise: „die eigenen Mitbürger stets zuerst“ („compatriots take priority“: Shue 1980, 132).

Gemäß einer *vierten Modernisierung* verpflichtet sich der Nationalstaat auf die Anerkennung der universalen Gerechtigkeitsprinzipien und entkräftet damit ein wichtiges Gegenargument, die angebliche Unvereinbarkeit mit den Menschenrechten. Der im normativen Sinn moderne Nationalstaat ist auf seine Anerkennung der Menschenrechte, einschließlich des Schutzes von Minderheiten, stolz. Er bekräftigt den Vorrang der Staatsbürgernation, indem er in seine „staatliche Lebenswelt“ eine Offenheit für Minderheiten und für Unterschiede aufnimmt. Der aufgeklärte Nationalstaat hat mit einer polyethnischen Nation keine grundsätzlichen Schwierigkeiten. Auch versteht er sich nicht als eine kompakte, in sich geschlossene und diskret von allen anderen staatlichen Lebenswelten abgehobene Einheit. Ohnehin gehen mit der Globalisierung Tendenzen zur Veränderung einher. Und davon unabhängig gibt es Ausdifferenzierungen, die nicht „nationalen“, sondern transnationalen Faktoren folgen wie der Sprache und Religion, wie Alter, Geschlecht, Beruf und Arbeit, Siedlungsweise, Klima und Geographie bzw. Landschaft. Diese „staatenkreuzenden Gemeinsamkeiten“ relativieren die staatlichen Grenzen und sorgen dafür, daß eine homogene, sowohl nach Abstammung, Sprache und Religion als auch nach Lebensart und Sitten einheitliche Nation kaum irgendwo vorkommt. Und selbst wenn sie der Realität entspricht, kann sie nicht als Ideal gelten, denn „Abweichungen“ bringen den Reichtum menschlicher Optionen zur Wirklichkeit. Außerdem kann ein Nationalgefühl Trennwände wie Religion und soziale Herkunft auflösen, also unterschiedliche Menschen zusammenbringen, und neben den kollektiven Gemeinsamkeiten sind es gerade die Besonderheiten, die sowohl eine Identität stiften als auch sie signalisieren.

Der Blick auf Griechenland und Ägypten drängt nicht bloß die ersten drei Modernisierungen, sondern auch einen Vorschlag zur Semantik auf: Es gibt zwar eine Reihe von Faktoren, die für einen neutralen Begriff in Frage kommen, die Reihe – zeigt das gegenüber Herodot neue Stichwort Grab – ist aber nicht einmal für immer abgeschlossen. Außerdem erhalten die Faktoren ein unterschiedliches Gewicht; was bei dem einen Staat die kollektive Identität definiert, kann bei einem anderen durchaus fehlen. Infolgedessen bestimme man das nationale Moment nicht auf die traditionelle Weise von Gattung und spezifischer Differenz, sondern im Sinne von Wittgenstein als Familienähnlichkeit (*Philosophische Untersuchungen* § 66 f.). Danach gibt es keinen gemeinsamen Wesenskern, auch nicht ein Ideal oder Muster, dem man sich mehr oder weniger annähert, schließlich nicht, wie Habermas (1986, Kap. 4–5) meint, eine so einfache Alternative wie entweder ethnische Volks- oder aber republikanische Staatsbürgernation. Statt dessen ist mit einer (kaum abschließend aufzählbaren) Reihe von möglichen Merkmalen und einem Reichtum von Varianten zu rechnen: Das Nationale im Begriff des Nationalstaates besteht in verschiedenen Kompositionen von Elementen, die nicht allesamt gegeben sein müssen. (Zur neueren Debatte s. außer den schon genannten Autoren Blomert u. a. 1993, Hobsbawm 1990, Leist 1998 und *Philosophical Forum* 1996/97.)

Ethnisch hochhomogene Staaten kommen durchaus vor. Die japanische Bevölkerung geht zwar nicht auf dieselben Vorfahren zurück; „Milchgenossen" im Sinne von Aristoteles (*Politik* I 2, 1252 b18) sind die Japaner nicht. Trotz der ursprünglich recht unterschiedlichen, teils mongolischen, teils malaiischen Einwanderer ist die Bevölkerung aber „rassisch" und kulturell außerordentlich einheitlich; denn sie geht aus einem langen, seit dem fünften Jahrhundert von außen ungestörten Verschmelzungsprozeß hervor. Ethnisch hochhomogen sind auch China (mit 92 % Han-Chinesen), Korea und die skandinavischen Länder, namentlich Schweden (mehr als 95 % gehören zum nordgermanischen Volk der Schweden). Und noch homogener ist Island, das, vor rund tausend Jahren von den Wikingern besiedelt und seither kaum mit anderen Völkern vermischt, fast ausschließlich aus Isländern im ethnischen Sinn besteht. Trotzdem kann man schwerlich Island, Japan oder Schweden für „hochnationale", annähernd ideale Nationalstaaten halten und im Gegensatz dazu die USA, für die die ethnische Verschiedenheit eine der Konstitutionsfaktoren bildet, zu einem nur „schwachnationalen" Staat erklären. Weil die Nationenbildung hier über andere Faktoren, namentlich über die Verfassung und das Recht verläuft, geben die USA ein geschichtlich gelungenes Beispiel für den (normativen) Vorrang der Staatsbürgernation ab. Gleichwohl kann man auch sie nicht auf einen Verfassungspatriotismus verkürzen. Wichtig für ihr Staatsbewußtsein sind noch andere Faktoren: die gemeinsame Sprache, ein Sendungsbewußtsein („God's own country"), selbst „landesspezifische Sportarten": Baseball und Football, ferner gemeinsame Erfahrungen bei der Eroberung und der Kultivierung des

Landes, außerdem die vielleicht vage, aber doch höchst lebendige Zukunftserwartung, der „American dream". Und mittlerweile, nach zwei Jahrhunderten, kommt ein bunter Strauß von Gemeinsamkeiten der Tradition, Geschichte und Lebensart dazu, nicht zuletzt der Stolz auf viele Leistungen.

Daß nächst Recht und Verfassung die Sprache eine besondere Rolle spielt, ist nicht kontingent, sondern hängt mit der Staatlichkeit selbst zusammen und wird in der qualifizierten Demokratie noch verstärkt. Dies gilt übrigens generell und kann als *fünfte Modernisierung* herausgehoben werden: Soweit ein moderner Nationalstaat über einen Verfassungspatriotismus hinausgeht, setzt er sich primär aus Elementen zusammen, die der Staatsbürgernation dienen. Er besteht aus zur Staatsbürgernation funktionalen Elementen, womit er den Vorrang der Bürgernation vor der Abstammungsnation bekräftigt.

Als Besonderheiten, die für jede Staatsbürgernation hilfreich, großenteils sogar unverzichtbar sind, relativieren sie die bloße Familienähnlichkeit und erlangen den Rang von partikularen Universalismen. Universal sind die Elemente, weil jede Gesellschaft, auch jede Staatsbürgernation sie braucht, partikular, weil sie – bald mehr, bald weniger – in einer je eigentümlichen Gestalt zutage treten. Der im normativen Sinn moderne Nationalstaat verbindet also universale Universalismen mit partikularen Universalismen. Mit ihrer Hilfe wird aus der bislang noch abstrakten Staatsbürgernation eine konkrete, eine nationale Staatsbürgernation; und diese hat ein Recht auf politische Selbstbestimmung.

Mit den partikularen Universalismen lassen sich die beiden ersten Gegenargumente gegen einen Nationalstaat entkräften: Solange zu einem konkreten Staat die partikularen Universalismen gehören, ist der Nationalstaat zwar zu relativieren, aber nicht als vollkommen überholt anzusehen. Zum (überholten) Nationalismus gibt es noch eine andere Alternative als das Postnationale; sie heißt „aufgeklärt national". Sowenig wie im persönlichen Leben die universalistische Moral die Individualität aufhebt, so wenig verbieten universale Gerechtigkeitsprinzipien jede kollektive Individualität. Weil diese Prinzipien erst den Grundriß einer konkreten Gesellschaft und nicht diese selbst bedeuten, tut sich das Recht auf Differenz auf (s. Kap. 4.4). Im Zuge der Globalisierung besteht sogar ein global-kollektives Interesse, durch Wahrnehmung dieses Rechts den sozialen und kulturellen Reichtum der Menschheit zu erhalten, statt in jene Homogenisierung zu verfallen, die ohnehin vielfach auf die Übernahme *einer* Kultur, mithin auf deren Hegemonie hinausläuft. Jedenfalls darf ein normativ modernisierter Nationalstaat als legitim und zukunftsfähig gelten.

Der Anfang im Kosmos partikularer Universalismen, die Sprache, hat für die Staatsbürgernation eine eminente Bedeutung, derentwegen man sie nicht als naturalistisches Kriterium desavouieren darf: Rechtsverbindlichkeiten sind, ob geschrieben oder ungeschrieben, sprachlich verfaßt und werden in einer bestimmten Sprache administriert und ausgelegt; es gibt wohldefinierte Amts- und Gerichtssprachen. Bei der qualifizierten, insbesondere der partizipatorischen Demokratie kommt die ständige Debatte: der Austausch von Argumenten, Visionen und Erfahrungen, hinzu. Die schließlichen Verbindlichkeiten werden im Parlament beraten und beschlossen und von Parteien und der Öffentlichkeit vorberaten und kommentiert.

In all diesen Prozessen erweist sich die Sprache als ein Lebenselement der Demokratie, so wesentlich für sie wie das Wasser für den Fisch und die Luft für den Vogel (vgl. Isensee 1955). Gerade als Diskursgemeinschaft ist die Demokratie auch eine Sprachgemeinschaft. Die Sprache muß dabei nicht im Singular auftreten. Auch wohlbestimmte Mehrsprachigkeit schafft eine Sprachgemeinschaft, jetzt eine Sprachgemeinschaft zweiter Stufe. Es sind genau diese und nicht noch weitere Sprachen, die das Medium von Auseinandersetzung, Wettstreit und Einigungsprozessen bilden. Gegen den engen Zusammenhang von Demokratie und Sprache wird zwar gern die Mehrsprachigkeit mancher Staaten, außerdem der Umstand angeführt, daß Staats- und Sprachgrenzen nicht zusammenfallen. In der Tat wird beispielsweise Deutsch auch in Österreich und Teilen der Schweiz, sogar in Italien und als ein moselfränkischer Dialekt auch in Luxemburg und einem Teil Belgiens gesprochen. Trotzdem fallen weder wegen ihrer Zweisprachigkeit Belgien, Finnland und Kanada noch wegen ihrer Drei- oder Viersprachigkeit Indien (mit Hindi und Englisch sowie mit weiteren Amtssprachen in einigen Teilstaaten) und die Schweiz aus dem Typ des demokratischen „Nationalstaates“ heraus. Die Mehrsprachigkeit trägt im Gegenteil zum besonderen Profil bei, ohne folgende Aussage zu falsifizieren: Ob im Singular oder einem wohldefinierten Plural – die Sprache spielt für die qualifizierte Demokratie eine besondere Rolle; sie bildet einen ersten Faktor zur Individualisierung dieses Verfassungstyps.

Wie andere Individualisierungsfaktoren, so ist auch die vorherrschende Sprache zwar eine geschichtlich gewachsene Gemeinsamkeit, die aber politisch bekräftigt werden muß. Dieser Umstand spricht gegen ein objektiv-substantialistisches Verständnis, das den Einzelstaat von jedem bewußten Willensakt ablösen und ihn lediglich auf soziokulturelle Vorgaben (Herkunft, Sprache, Religion, Tradition ...) gründen will. Statt dessen ist ein subjektiv-voluntaristisches Moment unverzichtbar: ein Wille zur Einheit und kollektiven Identität, der von der Bürgerschaft ausgehen muß und den Vorrang der Staatsbürgernation bekräftigt. Dieser Wille ist immer wieder aufzufrischen und zu bekräftigen, nach Ernest Renans berühmter Vorlesung *Qu'est-ce qu'une nation?* (1882) sogar in einem täglichen Plebiszit zu erneuern. Der Wille kann aber auch schwinden oder auf einen Gegenwillen stoßen. Zu einer pauschalen, undifferenzierten Vielsprachigkeit, zur Offenheit für alle Sprachen dieser Welt und Verpflichtung auf keine einzige, dürfte aber kaum ein Gemeinwesen bereit und keines fähig sein.

Jeder Staat, selbst die USA in ihren Anfängen, pflegt zwar an geschichtlich gewachsene Vorgaben anzuknüpfen. Er muß diesen aber zu politischer Bedeutsamkeit verhelfen, was Werk eines politischen Wollens ist. Der Nationalstaat wird daher nicht bloß dort als ethnische Volksnation fehlbestimmt, wo er über keine ethnische Homogenität verfügt. Auch ethnisch homogene Staaten werden schief definiert. Denn das Merkmal „Willensnation" kann zwar unterschiedlich stark ausfallen; deutlich ausgeprägt sein muß es aber in jedem Fall. Infolgedessen ist jedes Staatsvolk primär staatsrechtlich zu definieren: als eine Gruppe (Gemeinschaft oder Gesellschaft), die den Willen – und die Fähigkeit hat, in Anerkennung einer gemeinsamen Verfassung zu leben.

Die Vorgaben, an die die einzelnen Staaten anknüpfen, fallen recht unterschiedlich aus. In Polen spielt neben der Sprache die katholische Konfession eine Rolle; in Belgien verbindet dieselbe Konfession die sprachlich-kulturell verschiedenen Flamen und Wallonen; Deutschland bildet sich dagegen über religiöse Unterschiede hinweg; und für die USA ist die (noch größere) religiöse Verschiedenheit ein Band der Gemeinsamkeit in Form eines Votums für aktive religiöse Toleranz.

Während die liberale Demokratie eine Religionsfreiheit gewährt, die im Laufe der Zeit das Band konfessioneller Gemeinsamkeit zu schwächen pflegt, hat neben den Menschenrechten und der Sprache eine eminente Bedeutung für die „Staatsbürgernation" die Sozialstaatlichkeit. Sie bildet die bloße Staatsbürgernation zu einer Solidargemeinschaft fort. Diese kann sich durchaus zur Hilfe gegenüber Nachbarländern („staatliche Nachbarschaftshilfe"), ferner zur Entwicklungshilfe auch für ferne Länder und zu einer die gesamte Menschheit einschließenden Hilfe bei Naturkatastrophen entscheiden. Die Solidargemeinschaft Einzelstaat besteht aber in Einrichtungen, die wie Sozialversicherungen, oder in Faktoren, die wie die Verantwortung für die eigene Geschichte und eigene Zukunft, territorial und bevölkerungsmäßig begrenzt sind.

Die solidaritätsstiftende Kraft hängt zwar – mit Habermas (1998, 81 f.) – nicht notwendig „von der vorpolitischen Vertrauensbasis einer ‚gewachsenen' Gemeinschaft" ab. Gerade in dem von Habermas erörterten Fall, Europa, wird sie aber durch eine derartige, freilich nicht bloß nationale Gemeinschaft erleichtert. Wegen der Fülle von Gemeinsamkeiten, einschließlich negativer Erfahrungen wie der gegeneinander geführten Kriege, zeichnet sich Europa auf einem höheren Niveau durch eine „gewachsene" Gemeinschaft aus. Im übrigen spricht für einen Zusammenhang von Solidarität mit Nationalstaatlichkeit noch ein anderes, wichtigeres Argument: Solidargemeinschaften sind ihrem Begriff nach „Gemeinschaften auf Gegenseitigkeit" (s. Kap. 3.4), die, weil ein Gutteil der Gegenseitigkeit phasenverschoben geschieht, eine gewisse Kontinuität und Dauer verlangen. Ob „traditionell-national" oder in Zukunft einmal „europäisch-national": Auch eine Staatsbürgernation ist eine Gefahren- und Schicksalsgemeinschaft, die unter wechselnden Herausforderungen ihr wirtschaftliches und politisches Überleben in Form einer Hilfe auf Gegenseitigkeit besorgt. Infolgedessen ist hier eine individuelle Staatlichkeit nicht apriori überholt oder illegitim. Zu Recht sieht Adam Smith an der genannten Stelle das zweite Prinzip des Patriotismus im „ernsten Wunsch, die (Lebens-) Bedingung unserer Mitbürger so sicher, anständig und glücklich zu machen, wie wir können". Während der Gesetzesgehorsam und Verfassungspatriotismus nur den schlichten Bürger ausmacht, „ist sicherlich kein guter Bürger, der nicht mit allen verfügbaren Kräften die Wohlfahrt der ganzen Gesellschaft seiner Mitbürger zu befördern wünscht". Die damit angesprochene Wohlfahrt reicht freilich über eine erste Dimension, die materielle Solidargemeinschaft hinaus; sie fordert gegebenenfalls auch politische Neuerungen ein.

Zur zweiten Dimension, einer politischen, genauer: demokratischen Solidargemeinschaft gehört die Bereitschaft der Minderheit, sich der Mehrheit zu unterwerfen, was im gemeinsamen „nationalen" Rahmen leichter fällt. Immerhin verdankt man „seinem" Gemeinwesen den Rechtsschutz und eine reiche, auch soziale, kulturelle und politische Infrastruktur. Und die solidarische Hilfe erwartet man zunächst vom eigenen Gemeinwesen, von den fremden dagegen nur sekundär und subsidiär. Man darf sich erinnern: Im Rahmen der Wiederaufbaukosten Westdeutschlands beläuft sich allein der Lastenausgleich, also lediglich ein kleiner Teil, auf 127 Mrd. DM (nach Caesar 1987, 845 f.). Der Marshallplan dagegen, der ohnehin nicht ganz selbstlos eingerichtet wird – er soll Europa als Handelspartner wiederherstellen, eine Überproduktionskrise im eigenen Land verhindern, die sowjetische Expansion bremsen, nicht zuletzt den eigenen politischen Einfluß in Europa erhöhen –, dieser Plan beläuft sich auf 13,37 Mrd DM. Und davon geht mehr als die Hälfte nach Großbritannien, Frankreich und Italien. Deutschland erhält nur 1,39 Mrd. DM (nach Loth [7]1987, 1024) also kaum mehr als 10 % des Lastenausgleichs.

Es gibt mindestens ein weiteres zur Staatsbürgernation funktionales Element: Aufgrund ihrer Geschichte und Erfahrung entwickeln Einzelstaaten im Laufe der Zeit eine gemeinsam geteilte, symbolisch repräsentierte Welt kultureller Selbstverständlichkeiten. Diese nimmt Züge dessen an, was Husserl (in der *Krisis*-Schrift von 1936) und Schütz eine „Lebenswelt" nennen (vgl. Schütz/Luckmann 1979). Ab einer gewissen, freilich nicht abstrakt definierbaren Dichte führt sie zu einer unverwechselbaren Individualität des Staates und darf, weil sie auf Gegenseitigkeit beruht, die dritte Dimension, die kulturelle Solidargemeinschaft, heißen. Dabei darf es dem jeweiligen Staat überlassen bleiben, wie er seine Welt sozialer und kultureller Selbstverständlichkeiten gestaltet, sofern er nur innerhalb der universalistischen Gerechtigkeitsprinzipien verbleibt. Zweifellos müssen den Individuen die religiösen und politischen Präferenzen überlassen bleiben, Vorlieben für Bach und Beethoven oder aber Jazz, für Bayern München oder New Yorks Footballteam, für deutsche Literatur oder amerikanische Kriminalromane und auch für Bergsteigen, Wattwandern oder Tiefseetauchen. Strittig ist nicht, ob der größte Teil weitergehender Gemeinsamkeiten, sondern lediglich, ob sie alle und vollständig, überdies aus Gerechtigkeitsgründen, der Privatsphäre zuzuordnen sind. Und dagegen ist Skepsis erlaubt. Ein Gemeinwesen darf sowohl die hohe als auch manche volkstümliche Kultur staatlich subventionieren. Es zu unterlassen und sich auf die staatliche Kernaufgaben, die Sicherung von Recht, Gerechtigkeit und Frieden, zu beschränken, ist aber ebenfalls legitim.

Vorausgesetzt, der Nationalstaat unterwirft sich der fünffachen Modernisierung, so ergibt sich für ihn keine grundsätzlich andere Bilanz als für den Einzelstaat: Weder empirische noch legitimatorische Gründe lassen ihn als anachronistisch erscheinen und sprechen für seine schlichte Auflösung. Weder wird er durch die Globalisierungskräfte weggespült noch durch den globalen Handlungsbedarf vollständig delegitimiert, in beiden Hinsichten jedoch relativiert. Zeitgenössische Gesellschaften mögen sich „postnational" verstehen, mit der Rückfrage: Wo außerhalb jenes Gemeinwesens, Deutschlands, geschieht es, wo man nicht erst neuerdings, sondern schon zu Kants Zeit „an sein Vaterland nicht leidenschaftlich gefesselt ist" (*Anthropologie*, „Der Charakter des Volks", VII 317)? Eine moralische Verpflichtung zu diesem postnationalen Selbstverständnis zeichnet sich jedenfalls nicht ab; „aufgeklärt national" bleibt eine legitime Alternative. Moralisch geboten ist aber auch sie nicht; eine moralische Pflicht, für Recht und Gerechtigkeit in Form von (aufgeklärten) Nationalstaaten zu sorgen, besteht nicht.

7. Vom Untertan zum Bürger

7.1 Bürgertugenden

In der Neuzeit konzentriert sich die Rechts- und Staatsphilosophie auf Institutionen und Gesetze. Die Antike legt dagegen auf etwas Wert, das im Rahmen einer nur institutionellen Theorie als eine Anomalie erscheint, auf personale Erfordernisse, sei es statt der Institutionen wie in Platons *Politeia*, sei es zusätzlich zu ihnen wie in seinen *Nomoi* (731 c, vgl. 687 b–688 b; 689 a–c) oder in Aristoteles' *Politik* (III 4, 1276 b 27–34; vgl. Hansen 1995, 311 ff.). Und für Rom lese man etwa Ciceros *De officiis* (I.XVI 50) oder die Historiker Sallust, Livius und Tacitus.

Zu Beginn der Neuzeit erscheinen noch Schriften über den idealen Herrscher, Fürstenspiegel wie beispielsweise Machiavellis *Il Principe* (1513), Fénélons *Télemaque* (1699) und Friedrichs II. *Antimachiavell* (1739). Dazu kommen selbst bei Machiavelli Überlegungen zur Bürgertugend (s. *Discorsi*, Buch I, Kap. 16). Der schottische Moralphilosoph Ferguson führt sogar Reichtum, Vergrößerung und Macht der Nationen auf die Tugend zurück (*An Essay on the History of Civil Society*, 1767), allerdings nicht die des Staatsbürgers, sondern die des Wirtschaftsbürgers. Adam Smith legt dagegen auf zwei Staatsbürgertugenden Wert, auf die Gerechtigkeit und im Rahmen der Wohltätigkeit (beneficence) auf einen Patriotismus mit den beiden Stufen von Verfassungspatriotismus und Solidarität (*The Theory of Moral Sentiments*, 6. Teil, Abschn. 2.2). Auch Montesquieu meint eine Staatsbürgertugend, wenn er der Demokratie einen größeren Bedarf an Tugend ihrer Bürger nachsagt als der Aristokratie und noch einmal mehr als der Monarchie (*De l'esprit des lois*, Buch III, Kap. 3–5). Ganz verschwunden ist der Tugendbegriff in der politischen Philosophie der Neuzeit also nicht.

In den maßgeblichen Texten jedoch, in Hobbes' *Leviathan*, in Lokkes *Zweiter Abhandlung über die Regierung*, in Rousseaus *Gesellschaftsvertrag*, in Kants *Rechtslehre* und Mills Schrift *Über die Freiheit*, ist weder von Herrscher- noch von Bürgertugenden die Rede. Allenfalls finden sich bei Hobbes einige Nebenbemerkungen zur moralischen Tugend (z. B. *Leviathan*, Kap. 15 und 27), und bei Kant Erläuterungen zu drei grundlegenden Rechtsmaximen (s. Kap. 3.5.). Für das in der Neuzeit vorherrschende Defizit führt der spätere Präsident der USA, Madison, in *The Federalist Papers* (Nr. 10), einen sachlichen Grund an; er liest sich wie ein kritischer Kommentar zu Platons Philosophenkönigssatz (*Politeia* V 473c–d): Herrscher mit den erforderlichen Herrschertugenden, „aufgeklärte Staatsmänner", „sind nicht immer an der Macht". Und für die Bürger ergänzt er (ebd.): „Treffen Antrieb und Gelegenheit ungehindert zusammen, dann sind bekanntlich weder moralische noch religiöse Motive verläßliche Kontrollinstanzen". Auf beiden Seiten also ist mit der Ohnmacht der personalen Moral zu rechnen. Nach Platon und Aristoteles dagegen sind Herrscher- und Bürgertugenden unerläßlich, teils als Bedingungen der Entstehung, teils der Erhaltung, nicht zuletzt des Wohlergehens gerechter Staatswesen. Fehlen die Tugenden und herrscht statt dessen der Egoismus, so pervertiert nach Aristoteles das Königtum zur Tyrannis, die Aristokratie zur Herrschaft der Reichen; und jene Staatsform, die sich in etwa auf einen demokratischen Verfassungsstaat beläuft, die Politie, verfällt zur Herrschaft der Armen, sogar des Pöbels (*Politik* III 8, 1280a2).

Die Tugend, auf die es der Antike ankommt, besteht in der zur zweiten Natur, zum Persönlichkeitsmerkmal gewordenen Bereitschaft, in wechselnden Situationen, also kontextgerecht, aus sich selbst heraus, freiwillig, zumindest vom ungehinderten Ausleben der Triebe und Wünsche Abstand zu nehmen. So bestimmt, liegt allerdings erst eine Vorstufe oder schwache Bedeutung, eine passive Tugend, vor, die sich des Falschen enthält. Wer über die stärkere, aktive Tugend verfügt, tut auch das Richtige und Gute. Allerdings kann seine letzte Antriebskraft immer noch im langfristigen Eigenwohl liegen, womit es nur eine pragmatische oder prudentielle: klugheitsgeleitete Tugend wäre. Erst die weitere Steigerung zum anspruchsvollsten, genuin moralischen Tugendbegriff führt zu in sich wertvollen Haltungen, sei es im antiken Verständnis eines guten und gelungenen Lebens, sei es im neuzeitlichen, etwa Kantischen Sinn jener Moralität, die das moralisch Richtige um seiner selbst willen erfüllt; denn die Tugend ist nach Kant ‚die moralische Stärke eines Menschen in Befolgung seiner Pflicht' (*Tugendlehre*, Einleitung, XIII.: VI 405). Auch in bezug auf das Rechts- und Staatswesen lassen sich drei Stufen der Tugend unterscheiden: Die Bürger- und die Herrschertugenden im schwachen, passiven Sinn enthalten sich des Falschen, die im mittleren, aktiven, aber bescheidenen Sinn tun das Richtige und Gute, was bei den Tugenden im anspruchvollsten Sinn um seiner selbst willen geschieht.

Die beiden Grundansätze, das institutionelle und das personale Staatsverständnis, lassen sich als konträre Gegensätze verstehen, so daß sich moralische Anforderungen an das Gemeinwesen entweder lediglich auf die Institutionen oder ausschließlich auf die Personen richten. Wer nur auf eine personale Moral vertraut, hofft auf einen besseren, sogar neuen, vom Selbstinteresse freien Menschen. Der politische Liberalismus sieht darin eine wirklichkeitsfremde Überforderung und sieht schon deshalb in der Vertragstheorie eine Alternative zur Tugendethik, ihr Statt-dessen. Dazu kommt, daß er die Bürgertugenden als partikulare Elemente versteht, die mit universalistischen Prinzipien nicht vereinbar seien. Außerdem drohe bei Staaten, die von Menschen statt Gesetzen regiert werden, eine Diktatur, weshalb man sich lieber auf gerechte Gesetze und Institutionen verlasse. Wie Institutionen generell, so entlasten auch gerechte Institutionen von personaler Moral, auf daß, wie Madison sagt, Existenz und Sicherheit der Regierung „selbst bei Fehlen politischer Tugend" gesichert werden (*The Federalist Papers*, Nr. 10).

Der Kritiker einer bloß institutionellen Staatstheorie vertritt nicht die konträre Gegenposition, etwa einen antiliberalen und antiuniversalistischen Kommunitarismus. Er stimmt dem Entlastungswert der Institutionen, ohnehin den universalistischen Prinzipien zu, bezweifelt aber, daß sie ausreichen (vgl. Dagger 1997). Mit Menschen ohne jede personale Moral, mit der Konkurrenz eigennütziger Interessen allein, so seine Vermutung, läßt sich nicht „ein Staat machen". Wie schon in Platons *Nomoi* oder in Aristoteles' *Politik* treten die personalen Erfordernisse nicht an die Stelle der Institutionen, sondern bilden, wie gesagt, entweder deren hilfreiche oder sogar deren notwendige Ergänzung, so daß die befürchtete Personalisierung und Moralisierung von Recht, Staat und Politik entfallen.

Eine rein institutionelle Staatstheorie verläßt sich auf eine einfache Arbeitsteilung: Man schaffe vernünftige Institutionen, damit die Bürger unvernünftig sein und ihren Interessen und Leidenschaften folgen können. Wie aber, fragt eine „Auch-Tugend-Theorie", werden die vernünftigen Institutionen zunächst geschaffen, sodann mit Leben erfüllt und schließlich in diesem Leben ständig erneuert? Genau dafür drängt sich die personale Moral als Ergänzung auf. Dabei ist keineswegs die Fülle der Tugenden erforderlich: weder inhaltlich die Gesamtheit der Tugenden noch normativ ihre moralisch höchste Stufe. Von der Antike, beispielsweise Aristoteles, läßt sich lernen, daß man der Gefahr einer Übermoralisierung durch eine dreifache Bescheidung entkommt. Man unterscheide zwischen der auf die Politik bezogenen Tugend des Bürgers und der sowohl thematisch umfassenderen als auch normativ anspruchsvolleren Tugend des guten Menschen (bei ihm: Mannes) (*Politik* III 4 u. a.). Man sei sich bewußt, daß es außer der Bürgertugend auch eine Bürgerfreundschaft brauche *(politikê philia)*, die zwar moralisch relevant, aber anspruchsloser als etwa die Gerechtigkeit sei (*Politik* III 9, 1280 b35–39, *Nikomachische Ethik* 1155 a26–28; vgl. schon Platon *Nomoi*, V 738ef.). Nicht zuletzt verlasse man sich, ebenfalls mit Aristoteles (*Politik* III 11, 1281 b25–28, 1282 b1–6), nicht primär auf Gesinnungsleistungen, sondern auf eine Wechselwirkung: daß die Bürgertugenden durch entgegenkommende Institutionen und Gesetze befördert werden, die ihrerseits durch Bürgertugenden teils entlastet, teils in ihrer Qualitäts verbessert werden.

Nach einem verbreiteten Einwand hängt die Notwendigkeit einer personalen Staatsmoral von Eigentümlichkeiten der Antike, von ihren politischen Verhältnissen oder moralischen Ansichten, ab, ist daher in der Neuzeit überholt. In Wahrheit dürfte auch das moderne Gemeinwesen von nichtinstitutionellen Erfordernissen leben. Beim neuzeitlichen Äquivalent für den antiken Herrscher, beim Inhaber öffentlicher Ämter, liegen sie sogar auf der Hand: Sowohl Richter als auch Verwaltungsbeamte, selbst Politiker sind moralischen Anforderungen ausgesetzt, die nicht, wie der moralische Skeptiker Luhmann (1993) befürchtet, funktionsunspezifisch, folglich amtsirrelevant sind. Alle drei öffentlichen Gewalten brauchen vielmehr eine funktionsunspezifische Integrität. Richter und Verwaltungsbeamte müssen unparteilich und unbestechlich sein; auch für den Herold der Marktwirtschaft, Adam Smith, ist eine unbestechliche Gerichtsbarkeit unverzichtbar (*The Wealth of Nations*, Buch V, Kap. 1.2). Und Politiker müssen als Minimum über die Bereitschaft verfügen, die Integrität demokratischer Institutionen zu achten und nicht dem persönlichen Wohl, auch nicht bloß dem ihrer Klientel, sondern dem Wohl des Gemeinwesens zu dienen (s. Höffe 1990, Kap. 3.1; auch Weber [5]1976, 505–560, Thompson 1987).

Im folgenden geht es um die andere, strittigere Seite, um die Moral der Bürger. Dabei sprechen wir bewußt von Bürgertugenden, nicht bloß Staatsbürgertugenden, da auch ein weiterreichender Gemeinsinn gefragt ist. Das Thema (einschließlich institutioneller Reformmöglichkeiten) umfassend zu behandeln, ist hier nicht der Ort. Da sie aber zur Theorie der Demokratie hinzugehört, überdies auf die globale Perspektive durchschlägt, läßt sich diese Frage nicht übergehen: Kommt die qualifizierte Demokratie mit dem Selbstinteresse ihrer Bürger aus, oder bedarf sie gewisser Bürgertugenden? Die Frage richtet sich nicht mehr auf die Legitimation und Limitation eines Gemeinwesens, sondern auf seine Errichtung, Erhaltung und Weiterentwicklung. Die auftauchenden moralischen Anforderungen widersprechen nicht etwa dem legitimatorischen Individualismus (s. Kap. 2.3). Damit die Interessen zweiter Stufe zum Tragen kommen – überhaupt oder rundum –, erweist sich nämlich eine gewisse Relativierung der Interessen erster Stufe, ein Verzicht auf das Selbstinteresse aus Selbstinteresse heraus, als unerläßlich.

Wir befassen uns nicht mit einer moralischen Begründung von Bürgertugenden, folglich nicht mit der These, es gebe eine natürliche Pflicht zu Rechtsgehorsam, personaler Gerechtigkeit und Toleranz. Wir gehen auch nicht auf Böckenfördes oft wiederholte und selten gründlich ausgewiesene Behauptung ein (1967/1991,112), der freiheitliche, säkularisierte Staat lebe von Voraussetzungen, die er selbst nicht garantieren könne. Uns genügt die Vorfrage, ob die „objektiven" Institutionen qualifizierter Demokratie einer „subjektiven" Entsprechung, der Bürgertugenden, bedürfen.

Jede einzelne von ihnen verdiente eine nähere Untersuchung. Für unsere Abrundung des Modells qualifizierter Demokratie reicht aber ein Blick in das reiche Spektrum derartiger Tugenden aus. Gemäß vier Dimensionen von Bürgersein drängen sich vier fortschreitend anspruchsvollere Tugenden auf: Für den Rechtsgenossen innerhalb weitgehend gerechter Institutionen und Gesetze braucht es einen Rechtssinn, dessen Steigerung in einer Rechtsgesinnung besteht, und zusätzlich braucht es Zivilcourage (7.2). Für die Fortbildung der weitgehend gerechten Institutionen und Gesetze, in grundlegender Weise schon für deren Einführung, ist ein Gerechtigkeitssinn vonnöten und zusätzlich, unter der heute vorherrschenden Bedingung des Pluralismus, die Toleranz (7.3). In bezug auf den eigenen Staat braucht es einen Bürgersinn (7.4) und in bezug auf die eigene Gesellschaft einen Gemeinsinn (7.5). Dazu kommen fünftens Anforderungen, die zwar generell gefragt sind, für ein hochgradig komplexes und dynamisches Gemeinwesen aber eine besondere Gestalt annehmen: Besonnenheit, Gelassenheit und Klugheit (7.6).

Die Reichweite des Themas ist nicht gering: Wo Bürgertugenden gepflegt werden, sind Gemeinwesen nicht länger lediglich der Inbegriff von Ressourcen, deren sich die Bürger zu ihren privaten Interessen bedienen oder die dafür, etwa als Rechtsschutz, den Rahmen abgeben. Die entsprechenden Personen sind zu freiwilligen Leistungen bereit und dürfen sich deshalb Bürger im emphatischen Sinn: aktive Mitgestalter, nennen. Wer sich dagegen streng an die Grenzen des Erzwingbaren hält, betrachtet die öffentlichen Gewalten bloß als Obrigkeit und sich selbst als deren Untertan. Bürgertugenden treten dieser Verkürzung entgegen und machen aus Menschen, die bislang nur Bürger im staatsrechtlichen Sinn, im politisch-sozialen aber noch Untertanen waren, jetzt zu Bürgern im vollen Verständnis.

Offenkundig schlägt diese Leistung auf die Gestalt des Gemeinwesens durch; Bürgertugenden nehmen den politischen Institutionen das Exklusivrecht. Weder die öffentlichen Gewalten noch die professionellen Vertreter des Staates haben ein Monopol auf die Sphäre des Politischen. Wo die Amtsinhaber sie mit den Bürgern teilen, wird der Staat nicht etwa geschwächt, sondern der Rest an Obrigkeitsstaatlichkeit getilgt, zugleich die Trennung von Staat und Gesellschaft relativiert. Das Ergebnis darf „Zivilgesellschaft" heißen, obwohl es eher eine *civic society*, eine Bürgergesellschaft, als eine *civil society*, eine bürgerliche Gesellschaft im Sinne von Rechts- und Staatswesen, meint. In der Bürgergesellschaft stellt sich das Gemeinwesen nicht länger als Einheit von Amtsinhabern und deren Untertanen, sondern von Freien und Gleichen dar. Die Bürger verfügen sogar ein wenig über die Doppelkompetenz des antiken Bürgers, die Fähigkeit, sowohl zu regieren als auch sich regieren zu lassen (Aristoteles, *Politik* III 4, 1277b13–16).

7.2 Rechtssinn und Zivilcourage

Die erste Bürgertugend läßt sich anhand der Trias elementarer Rechtspflichten erläutern, die, seit dem römischen Recht bekannt (vgl. *Digesten* 1,1, 10 §1; auch Cicero, *De officiis* I 16; *De legibus* I 15), das private Rechtssubjekt, nicht die öffentliche Hand betreffen. Die Rechtspflichten beginnen mit der Aufforderung „honeste vive", wörtlich „Lebe ehrenhaft", auf daß man einen guten Ruf, ein durch Wort und Tat bekundetes Ansehen, habe. Die Gesellschaft kann dafür durchaus mehr fordern, etwa herausragende Leistungen, zumindest Besonnenheit, Tapferkeit und Freigebigkeit. Für das Recht reicht aber die Anerkennung der Gesetze und rechtserheblichen Sitte aus. Die erste Rechtspflicht verlangt lediglich, sich nichts zuschulden kommen zu lassen; in bewußter Bescheidenheit begnügt sie sich mit rechtlicher Unbescholtenheit. (Zur Interpretation als Proto-Gerechtigkeit s. Kap. 3.5)

Die beiden anderen Rechtspflichten erläutern die erste. Die Maxime „neminem laede", „Verletze niemanden", verbietet nicht bloß Körperverletzungen, sondern auch Beleidigungen und generell jeden Eingriff in die Rechte eines anderen. Daß niemandem Unrecht getan werden soll, entspricht der negativen Seite der Unbescholtenheit, der Aufforderung, keine Verbote zu verletzen. Und die dritte Maxime „suum cuique relinque seu tribue", „Laß jedem das Seine bzw. teile jedem das Seine zu", betrifft die positive Seite. Erneut ist der entscheidende Ausdruck *suum* rechtlich und das zuständige Subjekt nicht als öffentliche Hand zu verstehen. Es geht nicht um die Verteilungsgerechtigkeit mit der schwierigen Anschlußfrage, worin das zuzuteilende Seine denn bestehe. Jeder Rechtsgenosse soll vielmehr das, was einem anderen zusteht, ihm auch lassen, und verabredete Leistungen sind zu erbringen.

Die drei Rechtspflichten stehen nicht auf derselben Stufe wie die gewöhnlichen Rechtsnormen. Als Rechtsgebote zweiter Stufe lassen sie den Gehalt der Normen erster Stufe offen, fordern aber zu deren Erfüllung auf; in allen drei Varianten beinhalten sie eine Generalaufforderung zu juridischer Legalität. Wer sie sich zu eigen macht und die objektive Rechtspflicht zugleich als subjektiven Grundsatz anerkennt, verfügt über die sachlich erste Bürgertugend, über die innere Bereitschaft zur Rechtskonformität. Da sie sich nur auf das Recht bezieht und vom dahinter stehenden Staatswesen absieht, bedeutet sie noch keine genuin „politische" Verpflichtung, noch keine Staatsbürger-, sondern bloß eine Rechtsbürgertugend. Sie ist die zum Persönlichkeitsmerkmal gewordene Anerkennung des Rechts, die Haltung der Rechtstreue.

Bei der Rechtstreue fallen von den drei Tugendstufen die ersten beiden zusammen: Wer sich grundsätzlich jeder Rechtsübertretung enthält und sowohl die Gebote als auch die Verbote beachtet (erste Stufe), erfüllt zugleich alles, was das Recht nur verlangt (zweite Stufe). Trotzdem ist eine Steigerung denkbar. Wer nur deshalb rechtskonform lebt, weil er angenehmer, leichter und erfolgreicher, kurz: glücklicher leben will, handelt aus einem höherstufigen Selbstinteresse, dem am eigenen Glück. Es liegt keine genuin moralische, sondern nur eine pragmatische bzw. prudentielle Tugend vor. Wer allein deshalb rechtskonform lebt, weil er aufgrund hoher Ängstlichkeit fürchtet, „erwischt" und bestraft zu werden, handelt zwar aus eigener Ängstlichkeit, also aus sich heraus, aber trotzdem nicht im emphatischen Sinn frei. Selbst wenn ihm die Rechtstreue zur zweiten Natur geworden ist, begnügt er sich mangels einer genuinen Rechtsgesinnung mit deren Vorstufe, dem schlichten Rechtssinn.

Erst eine Rechtstreue höherer Stufe ist zu einer „Tiefenanerkennung", zur Anerkennung des Rechts, weil es geltendes Recht ist, und nicht nur, weil andernfalls Strafen drohen, bereit. Diese Bereitschaft allein steigert aber noch nicht den moralischen Charakter. Denn nicht alles geltende Recht verdient Rechtsgehorsam; im Gegenteil gibt es extrem ungerechte Gesetze. Schon Cicero hält es für einen Gipfel der Torheit zu glauben, alles, was in Institutionen oder Gesetzen der Völker festgelegt werde, sei gerecht; denn es gebe doch auch Tyrannen (*De legibus* I 15). Eine vorbehaltlose Rechtstreue läuft auf die moralisch bedenkliche Haltung eines autoritätsgläubigen Legalismus hinaus. Zu mehr als einer Untertanentugend, zu einer wirklichen Bürgertugend, wird sie erst dort, wo sie sich auf eine im großen und ganzen gerechte Rechtsordnung bezieht und im Wissen um ihren moralischen Rang die Rechtsordnung als solche, ohne Rücksicht auf weitere Beweggründe anerkennt. Hier steigert sich der schlichte Rechtssinn, die Rechtstreue aus irgendwelchen Gründen, zum vollen und genuinen Rechtssinn, zur Rechtsgesinnung oder juridischen Moralität. Die Antriebskraft dazu bildet eine moralische Selbst- und Fremdachtung.

Richtet sich die Rechtskonformität auf das positive Recht zweiter Stufe, die Verfassung, so beläuft sie sich auf den sogenannten Verfassungspatriotismus (s. Kap. 7.3). Auch er tritt in zwei Stufen auf. Der schlichte Verfassungspatriotismus, die einfache Verfassungstreue, bedeutet eine Verfassungskonformität aus irgendwelchen Gründen, die Achtung der Verfassung wegen ihres (rechts-)moralischen Ranges eine Verfassungsmoralität. Deren Antriebskraft liegt ebenfalls in einer moralischen Selbst- und Fremdachtung.

Die moralisch anspruchsvollere Rechtstreue verweigert sich der vorbehaltlosen Zustimmung geltenden Rechts. Als ein „Rechtssinn unter Vorbehalt elementarer Gerechtigkeit" steht sie im Gegensatz zum „autoritätsgläubigen Rechtssinn" und kann „aufgeklärter Rechtssinn" heißen. Dieser tritt den Institutionen und Gesetzen einer qualifizierten Demokratie mit einem Vertrauensvorschuß entgegen. Die Beweislast, daß eine Politik oder ein Gesetz massiv ungerecht sind, lädt er sich selbst auf, zumal dort, wo sie seine momentanen Interessen beeinträchtigen und er deshalb zur Parteilichkeit neigt. Gleichwohl hält er eine massive Ungerechtigkeit nicht nur in Einzelfällen für möglich – hier steht ihm der Rechtsweg offen –, sondern selbst auf Gesetzesebene. Bloß dafür und erst, wenn die legalen Mittel der Opposition ausgeschöpft sind, und auch dann nur unter strengen, sowohl objektiven als auch subjektiven Kautelen behält er sich den (staats-)bürgerlichen Ungehorsam vor. (Zur weitläufigen Debatte s. Bedau 1969, Rawls 1971, §§ 53–59, Höffe 1981, Kap. 8, Glotz 1983.)

Wer sich auf den bürgerlichen Ungehorsam einläßt und selbst gegen eine überwiegende Mehrheit Widerspruch anmeldet, braucht eine weitere Bürgertugend, die Zivilcourage. Im Obrigkeitsstaat ist sie als „Mut vor Königsthronen" gefragt. Dieses Pathos steht ihr in der qualifizierten Demokratie nicht an. In Zeiten und Gruppen, in denen man sich etwas rasch auf bürgerlichen Ungehorsam beruft, kann die Zivilcourage sogar auf der Gegenseite erforderlich sein: beim Einspruch gegen die leichtfertige Berufung auf angeblich massive Ungerechtigkeit. Der bürgerliche Ungehorsam ist nämlich eine Art von „Grenztugend". Keineswegs besteht er in jener modischen „Widerstandskultur", die den Unterschied zum Widerstand in einer Diktatur verwischt und den Ausnahmecharakter bürgerlichen Ungehorsams mitsamt seinen strengen Kautelen unterschlägt.

Für die bloße Erhaltung des Rechts- und Staatswesens ist die genuine Rechtsgesinnung nicht unabdingbar; die einfache Rechtstreue reicht aus. Selbst über sie müssen nicht alle Bürger verfügen; denn die öffentlichen Gewalten stellen sich auf die Möglichkeit mangelnder Rechtskonformität ein. Wo aber nicht die überwiegende Zahl in den allermeisten Fällen rechtskonform lebt, stoßen die Kapazitäten der Rechtsdurchsetzung an Grenzen. Selbst wenn man den personellen und finanziellen Aufwand für die Rechtssicherheit steigert, werden nicht bloß die Mittel von konstruktiven Aufgaben abgezogen. Die Kapazitätssteigerung hat auch Grenzen, schränkt überdies die Liberalität des täglichen Lebens ein. Bei mangelnder Selbstbindung auf seiten der Bürger sinkt ihre Rechtssicherheit; und weder die Gerichte noch der Strafvollzug kommen ihren Aufgaben angemessen nach. (Die Rechtssicherheit ist freilich ein komparativer Begriff. Etwas, das in vielen Vierteln US-amerikanischer Städte sich schon einem Selbstmord annähert, ist in japanischen Großstädten durchaus möglich: daß Frauen sich auch des Nachts allein auf der Straße oder in Parks bewegen.)

Als nur pragmatische Rechtstugend hat selbst der aufgeklärte Rechtssinn nichts mit Solidarität und kaum etwas mit Altruismus zu tun; zugrunde liegt ein Bewußtsein von Recht und Unrecht: Im Rahmen eines im großen und ganzen gerechten Rechtswesens gestaltet man, unbeirrt von kurz- oder langfristigen Interessenabwägungen, das eigene Leben rechtskonform.

7.3 Gerechtigkeitssinn und Toleranz

1. In der Demokratie ist der Bürger nicht bloß Untertan des Rechts, sondern auch dessen Obrigkeit. Er ist dem Recht nicht bloß unterworfen, sondern auch, vermittelt oder direkt, Mitglied der das Recht setzenden Instanz, der Gesetzgebung. Diese soll nach ihrem rechtsmoralischen Auftrag der Gerechtigkeit zur Wirklichkeit verhelfen. In der tatsächlichen Politik entscheidet aber die Macht, beispielsweise als Fähigkeit, andere Interessen gegeneinander auszuspielen, oder als Fähigkeit, Medien zu beherrschen, sei es politisch, sei es intellektuell oder emotional. Die Macht kann zwar im Dienst einer partikularen Interpretation von Gerechtigkeit stehen, oft genug vertritt sie aber schlicht partikulare Interessen. Dem tritt ein *Gerechtigkeitssinn* entgegen.

Ein Laissez-faire-Liberalismus verdrängt das Problem. Er hält nämlich erstens jedes Interesse für organisierbar, nimmt zweitens an, aus der Konkurrenz organisierter Interessen entstehe ein Machtgleichgewicht, das sich von keinem unabhängigen Gerechtigkeitsmaßstab beurteilen lasse. Infolgedessen könne sich, drittens, der Staat auf die Aufgabe eines Schiedsrichters beschränken. In Wahrheit verstehen es gewisse Interessen und Überzeugungen besser, sich in Verbänden zu organisieren, in Lobbies wirksam zu werden und zusätzlich in den Medien präsent zu sein, was ihnen ein überproportionales Gewicht verleiht. Auf diese Weise entsteht ein Phänomen, das im Gegensatz zur üblichen, quantitativen Form als qualitative Mehrheit und qualitative Minderheit bezeichnet werden kann.

Eine Gruppe ist dann eine qualitative Mehrheit, wenn sie im Verhältnis zu ihrer Mitgliederzahl entweder in den Medien oder in der Politik oder bei den staatlichen Subventionen, vielleicht sogar in allen drei Dimensionen *weit* überproportional berücksichtigt wird. Umgekehrt liegt dort eine qualitative Minderheit vor, wo die Berücksichtigung weit geringer als die Zahl der Mitglieder ausfällt. Derartige Ungleichgewichte sind vor allem beim Vergleich thematisch ähnlicher

Gruppen bedenklich, beispielsweise wenn man Religionsgemeinschaften miteinander und nicht mit Industriezweigen oder Sportvereinen vergleicht und auf ganz erhebliche Unterschiede stößt.

Nach der Logik kollektiven Handelns gibt es für qualitative Mehr- und Minderheiten nicht bloß kontingente, sondern auch strukturelle Gründe (schon Olson 1965). Die Interessen von Kindern und kinderreichen Familien beispielsweise pflegen in der Politik zu kurz zu kommen. Und bei Finanzknappheit zieht die öffentliche Hand in der Regel die gegenwartsorientierten, „konsumtiven" Ausgaben, also die für Rechtssicherheit und Sozialhilfe, für das Gesundheitswesen, die Renten, nicht zuletzt die Schuldentilgung, weniger in Mitleidenschaft als die zukunftsorientierten, „investiven" Ausgaben für Bildung, Forschung, Infrastruktur und den Schutz der Umwelt. Infolgedessen läuft man Gefahr, die Gegenwart zu bevorzugen und gegen die Gerechtigkeit für zukünftige Generationen zu verstoßen (vgl. Barry 1983, Leist 1991, auch Höffe [3]1995, Kap. 11).

Zusätzlich macht sich im Verteilungskampf der Gruppen und Verbände eine gefährliche Angstkonkurrenz breit, deren Grundmuster wir von Hobbes (*Leviathan*, Kap. 13) kennen: Wegen der Gefahr, andernfalls der Schwächere zu sein und sich dann dem Stärkeren als Beute darzubieten, zwingt die Konkurrenz, nach immer mehr Macht zu streben. Nicht nur aus Habgier und zusätzlich aus Neid ruft man in einer Verbände- und Mediendemokratie immer lauter nach immer mehr. Aus der objektiv berechtigten Angst, anderenfalls im Verteilungskampf als die Dummen dazustehen, können weder Individuen noch Verbände einseitigen Verzicht üben; im Gegenteil müssen sie übertriebene Forderungen stellen.

Aus der Verbindung der Angstkonkurrenz mit der unterschiedlichen Fähigkeit zum Lobbyismus folgen Verzerrungen, die dem Grundprinzip der Demokratie „Jedem Bürger das gleiche Gewicht" eklatant widersprechen. Nun gibt es durchaus institutionelle Gegenmaßnahmen; weil sie allein aber nicht ausreichen, braucht es auch ein personales Korrektiv: einen Gerechtigkeitssinn. Zunächst wäre er bei Verbänden gefragt, die sich aufgrund besonderer Umstände oder aus strukturellen Gründen eines Übergewichts erfreuen; zum Ausgleich müßten sie sich selbst einschränken. Insofern diese Forderung ein frommer Wunsch bleibt, ist der Gerechtigkeitssinn der Medien gefragt: daß sie nicht gewisse Interessen über Gebühr, andere zu wenig berücksichtigen. Vor allem braucht es den Gerechtigkeitssinn bei Politikern.

Richter, die mit Privatinteressen involviert sind, werden wegen Befangenheit abgelehnt. Abgeordnete dagegen sollen zwar als Volksvertreter keinen partikularen Interessen dienen. Trotzdem werden sie nicht abgelehnt, wenn sie lieber Gruppeninteressen als das Gemeinwohl verfolgen, sondern finden oft genau deshalb Stimme und Zustimmung. In Sachfragen dienen sie ihrer Klientel, den entsprechenden Wählerschichten, in Personalfragen ihrer Gefolgschaft („verdienten Parteigenossen"). Und ein Blick auf die „Niederungen" der Wirklichkeit sieht mehr und mehr, wie attraktive Posten – Rundfunkräte, hohe Richterstellen ... – nicht bloß unter den Parteien ausgehandelt, sondern an ihnen nahestehende Personen vergeben werden. Bedenklich ist auch, daß sich in Parlamenten die gesellschaftliche Wirklichkeit nicht annähernd widerspiegelt; Juristen, Lehrer und Verbandsfunktionäre sind weit überrepräsentiert. Zweifellos folgen Abgeordnete Verfahrensregeln; auch halten sie in glücklichen Stunden diskursähnliche Debatten. Weil aber auch sie Interessen verfolgen, ist der Gerechtigkeitssinn derjenigen gefragt, aus denen sich die Klientel letztlich zusammensetzt, also der Bürger.

Schon beim einzelnen, bloß für sich genommen, läßt sich von Gerechtigkeit sprechen. Sie besteht in der Fähigkeit und Bereitschaft, den verschiedenen Interessen und Phasen des eigenen Lebens gleichermaßen Gerechtigkeit widerfahren zu lassen. Eine derartige „Gerechtigkeit gegen sich" ist aber als Verbindung einer individuellen Besonnenheit mit Klugheit keine Gerechtigkeit im üblichen Verständnis einer Pflicht gegen andere. Für das Gemeinwesen kann sie jedoch gerechtigkeitsrelevant werden: Bürger, die sich bewußt machen, daß ihre Interessen über die eines gewissen Verbandes und die einer bestimmten Lebensphase weit hinausreichen, steuern einem allzu krassen Verbandsegoismus entgegen. „Ihrem" Verband erlauben sie weder ein exklusives Beharren auf engen Partikularinteressen noch im Konzert der Verbände eine Übermacht. Vielleicht gelingt es diesen Bürgern sogar, bei Wahlen und Abstimmungen nicht nur auf momentane Interessen zu achten. Ein derartiges Verhalten geht aber nur so weit, wie das zwar langfristige, aber eigene Interesse reicht.

Ein anspruchsvoller, genuiner Gerechtigkeitssinn ist mindestens in drei Tätigkeitsfeldern gefragt: *Erstens* braucht es ihn bei der Errichtung eines im großen und ganzen gerechten Gemeinwesens. Zu diesem Zweck sind Privilegien abzuschaffen und alle Bürger als frei und gleich anzuerkennen, wofür, soll es nicht zu Gewalt kommen, die Privilegierten selber die Hand reichen müssen. Auf gerechte Verfassungsprinzipien gerichtet, ist der hier vorausgesetzte Gerechtigkeitssinn ein *konstitutioneller Gerechtigkeitssinn.* Dort, wo gewaltsame Revolutionen stattfinden, ist nicht bloß die Courage der Aufständischen zu bewundern, sondern auch bei den Herrschenden ein Mangel an konstitutionellem Gerechtigkeitssinn zu beklagen.

Zweitens ist der Gerechtigkeitssinn innerhalb eines im großen und ganzen gerechten Gemeinwesens gefragt: teils bei der Fortentwicklung seiner Institutionen, teils bei einer Gesetzgebung, die den Verfassungsgrundsätzen unter wechselnden Randbedingungen zu konkreter Wirklichkeit verhilft; und vor allem braucht es ihn bei der Verteilung der öffentlichen Ausgaben. Die jeweils erforderliche Einstellung kann pars pro toto *legislatorischer Gerechtigkeitssinn* heißen. Auch wenn sich in der zwar rechtsförmigen, aber empirischen Selbstorganisation der Gesellschaft keine reine Gegenwart der Gerechtigkeit erwarten läßt, sollen die partikularen Interessen nicht überhand nehmen (vgl. v. Arnim 1977), wofür ein gewisses Maß an legislatorischem Gerechtigkeitssinn unerläßlich ist. Primär braucht es ihn auf seiten der Abgeordneten, einschließlich ihrer Organisationsform, der Parteien und Fraktionen. Weil Politiker aber eher an Macht, Machterhalt und Wiederwahl zu denken pflegen, ist auf den legislatorischen Gerechtigkeitssinn der Bürger und zusätzlich den der Medien zu hoffen.

Schließlich ist ein *applikativer Gerechtigkeitssinn* zur Anwendung von Recht und Gerechtigkeit auf Einzelfälle gefragt. Der bloße Rechtssinn hat nämlich im privaten, einschließlich wirtschaftlichen Bereich keine Hemmung, alle Schlupflöcher geltenden Rechts zu den eigenen Gunsten auszunützen. Ein derartiges Verhalten benachteiligt die einfachen Bürger im Verhältnis zu denen, die sich hochprofessionialisierten Rechtsbeistand leisten können. (Rechtsschutzversicherungen steuern allerdings dieser Ungleichheit entgegen.) Ein applikativer Gerechtigkeitssinn bewahrt nun vor einer allzu krassen Vorteilsnahme. Geschieht dies bloß um des guten Namens willen, so bleibt er auf der pragmatischen Stufe stehen. Ein genuiner applikativer Gerechtigkeitssinn ist dagegen auch dort zu Verzichten bereit, wo man keinen noch so subtilen Vorteil erwartet. Die Antriebskraft dazu liegt wieder in einer moralischen Selbstachtung.

Da eine Konkurrenzgesellschaft auf moralische Selbstachtung nicht bauen kann, hat sie ein kollektives Selbstinteresse, sich so zu organisieren, daß der einfache, pragmatische Gerechtigkeitssinn genügt. Für diese Selbstorganisation gibt es zwar keine Patentrezepte, aber zwei Leitaufgaben, die nach entsprechenden institutionellen Reformen verlangen: Die Institutionen müßten der Anonymisierungstendenz entgegenwirken, sich ein Element persönlicher Beziehung bewahren und zugleich ein Ethos schaffen, das dem pragmatischen Gerechtigkeitssinn nicht bloß einen Nährboden bietet, sondern ihn auch „imagemäßig" prämiert. Und die Gerichte müßten bei der Auslegung der Gesetze jenen Spielraum erhalten und auch nutzen, der im Namen übergeordneter Rechtsbegriffe, wie etwa der guten Sitten (vgl. für Deutschland § 138 BGB, für Österreich § 879 ABGB) und der Billigkeit, dem mißbräuchlichen Ausnutzen von Schlupflöchern entgegentritt. Denn vor allem Gerichte müssen den applikativen Gerechtigkeitssinn pflegen; sie dürfen dann allerdings nicht Politik machen wollen.

2. Zeitgenössische Gesellschaften zeichnen sich durch ein Neben- und Gegeneinander von verschiedenen Optionen aus. Deren Anerkennung als gleichberechtigt verlangt nach einer spezifischen Art von Gerechtigkeitssinn, nach *Toleranz*. Ihre Anwendungsbedingung, der Pluralismus, hat in der im Westen vorherrschenden Form viele Eltern: Auf die konfessionelle Spaltung folgt das Interesse an freiem Handel und Gewerbe, auf beides die philosophische Idee der Toleranz; wichtig sind auch die bürgerliche und die industrielle Revolution, in Deutschland weiterhin Flucht und Vertreibung, neuerdings, wieder generell, die großen Wanderbewegungen (Migrationen). Aus diesen Faktoren geht eine Vielfalt hervor, die ihrerseits vielfältig ist: eine Pluralität nicht bloß der Bekenntnisse und Religionen (religiöser Pluralismus), sondern auch der gesellschaftlichen Gruppen samt ihrer Lebensstile (sozialer Pluralismus) und der zugrundeliegenden Wertvorstellungen (Wertpluralismus). Und vor allem gibt es eine Fülle politikbestimmender Kräfte (politischer Pluralismus). Der zusätzlich mögliche wissenschafts- und philosophietheoretische Pluralismus (vgl. William James 1908 und Max Scheler ^{2}1960, 25 f.), ist dagegen hier nicht entscheidend. (Zur Diskussion um den Pluralismus s. Fraenkel ^{7}1979, Kelso 1978, Nuscheler/Steffani 1972, Oberreuter 1980, Schwan 1981, auch Höffe 1988, 105–113.)

Die Verbindung von Pluralismus und Toleranz wird übrigens nicht von der europäischen Neuzeit erfunden; bekannt ist sie schon der Antike. Das vorchristliche Rom beispielsweise erlaubt den besiegten Völkern, ihre eigenen Kulte auszuüben, sogar sie zu verbreiten. Und schon vorher, im Reich Alexanders, lebt eine Fülle von Religionen und Konfessionen im wesentlichen friedlich nebeneinander. Als US-Amerikaner kann Rorty (1988, 90) stolz darauf sein, daß einer der Gründungsväter seiner politischen Kultur, Thomas Jefferson, die Probleme hinsichtlich Dreifaltigkeit und Transsubstantiation für politisch irrelevant hält. Diese politische Neutralisierung religiöser Kontroversen ist aber weder einmalig noch, wie Rorty annimmt, an eine postkonventionelle Aufklärung gebunden. Nach dem neutestamentlichen Prinzip „Gebt dem Kaiser, was des Kaisers, und Gott, was Gottes ist" (Mt 22,21 u. ö.) können Religion und Politik konfliktfrei koexistieren. Erst wenn sich die eine Seite als für die andere Seite zuständig erklärt und die Religion politische oder die Politik religiöse Ansprüche erhebt, ist Streit vorprogrammiert.

Die heute vorherrschende Vielfalt ist nicht bloß ein empirisches Merkmal, sondern hat auch einen offensichtlichen Wert: Der Pluralismus vermag einen größeren Reichtum menschlicher Möglichkeiten auszuweisen, als es Individuen und homogene Gruppen können. Dabei muß er nicht in einen Relativismus übergehen und behaupten, jede Lebensform enthalte die gleichen Chancen zu humaner Selbstverwirklichung. Aus Anerkennung der Menschen als selbstverantwortlicher Personen und mündiger Bürger bestreitet er aber jeder zwangsbefugten Institution das Recht, bestimmte Lebensformen festzulegen. Der Pluralismus räumt den unterschiedlichsten Menschen die Freiheit auf ihre eigene Lebensform ein und verbindet diese Freiheit, indem er sie allen gewährt, mit Gerechtigkeit. Selber kein Wert an sich, kein Selbstzweck, legitimiert sich der Pluralismus aus dem gleichen Recht auf Freiheit. Weil dessen Prinzipien, die Menschenrechte, die Freiheit nicht bloß schützen, sondern auch einschränken, ist der Pluralismus jedoch ein nur begrenzt tauglicher, er ist ein einseitiger, undialektischer Begriff: Er hebt die Freiheit ohne deren Grenzen hervor, die Vielfalt ohne die Rahmen-Einheit und die Konkurrenz ohne die mannigfache Kooperation.

Die Gesellschaften (West-)Europas haben die pluralistische Koexistenz zwar sehr langsam gelernt, sind auch heute gegen Rückschläge nicht gefeit, sehen sich überdies mit jener Verschärfung des Problems konfrontiert, das unter dem Stichwort „Multikulturalität" diskutiert wird. Im Prinzip haben sie die Lektion aber gelernt, wie sie in der Reaktion auf Rückschläge zeigen: Funktionierende Rechtsstaaten nehmen Verletzungen des gleichen Rechts auf Freiheit in aller Schärfe, aber auch Nüchternheit als Rechtsverstöße wahr.

Mit dem Pluralismus als Lebenselixier für Freiheit und Gerechtigkeit ist erst ein Teil des Themas angesprochen. Für jenen Pluralismus, der den einen in die katholische, einen anderen in die evangelische

Kirche, den dritten in die Synagoge und den vierten in die Moschee gehen läßt, braucht es heute keine großartigen Koexistenzfähigkeiten mehr. Den Rahmen gibt die qualifizierte Demokratie vor; und die Bürgertugend, die den Rahmen mit Leben erfüllt, ist eine Toleranz der schlichten Form, das Gelten- und Gewährenlassen fremder Eigenart: eine *passive Toleranz*.

An deren geschichtlichem Beginn stehen durchaus pragmatische Gründe: sowohl kollektive als auch persönliche Interessen. Der Blutzoll der konfessionellen Bürgerkriege ist enorm; in verarmten Ländern Hugenotten aufzunehmen, die Handel und Gewerbe beleben, dient dem Wohlstand; und Staaten wie die USA wollen ausdrücklich religiös verfolgten Minderheiten eine Heimstatt ermöglichen; und weil sich unter den Menschen Unterschiede in den Bedürfnissen, Interessen und Talenten finden, außerdem niemand gegen Irrtümer, Vorurteile und Fehler gefeit ist, gehört die passive Toleranz zu den Bedingungen eines zivilisierten Umgangs miteinander. Zu ihren Gunsten spricht also schon das aufgeklärte Selbstinteresse.

„Toleranz", schreibt Goethe, „sollte eigentlich nur eine vorübergehende Gesinnung sein: sie muß zur Anerkennung führen. Dulden heißt beleidigen" (*Maximen und Reflexionen*; zu Goethe über Toleranz s. auch den *Brief des Pastors zu *** an den neuen Pastor zu ****, 1772). Zu Recht fordert Goethe mehr als ein Dulden, das Mehr kann freilich ebenfalls „Toleranz" genannt werden, bezeichnet dann aber die anspruchsvollere, aktive und kreative Form. Die *aktive Toleranz* läßt den anderen nicht bloß gewähren; ohnehin wird es vom Gesetz verlangt. Sie bejaht aus freien Stücken des anderen Lebensrecht, Freiheit und Entfaltungswillen. Allerdings setzt sie voraus, was mancherorts abhanden kommt: in der Lebensweise und den Überzeugungen ein eigenes Profil. Aktive Toleranz meint kein Feigenblatt, hinter dem sich moralische Indifferenz und intellektuelle Schwäche verbirgt, keine „standpunktlose", sondern eine „authentische Toleranz". (Zur Diskussion um die Toleranz s. Becker 1996, Heitmeyer 1996, Fetscher 1990, Lutz 1977, Püttner 1977, Rahner 1977, Schultz 1974, Walzer 1997, Thierrey 1997, Wolff/Marcuse/Moore 1965, auch Höffe 1988, 113–124.)

Die aktive und zugleich authentische Toleranz baut auf einem Bewußtsein des eigenen Werts, auf Selbstschätzung bzw. Selbstwertgefühl auf: auf Ich-Stärke und Gruppen-Stärke, die freilich auf jedes Gefühl der Überlegenheit verzichten. In der Würde und Freiheit jedes Menschen gegründet, verbindet sie die Fähigkeit zur eigenen Andersartigkeit mit der Anerkennung des anderen als gleichwertig. Wer tolerant ist, verfügt über innere Freiheit. Er sucht nicht länger ein Leben, das auf gewaltsame Bekehrung oder aber Überwindung des Gegners angelegt ist, vielmehr ein Miteinander auf der Grundlage von Ebenbürtigkeit und Verständigung. Dazu gehört eine (nicht bloß intellektuelle) Neugier auf den Anderen und das Andere und die Bereitschaft, sich in fremde Eigentümlichkeiten: Anschauungen und Lebensweisen, einzufühlen. Da auch die Toleranz kein Selbstzweck ist, endet sie dort, wo ihre Legitimationsgrundlage verletzt wird: die in den Menschenrechten sichtbare Freiheit und Würde des Menschen.

Aus zwei Gründen kann es an Toleranz fehlen: Immer noch gibt es Gruppen, die eine Überzeugung alleinseligmachender Wahrheit mit dem Anspruch auf eine aggressive Missionierung und der Bereitschaft zur Gewalt verknüpfen. Die Tatsache, daß es im politischen Spektrum neben der Mitte auch Links und Rechts gibt und im religiösen Spektrum Liberale und Orthodoxe, wirft keine ernsten Schwierigkeiten auf, wohl aber, daß eine Gruppe, welcher Überzeugung auch immer, sich das Privileg der Gewalt herausnimmt. Es sind jene teils religiösen, teils politischen „Fundamentalisten", die im europäischen Christentum glücklicherweise so gut wie ausgestorben sind, aber in einigen anderen Religionen, überdies im Politischen fortleben. Den entsprechenden Gruppen, die besser „gewaltbereit" als „fundamentalistisch" heißen, ist der Gewaltverzicht nicht bloß zuzumuten, sondern sogar abzuverlangen. Liberale Gesellschaften sind oft selbst gegen nichtliberale Gruppen tolerant; Gewalt tolerieren sie aber nicht. Der darauf bezogene Gerechtigkeitssinn engagiert sich gegen die Feinde der qualifizierten Demokratie und führt analog zum aufgeklärten Rechtssinn zu einer Toleranz unter dem Vorbehalt, daß es keine gewaltbereite Missionierung geben darf. Nennen wir sie die „aufgeklärte Toleranz".

Anderen Gruppen fehlt es an Toleranz nicht aufgrund eines gewaltbereiten Missionierungswillens, sondern weil es ihnen an Ich-Stärke mangelt. Hier sollte man sich nicht in moralischer Entrüstung gefallen, sondern den Ursachen mangelnden Selbstwertgefühls entgegentreten. Dann dürfte geschehen, was heute bei den meisten geschieht: Die Toleranz erwächst „wie von selbst".

Mit dem Stichwort „duty of civility", einer Pflicht zur Staatsbürgerlichkeit, macht Rawls in seinem zweiten Hauptwerk, *Political Liberalism* (1993, lect. VI, § 2), auf eine staatstheoretisch noch grundlegendere Verbindlichkeit aufmerksam: auf die Aufgabe, trotz grundverschiedener Weltanschauungen zu einer gemeinsamen Politik und

Gesetzgebung zu finden. Insofern es dabei auch auf das Recht ankommt, aus einer anderen Weltanschauung heraus zu leben, gehört zu Rawls' Pflicht ein Moment von *staatsbürgerlicher Toleranz*. Rechtfertigen läßt sie sich mit folgender Überlegung:

In Anerkennung des Rechts aller Mitbürger, eigene Überzeugungen auszubilden; im Wissen um die Gefahr, daß man dabei Irrtümern oder Vorurteilen aufsitzen kann; und im Wissen, daß man trotz konkurrierender Ausgangsüberzeugungen schließlich zu einer verbindlichen Entscheidung kommen muß, soll jeder Bürger fähig und bereit sein, die eigenen Überzeugungen zur Diskussion, gegebenenfalls auch zur Disposition zu stellen. Freilich kommt es nicht auf alle Überzeugungen, sondern lediglich auf die für eine gemeinsame Rechtsordnung belangvollen an. Wo sich die Bereitschaft zu einer Haltung festigt, liegt erneut eine Bürgertugend, eben staatsbürgerliche Toleranz, vor.

Wird diese Tugend lediglich aus strategischen oder pragmatischen Gründen entwickelt, etwa weil man aus Selbstinteresse nicht als Demokratiegegner dastehen will, läßt sie die Demokratie genau dann im Stich, wenn sie der staatsbürgerlichen Toleranz am meisten bedarf: in Zeiten wachsender Demokratieverdrossenheit. Infolgedessen bedarf es einer mehr als nur pragmatischen Grundlage. Die entsprechende staatsbürgerliche Toleranz gehört zu den Bedingungen, die eine pluralistische Demokratie ermöglichen. Für einen genaueren Begriff empfiehlt sich, drei Stufen zu unterscheiden:

Die unterste Stufe, eine *legalistische* Kompetenz, besteht in der Fähigkeit und Bereitschaft, sich an die geltenden Gesetze einer pluralistischen Demokratie zu halten. Sie entspricht der ersten Bürgertugend, dem Rechtssinn. Die zweite Stufe, eine *deliberative* Kompetenz, ist fähig und bereit, zu den innersten Überzeugungen auf Distanz zu gehen und aus dieser Distanz zu diskutieren. Die dritte und höchste Stufe, eine *dispositive* Kompetenz, ist sogar bereit, die entsprechenden Überzeugungen zur Disposition zu stellen und gegebenenfalls aufgrund wohlüberlegter Argumente zu verändern.

Offensichtlich bewegt sich der ideale Bürger einer pluralistischen Demokratie auf der dritten Stufe, verfügt also über die volle staatsbürgerliche Toleranz. Trotzdem darf sie nicht eingefordert werden. Im Gegensatz zu einem autoritären Staat verlangt eine qualifizierte Demokratie von ihren Bürgern nicht, den innersten Kern ihrer Überzeugungen – immerhin den Inhalt ihres Gewissens – zur Disposition zu stellen. Sie fordert nicht einmal die zweite Stufe der staatsbürgerlichen Toleranz: daß jeder über seine innersten Überzeugungen offen diskutiere. Allenfalls richtet sie sich auf eine nur schwache deliberative Kompetenz: daß jeder bereit ist, mit sich und guten Freunden zu Rate zu gehen. Selbst das darf aber nicht erzwungen, nicht einmal verlangt, wohl aber erhofft werden. Verlangen darf man jedoch, öffentlich keine Überzeugungen zu vertreten, die den Grundlagen der qualifizierten Demokratie widersprechen oder gar zu Gewalt aufrufen. Dem derart radikalen Gegner qualifizierter Demokratie darf man nicht bloß, sondern muß man Widerstand leisten.

Pluralistische Gesellschaften kämpfen noch mit der gewöhnlicheren Schwierigkeit, daß die verschiedenen Gruppen Einfluß suchen, nämlich Aufmerksamkeit in den Medien, Mitsprache in der Politik und Subventionen vom Staat. Und weil in allen drei Dimensionen Knappheit herrscht, kämpft jede Gruppe um einen möglichst großen Anteil, was das genannte Problem der qualitativen Mehr- und Minderheiten schafft und nach einem korrigierenden Gerechtigkeitssinn verlangt. Pluralistische Gesellschaften brauchen nicht bloß Toleranz und Kompromißfähigkeit, sondern – in Analogie zur Bekämpfung von ökonomischen Oligopolen und Kartellen – die Fähigkeit, im Namen der Gerechtigkeit Macht und Einfluß gewisser Gruppen zu bändigen und den anderer zu stärken.

7.4 Staatsbürgersinn

Die bisherigen Bürgertugenden betreffen im wesentlichen erst die Form der qualifizierten Demokratie, noch kein individuelles Exemplar in seiner Individualität. Nun gibt es keine Demokratie, es sei denn in individueller Konkretion. Diese ist erst dann lebensfähig, wenn man sich aufgrund einer weiteren Bürgertugend, eines Bürgersinns, für Bestand und Wohlergehen des eigenen Gemeinwesens, der eigenen Demokratie engagiert. Bei der genuin politischen Seite kann man von Staatsbürgersinn, bei der Gesellschaft und ihrer Stärkung gegenüber dem Staat von Gemeinsinn sprechen. Beide Aspekte zusammen belaufen sich in etwa auf das französische Verständnis von citoyenneté: auf die Zugehörigkeit zu einem Gemeinwesen, das die Bereitschaft einschließt, Verantwortung zu übernehmen.

Nach einem verbreiteten Vorurteil widerspricht der aufs eigene Gemeinwesen bezogene Bürgersinn einer universalistischen Moral. In Wahrheit ist die hier zuständige Pflicht, die zur Hilfsbereitschaft, universal: uneingeschränkt und vorbehaltlos für jeden Menschen, gültig, schließt aber Prioritäten nicht aus. Und dafür gibt es sogar universalistische Kriterien. Ein erstes Kriterium geht vom Umstand aus, daß kein Mensch alle Not der ganzen Welt beheben kann. Deshalb liegt eine im strukturellen Sinn unvollkommene Pflicht vor: Jeder muß zur Linderung von Not beitragen, keiner aber zur Linderung der Not aller. Nun pflegen wir in bestimmten Verantwortlichkeiten zu stehen, die ihrerseits vordringliche Adressaten bestimmen: etwa den Ehepartner, die Kinder und die Eltern, auch Personen, denen wir im Beruf oder am Arbeitsplatz nahestehen. Wer Kinder in die Welt setzt und für sie nicht mehr Verantwortung übernimmt als für irgendwelche Kinder der Welt, kann sich nicht auf den Universalismus der Hilfspflicht berufen.

Nach einem zweiten Gesichtspunkt bilden die prioritären Adressaten der Hilfspflicht mit dem Helfenden eine Solidargemeinschaft. Ihr gegenüber sind die Verantwortlichkeiten auch deshalb vorrangig, weil der Helfende nicht bloß Gebender, sondern zu anderer Zeit auch Nehmender ist. Wer nicht hilft, wenn er „an der Reihe" wäre, ist Trittbrettfahrer einer Solidargemeinschaft. Freilich gibt es als dritten Gesichtspunkt die Größe der Not. Ihretwegen ist die geringere Not eines Nahestehenden mit der größeren Not eines Fernstehenden abzuwägen. Viertens sind andere moralische Pflichten zu beachten; im Namen der Hilfsbereitschaft, einer verdienstlichen Mehrleistung, darf man keine (geschuldeten) Rechtspflichten verletzen, insbesondere niemanden umbringen.

Ähnliches gilt für den Staatsbürgersinn. Wie man für die eigene Familie mehr Verantwortung trägt als für fremde Familien, so auch für das eigene Gemeinwesen mehr als für ein fremdes, da auch hier eine Gemeinschaft des Gebens und Nehmens, eine Solidargemeinschaft, vorliegt (s. Kap. 6.3). Es versteht sich, daß man ihretwegen keine fremden Rechte verletzen darf. Eine Haltung, die dieser Bedingung genügt, ist universalisierbar. Sprachräume, die die Ausdrücke „Patriotismus" bzw. „Vaterlandsliebe" noch neutral, als Engagement für das eigene Gemeinwesen, verstehen, können von einem „universalisierbaren Patriotismus" sprechen. Gemäß den verschiedenen Gesichtspunkten liberaler Demokratie tritt er in verschiedenen Formen auf:

Die *erste* Form liegt auf der Hand. Damit die Demokratie überhaupt stattfindet, muß der Souverän, die Bürgerschaft, über einen *formal- und minimaldemokratischen* Staatsbürgersinn verfügen und zur elementaren Teilhabe bereit sein, in der repräsentativen Demokratie zur Teilnahme an den Wahlen und Abstimmungen.

Eine *zweite* Form nimmt den Subsidiaritätsgedanken und zugleich die Differenz des modernen zum antiken Bürger ernst. An den Normen der altgriechischen Adelsgesellschaft ausgerichtet, war der griechische Bürger vor allem Landbesitzer, Krieger und, im Fall der Demokratie, an den politischen Geschäften beteiligt. Der Sphäre der Arbeit abgeneigt, sogar feindlich eingestellt, überließ er die Landarbeit den Sklaven, während Handel und Gewerbe vorwiegend von Nichtbürgern (Sklaven, niedergelassenen Ausländern und Ausländern) betrieben wurde. Diese Art einer weitgehenden personalen Trennung von Staat und Gesellschaft steht im Gegensatz zur neuzeitlichen, institutionellen Trennung, die zugleich eine personale Einheit bedeutet. Anders als der antike Bürger muß der neuzeitliche Bürger in der Regel beides in einem sein: Arbeitssubjekt bzw. Wirtschaftsbürger (*bourgeois* in einem weiten, auch Angestellte und Arbeiter umfassenden Sinn) und zugleich Staatsbürger *(citoyen)*. Die Einheit wird aber durch die Überbürokratisierung der Staatsverwaltung unterhöhlt, ferner durch die Professionalisierung der Politik – daß sie ein Geldberuf ist, zu dem man sich immer früher in der beruflichen Biographie entscheiden muß – und durch den wachsenden Einfluß der Parteien. Dieser Entwicklung tritt ein *partizipatorischer Staatsbürgersinn* entgegen.

Der Staatsbürgersinn braucht sich nicht auf die Binnenperspektive zu beschränken. Er kann, *drittens*, auch *nach außen* wirken und zur Wertschätzung des eigenen Gemeinwesens beitragen, was sich exemplarisch am Selbstbild eines Gemeinwesens und seinen Fremdbildern zeigen läßt. Ein nationalistischer Staatsbürgersinn pflegt hier eine Strategie doppelter Parteilichkeit und verbindet ein unangemessenes Selbstlob, die Überhöhung des eigenen Gemeinwesens, mit der Abwertung, sogar aggressiven Bekämpfung der anderen. Aus einer Betonung fremder Schwächen und fremden Unrechts entwickelt man ein Gefühl moralischer Überlegenheit über den Nachbarn, neigt sogar zu Feindbildern. Und hinsichtlich der Geschichte lebt man aus den ruhmreichen Anteilen der Vergangenheit, hüllt die nicht so ruhmreichen Anteile in Schweigen, während man gegen die anderen genau umgekehrt verfährt und lieber das Unrecht als positive Leistungen sieht. Ein aufgeklärter Staatsbürgersinn dagegen verzichtet bei der Wertschätzung des eigenen Gemeinwesens auf Überlegenheitsgefühle und achtet darauf, daß bei der Selbst- und der Fremdwahrnehmung mit gleicher Elle gemessen wird. Daß das Unrecht des eigenen Gemeinwesens, das eigene Unrecht, verdrängt, fremdes aber hervorgehoben wird, läßt er ebenso wenig zu wie die Überbewertung der eigenen und das Verschweigen fremder Leistungen.

Zweifellos ist diese Bürgertugend nicht unverzichtbar. Eine Demokratie ohne partizipatorischen und nur mit formaldemokratischem Staatsbürgersinn kann durchaus überleben. Dann setzt sich allerdings eine relativ kleine Gruppe – wäre ihre Mitgliedschaft erblich, müßte man sagen: Kaste – professioneller Politiker gegen die Menge der bloßen Stimmbürger ab. Einer derart oligarchisierten Demokratie tritt eine Bürgerschaft entgegen, die für sich mehr institutionelle Mitwirkungsmöglichkeiten einfordert. Einen gewissen Charakter politischer Partizipation hat auch die Mitwirkung in kirchlichen und politischen Akademien bis zu politischen und sozialen Ehrenämtern, zur Schöffentätigkeit und in anderer Weise zur Präsenz in den verschiedenen Medien (Buch, Presse, Funk und Fernsehen). Ohnehin darf man über den politischen Ebenen – Kommunen, Ländern, Gesamtstaat – die vielen anderen Bereiche demokratischer Selbstorganisation nicht vergessen. Die Selbstverwaltung der Hochschulen beispielsweise bietet für den partizipatorischen Bürgersinn reiche Arbeit.

Ein partizipatorischer Staatsbürgersinn verlangt, was nicht erzwungen werden darf: zeitliches Engagement und in der Lebensführung entsprechende Präferenzen. Und hier gibt es durchaus ehrenwerte Gründe wie ein hohes soziales, wissenschaftliches oder künstlerisches Engagement, derentwegen man sich anders entscheidet. Andererseits kann es keine partizipatorische Demokratie geben, wenn sich nicht eine erhebliche Zahl von Bürgern auf den partizipatorischen Staatsbürgersinn einläßt. Weil er aber nicht von allen entwickelt wird, im Gegenteil sich auf eine relativ kleine Gruppe zu beschränken pflegt, kann er der Professionalisierung und Oligarchisierung zwar entgegentreten, den „aristokratischen" Einschlag in der Demokratie aber nur abmildern, nicht verhindern.

Gegen die Gefahr einer Aristokratisierung partizipatorischer Demokratie gibt es ein erprobtes Gegenmittel: die unmittelbare Beteiligung des Volkes an der staatlichen Willens- und Entscheidungsbildung, das Plebiszit in den Formen von Volksabstimmung, Volksbefragung, Volksbegehren und Volksentscheid, die teils ein Initiativ-, teils ein Referendumsrecht enthalten. Zur Rechtfertigung muß man nicht mit Marsilius von Padua die Ansicht vertreten, weil niemand sich selber wissentlich schade, werde das Volk bzw. seine Mehrheit nur Gesetze erlassen, die dem gemeinsamen Nutzen entsprechen (Marsilius von Padua, *Defensor pacis* I. 12.5 ff.; ähnlich Rousseau, *Contrat social*

IV 1). Ebensowenig überzeugt das beliebte Gegenargument, wie entsprechende Volksbefragungen zeigten, würden dann so kritikwürdige Vorschläge wie die Wiedereinführung der Todesstrafe rechtskräftig (s. Troitzsch 1979, 37–40; Luthardt 1994). Die direkte Demokratie muß nicht an die Stelle der repräsentativen treten; diese kann sogar den legitimatorischen Vorrang behalten. Solange aber die Bürger nur bei den Wahlen gleichberechtigt partizipieren, ihre Mitwirkung bei der Sachentscheidung dagegen vom Zugang zum meinungsprägenden Teil der Öffentlichkeit, hier einschließlich den Parteien und den Verbänden, abhängt, kommt ein aristokratisches Element in die Demokratie herein, das nach einer institutionellen Gegensteuerung verlangt. Der Umstand, daß sie die enorm gewachsene Macht der Parteien einschränkt, erschwert zwar die Einführung auch nur minimaler Elemente direkter Demokratie. Denn welche Macht gibt freiwillig Macht ab? Aber genau diese Übermacht der Parteien stellt ein weiteres Pro-Argument dar. Im übrigen zeigt die Erfahrung, daß das Plebiszit große gesellschaftliche Konflikte zu lösen hilft, etwa die um das Scheidungsrecht (Irland), um den Bau von Atomkraftwerken (Österreich) oder um die Integration in großregionale Einheiten (Dänemark, Großbritannien und Spanien in bezug auf die Europäische Union). Nicht zuletzt pflegen Plebiszite das Informationsniveau der Bevölkerung und ihr Engagement zu erhöhen.

Die Frage, womit ein Gemeinwesen beginnen sollte, mit dem Recht, eine Volksabstimmung zu verlangen, dem Initiativrecht, oder lieber mit dem Recht, über schon gefällte Parlamentsentscheide einen Volksentscheid zu fällen, dem Referendumsrecht, kann hier ebenso zurückgestellt werden wie die Frage, auf welche Gegenstände sich die Mitsprache des Volkes richte: auf Elemente der Verfassung, der gewöhnlichen Gesetzgebung oder auf Verordnungen. Die Richtung sei aber bekräftigt: „Mehr Demokratie wagen" heißt heute, plebiszitäre Elemente zuzulassen. (Zur – oft leidenschaftlichen – Kontroverse um ein wenig mehr direkte Demokratie vgl. Pateman 1970, Fishkin 1991, Klein/Schmalz-Bruns 1997, Cronin 1989)

7.5 Gemeinsinn

Eine lebendige Demokratie wird nicht bloß durch die Zunahme der Partei- und Berufspolitik ausgezehrt. Wo der Staat in immer mehr Bereiche der Gesellschaft vordringt, überdies seine Präsenz durch zunehmende Bürokratisierung verdichtet, schränkt er die Selbstverantwortung der Bürger und ihren Handlungsspielraum ein. Erneut schafft er Spezialisten, außerdem hohe Kosten. Ein Bürgersinn, der dieser „Verstaatlichung der Gesellschaft" entgegentritt, will die Bürokratisierung nicht abschaffen, aber begrenzen. Weil er gemeinnützige Aufgaben übernimmt, kann er *gemeinnütziger Bürgersinn* oder, kurz, *Gemeinsinn* heißen. Ob Betreuung von Asylanten, von ausländischen Studenten oder älteren Leuten, ob Selbsthilfegruppen, freiwillige Feuerwehr, karitative Verbände oder sozial engagierte Bürgerclubs – ein Gemeinsinn engagiert sich freiwillig: ohne rechtliche Verpflichtung und (ganz oder fast) ohne finanzielle Vergütung.

Kritiker der liberalen Demokratie behaupten gern, sie verkürze den Menschen auf seine individuellen Interessen, die ihn wiederum zu atomisierten Individuen machten (z. B. Ch. Taylor 1992, 112). Die Wirklichkeit der unzähligen Vereine, Verbände, Bürgerclubs und Bürgerinitiativen und die freigebige, nicht selten sogar hochherzige Hilfsbereitschaft sprechen dagegen. (Zur Hochherzigkeit, *megaloprepeia*, als Steigerung der Freigebigkeit, *eleutheriotês*, vgl. Aristoteles *Nikomachische Ethik* IV 4–6.) Daß sich die Bürgerschaft selbstverantwortlich gemeinnützigen Aufgaben widmet, ist staatstheoretisch und staatspraktisch belangvoller, als die geringe öffentliche Beachtung (außerhalb notorischer Festreden) vermuten läßt. Es wirkt nämlich der institutionellen Trennung von Staat und Gesellschaft entgegen und widerspricht, sozialgeschichtlich gesehen, der beliebten These einer zunehmenden Individualisierung. In Wahrheit gibt es beides und häufig in derselben Person: Gerade bei Menschen mit einem stark ausgeprägten individuellen Profil gehört ein soziales Engagement zur Persönlichkeit dazu.

Weil der Gemeinsinn einer zunehmenden Bürokratisierung und Spezialisierung des Gemeinwesens entgegentritt, überdies dessen finanzielle Belastung eingrenzt, hat er eine subsidiaritätstheoretische Bedeutung. Seine zweite willkommene Nebenwirkung: Anders als bei Ämtern erfolgt die entsprechende Hilfe persönlich, was nichtinstitutionelle Beziehungen schafft und jene Freundschaft fördert, die Aristoteles sogar für wichtiger als selbst die Gerechtigkeit hält (*Nikomachische Ethik* VIII 1, 1155 a22–30). Darunter ist nämlich nicht bloß die romantische Seelenfreundschaft zu verstehen, sondern eine Fülle weiterer persönlicher Beziehungen: auch Kameradschaft und Gastfreundschaft, Familien- und Nachbarschaftsbeziehungen, das Vereinsleben, selbst Seilschaften, nicht zuletzt Beziehungen der Hilfe. All diesem gelingt, wozu Institutionen allein nicht fähig sind: eine Vernetzung der Menschen untereinander und die Sorge für Zusammenhalt und Eintracht statt Zwietracht und Gewalt. Und einmal mehr trägt man zum Gemeinwohl bzw. zu einem „gemeinsamen Guten" bei.

Wenn wir vom Staat Leistungen einfordern, dürfen wir nicht vergessen, daß er zu keinen genuinen Eigenleistungen fähig ist. Er bedarf der Vor-Leistung seiner Bürger und vor allem als Sozialstaat ihrer Steuern. Steuern dienen gemeinsamen Projekten, sind daher ein lebendiger Ausdruck von Gemeinsinn. Dieser tritt aber nicht als Bürgertugend auf, sondern wird erzwungen, überdies bürokratisch verwaltet. Allenfalls bei der über Wahlen vermittelten Anerkennung der entsprechenden Sozialgesetze taucht ein Moment von Freiwilligkeit auf. Selbst dann muß aber kein freier Gemeinsinn vorliegen; es kann auch ein starkes Sekuritätsbedürfnis sein, das nach einem umfassenden Sozialstaat verlangt und sich einem verordneten Bürgersinn unterwirft. nicht zuletzt hofft man, per saldo mehr Nutznießer zu sein.

Macht sich ein verordneter Gemeinsinn zu sehr breit, so verdrängt er die alternative Form, den freien Gemeinsinn, die Freigebigkeit als persönliche Einstellung. Die griechische Sprache ist hier erhellend; sie sagt für Freigebigkeit *eleutheriotês*. Gemeint ist eine Haltung, die den Freien auszeichnet: Weil er nicht an seinen materiellen Gütern festklebt, pflegt er mit ihnen einen souveränen Umgang, und gibt, wo es angebracht ist, anderen davon ab. Wie der aktiven Toleranz, so liegt auch der Freigebigkeit eine innere Freiheit zugrunde, dort in bezug auf die Lebensweise und die sie tragenden Überzeugungen, hier in bezug auf äußere Güter.

Vergessen wir nicht: Freigeborene Germanen leisteten ihren Beitrag zum Gemeinwesen ausschließlich durch freiwillige Gefolgschaftsdienste (vgl. Tacitus, *Germania*, Kap. 11–15); für die Aufgabe der äußeren Sicherheit traten sie notfalls selbst, mit eigenen Waffen und unter Einsatz des eigenen Lebens, ein. In der Bibel ist vom Zehnten die Rede (1. Mose 28, 22; 4. Mose 18, 21; 1. Samuel 8, 15), und selbst als Deutschland in den fünfziger Jahren noch hochzerstörte Städte wiederaufzubauen und Millionen von Flüchtlingen und ehemaligen Kriegsgefangenen zu integrieren hatte, lag seine Abgabenquote bei 30%. Heute, bei einer längst wohlhabenden Bürgerschaft, liegt sie selbst nach Abzug der Kosten der Vereinigung etwa um die Hälfte höher, bei etwa 45% (und insgesamt bei etwa 50%). Selbstverständlich kann und soll die frühere Familien- und Gruppensolidarität nicht exklusiv erneuert werden. Weil gute Gründe für einen Sozialstaat sprechen (s. Kap. 3.4 und 3.6), braucht die heutige Gesellschaft beides, den verordneten und den freien Bürgersinn. Zur Disposition steht lediglich das Ausmaß beider Seiten, und hier darf man fragen, ob das Gleichgewicht zwischen ihnen nicht mancherorts zulasten des freien Gemeinsinns verloren geht. Im übrigen bietet der gewachsene Sozialstaat ein weiteres Gegenargument gegen die These der moralisch indifferenten, nur ökonomisch interessierten liberalen Bürger. Denn über entsprechende Debatten, Abstimmungen und Wahlen erklären sie sich zu einem hohen Maß an verordnetem Gemeinsinn bereit.

Es gibt einen *zweiten, kulturellen Gemeinsinn*. Er richtet sich auf die gemeinsamen, aber nicht notwendig exklusiv gemeinsamen Elemente wie Sprache, Literatur, Musik, Kunst und Architektur. Wer sich der Verantwortung für künftige Generationen stellt, geht mit den Schlagworten der „Kulturnation" oder dem „Volk der Dichter und Denker" sparsam um. Die Sache selbst nimmt er jedoch ernst und engagiert sich für die Kultur und Sprache der eigenen Gesellschaft. Und wenn er sich mit Gerechtigkeitssinn verbindet, so trägt er dazu bei, das Kapital an Sprache und Kultur den künftigen Generationen mindestens ebenso reich zu hinterlassen, wie er es ererbt hat.

Einen kulturellen, überdies zukunftsorientierten Bürgersinn pflegt beispielsweise die Humboldtsche Universitätsreform, der der Präsident einer nordamerikanischen Universität bescheinigt, genau diejenige Universität hervorgebracht zu haben, die den Erfordernissen des modernen Industriezeitalters entspricht. Ähnliches gilt für Architektur und Städteplanung. Auch wenn einzelne Bürger allein weder Kultur- und Sprachpolitik noch Stadt- oder Universitätspolitik betreiben können, geben sie doch Bedürfnisse, Wünsche und Erwartungen vor. Und durch ein entsprechendes Engagement kann man diesen Vorgaben Gehör verschaffen und ihnen darüber hinaus zur Realisierung mitverhelfen.

Der soziale und der kulturelle Gemeinsinn treten zwei gegenläufigen Gefahren entgegen: der Degeneration des Sozialstaates zum Fürsorgestaat und dem Rückzug der Individuen auf Selbstsucht. Ihr Bürgersinn wird angespornt, sogar beflügelt durch ein Wir-Gefühl bzw. einen Gemeinschaftsgeist. Wer auf *seine* Schule und Universität, auf *seine* Stadt und *sein* Land stolz ist, engagiert sich gern und großzügig – und ist auf seine Großzügigkeit stolz. Umgekehrt muß, wer einen derartigen Erfolg will, sich um die vorausgesetzten Antriebskräfte bemühen; wer sie, die Wir-Gefühle, vernachlässigt, darf sich über fehlenden Gemeinsinn nicht wundern.

Ein besonders hohes Maß an kulturellem oder sozialem Gemeinsinn pflegen Mäzene und gemeinwohlverpflichtete Stiftungen. (Vgl. Seifart 1987; zur deutschen Rechtslage: Rawert 1990.) Ob sie Kunst und Kultur, Wissenschaft und Forschung oder gemeinnützige Tätigkeiten wie Jugend- und Altenhilfe fördern (bei Familienstiftungen sieht es anders aus): sie tun es häufig in großem Stil. Wo statt der Subsidiarität ein Etatismus vorherrscht, erscheint das Mäzenatentum als nur zweitbeste Lösung, als Surrogat und Lückenbüßer für staatliches Handeln: Weil die Politiker sich aus Machtgründen lieber blokkieren, als konstruktiv tätig zu werden, oder weil der finanzielle Spielraum der öffentlichen Hand enger wird, treten die Bürger in Aufgaben des Staates ein. Seit dem 19. Jahrhundert werden Stiftungen nach der sogenannten Fiktionstheorie, die auch von dem einflußreichen Rechtslehrer Friedrich Carl von Savigny vertreten wurde (*System des heutigen römischen Rechts*, 1840, II 244, 262–278), nicht als Personenverbände, sondern als eine eigene Art juristischer Personen angesehen. Weil deren Begründung aber „weit über die Grenzen hinaus geht, die sonst der Privatautonomie gezogen sind" (Mugdan 1899, I 658), hält der deutsche Gesetzgeber eine staatliche Gründungskontrolle für unentbehrlich, während sie bei fast allen anderen juristischen Personen entfällt. Bei Stiftungen herrscht das Konzessionssystem, das sie genehmigungspflichtig macht, folglich staatlichem Ermessen unterwirft, und nicht selten wird die Genehmigung zu einer „Verhandlungssache".

Ein derartiges Stiftungsrecht kann seine Herkunft aus dem Obrigkeitsstaat nicht leugnen, der auf das Gemeinwohl einen Monopolanspruch erhebt. Nach Wieacker (1967, 463) trägt das deutsche Stiftungsrecht sogar „polizeistaatliche Züge". Eine qualifizierte Demokratie denkt anders; und vor allem die Mäzene und Stifter ersetzen das Obrigkeitsdenken durch Subsidiarität: Nicht weil der Staat sich finanziell überfordert und trotz einer Abgabenquote von annähernd 50 % arm dasteht, greifen freie Bürger ein. Sie bestreiten ihm vielmehr den Monopolanspruch auf das Gemeinwohl und erklären sich für dessen Begriff und Wirklichkeit mitverantwortlich.

Der Staat sollte aber als Gesetzgeber die Hand reichen. Auch im Fall dieser Bürgertugend gibt es nämlich einen ihr entgegenkommenden rechtlichen Rahmen. Der Gesetzgeber kann zum Stiften anstiften: durch steuerliche Anreize (daß beispielsweise das Stiften günstiger als das Vererben ist); durch ein großzügiges Recht, Rücklagen zu bilden, damit Stiftungen weit über den Tod des Stifters hinaus vital bleiben und zu „Denkmälern des Bürgersinns" werden können (nicht zufällig sind autoritäre Staaten stiftungsfeindlich); durch Aufheben der aus dem Obrigkeitsstaat stammenden Genehmigungspflicht; wie bei nahezu allen juristischen Personen (Vereinen, Kapitalgesellschaften ...) sollte der Eintrag in ein Register genügen (Normativ- statt Konzessionssystem), in ein Stiftungsregister, das nach dem Vorbild des Vereins- und des Handelsregisters lediglich den Zweck der Stiftung und die Zusammensetzung seiner Organe enthält. Immerhin tragen Mäzene und Stifter zur freiheitlich-demokratischen Kultur bei: Ihr Bürgersinn verhilft der Gesellschaft zu mehr Freiheit gegenüber dem Staat und dem Staat zur Konzentration auf seine ureigenen Aufgaben.

7.6 Besonnenheit, Gelassenheit, Klugheit

Viele Schwierigkeiten moderner Gesellschaften sind nicht schlechthin modern; modern ist aber ihre konkrete Gestalt. Die Pleonexie beispielsweise, der Hang zum Mehr-und-immer-mehr-Wollen, zeichnet den Menschen schon immer aus. Von allein niemals endgültig saturiert, sind weder Individuen noch Gesellschaften je reich genug, um sich all ihre Wünsche zu erfüllen. Selbst der Gefahr, dabei die Umwelt zu überlasten, erliegt die Menschheit schon seit langem. Modern jedoch sind die Reichweite und die Tiefe ökologischer Schäden. Menschenverursachte Verkarstungen und Versteppungen oder der im Grönlandeis nachweisbare Bleigehalt früherer Zeiten belegen zwar, daß die Regenerationskräfte der Natur schon früher überfordert wurden. Aber erst seit der wissenschaftlichen Technik, verbunden mit einer Entfesselung der wirtschaftlichen Antriebskräfte und der Bevölkerungsexplosion, treibt man den Raubbau an der Natur gewissermaßen systematisch, überdies in globalem Maß.

Gegen die tendenzielle Unersättlichkeit hilft die Einstellung der Besonnenheit (*sôphrosynê*, temperantia). Sie ist für alle Lebensbereiche erforderlich, weil die Pleonexie sie alle bedroht. Die naturbezogene, ökologische Besonnenheit beginnt dort, wo es jedem wehtut, bei den täglichen Konsumgewohnheiten. Die Frage, ob der sog. Konsumismus zum guten Leben verhilft oder eher, wie Aristoteles vom Genußleben behauptet, den Menschen zum Sklaven der jeweiligen Bedürfnisse macht (*Nikomachische Ethik* I 3, 1095 b 19 f.), darf privat entschieden werden. Wo er aber, kollektiv praktiziert, zu kollektiven Schäden führt, muß die Gesellschaft reagieren.

Weil Demokratien sehr langsam, überdies zu schwach reagieren, versprechen sich manche das Heil von einer Ökodiktatur (vgl. Mohrs 1995, 384ff.). Da ein Teil der Umweltprobleme nur weltweit zu lösen ist, müßte man sogar eine Weltdiktatur errichten. Wie will man aber sichergehen, daß tatsächlich der natürlichen Umwelt und nicht den Interessen der Ökodiktatoren und ihrer Eitelkeit gedient wird, außerdem ihre Vorurteile zementiert werden? Immerhin lehrt die Erfahrung, daß autoritäre Staaten, die sozialistischen eingeschlossen, noch größere Umweltschäden als die Demokratien verursachen. Wieso soll, zweitens, eine Ökodiktatur für die vielen anderen Probleme kompetent sein: für Schule, Hochschule und Kultur, für das Gesundheitswesen, für Wirtschafts-, Arbeits- und Sozialpolitik, für Außen- und für Verteidigungspolitik? Und vor allem muß man sich – drittens – fragen, wieso die dringend gebotene ökologische Verbesserung eine Unterdrückung von Freiheit und von politischer Mitwirkung, eben eine Diktatur, erlauben sollte.

Eine andere Gefahr moderner Gesellschaften ist schon genannt: daß ihre Solidargemeinschaften teils wegen der Anonymität, teils wegen des hohen Sekuritätsbedarfs selbst einer wohlhabend gewordenen Gesellschaft zur Selbstüberforderung neigen. Wider die Besonnenheit handelt auch ein Gemeinwesen, das veraltete Wirtschaftszweige jahrzehntelang mit Geldern subventioniert, die dann für das Bildungswesen oder die Stadterneuerung fehlen.

Einen eigenen Problembereich schafft die große, aber nicht unbegrenzte Macht des Menschen. Die Griechen sagen Hybris und meinen einen frevelhaften Übermut. Auch dieser bedroht die Menschheit seit langem. In der Moderne wird er aber, jetzt als Allmachtsphantasie, zu einer verbreiteten Einstellung. Illusionäre Erwartungen hegt man beispielsweise in der Medizin, hier sowohl auf seiten der Forscher als auch der Patienten; ähnlich sieht es in der Technik aus, ähnlich hinsichtlich der Umwelt, ähnlich im Sozial- und Bildungsbereich. Gegen illusionäre Erwartungen hilft nicht das große Veto, der absolute Einspruch gegen medizinischen und technischen Fortschritt oder gegen Sozialreformen. Vonnöten ist aber eine Skepsis gegen Hyperaktivität, ferner die Bereitschaft, Grenzen der Gestaltung anzuerkennen, weiterhin eine so banale Fähigkeit wie Geduld. Insgesamt bedarf es jener Haltung, die weder dem Gefühl der Allmacht noch dem der Ohnmacht vor übermächtigen Verhältnissen erliegt, die daher vor beidem bewahrt, vor einer illusionären Hoffnung ebenso wie vor dem Prinzip Angst; es ist die Haltung der Gelassenheit.

Ein dritter Problembereich: Wer Gastarbeiter ins Land holt, muß wissen, daß Menschen und Familien kommen. Umgekehrt muß, wer in einem anderen Land arbeiten will, sich auch in dessen Kultur: in Recht, Sprache und die soziale Welt, einzuleben bereit sein. (Dabei ist nicht etwa eine kulturelle Assimilation gefordert; die Aufnahme der vorgegebenen Kultur durch Einwanderer muß nicht als Unterwerfung unter diese Kultur, sie kann auch als kreative Veränderung stattfinden.) Trotzdem wird die doppelte Aufgabe vielerorts verdrängt. Ähnliches wissen wir von der Technik, ähnliches von Veränderungen in der Arbeitswelt oder der europäischen und der globalen Politik: Die Innovationen der Moderne werden so gut wie immer von Schatten begleitet, von Folgelasten, die man selbst dort, wo sie vorhersehbar sind, lieber verdrängt.

Den Rahmen für die Lösung dieser Probleme bestimmt der Gesetzgeber. Wegen des Tempos und der Reichweite der Innovationen bedarf er einer hohen Problemlösungsfähigkeit. Obwohl sie im gemeinsamen Interesse liegt, geht sie aus der bloßen Konkurrenz partikularer Interessen nicht hervor. Folglich muß sie in die Haltung der Bürger, die Bürgertugenden, eingehen. Dazu gehören Fähigkeiten wie Sensibilität, Neugier und Lernbereitschaft, ferner die Courage, sowohl Lobbies als auch eingefahrenen Denkmustern Widerstand zu leisten. Vor allem bedarf es politischer Klugheit, nämlich der Fähigkeit, die anstehenden Entscheidungsaufgaben nach allgemeinen Gesichtspunkten zu beurteilen (zu Recht: Barber 1989). Und in ihrem Rahmen braucht es eine höherstufige Klugheit, die den Rang eines intellektuellen Bürgersinns hat: die Fähigkeit, die vielen konkurrierenden Anforderungen (etwa der Arbeitsplatzbeschaffung mit dem Umweltschutz und dem Sozialstaat) miteinander zu vermitteln. Nicht zuletzt ist eine Kultur der Rechtzeitigkeit vonnöten, die da sagt: Wenn schon der Wappenvogel der Weisheit, die Eule der Athene, nur am Abend fliegt, warum dann nicht am Abend vorher? (Ausführlicher zu den Fragen des Abschnittes 7.6: Höffe [3]1995, Teil II–III.)

Angefangen mit den Bürgern, muß also die moderne Gesellschaft wieder Einstellungen lernen, die sie glaubte, verabschieden zu dürfen, Tugenden wie Besonnenheit, Gelassenheit und Klugheit.

Ziehen wir eine (gewiß vorläufige) Bilanz:

1. Schon eine Skizze von Bürgertugenden stößt auf eine reiche Liste; die personalen Bedingungen qualifizierter Demokratie sind erstaunlich vielfältig und komplex. Lediglich aufgeklärte Individuen, die zusätzlich loyale und mündige Bürger sind, reichen nicht aus. Auch

Rawls' Tugenden der fairen Kooperation: Höflichkeit und Toleranz, Vernünftigkeit und Sinn für Fairneß, genügen nicht.

2. Keine der personalen Bedingungen hat mit den großen Sinnfragen zu tun. Die Bürgertugenden treten nicht in Konkurrenz zu den Aufgaben, die sich Religionen oder Rawls' (1993, I § 2 u. ö.) umfassende Lehren stellen; auch von anspruchsvollen Begriffen des guten Lebens hängen sie nicht ab. Infolgedessen bedürfen sie auch nicht deren Legitimation, die einer qualifizierten Demokratie als solcher auch nicht offensteht; und darin liegt eine erste Entlastung: Die etwaigen Schwierigkeiten folgen nicht, wie Kritiker der Moderne befürchten, aus der neuzeitlichen Säkularisierung. Die Bürgertugenden kommen zwar ohne einen Begriff des guten Lebens nicht ganz aus, ihnen genügt aber ein Minimum: das gute Leben als demokratische Selbstorganisation eines gerechten, auf Gemeinsinn hin offenen Zusammenlebens. (Ansätze finden sich bei Durkheim [10]1978; vgl. auch Macedo 1990.)

3. Bürgertugenden sind nicht Ideale, die nur außergewöhnliche Menschen, „Helden und Heilige", erfüllen, was eine zweite Entlastung bringt: Die Bürgertugenden entgehen den beiden Gefahren, derentwegen der traditionelle Liberalismus glaubt, tugendfeindlich sein zu müssen. Weder überfordern sie den gewöhnlichen Rechtsgenossen und verlangen, daß er ein grundsätzlich neuer Mensch werde, noch setzen sie das Interesse des Menschen an seinen Interessen und die Reflexion auf sie außer Kraft. Auch hier ist die Entlastung aber nicht vollständig, so daß ein orthodoxer Liberalismus sich korrigieren muß: Die Demokratie braucht ein gewisses personales Ideal, aber erneut nur jenes Minimum von Idealität, das in der personalen Entsprechung zum Minimum an gutem Leben besteht. Es ist die Integrität eines Bürgers der qualifizierten Demokratie; nennen wir sie die demokratische (Bürger-)Integrität. Weil die qualifizierte Demokratie größere Ansprüche als eine nur liberale Demokratie stellt, reicht die „liberale Integrität", namentlich die Toleranz gegen unterschiedliche Lebensideale, nicht aus. Zur demokratischen (Bürger-)Integrität gehört eine zwar nicht vollständige, aber auch nicht unerhebliche Einheit von Privatperson und Staatsbürger und zugleich von privater und öffentlich verbindlicher Vorstellung guten Lebens. Erst die (partielle) Einheit von Privatwohl und Staatswohl überwindet das strukturelle Defizit einer nur institutionellen Demokratietheorie. Bürgertugenden treten der Gefahr eines übermächtigen Staates bei gleichzeitiger Entmachtung der vorstaatlichen Gesellschaft entgegen. Mehr noch: Wo Bür-

gertugenden blühen, können sich die zwangsbefugten Institutionen selbst mit ihrem berechtigten Zwang zurückhalten; und die Demokratie wird zu einer im emphatischen Sinn freien Selbstorganisation der Bürger.

4. Bürgertugenden sind teils Elemente, teils Voraussetzungen demokratischer Integrität. Diese Einsicht hilft die Frage zu beantworten, welche Einstellungen dazugehören: (a) Es handelt sich um Aufgaben, die die demokratischen Institutionen allein nicht erfüllen können; es geht um Bürgerleistungen, die die Arbeit der Institutionen teils ergänzen, teils verstärken, teilweise aber auch korrigieren. (b) Zur Lösung der entsprechenden Aufgaben müssen zwar nicht alle, aber doch erheblich viele Bürger beitragen. Was im Bereich von Kunst und Wissenschaft genügt, die exzeptionelle Leistung einiger weniger, reicht hier nicht aus. (c) Die Leistungen dürfen auch nicht bloß gelegentlich, sie müssen „in der Regel", also ziemlich verläßlich erbracht werden. Folglich muß die Bereitschaft dazu auf Dauer gestellt, sie muß zur zweiten Natur werden. „In Fleisch und Blut übergegangen", zum Charaktermerkmal geworden, hat sie den Rang einer Tugend. (d) Je elementarer die Tugend ist, desto mehr Bürger müssen über sie verfügen. Weil ein Staat kollabieren würde, dessen Bürger zu viele Fouls begehen, ist die sachlich erste Bürgertugend, der Rechtssinn, quantitativ und qualitativ gesehen am wichtigsten. Anders als etwa der Staatsbürgersinn und der Gemeinsinn muß er bei der überwiegenden Zahl der Bürger vorhanden sein. (e) Die Bürgertugenden gehören deshalb zur demokratischen Integrität, weil sie eine Übereinstimmung von Erwartung und Eigenleistung erbringen. Im Wissen, daß eine Selbstorganisation der Gesellschaft nur zustandebringt, was das Selbst, die Bürgerschaft, organisiert, bringen die Bürger ihre Erwartungen an das Gemeinwesen mit dem zur Übereinstimmung, was sie selber dazu beitragen.

5. Aus der Lebenserfahrung wissen wir, was das iterierte Gefangenendilemma bestätigt (s. Kap. 4.1.): Kooperation ist vorteilhaft. Da Bürgertugenden der Kooperation dienen, liegt ein gewisses Maß von ihnen im Selbstinteresse. Die „Rückwärtsinduktion" setzt allerdings ein kleines Fragezeichen: Weil sich in jenem „Spiel", das keinen Nachfolger mehr hat, im letzten Spiel, die Kooperation nicht mehr lohnt, verhält man sich hier lieber egoistisch, so daß, wer ängstlich nur auf seinen Vorteil achtet, die Kooperation gar nicht sucht. Weil man mit diesem Egoismus des Gegners rechnen muß, handelt man besser schon im vorletzten Spiel egoistisch, weshalb der Gegner es lieber

schon im drittletzten Spiel tut; usw. Andererseits vergibt, wer zu früh mit dem Egoismus des Gegners rechnet, Kooperationschancen und schadet sich selbst. Für das Individuum besteht der Ausweg in minimalen Vorgaben, die bei positiver Antwort nach und nach zu einer intensiven Kooperation ausgebaut werden: zu einem sich verstärkenden Kreislauf von Zusammenarbeit und Vertrauen. Sicherheit gibt es hier allerdings nicht. Gesellschaften, deren Mitglieder kleinlich denken, tun sich schwer; auch Ängstlichkeit bzw. ein starkes Sekuritätsbewußtsein wirkt hinderlich. Der Ausweg der Gesellschaft besteht in der Verstetigung ihrer Selbstorganisation, womit die entsprechenden Institutionen – so eine dritte Entlastung – ein Maß an Verläßlichkeit bieten, derentwegen die Individuen bei den Kooperationsvorgaben keine grundsätzlichen Risiken eingehen.

6. Die systematisch ersten Bürgertugenden: Rechtssinn, Gerechtigkeitssinn und Toleranz, betreffen im wesentlichen erst die Form eines Gemeinwesens oder der qualifizierten Demokratie, so daß sie eher als universal gültig erscheinen. Der (partizipatorische) Bürgersinn und der (kulturelle und soziale) Gemeinsinn dagegen beziehen sich zwar auf die genau eigene im Unterschied zur fremden Demokratie. Diese partikulare Komponente ist aber sinngemäß in jeder Demokratie gefragt, weshalb sie die Bedeutung eines partikularen Universalismus hat. Und da die qualifizierte Demokratie sie an universalistische Prinzipien bindet, verstärkt sich der universalistische Charakter.

7. Nach ihrem normativen Status nehmen die Bürgertugenden eine Zwischenstellung zwischen der zweiten, rein prudentiellen und der dritten, genuin moralischen Tugendstufe ein (s. Kap. 7.1). Bürgertugenden sind mehr als nur pragmatische Tugenden, die dem langfristigen Eigenwohl dienen und zugleich weniger als moralische Tugenden im vollen Sinn von in sich wertvollen (intrinsischen bzw. perfektionistischen) Grundeinstellungen. Gelegentlich genügt zwar eine nur pragmatische Tugend, häufig braucht es aber ein wenig mehr. Wäre stets die genuine Moral verlangt, sei es im antiken, etwa Aristotelischen oder im neuzeitlichen, etwa Kantischen Sinn, so stünden die Chancen für die Bürgertugenden schlecht. Der Grund läge aber nicht in der angeblichen Moralfeindlichkeit moderner Gemeinwesen, sondern im überhaupt sehr hohen Anspruch genuiner Moral: bei Aristoteles im anspruchsvollen Begriffs des guten Lebens und bei Kant in der Forderung, im Konflikt „Pflicht kontra Neigung" sich stets und vollständig auf die Seite der Pflicht zu schlagen. Das eine wie das andere kann bei einzelnen Individuen durchaus lebensmächtig sein;

bei der Menge, der Gesellschaft, droht aber eher die Ohnmacht. Ein zwangsbefugtes Gemeinwesen darauf aufbauen zu wollen wäre jedenfalls utopisch oder totalitär. Auch in einer Demokratie kann es die heroische Steigerung geben: daß Bürger, vor die existentielle Entscheidung „Pflicht oder Neigung" gestellt, sich für die Pflicht entscheiden. Die Bürgertugenden selbst – so die vierte Entlastung – verlangen diesen Heroismus, die Strenge Kantischer Moralität, nicht. Sie nehmen die Aristotelische Unterscheidung des guten Menschen vom guten Bürger auf und begnügen sich mit der Tugend des guten Bürgers. Wer sie pflegt, kann in der Regel zwar nicht auf einen Karrieregewinn rechnen, aber doch auf etwas, das seinem Interesse entgegenkommt: auf größeres Ansehen und in seinem Gefolge nicht selten auf ein wenig mehr Einfluß, infolgedessen auch mehr Macht.

8. Kein Gemeinwesen, auch keine Demokratie kann sich der Bürgertugenden sicher sein. Wo das Privatwohl so stark gefährdet wird, daß die Konkurrenz von Bürgertugend und Privatwohl sich dem Entweder-Oder von Pflicht und Neigung annähert, kann man auf die Wirksamkeit von Bürgertugenden hoffen, aber nicht mit ihr rechnen. Die Diagnose radikaler Liberalismuskritik ist zwar falsch: Weder widerspricht der Ansatz qualifizierter Demokratie, die liberale Demokratie, der Möglichkeit von Bürgertugenden (z. B. Ch. Taylor 1992/93), noch ist das Individuum ein atomisiertes Selbst. Weniger dramatisch, lautet die genauere Diagnose auf Fragilität, Zerbrechlichkeit: Ob eingestanden oder uneingestanden – Bürgertugenden werden in der Regel unter Vorbehalt gepflegt, können daher bei starken Belastungen zerbrechen, sind aber weder schlicht abwesend noch lediglich zu einem kümmerlichen Dasein verurteilt. Sie stehen unter einem Restvorbehalt, der bei intensiv erfahrbaren Zugehörigkeiten nahezu verschwinden kann. Auch wer gegen die Ausbildung von Zugehörigkeiten und eine gelungene Tradition skeptisch ist, kann nicht leugnen, daß sie den personalen Bedingungen demokratischer Institutionen den besseren Nährboden liefern.

Zweiter Teil

Subsidiäre und föderale Weltrepublik

Die Menschen pflegen Konflikte nicht nach privater Meinung und privater Gewalt zu lösen, sondern nach Regeln, die sich Gerechtigkeitsprinzipien unterwerfen, die wiederum von unparteiischen Dritten, „öffentlichen Gewalten“, letztlich aber von ihnen selbst verwirklicht werden. Rechts- und staatsethische Überlegungen zeigen, daß sie damit recht tun. Wer das Rechts- und Staatsgebot anerkennt, verhilft einer elementaren Gerechtigkeit zur Wirklichkeit. Und wer sich zusätzlich an Menschenrechte und Demokratie bindet, bringt im Zuge einer normativen Modernisierung die Gerechtigkeit zur (relativen) Vollendung.

Während die Rechtsform, sogar die Gerechtigkeitsprinzipien weitgehend unstrittig sind, gibt es über die Reichweite Streit: Soll, was im Nahbereich, der Familie, schon gegenwärtig ist und im mittleren Bereich, bei den Gemeinwesen, vorherrscht, auch für die gesamte Menschheit gelten, gegebenenfalls noch für die Koexistenz mit außermenschlichen, aber rechtsfähigen Wesen? Offensichtlich läßt der Standpunkt der Gerechtigkeit nur eine positive Antwort zu. Damit überall, namentlich auch zwischen den Staaten, die Herrschaft partikularer Gewalt gebrochen wird, dürfen Recht, Gerechtigkeit und Demokratie nicht länger territorial begrenzt gelten.

Der „realistische“ Blick auf die Welt könnte diese Antwort, den universalen Anspruch der Gerechtigkeit, als „idealistisch“ abtun. Zugunsten einer weltweiten Rechtsordnung spricht aber auch ein „realistisches“ Argument: der globale Handlungsbedarf (s. Kap. 1.1), verbunden mit der äußeren Entmachtung der Staaten (s. Kap. 6.2). Hier koinzidiert die „idealistische“ Gerechtigkeit mit „realistischen“ Interessen: Wenn die bislang dominierenden kollektiven Subjekte, die Staaten, ihre Handlungsfähigkeit behalten wollen, statt sie dem teils wirtschaftlichen, teils politischen Weltmarkt abzutreten, müssen sie sich auf politische Innovationen einlassen. Deren wichtigste besteht in einer globalen Rechts- und Staatsordnung mit demokratischem Charakter. Zum Zweck kollektiver Handlungsfähigkeit braucht es einen demokratischen Weltstaat: eine Weltrepublik.

Die Innovation ist freilich so radikal, daß man vor ihr zurückschreckt und sich lieber Alternativen überlegt. Ist eine gerechte Weltordnung nicht auch ohne einen Weltstaat möglich: als strategische Weltordnung, als Regieren ohne Regierung bzw. ohne Staat oder als

Demokratisierung der Staatenwelt? (Kap. 9) Weil bei allen drei Alternativen die Antwort negativ ausfällt, bleibt die Weltrepublik geboten, gemäß dem Subsidiaritätsprinzip aber nicht anstelle der Einzelstaaten, sondern zu deren Ergänzung (Kap. 10). Selbst die nur komplementäre: subsidiäre und föderale Weltrepublik muß sich gegen die Gefahr eines globalen Leviathan gründlich schützen (Kap. 11). Wie beim Einzelstaat, so erweisen sich zusätzlich personale Einstellungen als erforderlich: Welt-Bürgertugenden (Kap. 12). Und vorab werfen wir einen Blick auf die Geschichte, freilich in einem nicht rein historischen, sondern auch systematischen Interesse (Kap. 8).

8. Ein Blick in die Geschichte

Nennt man schon die frühen Gemeinwesen, selbst Stammesverbände modernisierend „Staaten“, so dürften die Anfänge eines zwischenstaatlichen Rechts weit zurückreichen, fast bis in die Anfänge von Recht überhaupt. Selbst in alten Epen wie der *Ilias*, dem *Nibelungenlied* oder dem *Mahabharata* klingen „zwischenstaatliche“ Verbindlichkeiten an, die das einschlägige Stammesrecht (einschließlich Sitte und Ehrenkodex) auf die Beziehungen nach außen übertragen. Dabei werden mancherorts die Verbindlichkeiten abgeschwächt (Alt-Israel verbietet zwar die Sklaverei, nicht aber gegen Stammesfremde: 2. Mose 21, 1–6, 5. Mose 15, 12–18). Sehr früh dürfte ein genuin völkerrechtliches Element hinzukommen, das „alle Nationen besitzen, sogar die Irokesen, die ihre Gefangenen verspeisen: Sie schicken und empfangen Gesandtschaften“ (Montesquieu, *De l'esprit des lois*, I 3).

Generell gesehen, gibt es zwei Aufgabenbereiche, die man als die zwei Grunddimensionen des internationalen Rechts bezeichnen kann: Die zwischengesellschaftlichen Beziehungen (Wirtschaft, Heiraten, Kultur ...) werden durch ein internationales Privatrecht, die zwischenstaatlichen Beziehungen durch ein internationales öffentliches Recht, das Völkerrecht im üblichen Verständnis, geregelt. Das letztere zerfällt seinerseits in zwei Bereiche: Ein Friedensrecht sorgt für die gewaltfreie Streitschlichtung, einschließlich der Streitprophylaxe, ein Kriegsrecht dafür, daß etwaige Gewalt Einschränkungen unterworfen, daß sie ein wenig gezähmt wird.

Von der Philosophie dürfte man erwarten, daß sie sich diesen Aufgaben bald zuwendet. Denn seit Platon und Aristoteles befaßt sie sich intensiv mit Recht, Staat und Politik, und darunter fallen, wie angedeutet, auch zwischenstaatliche Themen. Trotzdem gelingt der Philosophie eine Theorie der globalen Rechts- und Friedensordnung erst sehr spät. Statt dessen findet zunächst eine merkwürdige Spaltung statt: Bei Platon und Aristoteles blüht das politische Denken, aber ohne jede internationale oder gar kosmopolitische Perspektive; die Stoa dagegen pflegt den Kosmopolitismus überwiegend apolitisch (Abschn. 8.1). Und für eine Kernaufgabe, den universalen Frieden, vertritt man zwar seit Augustinus den Gedanken eines regional und temporal unbeschränkten, eines sowohl globalen als auch ewigen Friedens. Dabei taucht aber eine zweite Spaltung auf: Der ewige Friede wird vornehmlich eschatologisch interpretiert und schlägt auf die irdische Gesellschaftsordnung zu wenig durch.

Beide Fragen, die der globalen Rechtsordnung und die des ewigen Friedens, greifen zwar ineinander. Um die komplexe Geschichte besser zu strukturieren, behandeln wir sie aber getrennt (Kap. 8.1 und 8.2). Außerdem sind beide Fragen so stark von außerphilosophischen Gesichtspunkten bestimmt, daß wir den Blick über die Philosophie hinaus auf die größere Begriffs- und Ideengeschichte richten müssen. Der Blick birgt auch ein größeres systematisches Potential. Er entdeckt nämlich einige bis heute aktuelle Modelle einer globalen Rechtsordnung, die helfen, die so späte Überwindung der beiden Spaltungen zu verstehen. Erst Kant gelingt es, die verschiedenen ideengeschichtlichen Stränge zusammenzuführen und die bis heute wichtigste Theorie einer sowohl globalen als auch zeitlich unbegrenzten Rechts- und Friedensordnung zu entwickeln (Kap. 8.3). Ob affirmativ oder kritisch: fast alle späteren Überlegungen knüpfen daran an (Kap. 8.4).

8.1 Bürger oder Weltbürger

8.1.1 Antike

Zweifellos gehört ein Völkerrecht zu den existentiellen Aufgaben der Menschheit. Daß es trotzdem bei den „Kirchenvätern" der Philosophie, Platon und Aristoteles, fehlt, ist deshalb so erstaunlich, weil es in der Erfahrung, der sich beide nachdrücklich öffnen, schon eine gewisse Rolle spielt. Obwohl Aristoteles in seiner *Politik* „völkerrechtliche" Beziehungen behandelt, namentlich die der griechischen Stadtrepubliken untereinander und nach außen, ferner Bündnisse wie zwischen den Tyrrhenern (Etruskern) und Karthago, sieht er selbst in der idealen Polis der Bücher VII und VIII keine panhellenischen Institutionen vor, geschweige denn Rechtsbeziehungen nach außen, zu Karthago etwa oder Persien, oder Rechtsbeziehungen fremder Gemeinwesen untereinander. Das Defizit ist um so erstaunlicher, als mit den Persern nicht bloß Krieg geführt, sondern auch ein Friedensvertrag geschlossen wird, außerdem sich andere Intellektuelle, namentlich Xenophon (*Kyrupädie*, *Anabasis)* und Aischylos (*Die Perser*, um 475), schon lange mit Persien auseinandergesetzt haben.

Nur Platon wirf in seinem Spätdialog *Nomoi* (III 684a–b) einen Blick auf die internationalen Beziehungen; er erwähnt einen Beistandsvertrag zwischen drei Königen und ihren Völkern. Und dort, wo die *Politeia* über die Kriegsführung zwischen hellenischen und barbarischen Staaten handelt, stellt sie drei elementare, bis heute aktuelle Grundsätze eines Völkerrechts vor (V 471b–c): Man trenne zwischen Schuldigen und mitleidenden Unschuldigen, wobei letztere die ersteren zur Leistung von Genugtuung nötigen dürfen. Man verhalte sich gegen die Barbaren so wie jetzt die Griechen untereinander; eine Schlechterbehandlung der Fremden wird also verworfen, statt dessen das Prinzip Gleichheit eingefordert. Schließlich werden gewisse Kriegshandlungen ganz verboten; so darf man weder das Land verwüsten noch Ortschaften verbrennen. Der Gedanke einer internationalen Rechtsordnung taucht aber nicht auf.

Nun könnte man eine Art von rechtstheoretischem Materialismus vertreten und das Defizit an internationalem Rechts- und Staatsbewußtsein mit dem Umstand erklären, daß die „materiellen" Bedingungen fehlten: eine gemeinsame Sprache, Kultur und Religion, eine Diplomatie, ein entwickelteres Völkerrecht, ohnehin eine globale Presse und eine Weltöffentlichkeit. Abgesehen davon, daß die Philosophie ihrer Zeit auch vorausgehen und, wie wir bei Zenon sehen werden, ein Ideal „erträumen" kann, fehlt bei Platon und Aristoteles die Theorie selbst jener bescheidenen internationalen Rechtsordnung, für die es die Gemeinsamkeiten doch gab: eine Theorie der Beziehungen zwischen den griechischen Stadtrepubliken. Im übrigen zeigt der Rhetor Isokrates, der Lehrer zahlreicher Redner und Staatsmänner, daß sich damalige Intellektuelle anders verhalten konnten: Im *Panegyrikos* (um 380) fordert Isokrates die Griechen auf, unter der Führung Athens eine *koinê patris*, ein gemeinsames Vaterland, zu bilden, das den innergriechischen Frieden herstelle (§ 81, vgl. §§ 34–37; vgl. *Friedensrede* §§ 49ff.).

Die Frage, warum bei Platon und Aristoteles selbst diese bescheidene internationale Perspektive fehlt, ist nicht leicht zu beantworten. Denn die einschlägigen Begriffe, in Aristoteles' *Politik* beispielsweise die Gerechtigkeit und das Wohlergehen *(eudaimonia)*, drängen den Übergang zur internationalen Perspektive geradezu auf. Man könnte das Defizit mit Aristoteles' Polis-Ideal erklären wollen, mit dem stabilen, in sich möglichst autarken Gemeinwesen, das zu diesem Zweck möglichst wenige Außenbeziehungen sucht. Und diesen Vorschlag halten wir als *erstes Modell* einer internationalen Rechtsordnung fest.

Es besteht in einem *internationalen*, möglichst *völkerrechtsfreien Kommunitarismus*, bei dem die Gemeinwesen mit sich selbst zufrieden sind und unter Voraussetzung einer weitgehenden Autarkie auf alles Völkerrecht verzichten.

Die politische Wirklichkeit sah freilich anders aus. Auch die griechischen Stadtrepubliken waren nicht annähernd autark: selbstgenügsam, voneinander unabhängig und gegeneinander abgegrenzt. Daß sich die Außenbeziehungen vielleicht minimieren, keineswegs aber vollständig aufgeben lassen, zeigt schon die Delphische Kultgemeinschaft. Mit ihr erweist sich die politische Praxis als fortschrittlicher denn die politische Theorie. Die Kultgemeinschaft hat nämlich einen völkerrechtlichen Charakter. Die Mitglieder verpflichten sich durch feierlichen Eid, „keine Polis der Amphiktyonen zu zerstören noch sie auszuhungern noch das fließende Wasser abzuschneiden, weder im Krieg noch im Frieden; wenn aber jemand das Verbot übertrete, gegen ihn zu Felde zu ziehen" (nach Ehrenberg 1965, 135). Es gibt sogar eine „internationale Organisation", einen Rat, der auch als Gerichtshof tätig wird.

In systematischer Hinsicht lassen sich hier zwei Stufen unterscheiden. Die untere, „vordelphische" Stufe macht das *zweite Modell* aus: ein – noch begrenztes – „Völkerrecht", dessen Anerkennung dem Wohlwollen der Staaten überlassen bleibt. Auf diese Weise entsteht ein sekundärer Naturzustand, ein *Völkerrecht ohne jede supranationale Staatlichkeit*. Bei diesem „staatsfreien Völkerrecht" ist zu erwarten, daß es für den kleinsten Vorteil und bei der geringsten Provokation ohne Scham oder Gewissensbisse umgangen oder verletzt wird (vgl. Adam Smith, *The Theory of Moral Sentiments*, Teil VI, Kap. II 2).

Überwunden wird das staatsfreie Völkerrecht im nächsten, aus systematischen Gründen (s. u.) schon *vierten Modell*: der „delphischen" Stufe, dem *supranationalen Minimalstaat*. Durch die Bindung an eine „internationale Organisation" ist das Völkerrecht nicht mehr ausschließlich dem Wohlwollen der Parteien anheimgestellt. Seine Leitaufgabe, die Ablösung der Gewalt durch das Recht, wird aber noch nicht annähernd erfüllt: Waffenruhe herrscht allenfalls für die begrenzte Zeit eines Gottesfriedens (s. Kap. 8.2.3).

Wie Aristoteles weiß (z. B. *Politik* III 9, 1280a34–40), gibt es in Griechenland außerdem Schutz- und Handelsbündnisse, so daß sich die Frage nach ihrer Ordnung aufdrängt. Dafür bildet er aber keinen „politischen" Begriff. Zu Recht sieht er noch keine Polis gegeben; die

Begründung läßt jedoch die für das Völkerrecht wesentliche „Zwischenstufe" außer acht: daß man durchaus die für eine Polis unverzichtbare Gemeinsamkeit in den Vorstellungen von Recht und Unrecht entwickeln muß (vgl. *Politik* I 2, 1253 a1–18), daß man sich aber mit wenigen Gemeinsamkeiten begnügen kann. Hier dürfte der konzeptuelle Grund für das Defizit an Völkerrecht liegen: Für Aristoteles ist das Recht „national" oder keines; ebenso ist das Gemeinwesen ein Einzelstaat oder kein Gemeinwesen. Und aufgrund *dieser* Vor-Annahmen enthält Aristoteles' praktische Philosophie ein kommunitaristisches Moment und nicht, wie heutige Kommunitaristen annehmen (etwa MacIntyre ²1984, Kap. 12), aufgrund seiner Begriffe von Tugenden und Freundschaft; denn diese Begriffe haben einen universalistischen Charakter (vgl. Höffe 1997 und 1998d).

Man könnte den Grund für das Defizit noch anderswo suchen, etwa in dem Umstand, daß die Griechen (trotz Herodot, *Historiae* II 2–5) noch keine Universalgeschichte kennen. Die universale Perspektive braucht es aber nicht erst für die Fortentwicklung des Völkerrechts zu einem universalen Phänomen, sondern schon für die bloßen Anfänge, die es in der damaligen Wirklichkeit schon gibt, bei Aristoteles aber fehlen. Nach einer weiteren Vermutung hängt das Defizit mit einer Bindung des Rechts an die Religion und dem Umstand zusammen, daß die damaligen Gottheiten nur partikular anerkannt waren. Im Mittelalter – werden wir sehen – gibt es in der Tat dieses Problem. Und falls „fundamentalistische" Religionsanhänger jedes Recht religiös begründen wollten, gäbe es für sie hinsichtlich des internationalen Rechts eine kaum überwindbare Barriere. Bei den Griechen entfällt sie aber, da ihnen nicht bloß Sprache, Kultur und ein Großteil der gelebten Moral gemeinsam sind, sondern auch der olympische Götterhimmel und die zuständige Institution, die Delphische Kultgemeinschaft. Zwar besitzt die Priesterschaft in Delphi keine reale Macht, aber jene große Autorität, die Staatsmänner aus der gesamten damals bekannten Welt, etwa Kroesus aus Lydien oder Tarquinius aus Rom, bei Fragen zu Kriegen, Staatsverträgen oder Kolonialaussendungen nach Delphi pilgern läßt. Im übrigen versuchen die antiken Völker, sobald sie mit anderen Völkern in Berührung kommen, deren Gottheiten mit den eigenen gleichzusetzen, etwa Isis mit Artemis oder Hermes mit Merkur, eine Uminterpretation, die die Partikularität der eigenen Götter entschärft.

Die Ansätze zu einem Kosmopolitismus, die es in der griechischen Kultur durchaus gibt, finden sich außerhalb der dominierenden Philosophen Platon und Aristoteles. Mehr als eine Generation vor Platon nimmt Demokrit die Globalisierung, verstanden als Bewußtsein einer gemeinsamen Welt, vorweg: „Dem weisen Mann steht die ganze Erde offen; das Universum ist das Vaterland der guten Seele" (*andri sophô pâsa gê batê · psychês gar agathês patris ho xympas kosmos*: Diels/Kranz 68B247). Der Satz könnte die genaue Gegenposition zum ersten, kommunitaristischen Modell bilden und zugleich ein eigenes Modell abgeben, das einer globalen Rechts- und Staatsordnung. Diese deutet sich aber nicht im entferntesten an. Wie andere Vorsokratiker, so kritisiert auch Demokrit den Partikularismus der Griechen: Heraklit im Namen der einen Weltordnung (Diels/Kranz 59B8), Sophisten wie Antiphon unter Berufung auf anthropologische Gemeinsamkeiten (Barbaren wie Griechen atmen durch Mund und Nase und essen mit Hilfe der Hände: Diels/Kranz 87B44), und Demokrit wegen der Fähigkeit des Menschen, sich überall auf der Erde zurechtzufinden: Dank seiner Vernunft fühle sich der Mensch im Prinzip überall zu Hause. Sie schlagen aber nicht vor, das weltweite Zuhause rechts- und staatsförmig zu organisieren.

Nach dem Untergang der freien griechischen Stadtrepubliken wird der Kosmopolitismus zu einem Grundzug der Epoche, im „Weltreich" Alexanders sogar zu einem Prinzip der politischen Wirklichkeit. Während sich die Theorie mit einem philosophischen Kosmopolitismus und philosophischen Humanitätsideal begnügt, greift die Praxis eines kühnen Feldherrn und Staatsmannes nach einem Weltstaat aus. Es ist freilich die hegemoniale Variante einer staatlich homogenen Weltmonarchie.

Der Kernbegriff des philosophischen Kosmopolitismus, der Ausdruck *kosmou politês*, Weltbürger, geht vielleicht bis auf Sokrates zurück (vgl. Cicero, *Tusculanae disputationes* V 8). Eindeutig bezeugt ist er aber erst für dessen Schüler, den Kyniker Diogenes von Sinope. Auf die Frage, woher er komme, soll er, der aus seiner Heimat Verbannte, sich als „Weltbürger" bezeichnet haben (Diogenes Laërtius VI 63). Er verbindet damit aber keine Rechtsverbindlichkeiten oder staatlichen Institutionen. In Diogenes' Kosmo-Politismus liegt der Akzent auf dem Kosmos, nicht der Polis; er ist apolitisch, weshalb Epiktets Ausdruck *kosmios* (*Diatriben* 1,9,1 ff.), „zum Kosmos Gehöriger", die Sache besser trifft. Zudem verläßt Diogenes zwar den Heimatstaat, aber nicht die sprachlich-kulturelle Heimat, die Welt der Griechen.

Die Ansicht, der Kosmos sei die gemeinsame Polis aller Menschen, überdies der Götter, taucht erst beim zweiten Gründer der Stoa,

Chrysipp, auf (*Stoicorum veterum fragmenta* II 32; 328; vgl. schon Krates: Diogenes Laërtius VI 98, später Cicero, *De natura deorum* II 133). Auch bei Seneca wird das „große und wirklich allgemeine" Staatswesen „Götter und Menschen" umfassen (*De otio* 3 IV 1; vgl. *Epistulae* 28, 4 f.). Bei beiden, Chrysipp und Seneca, ist die Polis bzw. *res republica* aber noch nicht der Inbegriff eines rechtlich geordneten Gemeinwesens, sondern ein offener, nicht näher qualifizierter Lebensraum. Weder global zuständige, kosmopolitische Institutionen tauchen auf, noch jene Gemeinsamkeiten von Recht und Unrecht, die Aristoteles mit gutem Grund zu den unverzichtbaren Elementen einer Polis zählt. In der Tradition eines apolitischen, bestenfalls „schwach politischen" Kosmopolitismus steht auch der Stoiker Arius Didymus. Er betrachtet zwar die Welt als eine Heimstatt für Götter und Menschen, in denen die Götter die Herrscher und die Menschen ihre Untertanen sind. Der Grund liegt aber nicht in einem gemeinsamen Recht, sondern in der schon bei Demokrit anklingenden Teilhabe an der einen Vernunft (*Stoicorum veterum fragmenta* II 528).

Daneben, oft sogar vorrangig, legt die Stoa auf jenen inneren oder seelischen Frieden wert, die Leidenschaftslosigkeit *(apatheia)*, die in etwa Epikurs *ataraxia*, der Unerschütterlichkeit der Seele, entspricht. In der Regel läuft sie auf einen Rückzug aus der Politik hinaus, dies freilich nicht beim Philosophen auf dem Kaiserthron, Mark Aurel. Die über die gemeinsame Vernunft *(nous)* vermittelte Verwandtschaft alles Menschlichen führt ihn zu einem kosmopolitischen Ideal: zu einer alle Staats- und Völkergrenzen überschreitenden Einheit der Menschheit. Bei ihr zeichnet sich schon das *fünfte Modell*, eine *politisch* gestufte *Weltordnung*, ab. Innerhalb der höchsten, globalen Polis bleiben nämlich die gewöhnlichen Poleis „gleichsam als deren Häuser" erhalten (*Selbstbetrachtungen* 3,11,2). Selbst bei Mark Aurel gibt es aber lediglich eine Pflicht zu politischem Engagement; und dieses Element personaler Ethik wird nicht wie in der politischen Philosophie von Platon und Aristoteles um eine philosophisch gleichrangige Theorie politischer Institutionen ergänzt. Generell geschieht im stoischen Kosmopolitismus seit Chrysipp, was Nussbaum (1996) übergeht: In Übereinstimmung mit Epikur und seiner Schule tritt gegenüber der personalen Ethik das Rechts- und Staatsdenken in den Hintergrund; vergleicht man es mit der Hochblüte bei Platon und Aristoteles, so muß man es sogar als verkümmert bezeichnen. (Zur politischen Theorie der Stoa, die es ein wenig doch gibt, vgl. Schofield 1991.)

Beim ersten Gründer der Stoa sah es freilich anders aus. Unter Kritik an partikularen Gemeinwesen mit je eigenem Recht skizziert Zenon von Kition eine Kosmopolis in Form eines *homogenen Weltstaates*. In ihr tritt ein weiteres, das systematisch gesehen *sechste Modell* zutage: In Übereinstimmung mit dem generellen Kosmopolitismus der Stoa sind alle Menschen als Mitbürger zu betrachten. Und im Unterschied zum sonst apolitischen Kosmopolitismus soll es eine einzige Lebensweise und Ordnung geben, so daß die Menschen wie eine Herde sind, die sich nicht bloß gemeinsam ernährt, sondern außer der gemeinsamen Natur auch ein gemeinsames Recht teilt (*Stoicorum veterum fragmenta* I 54, 60 f., 133, 262; zur Kritik am Bild der Herde s. Kant, *Anthropologie*: VII, 330). Aus dem bislang nur philosophischen wird jetzt ein auch politischer Kosmopolitismus. Vor allem wegen Zenon, aber auch wegen Mark Aurel erscheint nicht die gesamte Stoa als entweder apolitisch oder als bestenfalls gering politisch.

Denselben Grundgedanken wie Zenon vertritt einer der ältesten Fürstenspiegel, der bemerkenswerterweise einen der größten Philosophen mit einem der berühmtesten Staatsmänner zusammenbringt. In einem Brief an Alexander den Großen berät Aristoteles seinen ehemaligen Schüler: über das Verhalten zu den Untertanen, über die Gründung von Griechenstädten und zur Frage, ob man den persischen Adel zwangsweise umsiedeln solle (Fragm. 656–662). Den Höhepunkt der Ratschläge bildet unser sechstes Modell: die Vision eines Weltstaates, einer Kosmo-Polis, mit einer Verfassung, einer Regierung und ohne Krieg (Stern 1968). Der Text ist aber nicht im Griechischen, sondern nur im Arabischen überliefert und stammt höchstwahrscheinlich nicht von Aristoteles.

Zenon selbst beschreibt die Kosmopolis als ein „erträumtes Ideal“ (Diogenes Laërtius VII, 84 ff.). Obwohl das Alexanderreich eine Annäherung bietet, erscheint der Gedanke global gemeinsamer Gesetze als „Schwärmerei“, als „bloße Utopie“. Schon eine Generation später, zu Chrysipps Zeit, entsteht aber in Rom eine zweite, nachdrücklichere Annäherung an die „Utopie“. Es ist ein *ius gentium*, das weniger die Beziehung zwischen Völkern als die zwischen den Mitgliedern verschiedener Völker regelt (s. Kaser 1993, auch Höffe 1999 a, Abschn. 2). Es betrifft vornehmlich die zweite Dimension eines internationalen Rechts, ein *internationales Privatrecht*. Und darin liegt das in systematischer Hinsicht *dritte Modell*. Entwickelt aus den Handels- und Verkehrsbräuchen des internationalen Marktes in Rom, erlaubt es, Rechtskonflikte zu schlichten, die die Grenzen von Staaten überschreiten, aber nicht in den Bereich des üblichen Völkerrechts, des internationalen öffentlichen Rechts, fallen.

Das Modell erlangt bald weltgeschichtliche Bedeutung. Während der stoische Kosmopolitismus ein Kapitel bloß der Philosophiegeschichte bleibt, freilich immerhin Kants Kosmopolitismus mitprägt, bildet das Römische *ius gentium* in der Weltgeschichte des Rechts ein eigenes, großes Kapitel. Für unseren Zusammenhang sind fünf Elemente charakteristisch: Es handelt sich nicht um ein überpositives Naturrecht, sondern um ein positiv geltendes, überdies hochverfeinertes Recht. Dieses gilt über die Landesgrenzen hinaus, tendenziell sogar weltweit. Es achtet nicht auf ethnische oder religiöse Zugehörigkeit, sondern auf den Menschen als Rechtssubjekt und praktiziert deshalb eine strenge Gleichbehandlung. Hinter ihm steht eine öffentliche Gewalt. Diese ist aber keine internationale Behörde, sondern Bestandteil einer nationalen Rechtsordnung: in Rom der Fremdenprätor, der für Prozesse unter Fremden oder zwischen Bürgern und Fremden zuständig ist. Das Römische *ius gentium* ist ein „nationales Völkerrecht".

In der Praxis von Recht und Staat stellt Rom also eine Kreativität unter Beweis, die wir in seiner Philosophie vermissen: Von Cicero, dem der Stoa nahestehenden Erneuerer des Rechts- und Staatsdenkens, könnte man erwarten, daß er den seit Chrysipp weitgehend apolitischen Kosmopolitismus der Stoa überwinde. Tatsächlich übernimmt er zwar den Gedanken einer allen Menschen gemeinsamen Vernunft (*De officiis*, I. XVII 53) und eines ebenso gemeinsamen (juridischen) Naturgesetzes (*De legibus* I. XV 43). Er zieht daraus aber nur allgemein-moralische und keine für Recht und Staat spezifischen Konsequenzen. Weder verlangt er, die Sklaverei abzuschaffen (ein anderer Stoiker, Seneca, hält sie sogar für gerechtfertigt: *De clementia* I.16.2, *De beneficiis* II.18.3) oder die Frau dem Mann gleichzustellen, noch andere Völker, statt sie zu unterwerfen, als gleichberechtigt anzuerkennen. Cicero wird weder zum Theoretiker eines Völkerrechtes im Sinne eines *ius inter gentes*, noch kommen ihm internationale Institutionen in den Sinn, in denen Rom nicht Hegemon, sondern einer unter Gleichgestellten ist, obwohl es sie beispielsweise in der Italischen Wehrgenossenschaft im Prinzip gegeben hatte. Infolgedessen kann man die „moralische Gemeinschaft, die aus der Humanität aller Menschen entsteht", nicht etwa für „weit radikaler" als den Vorschlag eines Weltstaates ansehen (Nussbaum 1996, 54). Weil Rechts- und Staatselemente fehlen, ohnehin das Moment der Zwangsbefugnis, bleibt der Vorschlag vielmehr weit unverbindlicher.

8.1.2 Sieben Modelle

Eine Zwischenbilanz für die Antike hinsichtlich einer internationalen Rechts- und Staatsethik kann nur ambivalent ausfallen. Sie muß beides festhalten: für die Philosophie das weitgehende Fehlen inter- und supranationaler Theorieelemente, dagegen für die politische Praxis zumindest in Ansätzen ein erstaunlich reiches Tableau von Modellen einer internationalen Rechtsordnung. Und weil die politische Praxis hier weiter ist, darf man das fehlende Element inter- oder supranationaler Theorieelemente durchaus als Defizit bewerten:

Einerseits operiert die antike Philosophie nicht durchwegs, aber in der Regel, mit einer zu einfachen Alternative: entweder partikulare Polis oder apolitischer Kosmopolitismus. Dort, bei Platon und Aristoteles, fehlen Völkerrecht und Weltbürgerrecht, hier, in der Stoa, meist Recht, Staat und Politik. Und weil es deren Verbindung braucht, die Synthese von Recht und Staat mit einem kosmopolitischen Denken, leistet die Stoa zu einer universalen Rechts- und Staatsethik nur einen geringen Beitrag. Weder ersetzt noch ergänzt sie den wirklichen, aber nur partikularen Bürger um den universalen Menschheitsbürger: den Welt-Bürger. Dem partikularen Bürgersein stellt sie vielmehr ein universales Menschsein entgegen, dem das Bürgersein abhanden gekommen ist. Damit entfällt auch die Möglichkeit eines subsidiaritätstheoretisch gestuften Bürgerseins. Allenfalls in Senecas Andeutung einer politisch gestuften Weltordnung kann man primär Athener, sekundär Grieche und tertiär Welt-Bürger sein. Ein Neuplatoniker aus der Alexandriner Schule, Hierokles, spricht zwar von einer Reihe konzentrischer Kreise, die vom Individuum über die Familie und Großfamilie, über Nachbarschaft und Stadt zum Land und schließlich der gesamten Menschheit reicht; auch in der Hierokles von Alexandria zugeschriebenen Schrift *Peri pronoias* (ca. 412 n. Chr.) fehlen aber Rechts- und Staatselemente.

Wer sich *andererseits* in der Antike nicht auf die Philosophie beschränkt, findet einen bunten Strauß von Optionen. „Von unten", einer reinen Staatenwelt, „nach oben", dem homogenen Weltstaat, geordnet, beginnt er (1) mit dem „kommunitaristischen Modell", dem bloßen Neben- und Gegeneinander weitgehend autarker Gemeinwesen ohne jedes Völkerrecht. (2) Das erste realistischere Modell bildet das bloße Völkerrecht ohne jede supranationale Staatlichkeit: ein internationaler sekundärer Naturzustand. In systematischer Hinsicht folgt (3) ein nationales Völkerrecht im Sinne eines internationalen Privatrechts nach dem Muster des römischen *ius gentium.* Dieses läßt sich übrigens leichter einrichten und durchsetzen als ein internationales öffentliches Recht. Denn Privatpersonen sind gewohnt, sich dem Recht zu fügen; und aus Eigeninteresse an einem Rechtsrahmen hat die Wirtschaft keine prinzipiellen Schwierigkeiten mit einer rechtsförmigen, aber national verankerten Gewalt.

(4) Ein internationales Völkerrecht mit internationaler Organisation nach dem Muster der Delphischen Kultgemeinschaft regelt die Beziehungen gleichberechtigter Staaten. Dieses Modell eines supranationalen Minimalstaates erweist sich bei näherer Betrachtung als erstaunlich modern: Es ist nämlich insofern demokratisch, als es im Prinzip die einzelnen Mitglieder unabhängig von ihrer Größe als Gleichgestellte behandelt. Soweit die Mitglieder Demokratien sind, liegt zweitens eine demokratische Koexistenz von Demokratien, kurz: eine Demokratie von Demokratien, vor. Da aber auch Nichtdemokratien zur Kultgemeinschaft gehören, kommen drittens verfassungsrechtlich unterschiedliche, sowohl demokratische als auch nichtdemokratische Staaten zusammen; die zwischenstaatliche Demokratie setzt nicht eine innerstaatliche Demokratie voraus. Viertens stehen der internationalen Organisation nur sekundäre und subsidiäre Staatsaufgaben zu.

(5) Im letzten Gesichtspunkt zeichnet sich ein eigenes Modell ab: jene mehrfach gestufte Staatlichkeit, etwa nach dem Muster Athen – Griechenland – Weltgemeinschaft, die sich bei Seneca zumindest andeutet. (6) Nach Zenons Modell einer Kosmopolis gibt es einen Weltstaat, der alle nationalen Grenzen aufhebt, so daß nur noch ein einziger, in seiner Staatlichkeit homogener Staat übrig bleibt: Auch wenn Zenon auf das Thema nicht eingeht, liegt in der Konsequenz seines Gedankens, daß alle Einzelstaaten ihre Staatlichkeit verlieren, bestenfalls den Status von Provinzen behalten, denen man im Zuge einer Dezentralisierung, also von oben nach unten, gewisse Eigenrechte gewährt.

(7) Der homogene Weltstaat kennt eine hegemoniale Variante, die ein eigenes Modell abgibt: jene Weltherrschaft eines Einzelstaates, die schon Alexander und noch deutlicher Rom in Annäherung realisieren und die Cicero für Rom zu einem *patrocinium orbis*, zu einer Schutzherrschaft über den Erdkreis, überhöht (*De officiis* I 34–36, II 26–27). Zur Zeit seiner größten Ausbreitung, unter Kaiser Trajan, umfaßt das Römische Reich alle Länder des größeren Mittelmeerraumes, greift weit auf den europäischen Kontinent über, bezieht England, aber

nicht Schottland ein und reicht im Osten bis zum Persischen Golf und dem Kaspischen Meer.

8.1.3 Neuzeit

Weil es hier nicht auf die Feinentwicklung ankommt, können wir das Mittelalter überspringen und uns auf wenige Stationen der dann folgenden Entwicklung konzentrieren: Ein grundlegend neues Element erhält das Völkerrecht durch die spanische Spätscholastik. Die Geschichte der modernen Rechts- und Staatstheorie pflegt sie zwar zu vernachlässigen, da ihr die vertragstheoretische Legitimation fehlt. Die für Recht und Staat einschlägige Modernisierung ist aber vielseitig. Ihr übliches Vorbild, Thomas Hobbes, trägt nur zu einer Seite, der legitimatorischen Modernisierung bei, während er hinsichtlich deren Reichweite traditionell, sogar reaktionär ist; denn er beschränkt die Legitimationsaufgabe auf den Einzelstaat. Obwohl Hobbes sieht, daß „zu allen Zeiten Könige und souveräne Machthaber ... ihre Waffen gegeneinander richten" (*Leviathan*, Kap. 13), konstatiert er hier nicht, wie man bei seiner Vertragstheorie erwarten müßte, einen zu überwindenden Naturzustand. Er spricht vielmehr von einer „kriegerischen Haltung", die den Fleiß der Untertanen fördere. Und das Völkerrecht setzt er mit einem Naturgesetz *(law of nature)* gleich (Kap. 30), das, analog zum Naturgesetz von Individuen (Kap. 14), jeden Souverän berechtige, seinem Volk Sicherheit zu verschaffen. Hobbes versteht das (völkerrechtliche) Naturgesetz also nicht objektiv, als Inbegriff von zwischenstaatlich gültigen Regeln, sondern subjektiv, als Anspruch jedes Volkes auf die eigene Sicherheit.

Halten wir zunächst die drei grundverschiedenen Begriffe von Völkerrecht fest: (1) Nach dem ältesten, römischen Begriff besteht das Völkerrecht in einem objektiven, nach heutigem Verständnis aber uneigentlichen Sinn eines internationalen Privatrechtes. Mit dem „natürlicherweise" geltenden Recht, dem Naturrecht, verwandt, ist es der Inbegriff von Rechtsregeln, die international, bei allen Völkern, gelten, aber national, von einem partikularen Staat, überwacht werden. (2) Nach Hobbes' subjektivem Begriff bezeichnet das Völkerrecht die Befugnis eines Volkes auf seine eigene Sicherheit; es beläuft sich auf Klugheitsregeln für „nationales" Überleben und innerstaatlichen Frieden. (3) Die spanische Spätscholastik und der Niederländer Grotius ergänzen nun diese beiden Begriffe um den seither vorherrschenden Begriff eines Völkerrechts im objektiven und eigentlichen Sinn, den Rechtsregeln, die *zwischen* Völkern gelten. Eine oberste Zentralinstanz nehmen die Völkerrechtstheoretiker nicht an; denn ein derartiger Weltstaat – sagt beispielsweise Grotius – ist wie ein Schiff, das sich nicht steuern läßt: er ist unregierbar (*De iure belli ac pacis*, II 22, § 13; s. schon Bodin, *Six livres de la République*, I 10 und V 1). Das neuzeitliche Völkerrecht folgt zunächst unserem zweiten, vorstaatlichen Modell und wird sich damit noch lange begnügen.

Angestoßen durch politische Probleme, die sinngemäß auch auf Hobbes' Großbritannien zutreffen, nämlich durch die Entdeckung und Kolonialisierung Südamerikas und die häufige Versklavung der Indianer, entwickeln die Theologen und Philosophen Vitoria, Vázquez und Suárez, auch der Dominikanergeistliche Las Casas die erste genuine Völkerrechtstheorie. Sie besteht in einem universalen Naturrecht, das für die Beziehung zwischen allen Völkern, namentlich auch zwischen Christen und Nichtchristen, zuständig ist. Die religionsunabhängige Geltung hat übrigens eine wichtige politische Folge: Mit Nachdruck verwirft Suárez einen Religionskrieg gegen die (nichtchristlichen) Türken (*De charitate*, Disp. XIII: *De bello*; 1621). Auch nach Grotius gibt es keine Naturrechtsaussage, die den Frieden auf die Christenheit einschränkt (*De iure belli ac pacis*, II 20, §§44–50, vgl. II 15, §§ 8–12).

Auf seiten der Theorie ist die seit Vázquez de Menchaga getroffene Unterscheidung eines primären, natürlichen Völkerrechts vom sekundären, menschlichen oder positiven Völkerrecht wichtig (*Controversiae illustres*, 1564, 2, 51, § 31 f.). Und durch Suarez wird der Ausdruck *ius gentium* für die zweite, positive Stufe reserviert (*De legibus ac Deo legislatore* 1602). Der legitimatorische Vorrang gebührt aber dem Naturrecht, das sogar zu einem für alle Menschen geltenden Recht erklärt wird. Ein Rechtspositivist könnte daran Anstoß nehmen und sagen, die Verselbständigung eines positiven Völkerrechts bleibe auf halbem Wege stehen. Zwei Argumente sprechen aber für Suárez: In positivrechtlicher Hinsicht darf man nicht vergessen, daß das damalige Völkerrecht keine zum nationalen Gesetzgeber analoge Instanz, keine supranationale Legislative, kannte, so daß die übliche positive Rechtsquelle ausfiel und teils durch ein Völkergewohnheitsrecht, teils aber durch rechtsethische (natur- oder vernunftrechtliche) Überlegungen ersetzt werden mußte. Und legitimatorisch gesehen, verdient ein rechtsmoralisch begründetes Recht den Vorrang vor einem bloß positiven Recht.

Im Rahmen des neuen objektiven Völkerrechts gibt Vitoria dem stoischen Gedanken des Weltbürgers eine erste Rechtsgestalt. Er sieht sich nämlich gezwungen, ein neues subjektives Recht, ein Weltbürgerrecht, einzuführen: Weil es zwischen Spaniern und Indianern kein gemeinsames positives Recht gibt, braucht es für deren Rechtsbeziehung eine völkerrechtliche Innovation. Vitoria nimmt eine vor- und überpositive Befugnis an, ein *ius communicationis et societatis humanae*, und stellt damit zum ersten Mal in der Geschichte der Rechtstheorie den Begriff eines „Zwischenvölkerrechts" auf, mit dem er die Gegenrichtung zu Hobbes' Recht auf die eigene Sicherheit einschlägt: *Relectiones de Indis* II 2 (1539): „Quod naturalis ratio inter omnes gentes constituit, vocatur ius gentium." Das neue Recht gebietet nämlich den Indianern, den Spaniern zu erlauben, ihren Fuß auf die „neuen Territorien" zu setzen, ferner Handel zu treiben, sich zu verheiraten und sich selber zu regieren, sprich: Kolonien zu gründen. Kant wird Vitorias Innovation, das Weltbürgerrecht, bekräftigen, aber zwischen Gast- und Besuchsrecht unterscheiden, nur das Besuchsrecht dem zwangsbefugten Recht, das Gastrecht jedoch der freiwilligen Menschenliebe (Philanthropie) zuordnen. Und mit Hilfe dieser Unterscheidung kann er so gut wie jede Kolonialisierung eines schon besiedelten Landstriches vehement verwerfen.

Auch in der Zeit nach Hobbes entwickeln die großen britischen Staatsdenker keine Theorie des Völkerrechts. Locke sieht zwar „alle Fürsten und Herrscher unabhängiger Regierungen in der ganzen Welt im Naturzustand" sich befinden (*Über die Regierung*, § 14), was dessen Überwindung durch einen Rechtszustand nahelegt. Ein Rechtszustand kann allerdings nicht durch Angriffskriege herbeigeführt werden, denn aus Eroberung folgt für Locke kein rechtmäßiger Anspruch auf Herrschaft (§ 196). Hume wiederum hält die Kräfte zur Erhaltung von Gesetzen zwischen den Staaten für geringer als zwischen den Individuen und sieht die zwischenstaatliche Politik nach einem Machtgleichgewicht streben, das auf Common sense beruht (*Über das Machtgleichgewicht*, 261). Damit orientiert er sich an dem in Europa seit dem Westfälischen Frieden (1648) vorherrschenden „Westfälischen Modell", dem Gleichgewicht der europäischen Mächte. (Zur Begriffsgeschichte von „Völkerrecht" s. Steiger 1992; zur Entstehung des neuzeitlichen Völkerrechts s. Kimminich 1985.)

8.2 Zum ewigen Frieden

8.2.1 Platon und Aristoteles

Für den Kern einer internationalen Rechtsordnung, den Frieden, fehlt es in der antiken Philosophie erneut an einer Theorie. Und erneut darf man von einem Defizit sprechen; denn Aristoteles sagt selber, der Krieg werde um des Friedens willen geführt (*Politik* VII 14, 1333a35; 15, 1334a15), so daß man von ihm eine nähere Untersuchung des Friedens erwarten dürfte. Während Aristoteles sie nicht vornimmt, gibt es bei Platon zumindest Ansätze:

In den *Nomoi* wettert zwar einer der Gesprächspartner, Kleinias, gegen den „Unverstand der meisten Menschen", „die nicht einsehen wollen, daß der Krieg aller Staaten gegen alle niemals aufhört" (I 625e–626a). Platon läßt hier also den konträren Gegensatz zum ewigen Frieden, den Gedanken eines ewigen Krieges, verteidigen. In der *Politeia* skizziert er aber einen umfassenden Frieden, allerdings ohne den Ausdruck zu verwenden: Im Rahmen einer systematischen, nicht historischen Polisgenese leben die Menschen – sagt Platon –, zunächst, in der gesunden Polis, sowohl untereinander als auch mit den Nachbarn und den Göttern in Frieden (*Politeia* II 369b–372c). Der Grund liegt in einer elementaren Selbstgenügsamkeit, einer vorreflexiven, rein natürlichen Urzufriedenheit. Von einem Tier dann nicht weit entfernt, haben die Menschen eine relativ fest umgrenzte Menge von Grundbedürfnissen (vgl. *Politeia* VIII 558dff. und IX 581e), nach deren Befriedigung sie spontan und mit einem Gefühl des Wohlbehagens zur Ruhe kommen. Der äußere Friede, der zwischen den Menschen, kommt also durch ihren inneren Frieden mit sich selbst zustande.

Überträgt man dieses Modell – äußerer Friede aufgrund inneren Friedens – auf den internationalen Bereich, so ergibt sich eine Variante zum ersten, völkerrechtsfreien Modell: Nicht aufgrund einer Autarkie der einzelnen Gemeinwesen, also mangels Beziehungen, herrscht zwischen den Staaten Frieden, sondern aufgrund ihres innerstaatlichen Friedens: wegen ihrer inneren, freilich nicht subjektiven, sondern objektiven Zufriedenheit, wegen der Wohlgeordnetheit jedes Gemeinwesens. Und wenn man noch, dann freilich anders als Platon, die staatsinterne Wohlgeordnetheit in Begriffen von Demokratie definiert, so klingt hier schon die berühmte These an, der globale Friede lasse sich durch eine globale Demokratisierung gewinnen (s. Kap. 9.3).

Ausdrücklich wird die internationale Perspektive in der *Politeia* aber nicht. Die erste explizite Friedenstheorie taucht erst in der Spätantike, bei Augustinus, auf und ist hier stärker theologisch als philosophisch geprägt. Auch danach bleibt dem Frieden das Gewicht eines Grundbegriffs der Philosophie verwehrt; den Rang von Begriffen wie Recht, Gerechtigkeit und Staat oder Glück, Freiheit und Fortschritt gewinnt er nie. Man darf ergänzen: erstaunlicherweise; denn der Friede ist ein Gut von hohem existentiellen Wert. Da Augustinus in seiner Friedenstheorie mehr Theologe ist, bildet die einzige bedeutende Ausnahme Kant.

8.2.2 Positiver und negativer Begriff?

Weil der Begriff des Friedens der klassischen griechischen Philosophie so gut wie fremd ist, werfen wir zunächst einen Blick auf die Welt außerhalb der Philosophie. Ohnehin wird sie den ersten großen Friedenstheoretiker, Augustinus, mitprägen:

Während wir heute mit dem bescheideneren, negativen Begriff zu beginnen pflegen, mit der Abwesenheit von Gewalt, näherhin Krieg, besteht in der Frühzeit die gegenläufige Präferenz. Und sie trifft auf höchst unterschiedliche Kulturen zu; sowohl in Alt-Israel als auch bei den Griechen, später den Römern und im Germanischen herrscht zunächst der anspruchsvollere, positive Begriff vor. Vielleicht weil man nur die eigene Gemeinschaft in den Blick nimmt, also innenpolitisch denkt, bezeichnet der Friede ein rundum gelungenes Zusammenleben. Extrapoliert man dieses Verständnis auf den zwischenstaatlichen Bereich, so droht der Friede in eine sach- und weltfremde Utopie zu degenerieren. Zu den Vorbedingungen einer Konzeption internationalen Friedens gehört daher die Fähigkeit, bei der „quantitativen", räumlichen Ausweitung eine „qualitative" Abschwächung vorzunehmen: Wer einen globalen Frieden will, begnügt sich besser mit einem weniger anspruchsvollen Friedensbegriff.

Israel sieht im Frieden *(schalom)* nicht bloß den Gegensatz zu äußeren und inneren Übeln, dort zu Krieg und Streit (1. Könige 20, 18; Jesaja 27, 4 f.; Jeremia 9,7), hier zu Angst, Schrecken und Sünde (Ezechiel 7,25; Jeremia 29,11 und 30,5; Psalm 38,4). Es bringt auch den Wunschtraum der Menschheit, daß man des Krieges überdrüssig werde und endlich Friede einkehre, in ein prophetisches Bild: „Ihre Schwerter schmieden sie zu Pflugscharen und ihre Lanzen zu Winzermessern um. Kein Volk erhebt wider ein anderes das Schwert, nicht erlernt man fürder den Krieg" (Jesaja 2,4; vgl. Micha 4, 1–3). Nimmt man die berühmten Verse hinzu, nach denen das Lamm beim Wolf zu Gast weilt, Kalb und Löwe zusammen weiden und das Kind mit der Natter spielt (Jesaja 11,1–6), der Friede also auch in und mit der Natur herrscht, er sich überdies mit der Fülle der Segnungen verbindet (z. B. Jesaja 9,1–6; 58, 8; Psalm 72,7 und 16f.), dann ist er ein sowohl quantitativer als auch qualitativer Superlativ. Charakteristisch für eine Hirten- und Ackerkultur im Unterschied zur Stadtkultur der Griechen, umfaßt er quantitativ nicht bloß die Menschen, sondern den ganzen Kosmos. Und qualitativ bedeutet er einen nicht mehr überbietbaren Zustand von Wohlordnung und Wohlsein. Freilich darf man nicht übersehen, daß Jesaja den Zustand für das „Ende der Tage" (2,2) verkündet: Der anspruchsvollste Friede ist „nicht von dieser Welt"; er ist eschatologisch zu verstehen.

Auch bei den Griechen beinhaltet „Friede" *(eirênê)* ursprünglich weit mehr als nur ein dauerhaftes Ende von Gewalt. Er meint den Wohlstand und das Wohlergehen eines Gemeinwesens, wobei nach Platons *Nomoi* Friede mit Freundschaft (I 628b) und Gerechtigkeit (I 630c) zusammenhängt. Allerdings wird der Friede zunächst nur „innenpolitisch" verstanden; erst ab etwa 400 v. Chr., wahrscheinlich wegen des Peloponnesischen Krieges, erkennt man die „außenpolitischen" Verhältnisse als Bedingung inneren Wohlergehens an. Und dafür nimmt Andokides, der Athener Gesandte bei den Friedensverhandlungen mit Sparta, in seiner Rede vor der Athener Vollversammlung einen ewigen und allgemeinen Frieden in den Blick (*Peri tês eirênês*/Rede über den Frieden mit Sparta, 392 v. Chr.).

Zumindest Vereinbarungen über einen Allgemeinen Frieden *(koinê eirênê)* kommen in Griechenland tatsächlich zustande. Sie greifen sogar wichtigen Grundregeln des Völkerbundes und der Vereinten Nationen vor: Es geht um innere und äußere Freiheit, um den Abzug von Besatzungstruppen und die Garantie territorialer Unversehrtheit, darüber hinaus um Sanktionen gegen Friedensbrecher. Und damit die Vereinbarungen nicht bloß verbal bleiben, sieht beispielsweise der Korinthische Bund eine Exekutive vor: einen regelmäßig tagenden Bundesrat, der schiedsrichterliche Befugnisse hat, gegen Friedensstörer vorgeht und für 15 Jahre Kriege verhindern kann. Dieser „Völkerbund" bleibt freilich auf Griechenland beschränkt; in einer für damals üblichen „nationalen Engführung" gilt schon ein gesamtgriechischer Friede als allgemein. Selbst Philosophen denken über eine weiter ausgreifende, nicht bloß Hellas betreffende Friedensordnung nicht nach.

Griechenland kennt noch eine Institution, die beide Dimensionen, den innerstaatlichen und den zwischenstaatlichen Frieden, zeitlich begrenzt verbindet: Während des Zeus geweihten Kultfestes, den Olympischen Spielen, herrscht ein Gottesfriede, der sowohl vor Wegelagerern und Strauchdieben Schutz bietet als auch etwaige kriegerische Handlungen unterbricht. Zugleich tritt ein agonales Moment zutage, ein Wettkampf auch ohne Krieg, wie er damals im Sport, heute auch in Wirtschaft, Wissenschaft und Kultur stattfindet. (Zum antiken Friedensdenken vgl. schon Nestle 1939, später Dinkler 1972.)

Wie bei den Griechen, so ist auch bei den Römern der innere Friede vom positiven, der äußere dagegen vom negativen Friedensbegriff bestimmt: Innenpolitisch besteht der Friede *(pax)* in innerer, (staats-)bürgerlicher Eintracht, der *concordia*, die ihrerseits das Glück, die *felicitas*, sichert. Weil die Concordia durch verschlungene Hände symbolisiert wird, scheint sie dem neueren Verständnis von Solidarität nahezukommen. Die römische Pax meint aber vornehmlich die *securitas publica*: die öffentliche Sicherheit, also den Rechts- und Besitzschutz einschließlich des Schutzes der öffentlichen Religion und der Vätersitte *(mos maiorum)*. (Noch im 14. Jahrhundert flicht im berühmten Fresko von Siena *Il buon governo* – die gute Regierung – die Concordia zwei Stränge von Gerechtigkeit, die Verteilungs- und die Tauschgerechtigkeit, ohne eine zusätzliche Solidarität zusammen; vgl. Skinner 1986.)

Pax leitet sich von *pacisci* ab: übereinkommen, vereinbaren. Die darin enthaltene rechtliche Färbung macht darauf aufmerksam, daß der Friede weder naturhaft vorhanden ist noch durch Kräfte hinter unserem Rücken, durch bloße Evolution, zustandekommt; es braucht Verhandlungen, Absprachen und Verträge. Außenpolitisch verlangt er mehr als das momentane Schweigen der Waffen, den Waffenstillstand. Er bezeichnet jenes dauerhafte Kriegsende, das den Schutz vor einem künftigen Krieg einschließt und von dem man mit Cicero sagen kann: „Das Wort Friede hat einen süßen Klang, und die Sache selbst ist heilsam" (*nomen pacis dulce est et ipse res salutaris*: *Philippica* II 113).

Nach dem zitierten Andokides ist ein Krieg gerecht, wenn er aufgrund selbsterlittenen Unrechts oder aber zur Hilfe gegen bedrohte Bundesgenossen geführt wird. Rom läßt noch zwei weitere Gründe zu, die überdies „großzügig" interpretiert werden und den Gedanken des gerechten Krieges diskreditieren: *pro salute,* für die Unversehrtheit des Römischen Reiches, und *de imperio*: um die eigenen exklusiven Herrschaftsansprüche zu sichern. In Übereinstimmung mit dem siebenten, hegemonialen Modell kann sich das für das Rechtsdenken so vorbildliche Rom den Weltstaat nicht als Koexistenz unter Gleichen, sondern nur unter eigener Führung vorstellen. Der Römische Friede (Pax Romana) beruht auf der alles überherrschenden Macht des Stärksten. Und sollte ihm die globale Hegemonie gelingen, dann ließe sich Jesajas Programm säkularisiert realisieren: in jenem innerweltlichen Sinn, den der spätantike Kaiser Probus meint, wenn er die Prognose wagt, in Kürze seien keine Soldaten mehr nötig. Denn weil überall römische Gesetze und römische Statthalter zur Herrschaft gelangten und beide ihrer Herrschaft sicher seien, brauche es weder Soldzahlungen noch Steuererhebungen noch eine Waffenproduktion. Statt dessen würden die Soldaten als Bauern, Händler und Wissenschaftler tätig sein (*Scriptores Historiae Augustae, Vita Probi* 20,5; vgl. 23, 1–5).

Auch der deutsche Ausdruck „Friede" (althochdeutsch: fride) bedeutet ursprünglich einen Zustand der Wohlordnung und des Wohlergehens. Mit „frei", „freien" und „Freund" verwandt, meint er ein Zusammenleben in Liebe und Schonung, bei dem allerdings „das Moment gegenseitiger Hilfe und Stütze stärker betont ist als das einer gefühlsmäßigen Bindung und Zuneigung" (Jansen 1975, 543). Sofern sich die Bedeutung des Schonens in den Vordergrund schiebt, nähert man sich aber jenem negativen Begriff an, der sich auf zwischenstaatliche Verhältnisse leichter übertragen läßt: Ob Gottesfrieden, Haus-, Burg-, Stadt- oder Landfrieden – es geht um Zeiten oder Orte der Gewaltlosigkeit.

8.2.3 Augustinus

Der erste große Friedenstheoretiker ist ein christlicher Theologe, der wegen seiner überragenden Bedeutung zu den Kirchenlehrern zählt: Augustinus. In seiner Frühphase, hier eventuell über die verlorene Schrift Varros *De philosophia* vermittelt, schließt er sich an das stoische Ideal des Weisen an und versteht den Frieden als inneren Zustand: als Affektfreiheit (*De sermone domini in monte* I 2,9). Später nimmt er an dieser Konzeption drei Veränderungen vor (vgl. *Retractationes* I 19,2), die für sich attraktiv sein mögen, für eine Rechts- und Staatsethik aber provokativ, sogar kontraproduktiv sind. Die Veränderungen bestimmen das Buch XIX von *De civitate dei* (dazu Geerlings 1997), dem für Jahrhunderte wichtigsten friedenstheoretischen Werk des Abendlandes. Offensichtlich haben sie eine außerphilosophische Inspirationsquelle: die von Augustinus selbst angeführten Schriften des Alten und des Neuen Testamentes.

Auch wenn das Buch XIX dem Propheten Jesaja kein besonderes Gewicht gibt, lassen sich alle drei Veränderungen von ihm her verstehen. Der ersten Veränderung zufolge bleibt der Friede ein Leitmotiv des Menschen und soll trotzdem in diesem Leben unerreichbar sein; der entscheidende, „wahre" Friede ist eschatologischer Natur. Mit einer deutlichen Spitze gegen die Ansicht antiker Philosophie, sowohl Individuen als auch Gemeinwesen könnten von sich aus zur Vollendung gelangen, wird der Mensch, zweitens, auch hinsichtlich des Friedens der göttlichen Gnade ausgesetzt. Infolgedessen ist der Friede nicht länger das Ziel dessen, worauf der Mensch selber hinarbeiten kann. Aus der Vollendung tätigen Strebens wird etwas, das innerweltlich als Schwärmerei angesehen werden müßte: die Erfüllung menschlichen Sehnens. Schließlich soll der Friede nicht bloß unter den Menschen, sondern im ganzen Kosmos herrschen.

Attraktiv ist Augustinus' dreifache Veränderung, weil sie dem Frieden eine schwerlich überbietbare Reichweite und begriffliche Fülle zuspricht. Sie führt das im positiven Friedensbegriff enthaltene Hoffnungspotential einmal zu seiner vollen Aktualisierung, statt im Namen eines vorgeblichen Realismus vorzeitig die Bremsen anzuziehen. Attraktiv ist auch die damit verbundene methodische Klärung: Die eschatologische Perspektive besagt, daß im irdischen Leben das volle Hoffnungspotential nie realisierbar ist. Augustinus befreit von aller Schwärmerei, die im Diesseits sucht, was doch nur in einem Jenseits erreichbar ist. Und die Gefahr, daß bei einer Säkularisierung der Eschatologie der irdische Friede überfrachtet wird, ist gewiß real, darf aber nicht Augustinus angelastet werden.

Problematisch ist etwas anderes: daß der irdische, zeitliche und vom Menschen selbst zu stiftende Friede zu einem nur unvollkommenen Abbild des ewigen, geistlichen und von göttlicher Gnade abhängigen Friedens abgewertet wird. Das Abbild kann sogar – hier ist Augustinus ein „christlicher Eiferer" – zum schlechten und falschen Frieden erklärt werden (so sinngemäß XIX 12f.; ähnlich noch im 13. Jahrhundert Berthold von Regensburg, der vom „valsche fride" – *Von dem fride*, Predigten, I 238f. –, und im 15. Jahrhundert Nikolaus von Kues, der von einem „schmutzigen Frieden" spricht: *Predigt am Tage der Geburt des Herrn*, § 11).

An Augustinus' Veränderung sind alle drei Momente provokativ: die Jenseitigkeit des Friedens, seine Abhängigkeit von einer außerirdischen Macht und die Relativierung des Friedens als Rechts- und Staatsaufgabe. Und diesen Provokationen wohnt insofern ein Moment des Kontraproduktiven inne, als sie von dem durch Menschen erreichbaren Frieden ablenken. Zumindest für eine Rechts- und Staatsethik müßte an die Stelle eines theologischen Begriffs des ewigen Friedens, jener aller Zeit enthobenen, religiös-moralischen *pax aeterna,* der in sozialer und politischer Hinsicht ewige Friede treten: die *pax sempiterna*, die in dieser Welt und zwischen Menschen besteht und die in dem Sinn universal ist, daß sie zwischen allen Menschen und nicht bloß unter Begnadeten und Erwählten herrscht.

Ein Friede kann in vier voneinander unabhängigen Gesichtspunkten universal sein: Legitimatorisch universal ist der Friede, wenn seine Rechtfertigungsgrundlage nicht von kulturellen Überzeugungen abhängt. Da selbst eine ethnisch nicht begrenzte, nachdrücklich universale Religion wie das Christentum sozialgeschichtlich gesehen partikular ist, kann sich eine philosophische Legitimation darauf nicht stützen, wohl aber sich davon inspirieren lassen. Ein der Reichweite nach universaler Friede, der das ganze Universum, auch die subhumane Welt umfaßt, ist zwar wünschenswert, kann von einer Rechts- und Staatsethik aber zunächst einmal zurückgestellt werden, da ihre Hauptaufgabe woanders liegt. Sie kann dagegen nicht auf einen universalen Frieden im rechtsmoralischen Sinn verzichten, auf den globalen Frieden, der alle menschlichen Individuen sowie alle Staaten und gegebenenfalls auch nichtmenschliche Rechtspersonen einschließt. Ebensowenig kann sie auf den im temporalen Sinn universalen, nämlich zeitlich unbegrenzten Frieden verzichten.

De civitate dei entsteht bekanntlich vor dem Hintergrund eines staatsgeschichtlich überragenden Ereignisses, der Einnahme Roms durch die Westgoten (410). Trotzdem entwickelt die Schrift keine diese Erschütterung überwindende Rechts- und Friedensordnung. Augustinus kennt zwar den zeitlich-politischen Frieden. Interpretiert als Friede Babylons, „Guten und Bösen gemeinsam" (XIX 26), wird er aber nicht bloß relativiert, sondern recht eigentlich desavouiert: Augustinus zieht sich im wesentlichen auf eine „eschatologische Staatstheorie" zurück (Höffe 1997). Obwohl auch in der Sphäre des Irdischen und Vergänglichen nichts sehnlicher begehrt werde als das Gut des Friedens (XIX 11), da es irdische Vorteile verspreche (XIX 17), obwohl sich außerdem der Mensch um einen Frieden mit allen Menschen bemühe (XIX 12), und obwohl schließlich der Friede die natürliche Koexistenzform darstelle, da es zwar einen vollkommenen Frieden ohne Krieg, aber keinen Krieg ohne Anteile an Frieden gebe (XIX 13), zählt für Augustinus – fast – nur die eschatologische Perspektive mit ihrem „vollen Frieden": dem Frieden im gesamten Kosmos, dabei insbesondere dem „Frieden mit Gott" (XIX 27).

Der Kirchenlehrer ist nicht so naiv, den kosmischen Frieden unmittelbar zu postulieren. Dieser stellt erst die Spitze einer achtstufigen hierarchischen Friedensordnung dar (XIX 13), bei deren Bestimmung sich der Neuplatoniker Augustinus eng an Platon und Plotin anlehnt: Vom Frieden des Leibes, verstanden als geordnete Zusammenstimmung der Teile (also Gesundheit und Harmonie), über den Frieden der vernunftlosen, dann der vernünftigen Seele über den Frieden von Leib und Seele steigt der Text zu einem ersten Höhepunkt auf, zu jenem Frieden des sterblichen Menschen mit Gott, der in einem durch Glauben geordneten Gehorsam gegen das ewige Gesetz besteht. Jener Friede, der nicht mehr in den Menschen, sondern zwischen ihnen besteht, taucht erst auf der nächsten, sechsten Stufe auf. Bestimmt als geordnete Eintracht in bezug auf Befehlen und Gehorchen, beginnt er in der Familie und geht dann zum irdischen Staat über.

Bei einem thematisch so reichen Konzept fällt die Nichterwähnung eines zwischenstaatlichen Friedens um so stärker ins Gewicht. Augustinus weiß zwar um die Aufgabe eines „Friedens mit allen Menschen" (XIX 12). Auch kennt er die Dreigliederung menschlicher Gemeinschaft in Haus, Stadt oder Staat und Erdkreis (XIX 7). Wegen der eschatologischen Relativierung alles Irdischen kommt aber die globale, jedoch irdische Friedensordnung zu kurz. Im vierten Buch von *De civitate dei* (Kap. 15) taucht zwar als ein punktuelles Gegenbild zum Römischen Reich die Vision einer Staatengemeinschaft auf, in der die irdischen Reiche in „nachbarlicher Eintracht" leben, vergleichbar „den Häusern einer Stadt". Aber auch dieser Friede sei erst am Ende der Geschichte, im ewigen Gottesreich, zu verwirklichen.

Indem der globale Friede als eigene Stufe ausfällt, erweist sich selbst Augustinus' anspruchsvoller Friedensbegriff als noch überbietbar. In *De civitate dei* folgt jedenfalls auf den innerstaatlichen Frieden unmittelbar und als siebente Stufe der Friede des himmlischen Staates: einer „bis ins letzte geordneten und völlig einträchtigen Gemeinschaft des Gottesgenusses und des gegenseitigen Genusses in Gott" (vgl. XIX 17). Als ein qualitativer Superlativ läßt er sich allenfalls quantitativ steigern. Und in der entsprechenden Erweiterung ins Kosmische, in der achten und letzten Stufe, dem Frieden für alle Dinge, kommt die gesuchte Ordnung insgesamt zur Ruhe. In Übereinstimmung mit der von Platon übernommenen Idiopragieformel der Gerechtigkeit, der zufolge alles die ihm eigentümliche Aufgabe erfüllen soll (*Politeia* IV 433 a ff. und 435 b), nimmt innerhalb einer hierarchisch aufgebauten Weltordnung jedes Ding den ihm zukommenden Ort ein.

Die Frage, ob Augustinus' Konzeption religiös überzeugt, muß die Theologie entscheiden. Eine Rechts- und Staatsethik vermißt aber die Fähigkeit, zweigleisig zu denken. Für sie kann man sich sogar auf die Autorität des Neuen Testamentes berufen und in Abwandlung eines berühmten Wortes (Mt 22,17; Mk 12,17; Lk 20,25) sagen: Gebt dem Diesseits, was des Diesseits, und dem Jenseits, was des Jenseits ist. Jedenfalls führt nicht schon die pointierte Lehre von den Zwei-Reichen, sondern erst die zu starke Abwertung des irdischen gegenüber dem himmlischen Reich zum Ausblenden der politisch so entscheidenden zwischenstaatlichen Stufe.

Für die weitere Friedensdebatte hat der Kirchenlehrer eine so überragende Bedeutung, daß von der Spätantike über das gesamte Mittelalter bis zum Teil weit in die Neuzeit das abendländische Friedensdenken wesentlich ein politischer Augustinismus ist. Um dessen Desinteresse an einer internationalen Friedensordnung zu überwinden, braucht es erhebliche Akzentverschiebungen, sogar Metamorphosen; folgende fünf erscheinen als unverzichtbar: Der Eigenwert der weltlichen Sphäre und ebenso die Fähigkeit zu einer gewissen Selbstvollendung des Menschen sind zu stärken, denn der Friede ist sowohl im Diesseits als auch von den Menschen selbst zu stiften. Innerhalb des diesseitigen Friedens kommt es, drittens, auf alle Menschen und alle Völker, Christen wie Nichtchristen, gleichermaßen an. Zur Legitimation des entsprechend universalen Friedens ist, viertens, nicht die personale Moral, sondern die Rechtsmoral heranzuziehen, die fünftens, um für alle Menschen gültig zu sein, auf genuin religiöse Argumente verzichtet.

Jede dieser Veränderungen ist radikal. Die erste verlangt nichts weniger als eine Entspiritualisierung bzw. Deeschatologisierung der Friedenstheorie, verbunden mit ihrer Re-Politisierung. Gemäß der zweiten braucht der Mensch nach seiner religiösen Entmachtung – durch die Angewiesenheit auf die Gnade – eine größere Selbstmacht und zugleich größere Selbstverantwortung. Drittens muß sich mit einer Globalisierung des Geltungsbereiches jene Re-Humanisierung verbinden, die innerhalb des Kosmos die Sphäre der Menschen nicht absolut setzt, aber in den Vordergrund stellt. Nur die vierte Veränderung dürfte leichter fallen; denn sie nimmt hinsichtlich der personalen Voraussetzungen eine – gewisse – Entmoralisierung vor; statt der verdienstlichen braucht es nur die geschuldete Moral. Die fünfte Veränderung dürfte wieder schwierig sein: An die Stelle einer Gesetzgebung durch den christlichen Gott muß eine Selbstgesetzgebung der menschlichen Vernunft treten, die christliche Theonomie also durch eine säkulare Autonomie abgelöst werden.

8.2.4 Mittelalter

Noch in der Mitte des zwölften Jahrhunderts steht der Philosoph Johannes von Salisbury in der Tradition Augustinus', da er die „pax regnante Augusto", den Frieden unter einer weltlichen Obrigkeit, als Scheinfrieden abtut (*Policraticus*, 1159; 9,8,18). Diesem hatte jedoch bereits dessen Zeitgenosse Rufinus widersprochen. Im Traktat *De bono pacis* (Über das Gut des Friedens: Patrologia Latina, Bd. 150, 1611) schaltet er Augustinus' beiden sozialen Stufen, dem Frieden Babylons und dem von Jerusalem, noch eine Stufe vor: die *pax Aegypti*, also den Friede jenes Landes, in dem Israel nach eigenem Verständnis geknechtet wurde. Da diese Stufe alle negativen Bestimmungen auf sich zieht, nämlich die drei Laster superbia (Hoch- und Übermut), impunitas (Straflosigkeit im Sinne von Zügellosigkeit) und pertinacia (Starrsinn), kann die nächste Stufe, Augustinus' Friede Babylons, zu einem in sich wertvollen Frieden aufgewertet werden. In diesem Sinn wird auch Luther in der Abhandlung *Von weltlicher Obrigkeit* (1523) den von Juristen gestifteten Frieden zwar gegen den geistlichen Frieden absetzen, ihn aber nicht mehr als dessen unvollkommenes Abbild ansehen.

Charakteristisch für Rufinus' Begriff des weltlichen Friedens sind drei Tugenden, die den genannten Lastern widerstreiten: iustitia (Gerechtigkeit), humanitas (Menschlichkeit) und prudentia (Klugheit im Sinne einer moralischen Urteilskraft). Diese lassen sich zwar noch durch drei geistliche Tugenden überbieten: durch pietas (Gottesfurcht), caritas (Nächstenliebe) und humilitas (Demut). Die geistlichen Tugenden bleiben aber ebenso wie der ihnen entsprechende Friede, der Friede Jerusalems, der geistlichen Gemeinschaft vorbehalten. Auf diese Weise, durch die moralische Wertschätzung der zweiten Stufe eines sozialen Friedens und durch die Geltungsbegrenzung der dritten Stufe, gelingt es dem christlichen Mittelalter, zweistufig zu denken. Während der innerweltliche Friede innerweltlich gesehen den letzten Zweck darstellt, ist er lediglich in der auf Gott ausgerichteten Gemeinschaft, der Kirche, ein vorläufiges, selbst dann aber noch moralisch wertvolles Ziel. Zwei Generationen nach Johannes von Salisbury, bei Thomas von Aquin, wird der Friede sogar zum sozialethischen Leitbegriff, zum höchsten Gut (*De regime principum/Über die Herrschaft der Fürsten,* I 5, vgl. I 2).

Zwei weitere Aufgaben zur Überwindung des politischen Augustinismus nimmt Rufinus noch nicht in Angriff. Weder wird der weltliche Frieden territorial entgrenzt und ein Frieden zwischen allen Völkern verlangt; noch werden die personalen Anforderungen verringert, die institutionellen dagegen gesteigert; denn der Friede Babylons wird nicht durch Institutionen, sondern durch Tugenden definiert. In der politischen Wirklichkeit sieht es freilich schon anders aus. Im Gegensatz zu einem Strukturelement der mittelalterlichen Ordnung, der auf ritterliche Formen verpflichteten Blutrache, der Fehde, breitet sich seit dem elften Jahrhundert zunächst der Gedanke, dann auch die Praxis aus, gewisse Personen (Geistliche, Kaufleute, Bauern), Orte und Sachen (Kirchen, Kirchhöfe, Ackergeräte ...) unter Schutz zu stellen und die Verletzung dieses Schutzes, des sogenannten Gottesfriedens (pax Dei), mit kirchlichen und weltlichen Strafen zu belegen.

Der vorher vernachlässigte Gedanke einer universalen Rechtsgemeinschaft taucht im Hochmittelalter an prominenter Stelle auf, allerdings nicht bei einem der großen Theologen, etwa Thomas von Aquin. Bezeichnenderweise erneuert ein Laien-Philosoph, Dante, den Kosmopolitismus von Demokrit, Diogenes und Zenon und zählt in seiner Schrift *Monarchia* (zwischen 1308 und 1317) alle, nicht etwa bloß die christlichen Völker, sondern ebenso Moslems, Juden und Heiden zur Menschheit. Dante zieht auch die Konsequenz aus der Aufwertung und schließlich Verselbständigung des weltlichen Friedens; er erklärt hier allein den Kaiser, nicht auch den Papst für verantwortlich. Trotzdem argumentiert er nicht genuin rechts- und staatstheoretisch; dies geschieht erst beim zweiten großen Friedenstheoretiker des Hochmittelalters, bei Marsilius von Padua (*Defensor Pacis/Der Verteidiger des Friedens*, um 1324). Ähnlich wie Demokrit, hier freilich von Averroes (vgl. I 3,9) beeinflußt, setzt Dante erkenntnistheoretisch an: Nach der *Monarchia* (I 3, 3–4) kann der Mensch die Vernunft nicht im Individuum, sondern erst in der ganzen Menschengattung vollständig verwirklichen. Mit diesem Gedanken, dem Frieden als einer Bedingung für die volle Entfaltung von Humanität, scheint er Kant vorzugreifen (s. Kap. 8.3). Im Unterschied zu Kant nimmt er aber, wie gesagt, eine erkenntnis- und keine rechtsfunktionale Legitimation vor. Nicht auf die Herrschaft des Rechts kommt es an, sondern auf die Entfaltung der menschlichen Vernunftbegabung. Andererseits legt Dante auf Recht und Gerechtigkeit großen Wert; beispielsweise plaziert er Kaiser Justinian, weil dieser das damals geltende Recht im Corpus Iuris aufzeichnen läßt, in der *Göttlichen Komödie* im Himmel (Paradies, VI. Gesang).

Dante entwirft das Ideal einer globalen Ordnung wie selbstverständlich nach dem Vorbild des kaiserlichen, nicht des republikanischen Rom. Er spricht sich nicht für eine Weltrepublik, sondern eine Universalmonarchie, freilich nicht im Sinne eines homogenen Weltstaates aus. Da die Spitze zum Zweck der Rechts- und Friedenssicherung zwar mit Zwangsbefugnissen ausgestattet wird, die gewöhnlichen Regenten, die Könige, aber erhalten bleiben, plädiert er für unser fünftes Modell, einen staatlich gestuften Weltstaat. Dieser fällt trotz der Bezeichnung als Universalmonarchie, auch trotz der allen Menschen gemeinsamen Vernunft, nicht streng universal aus. Wie bei den Griechen der Allgemeine Friede an den Grenzen ihres Landes haltmacht, so beim Christen Dante die Universalmonarchie einschließlich ihres universalen Friedens (pax universalis: I 4,2; I 16, 2) an den Grenzen der Christenheit (III 9, 5–7; 17–19). In einer Extrapolation der damaligen Sonderfrieden – eines erhöhten Rechtsschutzes des jeweiligen geographischen Bereiches: des Haus-, Burg- und Stadt-, des Land-, Königs- und Gottesfriedens – wird bei Dante der Friede zwar regional entgrenzt. Wie bei seinem Zeitgenossen Pierre Dubois, später beim böhmischen König Georg von Podiebrad (*Tractatus pacis toti Christianitati fiendae*, 1462–64) und noch später im Artikel 1 des Westfälischen Friedens, bleibt es bei einer *pax Christiana universalis perpetua*, bei einem universalen und ewigen, aber nur christlichen Frieden.

Diese Begrenzung bedeutet freilich nicht, zwischen Christen, Juden und Muslimen müsse nach mittelalterlicher Auffassung Feindschaft herrschen. Es gibt nämlich eine abgeschwächte Form, einen Frieden zweiter Klasse, die Eintracht: *concordia* (vgl. Thomas v. Aquin, *Summa theologica* II–II, quaestio 29, Art. 1: pax includit concordiam et aliquid addit). Wenn der französische Geschichtsschreiber Flodoard von Reims (894–966) die Beziehung zwischen Christen und Heiden (*Monumenta Germaniae historiae Scriptores* III 372) als *concordia* bestimmt, meint er allerdings nicht das klassische römische Verständnis, das Zusammenhalten der Bürger, sondern lediglich eine rechtsförmige Einigkeit. Diese darf sogar als zukunftsweisend, als geradezu modern gelten. Denn sie bedeutet eine gewaltfreie Koexistenz ohne jene anspruchsvolle Rechts- und Gerechtigkeitsgemeinschaft, die sich einer weltanschaulichen (religiösen, metaphysischen) Einheit verdankt. Obwohl dem Christentum seit seinen Anfängen dafür eine „ideologische" Grundlage zur Verfügung steht, das Wort aus dem Brief an die *Römer* (2, 12–15), das Gesetz sei auch den Heiden ins Herz geschrieben, und obwohl die beiden Kirchenlehren Augustinus (z. B. *De trinitate* XIV 15, 21) und Thomas von Aquin (*Summa theologica* I–II 91, 2) das Wort bekräftigen, steigt der Begriff eines weltanschaulich neutralen Friedens, der Concordia, nicht zum entscheidenden Begriff des christlichen Friedensdenkens auf.

8.2.5 Neuzeit

Die Zeiten der Renaissance, der Reformation und der konfessionellen Bürgerkriege bringen zahlreiche Friedensschriften hervor (vgl. v. Raumer 1953). Sie knüpfen aber nicht an Marsilius' rechts- und staatstheoretische Grundlagenüberlegungen an. Abgesehen von Erasmus' *Quaerela pacis undique gentium eiactae proligataeque* (*Klage des Friedens, der bei allen Völkern verworfen und niedergeschlagen wurde*, 1518) stammen sie auch nicht aus der Feder von Philosophen. Selbst Erasmus argumentiert theologisch; er beruft sich auf das Neue Testament, ebenso wie Sebastian Franck in *Des Krieg büchlin des frides* (1539). Auch die Friedensschriften des 17. Jahrhunderts werden nicht von Philosophen geschrieben: weder der *Grand Dessein* (Große Plan), den der Herzog von Sully im Dreißigjährigen Krieg ausarbeitet (1635), noch der *Angelus Pacis* (Friedensengel, 1667), den der Bischof der böhmischen Brüdergemeinde, Comenius, den in Breda versammelten „Englischen und Niederländischen Friedensgesandten" unterbreitet, noch der *Essay Towards the Present and Future Peace in Europe* (1693) aus der Feder von William Penn, dem Quäker und Gründer von Pennsylvania.

Im 18. Jahrhundert legt der Sekretär des französischen Bevollmächtigten auf dem Utrechter Friedenskongreß, der Abbé Castel de Saint-Pierre, ein *Projet pour rendre la paix perpétuelle en Europe* (I–II: 1713, III: 1717) vor. Der Plan sieht einen europäischen Staatenbund vor, der, freiwillig und einstimmig eingegangen, mit Zwangsbefugnissen ausgestattet werde. Obwohl Saint-Pierre den Staatenbund für das unabweisbare Gebot jener (global-pragmatischen) Vernunft hält, die nach den Bedingungen der Selbsterhaltung einer Vielzahl von Einzelstaaten fragt, läßt er sich nicht auf die globale Perspektive ein. Während schon ein Jahrhundert vorher Émeric Crucé in *Le nouveau Cynée* (1613) eine internationale Staatenorganisation unter Einschluß der nicht-christlichen Staaten beschreibt, begnügt sich Saint-Pierre mit einem Friedensbund für die „24 christlichen Staaten von Europa". Er setzt freilich gnädig hinzu, daß sich ihm „womöglich auch die mohammedanischen Fürsten anschließen" könnten. Die anderen Erdteile werden gar nicht erwähnt; vielleicht zählten sie nur als mögliche Kolonien für Europa. Saint-Pierre sieht aber immerhin Rüstungsbeschränkungen, eine wirtschaftliche Kooperation und gegenseitige Garantien vor. Sein wortreicher, aber nicht sonderlich origineller Text (positiver: Asbach/Hüning 1998) wird erst über die enthusiastisch eingeführten Exzerpte Rousseaus viel diskutiert. Während Leibniz ihn positiv aufgreift (*Observations sur le projet d'une paix perpétuelle de M. l'Abbé de Saint-Pierre*, 1756), wird er von Voltaire (*De la paix perpétuelle*, 1769) als weltfremde Schwärmerei verlacht. Anstößig sei freilich nicht die Friedensidee selbst, sondern die Hoffnung, sie durch eine politische Institution, eine internationale Föderation, zu verwirklichen. Voltaires Alternative, das Vertrauen auf fortschreitende Aufklärung, ist jedoch zweifellos noch „schwärmerischer". Wachsende Toleranz und der Druck einer öffentlichen Meinung dürften unverzichtbare Vorbedingungen für die Bereitschaft sein, internationale Organisationen einzurichten, sie ersetzen diese aber nicht.

Erstaunlicherweise räumt Rousseau im *Contrat Social* Saint-Pierres Gedanken keinen Platz ein, obwohl er ihnen zunächst zugestimmt hatte. Seit dem *Zweiten Discours* sieht er zwar in aller Deutlichkeit die Schrecken des internationalen Kriegszustandes: grausame Völkerschlachten und entsetzliche Vorurteile (III 220f.). Trotzdem blendet er im *Contrat* das Thema ganz aus. Zu den Gründen dürfte der strenge Begriff von Souveränität gehören, namentlich ihre Unteilbarkeit (II 2). Ihretwegen erscheint für Rousseau eine übernationale Organisation, sei es ein Weltstaat oder auch nur ein Völkerbund, für die Welt der realen Staaten als utopisch – sie rücken ohnehin von ihrer Souveränität nicht ab – und für die Welt idealer Staaten als weder wünschenswert noch erforderlich. Der entsprechende Souveränitätsverzicht ist nicht wünschenswert, weil die zuständige *volonté générale* sich nur für die eigene Gemeinschaft interessiert (*Contrat social*, I 6). Außerdem ist er überflüssig, da ideale Staaten schon von allein im Frieden miteinander leben; denn sie sind klein, im Prinzip genügsam und rein defensiv. Die Aufklärungsepoche pflegt neben der Toleranz die Handelsfreiheit für friedensförderlich anzusehen. Rousseau fürchtet dagegen Handelskriege. In einem Vorgriff auf Fichtes *Geschlossenen Handelsstaat* (1800) setzt er sich für wirtschaftliche Autarkie ein (*Projet de constitution pour la Corse*, 1765, veröffentlicht erst 1861, daher Fichte unbekannt). Insgesamt ist Rousseau gegenüber einem ewigen Frieden pessimistisch. Er hält ihn zwar für eine moralische und politische Aufgabe, glaubt aber nicht, daß er politisch: durch die Stiftung entsprechender Institutionen, oder evolutionär: durch den geschichtlichen Fortschritt, zu erreichen sei. (Zu Rousseau s. Hoffmann 1963, neuerdings Asbach 1998.)

8.3 Kant

Nur bei zwei der überragenden Denker des Abendlandes erhält der Friede eine mehr als bloß marginale Bedeutung: gegen Anfang der christlichen Theologie, bei Augustinus, und am Höhepunkt der Aufklärungsphilosophie, bei Kant. Und erst Kant gelingt es, die entscheidenden Denkmotive, die bislang neben- oder gegeneinander liefen, zu einer Einheit zu bringen. Kant verbindet sowohl das Rechts- und Staatsdenken seit der Antike mit dem weitgehend apolitischen Kosmopolitismus der Stoa als auch das Völkerrecht der Neuzeit mit dem Gedanken eines ewigen Frieden, der aber nicht dem Jenseits vorbehalten bleibt, sondern im Diesseits und hier durch das Recht nach seinem moralischen Begriff verwirklicht werde.

Kants Haupttext, die Abhandlung *Zum ewigen Frieden* (1795), entsteht wahrscheinlich aus Anlaß des Basler Friedens zwischen Frankreich und Preußen. Gleichwohl liegt alles andere als eine politische Gelegenheitsschrift vor. Der von religiösen Motiven und politischen Interessen freie, rein philosophische Entwurf enthält die Grundzüge einer vollständigen Rechts- und Staatsphilosophie und ergänzt sie noch um die Prinzipien ihrer Umsetzung in reale Politik. Für das Thema ist aber nicht bloß die Friedensschrift einschlägig, sondern seit der *Idee zu einer Geschichte in weltbürgerlicher Absicht* (1784) eine Fülle weiterer Texte und Passagen, etwa die Abhandlung *Über den Gemeinspruch* (1793, Teil III), die *Rechtslehre* (1797, §§ 53–62 und „Beschluß") und der *Streit der Fakultäten* (1798, 2. Abschn.). Und die *Verkündigung eines Traktats zum ewigen Frieden in der Philosophie* (1787) zeigt, daß für Kant der ewige Friede ein generelles Ziel ist, das er in einer für die abendländische Friedenstheorie erstaunlichen Innovation auch in der theoretischen Philosophie verfolgt. Hier soll der Krieg der Theorien, der „Kampfplatz Metaphysik" (*Verkündigung des nahen Abschlusses eines ewigen Friedens in der Philosophie*, 1796, VIII 419), überwunden werden. Während andere Philosophen der Neuzeit durch Schweigen auffallen, bildet also bei Kant der Friede ein Grundmotiv nicht nur des politischen, sondern des gesamten Denkens. Gleichwohl konzentrieren wir uns hier auf die Friedensschrift, einen trotz seiner Kürze bemerkenswert themenreichen Text (vgl. Höffe 1995):

Vorab ein Hinweis zum Titelwort „ewig". Bei Kant bedeutet es eher „sempiterna": auf immer, als „aeterna": erst in der Ewigkeit. Es verweist weder auf eine jenseitige Welt noch auf einen Rückzug in die Innerlichkeit, sondern meint eine Qualität des Diesseits: jenen vorbehaltlosen Frieden, der sich einer kategorischen Ächtung von Gewalt und Krieg verdankt.

Viele Friedenspläne vor Kant sind vom Gedanken eines (europäischen) Machtgleichgewichts bestimmt. Und die raffinierten unter ihnen verstecken das Interesse an Hegemonie unter der angeblichen Verantwortung für das Gleichgewicht, so Sullys *Mémoires des sages et royales* (1635). Mit seiner Friedensordnung als Rechtsordnung überwindet Kant sowohl das Hegemonie- als auch das Gleichgewichtsdenken und stellt ihm ein unbedingt gültiges, moralisches Gebot zum Frieden, einen kategorischen Friedensimperativ, entgegen.

(1) Wer den Krieg grundsätzlich ächtet, pflegt sich bei seiner Reform nicht aufzuhalten. Kant überlegt dagegen, wie die Kriege, da sie nun einmal noch vorkommen, so verändert werden können, daß das Leitziel Friede möglich bleibt. Auch dieser Gedanke hat kaum Vorgänger: eine Veränderung des Krieges um des Friedens willen, eine friedensfunktionale Kriegsreform. Die zuständigen vorläufigen Bestimmungen („Präliminarartikel") benennen Rechtsverletzungen, die zum Zweck der Friedensstiftung teils sofort („strenge Verbotsgesetze"), teils möglichst bald aufzugeben sind. Dazu gehören das Gebot einer schrittweisen Abrüstung, ein Interventionsverbot und das Verbot aller Feindseligkeiten, die „das wechselseitige Zutrauen im künftigen Frieden unmöglich machen".

(2) Die endgültigen Bestimmungen („Definitivartikel") skizzieren eine rechtsmoralisch vollständige Theorie des öffentlichen Rechts: Das Staatsrecht behandelt die Beziehungen von Individuen und Gruppen, das Völkerrecht die Beziehung der Staaten und das Weltbürgerrecht die Beziehung von Privaten (Individuen und Gruppen) zu frem-

den Staaten und die der Staaten untereinander. Nach dem Vorbild der innerstaatlichen Friedenssicherung müßte es für die globale Friedensgemeinschaft eigentlich, so die ‚positive Idee', eine Weltrepublik (*Frieden* VIII 357) geben. Mit dem teils „realistischen", teils rechtsmoralischen Argument, daß Staaten, weil sie „innerlich schon eine rechtliche Verfassung haben", „dem Zwange anderer, sie nach ihren Rechtsbegriffen unter eine erweiterte Verfassung zu bringen, entwachsen sind" (354, vgl. 357), gibt sich Kant mit dem ‚negativen Surrogat' (357), also einer zweitbesten Lösung, dem Völkerbund, zufrieden. Darunter versteht er eine jederzeit aufkündbare Assoziation, die mit der Absicht abgeschlossen wird, „untereinander und zusammen gegen andere Staaten sich im Frieden zu erhalten" (383). Kants Völkerbund ist kein Bundesstaat, sondern ein (jeder Zeit kündbarer) Staatenbund.

(3) Vollendet wird das öffentliche Recht in einem Weltbürgerrecht, das nicht an die Stelle des „nationalen" Bürgerrechts tritt, sondern es ergänzt. In Kants komplementärem Weltbürgerrecht nimmt der stoische Weltbürgergedanke ein zweites Mal in der Neuzeit Rechtsgestalt an. Im Gegensatz zur Menschenliebe (Philanthropie) besteht das Weltbürgerrecht nicht in freiwilligen Leistungen, sondern in dem zwangsbefugten subjektiven Recht, sich anderen „zum Verkehr untereinander anzubieten"; es geht um ein qualifiziertes Kooperationsrecht: Der Händler darf seine Güter, der Forscher sein Wissen, selbst der Missionar seine Religion offerieren, ohne daß eine Seite gewalttätig sein dürfte. Weder darf man, falls das Angebot auf fremdem Territorium erfolgt, die Ankömmlinge töten, versklaven oder ausrauben, noch umgekehrt die Einheimischen unterwerfen, ausbeuten oder versklaven. Im Zusammenhang des Weltbürgerrechts übt Kant eine scharfe Kritik an der damaligen Kolonialpolitik, „denn die Einwohner rechneten sie für nichts" (VIII 358).

In bezug auf fremde Staaten beinhaltet das Weltbürgerrecht ein Besuchsrecht, kein Gastrecht. Ob es um Individuen, Gruppen, Firmen, auch Völker bzw. Staaten geht und dann um wirtschaftliche, kulturelle oder touristische Interessen: Jeder darf andernorts anklopfen, hat aber kein Recht auf Einlaß. Wie in Bacons *Neu-Atlantis* darf ein Gemeinwesen die Großzügigkeit zu Fremden durchaus mit einem Einwanderungsverbot verbinden. Auch darf es gewisse Arten von Waren und Dienstleistungen, sogar den gesamten Handel verbieten. Sich mit Fichte (*Der geschlossene Handelsstaat,* 1800, I 7), vorher Rousseau (*Projet de Constitution pour la Corse,* 1765, III 901–950), später Friedrich List (*Das nationale System der politischen Ökonomie*, 1841,

Kap. 36), in wirtschaftlicher Autarkie zu versuchen, ist nach Kant rechtsmoralisch ebenso legitim wie ein System von Zöllen und Abgaben, das die heimische Wirtschaft vor unliebsamer Konkurrenz schützt. Zwar mag es volkswirtschaftliche Bedenken geben, die vor langfristigen Schäden warnen; es kann aber auch Gegengründe geben. Und vor allem ist die Rechtsmoral nicht paternalistisch; sie erlaubt, Vorteile zu verschenken, sogar sich selbst zu schaden.

(4) Innerhalb des ersten Definitivartikels vertritt Kant die zweiteilige politiksoziologische These, daß der globale Friedensbund negativ durch die Erfahrung mit den Schrecken des Krieges und positiv durch den Republikanismus befördert werde. Denn eine Republik – die in etwa einer konstitutionellen Demokratie entspricht – habe nicht etwa moralisch bessere Bürger, gebe aber ihr Selbstinteresse frei und sei genau deshalb zu einem Angriffskrieg wenig geneigt (s. dazu Kap. 9.3).

(5) Der erste Zusatz („Von der Garantie des ewigen Friedens") entwirft eine Sozialgeschichte der Menschheit, die lediglich von der Natur, insbesondere der Zwietracht der Menschen, und doch vom Frieden als Endzweck bestimmt ist. Man erinnert sich hier an Heraklits Fragment, nach dem der Krieg, im weiten Sinn von Spannung und Widerstreit, der Vater aller Dinge sei (Diels/Kranz, Fragment 22B80). Im Unterschied zu Heraklit bezieht Kant die Zwietracht aber nur auf den Menschen und sieht in ihr den für die Kulturentwicklung entscheidenden Faktor: Die Zwietracht führt zur Besiedelung selbst der „unwirtbarsten Gegenden" (*Frieden* VIII 363); sie trägt zur Kultur bei (vgl. *Urteilskraft*, § 83) und dient insofern der Moral, als sie einen Altruismus zugunsten der jeweiligen Gemeinschaft befördert. Vor allem nötigt der Krieg die Menschen, „in mehr oder weniger gesetzliche Verhältnisse zu treten" (363). Hier erweist sich der Krieg als eine List der Natur: als ein Mittel zum Zweck seiner Abschaffung. Trotzdem ist keine soziale Entropie, kein Wärmetod der Weltgesellschaft, zu erwarten; denn die Vielfalt, auch Konkurrenz der Sprachen, nicht zuletzt die Handelskonkurrenz bleibt im Rechts- und Staatszustand erhalten.

Insgesamt enthält die Friedensschrift vier aufeinander aufbauende Elemente der Friedenssicherung: Negativ, wegen der „Drangsale des Krieges" (351), und positiv, aus einem Handelsgeist, „der mit dem Kriege nicht zusammen bestehen kann, und der früher oder später sich jedes Volkes bemächtigt" (368), werden die Menschen im Laufe der Gattungsgeschichte friedensgeneigt. Bei einer republikanischen Verfassung kann, drittens, diese Friedensneigung sich durchsetzen, so daß sich, viertens die Republiken zu einem Völkerbund als einem „den Krieg abwehrenden" Bund zusammenschließen (357). Weil dabei dank des Handelsgeistes der Wohlstand nicht ausbleibt, reichert sich der negative Friede, die Abwesenheit von Krieg, zu dem vom hebräischen Schalom, der griechischen Eirene, der römischen Pax und dem althochdeutschen Fride her bekannten positiven Frieden, dem Wohlergehen der Menschen, an.

(6) Der zweite Zusatz behandelt das Verhältnis von Philosophie und politischer Macht. Mit feiner Ironie fordert der „geheime Artikel zum ewigen Frieden" nichts anderes, als jede Geheimhaltung zu unterlassen und statt dessen „über die allgemeinen Maximen der Kriegsführung und Friedensstiftung" eine freie und öffentliche Diskussion zu erlauben. Kant stellt der damals vorherrschenden Geheimdiplomatie das Prinzip Öffentlichkeit (Publizität) entgegen und verlangt, alle staats- und völkerrechtlichen Maximen auf ihre innere Ehrlichkeit zu überprüfen; was nur in Heimlichkeit gedeihen kann, ist rechtsmoralisch verboten. Zugleich erfährt der Platonische Gedanke der Philosophenherrschaft eine demokratische Umdeutung. Kant plädiert für eine Gewaltenteilung zwischen Politik und Philosophie und beruft sich hinsichtlich der Philosophie auf keine Sonderkompetentzen, sondern auf das allen Menschen offene „freie Urteil der Vernunft" (369; vgl. Höffe 1997, Kap. 16.3).

(7) Der zweiteilige Anhang „Moral und Politik" zeigt schließlich, daß sich Philosophen, die angeblich – und bei Zenon tatsächlich (s. Kap. 8.1.1) – nur „einen süßen Traum träumen", und Staatsleute, die sich ihrer Weltkunde rühmen (*Frieden* VIII 343), miteinander vertragen können. Einerseits wehrt Kant den Vorwurf der Nichtrealisierbarkeit ab; der ewige Friede ist „keine leere Idee" (386). Andererseits haben die Prinzipien der Philosophie ihres rechtsmoralischen Charakters wegen zwar vor allen anderen Erwägungen den absoluten Vorrang. Da Prinzipien aber keine politischen Rezepte sind, bedürfen sie zur konkreten Wirklichkeit einer politischen Klugheit, für die nicht mehr die Philosophen, sondern Politiker und als Berater die Juristen zuständig sind.

Während die Vorläufer in der Regel nur an Europa und seine christlichen Staaten denken, setzt sich Kants siebenteilige Friedenstheorie nachdrücklich für einen von religiösen Zugehörigkeiten unabhängigen, sowohl räumlich wie zeitlich universalen Frieden ein. Und diese wahrhafte Globalität schafft in Verbindung mit der politischen Neuerung von damals, der Republik, den politisch kühnsten Plan. Daß dieser nicht zu einer „Zauberflöte des Weltfriedens" degeneriert, verdankt er einer dreifachen Bescheidenheit. Während in Platons Elementarpolis (*Politeia* II 369b–372d) die Menschen nicht nur mit ihresgleichen in Frieden leben, sondern ebenso mit sich und mit den Göttern, vielleicht auch mit der Natur, und während es Augustinus um einen kosmischen Frieden und in seinem Rahmen vornehmlich um den Frieden mit Gott geht, konzentriert sich Kant thematisch auf die soziale Dimension und läßt alle anderen Aspekte beiseite. Weiterhin bestimmt er selbst den sozialen Frieden bescheiden: als Aussetzen von Gewalt und Sicherung des Rechts, allerdings offen für wirtschaftlichen Wohlstand. Und im Begriff des Rechts klingt schon der dritte realisierungsfreundliche Gesichtspunkt an: der Verzicht auf die Idylle der Konfliktfreiheit. Kant siedelt den Frieden nicht in der eschatologischen Hoffnung, aber dem irdischen Nirgendwo eines Zustandes von „eitel Liebe und Freundschaft" an, sondern läßt Konflikte als ein Grundelement des Politischen zu. Die „große Künstlerin Natur" bedient sich sogar des Konflikts, um „Eintracht selbst wider ihren Willen emporkommen zu lassen" (*Frieden* VIII 360): Die Menschen schließen sich aus durchaus selbstsüchtigen Motiven zu einzelnen Staaten zusammen, die zunächst untereinander Kriege führen, auf Dauer aber, aus Interesse an Handel und Wohlstand, also erneut aus Selbstinteresse, in Frieden miteinander leben.

Außerhalb der Friedensschrift findet sich ein Element, das irritieren könnte: Der Friedenstheoretiker Kant steht noch in einer Tradition, die über Rousseau, die Enzyklopädisten (vgl. den Artikel „Guerre") und Adam Smith bis in die lateinische (z. B. Tacitus, *Germania* Kap. 7f.; vgl. K. E. Müller 1997, 419) und griechische Antike zurückreicht (z. B. Aristoteles, *Politik* VII 15, 1334a26) und im Krieg auch einen moralischen Vorteil, nämlich einen Faktor der Regeneration von Moral sieht. Die genannten Autoren stimmen nicht etwa ein „originäres Lob des Krieges" an, wohl aber ein Lob der im Krieg geforderten Tugenden, und im „Lob der Tapferkeit" fällt hilfsweise ein Lob des Krieges ab. Ohne deshalb den Krieg zu legitimieren, sieht beispielsweise Smith in ihm die beste Gelegenheit, die „kraftvolle Strenge der Selbstbeherrschung" einzuüben; die „sanfte Tugend der Menschlichkeit" blühe dagegen am meisten im milden Sonnenschein ungestörter Ruhe (*Theory of Moral Sentiments*, 1759, 3. Teil, 3. Kap.). Kants „Hochachtung für den Krieger" ist an eine Forderung gebunden, die bei Smith nur indirekt anklingt: „daß man dazu noch verlangt, daß er zugleich alle Tugenden des Friedens, Sanftmut, Mitleid ... beweise".

Und nur unter der zusätzlichen Voraussetzung, daß der Krieg „mit Ordnung und Heiligachtung der bürgerlichen Rechte geführt" wird, sieht Kant in ihm „etwas Erhabenes" (*Kritik der Urteilskraft*, § 28).

8.4 Nach Kant

Kants Friedensschrift löst in Deutschland eine intensive Debatte aus, die klassische Friedensdiskussion um 1800, in der etwa Fichte, Schlegel, der junge Görres sowie Gentz neue Akzente zu setzen versuchen (vgl. Dietze/Dietze 1989): Deutlicher als Kant sagt Fichte (*Entwurf*, 1796, 221) vom Völkerbund, daß er zur Erhaltung des Friedens „lediglich ein Mittelzustand" sei und das wahre Ziel in einem „Völkerstaate" liege. Schlegel (*Republikanismus*, 1796, 13) hält Kants Definitionen von rechtlicher Freiheit und Gerechtigkeit nur für ein „Minimum", dem er ein – freilich unerreichbares – Maximum entgegenhält, das „aller Herrschaft und Abhängigkeit ein Ende" macht. Und Görres nimmt gegen Kant eine utilitaristische Wende vor; sieht er doch den Zweck jedes Friedens in einer „Völkerbeglückung". Man könnte diese Wende auf Bentham zurückführen wollen, dem einzigen unter den bedeutenderen Aufklärungsphilosophen, der außer Kant eine Theorie von internationalem Recht und universalem Frieden vorlegt. Sein Text, *A Plan for an Universal and Perpetual Peace* (1786), wird aber als *Principles of International Law* erst 1843 veröffentlicht.

Schon vor Kants Friedensschrift, aber nicht vor dessen Abhandlung über den *Gemeinspruch* schreibt Herder *Briefe zur Beförderung der Humanität* (1793–1797), die in einem großen Friedensprogramm gipfeln: Nachdem der 118. Brief über ein erstaunliches Friedensprojekt nordamerikanischer Indianer berichtet („Zum ewigen Frieden. Eine Irokesische Anstalt"), trägt Herder im 119. Brief sein eigenes Friedensprogramm vor. Es trägt den Namen „Allgemeine Billigkeit, Menschlichkeit, tätige Vernunft" und besteht in sieben Gesinnungen, unter anderem in der Abscheu gegen den Krieg, in der verminderten Achtung gegen den Heldenruhm und einem Gefühl der Billigkeit gegen andere Nationen.

Anderen Intellektuellen dieser Zeit, Schelling etwa und Wilhelm v. Humboldt, bleibt der Gedanke einer internationalen Rechts- und Friedensordnung fremd. Auch Goethe beteiligt sich nicht an der Friedensdebatte, wahrscheinlich deshalb nicht, weil für ihn der entscheidende Friede nicht politischer Natur ist. Er besteht entweder stoischepikureisch in einem Zustand der geistig-seelischen Entsagung gegenüber der Welt der Leidenschaften, so in *Wandrers Nachtlied*, oder aber, wie in der *Novelle*, in einer eschatologischen Versöhnung der gesamten Schöpfung: „Löwen sollen Lämmer werden ... Blankes Schwert erstarrt im Hiebe".

Bei Hegel finden wir sogar eine über Adam Smith und Kant hinausgehende Wertschätzung des Krieges. Von der frühen Schrift *Über die wissenschaftlichen Behandlungen des Naturrechts,* Teil II (II 2, 482) bis zur Rechtsphilosophie (§ 324 Anm.: VII, 492 f.) spricht er von der „Notwendigkeit des Krieges" für „die sittliche Gesundheit der Völker". Denn wie „die Bewegung der Winde die Seen vor der Fäulnis bewahrt, in welche sie eine dauernde Stille" (*Rechtsphilosophie*: Ruhe) versetzen würde, so ergehe es den Völkern bei einem dauernden oder gar ewigen Frieden. Das hier anklingende indirekte „Lob des Krieges" wird durch Paragraph 338 der *Rechtsphilosophie* nur geringfügig abgeschwächt. Aus den Paragraphen 334–335 kann man sogar die Legitimation eines jeden Krieges ableiten, was so bedenkliche Schriften wie Lassons *Das Culturideal und der Krieg* (1868) aufnehmen werden.

Zunächst wegen Hegels Geringschätzung, später aber auch, weil der Philosophie der Diskussionszusammenhang, die Rechts- und Staatstheorie, verloren geht, spielt der Gedanke einer globalen Friedensordnung bald so gut wie keine Rolle mehr. Lediglich Staatsrechtslehrer wie Georg Jellinek (1914, 378 f.) deuten das Thema noch an. Jellinek gibt auch dem Völkerrecht die wichtige Bestimmung, daß es zwar materiell über den Einzelstaat hinausgehe, aber „formell auf dem Willen der Einzelstaaten" ruhe, da sie es von sich aus anerkennen müssen. Solange es dabei bleibe, sei die Staatengemeinschaft mangels einer gemeinsamen Herrschermacht ‚rein anarchischer Natur', und das Völkerrecht müsse ‚füglich als ein anarchisches Recht bezeichnet werden' (ebd.).

Selbst die beiden Weltkriege provozieren zur globalen Friedensordnung nicht viel mehr als Karl Vorländers Ausgabe von Kants Friedensschrift (1914, zweite Auflage: 1919), einige Diskussionsbeiträge zu ihr (vgl. Klemme 1992) sowie einige philosophische Gelegenheitsschriften, etwa von Ebbinghaus (1929 und 1957), aber auch von Kelsen (1944). Zwei Autoren haben ein größeres Gewicht (zu einem dritten Autor, Carl Schmitt, s. Kap. 10.1): Zu Beginn des Ersten Weltkrieges hält H. Gomperz in Wien „Acht volkstümliche Universitätsvorträge" zu einer *Philosophie des Krieges* (1915). Obwohl das Titelblatt Luther zitiert, wonach das „Kriegs- oder Schwertsamt ... an ihm selbst Göttlich und der Welt so nötig und nützlich als Essen oder Trinken" ist, versucht Gomperz eine durchaus umsichtige Beurteilung. Unter Rückgriff auf sein ausgedehntes ideengeschichtliches Wissen behandelt er außer dem „Segen des Krieges" auch die Themen „Krieg und Frieden", „Krieg und Moralität" und „Krieg und Recht". Nach dem Schlußvortrag „Weltbürgertum und Krieg" steht der Mensch in einer doppelten Pflicht. Als Staatsbürger obliegt ihm, den Sieg des eigenen Landes zu fördern, als Weltbürger dagegen den der guten Sache (245–252).

Zunächst, in seinen Kriegsschriften von 1915 und 1916, ist Max Scheler von der Notwendigkeit des Krieges überzeugt; sie gründe in der „Macht und Willensauseinandersetzung der geistigen Kollektivpersönlichkeiten, die wir Staaten nennen" (1915 a, 10; vgl. 1916 a). In den 1927 gehaltenen Vorträgen über *Die Idee des ewigen Friedens und den Pazifismus* (1931, 19) bestreitet er jedoch die Ansicht, der Krieg sei im Wesen der Menschennatur begründet. Ähnlich wie Kant hält er jetzt den ewigen Frieden für einen unbedingten positiven Wert, für ein ideales Sollen, das in der Menschengeschichte aufgrund von drei Veränderungen des Machttriebes auch real möglich sei: Die Herrschaft von Personen wandle sich immer mehr zur Herrschaft über Sachen; die Bio- und Seelentechniken Asiens würden sich mit der materiellen Produktionstechnik Europas ausgleichen; nicht zuletzt werde sich der Machttrieb zunehmend vergeistigen; das Recht der Macht werde nämlich zur Macht des Rechts und der Herrschaftsstaat zum Wohlfahrtsstaat (1931, 25–27). Sigmund Freud wird dagegen beim Gedanken eines unausrottbaren Aggressions- und Destruktionstriebes des Menschen bleiben (*Das Unbehagen in der Kultur*, 1930, 479).

Diese wenigen Beispiele dürfen nicht darüber hinwegtäuschen, daß die spezifisch rechtsphilosophischen Werke des 20. Jahrhunderts sich nicht mit dem Thema des globalen Friedens befassen. Allenfalls lassen sie sich auf das Völkerrecht ein, so etwa Radbruchs *Rechtsphilosophie* (1932, § 28) und Kelsens *Reine Rechtslehre* (1934, ²1960, Kap. VII). Selbst der dem Utilitarismus verbundene Hart setzt in *Concept of Law* (1961, Kap. X) nicht die vom Gründungsvater des Utilitarismus, Bentham, begonnene Friedenstheorie fort.

Erstaunlicherweise findet sich dasselbe Defizit bei einer Theorie, die ausdrücklich utopische Energien freizusetzen beansprucht: Ob wir Bloch oder Marcuse lesen, ob Horkheimer, Adorno, sogar Habermas' Rechtstheorie (1992; anders erst 1995) – im Jahrhundert zweier Weltkriege und ungezählter Regionalkriege fällt die Kritische Theorie zum Thema der globalen Friedensordnung lange Zeit durch Schweigen auf. An prominenter Stelle, den *Minima Moralia*, in den letzten Sätzen des zweiten Teiles, im Abschnitt 100, sagt Adorno zwar: „Keiner unter den abstrakten Begriffen kommt der erfüllten Utopie näher als der vom ewigen Frieden." Die Erläuterung fällt aber vollkommen apolitisch aus: „Auf dem Wasser liegen und friedlich in den Himmel schauen, sein, sonst nichts, ohne weitere Bestimmung und Erfüllung".

Weil das Defizit auch auf Rawls' *Theory of Justice* (1971) zutrifft, selbst auf dessen „Fortsetzung" *Political Liberalism* (1993, anders nur 1993 a), erhält hier Hegels Wort, die Eule der Minerva beginne ihren Flug nicht vor Einbrechen der Dämmerung, in einem trivialen Sinn Recht: Sofern sich die Philosophie überhaupt mit Recht und Gerechtigkeit befaßt, erörtert sie Themen, die wie die Demokratie, die Menschenrechte und die Sozialstaatlichkeit, im Prinzip längst anerkannt sind. Der lebensweltlich dringenden Aufgabe einer globalen Friedens- und Rechtsordnung stellt sie sich dagegen erst wieder seit kurzem, also mehr als drei Generationen nach dem Ersten und noch fast zwei Generationen nach dem Zweiten Weltkrieg.

9. Weltordnung ohne Weltstaat?

Offensichtlich sind die drei Stufen politischer Gerechtigkeit universal gültig: Ob Individuen oder Gruppen, ob Institutionen, selbst Einzelstaaten – wo immer Menschen aufeinander treffen, sind Willkür und Gewalt durch Regeln abzulösen („universales Rechtsgebot"), die Regeln öffentlichen Gewalten („universales Staatsgebot") zu überantworten und die Gewalten als qualifizierte Demokratie zu gestalten („universales Demokratiegebot"). Diese dreifache Aufgabe übernimmt für Individuen, Gruppen und Institutionen im wesentlichen schon der Einzelstaat. Weil es ihn aber im Plural gibt, er überdies von außen erodiert wird (s. Kap. 6.2), bedarf es einer Extrapolation. Zusätzlich zu den einzelnen Demokratien, eventuell auch an ihrer Stelle, braucht es eine demokratisch verfaßte Weltordnung, eine Weltdemokratie oder Weltrepublik.

Obwohl die Extrapolation als rechtsethisch zwingend erscheint, bedeutet sie einen so radikalen Bruch mit der politischen Wirklichkeit, daß sich eine Fülle von teils pragmatischen, teils grundlegenderen Zweifeln und Einwänden aufdrängt. Eine sorgfältige Legitimation setzt sich mit ihnen auseinander. Und falls sich die skeptischen Argumente nicht entkräften lassen, muß man zumindest für die globale Ebene die Begriffe von Recht und Staat als überholt ansehen: als ein „stählernes Begriffsgehäuse", aus dem eine politische Theorie in Zeiten der Globalisierung auszubrechen hat.

Wir behandeln dreimal drei skeptische Einwände. Nach den *ersten Einsprüchen* ist eine Weltordnung auch ohne einen Weltstaat möglich. Die Alternative tritt in drei Gestalten auf, die drei Richtungen der heutigen Politikwissenschaft, drei Denkschulen der internationalen Beziehungen, entsprechen. Sie haben aber in der klassischen Philosophie Vorläufer und werden im Fall der mittleren Gestalt auch von der internationalen Rechtsentwicklung gestützt. Es sind die strategische Weltordnung (Kap. 9.1), das Regieren ohne Regierung bzw. ohne Staat (Kap. 9.2) und die Demokratisierung der Staatenwelt (Kap. 9.3). Im ersten Fall kommt es in den internationalen Beziehungen auf die Staaten, im zweiten Fall auf die internationalen Institutionen und im dritten Fall auf die Staatsform und zugleich auf gesellschaftliche Kräfte an.

9.1 Strategische Weltordnung

Der Hauptanwalt einer bloß strategischen Weltordnung ist der politikwissenschaftliche (Neo-)Realismus. Vor allem in den Vereinigten Staaten der Nachkriegszeit entwickelt, verdankt er sich einer Analyse teils der Krise der zwanziger Jahre (Carr 1946), teils der Nachkriegssituation (Morgenthau 1948; später Waltz 1979). Zu den älteren Quellen gehört Niebuhrs theologische Studie über Ethik und Politik: *Moral Man and Immoral Society* (1932, [2]1947). Und in der Ära Kissinger wird sie zur beherrschenden Doktrin der US-amerikanischen Außenpolitik (vgl. Kissinger 1994).

Genaugenommen sind drei Ansichten oder Richtungen zu unterscheiden, die aber ineinander übergehen: Während Kritiker eine Machtpolitik im nationalen Interesse als moralisch bedenklich, sogar zynisch diskreditieren, will der normative Realismus die Moral aus durchaus moralischen Gründen von der Außenpolitik fernhalten. Käme nämlich die Moral herein, einschließlich des Gedankens der Menschenrechte, so würde die Kompromißbereitschaft der Staaten gemindert, ihre Konkurrenz fiele noch verbissener aus, und die (moralische) Leitaufgabe der Außenpolitik, die Friedenssicherung, würde gefährdet. Nach dem zweiten, explanatorischen Realismus achten die Staaten faktisch vor allem auf ihre eigene Sicherheit, und die von ihnen vorgeschützten Werte seien zur Erklärung ihres Außenverhaltens irrelevant.

Für die Diskussion um eine Weltrechtsordnung ist die dritte Ansicht entscheidend, die gegen internationale Organisationen skeptische Variante des explanatorischen Realismus: der staatenzentrierte Realismus. Ihm zufolge sind die in der Nachkriegszeit gegründeten internationalen Organisationen wie die Vereinten Nationen, die OEEC (später OECD) oder die NATO nur Instrumente einzelstaatlicher Diplomatie und spielen (macht-politisch) keine eigene Rolle. Und weder die Erosion der Staaten von außen und der globale Handlungsbedarf noch die rasche Zunahme internationaler Organisationen und Regelwerke können seine Grundansicht korrigieren: daß auf der internationalen Bühne im wesentlichen nur Staaten zählen, die gegeneinander um Macht und Ressourcen kämpfen (zu Huntingtons Variante s. Kap. 1.3).

Der (staatenzentrierte) Realismus lebt aus vier Grundannahmen: Erstens hält er in der internationalen Politik weder die Individuen und

Gruppen noch die gesellschaftlichen Kräfte oder Systeme wie etwa die Wirtschaft noch die internationalen Institutionen für maßgeblich, sondern lediglich die traditionellen politischen Einheiten, die Staaten. Deren für die internationale Politik entscheidendes Merkmal sei, zweitens, nicht ihre innere Verfassung, sondern die traditionelle außenpolitische Eigenschaft, die Souveränität. Weil diese ebenfalls traditionell, als Abwesenheit einer übergeordneten Macht, bestimmt wird, herrscht auf internationaler Ebene, drittens, die Anarchie des Naturzustandes. Weil es ihretwegen den Staaten an Sicherheit mangelt, suchen sie, viertens, möglichst viel Macht, um mit ihrer Hilfe das staatliche Überleben zu sichern.

Nun bedeutet, was der eine beim Machtkampf gewinnt, eo ipso für alle anderen eine Machteinbuße. In Übereinstimmung mit Max Webers (^{5}1976, 28) berühmter Definition stellt die Macht nämlich ein relationales Phänomen dar: die „Chance, innerhalb einer sozialen Beziehung den eigenen Willen auch gegen Widerstreben durchzusetzen". Wenn nun bei einem die Chance steigt, so sinkt sie genau deshalb bei den anderen; und sie sinkt umgekehrt proportional zum Chancenzuwachs des ersten. Spieltheoretisch gesprochen, liegt ein Nullsummenspiel vor: Was die eine Seite gewinnt, geht der anderen verloren.

Im staatenzentrierten Realismus stellt sich die Staatenwelt als ein „System" der Selbsthilfe souveräner Staaten dar – allenfalls einschließlich verbündeter Staaten –, das vom strategischen Denken beherrscht ist: Es kommt letztlich nur auf systemimmanente Machtverschiebungen an, für die die Ideale von Recht und Gerechtigkeit lediglich eine instrumentelle Rolle spielen. Wo es einen Vorteil bringt, beruft man sich auf die Menschenrechte, wo es schadet, schiebt man ihren Anspruch beiseite. Eine globale Ordnung, die den Menschenrechten unparteiisch weltweit zur Anerkennung verhilft, ist unerwünscht, folglich auf friedlichem Weg nicht erreichbar.

Offensichtlich steht diesem Realismus Hobbes' *Leviathan* Pate, freilich nur dessen erste Hälfte, der Naturzustand, nicht auch seine Überwindung durch einen Staat. Hobbes' berühmtes Wort, der Mensch sei dem Menschen Wolf („homo homini lupus"), hält nicht etwa unsere Gattung für aggressiv und böswillig. Derartige Mitmenschen oder Nachbarstaaten kommen zwar vor, so daß es besser ist, sich auf sie, selbst wenn sie die Ausnahme bleiben, einzustellen. Mindestens ebenso gefährlich ist aber das vom dritten Realisierungsdefizit schon bekannte strukturelle Problem (s. Kap. 4.1). Von den Subjekten her gesehen besteht es in einer Angstkonkurrenz, vom Ergebnis her, auf die Selbstverteidigung bezogen, im Sicherheitsdilemma. Genau dieses wiederholt sich nach realistischer Ansicht in der zwischenstaatlichen Machtkonkurrenz:

Weil in Konkurrenzlagen der Schwächere sich dem Stärkeren als Beute darbietet, findet sich auch derjenige objektiv gezwungen, nach immer mehr Macht zu streben, der selber gar nicht angreifen will. Mangels einer öffentlichen Rechtsordnung ist er sich nämlich der Aggressionsabneigung der anderen nicht sicher, weshalb er vernünftigerweise das Mißtrauen pflegt. Seinetwegen versteht man selbst eine Defensivvorsorge der Gegner als Offensivvorbereitung, woraus ein Rüstungswettlauf entsteht, der wiederum die Kriegsgefahr erhöht. Nicht etwa aus Überängstlichkeit oder schierer Dummheit, sondern aus der berechtigten Sorge, andernfalls als der Dumme dazustehen und beispielsweise mühelos erpreßbar zu sein, gilt im internationalen Machtkampf die Maxime „si vis pacem, para bellum“: Wer den Frieden will, muß rüsten und nochmals rüsten, am Ende sogar überrüsten, um nicht als leichte Beute den Gegner herauszufordern.

Der Friedenswille allein führt allerdings nicht zu der vom Kalten Krieg her bekannten Hochrüstung. Denn in Abwandlung des berühmten Herrschafts-Knechtschafts-Kapitels aus Hegels *Phänomenologie des Geistes* endet auch dann der im Wettrüsten stattfindende latente Kampf auf Leben und Tod, wenn eine Seite der Todesfurcht nachgibt, das Überleben für der Güter höchstes hält und der anderen Seite sich rechtzeitig unterwirft. Wer aber dieses Verhalten, bei Hegel ein „knechtisches Bewußtsein“, von sich weist und zusätzlich zum Friedenswillen einen Willen zur Selbstbehauptung hat, entkommt nicht der ersten strategischen Antwort auf das Sicherheitsdilemma: der Abschreckung. Sie besteht in der Fähigkeit, mit dem eigenen militärischen Potential jeden möglichen Angreifer zu überzeugen, daß ihm ein so großer Schaden droht, dessentwegen er den Angriff besser unterläßt.

Die modernen Nuklearwaffen verschlimmern die Situation so enorm, daß sie sich schon zum Besseren wendet: Die Vernichtungsmittel sind nämlich derart gewaltig, daß selbst ein Überraschungsangreifer mit einem so schweren Gegenschlag rechnen muß, daß er klugerweise auf den Erstschlag verzichtet. In diesem Sinn wohnt den Nuklearwaffen ein „Zwang zur Koexistenz“ inne, allerdings nur solange, wie eine Rückschlag- bzw. Zweitschlagfähigkeit besteht. Infolgedessen gibt es für das Sicherheitsdilemma eine von Hobbes unbemerkte Lösung: eine Friedens-„ordnung“ schon im Naturzustand.

Rein im vorrechtlichen Rahmen, ohne einen Friedensbund, sogar ohne jede Absprache, kann jener negative Friede herrschen, der im Unterlassen des Nuklear-Krieges besteht. Dieser Friede existiert aber nicht, weil man den Krieg an sich verwirft, sondern aus aufgeklärtem Selbstinteresse: Jeder weiß, daß selbst ein Überraschungs-Angreifer sich einen zu großen Schaden zuzieht.

Selbst für das bescheidene Ziel, den nur negativen Frieden, bleibt die Abschreckung aber prekär: Sie hängt von einem kontingenten Umstand, einem Machtgleichgewicht in Form einer wechselseitigen Zweitschlagfähigkeit, ab. Außerdem bleibt der Friede regional begrenzt; statt global wirksam zu sein, sind ihm all die Staaten entzogen, die weder allein noch im Rahmen eines militärischen Bündnisses zur Abschreckung fähig sind. Selbst dieser kontingente und regional begrenzte Friede hat den hohen Preis, daß man um einer wirksamen Abschreckung willen sich ständig dem (waffen-)technischen Fortschritt des Gegners anpassen muß. Denn der Friede ist nicht als solcher gesucht, sondern das glückliche Ergebnis der, prinzipiell gesehen, zufälligen Zweitschlagfähigkeit beider Seiten. Weiterhin droht die Gefahr, daß eine Seite einen konventionellen Kriegsangriff unternimmt, den die andere Seite mit konventionellen Waffen nicht abwehren kann, den sie aber nicht mit Nuklearwaffen begegnen will, was noch mehr auf einen eventuell notwendigen Verbündeten zutreffen dürfte. Eine derartige „kalkulierte Friedensverletzung" droht auch im Nuklearzeitalter, zumal ein eventueller Nuklearkrieg militärische Bündnisse auf eine – zu? – hohe Probe stellt. Drittens: Nicht zuletzt muß man sich beim Selbstinteresse auf die Qualität „aufgeklärt" verlassen; die Verantwortlichen sind aber natürliche Menschen, die der Irrationalität von Leidenschaften nicht grundsätzlich enthoben sind. Ohnehin kann eine verbreitete Hoch- und Überrüstung ein Klima der Hysterie schaffen, dem die „Aufklärung" nicht gewachsen sein könnte.

Ein Ausweg besteht in der kontrollierten Abrüstung. Wegen der dafür erforderlichen Absprachen verläßt man allerdings den streng vorrechtlichen Bereich und tritt in die Sphäre des Rechts ein. Zunächst als Ergänzung, nach und nach aber als Alternative zur Abschreckung, kommt es zu einer Entspannung in Form einer Entschärfung der Konfliktpotentiale und eines Ausbaus gemeinsamer Interessen und Verantwortlichkeiten. Auch diese zweite Antwort auf das Sicherheitsdilemma, die Sicherheitspartnerschaft, kann einem bloß strategischen Kalkül entspringen, namentlich der Einsicht, daß angesichts von Massenvernichtungsmitteln kein großer Krieg mehr lohnt, verbunden mit drei weiteren Einsichten: daß die Rüstungskonkurrenz sowohl personell wie finanziell unnötig kostspielig ist, daß allem strategischen Kalkül zum Trotz doch ein Krieg ausbrechen kann und daß die kalkulierte Friedensverletzung sich verkalkulieren, der konventionelle Krieg sich also zum Nuklearkrieg ausweiten kann.

Das zur wechselseitigen Abschreckung erforderliche (relative) Gleichgewicht der Kräfte kennen wir nicht bloß aus der Zeit des Kalten Krieges zwischen West und Ost (1949 bis 1989). Ein Machtgleichgewicht („balance of power") lag schon dem „Konzert der europäischen Mächte" zugrunde, jenem „System" fünf großer Staaten, der Pentarchie von Frankreich, Großbritannien, Österreich-Ungarn, Preußen und Rußland, das von Napoleons Machtplänen vorübergehend gestört, im Wiener Kongreß von 1815 aber erneuert wurde. Nach Plänen des britischen Staatsmannes William Pitt d. J. *(War speaches)* sollte es sogar zu einem allgemeinen und zwingenden System des öffentlichen Rechts ausgestaltet werden, funktionierte aber bestenfalls als „thematisch" begrenztes Krisenmanagement, etwa auf der Kongokonferenz von 1884/85. Daß das „System" im frühen 20. Jahrhundert mehr und mehr in eine Konfrontation der Mächte ausartet, erweist Kants Beurteilung als hellsichtig: „Denn ein dauernder allgemeiner Friede durch die sogenannte Balance der Mächte in Europa ist, wie Swifts Haus, welches von einem Baumeister so vollkommen nach allen Gesetzen des Gleichgewichts erbaut war, daß, als sich ein Sperling drauf setzte, es sofort einfiel, ein bloßes Hirngespinst" (*Gemeinspruch*: VIII 312).

Erst die dritte strategische Antwort auf das Sicherheitsdilemma, die *Hegemonie*, überwindet das fragile Gleichgewicht. Aus diesem Grund muß jeder, wie schon Kant sieht, das Verlangen haben, sich dadurch „in den dauernden Friedenszustand zu versetzen, daß er wo möglich die ganze Welt beherrscht" (*Frieden*, 1. Zusatz: VIII 367). Angesichts des Sicherheitsdilemmas ist das Hegemoniestreben ein „natürliches" Interesse jeden Staates.

Die Hegemonie als politischer Begriff sagt etwas über Machtverhältnisse oder Verhandlungsmacht („bargaining power") aus. Sie gründet vor allem auf militärischer und wirtschaftlicher, gelegentlich zusätzlich auf Ansätzen einer kulturellen Überlegenheit und erlaubt, je nach Stärke der Hegemonie, allein oder erst im Zusammenwirken mit anderen die internationale Staatenwelt zu gestalten. Ein Rechtsbegriff, der in gemeinsam vereinbarten Vor-Rechten, in Privilegien, bestünde, liegt nicht vor. Die Ausübung der Hegemonie kann zwar gewissen Bedingungen von Rechtsvernunft dienen. So kann ein übermächtiger Staat in die Rolle eines „Teilzeit-Leviathans" schlüpfen und dank überlegener Macht für Rechtssicherheit sorgen. Manche glauben sogar, eine hegemonial besorgte Rechtssicherheit sei ungefährlicher, außerdem institutionell einfacher und kostengünstiger als die eines Weltstaates.

Bekannt sind hegemoniale Verhältnisse seit der Antike. Im Konzert der griechischen Stadtstaaten beispielsweise spielen Athen, Sparta und Theben, später Makedonien die führenden Rollen. Das Römische Reich ist dagegen auf Unterwerfung angelegt, und das mittelalterliche Kaisertum bringt es selten zur hegemonialen Macht. Erst im europäischen Staatensystem wird der Gedanke wiederbelebt: Zunächst übt Spanien (1519–1648), später Frankreich (1648–1715) und vom 18. Jahrhundert bis 1914 in Form einer Seeherrschaft Großbritannien die Hegemonie aus. Nach dem Ende des Kalten Krieges sind dagegen die USA als einzige Weltmacht übriggeblieben, womit ihren unangefochten die Hegemonie zugefallen ist. Die Vormachtstellung muß aber nicht auf Dauer bleiben. Denn von den vier Faktoren, auf denen sie heute gründet: den Kapazitäten für weltweite Militärpräsenz, dem wirtschaftlichen Potential, dem Vorsprung in den sog. Schlüsseltechnologien und der Attraktivität der nordamerikanischen Jugendkultur (vgl. Brzezinski 1997), könnten sich die beiden mittleren Faktoren auflösen und die beiden anderen an Gewicht verlieren. Die Zukunft könnte daher in einem neuen Machtgleichgewicht liegen – oder auch in der generellen Relativierung des strategischen Denkens.

Insoweit Hegemonie eine bestehende Staatenwelt stabilisiert, trägt sie zur politischen Ordnung bei. So können Klein- und Mittelstaaten, sofern sie Satelliten einer Hegemonialmacht sind, vor Übergriffen von Konkurrenten geschützt werden. Die Vormachtstellung läßt sich aber auch zur Unterdrückung oder Ausbeutung mißbrauchen. Selbst wenn die Hegemonie nicht in Despotie übergeht, droht doch die Gefahr der Parteilichkeit: Warum soll sich eine unstrittig überlegene Macht dem Recht beugen oder auch nur das Recht „sine ira et studio" anwenden? Ohnehin fehlt bei einer Hegemonie die Grundbedingung von Recht und Gerechtigkeit: die wechselseitige freie Zustimmung, die Ver-einbarung. Es ist daher nicht erstaunlich, daß in der politischen Wirklichkeit die derzeit einzige „Supermacht", die USA, nur in seltenen Konstellationen eine weltweite Gefolgschaft findet. Nur für kurze Zeit und eng begrenzte Aufgaben wird sie zur „Führungsmacht der Welt"; in der Regel besteht eine Politik der Gegenmacht und Machtbalance. Und in normativer Hinsicht bleibt eine hegemoniale Weltordnung dem Gutdünken der Vor- und Übermacht, also einer relativ privaten, nicht öffentlichen Instanz überlassen; sie bleibt ein Sonderfall von Privatjustiz.

Demgegenüber erbringt das Machtgleichgewicht einen Fortschritt, da es die private Gewalt zugunsten einer negativen Gemeinsamkeit, einer komplexen, multilateralen Abschreckung aufhebt. Der Aufhebung fehlt es aber an Stabilität; sowohl das Zustandekommen des Gleichgewichts als auch sein Fortbestand hängen von einer zufälligen politischen Konstellation ab. Außerdem pflegt das Machtgleichgewicht lediglich partiell, zwischen den stärkeren Staaten („Mächten") oder aber Staatengruppen („Machtblöcken"), zu bestehen, während es die Schwächeren dem Wohlwollen, und das heißt in der Regel: dem Machtkalkül der Mächtigeren, ausliefert.

Damit können wir eine Zwischenbilanz ziehen: Auch in einer nur von strategischer Rationalität beherrschten Staatenwelt ist ein Friede möglich. Weil aber allein die Macht entscheidet, wird der Friede nur durch Gegenmacht erreicht, also durch Abschreckung, Machtgleichgewicht oder Hegemonie. Und keine dieser Möglichkeiten schafft eine stabile Situation; wie die Macht, so ist die Gegenmacht, mithin auch der Friede fragil.

Die Fragilität widerlegt freilich nicht den politikwissenschaftlichen Realismus und sein strategisches Denken. Im Gegenteil könnte sie die Selbstbezeichnung rechtfertigen, nämlich jene Wirklichkeitsnähe beweisen, die dem Realismus sein Leitziel zu erreichen erlaubt, endlich auch der Weltpolitik eine wissenschaftliche Grundlage zu geben. Selbst wenn für eine Ethik die Wirklichkeitsnähe nicht im Vordergrund steht, lohnt es doch, sie zu überprüfen. Dazu eine methodische Vorbemerkung: Eine sozialwissenschaftliche Theorie hat durchaus das Recht, zunächst einmal ein Grund- und Elementarmodell zu entwikkeln. Deren bewußte Vereinfachungen werden zwar gern als Abstraktion bzw. Idealisierung abgekanzelt, die die weit komplexere Wirklichkeit zu einem idealen Wunschbild verzeichnen. Gerade die Vorbilder von wissenschaftlichen Theorien, die der Naturwissenschaften, arbeiten aber erfolgreich mit Idealisierungen, vorausgesetzt, daß man sich trotz der Vereinfachung schon auf Wesentliches einläßt. In diesem Sinn beschreibt die physikalische Theorie des idealen Gases die wechselseitige Abhängigkeit von Druck p, Volumen v und Temperatur T zwar nicht vollständig, aber weitgehend richtig. Die Zustandsgleichung $p \cdot v = R \cdot T$ – mit R als der Gaskonstante – läßt nur unberücksichtigt, daß reale Gase im Gegensatz zu idealen Gasen in Zustände gebracht werden können – sowohl unterhalb einer kritischen Temperatur als auch zur Verflüssigung –, in denen sie ihre sonst zutreffenden Eigenschaften verlieren. Ein anderes Beispiel bietet der volkswirtschaftliche Begriff des homo oeconomicus, des rundum zweckrational Handelnden. Er beschreibt das ökonomische Handeln für den absolut freien Markt, freilich auch *nur* für ihn richtig.

Selbst in diesem bescheidenen Sinn erweist sich daher der politikwissenschaftliche Realismus als nichtrealistisch. In seiner explanatorischen, einschließlich der staatenzentrierten, Variante verfolgt er nämlich ein vierfaches Ziel: Er will hinsichltich der Weltpolitik die relevanten Fakten auswählen (Selektion), die Vergangenheit erklären (Explanation), mit Vorsicht Aussagen über die Zukunft machen (Prognose) und politische Empfehlungen ermöglichen (Präskription). Da die anderen drei Ziele von der Realitätsnähe des ersten Zieles abhängen, ist der Realismus nur dann realistisch, wenn er tatsächlich die weltpolitisch entscheidenden Fakten auswählt. Infolgedessen müßten die souveränen Staaten die (fast) exklusiv entscheidenden internationalen Akteure sein, ferner ein relativ klar definiertes „nationales Interesse" haben, das schließlich eine von der Innenpolitik weitgehend unabhängige, namentlich gegen die Staatsform indifferente Friedenspolitik zu bestimmen erlaubt.

Alle drei Gesichtspunkte sind innerhalb des ersten Zieles theoretische Vorentscheidungen, die der politischen Wirklichkeit bestenfalls in sehr engen Grenzen gerecht werden. Gegen die zweite Vorentscheidung spricht die Gefahr, nationale Interessen auf im engeren Sinn strategische Fragen zu verkürzen, was sich nach MacNamaras (1995) Ansicht sogar in politischen Fehleinschätzungen wie im Fall des Vietnamkrieges niedergeschlagen hat. Die dritte Vorentscheidung steht im Konflikt mit der – freilich anfechtbaren – These der Friedfertigkeit von Demokratien (s. Kap. 9.3). Und am realitätsschwächsten ist die erste und zugleich wichtigste Vorentscheidung, die Staatenzentrierung. Denn die heutigen Staaten, ihrer Macht von außen erodiert, sind vielfältig miteinander verflochten. Außerdem treten auf der weltpolitischen Bühne internationale Organisationen auf, von denen ein erheblicher Teil sogar regierungsunabhängig ist. Ferner gibt es das Völkerrecht, weiterhin eine Fülle von multilateralen, sogar (fast) weltweit gültigen Verträgen und Abkommen, überdies jene globalen Verpflichtungen, die zusammen die Handlungsmacht der Staaten langfristig einschränken und nicht, wie der Realismus annimmt, bloß Kristallisierungen der jeweiligen Machtverteilung sind und bei Machtverschiebungen relativ leicht verändert werden können. Namentlich die Menschenrechtserklärungen der Vereinten Nationen und ihre zahlreichen Zusatzprotokolle sind faktisch so gut wie unkündbar und verleihen dem Völkerrecht eine mehr als bloß instrumentale Bedeutung. Insgesamt weichen die Vorentscheidungen des Realismus so weit von der Realität ab, daß er schwerlich als eine zwar idealisierende, aber hinreichend wirklichkeitsnahe, eben „realistische" Theorie gelten kann.

9.2 Regieren ohne Staat

Zwei Argumentationslinien sprechen also gegen den Realismus: seine Realitätsschwäche und jene normative Schwäche, die darin besteht, für den internationalen Bereich vom Vorbild Hobbes nur die Hälfte, nämlich das Theorem des – internationalen – Naturzustands, zu übernehmen und die andere Hälfte, das Theorem seiner rechts- und staatsförmigen Überwindung, zurückzuweisen. Eine zweite Richtung der Politikwissenschaft setzt bei der Realitätsschwäche an und glaubt, dadurch entschieden realitätsnäher zu werden, daß sie den traditionellen politischen Einheiten, den Staaten, ein erheblich geringeres, den neuen politischen Akteuren dagegen ein größeres, vielleicht sogar das entscheidende Gewicht zuspricht. Es ist der Neue Institutionalismus, der auf internationale Organisationen und Regelwerke vertraut (vgl. March/Olsen 1984; Keohane 1984, Rittberger 1993, Hasenclever u. a. 1996; kritisch Grieco 1990, auch Link 1998, bes. V.).

Die Alternative zum Realismus verdankt sich methodisch einer vorsichtigen Extrapolation der bisherigen Entwicklung. Man konstatiert in den internationalen Beziehungen ein starkes Gewicht nichtstaatlicher Akteure, analysiert deren Wirksamkeit und setzt sich zum Zweck einer stabilen Weltordnung für deren Fortentwicklung, also für ein noch wirksameres und dichteres Netz internationaler Organisationen und Regelwerke ein. (Zur Theorie internationaler Organisationen s. Giesen 1992, Groom/Light 1994, Jacobson [2]1984, Nardin u. a. 1992, Rittberger 1994.) Inhaltlich besteht die Alternative in einem mittleren Weg zwischen einem internationalen Naturzustand und dessen Überwindung durch einen Weltstaat. Weil man sowohl Regeln vorgibt als auch nach Regeln arbeitet, hat das Zusammenleben schon einen Rechtscharakter. Und weil die Regeln nicht den Parteien, sondern einem im Prinzip unparteiischen Dritten überantwortet werden, gewinnt das Zusammenleben sogar einen gewissen Staatscharakter. Der Rechtscharakter ist aber nur teilweise, und der Staatscharakter in jener sehr schwachen Form ausgebildet, die wir von antiken Organisationen wie der Delphischen Kultgemeinschaft schon kennen.

Als Kontrapunkt gegen den Realismus ist der Neue Institutionalismus zweifellos berechtigt; denn er erkennt die mittlerweile kraftvolle Wirklichkeit nichtstaatlicher Akteure an. Zu seinen Gunsten könnte er noch auf neuere Rechtsentwicklungen hinweisen: Im Handels-, Arbeits-, Sportrecht usw. entsteht ein hochspezialisiertes und globalisiertes materielles Recht, ohne daß es vom Staat oder auch der vorläufigen globalen Annäherung, den Vereinten Nationen, gesetzt wäre. Wenn der Rechtssoziologe hier von privaten Regelwerken spricht („Regulierungssystemen“: Teubner 1998, 241; vgl. Teubner 1997), denkt er aber noch in der klassischen Rechtsdichotomie von „privat oder öffentlich“. Weil hinter den Regelwerken internationale Organisationen zu stehen pflegen, etwa die Internationale Arbeitsorganisation oder internationale Sportverbände, handelt es sich in Wahrheit um einen Beitrag zum mittleren oder dritten Weg des Neuen Institutionalismus. Dessen Anspruch, insgesamt wirklichkeitsnäher als der Realismus zu sein, bricht sich aber am erheblichen Gewicht, das den Einzelstaaten trotz ihrer Entmachtung immer noch bleibt. Obwohl sich der Neue Institutionalismus als empirische Politikwissenschaft versteht, folgt er dem Prinzip Hoffnung: Nicht frei von Wunschdenken, überschätzt er gern den Einfluß internationaler Organisationen und Regelwerke. Eine integrale Theorie, die beide Seiten, sowohl die Einzelstaaten als auch die internationalen Organisationen, realitätsgerecht berücksichtigt, steht noch aus.

Gegen einen Weltstaat erhebt der Neue Institutionalismus vor allem vier Einwände (z. B. Rittberger 1994, 251 f.). Erstens nimmt er an, der Weltstaat sei in einem einzigen großen Gründungsakt zu schaffen, und hält diese Annahme für unrealistisch. Daß sich alle Staaten dazu freiwillig bereiterklären, sei weder derzeit abzusehen noch in Zukunft zu erwarten. Die zur Bändigung „widerspenstiger“ Staaten erforderliche militärische Gewalt lasse sich, zweitens, schwerlich rechtfertigen, weil angesichts der hohen Gewaltpotentiale mit immensen Opfern und Schäden zu rechnen sei. Wegen der Erfahrungen seit dem Zweiten Weltkrieg, der hohen Zahl innerstaatlicher und zwischenstaatlicher Kriege, müsse man drittens an der Fähigkeit des Weltstaates zweifeln, die Pazifizierung der Welt tatsächlich zu erreichen. Viertens sei ein funktionsfähiger Weltstaat noch nicht einmal in groben Zügen vorgedacht. Die freie Bildung eines Weltstaates sei nicht abzusehen, die gewaltsame Bildung normativ nicht zu vertreten, ein eventuell doch gebildeter Weltstaat zu wenig leistungsfähig, nicht zuletzt sei also nicht annähernd klar, wie der Weltstaat denn aussehen und funktionieren solle.

Offensichtlich fallen sich die Einwände gegenseitig in den Rücken. Wenn man dem vierten Einwand entgegenkommt und einen funktionsfähigen Weltstaat entwickelt, so wird eo ipso der dritte Einwand entkräftet. Ein Weltstaat kann nämlich nur dann als funktionsfähig gelten, wenn er zumindest die Staatenwelt pazifizieren kann. Eine wirksame Weltfriedensordnung gehört zu den unverzichtbaren Minimalaufgaben eines anerkennungswürdigen Weltstaates. Überdies – ist dem zweiten Einwand entgegenzuhalten – drängen die enormen Opfer und Schäden, die die bisherigen Kriege hervorgerufen haben, die Suche nach einem funktionsfähigen Weltstaat sogar auf. Dessen Errichtung muß aber nicht in einem einmaligen und universalen Gründungsakt und schon gar nicht vorschnell geschehen. Wie beim Paradigma des Neuen Institutionalismus, den internationalen Organisationen, üblich, beginne man mit einer Kerngruppe, die im Erfolgsfall eine Sogwirkung entwickelt und zur allmählichen Erweiterung führt.

Gegen die Behauptung, einen Weltstaat zu verlangen sei unrealistisch, könnte man mit dem großen Moralisten Jean-Jacques Rousseau sagen: „Was schert der Irrtum der Menschheit die Wahrheit, und was ihre Barbarei die Gerechtigkeit? Suchen wir nicht nach dem, was getan wurde, sondern danach, was man tun soll." Ein kompromißloses Sollen wie die Gerechtigkeit – wenn der Weltstaat denn diesen Rang hat – wird durch die „schlechte Wirklichkeit" in der Tat nicht getrübt. Im Gegenteil muß sich die Wirklichkeit vor dem Sollen und nicht das Sollen vor der Wirklichkeit rechtfertigen. Mit dem nüchternen Moralisten Kant ist aber zu fragen, ob das Gebot, eine Weltrepublik einzurichten, nicht vielleicht eine Chimäre oder ein bloßer Traum, sei (s. Kap. 16). Jedenfalls spricht zugunsten einer erfahrungsorientierten Politikwissenschaft ein gutes Argument: Falls ein Weltstaat derzeit „hoffnungslos utopisch" ist, suche man nach einer realitätsnäheren Alternative. Vielleicht hat sie sogar den Rang einer notwendigen Zwischenstufe auf dem Weg zum eigentlichen Ziel.

Zweifellos sind internationale Organisationen nicht bloß realitätsnäher, sondern schon real. Allerdings können sie nicht unterschiedslos gleich als Vorbild dienen. Es gibt nämlich deutlich autokratische Organisationen, die wie beispielsweise das Internationale Olympische

Komitee, die drei klassischen Gewalten – Legislative, Exekutive und Judikative – in sich vereinigen: Ihre oligarchische Herrschaftselite rekrutiert sich in einem kritikwürdigen Verfahren der Kooptation; und ihre Arbeit findet in einem Maße unter Ausschluß der Öffentlichkeit statt, das sich selbst Wirtschaftsunternehmen heute kaum noch erlauben (vgl. Rittberger 1994).

Manche Autoren sehen im mittleren Weg zwischen einer bloß strategischen und einer staatsförmigen Weltordnung ein „Regieren ohne Regierung“ bzw. ein „Regieren ohne Staat“ gegeben („governance without government“: Rosenau 1992, 5; vgl. Rittberger 1994, 248 ff.). Die Bezeichnung erinnert an das Sozialmodell jener Stammesgemeinschaften, die akephal: ohne einen Häuptling, leben und sich trotzdem zu organisieren verstehen. Gleichwohl herrschen Regeln: Sitten oder Tabus, deren Anerkennung dem persönlichen Gutdünken enthoben ist, so daß die weitgehend apersonale Herrschaft rechtsethisch gesehen zumindest ansatzweise einem Staat funktional äquivalent ist. In gewisser Entsprechung steuern die internationalen Organisationen und Regimes die zwischenstaatlichen Beziehungen dauerhaft, ohne daß es eine zentrale Autorität gäbe. Denn es fehlen: eine globale Legislative, die die Regeln definierte und in Kraft setzte, eine globale Exekutive, die sie auf den Weg brächte und notfalls mit dem Zwang einer Weltpolizei durchsetzte, und eine globale Jurisdiktion, die Streitfälle autoritativ entschiede. Trotzdem darf man auch hier die Differenz zur Staatlichkeit nicht überschärfen. Denn im Unterschied zur bloßen Anarchie des Naturzustandes gibt es sowohl Regeln als auch einen gemeinsamen Dritten, folglich ansatzweise doch öffentliche Gewalten. Internationale Institutionen belaufen sich noch nicht auf einen globalen Minimalstaat, wohl aber einen globalen Ultraminimalstaat: auf eine Weltordnung mit rudimentären Ansätzen von Staatlichkeit.

Der Realismus sieht in internationalen Organisationen nur eine Arena des Kampfes um Macht, Einfluß und Ressourcen. Die realitätsnähere Betrachtung des Neuen Institutionalismus hält sie zusätzlich für ein Forum für die zwischenstaatliche Politik. Darüber hinaus können sie Themen vorgeben und manchen Staat auch gegen Widerstreben zur Teilnahme an Verhandlungen bewegen. In glücklichen Fällen werden sie sogar zu einem Vorgriff auf eine Weltrepublik, nämlich einer unparteiischen Schiedsinstanz: Staaten bedienen sich ihrer, wenn ihnen die „Kosten“, Konflikte militärisch oder sonstwie mit eigenen Mitteln zu lösen, als zu hoch erscheinen. In dieselbe Richtung weisen internationale Organisationen, wenn sie als überstaatliche Koordinationsstelle tätig werden und Mitgliedstaaten helfen, ihre Interessen zu artikulieren und – in Grenzen – durchzusetzen.

Diese rechtsmoralisch bemerkenswerten Leistungen verbinden sich aber mit einer gravierenden Schwäche. In der Regel verfügen internationale Organisationen über eine Haupteigenschaft öffentlicher Gewalt, über Unparteilichkeit, nur in Maßen. Gegen die jeweils vorgegebene Machtkonstellation nicht blind, gelingt ihnen nur eine begrenzte Überwindung der strategischen Weltordnung: Wo die Großmächte die internationalen Organisationen nicht für ihre Interessen instrumentalisieren können, pflegen sie sie zu umgehen und unmittelbar zu agieren. Die kleineren Staaten wiederum können sich wegen ihrer Überzahl auch dann gegen die größeren Staaten verbünden, wenn sie nicht im Recht sind.

Etwas besser sieht es beim Vertrauen aus, das in einer so labilen Welt wie der internationalen Politik eine große Rolle spielt. Vom Mißtrauen gegen fremde Staaten geprägt, neigt der politikwissenschaftliche Realismus dazu, überall Gründe für Mißtrauen zu entdecken, so daß er es genau damit befördert. Die Zusammenarbeit in internationalen Organisationen – sagt der Neue Institutionalismus zu Recht – bietet die Möglichkeit zur Gegensteuerung: Gelingende Kooperation baut Mißtrauen ab und Vertrauen auf. Überdies ist die Grundbereitschaft dazu rational. Denn nach dem iterierten Gefangenendilemma zahlt sich Kooperationsbereitschaft aus, so daß es ein allseitiges Interesse gibt, durch eine Politik kleiner, aber zuverlässiger Schritte die Friedens- und Rechtsbereitschaft selber zu praktizieren und bei der Gegenseite zu testen. Und dazu leisten internationale Organisationen einen wichtigen Beitrag: Die Erfahrung mit vertrauensbildenden Maßnahmen verstärkt das Vertrauen.

Entsprechendes gilt für das Völkerrecht. Als ein begrifflich und dogmatisch wenig durchgebildetes Rechtssystem räumt es dem Rechtsgrundsatz des Vertrauensschutzes ein großes Gewicht ein: Erwartungen, die man durch sein eigenes Verhalten bei einem Rechtspartner weckt, werden geschützt (vgl. J. P. Müller 1971). Nun werden durch die Mitarbeit in internationalen Organisationen Erwartungen geschaffen; man nimmt zu kontroversen Fragen der völkerrechtlichen Ordnung vermehrt Stellung, trägt eigene Auffassungen und eigene Rechtsansprüche vor, tritt fremder Rechtsinterpretation und vor allem auch fremder Rechtsanmaßung entgegen. Auf diese Weise erhält der Bezugspunkt des Vertrauensschutzes, das schlüssige Verhalten, eine qualifizierte Bedeutung. Die friedens- und rechtsfördernde Wirkung internationaler Organisationen wird freilich dort geschmälert, wo die Unparteilichkeit – eklatant – verletzt wird: Parteilichkeit arbeitet dem Mißtrauen zu.

Neben der Aufgabe, wechselseitig Verhaltenserwartungen zu stabilisieren, bringen internationale Institutionen zwei weitere Leistungen zustande: Sie bauen Informationsasymmetrien ab und senken Transaktionskosten. Nicht zuletzt zeichnet sich in ihnen ein Kollektivsubjekt ab. In den Regeln, denen man sich unterwirft, tritt eine rudimentäre Legislative zutage; und über seine Zuständigkeiten, namentlich für kostenträchtige Programme, erweist sich ein gemeinsames „Büro“ bzw. „Sekretariat“ als rudimentäre Exekutive. Dort, wo der kooperative und kollektive Charakter relativ stark ausgeprägt wird, geben die Einzelstaaten, wenn auch „auf Widerruf“, einen Teil ihrer Souveränität ab und machen aus der internationalen Organisation eine Zwischenstufe zur globalen Rechtsordnung. Das angebliche „Regieren ohne Staat“ geschieht also „nicht ganz ohne Staat“; in den internationalen Institutionen verlassen Weltgesellschaft und Staatenwelt die internationale Anarchie und lassen sich auf einen ersten Schritt in Richtung auf einen Weltstaat ein.

Der erste Schritt drängt die Frage auf, ob es nicht auch den zweiten Schritt braucht. Dafür spricht schon das genannte Defizit an Unparteilichkeit: Regeln werden gern zu den eigenen Gunsten gedehnt, nicht selten sogar gebrochen. Ferner wird das Äquivalent von Steuern, der Mitgliedsbeitrag, nicht gezahlt. Und vor allem ist vielen internationalen Organisationen fehlende Funktionsfähigkeit vorzuwerfen. Zwar tragen sie – negativ – bei, militärische Konflikte abzubauen und Kooperationsbarrieren zu überwinden, und positiv gelingt es ihnen, zwischenstaatliche Kooperation aufzubauen, sie zu verstetigen und zu verdichten. Über derartigen Leistungen darf man aber die Grenzen nicht übersehen: Weder die Vereinten Nationen noch andere internationale Organisationen haben nur jene Elementaraufgabe von Recht und Gerechtigkeit allerorten sichern können, die auch der Neue Institutionalismus für unabdingbar hält: den zwischenstaatlichen Frieden. Wo er trotzdem herrscht, etwa damals zwischen West und Ost, geschieht es in der allzu bescheidenen Form des nicht ausgebrochenen Dritten Weltkrieges, und selbst dafür sind andere, nicht institutionelle, sondern strategische Faktoren verantwortlich: die Abschreckung in Verbindung mit einem Machtgleichgewicht und hegemonialen Konstellationen. Nicht zuletzt fehlt bei vielen internationalen Organisationen die demokratische Kontrolle. Auch deswegen, also zum Zweck, die Errungenschaft der politischen Moderne, die qualifizierte Demokratie, nicht auf dem Altar der Globalisierung zu opfern, braucht es eine weltpolitische Ordnung, die über die internationalen Organisationen hinausreicht.

9.3 Demokratisierung der Staatenwelt

Über den Unterschieden von Realismus und Neuem Institutionalismus darf man ihre Gemeinsamkeit nicht übersehen: Beide klammern die Frage der Staatsform, namentlich den Gegensatz von demokratischen und autoritären, sogar totaliären Staaten, aus. Gegen dieses „Dogma der staatsformindifferenten Friedenspolitik" richtet sich die dritte Variante einer Weltordnung ohne Weltstaat, die These des demokratischen Pazifismus. Von Kants These inspiriert, Republiken seien friedfertig (*Frieden*, 1. Definitivartikel), behauptet sie eine Konvergenz von Staatsform bzw. Innenpolitik und Außenpolitik. Da man Republiken mit Demokratien gleichsetzt, erwartet man den globalen Frieden von einer Demokratisierung aller Staaten (vgl. Singer/Small 1972, Doyle 1983, vorsichtiger 1995; ein Überblick bei Maôz/Russett 1993, auch Brown/Lynn-Jones/Miller 1996; wichtig schon Schumpeter 1919). Insofern die Staaten als die maßgeblichen Akteure anerkannt bleiben, setzt die dritte Variante den politikwissenschaftlichen Realismus fort. Falls man Kants Zusatzthese anerkennt, den Zusammenschluß der Republiken bzw. Demokratien zu einem Friedensbund, schließt man sich freilich auch ein wenig an den Neuen Institutionalismus an.

9.3.1 Pro-Argumente

Schon Aristoteles sieht die Friedfertigkeit von Staaten mit ihrer inneren Verfassung konvergieren; er kehrt allerdings die später vorherrschende Blickrichtung um: Wer fremde Staaten besiegen wolle, neige zu Hause zu einer Tyrannis (*Politik* VII 14, 1333 b29 ff.); eine Eroberungspolitik unterminiere also die gerechte, am Bürgerwohl orientierte Verfassung. Außerdem gefährde sie die Erhaltung des eigenen Gemeinwesens; wer nämlich Krieg zu führen pflege, verliere die Fähigkeit, im Frieden, nämlich in Muße zu leben. Nach Aristoteles schadet sich also eine demokratische Verfassung durch eine imperialistische Außenpolitik selbst.

Vier Gründe bieten sich für eine demokratische Friedfertigkeit an: Nach dem Wirtschaftsliberalismus sind nicht die Demokratien selber friedfertig, sie haben jedoch „etwas Besseres vor“: Sie machen lieber Geschäfte; denn diese schaffen Wohlstand, den der Krieg zerstört. Nach dem politischen Liberalismus ist die Demokratie selber friedfertig, da sie ihre innenpolitische Methode der Konfliktlösung auf die Außenpolitik übertrage: Der interne „Mechanismus“ gewaltfreier Konfliktregelung werde „externalisiert“. Nach einem dritten Argument fehlt zwar eine genuine Friedfertigkeit; aufgrund komplizierter Entscheidungsfindung seien Demokratien aber nicht kriegstüchtig genug: Sie haben Mühe, sich für Kriege zu entscheiden, außerdem Mühe, alle Kräfte auf einen Krieg zu konzentrieren, lassen sich daher aus Furcht, ihn ohnehin zu verlieren, lieber auf ihn nicht ein. Und nach einem vierten, bislang aber noch kaum vertretenen Argument sind Demokratien friedfertig, weil es ihre Bürger sind: Die innere Integrität demokratischer Bürger, ihre demokratische Integrität, verbiete ihnen Kriege, es sei denn zur Selbstverteidigung.

Das erste Argument – Handel statt Krieg – beruft sich auf das aufgeklärte Selbstinteresse; dieses ist aber nicht grundsätzlich friedfertig. Unter entsprechenden Randbedingungen, etwa bei militärischer Überlegenheit, gesteigert durch einen Überraschungsangriff und motiviert durch wirtschaftlichen Gewinn, beispielsweise reiche Rohstoffvorkommen, kann sich nämlich der Krieg lohnen. Andererseits wohnt das Friedenspotential dem Handelsgeist auch unabhängig von der Staatsform Demokratie inne. Denn die heute generelle Mitverantwortung der Staaten für die Daseinsvorsorge läßt sich in einer globalisierten Ökonomie nur in der Arena der Weltwirtschaft, in deren Kooperation und Konkurrenz, verwirklichen; über Daseinssicherung und Wohlstand entscheidet der Erfolg am Weltmarkt. Schon aus Konkurrenzgründen empfiehlt sich daher, die Wirtschaftskraft nicht durch hohe Militärausgaben zu schmälern. Überdies verbindet sich mit dem wirtschaftlichen Erfolg auch politische Macht, was die Friedensbereitschaft stärkt.

Das zweite Argument nimmt eine Extrapolation vor. Gemäß ihrem politischen Liberalismus seien Demokratien intern gewohnt, andere und Andersartiges zu tolerieren und einen Streit, wenn er denn doch ausbrechen sollte, rechtsförmig, also friedlich beizulegen. Gegen die sich anschließende sozialpsychologische Erwartung, eine Praxis, die man intern pflege, übe man auch im Außenverhältnis, spricht aber manche Erfahrung: Sowohl die Geschichte als auch die Sozialwissenschaften, nicht zuletzt die Alltagserfahrung zeigen, daß das Binnenverhalten einer Gruppe von seinem Außenverhalten stark abweicht; Binnenfrieden und Außenfeindlichkeit können sich sogar gegenseitig bedingen.

Nach dem dritten Argument sind Demokratien nie fähig, Kriege mit ähnlicher Kräftekonzentration und Verbissenheit wie etwa Diktaturen zu führen. Die Volksheere des nachrevolutionären Frankreich erweisen sich aber nach Zahl der Soldaten und ihrer Motivation als überlegen; sie führen die größeren und gefährlicheren Heere ins Feld. Und sowohl Großbritannien als auch die Vereinigten Staaten erreichen im Zweiten Weltkrieg bald einen mindestens so hohen kriegswirtschaftlichen Mobilisierungsgrad wie das nationalsozialistische Deutschland.

Das vierte Argument schließlich setzt eine demokratische Bürgerschaft voraus, die aufgrund eines ausgeprägten Rechts- und Gerechtigkeitssinnes jede Gewalt, die Selbstverteidigung ausgenommen, ablehnt. Zweifellos ist sie moralisch wünschenswert (s. Kap. 7.2–7.3), in den realen Demokratien aber kaum in verläßlichem Ausmaß zu finden.

In Platons *Politeia*, freilich nur auf der ersten Polisstufe (II 369–372), fehlt es den Bürgern an Begehrlichkeit (*pleonexia)*, weshalb sie unmittelbar friedfertig sind. Eine derart genuine Friedfertigkeit unterstellt Kant den Demokratien nicht: weder ihren Bürgern noch ihren Parteien, Verbänden und Institutionen. Auch beruft er sich nicht auf eine demokratische Integrität, gibt sich vielmehr mit der Fähigkeit von Demokratien zufrieden, das Selbstinteresse der Bürger herrschen zu lassen. Während bei Nichtdemokratien die Personen über den Krieg entscheiden, die unter ihm am wenigsten leiden, sind es bei Demokratien, weil sie für einen Krieg „die Bestimmung der Staatsbürger" (*Frieden*, 1. Definitivartikel) erfordern, die Leidtragenden selbst. Nach der *Rechtslehre* (§ 55) reicht nicht etwa eine pauschale Zustimmung, vielmehr ist jede einzelne Kriegserklärung Sache des Parlaments. Und im Wissen, daß die Bürgerschaft ihr Leben aufs Spiel zu setzen, überdies die finanziellen Kosten zu tragen, nicht zuletzt die Verwüstungen der Städte und ihres Besitzes hinzunehmen habe, werde das Parlament gegen den Krieg votieren.

Kants komplexe Argumentation verbindet das normative Prinzip Selbstinteresse mit der verfassungsrechtlichen Voraussetzung, daß sich das Selbstinteresse auch durchsetzen kann: mit der Zustimmung der Bürger, und der empirischen Annahme, daß ein Krieg den Bürgern einen klaren Schaden bringt. Weiterhin unterstellt Kant stillschweigend, daß das Selbstinteresse der Bürgerschaft nicht – etwa wegen mächtiger Interessengruppen oder wegen der Medien – verzerrt wird. Schließlich klingt im ersten und fünften Präliminarartikel eine weitere Bedingung, die Notwendigkeit eines internationalen Basisvertrauens, an.

9.3.2 Kontra-Argumente

Im Unterschied zu Kant hält man heute die bloße Demokratie für friedfertig. Wenn einträte, was ohnehin rechts- und staatsethisch geboten ist, eine Umwandlung der Diktaturen und totalitären Regimes in freiheitliche Demokratien, stürben die Kriege aus. Gegen diese These „globaler Friede durch globale Demokratisierung" sprechen aber drei Argumentationsreihen: die Erfahrung, die Statistik und das Nichtzutreffen wichtiger Voraussetzungen.

Als *erstes* mahnt die Geschichte zur Skepsis. Schon die junge französische Republik überzieht Europa mit Krieg und verfolgt dabei hegemoniale, sogar imperiale Interessen. Auch die nach Schumpeter (1919, 215 f.) am wenigsten imperialistische Demokratie, die Vereinigten Staaten von Nordamerika, breiten sich in Wahrheit nach Westen fast ohne Rücksicht auf die Ureinwohner aus; außerdem annektieren sie Texas und verleiben sich nach einem Krieg mit Mexiko sowohl Arizona, Nevada und Utah als auch Kalifornien und Neu-Mexiko ein. Ebensowenig läßt sich Großbritannien durch die Entwicklung zur Demokratie an seinen Weltmachtsplänen hindern. Auch der Blick weiter zurück, ins Mittelalter und die Antike, stimmt skeptisch. Schon im 13. Jahrhundert schickt sich England zwar an, Freiheitsrechte und Gewaltenteilung anzuerkennen, unterwirft sich aber Wales und (vorübergehend) Schottland; und mit dem Anspruch auf die französische Krone versucht es sich aufs europäische Festland auszuweiten. Schließlich führt das antike Muster einer Demokratie, Athen, „fleißig" Krieg (dazu neuerdings Bachteler 1997): Es zwingt das mit Sparta verbündete Ägina, dem Attischen Seebund beizutreten; es drückt dessen Mitglieder – im Jahr 425 mehr als 400 Stadtstaaten – zu Untertanen herab; es bestraft Mitglieder, die wie die Insel Lesbos vom Seebund abfallen; und als Führungsmacht des Attischen Seebundes, also aus kühler Machtpolitik und nicht, um eine Oligarchie zu stürzen, liegt es gegen Sparta im Krieg. Nicht ohne Grund lastet daher Thukydides in der *Geschichte des Peloponnesischen Krieges* (vgl. V 85–

113) dessen schlimmste Auswüchse nicht einer volksfernen Regierung, sondern der demokratischen Menge an.

Die Gegenbeispiele erfüllen zwar nicht unsere heutigen Ansprüche; es sind weder liberale noch qualifizierte Demokratien. Trotzdem reicht die neuerliche Bescheidenheit – nur liberale Demokratien seien friedfertig – zur Entkräftung nicht aus. Denn die sowohl für Kant als auch die heutige Demokratietheorie entscheidende Zustimmung der Bürger dürfte vorgelegen haben. Selbst wenn es keinen ausdrücklichen parlamentarischen Beschluß gab, erfreuten sich die Kriege gegen Anfang einer so breiten Unterstützung des Volkes, daß auch „demokratischere Demokratien" zugestimmt hätten. (Diesen Umstand übergeht Czempiel 1996.) Auch wenn die Sklaverei abgeschafft und die Gleichstellung eingeführt worden wäre, kann man kaum annehmen, in Athen und den frühen USA hätte schon eine grundsätzliche Friedensbereitschaft geherrscht. Allenfalls kann man behaupten, gemäß der Erfahrung aber wohl nur hoffen, daß eine etablierte Demokratie, weil im kritischen Denken eingeübt, die moralische Fragwürdigkeit der betreffenden Kriege eingesehen hätte.

Die Geschichte vermag das normative Prinzip Selbstinteresse nicht zu entkräften, auch kaum die Annahme, es werde sich mittels demokratischer Beistimmung durchsetzen. Sie lehrt aber, daß entweder der Krieg dem Selbstinteresse der Bürgerschaft nicht widerspricht oder aber der Widerspruch nicht immer hinreichend offen zutage liegt. Infolgedessen erscheint eine an Montesquieu angenäherte These als zutreffender: Eine Demokratie mag eine Friedensneigung haben; die Gegenneigung zur „erobernden Demokratie" gibt es aber auch. Der dem demokratischen Pazifismus widerstreitende demokratische Imperialismus kann sich sogar aus mehreren Ursachen speisen: aus der Suche nach Ruhm, aus der nach mehr Handel und mehr Beschäftigungsmöglichkeiten, aus einem Hegemoniestreben; nicht zuletzt gibt es ein Sendungsbewußtsein, das andere Völker zur Demokratie bekehren will. Und manchmal geschieht das Zweite oder Dritte im Namen des Vierten: man predigt Demokratie und meint wirtschaftliche oder politische Interessen. Kants Annahme eines natürlichen Interesses an Hegemonie (s. Kap. 9.2) deutet sogar ein generelles Argument zugunsten eines Imperialismus an. Merkwürdigerweise überlegt sich Kant aber nicht, ob nicht genau dadurch die Friedfertigkeit von Republiken abgeschwächt wird.

Der nach Dilthey (1958) unter allen Analytikern der politischen Welt „größte seit Aristoteles und Machiavelli", Graf de Tocqueville, erkennt zwar Kants These, aber nicht seine Begründung an. Als Mitglied der Aristokratie weiß er, daß seine Standesgenossen sich durchaus freiwillig auf Krieg einlassen; wo man zum Waffenhandwerk erzogen wird, spricht das Selbstinteresse nicht gegen Krieg. Für die Friedensneigung von Demokratien sucht Tocqueville daher eine andere, teils ökonomische, teils sozialpsychologische Erklärung, vermischt mit einer Prise Brüderlichkeit: „Die ständig wachsende Zahl der friedliebenden Eigentümer, die Entwicklung der beweglichen Vermögen, die der Krieg so rasch verschlingt, die Milde der Sitten, die seelische Verweichlichung, die durch die Gleichheit geweckte Bereitschaft zum Mitleid, jene Verstandeskühle, die für die schwärmerischen und heftigen Erregungen des Waffenhandwerks wenig empfänglich macht – alle diese Ursachen wirken zusammen, um den kriegerischen Geist auszulöschen" (*La démocratie en Amérique*, Bd. II, Kap. III 22). Außerdem führe das Wachstum von Industrie und Handel zu einer Verflechtung der Interessen, derentwegen „kein Volk dem anderen Übel zufügen kann, ohne davon selbst getroffen zu werden" (Kap. III 26).

Tocqueville nimmt an der These des demokratischen Pazifismus eine weitere Korrektur vor: Bricht trotz einer Verflechtung der (Handels-)Interessen doch einmal Krieg aus, so wird das „Schlachtfeld größer", da mehr als bloß zwei Völker miteinander Krieg führen. Ferner wünschen demokratische Völker im Gegensatz zu aristokratischen, „die ganze männliche Bevölkerung unter die Waffen zu rufen", was „im Zeitalter der Gleichheit" Armeen zur Folge habe, die „in dem Grade zu wachsen scheinen, wie der Kriegsgeist erstirbt". Darüber hinaus seien Demokratien alles andere als kriegsineffizient; sie können nämlich „alle ihre verfügbaren Kräfte mit Leichtigkeit aufs Schlachtfeld" führen; „und ist das Volk reich und stark an Zahl, so wird es", wie schon Montesquieu beobachtet, „mühelos zum Eroberer". Nicht zuletzt sieht Tocqueville für die Friedensneigung neben der „ständigen Ursache", dem demokratischen Charakter, mehrere zwar zufällige, aber doch mächtige Gründe: „In erster Linie erwähne ich die tiefe Erschöpfung, die die Kriege der Revolution und des Kaiserreichs hinterlassen haben." Und merkwürdigerweise hätten Demokratien, die sich ja auch verteidigen müssen, Heere, die „den Krieg am brennendsten ersehnen", denn er mache Stellen frei und erlaube „endlich das Gesetz des Dienstalters zu durchbrechen" (Kap. III 22).

Gegen eines von Tocquevilles Argumenten, das der wirtschaftlichen Verflechtung, mahnt erneut die Geschichte zur Vorsicht. Obwohl in den Jahren 1900 bis 1914 die Wirtschaftszeichen auf Frieden deuten – der deutsche Handel mit Großbritannien steigt um 100 %, der mit Rußland um 121 % und der mit Frankreich um 137 % (Mitchell 1992, 593) –, obwohl nach einem damaligen Weltbestseller, Norman Angells *The Great Illusion* (1910), der Krieg ein für allemal als schädlich gilt, bricht der Erste Weltkrieg aus. Selbst das heutige Maß weltwirtschaftlicher Verflechtung erlaubt nicht, eine große Friedensepoche zu prognostizieren, zumal sich der globale Handel bereits damals, vor dem Ersten Weltkrieg, in etwa auf dem heutigen Niveau bewegte (s. Kap. 1.1.4): Aus der wirtschaftlichen Sinnlosigkeit von Kriegen folgt nicht, daß sie uns fortan erspart bleiben.

Die eigenen Geschichtskenntnisse werden durch die Wissenschaft bestätigt (schon Wright ³1971). Die genaue Einschätzung hängt zwar von der Frage ab, was als Krieg zählt: Ist es jede, auch die kleinste bewaffnete Auseinandersetzung: ein Scharmützel, oder kommt es auf die Größenordnung an, etwa eine bestimmte Anzahl von Toten? Oder: Ist der nordamerikanische Sezessionskrieg zwischen der Union und den Konföderierten Staaten (1861–1865) nur deshalb irrelevant, weil sich die Union zwar als Demokratie fühlte, den Krieg aber als Bürgerkrieg ansah? Oder: Ist der Ruhrkampf von 1923 nicht als interdemokratischer Krieg zu betrachten, denn es war ein militärischer Sanktionsakt, geführt von den beiden Demokratien Frankreich und Belgien gegen die demokratische Weimarer Republik?

Auf längere Zeiträume bezogen, erweisen sich jedenfalls Demokratien als ähnlich kriegsanfällig wie Nichtdemokratien. In der Statistik seit 1945 nehmen Großbritannien, Frankreich und die Vereinigten Staaten sogar die ersten Plätze ein (nach Gantzel 1995; für die Zeit von 1816–1980 lautet die Rangliste: Frankreich vor England, Rußland und der Türkei und vor Italien und China: Small/Singer 1982, 294). Zur Entlastung dieses doch beschämenden Befundes muß man die Kantische These erheblich abschwächen und die Demokratien nicht für schlechthin, sondern nur für gegen ihresgleichen friedfertig halten. Selbst für die abgeschwächte These, angeblich sogar ein politikwissenschaftliches Gesetz, in Wahrheit aber bestenfalls ein empirischer Befund, gibt es Gegenbeispiele: Nach der Französischen Revolution gewährt das eher demokratische Großbritannien dem nicht so demokratischen Preußen gegen das demokratische Frankreich finanzielle Unterstützung. Kant ist übrigens darüber so nachhaltig erbost, daß er mit dem lange bewunderten England innerlich bricht (*Refl.* 8077: XIX 665; Saner 1995, 65). Ferner führt das (relativ) demokratische Großbritannien in den Jahren 1812–1814 Krieg gegen die (relativ) demokratischen USA, die wiederum die Unabhängigkeit der Südstaaten durch Krieg verhindern. Auch die deutsch-britische Rivalität des 19. Jahrhunderts entsteht nicht aus dem Gegensatz der Staatsformen, sondern aus einer demokratieindifferenten Konkurrenz von Interessen. Weiterhin verbünden sich im Jahr 1914 Frankreich und Großbritannien nicht deshalb mit Rußland, weil sie das Zarenreich für demokratienäher als das Deutsche Reich halten. In der Antike zieht das demokratische Athen nicht nur gegen Demokratien, die dem Attischen Seebund abtrünnig werden, zu Felde, sondern schickt auch seine Flotte gegen das damals demokratische Syrakus: Das Interesse an der Seeherrschaft über das Mittelmeer überwog jede gegenläufige Friedensbereitschaft. Der Rüstungswettlauf zwischen den zwei relativ demokratischen Staaten, Indien und Pakistan, stimmt ebenfalls skeptisch. Selbst für die seit 1945 zu beobachtende Friedfertigkeit der Demokratien untereinander muß nicht die demokratische Verfassung die entscheidende Rolle spielen. Nach der alternativen Erklärung gehen aus einer teils militärischen, teils ökonomischen Interessenkonvergenz Allianzen hervor, für die die Staatsform Demokratie allenfalls eine sekundäre Bedeutung hat (vgl. Layne 1994).

Einen nicht minder gravierenden *Einwand* bietet eine *zweite Argumentationsreihe*, die mit dem Argument der kleinen Zahl beginnt: Sie erkennt die „statistische Friedfertigkeit" liberaler Demokratien gegeneinander an, zweifelt aber an der Aussagekraft der Statistik. Läßt man die früheren, noch nicht so liberalen Demokratien außer Betracht und beschränkt sich auf die Zeit von 1945 bis etwa 1990, so umfaßt der Kreis der Demokratien kaum zwei Dutzend Mitglieder. Und nur bei einem kleinen Teil von ihnen sind die üblicherweise vorherrschenden Kriegsgegner, die Nachbarn, ihrerseits Demokratien. Infolgedessen haben Demokratien mit anderen Demokratien weit weniger Kriegsgelegenheiten als mit Nichtdemokratien oder diese untereinander. Rechnet man es einmal exemplarisch durch, so kommt man mit Spiro (1994) für die im Jahr 1980 existierenden 156 Staaten auf 11 310 mögliche Kriege zwischen je zwei Nichtdemokratien und auf nur 780 mögliche Kriege, also knapp 7 %, zwischen zwei Demokratien. Nicht zuletzt gibt es zwei „banale" Ursachen. Auf die Völker nach dem Zweiten Weltkrieg trifft zu, was Tocqueville für seine Zeit diagnostiziert: Man war zutiefst erschöpft; außerdem waren die westlichen Demokratien wegen der Bedrohung durch die Sowjetunion geeint.

Nach einer *dritten Argumentationsreihe* sind teils die Argumente für die Kantische These nicht überzeugend, teils deren Voraussetzungen nicht gegeben: Erstens muß der Krieg nicht an den Staatsgrenzen geführt werden, so daß die Bürger die Drangsale sehr viel weniger spüren und noch einmal weniger, wenn sich der Krieg gegen einen deutlich schwächeren Feind richtet. Zweitens kann ein Krieg von innenpolitischen Schwierigkeiten ablenken. Außerdem gibt es die – etwa durch Medien induzierten – Massenpsychosen. Viertens läßt sich an Kriegen gut verdienen. Die jüngere Erfahrung lehrt zwar, daß der Angreifer selten siegt und daß er selbst im Fall des Sieges einen Per-saldo-Verlust hinnehmen muß. Allerdings kann man sich die Kosten von den Alliierten bezahlen, sogar überzahlen lassen; außerdem ist der Prestige- und Machtzuwachs in Rechnung zu stellen. Vor allem läßt sich, fünftens, an den Kriegen fremder Staaten verdienen. Daß gerade die ältesten Demokratien schwunghaften Waffenhandel betreiben und erst dann eingreifen, wenn sich die Waffen gegen die „Falschen" richten, oder daß sich eine Macht des Vorderen Orients gegen – ohnehin illegale – Waffenlieferungen empört, selber aber in Kriegsgebiete Waffen liefert, hätte auch Kant gegen die Friedensgeneigtheit von Demokratien skeptisch gestimmt. Schließlich gibt es eine weitere demokratieunabhängige Ursache: die Waffenentwicklung. Denn nach der Umkehrung der These, Demokratien bekriegen sich nicht, müßte man zwischen Demokratien und Nichtdemokratien mit Kriegen rechnen. Daß trotzdem der Große Krieg, der zwischen den mehrheitlich demokratischen Staaten der NATO und den autoritären Staaten des Warschauer Paktes, nicht stattgefunden hat, gründet, Selbstinteresse vorausgesetzt, in den verheerenden Folgen der Zweitschlagfähigkeit (s. Kap. 9.2): Bei einem Atomkrieg gibt es nur Verlierer.

Soweit sich die inter-, aber auch nur interdemokratische Friedfertigkeit doch belegen läßt, muß man die Außerkraftsetzung des Sicherheitsdilemmas erklären. Dafür bietet sich eine „Wahrnehmungstheorie" an (vgl. Risse-Kappen 1994): Demokratien nehmen andere Demokratien als ihresgleichen wahr und schließen vom internen auf das äußere Konfliktverhalten: Demokratien interpretieren sich wechselseitig als nicht-bedrohlich. Weil sie autoritäre Staaten dagegen als bedrohlich wahrnehmen, haben sie gegen sie wenig Hemmungen, gegebenenfalls aggressiv zu werden: Die Friedensbereitschaft der Demokratien untereinander verbindet sich mit einer gewissen Aggressionsbereitschaft gegen Nichtdemokratien.

9.3.3 Bilanz

Weder die Erfahrungen mit Demokratien noch die bislang vorgetragenen Argumente erlauben es, den globalen Frieden schon durch globale Demokratisierung zu erwarten. Wird allerdings mit Kants Kriterium „Beistimmung der Staatsbürger" eine ausdrückliche und auf innere Überzeugung gegründete Zustimmung verlangt (vgl. Grimm, *Deutsches Wörterbuch,* I 1398) und werden deren Voraussetzungen, die Kontrolle auch der Außenpolitik durch die Öffentlichkeit, geschaffen, trifft man außerdem Vorkehrungen gegen politische Verzerrungen durch Interessengruppen und Medien (durch freie und öffentliche Wahlen, Wettbewerb um politische Ämter, Pressefreiheit, ungehinderte Oppositionstätigkeit, eine „emanzipierte Presse") und verzichtet – was aber eine rechtsmoralische Einstellung verlangt – auf den ökonomischen Nutzen des Waffenhandels, so erhöhen sich die Chancen eines zwischen- bzw. interdemokratischen Friedens erheblich. Allerdings sind es Bedingungen, denen auch die heutigen Demokratien nur begrenzt genügen. Die Chancen erhöhen sich einmal mehr, wenn die Verantwortlichen der Außenpolitik: sowohl Minister als auch die Öffentlichkeit, nicht zuletzt die Wählerschaft, strategische Kompetenz besitzen. Eine weitere Steigerungschance bietet die innere Integrität demokratischer Bürger. Bürgertugenden wie der Rechtssinn und der Gerechtigkeitssinn (zu Kap. 7.2–7.3) fördern die Friedfertigkeit. Und die Friedenschancen wachsen noch einmal, wenn sich im Gefolge der Globalisierung die Volkswirtschaften, darüber hinaus noch Wissenschaft, Technik und Kultur verflechten.

Selbst bei einer hohen demokratischen Friedensbereitschaft sprechen aber für eine Weltrepublik und als Provisorium für internationale Organisationen mindestens noch drei Argumente: Erstens besteht ein globaler Handlungsbedarf nicht bloß für die Friedenssicherung. Die deshalb erforderliche Vielzahl internationaler Organisationen wirft die Frage auf, wer einen etwaigen Streit zwischen ihnen nach Maßgabe von Recht und nicht Macht schlichte. Zweitens hat eine demokratische Friedens*bereitschaft* noch nicht den Rang einer verläßlichen Friedens*sicherung*. Im Gegenteil drängt die Konvergenzthese auf die Einrichtung einer globalen Rechts- und Staatsordnung: Wer bei Demokratien auf die innere Friedfertigkeit achtet, darf nicht übersehen, daß sie im wesentlichen durch das Medium des Rechts zustande kommt. Wer deshalb eine entsprechende Friedfertigkeit im Außenverhalten sichern will, verläßt sich auch hier lieber auf das Recht und dessen öffentliche Gewalten, also einen – jetzt globalen – Staat.

Drittens kann sich die Friedensbereitschaft in dem Maße abschwächen, wie die Zahl der Demokratien zunimmt. Schon jetzt zeichnet sich bei handelspolitischen und ökologischen Fragen ein Konfliktpotential zwischen Demokratien ab. Immerhin fahren im Fischereikonflikt zwischen den beiden Demokratien Spanien und Kanada Kriegsschiffe auf. Und so wie die ehemaligen Kolonialmächte Schwierigkeiten hatten, selbst die demokratischen unter den selbständig gewordenen Kolonien „als ihresgleichen" anzuerkennen, droht die Gefahr, daß in einer Welt von Demokratien nicht mehr alle sich gegenseitig „als ihresgleichen" ansehen. Wo alle dasselbe sind, sucht sich das „Wir-Gefühl" ein neues Kriterium für das „Wir". Und bei gravierenden Wirtschafts- und Sozialproblemen dürfte sich das interdemokratische Konfliktpotential noch ausweiten. Spätestens dann wird das ohnehin geltende rechtsmoralische Prinzip aktuell, für das eine globale Rechts- und Staatsordnung unerläßlich ist: daß auch die Staaten einen Anspruch auf eine Konfliktregelung haben, die nicht von der Macht, sondern vom Recht bestimmt ist.

9.4 Erste konstruktive Vetos

Der Durchgang durch drei Versuche einer Weltordnung ohne Weltstaat stößt zwar auf Vorbehalte, aber nicht auf so schlagende Gegenargumente, daß sie dem Gedanken einer Weltrepublik den Todesstoß versetzten. Ohnehin ist von einer empirisch orientierten Politikwissenschaft kein normatives Gegenargument zu erwarten. Wer auf globaler Ebene noch in Begriffen von Recht und Staat denkt, bindet sich aber selbst empirisch gesehen nicht an einen geschichtlich überlebten Denkrahmen. Für eine realitätsgerechte Gestalt der Weltrepublik drängen sich jedoch drei Gesichtspunkte auf, die sich zwar auf kein absolutes, aber doch ein relatives und zugleich konstruktives Veto belaufen:

Statt die Einzelstaaten aufzulösen, empfiehlt sich, dem Realismus zu folgen und ihre bleibende, im Unterschied zum Realismus aber geschwächte Bedeutung anzuerkennen. Nicht als eine staatlich homogene Institution, als ein Einheits- und Zentralstaat, ist der Weltstaat einzurichten, sondern als ein Bund von Staaten, der seinerseits Staatscharakter hat, mithin als Bundesstaat. Das *erste konstruktive Veto* richtet sich gegen einen globalen Einheitsstaat und verlangt in Übereinstimmung mit dem Prinzip Föderalismus einen staatlich gestuften Weltstaat: einen Weltbundesstaat. Die Weltrepublik werde zu einem föderalen Vielvölkerstaat, sofern man unter „Völkern", analog zu „Völkerrecht" und „Volkssouveränität", nicht *gentes*, Gruppen gleicher Abstammung, versteht, sondern *civitates*, die Bürgerschaften eines Einzelstaates.

Für den besonderen Rang von Staaten sprechen mindestens drei methodisch unterschiedliche Gründe: In den internationalen Beziehungen sind die Staaten de facto wichtig; trotz ihrer Entmachtung im Gefolge der Globalisierung sind sie noch immer die international maßgeblichen Akteure. Weiterhin haben sie im positiven Völkerrecht ein besonderes Gewicht. Ein Großteil der internationalen Organisationen wird von Staaten sowohl gebildet als auch getragen und finanziert. Auch geht die Fortbildung des Völkerrechts auf Vereinbarungen zwischen den Staaten zurück. Bestand es lange Zeit nur in einem internationalen Gewohnheitsrecht, so ist die ausdrückliche Rechtssetzung durch die Staatengemeinschaft mittlerweile erheblich gewachsen. Rechtsmoralisch Vorrang hat freilich erst der dritte Gesichtspunkt: daß Staaten, die sich auf Menschenrechte und Volkssouveränität verpflichten, eine Legitimität aufweisen, an der es den meisten Konkurrenten, nicht nur den multi- oder transnationalen Unternehmen, sondern auch den nichtregierungsabhängigen Organisationen, mangelt.

Das *zweite konstruktive Veto* wendet sich gegen einen Versuch, die föderale Weltrepublik in einem gewaltsamen Handstreich zu errichten. Statt dessen folgt sie dem „Prinzip Übergangsphase", zugleich dem Neuen Institutionalismus und läßt als notwendige Vorstufe internationale Organisationen und Regelwerke zu – vorausgesetzt, sie erfüllen Minimalbedingungen von Demokratie. Auch nach Errichtung einer Weltrepublik behalten sie ein Recht. Die schon nach dem konstruktiven Veto gebotene gestufte Weltordnung verlangt jetzt eine weitere Stufung: Die Weltordnung bestehe etwa (1) aus Einzelstaaten, (2) aus internationalen Organisationen, die sich derzeit noch zu einem Flickenteppich fügen, auf Dauer aber vielleicht einen (themen-)geordneten Polytheismus bilden. Und das krönende Dach besteht in einer Weltrepublik, die allerdings besser bescheiden, (3 a) als Weltstaatenbund (Konföderation), beginnt und erst später sich zu (3 b) einem Weltbundesstaat (Föderation) entwickelt.

Das *dritte konstruktive Veto* empfiehlt für die Aufgabenverteilung innerhalb der gestuften Weltordnung das Prinzip der Subsidiarität:

Was schon die Einzelstaaten, zumal nach ihrer Demokratisierung zu leisten vermögen, bleibt ihnen überantwortet. Nur dort zuständig, wo die Demokratien allein nicht reichen, ist der Weltstaat eine subsidiäre und föderale Weltrepublik.

Normativ gesehen, haben diese drei Vetos eine unterschiedliche Bedeutung. Die Prinzipien des Föderalismus und der Subsidiarität sind nicht etwa bloß pragmatisch gültig: als ein Entgegenkommen an die widerspenstige Wirklichkeit, mit dem man die normativen Ansprüche der eigentlich gebotenen staatlich homogenen Weltrepublik abschwächt. Im Gegenteil treten sie einem legitimatorischen Fehlschluß auf weltstaatliche Homogenität entgegen und präzisieren das normative Ideal. Die Präzisierung hat allerdings die willkommene Nebenfolge, daß das normative Ideal, eine subsidiäre und föderale Weltrepublik, sich zusätzlich als durchaus realisierbar erweist. Insoweit qualifizierte Demokratien für ihren Zuständigkeitsbereich das Rechts- und Staatsgebot erfüllen, haben sie ein doppeltes Recht: nach dem Prinzip Föderalismus ein Recht auf Weiterbestand und nach dem Prinzip Subsidiarität ein Recht auf Eigenverantwortung. Die Einzeldemokratien müssen sich nur dort für eine Weltrepublik öffnen, wo ihre Fähigkeit zum Schutz von Recht und Gerechtigkeit versagt. Das dritte Prinzip, das der Übergangsphase, macht die Weltrepublik zu einem „Erlaubnisgesetz": Man darf die Errichtung der Weltrepublik noch etwas aufschieben, muß sie aber als das Ziel anerkennen, auf das man schon jetzt kontinuierlich hinarbeitet. Dabei könnte man der im letzten Kapitel genannten Abfolge von Modellen folgen, müßte jedoch mit Modell 5 enden (s. Kap. 8.1.2).

Den Anfang der Entwicklung dürften Verträge bilden, sowohl Handels- als auch Schutzverträge, ferner Abrüstungsvereinbarungen, das Verbot von ABC-Waffen und das von Minen, später sogar ein generelles Kriegsverbot. Und neben diesen „negativen" Abkommen kann es „positive" geben, namentlich Menschenrechtserklärungen. Daran schließen sich Bündnisse an, die teils großregional, teils weltweit wirken und gemeinsame Regeln, eine Organisation und mit ihr Stetigkeit bringen. Zunächst sehen sie noch keine Schiedsgerichte vor, die sie später aber doch einrichten und noch später in gewöhnliche Gerichte umwandeln, die in einer weiteren Phase Durchsetzungsmacht erhalten.

Wegen des globalen Rechts- und Staatsgebotes sind aber all diese Stufen, ist selbst ein globaler Ultraminimalstaat, ein Weltstaatenbund, nur ein Durchgangsstadium zur eigentlichen Aufgabe, der Weltrepublik. Recht ohne eine Gewalt, die im Dienst des Rechts steht, ist nämlich ein bloßes Wort. Die Menschheit folgt erst dann der bescheidenen, rechtsdefinierenden Gerechtigkeit, wenn sie dem Gutdünken und der Gewalt eine Absage erteilt, den Krieg als Mittel der Konfliktlösung ächtet und Rechtsstreitigkeiten einem unparteiischen Dritten, den global wirksamen öffentlichen Gewalten, überantwortet. Und im anspruchsvolleren, rechtsnormierenden Verständnis von Gerechtigkeit lebt sie, wenn sie die öffentlichen Gewalten, also eine globale Gesetzgebung, eine globale Exekutive und eine globale Gerichtsbarkeit, auf Menschenrechte und Volkssouveränität verpflichtet und den rechtsmoralisch gebotenen Weltstaat zu einem demokratischen Verfassungsstaat, zu einer Weltrepublik, ausbildet.

10. Die komplementäre Weltrepublik

10.1 Weltstaat in Differenz

Bei zwei Positionen stößt die gestufte Weltrepublik auf Widerspruch. Deren Grundgedanken kennen wir übrigens schon aus dem Blick in die Geschichte, dort vom ersten und vom sechsten Modell (Kap. 8.1.2): Dem staatstheoretischen Kommunitarismus – so der insgesamt vierte Einspruch – geht jede Weltstaatlichkeit zu weit, dem staatstheoretischen Globalismus – so der fünfte Einspruch – ist eine gestufte Weltstaatlichkeit zu wenig. Beiden zueinander konträren Einwänden treten wir mit einer politischen Variante des Ockhamschen Rasiermessers entgegen, mit jenem zweistufigen Sparsamkeitsprinzip, das sich aus dem Subsidiaritätsprinzip ergibt:

Nach der ersten Stufe politischer Sparsamkeit darf es keine politische Einheit geben, die man nicht für den letzten Zweck alles Politischen, die natürlichen Subjekte, notwendig braucht. Dieses Kriterium spricht gegen den Kommunitarismus; denn für den umfassenden, universalen Rechtsschutz erweist sich ein Weltstaat als unverzichtbar. Gemäß der zweiten Stufe politischer Sparsamkeit erhalten neue politische Einheiten, falls man sie denn braucht, nicht mehr Zuständigkeiten, als für die natürlichen Subjekte nötig sind. Weil der homogene Weltstaat der Globalisten alle Einzelstaaten in sich aufsaugt, widerspricht er genau damit, mit einem Zuviel an Staatlichkeit, der zweiten Stufe.

Wir beginnen mit der ersten Stufe, dem Zuwenig an Staatlichkeit. Der einschlägige Kommunitarismus bildet eine Großfamilie von Positionen, die teils zur Moralphilosophie und zur Theorie der Moderne, teils zur Sozialphilosophie und der Politikwissenschaft, teilweise aber auch zur Sozialpolitik selbst gehören (vgl. Forst 1994, Höffe 1996, Kap. 7, Honneth 1993). Ihnen ist die Überzeugung gemeinsam, daß der Mensch Zugehörigkeiten und Tiefenbindungen braucht, daß er ihretwegen auf Gemeinschaften angewiesen ist und daß diese wiederum aus gemeinsam geteilten Werten leben, also einer partikularen, nicht universalen Moral.

Innerhalb dieser Großfamilie halten die staatstheoretischen Mitglieder, etwa MacIntyre (1984) und Walzer (1992, 105 ff.), den Einzelstaat für die höchste soziale Einheit, in der es noch gemeinsam geteilte Werte gibt, derentwegen moralische und politische Begriffe Sinn und Bedeutung haben. Folgerichtig wehren sie sich vehement gegen dessen Auflösung. Um der Moral auch im Zeitalter der Globalisierung eine Chance zu lassen, sei die Integrität bestehender Gemeinschaften zu wahren, namentlich die der politischen Gemeinschaft, des Einzelstaates. Der staatstheoretische Kommunitarismus plädiert für „gute Zäune“ (Walzer 1992, 449), also für Abschottung, einschließlich „nationaler“ Segmentierung. Und dem Weltstaat, so der insgesamt *vierte Einspruch* gegen ihn, hält er vor, jene Kräfte der Nivellierung zu verstärken, die sich im Gefolge der Globalisierung ohnehin breit machen, obwohl es auf die Gegenkräfte ankommt, auf eine Stärkung der Besonderheiten, auf daß der soziale und kulturelle Reichtum der Menschheit und vor allem die daran geknüpfte Identität der Individuen gewahrt bleiben.

Der staatstheoretische Kommunitarismus könnte sich noch auf weitere Argumente berufen, beispielsweise auf die Gefahr, daß ein Weltstaat die bestehenden Konflikte, etwa Territorialstreitigkeiten und Selbstbestimmungsansprüche, nicht wirklich löse, sondern lediglich von zwischenstaatlichen zu innerstaatlichen Konflikten transformiere. Und dort, wo man die Konflikte gewaltsam austrage, entstehe nicht etwa Friede, sondern der Krieg verwandle sich bloß in einen Bürgerkrieg. Dabei, so die weitere Gefahr, gehe eine wichtige rechts- und sozialpsychologische Hemmschwelle, die Barriere der Staatsgrenzen, verloren, so daß der Übergang zur gewaltsamen Konfliktlösung leichter falle. Außerdem komme zur Erleichterung der Gewaltbereitschaft eine Erhöhung der Konfliktgefahr hinzu. Denn bislang habe sich der vieldimensionale Pluralismus der Menschheit, die Fülle von Sprachen, Kulturen und Religionen, von ethnischen und regionalen Interessen, zu einem erheblichen Teil auf verschiedene Staaten verteilt und sei durch die Verteilung leichter zu bewältigen. Im Fall eines Weltstaates dagegen werde der Pluralismus einem einzigen Gemeinwesen überantwortet, was sein Konfliktpotential verstärke, seine Konfliktlösungskapazität jedoch überfordere. Weiterhin werde in einem globalen Staat das seit der Aufklärungszeit vertretene Menschenrecht hinfällig, aus einem Einzelstaat auszuwandern (vgl. Boxill 1987). Und wo man dieses Recht verweigert, könne man mindestens zu fliehen versuchen. Bei einer globalen Staatsordnung werde jedoch beides, das Auswanderungsrecht ebenso wie die Fluchtmöglichkeit, gegenstandslos.

Zweifellos liegt in diesen Einwänden ein gewisses Recht; aber weder einzeln noch gemeinsam haben sie die Kraft eines schlagenden Gegenargumentes. Das hier fällige, insgesamt *vierte, konstruktive Veto* gibt dem Kommunitarismus recht, aber nur zu einem Drittel: Es ist richtig, daß ein Staat aus gemeinsam geteilten Werten lebt und daß die Auflösung der Staaten den Reichtum an menschlichen Lebensformen kurzfristig bedroht und mittelfristig erheblich verringert. Ferner wird die Identität all jener Individuen gefährdet, für die die Zugehörigkeit zu „ihrem" Staat wichtig ist. Darüber hinaus droht eine der wichtigsten Quellen menschlicher Hilfsbereitschaft, die Solidarität, nicht notwendigerweise zu versiegen, sich aber deutlich abzuschwächen. Vor allem haben die Staaten, sofern sie sich vorab den Bedingungen qualifizierter Demokratie unterwerfen, ein Recht auf Differenz (s. Kap. 4.5). Sie sind moralisch berechtigt, ihre eigene Geschichte und Tradition, ihre eigene Sprache und Kultur sowie gemeinsame Vorstellungen vom Guten zu haben, freilich nicht vom umfassenden Guten, sondern lediglich von einem guten Gemeinwesen. Staaten erleichtern nicht bloß die Verschiedenheit von Lebensformen; sie stärken auch konkrete politische Verantwortung und sichern aufgrund ihrer relativen Bürgernähe die Wirklichkeit demokratischer Legitimation. Darüber hinaus erlaubt eine Vielzahl unterschiedlicher Staaten, politische Alternativen zu entwickeln und zwischen ihnen zu wählen. Auch auf diese Weise dient das Recht der Staaten auf Differenz der letzten Legitimationsgrundlage von Staaten, der Freiheit der einzelnen Menschen.

Trotzdem sind die Staaten – so das zweite Drittel des konstruktiven Vetos – weder autarke, voneinander ganz unabhängige Gemeinwesen, noch sind sie ein Selbstzweck, der einen kompromißlosen Schutz verdiente. Kommunitaristen neigen dazu, den ontologischen Rang von Staaten zu hoch, eben als Selbstzweck, einzuschätzen. In Wahrheit sind einerseits die Gemeinschaften, einschließlich der Staaten, vielfältig miteinander vernetzt. Andererseits verdient nur die Staatlichkeit, verstanden als Inbegriff von öffentlichen Gewalten im Dienste von Recht und Gerechtigkeit, kompromißlosen Schutz. Konkrete Staaten dagegen sind politische Einheiten, die von ihren Bürgern – wenn sie gute Gründe haben und sich für sie entscheiden – aufgelöst, neu formiert und sowohl in kleinere als auch größere Einheiten überführt werden dürfen.

Das letzte Drittel, das universale Rechts- und Staatsgebot, verlangt nach einer globalen Rechts- und Staatsordnung. Wegen des Rechts auf

Differenz und in teilweiser Anerkennung kommunitaristischer Interessen ist sie aber nicht alternativ, sondern komplementär, als Ergänzung zu den Einzelstaaten, einzurichten. Das konstruktive Veto gegen den *vierten*, kommunitaristischen Einspruch bekräftigt also die subsidiäre und föderale Weltrepublik. Der Weltstaat ist keine staatlich homogene Einheit, die sich nur aus pragmatischen Gründen auf Dezentralisierung einläßt. Ohnehin wird der „heroische Weltstaatsbegriff“ zurückgewiesen, der die gesamte Weltgesellschaft von einem Zentrum aus hierarchisch steuern will. Gemäß dem Recht auf Einzelstaatlichkeit sind die Teile der Weltrepublik nicht Provinzen, die durch Delegation von oben ein Recht auf Selbstverwaltung erhalten, sondern Staaten mit einem originären Recht auf Selbstbestimmung. Allerdings schließen sie sich für Aufgaben, die sie nicht allein lösen können, zusammen, behalten aber ansonsten ihre eigenen Kompetenzen. Wegen dieser starken Eigenstaatlichkeit können die Einzelstaaten ihre eigenen Werte und Lebensformen bewahren, kann die Identität der Individuen eine staatsbezogene Komponente behalten, gehen die Barrieren der Staatsgrenzen, auch wenn sie kleiner geworden sind, nicht verloren, und wird der Gesamtpluralismus der Menschheit nicht einem einzigen Gemeinwesen überantwortet. (Weil der Westfälische Friede eine ähnliche Situation für das Verhältnis des Deutschen Reiches zu seinen souveränen [Teil-]Staaten schafft, spricht Schmidt 1996, 454, zu Recht von einem „komplementären Reichs-Staat“ und sieht in ihm eine historische Alternative zum „nationalen Machtstaat“.)

Der kommunitaristische Einspruch gegen den Weltstaat läßt sich sogar kommunitarismusimmanent relativieren. Denn die Frage nach der entscheidenden Community kann man nicht im Singular, sondern nur im Plural beantworten. Aus gutem Grund pflegt jeder Mensch vielen Gemeinschaften anzugehören – ausweislich seines tatsächlich geführten Lebens und nicht einer eventuell abweichenden Selbststilisierung. Wichtig können sowohl Klein- und Großfamilien (Klans) als auch Stadtviertel, Städte oder Staaten sein; ebenso ethnische, religiöse oder sprachliche Gemeinschaften, ferner Berufs- und Hochschulzugehörigkeiten, vielleicht auch Sportvereine, Orchester oder Bürgerklubs. Da es auf gewachsene Lebensformen, aber auch auf persönliche Vorlieben ankommt, sind all diese Gemeinschaften legitime Kandidaten für menschliche Zugehörigkeit. Zugleich wird das Recht aller Kandidaten relativiert: Der Rang der exklusiv wichtigen, alles entscheidenden, „alleinseligmachenden“ Community gebührt keinem. Diese Relativierung macht bei den bislang gegebenen Kandidaten nicht halt. Ihre Reihe läßt sich vielmehr nach oben hin erweitern, sowohl zu Großregionen wie Europa als auch zur Gemeinschaft der Menschheit, eventuell sogar zur Gemeinschaft aller rechtsfähigen, nicht bloß menschlichen Subjekte, nicht zuletzt zur Verbundenheit mit nicht rechtsfähigen, aber leidensfähigen Wesen.

Der Kommunitarismus würde der Erweiterung entgegenhalten, sie brauche, was tatsächlich fehle: ein allen gemeinsames Rechtsempfinden, im Fall der Weltrepublik also ein Weltrechtsbewußtsein. Daß es schon im Westen an Gemeinsamkeit mangelt, läßt sich mit zwei Beispielen belegen, für das Strafrecht mit Unterschieden in den vor Gericht zulässigen Beweisen und für das Zivilrecht mit den Schadenersatzsummen, die in den USA um ein bis zwei, gelegentlich sogar drei Zehnerpotenzen höher als in Europa ausfallen. Schärfere Unterschiede zeigen sich in der Einstellung zur Todesstrafe, ferner in den Leibesstrafen einiger islamischer Staaten oder im Umgang mit Dissidenten in China, Kuba und Nordkorea. Andererseits gibt es einen reichen Strauß von Gemeinsamkeiten. Kommunitaristen neigen zwar dazu, den (universalistischen) Gedanken einer staatenübergreifenden Menschheitsgemeinschaft generell für weltfremd zu halten. In Wahrheit gibt es Ansätze für Gemeinsamkeiten schon lange. Und unser Zeitalter der vielschichtigen Globalisierung hat sie kräftig verstärkt; keineswegs beschränken sie sich auf den Bereich von Recht und Gerechtigkeit: Auch wenn Wissenschaft und Philosophie in bestimmten Kulturen besonders aufblühen, verdanken sie sich der allgemeinmenschlichen Sprach- und Vernunftfähigkeit und einer ebenso allgemeinmenschlichen Wißbegier. Entsprechendes trifft auf Wirtschaft und Handel, Entsprechendes auf Technik und Medizin zu. Selbst die Überbietung der Gerechtigkeit, die verdienstliche Moral von Mitleid, Wohlwollen und Nächstenliebe ist, weit über den jüdisch-christlichen Kulturkreis verbreitet (für Altägypten s. Höffe 1998, Nr. 4 und 5, für China Nr. 31). Und wegen dieser zusätzlichen Gemeinsamkeit stehen der Weltgesellschaft für ihre dritte Dimension, die Gemeinschaft von Not und Leid, drei moralische Ressourcen zur Verfügung: die Gerechtigkeit, die Solidarität und die Menschenliebe (s. Kap. 15, bes. 15.5).

Über den Gemeinsamkeiten darf man freilich die Unterschiede nicht vergessen. Spätestens bei der Feinbestimmung von Recht und Gerechtigkeit sind sie, wie angedeutet unübersehbar. Und vor allem fehlt es an Bereitschaft, die Gemeinsamkeiten unparteilich und wirksam durchzusetzen. Eine Zwischenbilanz fällt deshalb einfach, fast banal aus: Das Weltrechtsbewußtsein braucht zwar noch Zeit, um sich zu entfalten; die bestehenden Gemeinsamkeiten sind aber so stark, daß sie schon Weltgerichte ermöglichen: den Internationalen Gerichtshof, das Internationale Seegericht, internationale Kriegstribunale und den Weltstrafgerichtshof.

Interkulturell gültig sind so wichtige Elemente wie die Goldene Regel, das Gleichheitsgebot („Gleiche Fälle sind gleich zu behandeln") und das Gebot der Unparteilichkeit, ferner Verfahrensregeln (wie „Niemand sei Richter in eigener Sache", „Auch die andere Seite ist anzuhören" oder „Im Zweifelsfall für den Angeklagten") und die Anerkennung von Rechtsgütern wie Leib und Leben, Eigentum und guter Name („Ehre"). Außerdem erweitern die Menschenrechtsverträge der Vereinten Nationen die Gemeinsamkeiten und sprechen gegen MacIntyres (1988, Kap. 20) These von einer nur kulturabhängigen, idiomatischen bzw. partikularistischen Auffassung von Gerechtigkeit. Walzer (1996, 12) ist dagegen umsichtig genug, seine Kritik an einer universalistischen Moralbegründung zu relativieren und neben der „dichten und partikularistischen" auch eine universalistische, freilich „dünne" Moral anzuerkennen.

Gegen den staatstheoretischen Kommunitarismus sprechen auch die quer zur Staatlichkeit liegenden Zugehörigkeiten. Oft gehören sie sogar zu den wichtigsten Gesichtspunkten, aus denen sich die Identität der entscheidenden Legitimationsinstanz, der Individuen, speist. Auch hier herrscht wieder Pluralität statt Exklusivität. „Staatenkreuzende Zugehörigkeiten" schaffen etwa die Religion, die Sprache oder der Beruf, ferner anspruchsvolle Hobbies (Musik, Theater, Kunst, Sport ...) und jene politisch-sozialen Interessen, die von Organisationen wie Amnesty International, Ärzte ohne Grenzen oder Greenpeace vertreten werden. Schließlich darf man die Diaspora-Situation etwa von Iren, Juden und Kurden nicht vergessen. (Nach Kotkin 1993 gibt es sogar „Stämme der Macht", nämlich kosmopolitische Gruppen, die ein stammesmäßiges Wir-Gefühl, einschließlich dem Gefühl der Auserwählung oder Überlegenheit, mit der Gabe der übernationalen Anpassung verbinden.) All diese staatenkreuzenden Zugehörigkeiten relativieren das Zugehörigkeitspotential der Einzelstaaten; sie öffnen sich zu einer – freilich noch vagen, überdies „segmentierten" – Weltgemeinschaft und verstärken die Forderung, wie alle Gemeinschaften so auch die Weltgemeinschaft rechts- und staatsförmig zu ordnen.

Eine Variante zur kommunitaristischen Kritik am Weltstaat vertritt schon Carl Schmitt. Auch er hält Staaten für Gemeinschaften, deren

Mitglieder Werte und Güter, überdies Lebensformen und Lebensräume miteinander teilen. Besonders wichtig ist ihm ein Moment, das bei Kommunitaristen wie MacIntyre (1984) ebenfalls eine Rolle spielt: die Verteidigung der Gemeinsamkeiten gegen äußere Feinde, notfalls unter Einsatz des eigenen Lebens. Aus dem daraus folgenden Begriff des Politischen glaubt Carl Schmitt, ein Argument gegen jede Weltstaatlichkeit gewinnen zu können. Er spitzt Max Schelers ‚Willensauseinandersetzung der Staaten' (s. Kap. 8.4) zur ‚Unterscheidung von Freund und Feind' zu (1931, 26) und leitet daraus einen notwendigen „Pluralismus der Staatenwelt" ab. Carl Schmitt leugnet nicht die weltweit vereinheitlichenden Tendenzen, die aus wirtschaftlichen und technischen Gründen erklärbar seien. Derartige Formen der Einheit unterscheidet er aber von der „politischen", durch das Freund-Feind-Verhältnis konstituierten Einheit und erklärt ihretwegen den Weltstaat für unmöglich: Weil eine politische Einheit die reale Möglichkeit des Feindes und damit eine andere politische Einheit voraussetze, gebe es auf der Erde, solange überhaupt ein Staat existiere, immer mehrere Staaten, und die politische Welt sei stets ein „Pluriversum, kein Universum" (54).

Mit der Annahme, Einzelstaaten erhielten einen Teil ihrer Identität durch Abgrenzung nach außen und durch die Bereitschaft, sich gegen Feinde zu wappnen, hat Carl Schmitt nicht unrecht. Auch sind Staaten durchaus Gemeinschaften, die ihre Güter und Werte, ihre Lebensräume und Lebensformen notfalls unter Einsatz des Lebens gegen Angreifer verteidigen. Und als ein Staat ohne jede Außenpolitik ist ein Weltstaat etwas anderes als der über die längste Zeit der Geschichte vorherrschende Staat. Der Grund liegt aber nicht im Wesen des Staates, denn dieser läßt sich eher mit Aristoteles als eine Gemeinschaft des Guten und Gerechten (*Politik*, I 2, 1253 a37–39) oder mit Kant als Inbegriff öffentlicher Gewalten im Dienst des Rechts definieren. Verantwortlich ist vielmehr der historisch-faktische Umstand, daß die bisherigen Staaten Nachbarn hatten, von denen sie mangels zwangsbefugter Völkerrechtsbeziehungen bedroht waren. Einem Weltstaat aber, der mittels öffentlicher Gewalten den internationalen Naturzustand überwindet, bleiben nicht bloß genügend staatsspezifische, sondern auch die rechtsmoralisch wesentlichen Aufgaben:

Jedem Staat obliegt es, die Bürger von der Selbstverteidigung ihrer Rechte zu entlasten, indem er deren Schutz übernimmt. Dasselbe geschieht auf weltstaatlicher Ebene. Ob Individuen, Gruppen oder Einzelstaaten – sie alle haben erstens Rechte auf ihre Güter und Werte, auf ihre Lebensräume und Lebensformen und zweitens das Recht, daß diese gewöhnlichen Rechte ohne Privatjustiz geschützt werden. Diesen Schutz übernimmt aber der Staat und sorgt auf diese Weise dafür, daß die Verteidigung der gewöhnlichen Rechte nicht mehr über private, sondern über öffentliche Gewalten erfolgt, so daß die Freund-Feind-Beziehung dem Rechtsverhältnis weicht.

Es läßt sich zwar noch einwenden, außerhalb unseres Planeten könnten zurechnungsfähige Wesen existieren, so daß „unser Weltstaat" gegen deren Staaten im Freund-Feind-Verhältnis stünde. Die interplanetarische oder sogar interstellare Beziehung hätte aber erneut den Charakter eines Naturzustandes und müßte durch einen öffentlichen Rechtszustand überwunden werden, der wiederum Züge eines Staates annähme. Dann aber wäre nicht mehr nur „unser", an die Erde gebundener, „tellurischer Weltstaat", sondern der „interplanetarische" oder sogar „interstellare Weltstaat" der umfassende, eigentliche Weltstaat. Erneut lösten öffentliche Gewalten die Privatjustiz ab.

Nur in einer stark abgeschwächten Form – daß für viele Menschen die Abgrenzung nach außen wichtig ist – könnte Carl Schmitts Einspruch gegen einen Weltstaat ein gewisses Recht haben. Das Abgrenzungsbedürfnis – wenn es denn besteht – spricht aber nicht gegen den Weltstaat, wohl aber für jene kräftige Binnendifferenzierung, die zum Kern der subsidiären und föderalen Weltrepublik gehört. Sie verbindet nämlich relativ schwache Gemeinsamkeiten auf globaler Ebene mit deutlichen Unterschieden im regionalen und lokalen Bereich.

10.2 Globalität statt Globalismus

Vertreter der Gegenposition zum Kommunitarismus, Globalisten wie etwa Beitz (1979), Nielsen (1988) und Horn (1996) gehen zu Recht von einem globalen Naturzustand aus, der ebenso global zu überwinden sei. Nach dem universalen Rechtsgebot versteht sich die Globalität: die in regionaler, überdies temporaler Hinsicht universale Gültigkeit, sogar von selbst. Der staatstheoretische Globalismus fordert aber zusätzlich, das universale Rechtsgebot unmittelbar, „in einem Zuge", zu verwirklichen. Diese Zusatzforderung, der Weltstaat anstelle aller Einzelstaaten, bedeutet den fünften Einspruch. Er beläuft sich auf einen „vereinfachten" oder „undifferenzierten Kosmoplitismus", auf den beim Stoiker Zenon von Kition angedeuteten staatlich homogenen Weltstaat.

Zugunsten einer Globalisierung des Rechtsgebotes spricht eine Analogie, die in der politischen Philosophie seit altersher eine Rolle spielt, die von Staaten und Individuen. Hier genügen zwei Belege: In Platons *Politeia* (II 368d–e, IV 434d) stellt sie ein zentrales Konstruktionsprinzip dar (zur Interpretation s. Höffe 1997b). Und nach Augustinus gibt es sowohl bei Individuen als auch bei Staaten zwei Lebensformen: die zwar bescheidene, aber zufriedene und angesehene, kurz: glücksverbürgende und die zwar reiche, aber auch habgierige und das Glück gefährdende Form (*De civitate dei* IV 3). In dem Umstand, daß nur Individuen rechtlich homogene und rechtlich primordiale Subjekte sind, findet die Analogie allerdings eine klare Grenze. Man kann zwar gemäß Platon die Streitigkeiten innerhalb eines Individuums mit denen innerhalb eines Staates vergleichen (z. B. *Politeia* IV 440 e f.), sogar von einem Kriegszustand im Individuum sprechen (*Phaidros* 246 a ff., beim Bild des Seelenwagens). Trotzdem ist der Staat strukturell mehr als ein ins Große entworfener Einzelmensch, denn seine letztentscheidenden Bausteine haben einen Rang, der den konfliktfähigen Bausteinen eines Individuums fehlt. Nicht Bedürfnisse und Interessen, auch nicht „Seelenteile“ wie Leidenschaft oder Vernunft, sondern lediglich Individuen sind Wesen eigenen Rechts: zurechnungsfähige Subjekte mit unveräußerlichen Menschenrechten.

Zweifellos trifft die globalistische Ansicht, Einzelstaaten hätten nur eine abgeleitete Bedeutsamkeit („a merely derivative significance“: Beitz 1979, 181 f.), zu; sie hat aber nicht die behauptete diskriminatorische Kraft. Der Umstand, daß kein Staat denselben rechtsmoralischen Rang wie ein Individuum hat, relativiert nicht bloß die Einzelstaaten, sondern auch den Weltstaat. Keiner von beiden – und auch nicht eine Religion oder Tradition – ist „Zweck an sich selbst“, sie dienen vielmehr dem einzigen (empirisch bekannten) Wesen, das einen intrinsischen moralischen Wert hat, dem einzelnen, aber nicht vereinzelten Menschen. Dieser bedarf aber, um seinen besonderen Wert im Zusammenleben mit seinesgleichen zu wahren, des öffentlichen Rechts. Infolgedessen ist jede Staatlichkeit subsidiär und hat doch, sofern sie letztlich den Individuen zugute kommt, einen rechtsmoralischen Rang. Und dieser Rang gebührt nicht erst dem Weltstaat, sondern schon jedem Einzelstaat, der sich sowohl intern, als qualifizierte Demokratie, als auch nach außen, in der Offenheit zur komplementären Weltrepublik, dem universalen Rechtsgebot unterwirft.

Globalisten fürchten, bei einer bleibenden Gültigkeit der Einzelstaaten gehe der universalistische Anspruch der Rechtsmoral verloren, mindestens werde er abgeschwächt. In Wahrheit bleibt der universalistische Anspruch erhalten; er verbindet sich aber mit der Einsicht, daß im Fall moralisch legitimer Staaten kein umfassender Naturzustand besteht. Wie Individuen, so können zwar auch Staaten sich mit ihresgleichen streiten, und dasselbe trifft auf Bürger verschiedener Staaten zu, so daß sie – dort die Staaten, hier die Bürger – mangels einer zuständigen Rechtsordnung sich im Zustand der Rechtlosigkeit befinden. Die Rechtlosigkeit – so das *fünfte konstruktive Veto* – trifft aber nicht auf das Innere der Staaten zu, bedeutet also nur einen Restnaturzustand. Dieser hat freilich zwei Dimensionen: Hinsichtlich der Staaten zueinander besteht der zwischenstaatliche bzw. völkerrechtliche Naturzustand; und hinsichtlich der Bürger fremder Staaten, und zwar sowohl im Verhältnis untereinander als auch im Verhältnis zu den anderen Staaten, besteht der weltbürgerliche Naturzustand. Jedenfalls müssen die Staaten, weil sie im Inneren schon den Naturzustand überwunden haben, sich nicht auflösen, sondern lediglich diesen zweidimensionalen Restnaturzustand überwinden und sich auf die nur komplementäre, nicht alternative Weltrepublik einlassen.

Beim Föderalismus kann man modellhaft zwei Arten unterscheiden, einen dualen Föderalismus, der dem Trennprinzip, und einen kooperativen Föderalismus, der dem Verbundprinzip folgt. Beim dualen Föderalismus nehmen Bund und Gliedstaaten ihre (gesetzgeberischen, fiskalischen und administrativen) Aufgaben unabhängig voneinander wahr, so daß sich der Bund, wie beispielsweise in den Vereinigten Staaten, auf die Bundesebene beschränkt und die Gliedstaaten im Rahmen ihrer Kompetenzen unmittelbar auf die einzelnen Bürger einwirken. Beim kooperativen Föderalismus dagegen werden, wie etwa in Deutschland, die Gesetzgebungskompetenzen weitgehend vom Bund wahrgenommen, der jedoch bei der Gesetzgebung in vielen Fällen der Zustimmung der Landesregierungen im Bundesrat bedarf und der sich bei der Ausführung seiner Gesetze auf die Länderverwaltungen angewiesen sieht. Weil die Weltrepublik lediglich ein Komplementärstaat ist, erscheint für sie nur das erste Modell als legitim: Die Einzelstaaten haben das – überdies sehr weit reichende – Recht auf eine eigene, von der Weltrepublik unabhängige Gesetzgebung und ebenso auf eine eigene Verwaltung und Gerichtsbarkeit. Und mit ihnen wirken die Einzelstaaten unmittelbar, ohne Vermittlung der Weltrepublik auf ihre Bürgerschaften ein, und werden von diesen Bürgerschaften ebenso unmittelbar ohne Vermittlung der Weltrepublik eingesetzt und kontrolliert.

10.3 Eine kontinentale Zwischenstufe

Einen *sechsten*, in sich zweiteiligen *Einspruch* erhebt niemand geringerer als Kant. Nach dem ersten Teil könnte Kants Einwand – wegen seiner zu großen Ausdehnung sei der Weltstaat unregierbar (*Rechtslehre* § 61) – nur pragmatischer Natur sein. Das pragmatische Argument ist auch nicht neu, sondern wird schon von Bodin und Grotius vertreten (s. Kap. 8.1.3). Im Unterschied zu ihnen ist aber bei Kant die Unregierbarkeit oder, abgeschwächt, die chronische Ineffizienz des Weltstaates nur die – notwendige – Vorbereitung des zweiten, genuin rechtsmoralischen Teileinwandes. Dieser bringt zwar kein neues Argument; er expliziert aber die Tragweite der Unregierbarkeit: daß der Schutz „eines jeden Gliedes" unmöglich werde. Mit der geographischen Ausweitung der Staatlichkeit verschwinde mehr und mehr die Fähigkeit, Gesetze durchzusetzen (vgl. *Frieden* VIII 367, Z. 13–15), so daß die Legitimationsgrundlage und Leitaufgabe, der Rechtsschutz, verloren gehe.

Hier erscheint die Globalisierung der Staatlichkeit nicht nur als kontraproduktiv, sondern sogar als sinnlos. Statt dem Rechtsschutz zur universalen Geltung zu verhelfen, zerstört der Weltstaat den schon bestehenden, regionalen Rechtsschutz, und die Welt fällt in Anarchie zurück (ebd. Z. 17). Bevor wir aber auf den Weltstaat verzichten, fragen wir zurück: Ist ein globaler Staat tatsächlich unregierbar, folglich eine globale Rechtsordnung zum Scheitern verurteilt? Für einen Zwergstaat wie Liechtenstein – 28 500 Einwohner – muß schon ein Kleinstaat wie die Schweiz mit ihren sechseinhalb Millionen Einwohnern als übergroß und die USA mit knapp 250 Millionen als ein Ungetüm erscheinen, ganz zu schweigen von Indien mit 850 Millionen und China mit 1,13 Milliarden Einwohnern. Wenn aber ein Gemeinwesen wie die Vereinigten Staaten, fast zehntausendmal so groß wie Liechtenstein und immer noch fast vierzig Mal so groß wie die Schweiz, sich gleichwohl regieren läßt, kann auch der sechste Einspruch den Weltstaat nicht rundum diskreditieren. Er beläuft sich nur auf das relative und zugleich konstruktive Veto, die Weltrepublik so einzurichten, daß sie trotz ihrer Größe und der Heterogenität ihrer Glieder der Unregierbarkeit entkommt. Zu diesem Zweck empfiehlt sich eine politische Innovation: Eine Weltrepublik muß nicht dem Muster der Vereinten Nationen folgen und Großstaaten wie die USA, Indien und China direkt mit Zwergstaaten wie Andorra, Liechtenstein und den Bahamas zusammenführen. Sie kann auch politische Einheiten von kontinentaler oder subkontinentaler Größe dazwischenschieben. Diese hätten nach dem Muster der Europäischen Union die meisten Probleme „im eigenen Haus" zu behandeln und die nur wenigen Restprobleme der Weltrepublik zu überlassen. Das *sechste konstruktive Veto* verlangt also, zwischen die bestehenden Einzelstaaten und die zu schaffende Weltrepublik großregionale, kontinentale oder subkontinentale Zwischeneinheiten einzuschieben.

Der Gedanke von transnationalen, aber nicht globalen Einheiten taucht schon bei Kant auf, da er „eine Menge solcher", nämlich völkerstaatlicher „Korporationen" in Erwägung zieht (*Rechtslehre*, § 61). Er erörtert sie aber nicht als Zwischenstufe zur Weltrepublik, sondern als deren Alternative. Folgerichtig muß er sie mit dem Argument verwerfen, daß der Kriegszustand dann zwischen ihnen herrsche. Das Argument entfällt jedoch bei der hier vorgeschlagenen, gestuften Staatlichkeit. In Übereinstimmung mit dem Prinzip Subsidiarität werden zwischen Individuum und Weltstaat intermediäre Staatlichkeiten, insbesondere der Einzelstaat und die großregionale Einheit, zwischengeschoben.

Zugunsten der neuen Einheit, einer transnationalen, aber nicht globalen Organisation, sprechen mindestens noch fünf weitere Gründe: Weil die großregionale Zwischenstufe den Einheiten kollektiver Identität näher steht, fällt es ihnen leichter, deren Besonderheiten zu berücksichtigen. Weil ohnehin viele Aufgaben Nachbarschaftsprobleme sind, muß man Fernstehende mit ihnen nicht behelligen. Weil man über ein größeres Maß an kultureller, sozialer und rechtlicher Gemeinsamkeit verfügt, wird die Problemlösung erleichtert und dabei eine größere Verbundenheit gestiftet. Weiterhin wird die subsidiäre und föderale Qualität einer Weltrechtsordnung gestärkt und nicht zuletzt der Gefahr eines Zentralismus entgegengesteuert. Durch die großregionalen politischen Einheiten wird nun die Weltrepublik kräftig entlastet, so daß sie nur für drei Gruppen von Aufgaben zuständig ist: für Aufgaben, die die Grenzen der Großregionen überschreiten oder die von vornherein die gesamte Welt betreffen; und unter wohldefinierten Bedingungen ist die Weltrepublik eine Appellationsinstanz für innerregionale Streitigkeiten.

Die Frage, ob die Zwischenstufe zwischen den bisherigen Staaten und der neuen Weltrepublik für Erdteile zuständig ist und dann fünf Einheiten umfaßt: Europa, Afrika, Asien, den pazifischen Raum und Nord- und Südamerika, oder ob man die Zahl der „kontinentalen

Rechts- und Friedensorganisationen" erweitert oder überhaupt ihre Grenzen anders zieht, ist sowohl politisch als auch rechtlich eminent wichtig, gleichwohl von systematisch sekundärer Bedeutung. Nicht sekundär ist dagegen die Einsicht, daß es für die großregionalen Organisationen, nimmt man Europa zum Vorbild, zwei Grundmodelle gibt: als Wahlorganisation die Europäische Union und als Pflichtorganisation die Kommission für Sicherheit und Zusammenarbeit in Europa (KSZE), zusätzlich die Europäische Kommission für Menschenrechte und den Europäischen Gerichtshof für Menschenrechte (vgl. Höffe 1996, Kap. 11.2). Ein Pflichteuropa und ein analoges Pflichtafrika, Pflichtamerika ... konzentrieren sich auf die rechtsmoralisch gebotenen Aufgaben, insbesondere auf die kollektive Sicherheit nach innen und nach außen, auf den Schutz der Menschenrechte und auf die Behandlung grenzüberschreitender Umweltbelastungen. Ein Wahleuropa dagegen und ebenso ein Wahlafrika, Wahlamerika ... gehen über das, was die Menschen, seien es Individuen oder Staaten, einander schulden, bewußt hinaus. Sie interessieren sich beispielsweise zusätzlich für einen größeren Binnenmarkt, für eine Bündelung des handelspolitischen Einflusses in der Welt und vielleicht eine darüber hinausgehende Stärkung des eigenen politischen Gewichts.

10.4 Der zweifache Weltgesellschaftsvertrag

Mit seinen zwei Dimensionen weist der internationale Naturzustand eine Komplikation auf, die dem üblichen Theorem des Naturzustandes fehlt, vom Prinzip Föderalismus aber bekannt ist: Wegen der Komplikation braucht es einen doppelten Gesellschaftsvertrag. In der Vereinbarung, die den völkerrechtlichen Naturzustand überwindet, im „völkerrechtlichen Gesellschaftsvertrag", rechtfertigt sich die Weltrepublik vor den Staaten der Welt und in der Vereinbarung zur Überwindung des weltbürgerlichen Naturzustandes, im „weltbürgerlichen Gesellschaftsvertrag", vor den Bürgern der Welt, den Individuen selbst. In beiden Fällen kommt es auf eine universale Zustimmungsfähigkeit und auf einen distributiv-kollektiven Vorteil an.

Eine weitere Komplikation des Weltgesellschaftsvertrages, die Zweistufigkeit eines (Welt-)Rechts- und eines (Welt-)Staatsvertrages, kennen wir schon vom üblichen Theorem (s. Kap. 2.4). Wir erläutern diese Komplikation exemplarisch an der völkerrechtlichen Dimension: Im Weltrechtsvertrag unterwerfen sich die Staaten zwangsbefugten Regeln und lösen den primären völkerrechtlichen Naturzustand durch ein gemeinsames Recht, ein Völkerrecht, ab. Solange die Realisierung dieses Rechts allein von den Parteien, den Einzelstaaten, abhängt, ist es ein im wörtlichen Sinn anarchisches, herrschaftsfreies Recht. Dieses unterliegt denselben drei Wirklichkeitsdefiziten, die den Einzelstaat rechtfertigen (s. Kap. 4.1): Die Frage, ob das Völkerrecht verletzt wird, die weitere Frage, wie man einer etwaigen Verletzung begegnet, und die dritte Frage, wie man Streitfälle löst, entscheiden die betroffenen Parteien. Da also eine dreifache, jetzt internationale Privatjustiz herrscht, stellt das bloße Völkerrecht nur eine halbe Rechtslösung dar, der die zweite Hälfte fehlt: die gemeinsamen, öffentlichen Gewalten. Deren Inbegriff, der Weltstaat, geht aus der zweiten Stufe des Weltgesellschaftsvertrages hervor:

Im Weltstaatsvertrag vereinbaren die Staaten, allen Streit, einschließlich der fallgerechten Auslegung des Völkerrechts, „auf zivile Art, gleichsam durch einen Prozeß, nicht auf barbarische (nach Art der Wilden), nämlich durch Krieg" zu entscheiden (Kant, *Rechtslehre*; § 61). Die hier relevante, rechtliche Zivilisiertheit löst sich von aller Willkür und Gewalt der streitenden Parteien und überantwortet das Völkerrecht öffentlichen Gewalten, eben einem Weltstaat, des näheren der subsidiären und föderalen Weltrepublik. Deren demokratischer Legitimation stehen drei Strategien offen: Nach der (exklusiven) Bürgerlegitimation geht der Weltstaat aus dem Willen eines die gesamte Weltbevölkerung umfassenden, globalen Staatsvolkes hervor. Nach der (exklusiven) Staatenlegitimation entscheidet allein der Wille aller Einzelstaaten. Bei der zweiteiligen bzw. kombinierten Legitimation kommt es schließlich auf den doppelten Willen, sowohl auf den aller Staaten als auch den der Weltbevölkerung, an.

Weil die Individuen die legitimatorische Letztinstanz bilden, erscheint die erste Legitimationsstrategie als angemessen, und unter Berufung auf Ockhams Rasiermesser lassen sich die Einzelstaaten als zusätzliche Legitimationsinstanz eliminieren. Dagegen spricht aber das Recht auf Einzelstaatlichkeit, vielleicht auch der Umstand, daß die Interessen von Kollektiven sich nicht auf die Summe der Interessen ihrer Mitglieder reduzieren lassen (zu dieser schwierigen Frage s. Kap. 14.2). Weil die Einzelstaaten sowohl die Interessen der Bürger als auch etwaige Kollektivinteressen der Bürgerschaften repräsentieren, könnte man umgekehrt, und erneut mit Ockhams Rasiermesser, die erste Legitimation eliminieren und sich auf die zweite Strategie konzentrieren wollen. Dagegen spricht aber das den Einzelstaat komplementierende Weltbürgertum, einschließlich der „staatenkreuzenden Zugehörigkeiten". Infolgedessen scheiden beide Exklusivstrategien aus, und als legitimatorisch sachgerecht verbleibt die dritte Legitimationsstrategie: Die Weltrepublik gewinnt ihre demokratische Legitimation durch eine Verbindung von Bürgerlegitimation mit Staatenlegitimation.

Dieser Umstand hat jenen komplexeren Begriff von Volkssouveränität zur Folge, den wir ebenfalls vom Prinzip Föderalismus kennen: Alle Gewalt der Weltrepublik geht von seinem doppelten Staatsvolk aus, von der Gemeinschaft aller Menschen und von der aller Staaten. Beide verzichten von sich aus auf einen Teil ihrer Souveränität, um im Gegenzug ihre Rechte gesichert zu erhalten. Dabei wiederholt sich die Aufgabe der Proto-Gerechtigkeit. Die von den öffentlichen Gewalten Betroffenen müssen sich in zweierlei Hinsicht niemals „bloß als Mittel, sondern auch als Zweck" behaupten (vgl. Kant, *Rechtslehre*, § 55, VI 345; s. Kap. 3.5): formal als Teil des (Welt-)Volkes, von dem alle Gewalt ausgeht, und material als ein Teil derjenigen, deren Vorteil zu besorgen ist.

Aus dem doppelten Weltstaatsvertrag folgt die föderalistische Zweiteilung des Gesetzgebers. Wie beim gewöhnlichen Bundesstaat, so hat auch beim Weltbundesstaat das oberste Organ, die (globale) Legislative, zwei Kammern. Das Weltparlament besteht aus einer Vertretung der Staaten, dem Weltrat, und aus einer Vertretung der Bürger, dem Welttag. Die erste Kammer, die Staatenkammer bzw. das Weltstaatenparlament, läßt sich mit dem deutschen Bundesrat oder dem nordamerikanischen Senat vergleichen, die zweite Kammer, die Weltbürgerkammer bzw. das Weltbürgerparlament, mit dem deutschen Bundestag und dem nordamerikanischen Kongreß.

Schon das Zusammenwirken beider Kammern wirft eine Fülle konkreter Fragen auf, denen wir hier nur sehr knapp nachgehen können. Zu klären ist beispielsweise, ob das legislatorische Initiativrecht beiden Kammern oder nur einer zukommt, ferner, in welcher Kammer zuerst entschieden wird, nicht zuletzt die Frage, wie man mit unterschiedlichen Entscheidungen umgeht. Wegen der unterschiedlichen Legitimationsgrundlage der beiden Kammern legt sich eine Teilung der prioritären Zuständigkeit nahe. So dürfte die Staatenkammer für die völkerrechtlichen Aufgaben, namentlich die zwischenstaatliche Sicherheit und den zwischenstaatlichen Frieden, prioritär zuständig sein, die Bürgerkammer dagegen für die weltgesellschaftlichen Aufgaben, namentlich den sozialen und ökologischen Weltmarkt.

Eine andere Frage richtet sich auf die Wahl der Parlamentarier: Sollen beispielsweise die Mitglieder der Weltstaatenkammer von den Bürgern direkt gewählt werden (wie die Mitglieder des nordamerikanischen Senates oder des schweizerischen Ständerates) oder indirekt über die nationalen Parlamente (wie die Mitglieder des österreichischen Bundesrates), oder sollen sie von den nationalen Regierungen entsandt werden (wie die Mitglieder im deutschen Bundesrat oder in der Kommission der Europäischen Union) oder von der Weltregierung aus den einzelnen Staaten heraus ernannt werden (wie die kanadischen Senatoren)? Der subsidiäre Charakter der Weltrepublik spricht gegen das kanadische Modell und für eine Wahl von seiten der Staaten. Damit deren gesamte Bürgerschaft und nicht bloß deren Regierungen vertreten sind, die Opposition dagegen übergangen wird, legt sich die direkte Wahl nahe. Allerdings droht die vom US-amerikanischen Modell bekannte Gefahr, daß die Staatenkammer mehr von den Interessen der politischen Parteien als denen der Staaten bestimmt und dann der Föderalismus vom Parteienstaat unterhöhlt wird.

Eine weitere Frage betrifft das Mandat: Haben die Staatenvertreter ein freies oder, wie im deutschen Bundesrat und im Ministerrat der Europäischen Union, ein gebundenes, imperatives Mandat? Üblicherweise sind demokratische Abgeordnete nicht durch Instruktionen gebunden. Wenn allerdings die Interessen der Parteien Vorrang vor denen der Staaten erhalten, wäre ein gewisses imperatives Mandat, nämlich eine Rahmenvorgabe sinnvoll.

Diese wenigen Hinweise bestätigen eine generelle Regel: daß die normativen Gesichtspunkte der Philosophie bestenfalls eine negative, aber keine positive Auswahl erlauben. Statt dessen lassen sie Raum für die Erfahrung, einschließlich ihrer wissenschaftlichen Erforschung. Und da die Einrichtung einer Weltrepublik eine neuartige Aufgabe darstellt, sind auch die politische Phantasie, ferner Urteilsfähigkeit und Augenmaß gefragt, nicht zuletzt ein schrittweises und erfahrungsoffenes Vorgehen, das das Prinzip Übergangsphase um den Gesichtspunkt „Versuchslabor Weltrepublik" ergänzt.

Besondere Schwierigkeiten tauchen bei der Zusammensetzung des Staatentages auf: Nach dem Grundprinzip der Demokratie „one man, one vote" könnten Kleinstaaten wie Andorra, Monaco oder pazifische Inselstaaten („Ozeanien") sich auf das Vorbild der Vereinten Nationen, ihrer Generalversammlung, berufen und dasselbe Gewicht wie Großstaaten, etwa die USA, Indien oder China verlangen. Gegen das Prinzip Bevölkerungszahl spricht aber schon der pragmatische Einwand, daß die größeren Staaten einen derart extremen Machtverlust erfahren, daß mit ihrer Zustimmung nicht zu rechnen ist und die Weltrepublik gar nicht zustande kommt. Weitere Realisierungsbarrieren tauchen vom Standpunkt großregionaler Zusammenschlüsse auf: Während staatsethische Überlegungen zu ihren Gunsten sprechen (s. Kap. 11.3), geht vom Prinzip Bevölkerungszahl der Anreiz zum Nichtzusammenschluß aus. Denn andernfalls ist man im Staatenrat nur noch mit einer einzigen Stimme, also einem Bruchteil der vorherigen Stimmenzahl, vertreten. Es entsteht sogar ein Anreiz zur Zersplitterung, ein Fragmentierungsdruck: Um ihr Gewicht im Weltrat zu erhöhen, ist es für föderalistische Staaten besser, sich in bloße Konföderationen aufzulösen, auf daß die bisherigen Teilstaaten eine eigene Stimme und die gesamte Konföderation mehr Stimmen erhalten.

Gegen das Bevölkerungsprinzip sprechen aber nicht bloß pragmatische, sondern auch subsidiaritätstheoretische Argumente: Da sich die politische Herrschaft letztlich vom Individuum her legitimiert, läßt es sich schwerlich rechtfertigen, daß die Bürger kleinerer Staaten deutlich, die der Zwergstaaten sogar extrem bevorteilt werden. Immerhin verfügt gegenwärtig ein halbes Prozent der Weltbevölkerung über mehr als 25 % der Stimmen in der Generalversammlung der Vereinten Nationen, so daß die betreffenden Staaten bevölkerungsmäßig um den Faktor 50 überrepräsentiert sind. Nicht weil es in militärischer oder wirtschaftlicher Hinsicht Groß*mächte* gibt, die aus nationalem Egoismus oder gar aus hegemonialer Arroganz ohnehin ihre Zustimmung verweigern, ist das „one state, one vote"-Prinzip aufzugeben, sondern weil von der Bevölkerung her gesehen Groß*staaten* und ebenso: mittelgroße und kleine Staaten existieren. Nähme man allerdings im Gegenzug die Bevölkerung zum Maß, so erhielten vier Staaten – China, Indien, die ehemalige Sowjetunion und die Vereinigten Staaten – fast die absolute Mehrheit.

Offensichtlich überzeugen beide Lösungen deshalb nicht, weil es zwei gleichermaßen legitime, aber gegenläufige Gesichtspunkte gibt: Während ein „radikaler Föderalismus" jedem Staat das gleiche Gewicht zubilligt, weist das genannte Subsidiaritätsmoment die Bevölkerungszahl als Kriterium aus. Nach der deshalb erforderlichen mittleren und zugleich vermittelnden Lösung darf es weder ein Gewicht proportional zur Bevölkerung geben, denn dann würde die Eigenstaatlichkeit kleiner Staaten vernachlässigt, noch darf das „one state, one vote"-Prinzip herrschen, da es vergißt, daß die Analogie von Staaten mit Individuen nur begrenzt gültig ist. Die Lösung besteht in einer

Stimmenstaffelung. Nach dem Muster des deutschen Bundesrates oder auch der Kommission der Europäischen Union sind den Kleinstaaten weniger, Großstaaten mehr Stimmen zu geben, beiden aber nicht genau proportional zur Bevölkerung. Nach einem Vorschlag von Thomas Pogge könnte man ein Wurzelprinzip einführen: Man stelle die Einwohnerzahl jedes Staates in Millionen fest und gebe ihm dann so viele Sitze, wie es der Quadratwurzel dieser Zahl entspricht. Danach erhielten die Schweiz und Österreich je 3, die Niederlande 4, Großbritannien und Frankreich je 7, Deutschland 9, die USA 16 und China 33 Sitze. Um nicht allen Staaten unter der Millionengrenze erst im Zusammenschluß einen Sitz zu geben, könnte man ihnen schon ab einer Mindestgröße, etwa 250000 Einwohner, einen Sitz zusprechen. Selbst bei diesem Wurzelprinzip blieben freilich – schwächere – Anreize zur Zersplitterung und zum Nichtzusammenschluß. Dies ändert sich, wenn sich die Weltrepublik nicht direkt aus den Einzelstaaten, sondern aus großregionalen Zusammenschlüssen bildet.

Die Frage nach der angemessenen Vertretung wiederholt sich bei der Bürgerkammer. Nimmt man eine Weltbevölkerung von 6 Milliarden Einwohnern und ein Parlament von 600 Abgeordneten an, so verträte jeder Abgeordnete 10 Millionen Bürger, was sich auf eine extreme Bürgerferne beliefe. Selbst wenn man die Bürgerkammer auf das Doppelte erweitert, hätte jeder der dann 1200 Abgeordneten noch je fünf Millionen Bürger zu vertreten, bei wachsender Weltbevölkerung sogar sechs bis acht Millionen. Schon Bürgerschaften von der Größe der Schweiz oder Österreichs müßten sich also mit einem einzigen Bürgervertreter begnügen, während viele Kleinstaaten und alle Kleinststaaten ohne einen eigenen Bürgervertreter blieben. Will man aber erneut das Wurzelprinzip einführen, so werden nicht bloß die Bürgerschaften größerer Staaten ein zweites Mal geringer gewichtet. Für die Bürgerkammer ist auch nicht leicht einsichtig, warum überhaupt die Staatengrenzen als Kriterium dienen dürfen.

Selbst bei einem eigenen Bürgervertreter stellt sich die Frage, wie er die heterogenen und oft konkurrierenden Interessen seiner Wählerschaft wahrnehmen soll. Der Staatsvertreter hat es leichter, steht er doch für kollektive, folglich eher homogene Interessen ein. Als Ausweg aus dem Dilemma der Bürgervertreter bietet sich an, daß sie sich nicht mit dem Staat, dem sie entstammen, identifizieren, sondern mit gewissen Interessen oder Ansichten, freilich ohne zu Lobbyisten der entsprechenden Verbände zu degenerieren. Auch dann bleibt es aber schwierig, für Gruppen von fünf bis zehn Millionen Menschen eine annähernd so homogene Interessenlage vorzustellen, daß sie sich durch einen einzigen Parlamentarier vertreten läßt. Eine Erweiterung der Bürgerkammer auf viele Tausend Mitglieder wiederum würde nicht nur finanzielle oder organisatorische Schwierigkeiten schaffen, sondern auch die ureigene Aufgabe eines Parlaments gefährden, wonach die Entscheidungen wesentlich dem Plenum zufallen müssen und nicht den Vorabentscheidungen kleiner Ausschüsse überlassen bleiben dürfen. Unlösbar sind die Schwierigkeiten freilich nicht. Man kann nämlich das Instrument der Ausschüsse und andere Formen der Repräsentation innerhalb von Repräsentationsorganen demokratisch fortentwickeln. Außerdem wird das Weltparlament durch die bloß subsidiären Aufgaben und durch die großregionale Zwischenstufe entlastet.

11. Wider einen globalen Leviathan

Die Auseinandersetzung mit dem ersten Einspruch – der Weltstaat sei überflüssig, da sich die Welt auch ohne Staat ordnen lasse – führt zu einem Modell, das sich bei drei weiteren Einsprüchen bewährt. Die komplementäre, ebenso subsidiäre wie föderale Weltrepublik hält den Einsprüchen des demokratischen Pazifismus, des Kommunitarismus und des Globalismus sowie der Befürchtung einer Unregierbarkeit stand. Bevor wir das Modell für „endgültig" tragfähig erklären, bleiben noch drei gewichtige Einsprüche zu erörtern: daß der Weltstaat die Freiheit und daß er den zum kollektiven Wohlergehen erforderlichen Wettbewerb gefährde und daß außerdem eine notwendige Voraussetzung, eine globale Öffentlichkeit, fehle. Die drei Einsprüche laufen in der einen Frage zusammen: Ist der Weltstaat nicht ein globaler Leviathan?

Leviathan heißt im Alten Testament ein Tier – ein Krokodil, eine Schlange oder ein Drache –, das sich durch überwältigende Macht auszeichnet (Psalmen 74,15; 104,26; Jesaja 27,1; Hiob 3,8 und 40,25 ff.). Daß der Gründungsvater der neuzeitlichen Staatsphilosophie, Hobbes, den Staat und seinen Repräsentanten, den Fürsten, mit diesem Ungeheuer vergleicht, muß abschrecken. Der Leviathan nimmt aber im berühmten Titelkupfer (vgl. Bredekamp 1999) des gleichnamigen Werkes menschliche Gestalt an und thront hinter und über einer friedlichen Landschaft, die überdies Wohlstand ausstrahlt. Derart in den Dienst menschlicher Zwecke gestellt, fordert der Leviathan nicht Angst und Schrecken heraus, folglich auch nicht einen umfassenden Widerspruch, sondern erneut nur die gezielte Korrektur.

Wie der Einzelstaat, so muß auch die Weltrepublik zum Zweck von Frieden und Recht eine überragende Macht sein. Sie darf aber nicht schlechthin überragend sein, sondern lediglich für ihre eng begrenzten Aufgaben. Anders als Hobbes' Leviathan ist sie nicht Herr über die geistlichen Dinge; und selbst im weltlichen Bereich muß sie, sofern überhaupt der Staat gefragt ist, die Staatlichkeit mit anderen staatsförmigen Instanzen teilen. Vor allem ist ihre Macht so zu organisieren, daß der Mißbrauch, zumal der große, so gut wie unmöglich wird. Außer einer Bekräftigung der schon genannten Prinzipien der globalen Subsidiarität, des globalen Föderalismus und der kontinentalen Zwischenstufe gehören dazu eine Vorsorge gegen die expansive Auslegung weltstaatlicher Zuständigkeit (Abschn. 11.1), eine funktioniernde Weltöffentlichkeit (11.2) und Staatenrechte (11.3). Und zum Vergleich werfen wir einen Blick auf jene Weltorganisation, die von ihrer Verfassung her einen bedeutenderen, in der Wirklichkeit aber einen nur bescheidenen Beitrag für eine globale Rechtsordnung leistet: auf die Vereinten Nationen (11.4).

11.1 Gefährdung der Menschenrechte?

Der *siebente Einspruch* gegen einen Weltstaat erhebt den zur Unregierbarkeit entgegengesetzten Vorwurf. Er rechnet mit einem Übermaß an Regierung und an Bürokratie, durch das sogar ein demokratischer Weltstaat nicht bloß unflexibel und bürgerfern wird, sondern sich selbst in den Rücken fällt. Das Übermaß greift nämlich in den Freiheitsraum der Bürger ein, so daß der Schutz ihrer Rechte mit einer Einschränkung der Reichweite der Rechte bezahlt wird. Der Einwand, daß ein Weltstaat die Freiheit der Bürger beschneide, tritt in mindestens zwei Gestalten auf.

Der generelle, pauschale Einwand geht auf Kant zurück. Als „Zusammenschmelzung" aller Staaten bestimmt, lasse der Weltstaat einen ‚seelenlosen Despotismus' und einen ‚Kirchhof der Freiheit' befürchten (*Frieden*, 1. Zusatz: VIII 367). Wladimir Solowjews *Kurze Erzählung vom Antichrist* ([5]1984, 26f.) teilt diese Befürchtung. Der russische Philosoph bestreitet nicht, daß die „unüberwindliche, alles übersteigende Gewalt", die der Antichrist errichte, dem internationalen Recht endlich Sanktionsmacht verleihe, so daß der Weltstaat, bei ihm die Weltmonarchie eines Welt-Kaisers, zunächst als positiv erscheint. Er schafft Frieden, dann Wohlstand, denn „nur durch Wohlstand wird der Friede schön". Die anfangs durch Akklamation entstehende Zentralgewalt verdanke ihre Fortsetzung aber der Usurpation: Solowjew fürchtet, daß die Weltrechts- und Weltfriedensordnung in eine Weltdiktatur umschlägt. Auch nach Jaspers ([7]1983, 147) soll aus einem Weltstaat wegen dessen zentraler Polizei „unfehlbar irgendwann die Despotie derer entstehen", „die diese Gewalt in Händen hätten".

Offensichtlich setzen Kant, Solowjew und Jaspers einen globalistischen Weltstaat voraus und ziehen die Alternative, eine subsidiäre und föderale Weltrepublik, nicht in Erwägung. Da in der Alternative die

Voraussetzung entfällt und die Staaten, statt zusammenzuschmelzen, erhalten bleiben, und der Weltstaat mit ihnen die Macht teilen muß, darüber hinaus sich die Weltrepublik den Bedingungen der qualifizierten Demokratie unterwirft und sich den Schutz der Freiheit zum Prinzip macht, läßt sich der Einspruch entkräften.

Nach dem zweiten, spezifischen Argument innerhalb des siebenten Einspruchs setzt ein Weltstaat die große zivilisatorische Errungenschaft, die Menschenrechte und die Bürgerrechte, aufs Spiel. Denn bisher sei es nur dem Einzelstaat gelungen, diese Rechte zu gewährleisten. An diesem Argument ist nicht bloß die normative Voraussetzung, die Verpflichtung jedes Staates auf die Menschen- und die Bürgerrechte, sondern auch die empirische Aussage richtig; diese ist aber nur zu einem Drittel wahr:

Zweifellos werden im Westen die Menschen- und Bürgerrechte vornehmlich von den Staaten geschützt. (In Europa kommt allerdings die Europäische Menschenrechtskonvention mit dem Europäischen Gerichtshof und der Europäischen Kommission für Menschenrechte hinzu.) Und allen Bürgerschaften, die diesen Schutz nur von internationalen Organisationen erhalten, ergeht es beschämend schlecht. Das zweite Drittel der Wahrheit besagt aber, daß die westlichen Staaten die Rechte zunächst einmal gefährdet haben: Frankreich verfolgt die Hugenotten; weil es in Großbritannien an Toleranz fehlt, gründen Religionsflüchtlinge die USA, die wiederum die Sklaverei weit über die Mitte des 19. Jahrhunderts erlauben. Und das letzte Drittel der Wahrheit besteht im Prinzip Subsidiarität: Wo die Menschen- und Bürgerrechte schon geschützt werden, teils innerstaatlich, teils durch großregionale Menschenrechtskonventionen, kann und soll sich eine Weltrepublik zurückhalten. Bei massiven Menschenrechtsverletzungen oder gar Völkermord kann Zurückhaltung aber nur dann geboten sein, wenn das Eingreifen, die sogenannte humanitäre Intervention, noch mehr Unheil stiftet; grundsätzlich berechtigt ist die Zurückhaltung nicht (s. Kap. 14.3).

Auch der *siebente* Einspruch hat also nicht die Kraft eines absoluten, wohl aber die eines *konstruktiven Vetos*. Er bekräftigt die Prinzipien des Föderalismus und der Subsidiarität: Für die primäre Rechtssicherung bleiben die Einzelstaaten verantwortlich, weshalb ihnen der Rang von Primärstaaten gebührt, einschließlich einer originären, nicht abgeleiteten Gesetzgebungskompetenz und einer ebenso originären fiskalischen Kompetenz. Die Weltrepublik ist nur ein Komplementärstaat: ein Sekundärstaat, im Fall der regionalen Zwischenstufe sogar lediglich ein Tertiärstaat. Er ist jedenfalls kein sich über den ganzen Globus ausbreitender Einheitsstaat, sondern ein Staat von Staaten: ein Staaten- oder Völkerstaat.

Gemäß dem Prinzip der weltstaatlichen Subsidiarität rechtfertigt sich die Weltrepublik nicht von oben, sondern demokratisch: von den Bürgern und den Einzelstaaten, her. Andererseits verbleiben ihm nur jene Restaufgaben, die die primären Republiken, die Einzeldemokratien, und deren Zusammenschluß zu großregionalen Einheiten gar nicht oder nicht annähernd so gut bewältigen können. Im einen Fall besitzt die Weltrepublik die obligatorische, im anderen Fall die fakultative Zuständigkeit. Dazu kommt das „Prinzip Vorsicht und Umsicht": Das Maß an qualifizierter Demokratie, das einzelne Staaten und einzelne Großregionen schon erreicht haben, dürfen sie nicht aufs Spiel setzen.

Kant äußert in seiner Geschichtsphilosophie, im siebenten Satz der *Idee zu einer allgemeinen Geschichte in weltbürgerlicher Absicht* noch ein weiteres, jetzt pragmatisches Bedenken, den insgesamt *achten Einspruch*: Ein Weltstaat, der seine Aufgabe, eine globale Rechtsordnung, zuverlässig erfülle, beeinträchtige den Wettstreit unter den Menschen so stark, daß die Kreativitätskräfte der Menschheit einzuschlafen drohen. Um diesen Schaden zu verhindern, plädiert er für eine Weltordnung ‚nicht ohne alle Gefahr' (VIII 26), also für Fragilität.

Die These von den segensreichen Wirkungen des Wettbewerbs innerhalb von Staaten und zwischen ihnen bildet heute den Kern einer Neuen Wirtschaftsgeschichte („New Economic History"). Sie wird als eine wissenschaftliche Hypothese verstanden, die an geschichtlichen Fallstudien, etwa zum Aufstieg und Niedergang von Staaten überprüft – und durchaus bestätigt wird: Untersuchungen zum Aufstieg etwa von Griechenland, Sumer und Phönizien, der Niederlande und von England in der industriellen Revolution zeigen, daß der Wettbewerb für Erneuerung und Wachstum und mit ihnen für Wohlstand sorgt, während das Streben nach Sicherheit sie unterminiere (vgl. Bernholz/Streit/Vaubel 1998).

Die unbestrittenen Vorteile des Wettbewerbs legitimieren aber nicht eine bloß fragile Weltordnung. Denn mangelnde Stabilität gefährdet schon die Minimal-Aufgabe eines Weltstaates, jenen Schutz der Einzelstaaten vor äußerer Gewalt, die ‚öffentliche Staatssicherheit', die auch Kant (*Idee* VIII 26) für unverzichtbar hält. Der Gedanke einer fragilen Weltstaatlichkeit ist in sich widersprüchlich, enthält er doch einen Auftrag, den Schutz der Staaten, der durch die Fragilität zurückgenommen wird. Infolgedessen ist Kants berechtigtes Interesse, die menschlichen Kräfte vor dem Einschlafen zu bewahren, anders zu verfolgen: teils durch die Begrenzung der Staatsaufgaben, teils durch einen staatlich gestuften, dezidiert antizentralistischen Weltstaat. Ohnehin ist beides durch die Prinzipien der weltstaatlichen Subsidiarität und Föderalität geboten: Weil die entsprechende Weltrepublik staatlich gestuft ist und der weltstaatlichen Stufe nur geringe Kompetenzen überläßt, erhält der (friedliche) Wettstreit der Staatenwelt und der Weltgesellschaft genügend Raum. Und die Konkurrenz beschränkt sich nicht auf den „bloßen Handelsgeist", der nach Kant „die Denkungsart des Volks zu erniedrigen pflegt" (*Frieden*, VIII 368). Außer der Wirtschaftskonkurrenz gibt es den Wettstreit in Wissenschaft und Technik, in Kunst und Kultur, einschließlich sozialer und politischer Kultur. Nicht zuletzt konkurrieren um ihr internationales Gewicht die Sprachen.

Die subsidiäre und föderale Weltrepublik ist von einer Gefahr bedroht, die wir von (fast) allen Bundesstaaten kennen: Während man zu Beginn darauf achtet, daß die bislang selbständigen Staaten durch die Bundesgewalt nicht zu sehr entmachtet werden, pflegen im Lauf der Zeit die Bundeskompetenzen mehr und mehr zu wachsen; die Rückverlagerung von Aufgaben findet dagegen höchst selten statt. In der Geschichte der Vereinigten Staaten beispielsweise legt der Bund den „zwischenstaatlichen Handel" („interstate commerce") zunehmend expansiver aus; und durch die Einführung und spätere Ausweitung der Bundeseinkommenssteuer erschließt er sich eine Geldquelle, mit deren Hilfe, nämlich durch die Androhung, Bundeszuschüsse zu streichen, er „unbotmäßige" Gliedstaaten zur Fügsamkeit zwingt.

Auch in anderen Bundesstaaten geht der geringste Teil der Kompetenzausdehnung auf freie Kompetenzverzichte der Gliedstaaten, auf neue Vereinbarungen zwischen ihnen und der Bundesgewalt, zurück. In der Regel findet eine Selbstermächtigung statt, die sowohl rechtsmoralisch als auch verfassungsrechtlich bedenklich ist, daß die Bundeskompetenzen von den Bundesgewalten zu ihren eigenen Gunsten ausgelegt werden. Dem wirksam vorzubeugen gehört zu den wichtigsten Aufgaben bei der näheren Bestimmung einer Weltrepublik. Der übliche Grundsatz „Bundesrecht bricht Landesrecht" darf nicht zur schleichenden Entmachtung der Gliedstaaten führen.

Die generelle Gefahr, daß einmal etablierte Institutionen ihre Zuständigkeiten nach und nach ausweiten, droht bei einer höchsten, von niemand anderem mehr „in Schach gehaltenen" Weltorganisation besonders stark. Und sie droht nicht nur bei der globalen Legislative, sondern ebenso bei der globalen Exekutive, nicht zuletzt bei der Weltgerichtsbarkeit. Immerhin wissen wir vom Europäischen Gerichtshof, daß er sich als Motor der europäischen Einigung versteht, daher die Kompetenzen der Europäischen Gemeinschaft expansiv auslegt und sich im Fall von Kompetenzstreitigkeiten zwischen den Einzelstaaten und Europa zugunsten einer „Stärkung der Gemeinschaft" zu entscheiden pflegt (Belege bei Bruha 1989; kritisch gegen diese Praxis Kirchhof 1992, 878). Ähnlich könnte ein Weltgerichtshof die Kompetenzen der Weltrepublik und ebenso seine eigenen Kompetenzen expansiv auslegen.

Für die Frage, wie man derartigen Gefahren konkret entgegentritt, ist die Philosophie nicht zuständig. Aus dem Subsidiaritätsprinzip gewinnt sie aber drei Kriterien (s. Kap. 5.2), die auch auf globaler Ebene als Beweislastregel fungieren: die Erfordernis-Klausel, die Besser-Klausel und das Gebot der Verhältnismäßigkeit. Danach darf die Weltrepublik nur dort tätig werden, wo erstens überhaupt der Staat gefragt ist, wo zweitens der globale Staat besser als die Einzelstaaten oder besser als deren Selbstkoordination (einschließlich der kontinentalen Zwischenstufe) agieren kann. Zusätzlich darf die Weltrepublik nur im erforderlichen Maß tätig werden. Und erneut ist das Prinzip der Vor- und Umsicht aktuell. Es verlangt nach jener Entwicklung von Weltstaatlichkeit, die mit bescheidenen Lösungen beginnt, mit ihnen Erfahrungen macht und sich für allfällige Korrekturen nachdrücklich offenhält. Insbesondere darf man nicht das mancherorts schon erreichte Rechts- und Gerechtigkeitsniveau aufs Spiel setzen. Wer ohne verläßliche Sicherheit Aufgaben abgibt, handelt nicht bloß töricht, sondern macht sich auch rechtsmoralisch schuldig. Denn das universale Rechts- und Demokratiegebot verbietet es, das Rechts- und Gerechtigkeitsniveau in der Welt zu senken oder auch nur zu gefährden.

11.2 Globale Öffentlichkeit

Zu einem funktionierenden Gemeinwesen gehört eine Institution, die politische Öffentlichkeit (s. Kap. 4.3.3), die schon auf großregionaler Ebene, etwa in der Europäischen Union, Schwierigkeiten aufwirft. Und diese verschärfen sich noch bei einem Weltstaat, was man zu einem *neunten* und letzten *Einspruch* zuspitzen kann: Ein Weltstaat ohne eine Weltöffentlichkeit ist unvernünftig.

Glücklicherweise gibt es schon Ansätze zu einer globalen politischen Öffentlichkeit. Sie finden sich beispielsweise in den Medienberichten über Rechtsverletzungen in aller Welt, auf die „die Öffentlichkeit" so gut wie überall reagiert. Schon Kant konnte für seine Zeit konstatieren, daß „die Rechtsverletzung an *einem* Platz der Erde an *allen* gefühlt" werde (*Frieden*, 3. Definitivartikel: VIII 360). Allerdings achtet er weder auf die Gefahr einer selektiven, parteilichen Wahrnehmung der Rechtsverletzungen, noch darauf, daß auch gegenläufige Stimmen Gehör finden: kollektive Vorurteile, nationale Überheblichkeiten und sogar Aufrufe zur Rechts- und Friedensverletzung. Außerdem hat eine funktionierende Weltöffentlichkeit weit mehr Aufgaben, als nur das Medium für die Empörung über Rechtsverletzungen zu sein:

Gemäß den drei Stufen des Prinzips Öffentlichkeit muß die globale Politik erstens öffentlich geschehen und von allen Bürgern wahrgenommen werden können. Für die letztentscheidende Instanz, das Gesetzgebungsorgan, muß zweitens jeder Bürger stimm- und wahlberechtigt sein. Und drittens soll das Volk nicht bloß temporäres Wahlvolk sein, eventuell ergänzt um eine ständige Meinungsforschung (Demoskopie). Die Politik soll vielmehr auch dann in gewisser Weise vom ganzen Volk ausgeübt werden, wenn sie professionell nur von einigen betrieben wird und im Parlament als der Volksvertretung zusammenläuft. Für eine partizipatorische Demokratie ist die Öffentlichkeit eine kritische Instanz, vor der sich die gesamte Politik, nicht etwa nur die Regierung, sondern auch das Parlament, nicht zuletzt die Gerichtsbarkeit, zumal ein Verfassungsgericht, zu verantworten hat.

Heben wir als Beispiel die Gesetzgebung heraus: Wie jeder Einzelstaat, so bedarf auch der Weltstaat jener vielfältigen Debatten, die die parlamentarischen Auseinandersetzungen und Entscheidungen teils vorbereiten, teils begleiten, teils nachträglich kommentieren und gegebenenfalls Novellierungen in Gang bringen. Und damit es dazu kommt, braucht es eine Fülle von gewichtigen trans- und supranationalen Institutionen. Zweifellos gibt es schon viele internationale Nichtregierungsorganisationen, und einige von ihnen haben ein erhebliches Gewicht. Sie vermögen Regierungen und regierungsabhängige Institutionen, selbst Unternehmen zu drängen, in Demokratien sogar zu zwingen, den Dialog mit der Öffentlichkeit zu suchen und im Dialog formale und substantielle Minimalbedingungen anzuerkennen. Gelegentlich gelingt es ihnen auch, einen grenzenüberschreitenden Bürgerprotest zu organisieren. Trotzdem sind die meisten einschlägigen Institutionen, also Druck- und Bildmedien, politische, kulturelle, auch kirchliche Akademien, ferner Bürgerbewegungen, nicht zuletzt Parteien und Verbände, bislang vornehmlich einzelstaatlich, „national" organisiert. Auf globaler Ebene besteht dagegen ein erhebliches Defizit.

Bei seiner Überwindung, bei der Ausbildung einer wirksamen globalen Öffentlichkeit, ist darauf hinzuwirken, daß die verschiedenen Interessen, Stimmen und Sprachen ein annähernd gleiches Gehör finden. Dessen rechtliche Voraussetzungen sind bekannt und unstrittig. Auch eine globale Öffentlichkeit bedarf der Pressefreiheit und der Rede- und Versammlungsfreiheit. Und diese negativen Freiheiten sind um eine positive (Presse-) Freiheit zu ergänzen, beispielsweise in Form eines Pressekartellrechtes. Dieses befördert nämlich die reale Möglichkeit, eine Vielfalt durchaus konkurrierender Medien, politischer Akademien und Bürgerinitiativen, aufzubauen. Andernorts sprechen für ein Verbot von Monopolen, Oligopolen und Kartellen nur Wettbewerbsgründe (s. Kap. 15.1). Hier, im Bereich der politischen Öffentlichkeit, kommen demokratiefunktionale Gründe hinzu: Die positive Pressefreiheit ist für das Funktionieren einer partizipatorischen Demokratie unverzichtbar. Zum selben Zweck braucht es ein hinreichendes Bildungsniveau und als dessen Minimum die Fähigkeit des Lesens und Schreibens. Für schriftlose Kulturen ist die Alphabetisierung kein rechtsmoralisches Gebot, in einer Weltgesellschaft, in der die Medien eine so große Rolle spielen, aber doch.

Selbst bei negativer und positiver Pressefreiheit finden die verschiedenen Interessen nicht annähernd gleiches Gehör. Zu den schon genannten Gefahren (s. Kap. 4.3.3) tritt im Weltmaßstab eine weitere hinzu: die Hegemonie einer einzigen Sprache. Eine lebende Sprache ist nämlich kein interessenneutrales Transportmittel. Durch die weit größere Resonanz, die die Medien der Hegemonialsprache erhalten, werden die Bilder, Symbole und Mythen, nicht zuletzt auch die Interessen des zugehörigen Kulturraumes privilegiert. Und generell erhalten Schriftkulturen ein Übergewicht gegenüber Oralkulturen.

Schon in den Einzelstaaten ist die Öffentlichkeit ein institutionell vielfältiges, auch diffuses Phänomen, das sich auf verschiedenen Ebenen abspielt, unscharfe Ränder hat und vom einen Extrem, dem akademischen Fachdiskurs, bis zum anderen Extrem, den Boulevardmedien, alle Schattierungen von Kompetenz und Breitenwirkung umfaßt. Weil die Öffentlichkeit sich je nach Sachthema in anderen

Institutionen und Medien darstellt, gibt es sie nicht nur im Singular, sondern auch im Plural: als eine bunte Fülle von sich überlappenden Öffentlichkeiten. Und viele von ihnen haben den aristokratischen Einschlag: daß außer den professionellen Politikern gewisse Personen, Medien und Verbände ein ausnehmend großes Gewicht haben.

Obwohl alle diese Gesichtspunkte wegen der Größe der Weltgemeinschaft und ihrer erweiterten Heterogenität hier noch stärker ausgeprägt sind, ist für gewisse Bereiche die Weltöffentlichkeit schon relativ weit ausgebildet, beispielsweise zum Thema Menschenrechte. Es gibt nämlich einen globalen Menschenrechtsdiskurs, der von einer heterogenen intellektuellen „Gemeinschaft" getragen wird: von einzelnen Wissenschaftlern, Philosophen und wichtigen Medien-Kommentatoren, von Menschenrechtsorganisationen und Berufsverbänden, von der öffentlichen Meinung und den Medien wichtiger Staaten, ferner von einschlägigen Tagungen, Veröffentlichungen. Und ein besonderes Gewicht hat die Interaktion der höchsten Gerichte. Dabei darf man das Gewicht der Staaten selbst nicht unterschätzen. In den Vereinten Nationen und anderen internationalen Organisationen, die in Form von Menschenrechtsverträgen die weltlegislatorische Fortbildung der Menschenrechte besorgen, spielen sie nämlich die maßgebliche Rolle.

Unabhängig davon, wie optimistisch oder aber pessimistisch man die Entwicklung einer Weltöffentlichkeit einschätzt, drängt sich ein *neuntes und letztes konstruktives Veto* auf, hier als ein Junktim: Solange es keine einigermaßen funktionierende Weltöffentlichkeit gibt, ist die Einrichtung einer subsidiären und föderalen Weltrepublik unverantwortlich.

Noch für eine weitere Aufgabe ist eine globale politische Öffentlichkeit wichtig: für die Ausbildung einer gemeinsamen politischen Identität, für ein Weltbürgerbewußtsein, einschließlich des kritischen Weltgedächtnisses (s. Kap. 12.2). Das Weltbürgerbewußtsein wiederum ist eine Voraussetzung für etwaige globale Plebiszite. Sofern der Gedanke weltweiter Volksabstimmungen und Referenden überhaupt überzeugt, ist er nur vertretbar, wenn es beides gibt: ein Weltbürgerbewußtsein und eine politische Weltöffentlichkeit, in der die betreffenden Themen gründlich und fair diskutiert werden. Im übrigen ist auch hier der Gefahr einer Majorisierung durch wenige Großstaaten entgegenzuwirken. Damit die Entscheidungen von sechs bis acht der bevölkerungsreichsten Staaten nicht die Interessen aller anderen erdrücken, empfiehlt sich das aus der Schweiz bekannte „doppelte

Mehr": Bei globalen Plebisziten müßte sowohl die Mehrheit der Staaten als auch die Mehrheit der Weltbevölkerung erforderlich sein.

11.3 Staatenrechte

Solange Bürgerschaften ihr Recht auf Einzelstaatlichkeit aktivieren, tut sich wegen der Analogie von Individuen und Staaten ein neues Menschenrecht auf, neu freilich nicht im Inhalt, sondern hinsichtlich der Anspruchsberechtigten. Es ist ein „Menschen"-recht von Staaten, das freilich wegen der begrenzten Analogie in Anführungszeichen zu setzen ist. Um Mißverständnisse zu vermeiden, spricht man besser von Staatenrechten. Gemeint ist das Recht eines Staates als einer juristischen Person: ein „Personenrecht von Staaten", das die Bürgerschaften als ein Kollektiv schützt.

Auch für die juristische Person „Staat" und die Bürgerschaft als Kollektiv gibt es Bedingungen der Handlungsfähigkeit, die sich nur in und durch Wechselseitigkeit, jetzt eine internationale Wechselseitigkeit, verwirklichen lassen. Analog zu den negativen Freiheitsrechten von Individuen gibt es zunächst, ebenso klar wie eng umgrenzt, drei fundamentale bzw. relativ transzendentale Interessen, die auf Wechselseitigkeit, also den (relativ) transzendentalen Tausch angewiesen sind und die Bedeutung eines Staatenrechtes haben:

Erstens haben auch Staaten ähnlich wie Individuen ein Recht auf Leib und Leben. Das Leben der Bürger ist nämlich nicht bloß im Inneren und distributiv, als Recht der Bürger gegeneinander, zu schützen, sondern auch nach außen und kollektiv: als ein Recht der Bürgerschaft gegen Übergriffe anderer Staaten: Zweitens besteht ein kollektives Recht auf Eigentum: ein Anspruch jeder Bürgerschaft auf die territoriale Unversehrtheit ihres Staates gegen Übergriffe von außen. Analog zum Recht auf persönliche Selbstbestimmung gibt es drittens das Recht auf die kollektive, also politische und kulturelle Selbstbestimmung.

Zu diesen negativen Staatenrechten kommt viertens ein Anspruch zweiter Stufe, nämlich das Recht, sich seiner Rechte ohne Gewalt und Privatjustiz zu erfreuen; es besteht ein Anspruch auf einen zwischenstaatlichen Friedens- und Rechtszustand. Und wie bei den Individuen bildet den Abschluß, fünftens, ein demokratisches Mitwirkungsrecht: Im Rahmen einer Weltrechts- und Weltfriedensordnung hat jeder Staat den Anspruch, nicht bloß (passives) Objekt, sondern auch (aktives) Subjekt zu sein; er hat ein Recht auf die gleichberechtigte Mitwirkung in der Weltrepublik. Auf die Frage, ob es zusätzlich auch positive Freiheitsrechte, Sozialrechte, von Staaten gibt, gehen wir später ein (Kap. 15).

Gegen „Personenrechte" von Staaten drängt sich der Einwand auf, hier werde der moralischen Grundlage jeder Herrschaft, dem legitimatorischen Individualismus, widersprochen. Der Staat werde nämlich in einem „holistisch-metaphysischen" Sinn interpretiert: als eine Ganzheit *(holon)* die ein Zweck-an-sich-selbst sei, den manche Philosophen für einen metaphysischen Begriff halten. Berechtigt ist der Einwand aber nur gegen die Annahme von staatlichen „Menschen"-rechten ohne Anführungszeichen. Im Gegensatz zu den originären Menschenrechten sind die Staatenrechte aber keine vorbehaltlosen Rechte, sondern Rechte unter dem Vorbehalt, daß das universale Rechts- und Demokratiegebot sowohl nach innen als auch nach außen anerkannt wird. Selbst unter dieser Voraussetzung bleibt der Eigenwert von Staaten relational und subsidiär: Die „Menschen"-rechte von Staaten stehen im Dienst ihrer Bürgerschaft. Und diese hat nicht etwa die moralische Pflicht, ihr Gemeinwesen zu erhalten. Übrigens besteht auch hier eine Analogie zwischen Individuen und Staaten, denn Individuen haben keine rechtsmoralische Pflicht, sich am Leben zu erhalten. Die Staatenrechte verbieten aber den Zwang von außen. Und die Bürgerschaft hat dafür zu sorgen, daß weder bei der Bildung der kontinentalen Zwischenstufe noch bei der der Weltrepublik das schon erreichte Maß an Rechtsmoral gefährdet werde.

11.4 Ein Blick auf die Vereinten Nationen

11.4.1 Keine rudimentäre Weltrepublik

Im bestehenden Netzwerk der internationalen Institutionen spielen die Vereinten Nationen eine rechtsmoralisch herausragende Rolle. Ihr Programm kommt sogar dem Ideal einer globalen Ordnung, der subsidiären und föderalen Weltrepublik, nahe. Es übernimmt nicht nur deren Leitaufgabe, eine weltweite Rechts- und Friedensordnung; auch die näheren Grundsätze stimmen mit den zuständigen normativen Prinzipien überein.

Die Übereinstimmung beginnt beim Gründungsanlaß: Nach dem offenkundigen Scheitern des Völkerbundes infolge des Zweiten Weltkrieges sollte eine neue Weltfriedensorganisation „künftige Geschlechter vor der Geißel des Krieges" erfolgreich bewahren (Präambel zur Charta der Vereinten Nationen; vgl. Art. 1, 1; 2, 3–4 u. ö.). Die Übereinstimmung setzt sich in der geradezu unwahrscheinlich weiten, nämlich schon jetzt globalen Anerkennung fort: Nachdem selbst die beiden Korea beigetreten sind, fehlt, abgesehen von einigen Zwergstaaten wie Kiribati, Monaco und San Marino, nur noch die Schweiz. Und vor allem beläuft sich die Charta der Vereinten Nationen auf nichts weniger als die Verfassung einer politischen Weltordnung, auf eine Weltverfassung, die die einschlägigen rechtsmoralischen Prinzipien juristisch ausformuliert:

Die Charta verpflichtet alle Staaten auf die Achtung der Menschenrechte, auf Würde und Wert der menschlichen Person, auf die Gleichberechtigung von Mann und Frau sowie auf die aller Staaten, unabhängig davon, ob sie groß oder klein sind (Präambel; Art. 1,2; 2,1 u. a.). Zum leitenden Zweck, dem Weltfrieden und der internationalen Sicherheit (Art. 1,1), verpflichten sich die Mitglieder, „ihre internationalen Streitigkeiten mit friedlichen Mitteln" zu regeln (Art. 2,3) und jede Gewaltanwendung zu unterlassen (Art. 2,4). Man begnügt sich also mit nichts weniger als der Ächtung des Krieges, womit der Kern unseres vierten Staatenrechts anerkannt wird. Weil das Gewaltverbot ausdrücklich „die territoriale Unversehrtheit" und „die politische Unabhängigkeit irgendeines Staates" betrifft, werden, sofern die territoriale Unversehrtheit die Integrität der Bevölkerung mit einschließt, auch die ersten drei Staatenrechte anerkannt. Und mit der gleichberechtigten Mitwirkung aller Staaten, zumindest in der Generalversammlung, findet auch das fünfte (und letzte) Staatenrecht die Anerkennung.

Gegründet sind die Vereinten Nationen von souveränen Staaten, die aber mit der Ratifizierung der Charta auf einen Teil der Souveränität verzichten und sich auf den Weg zu einer föderalen Weltrepublik begeben: Die Anerkennung der Menschenrechte beläuft sich auf eine Selbsteinschränkung der inneren Souveränität. Staatsintern verpflichtet man sich auf ein hohes Maß an qualifizierter Demokratie. Und mit dem Gewaltverzicht, der sogar die Androhung von Gewalt verbietet, schränkt man auch die äußere Souveränität ein. Kapitel VII der Charta ermächtigt sogar den Sicherheitsrat, gegen Mitglieder, die den Frieden bedrohen oder eine Aggression begehen, politische, wirtschaftliche und militärische Maßnahmen zu ergreifen. Dabei verpflichtet Artikel 25, an den entsprechenden Maßnahmen mitzuwirken, und Artikel 43, dem Sicherheitsrat auf sein Ersuchen Streitkräfte zur Verfügung zu stellen. Das Gewaltmonopol, wie gelegentlich behauptet, kommt den Vereinten Nationen aber nicht zu. In Übereinstimmung mit unserem Modell gestufter Souveränität verbleibt der überwiegende Teil der Souveränität bei den Staaten.

Die Vereinten Nationen nähern sich auch deshalb einer Weltrepublik an, weil ihre Organe den Gewalten eines Staates nahekommen und sich, aber ebenfalls nur in Annäherung, dem Prinzip der Gewaltenteilung unterwerfen: Die Generalversammlung entspricht in etwa der Legislative. Sie darf freilich nur Empfehlungen aussprechen, so daß sie kein wirklicher Weltgesetzgeber ist; ihre Entschließungen binden vielleicht politisch, aber zweifellos nicht rechtlich. Eine gewisse, aber geringe exekutive Macht hat der Generalsekretär, eine größere der Sicherheitsrat, der zudem als einziges Organ über den vollen Charakter einer (öffentlichen) Gewalt verfügt. Da er darüber hinaus die Vorentscheidungen für seine Maßnahmen – daß eine Friedensbedrohung, ein Friedensbruch oder eine Angriffshandlung vorliegt – selber trifft, nimmt er nicht bloß an der Regierungsgewalt, sondern auch an der Gesetzgebungsgewalt teil. Und dabei erliegt er leicht der Gefahr, den partikularen Interessen der ständigen Mitglieder zu dienen und beispielsweise die ihnen unbotmäßigen Regierungen zu disziplinieren, über eigene Rechtsverletzungen aber „großzügig" hinwegzusehen.

Derart weitgehende Kompetenzen des Sicherheitsrates stehen in offensichtlichem Widerspruch zum Prinzip Gewaltenteilung. Und noch stärker widersprechen dem Grundgedanken einer Weltdemokratie die Sonderrechte der fünf ständigen Mitglieder. Nach der entscheidenden Vorkonferenz der drei Großmächte USA, UdSSR und Großbritannien und einer separaten Konferenz der beiden Westmächte mit China, beide im Spätsommer 1944 in Dumbarton Oaks abgehalten, zielte man ausdrücklich auf eine Kollektivhegemonie der damaligen Großmächte und wollte sich, abgesehen von der Erweiterung um Frankreich, allenfalls für eine begrenzte Mitwirkung der „Gefolgschaftsstaaten" offen halten (vgl. Hilderbrand 1990). Das Ergebnis, die Charta der Vereinten Nationen, vereint im wesentlichen zwei zutiefst widersprüchliche Ansätze: die universalistische Rechtsethik der Menschenrechte und der rechtsförmigen Konfliktlösung mit der partikularen Machtpolitik des Sicherheitsrates. Da der Sicherheitsrat, angefangen mit Artikel 12 (1), den Vorrang erhält, trifft es nicht etwa erst für die Verfassungswirklichkeit, sondern schon für die Verfassung selbst, die Charta, zu: In den Vereinten Nationen hat die Macht Vorrang vor dem Recht.

Hinsichtlich der dritten Gewalt, einer Weltgerichtsbarkeit, gibt es immerhin den Internationalen Gerichtshof, den Internationalen Seegerichtshof, einen internationalen Strafgerichtshof (der aber noch nicht ratifiziert ist) und zusätzlich aufgabenspezifische Tribunale. Keinem der Gerichte steht aber eine Durchsetzungsmacht zur Seite; die Annahme der Urteile beruht auf freiwilliger Unterwerfung. Und alle Versuche, die übliche, obligatorische Gerichtsbarkeit einzurichten, sind schon zur Völkerbundzeit gescheitert. Außerdem fehlt es an Zuständigkeiten. Die von der staatlichen Gerichtsbarkeit bekannte Befugnis, gegen rechtswidrige Maßnahmen Einspruch zu erheben, besteht bei den Vereinten Nationen nicht. Gegen Beschlüsse der Vollversammlung und vor allem des Sicherheitsrates sind die Mitgliedstaaten rechtsschutzlos. Bedenklich ist auch der Umstand, daß sich die durch ein Urteil berechtigte Partei an den Sicherheitsrat wenden kann, womit die Durchsetzung des Gerichtsurteils einem politischen statt einem judikativen Organ obliegt, und im Widerspruch zum Prinzip Gewaltenteilung erhält der Sicherheitsrat sogar noch Anteil an der dritten, judikativen Gewalt. Nicht zuletzt fehlt die in nationaler Gerichtsbarkeit übliche Berufungsmöglichkeit. Urteile des Internationalen Gerichtshofes sind endgültig; allenfalls kann man einen Antrag auf Auslegung stellen und, sollten neue Tatsachen bekannt werden, auf Wiederaufnahme des Verfahrens.

Da lediglich eines ihrer Organe im vollen Sinn eine (öffentliche) Gewalt ist, stehen die Vereinten Nationen hinsichtlich ihrer Staatlichkeit auf einer Zwischenstufe zwischen einem ultraminimalen und einem wirklichen Weltstaat. Und selbst wenn man die Staatlichkeit verstärkt, haben die Vereinten Nationen nicht den Rang einer auch nur rudimentären Weltrepublik. Denn die Privilegien der fünf ständigen Mitglieder des Sicherheitsrates widersprechen dem Prinzip Demokratie und geben der Weltorganisation einen stark oligarchischen Charakter. Nur in der Generalversammlung sind alle Staaten gleichberechtigt. Weil aber hier alle eine und nur eine Stimme haben, weil insofern Zwergstaaten dasselbe Gewicht wie Mittel-, selbst Großstaaten erhalten und etwa Indien mit 850 Millionen Einwohnern den wenigen Tausend Bürgern eines pazifischen Inselstaates gleichgestellt wird, ist auch hier der demokratische Charakter zu bezweifeln.

Noch in einem weiteren Punkt weicht die Weltorganisation vom Ideal einer Weltrepublik ab. Gemäß ihrem Titel als Vereinte Nationen hat sie nur eine Staatenkammer, die Generalversammlung, während die komplementäre Bürgerkammer fehlt. Zwar gibt es einen Wirtschafts- und Sozialrat (Kapitel X der Charta); da er aber von der Generalversammlung und den Staaten beschickt wird, fehlt ihm die für eine Zweite Kammer unerläßliche Eigenständigkeit und Unabhängigkeit. Vom doppelten Weltrechtsvertrag wird also nur die völkerrechtliche Dimension, der Staatenvertrag, nicht die weltbürgerliche Dimension, der Bürgervertrag, anerkannt.

Bei der Gründung mag das angemessen gewesen sein, da es damals vornehmlich auf die völkerrechtlichen Aufgaben, Frieden und Sicherheit, ankam. Ohnehin waren im wesentlichen nur Staaten als internationale Akteure tätig. Ein Junktim mit der Schaffung einer Bürgerkammer hätte die Weltorganisation auch deshalb so gut wie unmöglich gemacht, als man, wenn überhaupt, nur nach unendlich langen Verhandlungen die Wahlregeln festgesetzt hätte. Außerdem wäre es vielerorts kaum zu einer auch nur annähernd demokratischen Wahl gekommen. Ferner fehlte damals so gut wie überall die Voraussetzung für die Wahl eines globalen Bürgerparlaments, ein zwar regional artikuliertes, aber auf globale Themen ausgerichtetes Weltbürgerbewußtsein. Nicht zuletzt gab es kaum die für eine Weltbürgerkammer relevanten Nichtregierungsorganisationen. Im Verlauf der Zeit hätte man aber diese Bürgerkammer einrichten können, zumal die Charta nicht nur von völkerrechtlichen, sondern auch weltbürgerlichen Aufgaben spricht. Schon in Artikel 1(3) ist von der internationalen Zusammenarbeit auf wirtschaftlichem, sozialem, kulturellem und humanitärem Gebiet die Rede; und Kapitel IX (Artikel 55–60) ist ganz der internationalen wirtschaftlichen und sozialen Zusammenarbeit gewidmet.

11.4.2 *„Glanz und Elend“*

Trotz teilweiser Übereinstimmung mit rechtsmoralischen Grundsätzen gelingt den Vereinten Nationen nicht, was Kant im „Anhang“ der Friedensschrift eine moralische Politik nennt. Statt mehr als nur verbal „den Krieg als Rechtsgang schlechterdings (zu) verdammen“ (*Frieden* VIII 356), läßt der Sicherheitsrat zahllose Kriege zu. Daß immer noch Kriege ausbrechen, kann man ihm zwar nicht vorwerfen, wohl aber, daß er nicht bei jedem Krieg auf die satzungsgebotene Weise eingreift. Was sich kein Einzelstaat erlauben darf, ist bei den Vereinten Nationen fast die Regel: Selbst schweren Rechtsbrüchen sehen sie, wenn nicht rein verbale Reaktionen als Taten gelten sollen, oft tatenlos zu; und die verbalen Reaktionen fallen nicht ohne Willkür aus. Soweit aber wirtschaftliche oder militärische Maßnahmen ergriffen werden, halten sie sich nicht einmal an menschenrechtlich und völkerrechtlich gebotene Rücksichten wie den Schutz der Zivilbevölkerung.

Statt den Grundsatz der Unparteilichkeit zu befolgen, nimmt der Sicherheitsrat die Kriege selektiv, also parteilich wahr. Daß er nach nationalen und großregionalen Interessen, auch nach finanziellen Erwägungen handelt, mag pragmatisch richtig sein, widerspricht aber elementarer Rechtsstaatlichkeit. Die Staatenwelt, könnte man hier meinen, befinde sich noch „im Mittelalter", dessen Feudalherren oft weit mächtiger als die Zentralgewalt waren. Die Feudalherren von heute, die Mitglieder des Sicherheitsrates, sind aber Teil der Zentralgewalt selbst. Diese ist nicht etwa zu schwach für eine moralische Politik, sondern zu ihr nicht willens.

Im Fall von Einzelstaaten nennt man eine öffentliche Gewalt, die so gut wie systematisch parteilich handelt, korrupt. Kann man dem Sicherheitsrat für viele Jahre seiner Arbeit den Vorwurf systematischer Korruption ersparen? Die zum Teil schöne Verfassung der Vereinten Nationen verbleibt jedenfalls im Stadium eines trockenen, manchmal sogar zynischen Versicherns. Weder wird dem Gewaltverbot Geltung verschafft noch eine Ordnung kollektiver Sicherheit etabliert. Der politische Hintergrund ist bekannt: daß die Übereinstimmung, der die Vereinten Nationen ihre Gründung verdanken, sehr bald verlorenging. Neben dem wichtigsten Faktor, dem Ost-West-Konflikt, spielt die „geopolitische Revolution", die Dekolonialisierung, eine Rolle. Sie vervielfachte die Mitgliederzahl, führte in allen Gremien zu einer Mehrheit der Staaten der Dritten Welt und machte die Vereinten Nationen nicht bloß schwerfälliger und unberechenbarer, sondern bewirkte auch bei ihren Leitzielen eine wahre „Achsendrehung": Die ursprüngliche Hauptaufgabe, die Friedenssicherung, wurde aus dem Zentrum verdrängt, und an ihre Stelle trat, verstanden als Wiedergutmachung für koloniale Ausbeutung, die wirtschaftliche Entwicklung der Dritten Welt. Seit der „Achsendrehung" heißen die wichtigsten Stichworte der Vereinten Nationen nicht mehr Frieden und Freiheit, sondern Entwicklungshilfe und (neue) Weltwirtschaftsordnung; dazu kommt neuerdings der Umweltschutz.

Schlicht ohne Erfolg bleiben die Vereinten Nationen nicht. Der faire Blick nimmt mindestens drei Leistungen wahr, die bald mehr, bald weniger erfüllt werden. Nennenswert ist schon der Beitrag zur Fortbildung des Völkerrechts, einschließlich seiner Kodifizierung. Dabei verdient ein Teil, als eigene Leistung hervorgehoben zu werden: Angefangen mit der Allgemeinen Erklärung der Menschenrechte und den

Internationalen Pakten über grundlegende Rechte schaffen die Vereinten Nationen ein global gültiges, freilich nicht auch schon global geltendes Verständnis der Menschenrechte. Hinsichtlich wirtschaftlicher, sozialer und kultureller Rechte, neuerdings auch Gruppen- bzw. Kollektivrechten, verfahren sie freilich mit einer Großzügigkeit, die weder legitimatorisch noch politisch unstreitig ist (s. Kap. 14–15). Und gelegentlich tragen die Vereinten Nationen als ein globales Verhandlungsforum zur Zivilisierung der internationalen Beziehungen bei (Rittberger u. a. 1997). Obwohl vielgerühmt, fällt dieser Beitrag aber eher spärlich aus.

Vor allem der Hauptzweck, die Ächtung des Krieges, wird nicht im entferntesten erreicht. Statt dessen beobachten wir „im freien Verhältnis der Völker“ jene „Bösartigkeit der menschlichen Natur“ (*Frieden*, 2. Definitivartikel: VIII 355; vgl. *Religion* VI 34), die die Macht vor Recht und Gerechtigkeit gehen läßt. Die Vereinten Nationen verweigern sich nicht dem Dienst partikularer Interessen: Im Sicherheitsrat sind sie wegen der bekannten Privilegien eher das Instrument hegemonialer Mächte, in der Generalversammlung wegen deren Stimmenmehrheit eher ein Instrument der Dritten Welt.

Selbst bei der nach der Friedenssicherung zweitwichtigsten Aufgabe, der Förderung der Menschenrechte, ist es mit der Wirksamkeit nicht weit bestellt. Internationale Abkommen gegen Mädchenhandel und Zwangsarbeit gibt es schon weit länger, seit dem ersten Drittel unseres Jahrhunderts, so daß man heute nicht auf die Abkommen, sondern allenfalls auf ihre Durchsetzung stolz sein könnte. Die Vereinten Nationen gehen aber weder gegen Verletzungen dieser Abkommen noch gegen Mißachtungen der eigenen Menschenrechtsvereinbarungen wirksam vor. Und das Amt eines Hohen Kommissars für Menschenrechte besteht erst seit 1993, nach dem Ende des Ost-West-Gegensatzes. Vorher gab es nur „Surrogate“, etwa die – verdienstvolle – Nichtregierungsorganisation Amnesty International.

Angesichts eines so tiefen Versagens verbietet sich jede „UN-Romantik“. Man kann die Vereinten Nationen nur wertschätzen, wenn man auf die sonst üblichen Kriterien verzichtet und höchst bescheiden wird: Weder bei der Friedenssicherung noch bei der Gewährleistung der Menschenrechte hält die Verfassungswirklichkeit mit der globalen Entwicklung annähernd Schritt. Und dieses gravierende Defizit besteht, obwohl die Weltorganisation keineswegs in einem politischen Sinn utopisch ist. Denn der in der Vorbereitungsphase vorgetragene Große Plan eines Weltstaates mit einer direkten Repräsentation der

Völker in einer Weltversammlung und mit einer von ihr kontrollierten internationalen Polizeistreitmacht wurde als nicht realistisch beiseite geschoben. Selbst der Kleine, realistische Plan erwies sich aber bald als verfrühte Hoffnung.

11.4.3 Acht Reformvorschläge

Zur Verbesserung der derzeitigen Weltorganisation drängen sich verschiedene Veränderungen auf, insbesondere in Richtung auf mehr Demokratie und auf strengere Gewaltenteilung. Die folgenden Vorschläge orientieren sich nicht etwa an einer neuartigen Institution, unserem Modell einer föderalen Weltrepublik, sondern halten sich an den von den Vereinten Nationen selbst gesetzten Rahmen, an das Votum ihrer Charta für Recht und Gerechtigkeit statt für Macht. Gemäß der Intention von Dumbarton Oaks kann man dieses Votum freilich als eine „Maske" für die Kollektivhegemonie von fünf Großmächten demaskieren: Der Vorrang des Rechts vor der Macht ist nur im Rahmen der Machtpolitik des Fünfer-Klubs zugelassen. Und dieser Klub – ist zu befürchten – erklärt gegen die Abschaffung des Veto-Privilegs sein einstimmiges Veto. (Zur Rechtslage der Charta siehe den Kommentar: Simma 1991; zur Reformdebatte s. Barnaby 1991, Bienen/Rittberger/Wagner 1998, Childers/Urquhart 1984, Czempiel 1994; skeptisch Link 1998.)

Vorausgesetzt, die Vereinten Nationen erkennen die in der Präambel der Charta und im Kapitel I („Ziele und Grundsätze") genannten Leitaufgaben an, so sind mindestens acht Reformen unerläßlich. Ein Großteil betrifft den Sicherheitsrat: dessen Übergewicht an Macht, dessen mangelnde Kontrolle durch die anderen Gewalten und dessen oligarchischen Charakter. *Erstens* mußte bislang der Sicherheitsrat der Generalversammlung nur nachträglich, in Form von Jahresberichten und Sonderberichten, Rechenschaft ablegen (Art. 24,3 der Charta). Selbst nachträglich fehlt dem Plenarorgan jede auch noch so geringe Sanktionsmöglichkeit; der Sicherheitsrat kann weder für das Versäumnis eines Berichts noch für einen mangelhaften Bericht noch gar für seine Maßnahmen zur Rechenschaft gezogen werden. Die hier nötige Reform ist rechtsmoralisch ebenso selbstverständlich wie rechtspraktisch schwierig durchzusetzen: Erforderlich ist eine Stärkung des Gewichts der (rudimentären) Legislative, der Generalversammlung.

Zweitens verlangt Artikel 24,2 der Charta vom Sicherheitsrat, „in Einklang mit den Zielen und Grundsätzen der Vereinten Nationen" zu handeln. Einzelstaaten lassen eine derartige Forderung durch ihre höchsten Gerichte überprüfen, was bei der Weltorganisation aber nicht der Fall ist. Obwohl der Internationale Gerichtshof nicht bloß das Recht, sondern sogar die Pflicht hat, die Charta der Vereinten Nationen auszulegen (s. Mosler 1991, 933), hat er bislang noch keine Maßnahme des Sicherheitsrates einer Rechtsprüfung unterzogen. Hier ist erneut ein Kompetenzzuwachs, jetzt des Internationalen Gerichtshofes, geboten, und als Vorstufe ist der Sicherheitsrat aufzufordern, den Internationalen Gerichtshof als Rechtsberater in Anspruch zu nehmen.

Drittens ist der Internationale Gerichtshof nach seinem Statut Bestandteil der Charta, daher von fast allen Staaten der Welt ratifiziert worden. Trotzdem ist er nicht automatisch für alle zwischenstaatlichen Streitigkeiten zuständig. Die Streitparteien müssen vielmehr von sich aus die Zuständigkeit anerkennen. Dann allerdings sind die Urteile verbindlich und können notfalls vom Sicherheitsrat durchgesetzt werden; deren fünf vetoberechtigten Mitglieder können sich aber mit dem Vetorecht der Durchsetzung entziehen. Hier ist eine zweifache Verbesserung geboten: eine Fortbildung des Internationalen Gerichtshofes zu einer nicht länger fakultativen, sondern obligatorischen Gerichtsbarkeit (vgl. Mosler 1991, 934) und eine Aufhebung des Sonderrechts der fünf ständigen Mitglieder.

Ein *vierter* Verbesserungsvorschlag, die Einrichtung eines Weltstrafgerichtshofes, der zumindest einige besonders gravierende Verbrechen ahndet, ist mittlerweile beschlossen, allerdings gegen die Stimme der faktischen Hegemonialmacht, der USA. (Näher zu diesem Gericht: Kap. 13.5).

Weil der letzte Bezugspunkt aller Rechte im natürlichen Individuum liegt, ist *fünftens* bei der Staatenrepräsentanz das Ein-Staat-eine-Stimme-Prinzip aufzugeben. Daß die Bürger von Zwergstaaten extrem über-, die von Großstaaten extrem unterrepräsentiert sind, läßt sich rechtsmoralisch nicht vertreten. Für die hier erforderliche Gewichtung der Stimmen gibt es zwar verschiedene Kriterien, beispielsweise die wirtschaftliche oder die militärische Macht oder die Höhe der Beitragszahlungen. Rechtsmoralisch legitim ist aber lediglich das Kriterium Bevölkerungszahl, dieses aber eventuell in einer gestaffelten Weise (s. Kap. 10.4).

Sechstens ist die andere Kammer eines Weltparlaments, der Welttag als globale Vertretung der Bürger, einzurichten. Ohnehin tauchen ihre Aufgaben unter den Leitzielen der Vereinten Nationen schon auf.

Nach dem Muster der Anfänge des Europäischen Parlaments könnten in einer Zwischenphase die Vertreter von den staatlichen Parlamenten gewählt werden. Zusätzlich sollten Nichtregierungsorganisationen vertreten sein; dabei ist freilich eine Oligarchie ihres reicheren, gutorganisierten Anteils zu vermeiden. Und auf Dauer bedarf es einer direkten Wahl der Bürgerkammer durch das Welt-Staatsvolk.

Siebentens ist die kontinentale Zwischenstufe zu berücksichtigen. Gerade weil die Weltorganisation ihre ursprünglichen Ziele nicht annähernd erreicht, weil sie sich überdies den grundlegenden Reformen des Sicherheitsrates und der Internationalen Gerichte versperrt, sind Fortschritte eher von subglobalen, aber großregionalen Organisationen zu erwarten.

Falls sich die Weltorganisation der moralisch gebotenen Weltstaatlichkeit öffnen wollte, müßte sie *achtens* über die bisher genannten, mehr immanenten Reformen hinausgehen und ihre Organe aus zwischenstaatlichen in überstaatliche Gewalten transformieren. Vorausgesetzt, eine politische Weltorganisation bindet sich an ihre subsidiären Aufgaben und an ihre föderale Struktur, und weiterhin vorausgesetzt, diese Bindung wird dank der tatsächlichen Arbeit glaubhaft – denn „an ihren Taten werdet ihr sie erkennen“-, sollten die Organe zu einer vollen Legislative, einer vollen Exekutive und einer vollen Gerichtsbarkeit ausgebaut werden. Dabei müßten die Vereinten Nationen Koordinations- und Sanktionsbefugnisse erhalten, die je nach Falltyp durch zivile, polizeiliche oder militärische Maßnahmen auszuüben sind.

Daß der Weg schon zu den ersten Verbesserungen lang ist, zeigt ein Blick auf die Entstehung. Von den vielen Initiativen, die sich im Vorfeld der Charta entwickelten, wird nicht einmal jene Denkschrift von 200 nordamerikanischen Juristen „Postulates, Principles and Proposals for the International Law of the Future“ berücksichtigt (in: Friedenswarte 1944, 123–140), die so erwägenswerte Vorschläge macht wie: daß das Stimmrecht einer streitbeteiligten Partei bei Abstimmungen im Sicherheitsrat ausgesetzt werde; daß eine obligatorische Streitschlichtung stattfinde; daß die Generalversammlung befugt sei, mit einer Zweidrittel-Mehrheit und mit Zustimmung des Exekutivrates allgemeine Regeln des Völkerrechtes zu ändern oder neue Regeln zu schaffen. Ohne derartige Reformen verlieren aber die Vereinten Nationen an ihrer – ohnehin begrenzten – Glaubwürdigkeit.

12. Welt-Bürgertugenden

12.1 Komplementäre Welt-Bürger

Den Kontrapunkt einer bloß institutionellen Demokratietheorie, eine Theorie von Bürgertugenden, kennen wir schon aus der Antike. Sie entwickelt ihn aber nur für den Einzelstaat; das Gegenstück für eine Weltrepublik fehlt. Während Platon und Aristoteles über sie gar nicht nachdenken, hängt die Stoa zwar einem Kosmopolitismus an, befaßt sich aber kaum mit rechtlichen und politischen Institutionen, und Welt-Bürgertugenden im politischen Sinn fehlen ganz (s. Kap. 8.1). Selbst in Kants Friedensschrift tauchen sie nur beiläufig und pauschal auf. Denn primär soll der ewige Friede durch den Mechanismus der menschlichen Neigungen, also das Selbstinteresse, garantiert werden. Nur ergänzend spricht Kant von einer Pflicht, die zum initiatorischen Weltrechtssinn und Weltgerechtigkeitssinn gehört, nämlich der Pflicht, auf den ewigen Frieden hinzuarbeiten (*Frieden* VIII 368).

Auch die neuere Debatte über eine Weltordnung, geführt von Disziplinen, die sich auf Institutionen und das Recht konzentrieren, fragt nicht nach deren personalen Entsprechungen. Trotzdem kommt man ohne sie nicht aus: Um die erforderlichen Institutionen einzurichten und mit Leben zu erfüllen und um die bisherigen Ansätze situationsgerecht weiterzuentwickeln, braucht es Weltbürgertugenden, die freilich die Institutionen nicht ersetzen können, sie aber ergänzen. Die Welt-Bürgertugenden richten sich gegen die Überbewertung von (globalen) Institutionen. Ohne eine weltbürgerliche Motivation und ihre Stabilisierung in Gewohnheiten und Charaktermerkmalen, ohne weltbürgerliche Haltungen, kann eine Weltrepublik weder eingerichtet noch erhalten werden.

Wie in der Stoa, so versteht man auch heute den Weltbürger häufig in einem vorrechtlichen und vorpolitischen Sinn. Als Weltbürger oder Kosmopolit gilt, wer sich nicht an nationale Grenzen hält, sondern sich in der ganzen Welt bewegt und sich dabei – mehr oder weniger – überall zu Hause fühlt. Solange er seine Sprache, Kultur und Sitten mitnimmt, sich allenfalls auf die lingua franca, damals das Griechische und heute das Englische, einläßt, ist er aber nicht mehr als ein Kosmopolit erster Stufe: ein Weltreisender, der auch in der Fremde seine heimischen, nationalen Bindungen nicht abstreift. Zu einem anspruchsvolleren Weltbürger, einem Kosmopoliten zweiter Stufe, wird er erst durch jene Weltoffenheit, die Fremdes wahrzunehmen und als gleichwertig anzuerkennen bereit ist. In einem noch stärkeren Sinn ist Weltbürger, wer in ein anderes Land seine eigene Kultur mitbringt, sich trotzdem von der neuen Kultur prägen läßt und nach der Rückkehr in seine Heimat die Prägung nicht aufgibt. Als Beispiel mag ein deutscher Philosophie-Dozent gelten, Eugen Herrigel (vgl. 1948), der in Japan griechische und deutsche Philosophie lehrt, aber auch bei einem Zen-Meister die hohe Kunst des Bogenschießens lernt und sie später in Deutschland weiterpflegt. Selbst dieser Kosmopolit dritter Stufe bleibt aber Weltbürger in einem vorpolitischen Sinn.

Der Weltbürger im politischen Verständnis ist dagegen Glied eines Gemeinwesens, das die rechtsfähigen Wesen der ganzen Welt umfaßt. Um den politischen gegen den vorpolitischen Begriff deutlich abzusetzen, empfiehlt sich, wo Mißverständnisse drohen, „Welt-Bürger" zu schreiben. Dabei sind zwei Begriffe zu unterscheiden: ein exklusives und ein komplementäres Verständnis. Auf ein exklusives Weltbürgertum spielt der Humanist Erasmus an, wenn er das von Zwingli angebotene Zürcher Bürgerrecht mit dem Argument ablehnt, er sei „Bürger der ganzen Welt" (civis totius mundi: zit. nach Grimm, *Deutsches Wörterbuch*, XIV 1557). Da es aber damals kein globales Gemeinwesen gab, bewegt sich Erasmus' Einstellung zwischen einem vorpolitischen Gelehrtenideal und einer in politischer Hinsicht kontrafaktischen Unterstellung. Herder wird dem exklusiven Kosmopolitismus ein nur ironisches Lob zollen (*Auch eine Philosophie der Geschichte*, 1774, 551), und Hegel wird ihn mit dem Argument kritisieren, daß er sich „dazu fixiert, dem konkreten Staatsleben gegenüberzustehen" (*Rechtsphilosophie* § 209). In der Regel mit einem Gefühl moralischer Überlegenheit distanziert er sich von seinem Gemeinwesen, empfindet sich nicht mehr als Deutscher, Franzose oder Schweizer, sondern lediglich als Bürger der Welt.

Das exklusive Weltbürgertum bezieht sich auf einen Weltstaat, der dem globalistischen Verständnis entspricht: einer staatlich homogenen Weltrepublik, die an die Stelle der Einzelstaaten tritt. Hier ersetzt das Weltbürgerrecht das „nationale" Bürgerrecht; beim globalistischen Weltstaat ist man Weltbürger *statt* Staatsbürger. Wie die föderale Weltrepublik sich der Alternative „einzelstaatlich oder kosmopolitisch" entzieht, so löst das ihr entsprechende, föderale Weltbürgerrecht das nationale Bürgerrecht nicht ab, sondern tritt komplementär hinzu. Der gestuften Staatlichkeit entspricht ein gestufter Bürgerstatus. Während dem Weltbürger im exklusiven und globalistischen Sinn die Gefahr droht, überall ein wenig, aber nirgendwo richtig zu Hause zu sein, ist der Weltbürger im komplementären und föderalen Sinn sowohl in seinem Heimatstaat als auch in der ganzen Welt zu Hause. Nimmt man die kontinentale Zwischenstufe hinzu, so kann man im Fall Europas primär Deutscher, Franzose oder Schweizer, sekundär Europabürger sein und zusätzlich, tertiär, Welt-Bürger: „Bürger der föderalen Weltrepublik".

Der Welt-Bürger tritt in zwei Rollen auf: als Welt-Staatsbürger nimmt er an den Rechten und den politischen Prozessen der Weltrepublik teil, als Welt-Gesellschaftsbürger steht er mittelbar oder unmittelbar in kooperativen Beziehungen zur ganzen Welt. Im Unterschied zum Welt-Staatsbürger ist der Welt-Gesellschaftsbürger nicht auf das Modell hierarchisch gestufter Bindungen festgelegt. Spätestens seine staatenkreuzenden Interessen und Bindungen sprengen die Abfolge: (1) kommunal bzw. lokal, (2) teilstaatlich, regional, (3) staatlich bzw. national, (4) kontinental, z. B. europäisch und schließlich (5) global.

In der qualifizierten Demokratie sind die Bürger nicht nur Objekt von Recht und Staat, sondern ebenso deren Subjekt. Auch in der föderalen Weltrepublik sind sie nicht Untertanen einer ihnen fremden Macht, sondern deren Urheber und zugleich deren Nutznießer. Der doppelte Weltstaatsvertrag führt allerdings zu einer strukturellen Komplikation. Der unmittelbare Selbstzweck der Weltrechtsordnung und zugleich Welt-Bürger im eigentlichen Sinn sind nur die natürlichen Subjekte. Im mittelbaren und analogen Verständnis sind es aber auch die Staaten: mittelbar, weil subsidiär zu den natürlichen Welt-Bürgern, und analog, weil die Staaten gemäß dem Recht auf Differenz eigenständige Mitglieder der Weltrepublik sind.

Weil das universale Rechtsgebot erst in der Weltrepublik sich erfüllt, haben weder Individuen noch Staaten das Recht, sich mit der Einzelstaatlichkeit zu begnügen: Der Weg vom Bürger zum Welt-Bürger ist ihnen rechtsmoralisch geboten. Damit allerdings der Weg eingeschlagen und auch zu Ende gegangen wird und damit die einmal eingerichtete Weltrepublik Bestand hat, bedarf es auf seiten der Welt-Bürger der Bereitschaft, nicht ständig dem augenblicklichen Selbstinteresse zu folgen. Wie zum Einzelstaat, so gehören auch zur Weltrepublik Einstellungen, die einen moralischen Wert haben, aber nicht Tugenden im anspruchsvollen Sinn eines moralischen Charakters sein müssen, der sich im Konflikt von Pflicht und Neigung stets auf die Seite der Pflicht schlägt und dafür keinen anderen Grund braucht, als daß es Pflicht ist. Wie für den nationalen Bürger, so genügen auch für den Welt-Bürger Tugenden in einem bescheidenen Sinn. Dabei versteht sich, daß Staaten nur in einem analogen Sinn über Tugenden verfügen. Als politische Einheiten, die nach innen, als Gesetzgeber, und nach außen, durch Verträge, handlungsfähig sind, können aber auch sie verläßliche Handlungsweisen, Gewohnheiten, entwickeln, die im Fall moralischer Gewohnheiten zumindest „Tugenden“: Tugenden in Anführungszeichen, heißen dürfen.

Im Rahmen des Einzelstaates definieren die Bürgertugenden den homo politicus im Unterschied zum homo oeconomicus und zum Untertanen. Wer über Bürgertugenden verfügt, der Bürger in einem emphatischen Sinn, gibt sich nicht mit Arbeit und Freizeit zufrieden, um alles andere, selbst die Rahmenbedingungen von Arbeit und Freizeit, einer Obrigkeit zu überlassen, die kontingenterweise demokratisch gewählt ist. Er engagiert sich vielmehr in beidem: sowohl im demokratischen Staat als auch in der vom Staat unterschiedenen Gesellschaft. Entsprechend bestimmen die Welt-Bürgertugenden den homo cosmo-politicus und setzen ihn gegen die Verbindung von weltstaatlichem Untertan und weltgesellschaftlichem homo oeconomicus ab. Der Welt-Staatsbürger weitet sein politisches Engagement über den eigenen Staat auf die Weltrepublik aus. Und beim Welt-Gesellschaftsbürger macht das soziale und kulturelle Engagement nicht an den Grenzen der eigenen Gesellschaft halt.

Wie beim Einzelstaat, so kommt es auch auf globaler Ebene vornehmlich auf vier Tugenden an; ihnen entspricht eine jeweils andere Art von Welt-Bürger: Der moralisch bescheidenste Welt-Bürger, das Glied einer positiven Weltrechtsordnung, begnügt sich mit einem Weltrechtssinn: mit Rechtstreue bzw. Rechtsgehorsam gegenüber der Weltrechtsordnung. Der moralisch anspruchsvollere Welt-Bürger, das Glied einer rechtsmoralisch legitimen Weltrechtsordnung, setzt sich mit einem Weltgerechtigkeitssinn für Gerechtigkeit in der positiven Weltordnung ein. Die beiden nächsten Tugenden bekräftigen, was wir vom Einzelstaat kennen: daß die im Thema „Bürgertugenden“ enthaltene Kritik an einer Überbewertung von Institutionen zwei Stoßrichtungen hat. Auf globaler Ebene richtet sich das Thema sowohl gegen jene „Verstaatlichung der Weltgesellschaft“, die die Weltstaatsaufgaben zulasten der Weltgesellschaft ausdehnt, als auch gegen die konträre „Vergesellschaftung des Weltstaates“, die über der (berechtigten)

Wertschätzung einer Welt-Bürgergesellschaft die genuinen Staatsaufgaben einer Weltrepublik verdrängt. Dort ist die Tugend des partizipatorischen Welt-Gesellschaftsbürgers, hier die des partizipatorischen Welt-Staatsbürgers gefragt. Der partizipatorische Welt-Staatsbürger engagiert sich in der partizipatorischen Weltdemokratie und füllt mit seinem Welt-Bürgersinn die Rolle des Welt-Staatsbürgers voll aus. Komplementär dazu verfügt der partizipatorische Welt-Gesellschaftsbürger über einen Weltgemeinsinn, der sich in kulturellen, sozialen und humanitären Aufgaben engagiert, statt sie stets auf einzelstaatliche oder weltstaatliche Instanzen abzuwälzen.

Gemäß den beiden Gliedern der Weltrepublik haben alle vier Welt-Bürgertugenden eine doppelte, eine völkerrechtliche und eine weltbürgerliche Gestalt. Bei natürlichen Subjekten sprechen wir von einem weltbürgerlichen bzw. kosmopolitischen Rechtssinn und einem ebenso kosmopolitischen Gerechtigkeitssinn, Bürgersinn und Gemeinsinn, bei den Gliedstaaten von einem weltföderalen Rechtssinn und einem ebenso weltföderalen Gerechtigkeitssinn, Bürgersinn und Gemeinsinn. Sofern die kosmopolitische und die weltföderale Seite zugleich gemeint sind, sprechen wir vom globalen Rechtssinn, globalen Gerechtigkeitssinn usw. oder vom Weltrechtssinn, Weltgerechtigkeitssinn ...

In allen vier Formen widerspricht die Welt-Bürgertugend dem Grundsatz von Nationalismus und strengem Kommunitarismus, demzufolge die eigene Gemeinschaft und der eigene Staat stets zuerst kommen sollen („compatriots take always priority"). Gemäß dem komplementären Kosmopolitismus ist zwar nicht jeder für jeden in der Welt gleichermaßen verantwortlich. Die in sich gestufte Verantwortung beginnt bei der eigenen Familie und erstreckt sich dann auf die nächsten Gemeinschaften, sie bleibt aber bei ihnen nicht stehen. Außerdem haben die näheren Gemeinschaften bloß einen relativen, keinen absoluten Vorrang.

Zweifellos erhöhen sich auf globaler Ebene die Schwierigkeiten von Bürgertugenden. Wo nicht bloß die Größe der Bevölkerung und des Territoriums, sondern auch die Vielfalt der Sprachen und Kulturen wächst, wo also die Heterogenität zu-, die Gemeinsamkeit aber abnimmt, außerdem die Abgrenzung nach außen entfällt, genügt keine bloß quantitative Extrapolation. Und genau deshalb erhält die Skepsis gegen eine Weltrepublik neue Nahrung; der Grund liegt in einem pragmatischen Zirkel: Wo Bürgertugenden blühen, können Institutionen an Macht abgeben; denn im Sinne Platonischer Gerechtigkeit sind die Bürger schon ihre „eigenen Wächter" (vgl. *Politeia* II 367a). Wo die Tugenden aber schwach sind, müssen die Institutionen gestärkt werden. Solange nun die globalen Zugehörigkeitsgefühle und die ihnen entsprechenden Einstellungen schwach ausgebildet sind, braucht es also stärkere Institutionen. Der Bereitschaft, diese einzurichten, steht aber die Schwäche der globalen Zugehörigkeitsgefühle entgegen. Und darin liegt der gefährliche Zirkel: Obwohl schwache globale Zugehörigkeitsgefühle nach starken globalen Institutionen verlangen, werden sie wegen der schwachen globalen Zugehörigkeitsgefühle gar nicht geschaffen.

Einen ersten Ausweg aus dem Zirkel bietet die Einsicht in die doch schon existierenden Gemeinsamkeiten. Sie reichen von der allgemeinmenschlichen Vernunft über das Rechts- und Gerechtigkeitserbe der Menschheit bis zur gemeinsamen Wertschätzung von Philosophie, Wissenschaft, Medizin und Technik. Und vor allem hilft die Einsicht in ein starkes gemeinsames Interesse: Der globale Handlungsbedarf weckt als solcher globale Zugehörigkeitsgefühle; denn man sieht gemeinsame Schwierigkeiten, und weiß, daß sie sich nur gemeinsam bewältigen lassen. Wird nun der globale Handlungsbedarf mehr und mehr erfüllt, so bildet sich ein wechselseitiges Vertrauen aus, und die Bereitschaft zur Entwicklung globaler Institutionen wächst. Zugleich erweitern und verstärken sich die globalen Zugehörigkeitsgefühle. Den Ausweg aus dem Zirkel weist also die Strategie „Interesse plus Gelingen": Wo sich gemeinsame Interessen mit der Erfahrung gelungener Kooperation verbinden, läßt man sich auf gemeinsame Institutionen ein, und dank der sich entwickelnden Welt-Bürgertugenden müssen die Institutionen nicht übermäßig stark sein.

In einer von Parteien, Verbänden und Organisationen beherrschten Welt wäre es allerdings naiv, sich lediglich auf eine innere Bereitschaft zu verlassen. Damit die Welt-Bürgertugenden wirksam werden, empfiehlt es sich, für die Weltgesellschaft Organisationen, und zwar in der Regel nichtregierungsabhängige Organisationen zu gründen. Ihre Legitimation und Macht speist sich aus einer von der (gestuften) Staatlichkeit unabhängigen Quelle. Freilich kann es nicht etwa für alle Welt-Bürgertugenden eine gemeinsame Organisation geben; vielmehr braucht es für die verschiedenartigen Aufgaben je eigene Organisationen, die aber miteinander kooperieren können.

Wie beim Einzelstaat so geht auch auf globaler Ebene den Bürgertugenden noch eine Selbstbehauptung voraus. Die gewöhnliche Gestalt: daß sich der Mensch dagegen verwahrt, nur als Mittel behandelt zu werden, erfolgt schon innerhalb des Einzelstaates. Infolgedessen gehört zur Weltrepublik vornehmlich eine andere Selbstbehauptung, die der unmittelbaren Akteure auf der internationalen Ebene. Sowohl die Staaten („weltföderale Selbstbehauptung") als auch die Welt-Bürger mit den Nichtregierungsorganisationen („kosmopolitische Selbstbehauptung") haben die (Rechts-)Pflicht, sich den anderen nicht zum bloßen Mittel, sondern zugleich auch zum Zweck zu machen. Weder die Staaten noch die gesellschaftlichen Gruppen und Verbände dürfen sich von ihresgleichen unterwerfen oder ausbeuten lassen. Im Gegenteil müssen sie sich bei der Bildung der Weltrepublik als gleichberechtigte Rechtssubjekte behaupten.

12.2 Welt-Rechtssinn und Welt-Gerechtigkeitssinn

1. Die elementare Welt-Bürgertugend, der Welt-Rechtssinn, verlangt nicht mehr, als die geltenden Rechtsverbindlichkeiten von sich aus, ohne Zwangsmaßnahmen der Weltrepublik, anzuerkennen. Als gewohnheitsmäßig freier Rechtsgehorsam begnügt er sich damit, das auf globaler Ebene Gebotene freiwillig zu tun und das Verbotene ebenso freiwillig zu unterlassen.

Die Weltgesetzgebung betrifft entweder als Völkerrecht die Gliedstaaten im Verhältnis zueinander oder als Weltbürgerrecht zwar die Bürger der Welt, diese in der Regel aber nicht unmittelbar, sondern über die Gliedstaaten vermittelt. Infolgedessen scheint hier eine Gewichtsverschiebung stattzufinden. Während für einzelstaatliche Gesetze die Rechtstreue der natürlichen Subjekte wichtig ist, scheint sie bei der Weltgesetzgebung hinter die Rechtstreue der Staaten zurückzutreten. In der Tat ist prima facie vornehmlich der Weltrechtssinn auf seiten der Einzelstaaten erforderlich; denn sie müssen sowohl die völkerrechtliche als auch die weltbürgerliche Gesetzgebung in die eigene Rechtsordnung übernehmen und mittels Verwaltung und Gerichtsbarkeit durchsetzen. Der Mangel an entsprechendem Weltrechtssinn muß aber nicht dergestalt bei der Regierung oder der politischen Elite eines Staates vorherrschen, daß sie Sondervorteile suchen, ohne von der Bürgerschaft dazu gedrängt zu sein. Im Gegenteil ist es häufig die Bürgerschaft selbst, die von ihren Amtsträgern erwartet, die Weltgesetzgebung nur selektiv zu übernehmen und das Übernommene nur selektiv durchsetzen, beides nämlich bloß dort, wo es dem (kollektiven) Eigeninteresse dient, allenfalls noch dort, wo ihm keine großen

Opfer abverlangt werden. Insofern findet die Gewichtsverschiebung nur begrenzt statt: unmittelbar müssen die Einzelstaaten, mittelbar aber auch ihre Bürgerschaften über einen Weltrechtssinn in zwei Stufen verfügen: Der *legislatorische Welt-Rechtssinn* setzt internationale Vereinbarungen und weltrepublikanische Gesetze in Geltung, der *applikative Welt-Rechtssinn* setzt sie in den einschlägigen Fällen auch durch.

Für die Weltrepublik gilt nun das zum Einzelstaat Analoge: Wenn nicht die überwiegende Zahl der Gliedstaaten in den allermeisten Fällen freiwillig mit der Weltgesetzgebung konform geht, und zwar sowohl legislatorisch als auch applikativ, stößt die Rechtsdurchsetzungskapazität der Weltrepublik rasch an Grenzen. Es sinkt zwar nicht die gewöhnliche Rechtssicherheit, denn für sie sind die Einzelstaaten zuständig. Es droht aber jenes Trittbrettfahren, das wir von den Vereinten Nationen kennen: daß man die Vorteile ausnützt, ohne die Nachteile, finanzielle Abgaben und die Mitwirkung bei weltrepublikanischen Einsätzen, mitzutragen. Vor allem sind jene weltstaatlichen Aufgaben gefährdet, die wegen entsprechender Erosion der Einzelstaaten auf deren Rechtssicherheit durchschlagen. Wo der Welt-Rechtssinn fehlt, werden weder die grenzüberschreitende Großkriminalität noch der internationale Terrorismus und globale Umweltschäden angemessen bekämpft.

Der bislang zweistufige Welt-Rechtssinn setzt voraus, daß zwischen den Staaten überhaupt Recht herrscht, was wiederum eine gewaltfreie, friedliche Koexistenz voraussetzt. In der zuständigen Bereitschaft, einer generellen Friedens- und Rechtsbereitschaft, liegt eine weitere, in systematischer Hinsicht sogar primäre Stufe: Wenn nicht die überwiegende Zahl der Einzelstaaten über eine generelle Friedens- und Rechtsbereitschaft verfügt, kommt die Weltrepublik gar nicht zustande. Die dem legislatorischen und dem applikativen Weltrechtssinn vorgeordnete Stufe besteht in einem *initiatorischen Welt-Rechtssinn*, in der Bereitschaft, auf eine globale Friedens- und Rechtsordnung hinzuarbeiten. Vonnöten ist er vor allem auf seiten der größeren Mächte. Denn bei den kleineren Mächten konvergiert er mit dem unmittelbaren Selbstinteresse; die Kleinen suchen in der Regel von sich aus den Schutz vor den Großen.

Wie sieht es auf globaler Ebene mit der „Grenztugend", dem bürgerlichen Ungehorsam, aus? Wie im demokratischen Einzelstaat, so ist er auch in einer Weltdemokratie zulässig und wird vor allem als weltföderaler Ungehorsam: als Ungehorsam eines Staates oder einer

Gruppe von Staaten gegen die Weltrepublik, aktuell. Er bleibt jedoch eine ultima ratio und muß, um den moralischen Ernst der Sache glaubhaft zu machen, zur Inkaufnahme von Nachteilen bereit sein. Auch auf globaler Ebene darf man nicht pauschal von einer „Widerstandskultur" sprechen, die die Unterschiede zwischen dem Widerstand gegen ein Unrechtsregime und der legalen Opposition in der – jetzt globalen – Demokratie verwischt. Und wie im Einzelstaat, so ist auch auf globaler Ebene der Ungehorsam stark mißbrauchsgefährdet. Seine Wirkung: daß er die finanziellen und sozialen Kosten einer ungeliebten Politik erhöht und zugleich die Chancen der eigenen Politik verbessert, beläuft sich nämlich auf einen partikularen Sondervorteil, der nur dort gerechtfertigt ist, wo nicht ein partikulares Interesse verfolgt, sondern ein elementares Unrecht verhindert wird. Infolgedessen ist der weltföderale Ungehorsam nicht grundsätzlich illegitim, aber nur unter äußerst strengen Bedingungen gerechtfertigt.

Von demokratisch verfaßten Einzelstaaten möchte man erwarten, daß sie die Chancen für den Welt-Rechtssinn erhöhen. Innerstaatlich an eine gewaltfreie und rechtskonforme Konfliktlösung gewöhnt, übernehme eine Demokratie dieses Handlungsmuster für ihr Außenverhalten. Gegen diese Erwartung stimmen aber zwei Gründe skeptisch (s. Kap. 9.3.2): Zum einen weiß man aus der Sozialpsychologie um die Differenz von Innen- und Außenverhalten; was eine Gruppe im Inneren pflegt, überträgt sie keineswegs wie selbstverständlich auf die Beziehungen nach außen. Zum anderen ist eine Demokratie nicht bloß ein Rechtsstaat zum Schutz universalistischer Rechtsgüter, sondern auch eine Kampfarena zur Durchsetzung von partikularen Interessen. Wo nun die agonale Seite ein großes Gewicht erhält, kann man sich auf den Welt-Rechtssinn nicht verlassen: Eine raffinierte Bürgerschaft sucht, gegebenenfalls unter dem Deckmantel des weltföderalen Ungehorsams, für sich Sondervorteile.

2. Wie in der Einzeldemokratie, so sind auch in der Weltrepublik die Menschen nicht bloß den Gesetzen unterworfen. Wo sie teils über die Abgeordneten, teils über Medien, Parteien und Verbände vermittelt, bei der Gesetzgegung mitwirken, tauchen die strukturell selben Probleme wie beim Einzelstaat auf und machen außer institutionellen Gegenmaßnahmen einen Gerechtigkeitssinn erforderlich. Gemäß dem doppelten Weltrechtsvertrag ist er erneut bei beiden Gliedern der Weltrepublik vonnöten. Greifen wir die beiden Gesetzgebungskammern heraus, so braucht es für das Weltbürgerparlament, den Welttag, einen kosmopolitischen Gerechtigkeitssinn und für das Weltstaaten-

parlament, den Weltrat, einen weltföderalen Gerechtigkeitssinn. Eines Weltgerechtigkeitssinnes bedürfen aber auch die Medien, die Verbände und die Nichtregierungsorganisationen, nicht zuletzt die verschiedenen Amtsträger.

Gegen einen Welt-Gerechtigkeitssinn läßt sich der vierte Einwand wiederholen (s. Kap. 10.1), es sei eine Gemeinsamkeit vorausgesetzt, ein globales Gerechtigkeitsverständnis, das tatsächlich fehle. Die Gemeinsamkeit liegt aber tatsächlich vor: rechtsmoralisch in Form eines interkulturellen Gerechtigkeitsdiskurses, der sowohl universale Menschenrechte als auch ein Recht auf Differenz begründet, und rechtstopisch in Form global gemeinsamer Menschenrechtserklärungen, etwa seitens der Vereinten Nationen (s. auch Kap. 13.3).

Ein Einzelstaat braucht den Gerechtigkeitssinn bei drei Aufgaben: bei der Errichtung der Demokratie, bei ihrer institutionellen und legislatorischen Fortbildung und beim Handeln innerhalb der jeweiligen Institutionen und Gesetze. Alle drei Aufgaben finden sich bei der Weltrepublik wieder, und jedes Mal ist neben der synchronen auch die diachrone Gerechtigkeit: die Gerechtigkeit gegen die künftigen Generationen, gefragt.

Die sachlich erste Stufe fällt mit dem initiatorischen Rechtssinn zusammen: Der *initiatorische Welt-Gerechtigkeitssinn* hilft, eine Weltrechtsordnung auf den Weg zu bringen und schließlich eine föderale Weltrepublik einzurichten. Zu diesem Zweck müssen alle Menschen (so der kosmopolitische Welt-Gerechtigkeitssinn) und alle Staaten (so der weltföderale Welt-Gerechtigkeitssinn) sich wechselseitig als gleichberechtigt anerkennen. Weder dürfen sie andere unterdrücken oder ausbeuten, noch für sich selber Privilegien beanspruchen. Nun ist die Demokratie keine statische Institution, deren Struktur und Gesetze, einmal eingerichtet, für immer Bestand haben und sich ewig gleich bleiben. Teils wegen neuer Anforderungen und neuer Randbedingungen, teils aufgrund von Erfahrungen mit den Vor- und Nachteilen der bisherigen Organisation ist auch eine föderale Weltrepublik in ständiger Entwicklung. Damit diese nicht lediglich von der jeweiligen Machtverteilung bestimmt wird, braucht es einen *legislatorischen Welt-Gerechtigkeitssinn*. Schließlich bedarf es eines *applikativen Welt-Gerechtigkeitssinnes*, auf daß Unrecht und Unterdrückung in aller Welt nach den gleichen Maßstäben wahrgenommen, beurteilt und verurteilt werden. Zudem darf nicht jedes Schlupfloch ausgenutzt werden, das zwar noch legal ist, aber dem Geist der Gesetze widerspricht.

Wenn der Welt-Gerechtigkeitssinn, um wirksam zu werden, eine Organisation gründen will, so kann sie nicht in einem generellen Weltgerechtigkeitsverband bestehen. Denn eine so umfassende und zugleich der Spezifikation bedürftige Aufgabe wie die Gerechtigkeit eignet sich nicht als Verbandsziel. Anders verhält es sich mit spezifischen Gerechtigkeitsaufgaben, etwa dem Schutz der Menschenrechte oder dem Umweltschutz. Die dafür zuständigen Organisationen können durchaus als Ausdruck des Welt-Gerechtigkeitssinnes und darüber hinaus als Repräsentanten der Welt-Bürgergesellschaft gelten. Exklusive Repräsentanten sind sie freilich schon deshalb nicht, weil sie in der Regel auf relativ schmale Themen konzentriert sind und daher drei Gerechtigkeitsaufgaben nicht erfüllen: Weder nehmen sie die angesichts der verschiedenen spezifischen Gerechtigkeitsaufgaben erforderliche gerechtigkeitsinterne Güterabwägung vor, noch widmen sie sich der Aufgabe, sowohl bei übermächtigen als auch bei zu schwach repräsentierten Interessen eine Korrektur vorzunehmen. Schließlich legen sie sich kaum die Frage vor, wo Unrecht unterschätzt oder gar verdrängt wird. Wenn freilich die Organisationen miteinander kooperieren und dabei ihre unterschiedlichen Themen und Interessen gegeneinander abwägen, lassen sie sich zumindest ansatzweise auf diese Aufgaben ein.

Im übrigen sind die betreffenden Organisationen nicht pauschal und gleichermaßen Ausdruck eines Welt-Gerechtigkeitssinnes. Es kommt auf das genaue Ziel und auf die Qualität der Arbeit an. Wer Menschenrechtsverletzungen ziemlich unparteiisch in aller Welt aufspürt, darüber sorgfältig Bericht erstattet und gegebenenfalls bei Menschenrechtsverfahren der Vereinten Nationen als Beschwerdeführer auftritt, bringt den Weltgerechtigkeitssinn besser zum Ausdruck als Organisationen, die selektiv arbeiten und überdies vor allem den Medienerfolg suchen. Selbst bei den „besseren" Organisationen sollte man aber über den schon genannten drei Defiziten nicht zwei weitere Grenzen übersehen: den Mangel an demokratischer Kontrolle und den Umstand, daß die Organisationen, ohne Zwangsbefugnisse ausgestattet, niemandem autoritativ zu seinem Recht verhelfen können.

An den Gerechtigkeitssinn schließt sich generell Toleranz an. Diese nimmt auf der globalen Ebene das Recht auf Differenz ernst und läßt den verschiedenen Staaten ihre sprachlichen, religiösen und sozialen, selbst rechtlichen und politischen Eigenarten, vorausgesetzt, daß sie sich im Rahmen einer universalistischen Rechtsmoral bewegen.

In ihrer anspruchsvollen Gestalt werden der Welt-Gerechtigkeitssinn und die Welt-Toleranz zu jenem Gefühl der Billigkeit gegen andere Nationen, das schon Herder in den *Briefen zur Beförderung der Humanität* verlangt (119. Brief: 1991, 723): daß jede Nation „sich an die Stelle jeder andern fühle" und „den frechen Übertreter fremder Rechte" ebenso „hasse" wie „den kecken Beleidiger fremder Sitten und Meinungen, den prahlenden Aufdringer seiner eigenen Vorzüge an Völker, die diese nicht begehren".

Nicht zuletzt ist der Welt-Gerechtigkeitssinn beim „kritischen Weltgedächtnis" gefragt: Aus Fairneß gegen die Opfer darf sich die Weltgesellschaft nicht mit der Erinnerung an einige besonders gravierende Verbrechen gegen die Menschlichkeit begnügen, und schon gar nicht darf sie diese selektiv wahrnehmen. Daß gewisse Genozide tief ins Weltgedächtnis eingegraben, andere dagegen lieber kleingeredet oder verdrängt werden, ist ein elementares „anamnetisches Unrecht", dem ein gerechtes Weltgedächtnis dadurch entgegentritt, daß es die unterschiedlichen Gewalttaten in Erinnerung hält.

12.3 Welt-Bürgersinn und Welt-Gemeinsinn

1. Bei der dritten Bürgertugend unterscheidet sich die globale von der einzelstaatlichen Ebene wesentlich, weil eine der Anwendungsbedingungen, das Engagement für das eigene Gemeinwesen im Unterschied zu den anderen, entfällt. Sowohl bei der völkerrechtlichen als auch der weltbürgerlichen Dimension ist die Differenz von Innen und Außen aufgehoben. Allenfalls gibt es noch die Differenz der Generationen; das Verbot an die gegenwärtige Menschheit, auf Kosten der künftigen zu leben, wird aber schon vom Welt-Gerechtigkeitssinn aufgestellt. Obwohl also der Unterschied von Eigen und Fremd auf globaler Ebene entfällt, wird ein Engagement für das eigene, jetzt globale Gemeinwesen nicht etwa überflüssig. Auf beiden Stufen, die wir vom gewöhnlichen Bürgersinn her kennen, bleibt ein Welt-Bürgersinn sinnvoll:

Ein *formaldemokratischer Welt-Bürgersinn* erklärt sich nur zur elementaren Teilhabe an den demokratischen Institutionen der Weltrepublik, namentlich ihren Wahlen und Abstimmungen, bereit. Ein *partizipatorischer Welt-Bürgersinn* versucht dagegen, die Weltpolitik nicht ganz den Berufs-Weltpolitikern zu überlassen. Er bemüht sich um eine intensive politische Teilhabe, auch wenn er damit auf globaler Ebene weit mehr Schwierigkeiten als auf kommunaler und selbst einzelstaatlicher Ebene hat. Bei Individuen dürfte ein partizipatorischer

Welt-Bürgersinn auch die Ausnahme bleiben, zudem tritt das von der einzelnen Demokratie her bekannte aristokratische Moment noch stärker zutage: Auf globaler Ebene sind nur wenige herausragende Individuen zu einem gewissen persönlichen Einfluß fähig. Die globalen Nichtregierungsorganisationen zeigen aber, daß man sich in Gruppen organisieren kann, die, kommunalen und regionalen Bürgerbewegungen analog, einen partizipatorischen Welt-Bürgersinn praktizieren.

2. Recht und Staat mit ihren Zwangsbefugnissen haben auch auf globaler Ebene nicht das letzte Wort. Das Zusammenleben im Weltmaßstab ist offen für das Mehr-als-Geschuldete: für Mitleid und Wohlwollen, für Großzügigkeit und für freundschaftliche Beziehungen. Die dafür zuständige vierte Welt-Bürgertugend kann Welt-Gemeinsinn heißen; aus ihrem weiten Aufgabenfeld heben wir zwei Gesichtspunkte heraus (s. auch Kap. 15.5):

Ein *sozialer Weltgemeinsinn* tritt der zunehmenden „Verstaatlichung" und Bürokratisierung gesellschaftlicher Aufgaben entgegen und läßt sich auf ein freies soziales Engagement ein. Hier haben gemeinnützige Aktivitäten einen Ort: der grenzüberschreitende Schüler- und Studentenaustausch, Städtepartnerschaften, ferner die Entwicklungshilfe und die Katastrophenhilfe, schließlich die Hilfe für junge Demokratien beim Aufbau ihres Gerichtswesens und ihrer Verwaltung. Zur Bewältigung der oft immensen Aufgaben sind zwar Organisationen meist unerläßlich; es sind aber freie, nichtstaatliche Einrichtungen. Drei Beispiele zeigen exemplarisch, daß sie über finanzielle und personelle Mittel verfügen, die sich mit denen eines internationalen Konzerns vergleichen lassen: Die beiden internationalen Hilfswerke allein der katholischen Kirche in Deutschland setzen für internationale Projekte in zwanzig Jahren (1964–1984) mehr als 5,2 Milliarden DM ein. Die weltweit unterstützte Organisation „Ärzte ohne Grenzen" („Médecins sans frontières") gibt allein im Jahr 1996 252 Millionen Dollar aus. Und Amnesty International hat im Jahr 1997 in über 160 Ländern und Territorien mehr als eine Million Mitglieder bei über 4300 lokalen und mehr als 3400 Jugend- und Studentengruppen (*Amnesty International Report* 1997, 394)

Gefragt ist zweitens ein *kultureller Weltgemeinsinn*. Denn die Pflege der Sprache und Literatur, der Musik, Kunst und Architektur hat trotz deren primärer Einbindung in Einzelstaaten eine globale Seite und muß keineswegs nur im Rahmen der zwangsbefugten Weltrepublik behandelt werden.

Nun ist der Gemeinsinn an objektive Gemeinsamkeiten gebunden, die es trotz der kommunitaristischen Skepsis auf der Ebene der Menschheit durchaus gibt. Auch die Weltgesellschaft enthält ein beträchtliches Potential für eine Gemeinschaft, zu dessen Aktualisierung vor allem zwei Faktoren beitragen. Sowohl die Aufklärung im philosophischen Sinn, die Besinnung auf die gemeinsame Menschenvernunft, als auch die vielfältige, nicht bloß ökonomische Globalisierung helfen, die Voraussetzung einer globalen Demokratie auszubilden: einen globalen Demos, ein Weltstaatsvolk. Der Umstand aber, daß die globalen Gemeinsamkeiten weit geringer als die subglobalen ausfallen und der Welt-Demos noch weit heterogener als selbst eine stark pluralistische Einzelgesellschaft ist, bekräftigt den subsidiären Charakter der Weltrepublik: Um den Weltbürger- und den Weltgemeinsinn nicht zunächst zu überlasten und dann ihre Defizite zu beklagen, überlasse man den kleineren Gesellschaften und ihren Bürgertugenden, was schon sie zu leisten vermögen. In Übereinstimmung mit der komplementären Weltrepublik begnügen sich die Welt-Bürgertugenden mit komplementären Weltaufgaben.

Dritter Teil

Aufgaben und Institutionen

Die wichtigsten Aufgaben der Weltrepublik ergeben sich aus den universal gültigen Menschenrechten. Deren primärer Schutz obliegt den Einzelstaaten, die aber teils grundsätzlich, teils unter den heutigen Randbedingungen überfordert sind. Entsprechend hat die Weltrepublik zwei Arten (Modi) von Aufgaben. Grundsätzlich ist sie für den internationalen Frieden und das zwischenstaatliche und weltbürgerliche Recht (Kap. 13), de facto, wegen der Wirklichkeit eines Weltmarktes, ist sie für dessen rechtliche, soziale und ökologische Rahmenbedingungen zuständig (Kap. 15). Dazwischen schiebt sich eine subsidiäre Aufgabe, das schwierige Themenfeld der Selbstbestimmung der Völker, der Sezession aus einem Staatsverband und der humanitären Intervention (Kap. 14). Das Schlußkapitel skizziert die insgesamt komplexe Weltordnung und den noch langen Weg zu ihrer Errichtung (Kap. 16).

Es versteht sich, daß die Philosophie nicht auf Einzelheiten eingeht; denn sie verfügt weder über das erforderliche (wirtschaftliche, gesellschaftliche) Fachwissen noch über eine genaue Kenntnis der geschichtlich wechselnden Randbedingungen. Sie entwickelt jedoch den normativen Rahmen, zumindest erörtert sie exemplarisch einige seiner Bauelemente.

13. Friede und Recht

13.1 Völker-Rechtsschutz

Die Neuartigkeit anderer Aufgaben darf nicht von der Grundaufgabe ablenken, den beiden internationalen Dimensionen des Rechts- und Friedensschutzes. Die Weltrepublik hat vor allem anderen für den Völker-Rechtsschutz und den Welt-Bürgerschutz zu sorgen.

Wir beginnen mit dem Kern der ersten Dimension, der zwischenstaatlichen Sicherheit: Allenfalls die vom Frieden verwöhnten Westeuropäer können übersehen, daß viele Konflikte immer noch militärisch ausgetragen werden; ihre Zahl hat sogar seit dem Jahr 1960 ständig zugenommen und der leichte Rückgang seit 1992 sich noch nicht zu einer Trendwende stabilisiert. Für das Jahr 1994 wurden weltweit 41 Kriege registriert, von denen mehr als die Hälfte schon länger als ein Jahrzehnt dauert (vgl. Stiftung Entwicklung und Frieden 1995, 361). Das dadurch verursachte Leid, die horrenden gesellschaftlichen, wirtschaftlichen und ökologischen Kosten und vor allem das dabei erlittene Unrecht verlangen nach einer nachhaltigen Verbesserung. Heben wir zwei Gesichtspunkte heraus:

Zum Zweck der Gerechtigkeit in der Rechtsanwendung, der *Unparteilichkeit*, ist dem Unrecht und der Gewalt gleicherweise entgegenzutreten, ungeachtet der politischen, wirtschaftlichen oder militärischen Macht, auch unabhängig von der Macht in den Medien der Weltöffentlichkeit. Keineswegs darf die Weltrepublik die bisherige Praxis der Weltorganisation fortsetzen und Ungerechtigkeit und Gewalt nur selektiv bekämpfen. Vor allem in der Übergangsphase, solange sich die Weltrepublik noch nicht einigermaßen etabliert hat, können freilich schwierige Fragen einer Güterabwägung auftauchen; denn ein Vorgehen ohne Rücksicht auf moralisch erhebliche Kosten etwa an Menschenleben oder an kultureller Autonomie ist nicht zulässig.

Die Weltrepublik muß auch aller Gewalt gleichermaßen entgegentreten, statt in einigen Fällen nachsichtig, in anderen dagegen überstreng vorzugehen. Daran schließt sich das *Gebot der Verhältnismäßigkeit* an; die Abwehr von Gewalt darf über das nötig Maß an Gegengewalt nicht hinausgehen. Nicht zuletzt darf der Kampf gegen Unrecht nicht seinerseits Unrecht schaffen; Kollektivstrafen beispielsweise sind ebenso unzulässig wie das militärische Vorgehen gegen die Zivilbevölkerung. Nur diese Bedingungen verhindern, daß die Weltstaatlichkeit die Form einer Pax Romana annimmt: einer Friedensordnung nach Wunsch und Maß einer Hegemonialmacht, wie sie entweder im Singular oder im Plural existiert. Denn die internationale Friedens- und Rechtssicherung darf nicht zu einem Feigenblatt verkümmern, hinter dem sich partikulare Interessen mit einem Hegemoniestreben verbinden und die Macht den Vortritt vor dem Recht erhält.

Wie ein Einzelstaat, so braucht auch die Weltrepublik die zur wirksamen Unparteilichkeit nötigen Mittel, vor allem verfassungsrechtlich das zwischenstaatliche Gewaltmonopol und zu dessen Ausübung einen Machtapparat. Solange die Einzelstaaten noch über Militär und Waffen verfügen, müßte die Weltrepublik ein ihnen überlegenes Weltmilitär und Weltwaffenarsenal erhalten. Abgesehen davon, daß dies als unrealisierbar, überdies gefährlich erscheint, ist das Militär aber kein im engen Sinn rechtliches, sondern ein politisches Instrument, das an nur wenige völkerrechtliche Regeln gebunden ist, ansonsten aber dem Prinzip der Stärkeren folgt. Für das Recht ist ein Organ innerhalb einer strikten Rechtsordnung zuständig, nicht das Militär, sondern eine Polizei. Ein dem Recht verpflichteter Friede verdankt sich nicht einer überlegenen militärischen Macht, sondern allein der Verbindung eines radikalen Abrüstens mit der Einrichtung einer global gemeinsamen Polizei, einer *Weltpolizei.* (Es versteht sich, daß, solange die volle Abrüstung fehlt, Zwischenschritte erforderlich sind, insbesondere die Abrüstung der besonders gefährlichen und mangels Zielgenauigkeit viele Unschuldige treffenden Waffen, also der See- und Landminen, der biologischen und chemischen Waffen und vor allem der Atomwaffen.)

Organisatorisch stellt sich die Frage, ob die Weltrepublik eine ständige Weltpolizei-Truppe erhalten oder sie lieber ad hoc, für den Einzelfall, zusammenstellen soll. Gegen die anspruchsvollere Option sprechen zwei Argumente: außer der Gefahr einer weltstaatlichen Übermacht die Aufgabe der Unparteilichkeit. Denn ihretwegen wären bei einer permanenten Truppe jeweils sehr viele auszusondern: sowohl Mitglieder von Konfliktstaaten als auch die ihrer Freunde und Gegner sowie all diejenigen, die wirtschaftliche, politische oder kulturelle Interessen haben. Bei der bescheideneren Option, der ad hoc-Truppe, droht dagegen die Gefahr, daß sie zu langsam aufgestellt wird und zu spät eingreift. Bedient sich die Weltrepublik dagegen der Polizeieinheiten der Einzelstaaten, so macht sie sich von deren Zustimmung abhängig, was der Staatlichkeit der Weltrepublik, ihrer – thematisch begrenzten – Souveränität widerspricht. Infolgedessen drängt sich doch eine ständige Weltpolizeitruppe auf. Diese erleichtert sich die Unparteilichkeit, wenn die leitenden Personen über die für jede Exekutive zuständige Weltbürgertugend, den Weltrechtssinn, verfügen (s. Kap. 12.2). Der anspruchsvollere Weltgerechtigkeitssinn ist erst bei jenen öffentlichen Gewalten gefragt, die über die Einsatzregeln oder den konkreten Einsatz der Weltpolizei entscheiden oder über den eventuell illegitimen Einsatz nachträglich urteilen, also bei der Weltlegislative, bei der Spitze der Weltexekutive, der Weltregierung, und bei der Weltjudikative.

13.2 Welt-Bürgerschutz

Nach geltendem Recht haben Ausländer weniger Rechte als Staatsangehörige. Dieser Unterschied soll aber nach der Ansicht strenger Globalisten aufgehoben werden (Beitz 1989). Für Habermas ([2]1997) entfällt die öffentlich-rechtliche Differenz zwischen Innen und Außen, zwischen Eigenem („Eingeborenen“) und Fremden, weil alle Menschen gleichermaßen Eingeborene und Fremde seien. Beide Ansichten enthalten ein berechtigtes Element, das sie aber zu Unrecht verabsolutieren. Gemäß unserem dritten Weg, dem qualifizierten Kosmopolitismus, steht jedem Menschen eine doppelte Mitgliedschaft zu, eine „nationale“ Staatsbürgerschaft und eine komplementäre Welt-Bürgerschaft:

Die Welt-Bürgerschaft kommt den Globalisten entgegen und sichert allen Menschen an jedem Ort der Welt denselben Schutz der Menschenrechte. Weder dürfen friedliche Ausländer schon an der Grenze – von den Staatsorganen oder in staatlicher Duldung – beraubt, willkürlich ins Gefängnis geworfen oder gar versklavt werden, noch dürfen sie, einmal ins Land eingelassen, dem Schutz des Zivil- und des Strafrechts entzogen werden. Und bei etwaigen Defiziten an nationalem Rechtsschutz darf man nicht bloß vor der staatlichen Gerichtsbarkeit gegen die eigene Regierung klagen, sondern auch seine Klage über den innerstaatlichen Instanzenweg hinaus vor ein Weltgericht ziehen. (Dieser muß sich allerdings streng an die Grenzen eines

Gerichtes halten und darf nicht mit justitialen Mitteln Politik machen.) Andererseits ist die kommunitaristische Politik legitim, andere Rechte, beispielsweise das Recht auf ausländische Immobilien oder Kunstwerke, oder das Recht auf demokratische Mitwirkung einzuschränken. Ebenso besteht auf die Solidarität fremder Gemeinwesen kein rechtsmoralischer Anspruch. Zwischen „dazugehörig" und „fremd" besteht also keine absolute, wohl aber eine relative Differenz.

Weil das Welt-Bürgerrecht das Staatsbürgerrecht nicht aufhebt, sondern ergänzt, wird, wer im Sinne nationaler Staatsangehörigkeit überall Ausländer ist: der bloße Welt-Bürger, rechtlich teils diskriminiert, teils privilegiert. Ihm fehlt beispielsweise das Recht, irgendwo ein Gemeinwesen mitzugestalten, allerdings hat er auch keine Pflicht, Wehr- oder Zivildienst abzuleisten. Für die Aufgabe, diese illegitime Sonderstellung zu überwinden und jedem Menschen irgendwo auf der Erde eine Staatsangehörigkeit zu gewährleisten, ist die Weltrepublik mitverantwortlich. Sie muß auf inner- und zwischenstaatliche Regelungen dringen, die verhindern, was nach der Oktoberrevolution und den beiden Weltkriegen Millionen Menschen traf: daß sie staatenlos wurden. Damit jeder das Recht hat, Rechte zu haben (vgl. Arendt [4]1995, 422 ff., 703 ff.), genauer: das Recht, nicht nur Welt-Bürgerrechte, sondern auch nationale Bürgerrechte zu haben, darf kein Neugeborener ohne Staatsangehörigkeit ins Leben treten. Und niemand darf die Staatsangehörigkeit verlieren, vor allem nicht gegen seinen Willen, ohne daß er eine andere Staatsangehörigkeit be- oder erhält. Das Welt-Bürgerrecht beginnt daher systematisch mit einem Anspruch, der übrigens in die *Allgemeine Erklärung der Menschenrechte* eingegangen ist: „Jeder Mensch hat Anspruch auf Staatsangehörigkeit (nationality)" (Art. 15.1). Was Hegel für die höchste Pflicht hält (*Rechtsphilosophie*, § 258), ist auch ein basales Recht: Mitglied einer öffentlichen Rechtsordnung, eines Staates, zu sein.

Schwierig ist jedoch die Frage, ob man seine Staatsbürgerschaft, auch wenn sie die einzige ist, nicht von sich aus ablegen darf: Einerseits sollte man das Recht haben, auf diese Weise politischen Protest auszudrücken, beispielsweie einen Protest gegen Menschenrechtsverletzungen oder gegen die Außenpolitik der Regierung. Wer zur Überzeugung gelangt, daß er, weil alle anderen Mittel nichts fruchten, nur in dieser Form seine moralische Integrität wahren kann, sollte auf seine Staatsbürgerschaft verzichten dürfen. Andererseits hat der Verzicht etwas von einem pragmatischen Widerspruch an sich. Wer gegen seine Regierung protestiert, will auf sie Einfluß nehmen; mit dem Verzicht auf die Staatsbürgerschaft begibt man sich aber der damit verbunden Mitwirkungsrechte und deren Einflußmöglichkeiten. Man könnte sogar einen zweiten pragmatischen Widerspruch sehen: Wer gegen die Politik einer Regierung protestiert, fordert deren Veränderung und setzt in dieser Forderung eine Differenz von Regierung und Gemeinwesen bzw. Staat. Wenn aber der Protest die Gestalt eines Verzichtes auf die Staatsangehörigkeit annimmt, so zieht er genau diese Differenz ein. Er gibt der Regierung einen Rang, die eine ungerechte Regierung am wenigsten verdient: er setzt sie mit dem Gemeinwesen gleich. Außerdem besteht die Gefahr, daß die nach dem Verzicht geborenen Kinder ohne Staatsangehörigkeit bleiben, was deren Rechte und Lebenschancen beeinträchtigt, also der Elternverantwortung widerspricht. Infolgedessen kann der Verzicht auf die einzige Staatsbürgerschaft, ohne eine neue zu erhalten, nur als Ausnahme, ohnehin nur als ultima ratio legitim sein.

13.2.1 Freizügigkeit

Weil das Recht auf Differenz ein eigenes Gemeinwesen zuläßt und weil dessen Mitglieder im Rahmen universaler Prinzipien besondere Rechte erhalten dürfen, gehört zum Welt-Bürgerrecht keine unbeschränkte Freizügigkeit. Der Heimatstaat darf seinen Bürgern zwar weder die Auswanderung noch den Wechsel der Staatsangehörigkeit verbieten. Denn nach einem erweiterten Verständnis von Glaubens- und Gewissensfreiheit haben sie das Recht, die (gesellschaftlichen, politischen und kulturellen) Besonderheiten eines anderen Staates vorzuziehen. Ein Anspruch, sich in jedem Staat der Welt auf Dauer aufzuhalten, an dessen Gestaltung gleichberechtigt mitzuwirken und sich der Segnungen von dessen Sozialstaatlichkeit zu erfreuen, kurz: ein Menschenrecht auf Einwanderung, besteht dagegen nicht.

Gegen ein universales Einwanderungsrecht spricht schon der Grundsatz „ultra posse nemo obligatur“; die Ressourcen selbst eines großzügigen Gastlandes können nämlich gesprengt werden. Man stelle sich vor, die etwa 12 Millionen Vertriebenen des Zweiten Weltkrieges oder die etwa 15 Millionen Flüchtlinge, die es Ende der 90er Jahre gibt, hätten alle in einen so wohlhabenden, aber kleinen Staat wie Liechtenstein einwandern wollen. Offensichtlich hätte das Land nicht nur seine Eigenart und seinen Wohlstand, sondern selbst die Möglichkeit zu überleben verloren. Denn die Einwohnerschaft von vorher 28 500 würde auf das Vier- bis Fünfhundertfache erhöht und den mehr als 99 % Zuzüglern stünden wenige Promille „Autochthone" gegenüber. Die Lage würde sich zwar nachhaltig entspannen, wenn man die Flüchtlinge auf alle wohlhabenden Länder verteilte. Die Verteilung erfolgte aber nicht durch die Flüchtlinge, schränkte also deren Freizügigkeit schon ein.

In der etwaigen Ressourcenknappheit deutet sich ein zweites Gegenargument an: Das Hilfsgebot ist in vielen Fällen keine rechtsmoralische Pflicht, sondern eine Aufgabe der Solidarität oder der Menschenliebe. Außerdem läßt es die Art der Hilfe offen. Und vielfach ist die „Hilfe vor Ort" besser als die Aufnahme von Flüchtlingen, zumal sie selten in ihre Heimat zurückkehren können; in der Regel bleiben sie auf Dauer vertrieben, und das Unrecht des Vertreibens wird mit Erfolg belohnt.

Schließlich zeichnet sich ein drittes Gegenargument ab: Bei einer bestimmten Menge von Einwanderern und entsprechendem Verhalten schlägt die Einwanderung in Kolonialisierung um. Der damals einflußreiche Naturrechtslehrer Francisco de Vitoria (*Relectio de Indiis* II, 1539) fordert zwar im Namen der „natürlichen Gesellschaft und Gemeinschaft" eine universale Niederlassungsfreiheit. Das bekannte Ergebnis, eine Herrschaft der Spanier und Portugiesen über die mittel- und südamerikanischen Ureinwohner, die Indios, wäre aber auch bei einer humaneren Kolonialisierung nicht rechtens. Selbst gegen innerstaatliche Umsiedlungen großen Stils tauchen Bedenken auf. Daß Indonesien die Überbevölkerung von Java (von 1900 bis 1990 wächst die Einwohnerschaft von 6 auf 107,5 Millionen) durch Umsiedlung auf die bislang sehr dünn bevölkerten Außeninseln zu entschärfen sucht, sieht auf den ersten Blick vernünftig aus. Der zweite Blick bemerkt aber, daß eine Religion andere Religionen und eine Sprache andere Sprachen verdrängt: Die muslimischen, malaysischen Javaner schicken sich an, animistische Papuas und christliche Dajaks zu majorisieren. Überdies wird die auf einer wirtschaftlich einfacheren Stufe stehende Bevölkerung von der wirtschaftlich entwickelteren überrannt.

Da es kein moralisches Menschenrecht auf Einwanderung gibt, darf ein Staat – in gewissen Grenzen – entscheiden, wie viele Einwanderer er aufnimmt und welche Bedingungen er an sie stellt, einschließlich an die Bereitschaft, ein Minimum an sozialer und politischer Kultur des Gaststaates zu übernehmen. Auch bei dieser Frage besteht ein Recht auf Differenz: Klassische Einwanderungsländer wie die USA pflegen ein höheres Maß an kultureller Offenheit mit jenem geringeren Maß an sozialer Solidarität zu verbinden, das in einer schwächer entwickelten Sozialstaatlichkeit und in deutlich größeren Einkommens- und Vermögensunterschieden zutage tritt. Warum sollte es die andere Politik – mehr Solidarität bei einem höheren Maß an kultureller Homogenität – nicht geben dürfen?

Von der anspruchsvollen Freizügigkeit, dem (angeblichen) Menschenrecht auf Einwanderung, ist die bescheidene Freizügigkeit, das Recht auf Kontaktaufnahme, zu unterscheiden. Wegen des Welt-Bürgerrechts haben die Menschen die Befugnis, andernorts anzuklopfen und ihr Begehr kundzutun, aber nicht den Anspruch auf Einlaß oder gar auf eine Mitwohn- und Mitsprachemöglichkeit. Schon Kant unterscheidet klar das bescheidene Besuchsrecht vom anspruchsvollen Gastrecht und hält nur das erste für rechtsmoralisch geboten (*Frieden*, 3. Definitivartikel; *Rechtslehre*, § 62): Weil die Menschheit „ursprünglich", das heißt: vernunftgemäß (nicht „uranfänglich", das heißt: geschichtlich), im Gesamtbesitz der Erde sei, gehöre es zum Recht jedes Erdenbürgers, sich friedlich an jeden Platz der Erde zu begeben und den dort Ansässigen sich zu jeder Art von Kooperation anzubieten: vom Handel mit Waren und Dienstleistungen über Freundschaft oder Heirat bis zu wissenschaftlichem und künstlerischem, auch religiösem oder politischem Austausch. Die Gegenseite ist aber nicht verpflichtet, das Angebot anzunehmen und sich auf den Handel oder auf politische, religiöse, kulturelle, . . . Missionierung einzulassen.

Ein Sonderproblem entsteht dort, wo das bloße Angebot zur Kooperation das Überleben einer Kultur gefährdet. Noch gibt es nämlich große Gebiete auf der Erde, in die die moderne Zivilisation so gut wie nicht eingedrungen ist: Haben die Bevölkerung weiter Teile Tibets und die der tropischen Regenwälder Afrikas, Asiens und Südamerikas nicht ein Recht, vor den „Segnungen der Zivilisation" geschützt zu werden? Weil Steinzeitkulturen sich dem Sog und Druck einer spätindustriellen Konsumgesellschaft kaum entziehen können, werden sie in ihrer sozialen und kulturellen Eigenart, darüber hinaus selbst in ihrem physischen Überleben bedroht, was den Kern allen Rechts, die Wechselseitigkeit, und ihr negatives Minimum, das Verbot gewalttätigen Umgangs, verletzt. (Zweifellos sind nicht alle Eigenarten schutzwürdig, beispielsweise nicht Menschenopfer oder Kannibalismus. Die Frage, ob man eingreifen darf, gehört aber nicht zum Thema Einwanderungsrecht, sondern zur humanitären Intervention, s. Kap. 14.3.)

Das elektronische Weltnetz (Internet) gibt übrigens dem Besuchsrecht eine neue Chance. Man kann sich nicht bloß einfacher, überdies global, sondern auch für alle Seiten weit gefahrloser anbieten. Soweit die (geschäftlichen, wissenschaftlichen, kulturellen, ...) Verbindungen im Netz stattfinden, verbinden sie sich weder mit einem Aufenthalt noch gar mit einer Niederlassung, und zumindest die Bedrohung von Leib und Leben entfällt.

13.2.2 Asyl

Das Asylrecht ist vom Thema Freizügigkeit zu unterscheiden. Geschichtlich aus bescheidenen Anfängen entstanden, wahrscheinlich als ein kleiner Schritt zur Überwindung der Blutrache, außerdem lange Zeit auf wenige Räume („Freistätten") beschränkt: zunächst nur auf geheiligte Stätten, später auch auf adlige Burgen und Schlösser und wieder später auf Häuser der Stadtbürger erweitert, hat sich mittlerweile das Asylrecht zu einem universalen Grundrecht entwickelt. Seine völkerrechtliche Gestalt im Artikel 14 (1) der Allgemeinen Erklärung der Menschenrechte: daß jeder Mensch „das Recht" hat, in anderen Ländern vor Verfolgungen Asyl zu suchen und zu genießen", ist freilich bescheiden. Es beinhaltet weder ein Recht des einzelnen auf Asyl noch eine Pflicht der Staaten, Asylsuchende aufzunehmen, sondern stellt lediglich fest, daß das Gewähren von Asyl weder einen feindlichen Akt gegen den Heimatstaat noch eine unzulässige Einmischung in dessen innere Angelegenheiten darstellt. Politisch Verfolgte dürfen zwar gemäß dem Zurückweisungsverbot („Non-Refoulement") in den Verfolgerstaat nicht zurückgeschoben werden. Gleichwohl genießen sie keinen subjektiven Asylanspruch, so daß man sie in sichere Drittstaaten abschieben darf (vgl. Hailbronner 1997, 257f.). Die anspruchsvolle Gestalt, das Asylrecht als einklagbares Individualrecht, wird nur von wenigen Staaten, namentlich Deutschland (Art. 16, 1 Grundgesetz), anerkannt. Den vielen anderen Staaten darf man aber nicht deshalb Hartherzigkeit oder mangelndes Menschenrechtsbewußtsein vorwerfen (vgl. Beitz/Wollenschläger 1980/81, Kälin 1991, Kimminich 1983).

Rechtfertigen läßt sich das Asylrecht mit dem genannten Kantischen Argument, dem ursprünglichen Gemeinbesitz der Menschheit an der Erde: Wenn jemand in seinem angestammten Gemeinwesen von diesem selbst verfolgt wird, obwohl er sich keines Delikts schuldig gemacht hat, wenn er also, obwohl rechtlich unbescholten, „um sein Leben rennen" muß, hat er das Recht, an einem anderen Ort des ursprünglichen Gemeinbesitzes sich aufzuhalten und bei andauernder

Verfolgung auch niederzulassen. Dieses subjektive Recht hat er aber nicht staatsbürgerlich, gegen einen besonderen, schon gar nicht gegen einen einzigen Staat, sondern welt-bürgerlich: gegen die Gesamtheit aller Staaten. Ohnehin tauchen erneut Kapazitätsfragen auf: Man stelle sich wieder vor, Millionen berechtigter Asylsuchender würden einen einzigen, wohlhabenden, aber winzigen Staat aufsuchen. Dieser wäre nicht nur von seiner territorialen Größe und der Finanzkraft her hoffnungslos überfordert; er käme auch mit den Fragen sprachlicher Verständigung und sozialer Integration kaum zu Rande.

Erkennt man das Asylrecht als Welt-Bürgerrecht an, so hat die Weltrepublik dafür zu sorgen, daß in einer fairen Lastenverteilung die Asylsuchenden zunächst unmittelbaren Schutz erhalten und sodann in den verschiedenen Staaten unterkommen. Daß ein einziger Staat stellvertretend für alle anderen Staaten die Sünden aller autoritären Regimes und gewalttätigen Völker dieser Welt tragen soll, ist eine Ausnahmestellung, die sich wie jedes Privileg rechtsmoralisch nicht begründen läßt. Ebensowenig läßt sich rechtfertigen, daß innerhalb eines Rechtsstaates, der sogar das Asylrecht anerkennt, sich eine Kirchengemeinde die Befugnis herausnimmt, gegen die staatlichen Entscheide ein eigenes Kirchenasyl zu gewähren. Allenfalls darf man sich zu bürgerlichem Ungehorsam entscheiden.

Die moralische Leistung des Asylrechts steht außer Zweifel. Es hat unzähligen Menschen das Leben gerettet und noch mehr Menschen eine erhebliche Verbesserung ihrer Lebensumstände ermöglicht. Die Anwendung des Rechts wirft allerdings die schwierige Frage auf, worin jene Verfolgung besteht, die das Asylrecht auf den Plan ruft. Denn lediglich zur Verbesserung irgendwelcher Lebensumstände ist es nicht geschaffen: Beginnt jene politische oder religiöse Verfolgung, auf die es gemünzt ist, schon bei leichter Belästigung oder erst bei akuter Todesdrohung? Im übrigen verliert das Asylrecht eine Anwendungsbedingung, die politische oder religiöse Verfolgung, sobald sich alle Gemeinwesen zu qualifizierten Demokratien entwickelt haben.

13.2.3 Kriminalität

Wie die legale Wirtschaft, so hat auch die Kriminalität längst nationale Grenzen überschritten und sich in Form von internationalen Unternehmen organisiert, die dem Waffen-, dem Rauschgift- und dem Menschenhandel, hier etwa mit Wirtschaftsflüchtlingen, billigen Arbeitskräften und mit Prostituierten, ferner der Kinderpornographie, der Industriespionage und der Geldwäsche nachgehen. Auch der Terrorismus hält sich nicht an staatliche Grenzen. Da die Verbrecherkartelle immer raffinierter vorgehen, insbesondere ihre Geldwäsche immer ausgefeilter wird, da außerdem die „alten" Kartelle durch „neue" Konkurrenz erhalten, überrascht es nicht, daß die Jahr für Jahr durch Kriminalität erwirtschafteten Gewinne, also das jährlich erwirtschaftete „Brutto-Kriminalprodukt", auf eine Summe geschätzt wird, die fast der Hälfte des Bruttosozialproduktes des vereinigten Deutschland entspricht: auf 500 Milliarden Dollar.

Da die Bekämpfung der Kriminalität zur inneren Sicherheit gehört, obliegt sie den Einzelstaaten. Wegen seiner Internationalität kann das Problem zwar nicht allein innerstaatlich gelöst werden. Die erforderliche Kooperation muß aber nicht über die Weltrepublik erfolgen, zumal im Weltmaßstab noch mehr zutrifft, was schon in Europa gilt: daß die Zusammenarbeit hochbürokratisch, inflexibel und technisch überholt stattfindet. Als Kehrseite des Welt-Bürgerrechts besteht jedoch eine Pflicht zur Kooperation: So wie Ausländern derselbe Rechtsschutz wie Inländern zukommt, verdienen die Bürger den Rechtsschutz auch gegen Täter, die von anderen Ländern aus agieren oder sich dorthin absetzen. Infolgedessen müssen die Staaten, in denen die Täter (ob In- oder Ausländer, bleibt sich gleich) wirken oder unterzutauchen suchen, bei der Verbrechensbekämpfung kooperieren. Nur subsidiär, dort nämlich, wo die primäre, einzelstaatliche Verpflichtung nicht wahrgenommen wird, ist die Weltrepublik zuständig. Sie ist eine Appellationsinstanz, die bei fehlender Kooperation für Abhilfe sorgt, außerdem die Instanz, die Rahmenrichtlinien für die Kooperation entwickelt.

Die Globalisierung erlaubt nicht bloß der traditionellen Kriminalität eine neue Ausdehnung. Das elektronische Weltnetz ermöglicht auch neuartige Formen von Mißbrauch und Kriminalität. Auf dem fast perfekten Markt, den es schafft, drohen nämlich beiden Seiten, sowohl den Geschäftsleuten und Anbietern als auch den Kunden und im Gesundheitswesen den Patienten, eine Unterhöhlung der Rechte: Weil digital gespeicherte Werke ohne jeden Qualitätsverlust beliebig kopiert, andernorts eingespeist und abgerufen, überdies mühelos verändert und mit anderen Werken kombiniert werden können, ist geistiges Eigentum gefährdet. Ferner können Hacker, Spione, Erpresser und andere „gierige Datensammler" Informationen stehlen, mißbrauchen und manipulieren, was den Datenschutz und im Fall von Betrug bei elektronischen Bankgeschäften zusätzlich materielles Eigentum bedroht. Nicht zuletzt entgehen den Finanzministerien Zölle und Umsatzsteuern.

Offensichtlich braucht es hier einen neuen, nicht mehr auf Landesgrenzen festgelegten, vielmehr internationalen Rechtsschutz. Dabei ist die Weltrepublik nur subsidiär, gleichwohl obligatorisch verantwortlich. Subsidiär ist die Aufgabe, weil sie in die einzelstaatliche Verantwortung für Rechtsschutz gehört und grenzüberschreitende Aufgaben durch zwischenstaatliche Absprachen gelöst werden können. Bei ihnen droht aber die zu Steueroasen analoge Gefahr (s. Kap. 15.1): Um sich Vorteile zu verschaffen, tritt man entweder den Absprachen gar nicht bei oder nimmt deren Einhaltung nicht ernst. Nicht von vornherein, aber sobald und soweit dies geschieht, eben subsidiär, ist die Weltrepublik gefordert.

Weil sich die digitale Wirtschaft für die Gangart von Regierungen zu schnell entwickelt, wäre eine alternative Doppel-Strategie denkbar, die Verbindung von (Bürger-)Selbstschutz mit (Unternehmens-) Selbstkontrolle: Einerseits schützen sich die Bürger, sowohl Kunden als auch Urheber geistigen Eigentums, durch den Einsatz spezieller Programme („Software") selber. Andererseits unterziehen sich die Unternehmen, angefangen beim sehr sparsamen Umgang mit persönlichen Daten, einer freiwilligen Selbstkontrolle. Da aber auf dem elektronischen Markt große Gewinne winken und das Weltnetz eine schier unerschöpfliche Fundgrube für Daten bietet, werden Begehrlichkeiten geweckt, derentwegen weder mit einer wirksamen Selbstkontrolle noch mit einem wirksamen Selbstschutz zu rechnen ist. Und im Wettlauf mit „Code-Knackern" können die Sicherheitsfachleute auch technisch mit keinem dauerhaften Sieg rechnen.

13.3 Weltgerichte

Die rechtsförmige Streitschlichtung erfolgt über einen unparteiischen und autorisierten Dritten, ein Gericht. Infolgedessen braucht es für den internationalen Streit in beiden Grundarten, für den völkerrechtlichen und den welt-bürgerlichen Streit, Gerichte mit internationaler Zuständigkeit. In ihrem Rahmen befassen sich Völkerrechtsgerichte mit dem Streit zwischen Staaten und dem zwischen Staaten und der Weltrepublik. Und die Welt-Bürgerrechtsgerichte werden beispielsweise dort tätig, wo Staaten sich der Rassendiskriminierung, der Diskriminierung der Frauen oder der von Ausländern schuldig machen. Bei beiden Arten von Weltgerichten sind zwei Falltypen zu unterscheiden: die Normenkontrollklage gegen nationale Gesetze und die Einzelfallklage gegen nationale Fallentscheidungen.

Internationale Gerichte gibt es seit langem. Die Zentralkommission für die Rheinschiffahrt, ein straf- und zivilrechtliches Berufungsgericht, besteht seit 1831, und ihr Vorläufer reicht in das Jahr 1804 zurück. Das Hauptjustizorgan der Vereinten Nationen, der Internationale Gerichtshof in Den Haag, hat sogar eine weltweite Zuständigkeit. Seine Gerichtsbarkeit ist aber fakultativ, nicht obligatorisch, und den Gutachten, die die Generalversammlung oder der Sicherheitsrat bei ihm einholen dürfen, fehlt die Rechtsverbindlichkeit. Ähnliches gilt für die anderen Beispiele internationaler Gerichtsbarkeit, den Internationalen Seegerichtshof in Hamburg, der eine Institution im Rahmen der Vereinten Nationen und damit für die Mitgliedstaaten zuständig ist, oder das Schiedsgericht der Internationalen Handelskammer in Paris, die einzige weltweite Organisation des freien Unternehmertums mit nationalen Komitees in etwa 60 und Einzelmitgliedern in etwa 150 Staaten. Gerichte, die weltweit und obligatorisch zuständig sind und zusätzlich über eine abschließende Entscheidungsbefugnis und deren wirksame Durchsetzung verfügen, also Weltgerichte im vollen Sinn, gibt es derzeit nicht.

Auch beim Gerichtswesen läßt sich die Philosophie nicht auf Einzelheiten ein. Ohnehin kann eine Weltgerichtsbarkeit auf das hochverfeinerte Instrumentarium nationaler Gerichte und auf die Erfahrungen mit den bestehenden internationalen Gerichten zurückgreifen. Einige Gesichtspunkte verdienen aber, betont zu werden:

13.3.1 Richterlicher Weltrechtssinn

Ein idealer, nämlich im strengen Sinn unparteiischer und objektiver Gerichtsentscheid muß so ausfallen, daß jeder, der sich mit dem Tatbestand und der Rechtslage vertraut macht, denselben Entscheid fällt. Nur dann kommt ein Rechtsspruch seiner Aufgabe nach, Spruch des Rechts zu sein statt die Dezision einer zwar verfahrensmäßig autorisierten, inhaltlich aber willkürlichen Gewalt. Ebenso findet nur unter dieser Bedingung die wahre Pazifizierung statt, daß die unterlegene Partei sich nicht als Opfer einer ihr mißgesonnenen Autorität fühlt (gemäß dem bösen Sprichwort: „Auf hoher See und vor Gericht ist man in Gottes Hand“). Der Unterlegene kann vielmehr in die Rolle des neutralen Beobachters schlüpfen und von dort, wenn auch ungern, den Spruch anerkennen.

Handlungstheoretisch gesehen kommt ein idealer Gerichtsentscheid durch das Zusammenspiel von zwei personalen bzw. subjektiven Faktoren mit einem objektiven Faktor zustande: In personaler Hinsicht muß der Richter die kognitive Fähigkeit, einen Tatbestand im Licht des gegebenen Rechts zu interpretieren, mit der moralischen Bereitschaft verbinden, die Interpretation sine ira et studio vorzunehmen. Die kognitive Fähigkeit hängt ihrerseits von juristischer Ausbildung, von Urteilskraft und von Gerichtserfahrung ab, die moralische Bereitschaft von einer Grundeinstellung, die sich zwar durch Gerichtspraxis weiter ausbilden und verfestigen läßt, die aber auch durch (manchmal subtile) Vormeinungen, bei höheren Instanzen überdies durch das Wissen um Macht gefährdet wird. Beide Faktoren haben eine Voraussetzung. Dort, auf der kognitiven Seite, braucht es ein gemeinsames Rechtsverständnis und hier, auf der moralischen Seite, ein gemeinsames Gerechtigkeitsverständnis, dieses freilich nur in der bescheidenen Stufe der Rechtsanwendungs-, nicht auch der Rechtssetzungsgerechtigkeit. Nur wenn beide Voraussetzungen zusammentreffen ergibt sich jener richterliche Rechtssinn, den das Richterkollegium eines idealen Gerichtsentscheides besitzen muß.

Den normativen Kern des Rechtssinns für ideale Weltgerichte, des Weltrechtssinns, bilden universale Rechtsprinzipien, bestehend aus den Menschenrechten und universalen Verfahrensgrundsätzen. Wegen deren Unterbestimmtheit (s. Kap. 4.4) reichen sie aber nicht aus. Zu Recht sagt Radbruch ([3]1965, 206): „Eine übernationale Rechtsordnung muß sich in einer Anzahl übernationaler Menschen verkörpern. Weltrichter kann es nur geben, wenn es zuvor Weltbürger gab." Gleichwohl genügt eine übernationale, selbst globale Rechtsgesinnung nicht. Das universale Strafrechtsprinzip beispielsweise, daß man nur aufgrund schlüssiger Beweise verurteilen darf, läßt die Frage offen, welche Beweismittel zulässig sind. Die Antwort auf diese und andere Fragen bildet sich in internationalen Rechtsdiskursen und in der Erfahrung neuer Probleme und Problemlösungen heraus. Dabei treten konkurrierende politische Einschätzungen auf; so haben Staaten, die für organisierte Kriminalität sensibel sind, Schwierigkeiten mit dem Versuch, gewisse Beweismittel als „großen Lauschangriff" zu desavouieren.

Die Aufgabe, weitergehende Gemeinsamkeiten zu entwickeln, wird durch den Umstand erschwert, daß sie die nationale Rechtsordnung nicht unangetastet lassen. Die Beweismittel beispielsweise, die ein

Weltrechtssinn für zulässig hält, kann eine nationale Gerichtsbarkeit schwerlich auf Dauer abweisen. Andererseits droht die Gefahr, daß ein im Weltmaßstab partikulares Rechtsbewußtsein dominiert, was auf einen Rechtskolonialismus hinausläuft. Die Konsequenz ist gravierend und zugleich fatal: Wo sich wegen der kontingenten Konstellation des jeweiligen internationalen Gerichts oder wegen entsprechender Machtverhältnisse in den Weltmedien eine gewisse, beispielsweise die anglo-amerikanische oder die kontinentaleuropäische oder eine afrikanische Rechtstradition durchsetzt, dort ist der Rechtsspruch präformiert, und im selben Maß geht Macht vor Recht. Dagegen hilft nur ein global gemeinsames Welt-Rechtsverständnis und ein ebenso global gemeinsames, zunächst auf Rechtsanwendung konzentriertes Welt-Gerechtigkeitsverständnis, also der genannte richterliche Weltrechtssinn.

13.3.2 Gesetzesstaat und Richterstaat

Zusätzlich zu den beiden personalen Bedingungen braucht es für einen unparteiischen Gerichtsentscheid eine objektive Voraussetzung: eine klare Vorgabe. Für die Einzelfallentscheidung besteht sie in wohlbestimmten Regeln oder maßgeblichen Vorentscheidungen, Präjudizien; und für die Normenkontrolle sind es wohlbestimmte Normen zweiter Stufe, höherrangige Regeln wie etwa Verfassungsnormen.

Im Prinzip haben Weltgerichte dieselben Vorgaben. Im zuständigen Völkerrecht spielt aber das (Völker-)Gewohnheitsrecht und dessen allmähliche Fortbildung in Gerichtsentscheiden eine größere Rolle als im nationalen Recht, so daß ein zwar unverzichtbares, rechtlich aber problematisches Recht, das Richterrecht, mehr Gewicht erhält. Unverzichtbar ist dieses Recht, da immer wieder Fälle vorkommen, für die noch keine Regeln oder Präjudizien existieren, weshalb das *Schweizerische Zivilgesetzbuch* (Art. 1, 2) zu Recht sagt: „Kann dem Gesetze keine Vorschrift entnommen werden, so soll der Richter nach Gewohnheitsrecht und, wo auch ein solches fehlt, nach der Regel entscheiden, die er als Gesetzgeber aufstellen würde." Problematisch ist das Richterrecht jedoch, weil die Rolle des Gesetzgebers einer anderen und rechtlich prioritären Instanz, der Legislative, zusteht. Nun wird sie durch ein extensives Richterrecht entmachtet, so daß der besonders hohe Anteil an Richterrecht die Gewaltenteilung unterhöhlt. Hier ist von beiden Seiten Umsicht geboten: Die Weltgerichte haben sich der richterlichen Selbstbescheidung („judicial self-restraint") zu befleißigen, und die Weltlegislative muß rechtzeitig hinreichend präzise Gesetze erlassen. Der rationalistische Traum einer Rechtskodifikation, die für alle nur denkbaren Rechtsfälle klare Entscheidungsvorgaben macht, ist freilich längst ausgeträumt. Auch eine Weltgesetzgebung wird ohne Generalklauseln, Ermessensspielräume und unbestimmte Rechtsbegriffe und ein sie ausnutzendes Richterrecht nicht der komplexen Wirklichkeit Herr. Dagegen hilft nur eine Doppelstrategie: Einerseits ist nach dem Prinzip Subsidiarität möglichst viel schon unterhalb der Weltgerichtsebene zu entscheiden, andererseits muß auch der Weltrechtssinn der Weltrichterschaft um so stärker ausgebildet sein.

13.3.3 Weltschiedsgerichte?

Über dem Sinn und Nutzen staatlicher Gerichtsbarkeit darf man ihre Nachteile nicht übersehen: die langen Verfahren, die hohen, nicht bloß finanziellen Kosten und eine oft unliebsame Publizität. Um dem zu entgehen, haben sich sowohl im nationalen als auch internationalen Bereich Schiedsgerichte entwickelt. Deren mit Mehrheit gefällter Schiedsspruch bindet die Parteien und läßt in der Regel keine Rechtsmittel wie höhere Instanzen zu. In den internationalen Handelsbeziehungen sind Schiedsgerichte sogar so weit verbreitet, daß die staatliche Gerichtsbarkeit – im Konsens aller Beteiligten – fast ausgehebelt ist (Kreindler 1997 und 1997a).

Was im internationalen Wirtschaftsverkehr längst vorherrscht, dürfte sich für zwischenstaatliche Konflikte in Grenzen übernehmen lassen: eine von unparteiischen Dritten durchgeführte und doch nicht staatliche, sondern „private“ Konfliktlösung. Schon wegen ihrer Flexibilität ist sie attraktiv, darüber hinaus, weil sie die Souveränität der Staaten weniger einschränkt, da diese sowohl auf die Besetzung der Richterbank als auch auf die gerichtliche Zuständigkeit und auf die Entscheidungsgrundlagen Einfluß haben.

Als die ältere Form internationaler Streiterledigung hat die internationale Schiedsgerichtsbarkeit der Entwicklung (gewöhnlicher) internationaler Gerichtsbarkeit vorgearbeitet und durch wegweisende Entscheidungen das Völkerrecht sogar materiell geprägt. Gerade eine subsidiäre Weltrepublik überläßt, wo immer möglich, die Konfliktlösung entweder einzelstaatlichen Gerichten oder aber den zwar auf Weltniveau operierenden, aber nicht-staatlichen Gerichten, den Weltschiedsgerichten. Im übrigen gibt es zu den zwei Grundformen richterlicher Streitbeilegung, den Weltschiedsgerichten und den gewöhnlichen

Weltgerichten, Mischformen und fließende Übergänge. Man kann nämlich ständige Schiedsgerichte einsetzen, ihnen im voraus eine bestimmte Zuständigkeit und Verfahrensordnung bestimmen, außerdem ihre Richter für eine bestimmte Amtsperiode einsetzen, womit man sich mehr und mehr dem gewöhnlichen Gericht annähert.

13.4 Ein Weltstrafrecht

Die ultima ratio staatlicher Zwangsbefugnis liegt im Strafrecht. Auch dieser einschneidendste Bereich des Rechts kennt eine Art Schiedsgericht, dies aber nur beim Vorläufer des Strafrechts, der Blutrache. Dort kam es nämlich auf einen Ausgleich von Tätern und Opfern bzw. deren Familien an, wobei ein Dritter, ein Schiedsgericht, mitwirken konnte. Um aber den bei der Blutrache drohenden Flächenbrand der Gewalt ganz abzulösen, um weiterhin sicherzustellen, daß nur wirkliche, nicht bloß vermeintliche Täter bestraft werden, um außerdem die Strafe nicht nach Maßgabe von momentaner Wut und Rache, sondern nach Maßgabe der Schwere einer Tat zu verhängen und um schließlich jeden zu erfassen und nicht „die Reichen und Mächtigen" laufen zu lassen, kurz: um der mehrdimensionalen Strafgerechtigkeit willen, haben zivilisierte Völker ein ausgeklügeltes Strafrecht entwikkelt und es einer eigenen Strafgerichtsbarkeit überantwortet.

Eine zivilisierte Weltgesellschaft folgt diesem Vorbild und schafft sich ein Weltstrafrecht. In dessen völkerrechtlicher Dimension ersetzt sie die zwischenstaatliche („völkerrechtliche") Fortsetzung von Blutrache, den Krieg, durch den Frieden. Und in der weltbürgerlichen Dimension achtet sie auf dreierlei: auf die internationale Kooperation bei der Verbrechensbekämpfung, auf einen eigenen Weltstrafgerichtshof, der teils für besondere Verbrechen, teils als Berufungsinstanz zuständig ist, und auf die Anerkennung strafrechtlicher Minimalbedingungen durch jeden Einzelstaat.

Die Legitimationsgrundlage des Strafrechts bildet seine subjektive Seite: die Strafbefugnis, und die (vielschichtige) objektive Seite: die Kriterien der Strafbarkeit, der Kanon der Delikte, die Grundsätze des Strafprozesses und die des Strafvollzugs. Soll ein Weltstrafrecht legitim sein, so müssen sich all diese Gesichtspunkte in einem die verschiedenen Rechtskulturen vermittelnden, also interkulturellen Strafrechtsdiskurs oder aber in einem sie übergreifenden, transkulturellen Strafrechtsdiskurs rechtfertigen lassen. Schon ein rascher Blick auf die geschichtliche und gesellschaftliche Wirklichkeit entdeckt gerade für das Strafrecht bemerkenswert viele Gemeinsamkeiten. Obwohl es in den Feinheiten besonders eng mit der Tradition und dem „Wertbewußtsein" einer Gesellschaft verbunden ist, wird das Wesentliche in so gut wie allen Rechtskulturen gemeinsam anerkannt, sowohl die staatliche Strafbefugnis als auch ein Großteil der Delikttypen, nicht zuletzt die entscheidenen Verfahrensprinzipien:

Seit altersher werden persönliche Rechtsgüter wie Leib und Leben, Eigentum und ein guter Name („Ehre") und öffentliche Rechtsgüter wie die eidliche Bekundung und die durch Geldfälschung bedrohte Geldsicherheit strafrechtlich geschützt. Spätestens seit dem Kodex Hammurapi, also seit weit mehr als dreieinhalb Jahrtausenden, geschieht es sogar in Schriftform. Auch Verfahrensprinzipien sind seit altersher inter- oder sogar transkulturell anerkannt, vor allem daß keine Anklage ohne Beweisverfahren erhoben und kein Urteil ohne Begründung gefällt wird. Der dahinter stehende Grundsatz, die Unschuldsvermutung („in dubio pro reo"), wird schon in Aischylos' *Eumeniden* bejaht, da sich Athene in der Situation der Stimmengleichheit – genauso viele Richter urteilen für und wider Orest – zugunsten des Angeklagten ausspricht. Und knapp eineinhalb Jahrhunderte später, zu Aristoteles' Zeit, wird das Prinzip Unschuldsvermutung schon wie selbstverständlich anerkannt (*Staat der Athener* 61, 1).

Wegen der so weitgehenden Übereinstimmung haben bereits antike Kulturen keine Schwierigkeit, Fremde bzw. Ausländer nach dem für die eigenen Bürger geltenden Strafrecht zu behandeln. Den legitimatorischen Grund spricht schon Theodor Mommsen in seiner klassischen Monographie *Römisches Strafrecht* (1899, 118 f.) aus: Ob „Mord, Brandstiftung, Diebstahl, Sachbeschädigung" – man fragt „lediglich nach der ethischen Verschuldung, nicht nach dem Personalstand des Thäters", da „der Begriff des Verbrechens, des öffentlichen wie des privaten, nicht auf den Bürger gestellt ist, sondern auf den Menschen".

Zweifellos besteht eine Strafbefugnis gegen alle Menschen nur bei allgemeinmenschlichen Rechtsverstößen. Die rechtsmoralische Legitimation begnügt sich daher nicht mit dem Faktum eines inter- oder transkulturellen Konsenses. Im Ausgang von den universal gültigen Menschenrechten sucht sie das doppelte, subjektive und objektive, und hier sowohl das materielle als auch das prozedurale Weltstrafrecht zu begründen. Das Argumentationsmuster „Legitimation plus Limitation" bleibt dabei gültig: Die Rechtfertigung eines weltstaatlichen

Strafrechts verbindet sich mit dessen Einschränkung auf den Schutz der Menschenrechte. Nach dem Muster des Sexualstrafrechts, seiner „Entrümpelung“ nämlich, werden andere Formen abweichenden Verhaltens aus dem Strafrecht ausgeschlossen.

An die strafrechtsmaterielle Liberalisierung schließt sich eine zweite, strafrechtsprozessuale Liberalisierung an: Das Weltstrafrecht verpflichtet sich auf die Verbindung von objektivem Unrecht mit persönlicher (subjektiver) Schuld und auf die Möglichkeit, daß sich eine Tat rechtfertigen läßt, eine Tötung beispielsweise durch Notwehr, oder daß sich das Ergebnis teilweise, vielleicht sogar vollständig ent-schuldigen läßt, da keine subjektive Schuld vorliegt. Weit davon entfernt, Ausdruck eines atavistischen Strafbedürfnisses oder gar Racheinstinktes der Weltgesellschaft zu sein, das eine aufgeklärte Welt-Bürgerschaft von sich weisen müßte, gehört das Weltstrafrecht zum Schutzschild der Menschenrechte und zur sichtbaren Verbundenheit der Welt-Bürgerschaft mit den Opfern von Menschenrechtsverletzungen (ausführlicher dazu Höffe 1999a).

Wichtige Bausteine der menschenrechtlichen Begründung kennen wir schon: Nach dem ersten Begründungsschritt gibt es logisch höherstufige, dabei transkulturell gültige Interessen, die wie Leib und Leben, Eigentum und ein guter Name für jeden Handelnden unverzichtbar sind und sich nur in und durch Wechselseitigkeit, durch einen transzendentalen Tausch, verwirklichen lassen (s. Kap. 3.2). Die entsprechenden Verbote – zu töten, zu stehlen, zu beleidigen, – sind die Bedingungen der Möglichkeit teils für Handlungs-, teils für Rechtsfähigkeit. Zweitens hängen den transzendentalen Interessen Wirklichkeitsdefizite an. Um die Interessen genau zu definieren, um sie gegen die Gefahr eines Trittbrettfahrens an der Rechtsordnung zu schützen und um schließlich in Übertretungs- und Konfliktfällen über sie autoritativ zu entscheiden, bedürfen sie der öffentlichen Gewalten (s. Kap. 4.1). Im Rahmen dieser Wirklichkeitsdefizite hilft das Strafrecht drittens, das Trittbrettfahren zu verhindern: Damit nicht einige den Vorteil der öffentlichen Rechtsordnung in Anspruch nehmen, ohne den allfälligen Preis, die Achtung vor den Rechtsgütern anderer, zu zahlen, muß der aus einer (wissentlich-willentlichen) Rechtsverletzung zu erwartende Schaden, also das Produkt aus der zu erwartenden Strafe und der Wahrscheinlichkeit, erwischt und bestraft zu werden, höher als der Vorteil des Trittbrettfahrens ausfallen. Nicht zuletzt sorgen strenge Verfahrensprinzipien dafür, daß vor einer etwaigen Strafe der Sachverhalt und die Rechtsfolge sorgfältig erkundet werden und daß der Angeklagte Gelegenheit zur Verteidigung und Entlastung erhält.

Weil ein menschenrechtlich legitimiertes Strafrecht sowohl in seiner Strafbefugnis als auch den Delikten und den Verfahren allgemeinmenschlich gültig ist, darf es sich auf Menschen jedweder Kultur richten. Aus demselben Grund tut sich die Weltrepublik mit einem Strafrechtsföderalismus im Prinzip leicht. Die bis heute aktuelle Forderung „Keine fremden Richter" erfüllt sie nämlich mit drei zueinander komplementären Strategien: *Erstens* beläßt sie den Einzelstaaten ihre eigenen Strafgerichte. *Zweitens* trägt sie die subsidiäre Verantwortung dafür, daß sich die Einzelstaaten auf eine Kooperation zur grenzüberschreitenden Verbrechensbekämpfung einlassen. Dazu gehört übrigens eine Praxis, die die Staaten mehr und mehr der bislang vorherrschenden Auslieferung vorziehen; es ist die stellvertretende Strafrechtspflege, das sogenannte „Weltrechts(-pflege-)prinzip": Bürger, die in einem anderen Staat ein weltstrafrechtliches anerkanntes Delikt begehen, dürfen in einem dritten Staat festgenommen und in einem vierten Staat verurteilt werden, sofern dieser den im wesentlichen selben Kriterien folgt. *Drittens* richtet die Weltrepublik einen Weltstrafgerichtshof ein. Dieser ist für besonders gravierende Verbrechen und hier vor allem für diejenigen zuständig, die über den Verantwortungsraum eines Einzelstaates hinausreichen. Außerdem kann der Weltstrafgerichtshof wie jedes Weltgericht als höchste Appellationsinstanz fungieren.

Die generelle Offenheit von Menschenrechtsprinzipien könnte allerdings die Weltstrafgerechtigkeit gefährden. Denn jene nähere Interpretation der Menschenrechte, ohne die die strafrechtlich erforderliche Wohlbestimmtheit fehlt, kann kulturabhängig ausfallen, was die Mitglieder anderer Rechtskulturen benachteiligt. Damit diese nicht nach einer ihrer Rechtskultur fremden Wohlbestimmtheit und dann zu Unrecht schuldig gesprochen und bestraft werden, muß das Weltstrafgericht in allen fünf relevanten Gesichtspunkten für eine inter- oder transkulturelle Wohlbestimmtheit sorgen: (1) bei der Strafbefugnis bzw. dem Zuständigkeitsanspruch; (2) beim materiellen Strafrecht, den Delikten; (3) bei den strafbaren Personen; (4) bei der zulässigen Strafart; (5) nicht zuletzt beim Strafverfahren. Zu diesen Gesichtspunkten einige Bemerkungen:

ad 1: Die inter- oder transkulturelle Legitimation des Strafrechts ist noch kein zureichender Grund, es der Weltrepublik zu überantworten; unbeschadet der internationalen Kooperation liegt die Strafbefugnis beim Einzelstaat. Der Weltstrafgerichtshof ist nur dann zuständig, wenn einzelstaatliche Strafgerichte unfähig oder unwillig sind, die noch zu bestimmenden schweren Straftaten überhaupt oder aber angemessen zu verfolgen. Dieser erste Grundsatz des Weltstrafgerichts, der der formalen Zuständigkeit, besteht in der Subsidiarität. Unwilligkeit oder Unfähigkeit sind zwar im Einzelfall schwer festzustellen, bieten daher Raum für Kontroversen. Mindestens dort darf man aber diese Vorbedingungen als erfüllt ansehen, wo es um das politische und das militärische Führungspersonal geht; denn hier pflegen den Einzelstaaten der Wille oder die Fähigkeit zur Strafverfolgung zu fehlen. (Zu den Gründen, warum die Internationalen Militärgerichtshöfe von Nürnberg und Tokio keine abschreckende Wirkung entfaltet haben, gehört der Umstand, daß die Täter überall dort wenig zu befürchten haben, wo ihre Verbrechen von der Staatsführung ausgehen oder von ihr wohlwollend gedeckt werden.) Und weil die Angemessenheit der Strafverfolgung in beide Richtungen, durch Über- und durch Unterreaktion, bedroht ist, empfiehlt sich, den Weltstrafgerichtshof generell als eine Berufungsinstanz vorzusehen, die sowohl der Beklagte als auch der nationale Ankläger, die Staatsanwaltschaft anrufen darf. (Ein besonderes Problem wirft das anglo-amerikanische Verbot der „double jeopardy", auf: daß die Staatsanwaltschaft gegen Freispruch keine Berufung einlegen darf.)

Neben dem Subsidiaritätsprinzip bleiben die unstrittigen Prinzipien der Strafgerichtsbarkeit gültig. Nach einem zweiten Grundsatz ist der Ankläger des Weltstrafgerichtshofs befugt, Ermittlungen ex officio, aus eigener Initiative einzuleiten, ohne die Zustimmung des betreffenden Staates oder der Weltrepublik einzuholen. Denn nur dann handelt er nicht selektiv, also ungerecht, sondern mißt mit gleicher Elle. Hier muß der Weltstrafgerichtshof über seine Vorläufer, die Militärgerichtshöfe von Nürnberg und Tokio, insofern hinausgehen, als er nicht nur im Namen von Siegermächten gegen Besiegte, sondern gegebenenfalls auch gegen mächtige, aber unbesiegte Rechtsbrecher vorgeht.

Ein dritter Grundsatz liegt in der richterlichen Unabhängigkeit: Der Gerichtshof muß politischer Einflußnahme seitens der Staaten oder der Weltrepublik enthoben sein, auf daß weder Protektion noch politische Rücksichten oder die politische Großwetterlage ihn hindern, über jedermann und in gleicher Strenge zu urteilen.

ad 2: Wegen des unstrittigen Grundsatzes „nulla poena sine lege" (‚Keine Strafe ohne Gesetz') erscheint die materielle Zuständigkeit des Weltstrafgerichtshofs solange als bedroht, wie es an einer vorgängigen weltstaatlichen Kodifikation fehlt. Für einen Vorläufer des Weltstrafgerichtshofs, die genannten Internationalen Militärgerichtshöfe, mag es zutreffen. Das Weltstrafgericht selbst kann sich aber auf Menschenrechtskonventionen, mittlerweile auch auf den Vertrag über den Internationalen Strafgerichtshof und inskünftige Konventionen berufen. Die materielle Zuständigkeit des Weltstrafgerichtshofs erstreckt sich jedenfalls problemlos auf Verbrechen, die drei Bedingungen zugleich erfüllen: daß sie besonders gravierend, daß sie unstrittig universell strafbar sind und daß sie ohnehin die Belange eines Einzelstaates überschreiten.

Nach dem vierten Grundsatz beschränkt sich der Weltstrafgerichtshof auf derart universal gültige Kernverbrechen, worunter zumindest fünf Delikte fallen: (a) der Völkermord (Genozid); (b) die Verbrechen gegen die Menschlichkeit (übrigens auch die an eigenen Staatsbürgern), wozu die willkürliche Tötung, die Folter und andere unmenschliche Behandlung, ferner die Sklaverei und sklavereiähnliche Praktiken sowie die Praxis willkürlicher Verhaftung gehören; (c) die Kriegsverbrechen, einschließlich der Bürgerkriegsverbrechen (hier wie dort gehören dazu die massenhafte Hinrichtung politischer Gegner, die ethnische Säuberung und die Vergewaltigung als Mittel der „Kriegsführung"); (d) das Verbrechen der (verantwortlichen) Entscheidung zu einem Angriffskrieg; (e) der grenzüberschreitende Terrorismus, vielleicht auch das grenzüberschreitend organisierte Verbrechen (Menschen-, Rauschgift-, Waffenhandel, ...). Bei all diesen Handlungen müssen die Menschen, insbesondere auch militärische und politische Führer, wissen, daß die Menschheit sich über den Verbrechenscharakter einig ist, daß sie die Verbrechen zu ahnden einen festen Willen hat und daß sie wegen der Schwere der Verbrechen weder zu Verjährung noch zu Amnestie bereit ist.

ad 3: Auf die Frage, wen man bestrafen darf – nur natürliche Subjekte oder auch Kollektivsubjekte wie Staaten – antwortet das Weltstrafrecht mit dem menschenrechtlich gebotenen, mittlerweile auch politisch unstrittigen Schuldprinzip. Nach dem fünften Grundsatz sind nur diejenigen im strafrechtlichen Sinn strafbar, die unmittelbar und nicht nur über Repräsentation vermittelt zu wissentlich-willentlichen Handlungen fähig sind, also natürliche Personen; und diese dürfen nur nach Maßgabe ihrer persönlichen Schuld bestraft werden. Weil nur das Handeln schuldhaft ist, das jemandem individuell vorgeworfen werden kann, entfällt jede angebliche Kollektivschuld und verbietet sich jede Kollektivbestrafung. Allenfalls sind nichtstrafförmige Maßnahmen wie Schadensersatz und Wiedergutmachung vertretbar, diese aber schwerlich noch gegen die Kinder und Kindeskinder. In Analogie zur Resozialisierung darf die Weltrepublik jedoch einen Staat zwingen, seine aggressionsbereite Politik zugunsten einer friedfertigeren aufzugeben (schon Kant: *Rechtslehre*, § 60).

ad 4: Bei den Strafen verzichtet der Weltstrafgerichtshof ausdrücklich auf alle menschenrechtsverletzenden Leibesstrafen, ohnehin auf die Folter, ferner auf die menschenrechtlich bedenkliche, vielleicht sogar illegitime Todesstrafe. Nach einem sechsten Grundsatz verhängt das Weltstrafgericht höchstens eine Freiheitsstrafe von lebenslänglicher Haft.

ad 5: Der siebente Grundsatz besteht im Inbegriff der strengen, universal gültigen Verfahrensprinzipien. Darunter fallen alle Regeln, die angesichts der für Strafprozesse charakteristischen, unvollkommenen Verfahrensgerechtigkeit ein Minimum von Unparteilichkeit garantieren, etwa „audiatur et altera pars" (‚Auch die andere Seite verdient Gehör'), „nemo sit iudex in sua causa" (‚Niemand sei Richter in eigener Sache') und als wichtigste Regel die Unschuldsvermutung: „in dubio pro reo". Bei der Frage der zulässigen Beweismittel konzentriere man sich auf den so gut wie unstrittigen Anteil. Zweifelsohne unzulässig ist das Erzwingen von Geständnissen durch Folter. Andererseits muß die Weltrepublik sicherstellen, daß ein Verfahren nicht dadurch ausgehebelt wird, daß die betreffenden Staaten den Angeklagten dem Weltstrafgericht nicht überstellen oder dem Ankläger die nötigen Ermittlungen vor Ort verweigern.

Wegen ihrer Zuständigkeit für das Welt-Bürgerrecht trägt die Weltrepublik auch für das einzelstaatliche Strafrecht Verantwortung. Insbesondere muß sie darauf dringen, daß bei den folgenden fünf Gesichtspunkten menschenrechtsverletzende Praktiken aufgegeben werden: Bei der Zuständigkeit ist die Tätigkeit von Schnellgerichten und von Sondergerichten, die sich über elementare Bedingungen des Strafrechts hinwegsetzen, aufzuheben. Beim materiellen Strafrecht dürfen weder gerechtfertigte Delikte übergangen noch nichtgerechtfertigte Delikte beibehalten werden, etwa beim Sexualstrafrecht oder bei Delikten, die sich nur aus der Bindung eines Staates an eine Religion, Ideologie oder Partei ergeben. Beim Adressaten des Strafrechts darf weder das Schuldprinzip aufgegeben noch eine Kollektivbestrafung eingeführt werden. Bei den Strafen sind verstümmelnde Leibesstrafen zu verbieten. Schließlich dürfen die strengen Verfahrensvorschriften nicht abgeschwächt werden.

Die primäre Verantwortung für diese Aufgaben trägt aber nicht die Welt-Judikative, sondern die Welt-Legislative und in ihrem Auftrag eine Welt-Exekutive. Denn hier wie andernorts kommt es auf die wirksame Durchsetzung an, auf daß kein Potemkinscher Gerichtshof entstehe. Vielmehr soll überall und zu aller Zeit sowohl den Tätern als auch den Opfern und damit zugleich der Rechtsordnung selbst jene Gerechtigkeit widerfahren, die auch ein so radikaler Moralkritiker wie Friedrich Nietzsche für „ein Stück Vollendung und höchster Meisterschaft auf Erden" hält (*Zur Genealogie der Moral*, 1887, 2. Abh., Nr. 11).

13.5 Opus iustitiae pax

Die rechtsethische Grundfrage, wer den Vorrang verdient, das Recht samt Gerechtigkeit oder aber der Friede, wiederholt sich auf der globalen Ebene: Soll zwischen den Staaten vor allem das Recht oder primär der Frieden herrschen? Käme es letztlich nur auf den Frieden an, so könnte er, wie schon Kant anmerkt (*Frieden* VIII 343), in einer Friedhofsruhe bestehen. Offensichtlich herrscht dann problemlos Frieden, wenn in Streitfällen die eine Seite auf ihre Rechte verzichtet und sich den Bedingungen der anderen Seite beugt. Im berühmten Herrschafts-Knechtschafts-Kapitel der *Phänomenologie des Geistes* skizziert Hegel, wie sich menschliches Selbstbewußtsein aus einem Kampf um Anerkennung entwickelt, der, zunächst auf Leben und Tod geführt, alle Feindseligkeit beendet, sobald eine Seite sich aus Todesfurcht rechtzeitig unterwirft. Der Preis dieses Friedens ist freilich hoch, besteht er doch in der extremen Asymmetrie von Herr und Knecht. Zugleich steht der Frieden unter dem Vorbehalt, daß eine Seite das Überleben als ihr höchstes Gut anerkennt, für das sie sogar mit Knechtschaft zu zahlen bereit ist.

Wie alle Bürgerkriege zeigen, die man um religiöser oder politischer Freiheit willen führt, ist diese Bereitschaft, ein „knechtisches Bewußtsein", schon empirisch gesehen nicht die Regel. Und ein rechtsmoralisches Gebot, sie zu entwickeln, gibt es gewiß nicht. Wird jedoch das Überleben als höchstes Gut abgelehnt, dann kämpfen beide Seiten bis zu einer Erschöpfung der Kräfte, so daß der schließliche Friede von einer Friedhofsruhe nicht fern ist. Noch in einer weiteren Hinsicht besteht ein „Friede unter Vorbehalt": Die Unterlegenen können ihr „knechtisches Bewußtsein" überwinden und sich, freilich unter Einsatz ihres Lebens, gegen den Herrn auflehnen. Der auf Unterwerfung gegründete Friede ist jedenfalls fragil.

Aufgehoben wird die Fragilität nur dort, wo nicht länger Gutdünken und Gewalt entscheiden, sondern deren grundsätzliche Überwindung, also Recht und Gerechtigkeit samt ihrer Gewährleistung durch öffentliche Gewalten. Auf den römischen Militärtheoretiker Vegetius geht das bis heute vielerorts praktizierte Motto zurück „Si vis pacem, para bellum“: „Wenn du den Frieden willst, so rüste für den Krieg“. Aus der Einsicht in die Fragilität jedes auf Gewalt bauenden Friedens folgt die Alternative „Si vis pacem, para iustitiam“: „Wenn du den Frieden willst, so sorge für Recht und Gerechtigkeit“. Weil dort, wo Recht und Gerechtigkeit herrschen, eo ipso Friede besteht, kann Kant im Anschluß an das Neue Testament (Mt 6, 33) schreiben: „Trachtet allererst nach dem Reiche der Gerechtigkeit, so wird euch euer Zweck (die Wohltat des ewigen Friedens) von selbst zufallen“ (*Frieden* VIII 378). Sinngemäß sagt es schon das aus der Antike stammende Motto „opus iustitiae pax“: „Die Frucht der Gerechtigkeit besteht im Frieden“.

Setzten sich Recht und Gerechtigkeit durch, so herrscht nicht bloß ein Friede im engeren Sinn des gewaltfreien Zusammenlebens. Wo Konkurrenzen friedlich ausgetragen und Streitigkeiten (schieds-)gerichtlich beigelegt werden, können sich die menschlicheren Kräfte konstruktiv entfalten. Weil dann Wirtschaft, Wissenschaft und Kultur aufblühen, steigert sich der engere Friede zu dem seit der Antike bekannten anspruchsvollen Frieden (s. Kap. 8.1): Die Menschheit öffnet sich zu einem umfassenden Wohlergehen.

14. Selbstbestimmung, Sezession und Intervention

14.1 Absolute Souveränität?

Unter welche Zuständigkeiten fallen das Selbstbestimmungsrecht der Völker, ein etwaiges Recht auf Sezession und jene massiven Menschenrechtsverletzungen, die die sogenannte humanitäre Intervention aufdrängen: Sind es absolut innere Angelegenheiten der Staaten, so daß sich die Weltrepublik nicht einmischen darf, oder handelt es sich um nur relativ interne, vielleicht sogar nur angeblich interne Dinge, so daß die Weltrepublik hier Verantwortung trägt?

Der Hauptbegriff der neuzeitlichen Staatstheorie, die Souveränität (lat. majestas), scheint für ein absolutes Einmischungsverbot zu sprechen. Man pflegt sie nämlich als die höchste, ihrerseits nicht mehr abgeleitete und keiner fremden Bindung unterworfene Herrschaftsgewalt zu verstehen. Selbst Jean Bodin, auf den der Begriff zurückgeht, macht aber erhebliche Abstriche. Im entscheidenden Kapitel I 8 von *Les six livres de la République* (1583) wird er zwar nicht müde zu betonen, daß der Souverän allen Gesetzen enthoben sei: „Majestas est summa in cives ac subditos legibusque soluta potestas". Trotzdem unterwirft er ihn sowohl rechtsmoralischen Vorgaben: göttlichen Geboten und dem Naturrecht, als auch dem positiven Recht: den eigenen völkerrechtlichen Verpflichtungen und denen der Vorgänger, ferner den eigenen Verträgen mit den Untertanen, insbesondere der auf Konsens angelegten Steuererhebung, und den Grundgesetzen der Herrschaftsgewalt, namentlich dem Salischen Gesetz der Thronfolgeordnung. Entgegen der vorherrschenden, positivistischen Interpretation (z. B. Kelsen ²1960, Hart 1961, vgl. dazu Höffe 1987, Kap. 4–6) hält sich also der klassische Souveränitätsbegriff streng an den Rahmen rechtsmoralischer Herrschaftslegitimation. In seiner Verbindung einer Legitimation staatlicher Gewalt mit ihrer Limitation widersetzt er sich jeder uneingeschränkten Hoheitsgewalt. Ohnehin werden Staaten nicht als Monaden angesehen, die sich jeder gegenseitigen Einflußnahme vollständig entziehen; politische, wirtschaftliche, kulturelle und andere Einwirkungen, von diplomatischen Interzessionen bis zum Wirken global tätiger Massenmedien, sind mit der Souveränität verträglich. (Zur Souveränität s. auch Kap. 6.2.)

Der Begriff einer nicht absoluten, sondern nur relativen Souveränität stützt die neueren Entwicklungen im Völkerrecht, die vertragliche Anerkennung von Menschenrechten, souveränitätstheoretisch ab und mindert deren Neuartigkeit. Neu ist allerdings, daß ein beliebter Fluchtweg versperrt wird. Gegen den verbreiteten Entlastungsversuch, die Inhalte des göttlichen Rechts und des Naturrechts seien doch hoffnungslos umstritten, erhält dieses Recht, weil in internationalen Menschenrechtspakten ausbuchstabiert, positivrechtliche Qualität. Durch Selbstverpflichtung der „domaine réservé à la souveraineté" enthoben, machen die Menschenrechte, immerhin der Kern der Rechtsmoral, die Annahme eines absoluten Interventionsverbotes brüchig. Im Namen des Welt-Bürgerrechts können sich die Opfer (massiver) Menschenrechtsverletzungen sogar auf ein Recht auf Rechtsschutz berufen und die Weltrepublik zu dessen Gewährleistung verpflichten. Lediglich für die rechtsverletzende Regierung erfolgt der Rechtsschutz „von außen", vom Welt-Bürgerrecht her aber „von innen", nämlich von der universalen Gemeinschaft aller Rechtsgenossen. Massive Menschenrechtsverletzungen sind jedenfalls nur angeblich „innere Angelegenheiten".

In der wirkungsmächtigen Formulierung von Emer de Vattel gehen Bodins Vorgaben aber verloren. Als Schüler des rationalistischen Natur- und Völkerrechtlers Christian Wolff zweifelt er zwar nicht das Vorrecht der natürlichen Gesetze an (z. B. *Le droit des gens*, 1758, Einl., §§ 5 ff.). Trotzdem nennt er den Staat souverän, „qui se gouverne elle-même sous quelque forme que ce soit sans dépendance d'aucun étranger" (Kap. I. I, § 4). Seitdem bildet die äußere Souveränität, verstanden als Unabhängigkeit eines Staates von der Befehlsmacht eines anderen Staates („rechtliche Unabhängigkeit") und als Recht, auf der Völkerrechtsebene unmittelbar zu agieren („Völkerrechtsunmittelbarkeit"), den ersten Grundsatz des Völkerrechts. (Zum geltenden Völkerrecht s. Bernhardt 1981–1990, Vitzthum 1997, auch Randelzhofer ^{7}1995 und Steiger 1992.)

Während der erste Grundsatz die internationalen Rechtssubjekte konstituiert, folgt der zweite Grundsatz dem demokratischen Kriterium „Eine Person, eine Stimme" und erkennt jeden souveränen Staat als gleichberechtigt an, unabhängig von seiner Größe oder Macht, auch unabhängig von seiner politischen Ordnung. Vor dem Völkerrecht sind Autokratien den Demokratien und Zwergstaaten wie das Fürstentum

Monaco den Großstaaten wie Indien und China gleich. Das Völkerrecht ist auch insofern demokratisch, als es im (stillschweigenden oder ausdrücklichen) Willen der Völker, hier im Sinne von Staaten, seinen Ursprung nimmt. Es beruht auf der unmittelbaren Zustimmung der Rechtsunterworfenen, bislang freilich nur der Staaten, nicht auch der Welt-Bürger; auf die Staaten bezogen, hat es einen sowohl direktdemokratischen als auch genossenschaftlichen Charakter.

Aus der strengen Rechtsgleichheit folgt übrigens die Staatenimmunität: Weil alle Staaten einander neben- und keiner einem anderen übergeordnet ist, hat kein Staat den Rang eines unparteiischen Dritten, der über einen anderen Staat zu Gericht sitzen darf; jeder Staat ist vor den Gerichten anderer Staaten immun. Daß der zweite Grundsatz trotz seines Gleichheitsgehaltes nach herrschender Lehre Vorzugsstellungen (Präferenzpositionen) zulassen soll, überzeugt dagegen nicht. Bei den Privilegien im Sicherheitsrat folgt das Völkerrecht, weniger wohl als übel, der herrschenden Machtverteilung. Anders verhält es sich mit internationalen Organisationen, die wie die sog. Weltbank im Unterschied zu den Vereinten Nationen oder zu globalen Fachorganisationen wie der Weltgesundheitsorganisation nicht (rein) öffentlichrechtlicher Natur sind. Da sie in eine Art privatrechtliches Völkerrecht hineinreichen und Leistungen erbringen, die den Bereich des nur formellen Gleichheitsprinzips überschreiten, ist die bei Banken übliche Gewichtung der Stimmen, ein Gewicht je nach finanzieller Einlage, erlaubt.

Der dritte Völkerrechtsgrundsatz, das Gewaltverbot, niedergelegt im Art. 2 (4) der Charta der Vereinten Nationen, verbietet nicht erst die Anwendung, sondern schon die Androhung jeder Gewalt „gegen die territoriale Unversehrtheit oder die politische Unabhängigkeit eines Staates". Dabei gilt ein enger und strenger, militärischer Begriff, weshalb nichtmilitärische, etwa wirtschaftliche Zwangsmaßnahmen zulässig sind. Art. 44 der Charta spricht ausdrücklich nur von „Streitkräften". In erhöhtem Maß sind die stärksten Formen militärischer Übergriffe verboten: die Vertreibung eines Volkes aus seinen angestammten Siedlungsgebieten, die Teilung eines Staates und die teilweise oder gar vollständige Einverleibung, die Annexion. Eine „Ausnahme" bietet nur die Abwehr eines bewaffneten Angriffs; zu Recht erkennt die Charta „das naturgegebene Recht zur individuellen oder kollektiven Selbstverteidigung" an (Art. 51). Wie im innerstaatlichen, so bildet auch im zwischenstaatlichen Strafrecht die Notwehr nicht eigentlich eine Ausnahme vom Gewaltverbot, sondern dessen Bestätigung. Im übrigen muß sich, wer Notwehr bzw. Selbstverteidigung übt, gegebenenfalls vor Gericht, hier: einem Weltgericht, verantworten und sowohl das Vorliegen eines bewaffneten Angriffs als auch die Verhältnismäßigkeit der Mittel gerichtsfest nachweisen.

Der im positiven Völkerrecht vorherrschende, relativ strenge Souveränitätsbegriff könnte sich auf die Analogie von Individuen und Staaten berufen. Wie Individuen seien auch Staaten selbständige Einheiten, die sich so weit selbst bestimmen dürfen, wie sie nicht in die Rechte anderer Staaten eingreifen. Die Analogie bricht sich jedoch an dem Umstand, daß schon die Teile eines Staates Rechtssubjekte, die Individuen sogar die prioritären Rechtssubjekte sind, während den (Körper-)Teilen eines Individuums die Rechtsfähigkeit fehlt. Genau aus dieser Differenz ergeben sich nun die drei Sonderprobleme: Selbstbestimmung, Sezession und humanitäre Intervention.

14.2 Selbstbestimmung und Sezession

Verstanden als das Recht, sich nach innen und außen in politischer, wirtschaftlicher, sozialer und kultureller Hinsicht frei zu gestalten, ist das Selbstbestimmungsrecht der Völker Bestandteil des geltenden Völkergewohnheitsrechtes. Durch Artikel 1 (1) der beiden Internationalen Menschenrechtspakte (vom 19. 12. 1966) und vorher schon durch die Charta (Artikel 1, 2) wird es sogar zu einem vertraglich vereinbarten „Grundsatz“, also einem Teil des zwingenden Rechts. Mehr als nur ein politisches Programm, hat es den Rang einer anwendbaren Rechtsregel, die der Internationale Gerichtshof in seine Rechtsgutachten zu Namibia (21. 6. 1971) und West-Sahara (1975) tatsächlich aufnimmt. Trotzdem ist das Selbstbestimmungsrecht weder völkerrechtlich noch politisch unstrittig. (Zur völkerrechtlichen Frage von Selbstbestimmung und Sezession s. Cassese 1995, Frey 1994, Kimminich 1985, Marswik 1984 und Tomuschat 1993, zu den politischen Schwierigkeiten s. Buchheit 1978 und Fisch 1997; s. auch Oeter 1998.) Schon zur Frage, was jenes Volk ist, dem das Recht zusteht, gehen die Meinungen auseinander; weil ein klarer Rechtsträger fehle, halten Jennings/Watts (^{9}1992, §§ 33) das Selbstbestimmungsrecht für „lächerlich“. Kontrovers ist auch der Inhalt des Rechtes: Bedeutet es die Befugnis, einen eigenen Staat zu bilden, oder berechtigt es zu weniger? Bei der Erörterung dieser Fragen klärt sich der Bereich, für den ein Selbstbestimmungsrecht überzeugen kann.

14.2.1 Welches Volk?

Für den Träger des Selbstbestimmungsrechtes lassen sich drei Bedeutungen unterscheiden. In ihnen spiegelt sich die geschichtliche Entwicklung zu einem fortschreitend weiteren Verständnis, für Kritiker freilich auch zu einem fortschreitend illusionären, sogar gefährlichen Verständnis wider:

(a) Mancherorts denkt man bei „Volk" und „Nation" vornehmlich an eine gemeinsame Abstammung; in der Tat ist zumindest „Nation" etymologisch auf Geburt und Herkunft bezogen. Trotzdem verweisen im Verlauf der Begriffsgeschichte die Ausdrücke „Volk" und „Nation" ebenso wie ihre griechischen und lateinischen Äquivalente – dort *dêmos* und *ethnos*, hier *populus*, *gens* und *natio* – mehr auf politische Handlungseinheiten, auf ihre Selbstorganisation und Selbstwahrnehmung sowie die komplementäre Fremdwahrnehmung, als auf eine biologisch gemeinsame Herkunft. Da es sich mehr um politische als um genealogisch-geschichtliche Begriffe handelt (s. Koselleck u. a 1992; s. auch Kap. 6.3), ist jenes enge Verständnis nicht unberechtigt, das das Volk mit der Civitas, der Bürgerschaft eines bestehenden Staates, gleichsetzt. Eingeschränkt auf die schon staatlich organisierten Völker, faßt dann das Selbstbestimmungsrecht aber lediglich die anderen Völkerrechtsgrundsätze zusammen: die äußere Souveränität der Staaten, ihre Gleichheit und das Gewaltverbot. Obwohl die enge Bedeutung den Status quo der jeweiligen Staatenkarte konserviert, hat sie doch ein gewisses kritisches Gewicht. Sie brandmarkt die Vertreibung, Deportation oder gar Ausrottung eines staatlich verfaßten Volkes oder eines Teiles von ihm als eine flagrante Verletzung des Selbstbestimmungsrechtes.

(b) Schon im Alexanderreich und dessen hellenistischen Nachfolgern, später im Römischen Reich und seiner mittelalterlichen Fortsetzung, wieder später im osmanischen, habsburgischen und russischen Reich, auch in Preußen, besteht die politische Einheit, das Volk als Staatsvolk, der Sprache, Kultur und Sitte nach aus verschiedenen Völkern. Der politische und der kulturelle bzw. ethnische Begriff fallen auseinander. Selbst Frankreich ist weit über die Zeit der französischen Revolution hinaus ein polyethnisches oder polykulturelles Land: ein Vielvölkerstaat.

Zerfallen derartige sprachlich-kulturell heterogene Staaten, so hinterlassen sie Gemengelagen, die vor allem seit dem 19. Jahrhundert Nationalitätenfragen aufwerfen. Und diese drängen über das im positiven Völkerrecht ursprünglich geltende, enge Verständnis von Selbstbestimmungsrecht hinaus. Eine erste Ausweitung lesen wir im Staatsgrundgesetz von Österreich aus dem Jahr 1867. Nach Artikel 19 setzt sich das österreichische Staatsvolk aus mehreren, nach Sitten, Sprache und Kultur unterscheidbaren, rechtlich aber gleichberechtigten Volksstämmen bzw. Nationen zusammen. Hier erweitert sich das Selbstbestimmungsrecht zum Recht auf eine Autonomie, die jedoch staatsrechtlich begrenzt ist. Nur innerhalb eines Staatsverbandes zugelassen, beläuft sie sich auf eine staatsinterne Autonomie: Die jeweiligen „Völker" dürfen offiziell ihre Eigenarten bewahren und pflegen.

(c) Bekanntlich geben sich verschiedene Volksstämme Österreichs damit nicht zufrieden und gründen – nach blutigen Kriegen – ihre eigenen Nationalstaaten. Auch die Vereinten Nationen verstehen bald nach ihrer Gründung das Selbstbestimmungsrecht als Befugnis auf eigene Staatlichkeit. Und die fundamentale Unabhängigkeitsresolution 1514 („Gewährung der Unabhängigkeit an koloniale Länder und Völker" vom 14. 12. 1960) sieht im Selbstbestimmungsrecht den zentralen Legitimationsgrund für die Entkolonialisierung. Da die Entkolonialisierung in der Regel dem Prinzip des uti possidetis – ‚so wie ihr besitzt': Anfangsworte einer römisch-rechtlichen Formel zum Schutz von Besitzrechten – widerspricht und sich an die kolonialen Abgrenzungen hält, ist der Träger des Rechts zwar kein staatlich verfaßtes, aber ein administrativ erfaßtes Volk. Dieses stimmt häufig nicht mit der Selbstorganisation und Selbstwahrnehmung der Betreffenden, beispielsweise ihren Stammesgrenzen, überein. Und darin liegt ein Konfliktpotential, das zu Kriegen führt, die nur von kontingenten Staatsgrenzen her als Bürgerkriege erscheinen, aus der autochthonen, ethnischen Perspektive aber interethnisch bzw. international: zwischen verschiedenen Völkern stattfinden.

Nach der „Erklärung über freundschaftliche Beziehungen" (Resolution 2625 – XXV – vom 24. 10. 1970) steht das Selbstbestimmungsrecht nicht nur allen Kolonialvölkern, sondern auch „allen Völkern" zu, die „fremder Unterjochung, Herrschaft und Ausbeutung" ausgesetzt sind. Nach diesem weiten Verständnis dürfen auch noch nicht staatlich verfaßte Völker entscheiden, ob sie einen eigenen Staat bilden oder sich einem anderen Staat eingliedern oder auch mit ihm vereinigen wollen: Das Selbstbestimmungsrecht ist zur Befugnis geworden, die gegebene Staatenkarte zu verändern.

Das neue, extensive Verständnis ist plausibel und problematisch zugleich. Plausibel ist es, weil es auf die letzte Legitimationsinstanz aller

Staatlichkeit, die natürlichen Individuen, zurückweist, problematisch, weil es einem Kollektiv zugesprochen wird, das weder seit jeher existiert noch eindeutig abgegrenzt ist. Die Merkmale, die es zweifellos gibt, soziale Gemeinsamkeiten wie Sprache, Kultur und Religion oder Konfession, ferner Gemeinsamkeiten der Geschichte, sozialen Empfindung und politischen Willensbildung oder naturale Gemeinsamkeiten wie gemeinsamer Lebensraum und Abstammung, überschneiden sich aber häufig, können sogar miteinander konkurrieren; überdies verschiebt sich im Laufe der Geschichte ihr Gewicht. Nicht alle Völker haben einen (relativ) geschlossenen Siedlungsraum, in dem sie im Verlauf ihrer Geschichte zu einem Volk im emphatischen Sinn von Herder werden (z. B. *Ideen zur Philosophie der Geschichte*, 1784–1785, 2, 9, 4) und eine mit Individuen vergleichbare, unverwechselbare Besonderheit, eine kollektive Individualität, entwickeln.

Daß eine genaue Abgrenzung schwierig, folglich der bei Individuen unproblematische Begriff der Selbstbestimmung nicht problemlos auf Kollektive wie Völker zu übertragen ist, muß aber nicht zur Resignation verleiten. Die „lückenlose und widerspruchsfreie Einteilung der Menschheit in Völker" ist zwar „unmöglich" (Fisch 1997, 15). Beim Selbstbestimmungsrecht geht es aber nicht um die abstrakte Definition des Volkes, sondern um die Frage, welche Rechte konkrete Minderheiten bei Mißachtung ihrer Eigenarten geltend machen dürfen. Für die heikle Frage, auf welche Eigenarten es ankommt, hatte schon der Ständige Internationale Gerichtshof in bezug auf die Griechen in Bulgarien (1930) einen plausiblen Vorschlag gemacht: vier objektive Kriterien und zusätzlich ein subjektives Kriterium. Es brauche (1) ein bestimmtes, abgrenzbares Territorium, (2) eigene rassische (man kann ergänzen: oder ethnische), (3) religiöse (oder ideologische), (4) sprachliche oder andere kulturelle Merkmale und (5) einen Willen zur Bewahrung der Eigenarten. Eine Expertengruppe der UNESCO ergänzt die Liste um (6) eine gemeinsame geschichtliche Überlieferung und (7) ein gemeinsames Wirtschaftsleben, verlangt aber nicht, daß alle Kriterien zugleich erfüllt sein müssen (nach Frey 1994, 44 f.).

In der Bündelung mehrerer Kriterien liegt das Meta-Kriterium, das die politischen Schwierigkeiten zu mildern hilft: Je mehr gewichtige Gemeinsamkeiten zusammenkommen, desto berechtigter ist die Gruppe, sich völkerrechtlich als Volk zu verstehen und ein Recht auf Selbstbestimmung zu beanspruchen. Die komparative Komponente im Selbstbestimmungrecht kann zwar nicht alle Schwierigkeiten der Abgrenzung, der konkurrierenden Selbstbestimmungsrechte und der

Güterabwägung beheben; unlösbar sind die Schwierigkeiten aber nicht. Im übrigen entsteht politischer Streit in der Regel nicht erst, weil die Feinabgrenzung des Selbstbestimmungsrechtes unklar wäre, sondern weil man die Macht dem Recht vorzieht.

14.2.2 Welche Selbstbestimmung?

Die Schwierigkeiten des Selbstbestimmungsrechts werden auch dadurch gemildert, daß es auf unterschiedliche Weise erfüllt werden kann und die Bildung eines eigenen Staates die ultima ratio darstellt. Für das Verhältnis von Volk und Staat schlage ich sechs Grundmodelle vor:

a) Im *Einheitsmodell* fallen Volk und Bürgerschaft eines Staates weitgehend zusammen. Dabei gibt es, idealtypisch gesehen, noch zwei Untermodelle: In Fällen wie Island, Japan und Schweden zeichnen sich die Staatsvölker durch ein hohes Maß an sprachlicher, kultureller und ethnischer Homogenität aus. Im Fall von Frankreich spielen dagegen andere Gemeinsamkeiten, etwa die (republikanische) Staatsform und die (französische) Sprache und Kultur, die Hauptrolle. Allerdings ist in Frankreich die sprachlich-kulturelle Homogenität weit über die französische Revolution hinaus eine Vision, die eine dominante Gruppe gegen die Wirklichkeit der vielen Dialekte, Patois, und vor allem gegen das knappe Dutzend „abweichender" Regionalsprachen durchsetzt und dabei nicht immer vor Gewalt zurückschreckt (vgl. Ziebura 1993).

b) Im *Assimilationsmodell*, dem klassische Einwanderungsstaaten wie die USA oder Australien folgen, behalten (sprachliche, kulturelle, ethnische oder religiöse) Gruppen zwar das Recht auf Eigenarten. Dieses Recht tritt jedoch hinter der Aufgabe zurück, die für das Einwanderungsland entscheidenden Hinsichten, namentlich die Verfassung und die offizielle Sprache, anzuerkennen und die damit konkurrierenden Rechte auf Selbstbestimmung aufzugeben.

c) Der *Minderheitenschutz* betrifft Gruppen, die innerhalb des Staatsverbandes von den anderen deutlich unterschieden sind und sich zugleich rechtlich oder tatsächlich in einer unterlegenen Position befinden. Er ist nur dann mehr als ein Zusatzthema, das in jedem Modell auftreten kann, wenn die betreffende Gruppe, durch hinreichend viele und gewichtige Elemente vereint, als ein Volk oder bescheidener als eine Volksgruppe angesehen werden kann. Der dann einschlägige Minderheitenschutz berechtigt vor allem Gruppen, die in ihren traditionellen Siedlungsgebieten leben, nicht aber Neueinwanderer. Er erfolgt sowohl über spezifische Maßnahmen wie das Recht, im Verkehr mit den Behörden oder in Schulen und Hochschulen die Minderheitensprache zu verwenden, als auch über allgemeine Freiheitsrechte, die wie die Religions- und die Meinungsfreiheit sekundär auch die Gruppe und ihre Mitglieder schützen.

d) Das *Autonomiemodell* gewährt klar definierten Volksgruppen eines Staates, beispielsweise den Südtirolern in Italien, den Katalanen in Spanien oder den Ureinwohnern (Eskimos und Indianern) in Kanada und den USA, ein hohes Maß an Selbständigkeit. In der Regel dürfen sie ihre eigene Amtssprache und ihr eigenes Bildungswesen haben. Bis zur Befugnis auf staatliche Eigenständigkeit oder auf den Anschluß an einen anderen Staat reicht dieses Selbstbestimmungsrecht freilich nicht.

e) Die *Gemengelage* kennen wir vom hellenistischen Alexandria, dem kaiserlichen Rom, später Prag, Wien und Budapest. Und die Beispiele zeigen, daß dieses Modell durchaus lebensfähig, andererseits aber auch zerbrechlich ist.

f) Im *Teilungs-*, *Spaltungs-* bzw. *Auflösungsmodell* wird die Fragilität manifest: Ein bisher größerer Staatsverband zerfällt in einzelne, durch den Begriff des Volkes bestimmbare Teile. Dabei können die Teile entweder einen eigenen Staat bilden oder aber sich einem schon bestehenden anschließen.

Rechtsmoralisch gesehen ist keines der Modelle exklusiv gültig. Es gibt nicht einmal eine generelle Präferenz, vielmehr kommt es sowohl auf die Randbedingungen als auch den politischen Willen der Beteiligten an. Liegt beispielsweise die entsprechende Homogenität nicht vor, so beläuft sich das erste Modell, das Einheitsmodell, auf eine Unterdrückung von Minderheiten, widerspricht also dem Selbstbestimmungs-, sogar dem Minderheitsrecht. Das Autonomiemodell wiederum dürfen zwar (relativ) autochthone Völker einfordern, aber nicht spätere Einwanderer. Und bei Gemengelagen wäre es besser, die beteiligten Völker fänden ein politisches Modell wechselseitiger Anerkennung, als daß die Gruppe, die mehr oder weniger kontingenterweise dominiert, die anderen zur Unterwerfung oder zur Assimilation zwänge oder aber zum Opfer einer Vertreibung machte.

14.2.3 Kollektive Rechte

Zu den rechtlichen und politischen Schwierigkeiten kommt die rechtstheoretische Grundsatzfrage hinzu, ob derartige Gruppen bzw.

Kollektive (subjektive) Ansprüche haben: Gibt es überhaupt kollektive Rechte (Gruppenrechte)? Nach einem ersten Einwand kommen subjektive Rechte nur natürlichen Subjekten zu: einzelnen rechtsfähigen Personen. In diesem Fall wären kollektive Rechte entweder eine façon de parler: eine hilfreiche, aber auch entbehrliche Abkürzung für eine Akkumulation individueller Rechte; oder aber sie verstehen zu Unrecht das Kollektiv als eine eigene Wesensheit, als eine Entität sui generis, bei der die Individuen zu an sich unselbständigen Teilen der einzig selbständigen Entität, einer Gemeinschaft oder Gesellschaft, erklärt würden. In Wahrheit ist dieses Verständnis nicht notwendig, weshalb es rechtstheoretisch unbedenklich ist, auch juristisch verfaßten Kollektiven Rechte und ebenso Pflichten zuzusprechen. Im positiven Recht ist das Phänomen längst bekannt und anerkannt:

Bei Personengesellschaften, etwa Kommanditgesellschaften, stehen die Rechte und Pflichten zwar lediglich den Gesellschaftern, nicht der Gesellschaft selbst zu. Bei juristischen Personen sieht es aber anders aus. Von Körperschaften privaten Rechts wie Vereinen oder Kapitalgesellschaften über Körperschaften öffentlichen Rechts wie Industrie- und Handelskammern bis zu öffentlichen Anstalten wie Stadtwerken, Strafanstalten und staatlichen Notenbanken, nicht zuletzt Kommunen, Teilstaaten und Staaten sind es nur und genau die Kollektive, denen die Rechte und Pflichten zukommen. Und wie ein Großteil der neueren (rechts-)philosophischen Debatte übersieht (auch Kymlicka 1995), sind hier kollektive Rechte unproblematisch. Daß eine Notenbank den Geldumlauf reguliert, daß ein Gymnasium das Abitur und daß eine Universität akademische Grade (Magister artium, Doktor, Privatdozent) verleiht, und zwar nicht von seiten der einzelnen Mitglieder, sondern als Kollektiv „Universität" oder aber als dessen kollektive Teile, als Fakultäten, ist rechtstheoretisch nicht nur unbedenklich, sondern sogar sinnvoll. (Zum privaten und öffentlichen Recht von Kollektiven s. Wittmann 1980, Kimminich 1985; zur rechtsphilosophischen Diskussion s. French 1979, Held 1984, Hartney 1995.)

Im Unterschied zu diesen unstrittigen kollektiven Rechten betrifft aber das Selbstbestimmungsrecht eines Volkes Gruppen, deren juristische Verfaßtheit noch offen ist und die trotzdem, häufig als bedrohte Minderheiten, einen besonderen, in der Regel: öffentlich-rechtlichen Status suchen. Als ethnisch, sprachlich und/oder religiös bestimmte Gruppen, die noch keinen rechtlichen Status haben, nennen wir sie genuine Kollektive und ihre Ansprüche genuin kollektive Rechte. Genuine Kollektive verlangen erstens nach einem (öffentlich-)rechtlichen

Status, der ihnen zweitens ihre Besonderheiten zu leben: sie zu wahren und zu entfalten, erlaubt. Die erste Stufe eines genuin kollektiven Rechts besteht im Eintrittsrecht in einen Rechtsstatus, die zweite Stufe im eigentlichen Selbstbestimmungsrecht.

Nach Ansicht von Kritikern sind genuin kollektive Rechte nur unter der abwegigen Annahme denkbar, Kollektive seien ein Selbstzweck, müßten also bloß als Kollektiv geschützt werden. Diese in der Tat abwegige Annahme ist aber nicht vorausgesetzt. In Übereinstimmung mit dem legitimatorischen Individualismus und in Kritik eines legitimatorischen Kollektivismus bilden durchaus die Individuen den einzigen Legitimationsgrund. Trotzdem kann es Rechte geben, die den Individuen nicht als Individuen, als je einzelnen, zukommen, sondern insofern sie Mitglieder eines Kollektivs sind. Bei Gütern, die selber einen kollektiven Charakter haben, geht es um Individualrechte, die nur kollektiv wahrgenommen werden können.

Genuin individuelle Rechte besitzt man in bezug auf je eigene Güter wie etwa Leib und Leben oder Eigentum. Ein einzelner Mensch kann sich als einzelner an Leib und Leben sowie an Eigentum erfreuen und ebenso als einzelner ihrer beraubt, nämlich getötet oder bestohlen, werden. Im Gegensatz dazu bezieht sich ein genuin kollektives Recht wie das Recht auf seine Sprache auf ein Gut, das man nicht für sich allein, sondern nur in Gemeinschaft mit anderen genießen kann: Eine Sprache eignet man sich innerhalb einer Sprachgemeinschaft an, praktiziert sie innerhalb der Sprachgemeinschaft, und man nimmt am Reichtum teil, der aus der gemeinsamen Praxis entsteht.

Individuelle und kollektive Rechte unterscheiden sich nicht durch ihre Träger – diese sind in beiden Fällen letztlich natürliche Subjekte –, sondern in dem, was sie tragen: in den geschützten Gütern und der Art des Bezugs zu ihnen. Die politische Ökonomie kennt kollektive Güter als öffentliche Güter und versteht darunter solche, die nicht individuell parzelliert werden und vom Subjekt her gesehen niemanden ausschließen. Öffentliche Güter sind unteilbar und nicht ausschließbar oder, positiv formuliert, in beiden Hinsichten kollektiv verfügbar.

Im Fall der an sich oder genuin öffentlichen Güter, etwa einer Landeswährung oder gewissen Hinsichten der Umwelt, treffen die Unteilbarkeit und die Nichtausschließbarkeit nicht beiläufig, sondern wesentlich zu. Am Wert einer Währung oder an der Trinkwasserqualität einer Kommune nimmt jeder teil. Viele öffentliche Güter haben einen konsumptiven Charakter; ihr Wert wird durch Gebrauch gemindert oder gar aufgezehrt: Straßen werden abgefahren, Trinkwasser wird verbraucht, und ein Sozialhaushalt wird ausgeschöpft. Im Gegensatz dazu geht es beim Selbstbestimmungsrecht in der Regel um wesentlich öffentliche, aber nicht konsumptiv öffentliche Güter. Da sie in und durch eine kommunikative Kooperation existieren, können sie kommunikative Güter heißen oder auch, weil sich die Subjekte ihrer durch Teilnahme an der Kommunikation erfreuen: partizipatorische Güter (zum zweiten Ausdruck s. Réaume 1988). Kommunikative bzw. partizipatorische Güter sind ein Sonderfall von genuin kollektiven Gütern.

Kommunikative Güter sind in einem höheren Maß kollektiv als die konsumptiv verfügbaren Güter. Handlungstheoretisch gesehen sind es nicht mehr poietische („hergestellte"), sondern genuin praktische Güter, Güter, die im Vollzug gemeinsamen Handelns allererst entstehen, die im Miteinander Bestand haben und im Zuge des Miteinander nicht etwa an Wert verlieren, sondern im Gegenteil an Wert gewinnen. Während beim Verbrauch von natürlichen Gütern wie Trinkwasser oder beim Beanspruchen von Dienstleistungen die „Verbraucher" Konkurrenten sind, treten sie bei praktischen Gütern als Kooperateure, sogar als positive Verstärker auf. Trotzdem besteht auch hier eine Ausschlußbeziehung; es gibt ein Dazugehörig („innen") und ein Fremd („außen"). Die entsprechende Trennungslinie liegt allerdings nicht immer unkontrovers eindeutig fest; sie kann von der Gruppe anders als von einzelnen Individuen gezogen werden: Wer sich zu einer Religionsgemeinschaft rechnet, wird eventuell von den anderen nicht anerkannt, die wiederum jemanden anerkennen können, der sich selbst nicht dazu zählt.

Außerdem herrscht in der Regel keine absolute Exklusivität: Man kann mehreren Sprachgemeinschaften angehören, dies allerdings nicht so einfach, wie man Mitglied bei verschiedenen Vereinen und Verbänden ist. In anderen Bereichen herrscht Exklusivität vor, meistens beispielsweise bei der Religion. Japaner haben aber keine Schwierigkeit, mehreren Religionsgemeinschaften, etwa dem Schintoismus und dem Buddhismus, nicht selten noch zusätzlich dem Christentum anzugehören. Gleichwohl tauchen auch für multilinguale und multireligiöse Menschen Grenzen auf: Niemand kann Mitglied aller Sprachgemeinschaften der Welt, niemand Mitglied aller Religionsgemeinschaften sein. Dort setzen unsere intellektuellen, sozialen und emotionalen Kompetenzen eine Grenze; hier ist es die (konkurrierende) Art religiöser Ansichten und Gebräuche. (Auch Japaner können schwerlich zugleich katholisch und protestantisch oder jüdisch und christlich sein.)

Zweifellos verdienen nicht alle kommunikativen Güter einen Rechtsschutz. Die Freundschaft lebt zwar aus dem Miteinander und kühlt bei nachlassendem Miteinander ab. Selbst bei einem großzügigen Verständnis der Sozialrechte hat aber niemand einen Anspruch auf Freundschaft (s. o. Kap. 3.3.3). Weder hat ein Individuum die Pflicht, mir Freund zu sein; noch ein Staat die Pflicht, mir einen Freund zuzuteilen, oder das Recht, Umverteilungen vorzunehmen und denen, die an Freunden reich sind, zugunsten der Freunde-Armen Freunde wegzunehmen. Auch eine Orchestermusik oder das Fußballspielen sind kommunikative Güter, ohne daß sie deshalb Rechtsschutz verdienten. Dagegen kommt er bei Gütern infrage – ob ausschließlich oder vornehmlich, sei hier dahingestellt –, die für die Menschen so wichtig, vielleicht sogar so wesentlich sind wie die Sprache oder – im Selbstverständnis der Betroffenen – die Religion bzw. Konfession.

Um hier Willkür zu vermeiden, braucht es ein objektives Maß für Wichtigkeit; dafür bieten sich vier Kriterien an. Die ersten zwei gehen von den Individuen aus und achten entweder auf den Beitrag zur Identität oder auf den zur Selbstachtung eines Menschen. Dazu kommt der Gleichheits- oder Nichtdiskriminierungsgedanke (daß gewisse Gruppen nicht benachteiligt werden dürften) und das politische Kriterium eines friedlichen Zusammenlebens. Offensichtlich hat das vierte Kriterium nicht denselben Rang wie die anderen Kriterien; der Friede ist zwar ein hohes Rechtsgut, aber in Abhängigkeit von den Rechten der Beteiligten. Wird er etwa durch unberechtigte Ansprüche bedroht, so ist er primär durch Zurückweisen des Unrechts und nicht durch dessen Anerkennung zu gewährleisten. Das dritte Kriterium, ein elementares Gerechtigkeitsprinzip, ist dagegen berechtigt, bei seiner Anwendung ist aber der genaue Vergleichspunkt zu beachten. So darf man Autochthone und Einwanderer nicht über denselben Leisten schlagen, dagegen sind im Rahmen der Autochthonen und in dem der Einwanderer Diskriminierungen verboten. Dort darf man also nicht einige Indianerstämme aus dem Selbstbestimmungsrecht herausnehmen und hier nicht einigen Einwanderern das Recht auf ihre eigene Schul-, Amts- und Gerichtssprache einräumen, während es anderen verwehrt bleibt.

Das primäre Maß für die Wichtigkeit liegt bei den ersten zwei Kriterien. Von unserem Grundbegriff des transzendentalen Interesses her betrachtet sind sie freilich zusammenzunehmen, überdies so zu modifizieren, daß sie an Objektivität gewinnen: Gemäß dem legitimatorischen Individualismus kommt es auf die einzelne Person, und dies nicht in eudämonistischer, sondern freiheitsfunktionaler Hinsicht an; nicht das Wohlergehen als solches zählt, sondern eine Bedingung von Handlungsfähigkeit. So gebührt der Sprache nicht deshalb ein besonderer Rang innerhalb des Selbstbestimmungsrechtes, weil sie zum guten Leben beiträgt, sondern weil sie zu den Bedingungen von Handlungsfähigkeit gehört.

Daß kollektive Rechte, wenn sie denn legitim sind, mißbraucht werden können, teilen sie mit individuellen Rechten. Wenn beispielsweise ein mehrsprachiges Land den einzelnen Sprachgruppen einen festen Anteil („Proporz") an Beamtenstellen oder Sozialwohnungen zuweist und die Kontingente der einen Gruppe auf absehbare Zeit ausgeschöpft sind, votieren Jugendliche lieber für die andere Sprachgruppe, auch wenn ihre bisherige Lebenspraxis dem widerspricht. Eine Mißbrauchsgefahr verlangt aber „nur" Vorkehrungen gegen den Mißbrauch und nicht die Abschaffung des berechtigten Gebrauchs.

Es gibt einen zweiten, jetzt kollektiven Mißbrauch. Wenn ein Kollektiv Rechte verlangt, ohne die entsprechenden Freiheitsrechte seiner Mitglieder zu achten, sind diese Freiheitsrechte einzufordern, beispielsweise das Recht, aus dem (religiösen, sprachlichen, ...) Kollektiv auszutreten, ohne deshalb auswandern oder gar im Sinne eines Apostasieverbotes selbst außerhalb des Landes eine Bestrafung befürchten zu müssen. Anzuerkennen ist auch das Recht, Mitglied einer Gruppe zu bleiben und trotzdem den Ehepartner frei zu wählen. Ferner hat man das Recht, von der Gruppe nicht zu (Selbst-)Verstümmelung, einschließlich derjenigen der Kinder, gezwungen zu werden (man denke an die Beschneidung von Mädchen). Kollektive Rechte dürfen also weder „zum Nulltarif" noch zu jenem „Recht auf pragmatischen Widerspruch" gewährt werden, daß man Rechte zwar einfordert, aber nicht selber gewährt.

Im Rahmen genuin kollektiver Rechte verdient nun das Selbstbestimmungsrecht der Völker insofern ein besonderes Gewicht, als beim Begriff des Volkes mehrere, für die Identität der Mitglieder wesentliche Gemeinsamkeiten zusammenkommen, namentlich die Herkunft, Geschichte und Sprache, die Rechtstradition und die Religion, eine Siedlungskontinuität und gelebte Solidarität. Nicht schon die ethnische Herkunft, die Blutsbande, verleiht dem Selbstbestimmungsrecht der Völker besonderen Rang, wohl aber die Bündelung derartiger Gemeinsamkeiten und deren Gewicht für die Individuen. Die letzte Legitimationsgrundlage bleibt nämlich das natürliche Subjekt.

14.2.4 Sezessionsrecht

Sogar das erweiterte Selbstbestimmungsrecht ist nur defensiv gemeint; es dient der Verteidigung des Eigenen. Wo die Verteidigung aber als anders nicht möglich erscheint, öffnet sie sich zu einem offensiven Selbstbestimmungsrecht, zu einem Sezessionsrecht auch wenn das geltende Völkerrecht es bislang ablehnt: Die genannte fundamentale Unabhängigkeitsresolution schließt es im Artikel 6 als eine „die Einheit und territoriale Integrität" eines Staates zerstörende Kraft aus.

Man könnte die Ablehnung für einen Widerspruch im Völkerrecht halten, da es zur Anerkennung des Selbstbestimmungsrechtes gehöre, nach Scheitern aller anderen Versuche zum Sezessionsrecht greifen zu dürfen. Oder man behauptet einen grundsätzlichen Konstruktionsfehler, verankert im ersten Grundsatz des Völkerrechts, dem Souveränitätsprinzip, insofern dieses historisch zufällige Staatsbildungen für unantastbar erkläre, obwohl doch nur Menschen schlechthin schützenswert seien. In der Tat pflegt ein Sezessionsrecht mit dem Souveränitätsanspruch eines gegebenen Staates zu kollidieren. Trotzdem läßt sich die Zurückhaltung nicht einfach als Konstruktionsfehler ansprechen, sie ist auch Ausdruck der Friedensaufgabe des Völkerrechts.

Wegen der Friedenssicherung, die ihrerseits den Menschen dient, und nicht dazu, die derzeitige Staatenkarte zu perpetuieren, drängt das geltende Völkerrecht ein Sezessionsrecht in den Hintergrund und zieht das Gebot einer möglichst weitgehenden, aber staatsinternen Autonomie vor: Das betreffende Volk darf seine Grundentscheidungen, etwa über die Amts- und die Verkehrssprache, über die Kultur, Bildung und Ausbildung, ohnehin über die Religion oder Konfession, selber treffen; es muß jedoch im übergreifenden Staatsverband verbleiben. An die Stelle eines Sezessionsrechtes trete also jene „innere Selbstbestimmung", die über den bloßen Minderheitenschutz hinausreicht und ein hohes Maß an Autonomie verlangt. Nach der „Erklärung über freundschaftliche Beziehungen" soll sogar die Regierung eines Staates alle auf seinem Territorium wohnenden Völker ohne Unterschied der Rasse, Religion oder Hautfarbe repräsentieren.

Wird aber eine berechtigte Forderung nach Autonomie auch nach längerem Drängen nicht erfüllt, so legt sich eine erneute Ausweitung des Selbstbestimmungsrechtes: der Übergang von dem zwar weiten, aber noch defensiven zum offensiven Verständnis, nahe. Dieses besteht im Recht, sich von einem Staat, gegebenenfalls sogar ohne Zustimmung der Zentralgewalt, abzutrennen und die Abtrennung mit dem Anspruch auf einen Teil des Territoriums zu verbinden: im Sezessionsrecht (vgl. A. Buchanan 1997 und Chwaszcza 1997).

Selbstverständlich ist eine derartige Befugnis an strenge Bedingungen geknüpft. Man stelle sich vor, bei einem bislang armen und von den anderen unterstützten Teil eines Staates wird ein kostbarer Rohstoff wie Erdöl entdeckt. Verlangt dieser Teil eine Sezession nur zu dem Zweck, seinen neuen Reichtum für sich allein zu behalten, so nähme er die unfaire Aufkündigung einer Solidargemeinschaft vor. Offensichtlich ist das zugrundeliegende Prinzip – solange man profitiert, bleibt man Mitglied, sobald die anderen profitieren, scheidet man aus – rechtsmoralisch verwerflich. Im übrigen wird in der Regel schon der völkerrechtliche Begriff des Volkes verletzt: Ölquellen pflegen nicht bei genau den Gruppen zu sprudeln, die sich vorher durch geschichtliche, sprachliche, religiöse und ethnische Gemeinsamkeiten auszeichneten.

Wird aber das defensive Selbstbestimmungsrecht systematisch und andauernd mißachtet, sind zusätzlich friedliche und schiedliche Versuche der Streitschlichtung gescheitert, so daß sich die staatliche Herrschaft als echte Fremdherrschaft erweist, so läßt sich eine Sezessionsbefugnis vertreten. Als ultima ratio und im Sinne einer kollektiven Selbstverteidigung, mithin als Notwehr in einer Extremsituation, hat der betreffende Teil des Staates das (rechtsmoralische) Recht, sich aus dem bisherigen Verband zu lösen und auf einem Teilterritorium einen eigenen Staat zu gründen.

Das Stichwort der ultima ratio gibt zwei Kriterien an die Hand: Erstens bedarf die Sezession einer besonderen Rechtfertigung und trägt dafür die Beweislast. Zweitens müssen andere, weniger einschneidende Mittel (Minderheitenschutz, föderale Koexistenz, ...) ernsthaft versucht und schließlich gescheitert sein. Auf ein drittes Kriterium macht e contrario das Gedankenexperiment Erdölfund aufmerksam: Ein bislang funktionierendes Gemeinwesen darf nicht zum einseitigen Vorteil des Sezessionsbegehrenden aufgebrochen werden. Zwei weitere Kriterien verstehen sich von selbst: Viertens sind grundlegende individuelle Freiheitsrechte anzuerkennen; und fünftens muß der Sezessionsbegehrende die Kriterien seines Begehrens auf sich selbst anwenden und gegebenenfalls Sezessionsbegehren im neuen, sezessionierten Gemeinwesen zulassen.

Das Beispiel für eine im Prinzip legitime Sezession bietet die Unabhängigkeitserklärung der USA: Die damals noch „Dreizehn Vereinigten Staaten" begründen ihre Unabhängigkeit mit drei rechtsmoralisch unstrittigen Prinzipien: mit unveräußerlichen (Menschen-)Rechten, mit der Aufgabe einer Regierung, diese Rechte zu sichern, und mit dem Recht, sogar der Pflicht, nach einer langen Reihe von Mißbräuchen und Übergriffen für die Sicherung der Rechte neue Wächter zu bestellen. Rechtsmoralisch entscheidend ist bei diesem Beispiel ein Teil des dritten Prinzips in seiner Verbindung mit dem ersten Prinzip, der evidenten und eklatanten Verletzung fundamentaler Menschenrechte. Werden Mitglieder der betreffenden Gruppe qua Gruppenmitglieder hingerichtet oder ohne Gerichtsverfahren unbefristet eingesperrt, werden ihre Familien auseinandergerissen, ihre Religion und Sprache massiv diskriminiert, vielleicht sogar verboten und die Verbote eventuell mit brutalen Mitteln durchgesetzt, werden weitreichende, vielleicht sogar das Existenzminimum bedrohende Enteignungen vorgenommen oder werden Gruppen systematisch in ihren grundlegenden Bürgerrechten mißachtet, an der politischen Mitwirkung gehindert oder ökonomisch ausgebeutet, dann ist die Sezession im Sinne eines Notwehrrechtes rechtsmoralisch erlaubt – und die (Bei-)Hilfe zur Sezession im Sinne einer Nothilfe legitim. Vom Welt-Bürgerrecht her ist sie sogar geboten.

Im Beispiel der Vereinigten Staaten erweist sich eine erste Fallgruppe als nach diesen Kriterien legitim; es ist die Sezession als Antwort auf eine sowohl gravierend als auch andauernd ungerechte Herrschaft. Ebenfalls unstrittig legitim ist eine zweite Fallgruppe: die Sezession als Antwort auf die gewaltsame Aneignung eines anderen Gemeinwesens, die Befreiung von einer Fremdherrschaft aufgrund von Annexion oder von Kolonisierung. Hier taucht allerdings die schwierige Abgrenzungsfrage auf, wie weit in die Vergangenheit man zurückgehen darf; denn wenn man die zeitlichen Grenzen großzügig zieht, so stößt man so gut wie überall auf gewaltsame Kolonialisierung und Annexion. Und weil die Abgrenzungsfrage schwierig ist, erleichtert sie die Willkür und die doppelte Moral: In manchen Regionen oder bei gewissen Völkern sieht man schon wenige Generationen nach der gewaltsamen Aneignung ein Sezessionsrecht als verjährt an, während man andernorts sich auf Umstände berufen darf, die vor vielen Jahrhunderten zutrafen.

Ein zweites Problem stellt sich angesichts der Kindeskinder. Wenn sie das Land, das ihre Vorväter sich zu Unrecht angeeignet haben, mittlerweile besiedelt und kultiviert haben, so wäre eine Vertreibung nicht recht. Hier sind ältere und neuere Rechte gegeneinander abzuwägen und Lösungen der Koexistenz zu suchen. Dabei ist die Sicherheit der konkurrierenden Gruppen zu gewährleisten und darauf zu achten, daß bei der Verteilung der (natürlichen, wirtschaftlichen, finanziellen, ...) Ressourcen die existentielle Grundlage aller Seiten gesichert, aber auch der eventuell unterschiedliche Beitrag zur Kultivierung des Landes berücksichtigt werden. Ferner ist von allen Seiten die Anerkennung der grundlegenden Freiheitsrechte zu verlangen.

Ein gelungenes Beispiel, die Spaltung der Tschechischen und Slowakischen Föderativen Republik in zwei selbständige Staaten, zeigt, daß die Sezession nicht nur als Antwort auf ungerechte Herrschaft oder auf gewaltsame Annexion legitim sein kann, sondern drittens auch als Recht auf politische Selbstbestimmung.

Da das Sezessionsrecht schwierige Abgrenzungs- und Abwägungsfragen aufwirft, braucht es nicht bloß eine hohe Urteilsfähigkeit, sondern auch klare Vorgaben: wohlbestimmte Regeln. Diese müssen allerdings so offen sein, daß sie bei jedem konkreten Fall die Vor- und Nachteile abzuwägen erlauben, auf daß bestehende Konflikte nicht verschärft oder sogar um neue erweitert werden. Für die Festlegung der Regeln, für ein Sezessionsrecht im objektiven Sinn, ist die Weltlegislative, und für die Streitschlichtung bei der Auslegung ist die Weltjurisdiktion originär verantwortlich. Und wenn die betroffenen Parteien mit der unparteiischen Durchführung der Sezession Schwierigkeiten haben, so ist dafür die Weltrepublik, jetzt ihre Exekutive, subsidiär zuständig.

14.3 Humanitäre Intervention

Als humanitäre Intervention bezeichnet man ein Vorgehen, das vier Kriterien erfüllt: Es handelt sich um eine Einmischung in die inneren Angelegenheiten eines Staates, die mit Zwangsmitteln, insbesondere militärischer Gewalt und ohne Zustimmung der Regierung erfolgt, sofern die Einmischung sich gegen massive Menschenrechtsverletzungen richtet. Darunter fallen nicht die „unechten Interventionen", weder die vertraglich vereinbarte Intervention noch jene Intervention „auf Ersuchen" oder „mit Zustimmung" der Regierung, beispielsweise weil sie einer natürlich entstandenen Hungersnot nicht Herr wird. (Zur völkerrechtlichen und politikwissenschaftlichen Diskussion s. H. Bull 1986, Isensee 1995, Kimminich 1995, Kunig 1981, Lillich 1993 und Moore 1974; zur auch rechtsmoralischen Debatte s. Fisch 1996,

Forbes/Hoffmann 1993, Senghaas 1993, Tesón 1988. Für die klassische Debatte s. de Vitoria, auch Hugo Grotius, der die humanitäre Intervention befürwortet: *De iure belli ac pacis*, II 25, § VI, während Kant sie ablehnt: *Frieden*, 5. Präliminarartikel, dort aber auf bestimmte Anwendungsfälle bezogen, und die *Rechtslehre*, § 60, kennt eine Ausnahme; s. auch Mill, *A Few Words on Non-Intervention*, 1859; für einen Versuch zur Kosovo-Intervention s. Höffe 1999 d.)

Wegen des vierten Kriteriums, der Menschenrechte, sieht die normative Beurteilung der humanitären Intervention einfach aus: Da der Schutz des Rechts rechtsmoralisch geboten ist, muß es der Schutz seines elementaren und unstrittigen Anteils, der Menschenrechte, um so mehr sein. Nach dem universalen Rechtsgebot erscheint die humanitäre Intervention nicht bloß als erlaubt, sondern sogar als geboten. Wäre sie nämlich fakultativ, so bliebe die Durchsetzung der Menschenrechte eine Sache der Willkür statt des Rechts: eine Gerechtigkeit à la carte, abhängig von politischen Interessen und der jeweiligen Machtkonstellation. Soll das Recht selber herrschen, überdies in derselben Strenge, wie wir es innerstaatlich verlangen, so ist gegen die Verletzung jedes Menschenrechts zu intervenieren, unabhängig von der Frage, wie gravierend die Verletzung ist und von welcher Seite sie geschieht. Gegen die daraus folgende, umfassende Interventionspflicht tauchen aber Bedenken auf.

Greifen wir einige Beispiele heraus und beurteilen sie hilfsweise von der Allgemeinen Menschenrechtserklärung der Vereinten Nationen von 1948 her: Erstens hätte man bei der Errichtung des Eisernen Vorhangs, spätestens beim Mauerbau eingreifen müssen; denn hier wurde Artikel 13 (2) verletzt: das Recht, sein eigenes Land zu verlassen. Man müßte zweitens bei allen (islamischen) Staaten intervenieren, die die Heirat mit Nichtglaubensgenossen verbieten; denn Artikel 16 (1) gibt allen „heiratsfähigen Männern und Frauen ohne Beschränkung durch ... Religion das Recht, eine Ehe zu schließen“. Drittens wäre gegen eine Verletzung sozialer Mindeststandards vorzugehen, selbst gegen Staaten, die keinen Anspruch „auf periodischen, bezahlten Urlaub“ garantieren (Artikel 24; ebenso Artikel 7). Auch die liberalen Demokratien sind nicht etwa salviert, sofern sie – viertens – mit einer andauernd hohen Arbeitslosigkeit das Recht jedes Menschen auf Arbeit verletzen (Artikel 23; ebenso Artikel 6, 1, das Recht über ... wirtschaftliche Rechte).

In all diesen Fällen werden nicht etwa nur philosophisch begründete, sondern auch völkerrechtlich bindende Menschenrechte verletzt.

Trotzdem drängen sich gegen entsprechende Interventionen Bedenken auf, die aber unterschiedlich plausibel sind: Beim ersten Beispiel drohte ein dritter Weltkrieg, der durch viele Opfer von Unschuldigen seinerseits Menschenrechte verletzt hätte, so daß eine Abwägung gleichrangiger Güter vorzunehmen war, die wiederum eher für die Nichtintervention sprach. Gegen eine Intervention gemäß dem zweiten Beispiel könnte man das Recht auf Differenz anführen; es setzt allerdings die Anerkennung elementarer Menschenrechte voraus, die nicht zutrifft, so daß hier die Intervention geboten wäre. Beim dritten und vierten Beispiel stellt sich die Frage, ob überhaupt Menschenrechte im strengen Sinn individuell einklagbarer Ansprüche vorliegen oder nicht eher nur Staatsaufgaben, die der Politik zwar eine verbindliche Richtung vorgeben, ihr aber weder den näheren Weg bestimmen noch dessen Erfolg verbürgen. Infolgedessen wäre eine Intervention kaum berechtigt.

Die Diskussion der Beispiele führt zu drei Einsichten; sie betreffen nicht die grundsätzliche Legitimation eines Interventionsrechtes, wohl aber seine legitime Anwendung: Erstens darf man bei den Menschenrechten gewisse Rangunterschiede nicht übersehen. Bei aller Achtung vor dem Recht auf Urlaub ist das Recht auf Leib und Leben weit wichtiger, und die Folter ist weit gravierender als die Entlassung von Arbeitskräften. Darüber hinaus muß das vierte Kriterium unstrittig erfüllt sein: Wo man sich in die Angelegenheiten eines Staates gewaltsam einmischt, muß zweifelsfrei eine massive Menschenrechtsverletzung gegeben sein, was beim Recht auf Urlaub und der Entlassung von Arbeitskräften kaum zutrifft. (Daraus folgt aber kein Freibrief für die Staaten: s. Kap. 15.3.) Zweitens muß man über jenes Maß an Macht verfügen, das dem Vorgehen sowohl Erfolg als auch geringe Opfer verspricht. Drittens muß man auch gegen mächtige Staaten intervenieren und die gegenwärtige Praxis beenden, die die Mächtigen ungeschoren läßt.

Um den beiden letzten Einsichten zu genügen, dürfen weder einzelne Staaten noch ihre Verbindungen mächtiger als die Interventionsinstanz sein. Diese muß im Gegenteil über eine so überlegene Macht verfügen, daß ihr Eingreifen einen raschen und an Nebenwirkungen armen Erfolg erbringt. Und zum Zweck der Unparteilichkeit ist das subjektive Interventionsrecht an ein objektives Interventionsrecht zu binden, nämlich an Regeln, deren Grundsätze verallgemeinerungsfähig sind und die klar sagen, bei welcher Art von Menschenrechtsverletzungen die humanitäre Intervention legitim, dann sogar geboten ist und bei welcher Art nicht. Zusätzlich kommt es auf den Träger der Intervention an. Von den drei Möglichkeiten, der partikularen, von einzelnen Staaten getragenen Intervention, der internationalen Intervention von seiten der Vereinten Nationen und der weltstaatlichen Intervention durch eine Weltrepublik, ist die erste Möglichkeit nur als Ausnahmerecht zulässig: In Analogie zur innerstaatlichen Notwehr darf man einem zur Notwehr berechtigten Staat im Rahmen von dessen Notwehr helfen. Die Hilfe ist freilich von Parteilichkeit bedroht: von der eigenen Innenpolitik, von wirtschaftlichen Interessen und von (ethnischen, religiösen, ...) Zugehörigkeitsgefühlen. Weil man deswegen manchen Gruppen voreilig, anderen aber gar nicht hilft, ist diese Intervention problematisch und zugunsten eines weltstaatlichen, allenfalls ersatzweise eines internationalen Vorgehens zu verabschieden.

Generell drohen bei einer humanitären Intervention mindestens drei Gefahren: Die auf internationaler Ebene bestehende Neigung zur Gewalt wird noch erhöht. Ferner läßt sich die Intervention machtpolitisch mißbrauchen, da man unter ihrem Deckmantel Eroberungskriege führt. Beispielsweise konnte sich Spanien für sein militärisches Eingreifen in Mexiko auch auf die – angeblich Zehntausenden – Menschenopfer der Azteken berufen (vgl. Fisch 1984, 221–258); und das Ergebnis war eine dauerhafte Herrschaft, mithin eine Eroberung. Schließlich kann der „gute Samariter" mehr Schaden anrichten, als er verhütet; selbst wenn die Spanier damals einige Menschenopfer verhinderten, haben sie doch die Rechte von weit mehr Unschuldigen verletzt.

Im Fall einer von der Weltrepublik getragenen Intervention werden alle drei Gefahren entweder überwunden oder aber entschieden abgeschwächt: Die Gewaltneigung wird kaum erhöht, weil das zuständige Gewaltmonopol ohnehin bei der Weltrepublik liegt. Die Mißbrauchsgefahr wird dadurch gemildert, daß man gegen die Intervention so wie generell gegen weltstaatliche Maßnahmen vor einem Weltgericht klagen und gegebenenfalls Wiedergutmachung verlangen kann. Um den Ausnahmecharakter jeder humanitären Intervention zu bekräftigen und um zusätzlich die Entscheidungsinstanz an ihre Verantwortung zu gemahnen, empfiehlt sich sogar eine obligatorische gerichtliche Überprüfung, die sich sowohl auf die Berechtigung als auch auf die Verhältnismäßigkeit der eingesetzten Mittel erstreckt, womit man auch der dritten Gefahr entgegentritt.

Die Legitimation des Interventionsrechtes im subjektiven Sinn, der Interventionsbefugnis, setzt bei einem Umstand an, der die Autonomie eines Staates einschränkt: daß die Teile eines Staates im Gegensatz zu denen eines Individuums rechtsfähige Subjekte sind. Nun verbietet die Rechtsmoral niemandem, Hand an sich zu legen; Selbstverstümmelung, sogar Selbsttötung mögen eine Pflicht gegen sich verletzen, nach Kant sogar eine strenge bzw. vollkommene Pflicht (*Tugendlehre*, § 6), rechtsmoralisch verwerflich sind sie aber nicht. Wegen der Rechtsfähigkeit ihrer Teile sieht es jedoch bei Staaten anders aus. Wenn ein Kollektiv-Individuum, ein Staat, Hand an sich legt, nimmt es keine kollektive Selbstverstümmelung oder Selbsttötung vor, vielmehr verletzt oder tötet ein Teil des Staates den anderen. Da Fremdverletzung unbestritten illegitim ist, kann es einer Weltrechtsordnung nicht geboten sein, schlechthin jede innerstaatliche Menschenrechtsverletzung zu tolerieren. Spätestens bei Völkermord taucht ein klares Recht auf humanitäre Interventionen auf; zumindest gegen Genozide vorzugehen ist der Weltrepublik wegen ihrer welt-bürgerlichen Verantwortung nicht bloß erlaubt, sondern sogar geboten.

Der Völkermord ist freilich nur ein besonders eklatantes Beispiel für eine insgesamt weiterreichende Befugnis. Sie ergibt sich, wie schon gesagt, aus dem universalen Rechtsgebot und zusätzlich aus dem legitimatorisch sekundären Charakter von Staaten: Sie gewähren nicht die Menschenrechte, sondern gewährleisten sie bloß. Wird nun der Menschenrechtsschutz nicht bloß gelegentlich, sondern systematisch verweigert, so verliert der Staat in genau diesem Maß an Legitimität und fordert die subsidiäre Verantwortung der Weltrepublik heraus. Im übrigen sind seit der Charta der Vereinten Nationen, also nach geltendem Völkerrecht, Menschenrechtsverletzungen gegenüber der eigenen Bevölkerung nicht mehr die ausschließlich innere Angelegenheit eines Staates.

Zugunsten einer humanitären Intervention spricht noch ein weiteres, rechtsmoralisch aber nachrangiges Argument: Schwere Menschenrechtsverletzungen können derart riesige Flüchtlingsströme auslösen, daß sie selbst für gutwillige Nachbarstaaten das Gewicht „grenzüberschreitender Einfälle" haben, die die Sicherheit und den Frieden in der betreffenden Region gefährden.

Bei jeder humanitären Intervention bleiben die Gebote subsidiärer Staatstätigkeit in Kraft. Gemäß dem Gebot der Güterabwägung müssen bei jedem Eingriff die eventuell kaum vermeidbaren Opfer unter den Unschuldigen berücksichtigt werden. Keine humanitäre Intervention darf mehr Schaden anrichten, als sie verhindert; insbesondere darf sie nicht den Weltfrieden gefährden. In diesem ersten Gebot zeichnet sich schon das zweite ab, das der Verhältnismäßigkeit der Mittel. Gewaltsame Eingriffe sind generell nur so weit legitim, wie sie um des Menschenrechtsschutzes willen nötig sind. Dabei empfiehlt sich eine Abstufung: „Weichere", beispielsweise bloß diplomatische Maßnahmen (von Protesten über Berichte bis zur förmlichen Verurteilung) sind bei relativ geringen, mittlere Maßnahmen wie Wirtschaftssanktionen bei stärkeren Menschenrechtsverletzungen angemessen. Immerhin geben kräftige Investitionen in einem Staat dessen Regime Rückhalt, während schon ihre drastische Zurücknahme es schwächt und schließlich zu dessen Sturz führen kann. Und angesichts der engen wirtschaftlichen Verflechtungen kann ein Wirtschaftsboykott – wenn er denn von allen Staaten getragen und wirksam durchgesetzt wird – fast jeden Staat in die Knie zwingen.

Erst bei schwersten Menschenrechtsverletzungen ist die ultima ratio, militärische Gewalt, vertretbar. Dabei ist freilich ein drittes Gebot zu beachten: die Abfolge zunehmend stärkerer Mittel. Man beginne mit den weicheren Maßnahmen und gehe erst bei deren Scheitern zur mittleren Stufe und bei deren erneutem Scheitern zur höchsten Stufe über. Militärische Gewalt ist nur erlaubt, wenn die anderen Mittel erfolglos waren. Weitere Gebote sind viertens die Interesselosigkeit des Intervenierenden und fünftens die ausdrückliche Erwünschtheit (Billigung) von seiten der Begünstigten.

Für die Frage, woran sich die „Massivität", der Grad der Menschenrechtsverletzung, bemißt, gibt es durchaus universale Kriterien. Deren wichtigstes liegt in der Eingriffstiefe oder Basalität: Sind die verletzten Rechte eine notwendige Bedingung für den Genuß anderer, vielleicht sogar aller anderen Rechte? Nach diesem Kriterium gibt es nach- und vorgeordnete Rechte, wobei eine Verletzung der (relativ) vorgeordneten Rechte massiver ist als die der (relativ) nachgeordneten. Die nächst dem Genozid massivsten Menschenrechtsverletzungen dürften in Menschenopfern, Sklaverei und Vertreibung großen Stils, sehr massive Verletzungen in Folter liegen. Weniger massiv, aber immer noch gravierend sind Verletzungen der Versammlungs-, Meinungs- und Pressefreiheit (allerdings kaum bei jeder extensiven Interpretation dieser Freiheiten). Dagegen spielt die Frage, ob die Menschenrechtsverletzungen von einem autoritären oder einem formal-demokratischen Staat ausgehen, für ein Interventionsrecht keine Rolle. Denn Menschenrechte gelten von ihrem Begriff her unabhängig von den Interessen der (demokratischen) Mehrheit.

15. Ein sozialer und ökologischer Weltmarkt

Durch Wettbewerb und Leistungsanreize einen kollektiv größeren Wohlstand herbeizuführen ist der Zweck des freien Marktes. In der Tat stachelt Konkurrenz jene Kräfte von Kreativität, Wagnis und Anstrengung, einschließlich Arbeitsethos und Sparen, an, die die Fähigkeit und Bereitschaft zur Leistung erhöhen, die die (nicht nur finanziellen) Kosten senken, die zu einem bedarfsgerechten Angebot an Gütern und Dienstleistungen und deren wirksamer Zuteilung drängen, überdies durch höhere Preise der Verschwendung entgegentreten. Trotzdem geht die Vision des freien Marktes, seine „Utopie des Wohlstandes", nicht ungetrübt in Erfüllung. Denn der Markt ist nicht von allein frei; außerdem treten erhebliche Folgelasten auf. Infolgedessen bildet ein freier Weltmarkt nur dann den angemessenen Handlungsrahmen, wenn er die von den Volks-Wirtschaften bekannten Aufgaben zu lösen und vor allem die richtigen Rahmenbedingungen zu setzen versteht:

Auch im Weltmaßstab braucht es eine Wettbewerbsordnung, die für einen freien Markt sorgt (Kap. 15.1). Auch im Weltmaßstab gibt es Marktschwächen, derentwegen sich eine Welt-Wirtschaftspolitik aufdrängt (Kap. 15.2), und gewisse Formen von Marktversagen, denen eine globale Gerechtigkeit entgegentritt (15.3). Für den Kampf gegen Hunger, Armut und (Unter-)Entwicklung ist zusätzlich eine verdienstliche Mehrleistung, eine Hilfsbereitschaft im Sinn globaler Solidarität und globaler Menschenliebe, angesagt (15.4). Nicht zuletzt bedarf es einer globalen Regelung des Umweltschutzes (Kap. 15.5).

Die gründlichere Behandlung dieser Themen bleibt einer eigenen Studie vorbehalten. Wir begnügen uns hier, auf die Verantwortung hinzuweisen, die die Weltrepublik für die einzelnen Aufgabenbereiche und ihr Leitziel, eine ebenso sozial- wie umweltverträgliche Entwicklung für alle Menschen und Staaten, trägt. Dabei bleibt das Prinzip Subsidiarität gültig, so daß die kompetitive Staatengemeinschaft nicht, wie gelegentlich befürchtet wird, in eine fiskalische und sozialstaatliche Haftungsgemeinschaft überführt werden muß. – Soweit es möglich ist, formulieren wir einige normative Grundsätze oder benennen zumindest die Aufgaben. Dabei entzieht sich die Philosophie nicht ganz der manchmal verwirrenden Vielfalt der Erfahrung.

15.1 Welt-Wettbewerbsordnung

Grundsätzlich funktioniert der Markt nach anonymen Kräften, etwas vereinfacht: nach dem Gesetz von Angebot und Nachfrage. Wer deshalb auf jede geplante Ordnung verzichten will, übersieht, daß Wagnis und Anstrengung oft einer natürlichen Trägheit abzuringen sind. Eine „aufgeklärte Trägheit" versucht daher, das Ergebnis, den Wohlstand, mit weniger Wagnis und Anstrengung zu erreichen und den Wettbewerb zu den eigenen Gunsten zu verzerren. Auf dem im empirischen Sinn freien, dem sich selbst überlassenen Markt sind daher Wettbewerbsverzerrungen so gut wie unvermeidbar. Paradoxerweise sind sie von der ökonomischen Rationalität geboten; vorausgesetzt, man hat die entsprechende Macht, erhöhen sie nämlich die eigene Effizienz. Entweder verbucht man bei gleichen Mitteln einen größeren Gewinn, letztlich einen höheren Wohlstand, oder man erreicht denselben Gewinn schon mit geringerem Einsatz. Nennen wir es das – in dieser Form neue – Gesetz der rationalen Wettbewerbsverzerrung: Für den homo oeconomicus sind Wettbewerbsverzerrungen, die dem eigenen Interesse dienen, egoistische Verzerrungen, rational.

Der gröbsten, kriminellen Wettbewerbsverzerrung, Betrug und Gewalt („Mafia-Methoden"), tritt schon der gewöhnliche Rechtsschutz entgegen. Eine Marktordnung widersetzt sich drei anderen Verzerrungen: Monopolen und Oligopolen, Kartellen und dem unlauteren Wettbewerb. Nur dort, wo diese Verzerrungen verhindert werden, entsteht jener nicht im empirischen, sondern normativen Sinn freie Markt, dessen Wettbewerb dem kollektiven Wohlstand dient.

Wegen des Gesetzes der rationalen Wettbewerbsverzerrung herrscht der Wettbewerb in der Wirtschaft nicht spontan; er muß vielmehr von außen, von einem zwangsbewehrten Recht und bei einem globalen Markt von einem ebenso globalen Recht, erzwungen werden. In dieser Hinsicht ist der Liberalisierung der Weltmärkte ein Versäumnis vorzuwerfen: daß man beim Abbau der staatlichen Handelshemmnisse (Zölle, Kontingente und Regulierungen) nicht mit der Bildung privatwirtschaftlicher Handelshemmnisse in Form der drei Verzerrungen gerechnet hat. Um des freien Marktes willen hätte man von vornherein das globale Äquivalent zum einzelstaatlichen Wettbewerbsrecht schaffen müssen: als Kontrapunkt zum Allgemeinen Zoll- und Handelsabkommen (GATT) und zur Welthandelsorganisation (WTO) ein Weltkartellrecht samt Weltkartellbehörde und Weltkartellgericht.

Einen Anfang bildet jene vom Gesetzgeber einzurichtende „Rechtshilfe“, die es den von einer Marktbeschränkung betroffenen ausländischen Unternehmen und ebenso ausländischen Kartellbehörden erlaubt, im Inland Klage zu erheben. Je besser diese Rechtshilfe funktioniert und je mehr ihr international gleiche Maßstäbe zugrundeliegen, desto mehr könnten die Staaten ihre eifersüchtig gehütete Souveränität wahren und die Weltkartellbehörde entlasten. Tatsächlich hat zwar die Wirtschaft die Bedeutung der Globalisierung schnell begriffen, die Politik hinkt aber mit den Gesetzen zur Wettbewerbssicherung hinterher.

Mittlerweile ist die Gefahr noch gestiegen. Für die Daseinssicherung ihrer Bürger mitzuständig, deshalb auf Steuereinnahmen und Arbeitsplätze, in Demokratien überdies auf die Zustimmung der Bürger angewiesen, können sich weder Parlamente noch Regierungen der Aufgabe entziehen, neue Unternehmen zu gewinnen und schon vorhandene Unternehmen zu halten. So herrscht das Gesetz der rationalen Wettbewerbsverzerrung auch zwischen den Staaten: Im internationalen Wettbewerb der Standorte versuchen sie, mittels besserer Konditionen sich gegenseitig auszustechen. Dabei sind zwei Stufen, die Gesetzgebung und die Rechtsanwendung, zu unterscheiden:

Bei der Rechtsanwendung kann ein Staat die geltenden Regeln überdehnen oder gar beugen („aushebeln“) und bei entsprechend wichtigen Unternehmen Steuern oder soziale und ökologische Auflagen ermäßigen oder auch immer größere Unternehmenszusammenschlüsse für unbedenklich halten. Derartige Privilegien bedeuten rechtlich einen Verstoß gegen das Gleichheitsgebot und wirtschaftlich einen unlauteren Wettbewerb. In funktionierenden Rechtsstaaten schreiten schon die eigenen Staatsanwälte und Gerichte dagegen ein. Selbst dann ist die Weltrepublik aber nicht etwa überflüssig. Denn es braucht gemeinsame Rahmenrichtlinien, also den Weltgesetzgeber oder sein Äquivalent, und zusätzlich, um der internationalen Rechtsgleichheit willen, eine übernationale Berufungsinstanz, mithin eine Weltjudikative, schließlich dort, wo die nationalen Kartellbehörden an ihre Grenzen stoßen, die Weltkartellbehörde. Und diese ist mit soviel Macht auszustatten, daß sie sowohl den transnationalen Konzernen und ihren strategischen Allianzen als auch den nationalen Interessen großer Mächte, selbst denen einer faktischen Hegemonialmacht Paroli bieten kann. Bei den Konzernen geht es immerhin um Konzentrationen im Großformat, nämlich um Unternehmensumsätze Hunderter von Milliarden Euro, womit sie das Bruttosozialprodukt vieler Staaten, selbst der reichen Schweiz, übersteigen und eine Macht erhalten, die die Weltgesellschaft einer ökonomischen Oligarchie: dem Regiment einer zunehmend kleinen Zahl privater Machtzentren und ihrer weltweit agierenden Manager, auszuliefern droht. Deren Macht betrifft nicht etwa nur Steuern und Arbeitsplätze, sondern auch die Neigung, eine Privatisierung des Gewinns mit einer teilweisen „Sozialisierung" des unternehmerischen Risikos zu verbinden. Denn weil der Konkurs eines Großunternehmens viele Arbeitsplätze gefährdet, sucht das Gemeinwesen den Konkurs zu verhindern.

Außer der gewöhnlichen Wettbewerbsverzerrung bei der Rechtsanwendung gibt es eine Verzerrung auf der Stufe der Gesetzgebung: Staaten, die sich als sog. Steueroasen profilieren, weil sie durch außergewöhnliche Steuervorteile die steuerrechtlichen Firmensitze an sich ziehen, ohne sich um die Infrastruktur der Betriebsstätten und deren Personal zu bekümmern, verletzen ein elementares Gerechtigkeitsgebot. Sie verhalten sich als Trittbrettfahrer an der Weltgesellschaft, so daß die anderen Staaten das Recht haben, einen Ausgleich für die nicht bereitgestellte Infrastruktur zu verlangen. Hier soll nicht etwa der legitime Steuerwettbewerb ausgehebelt, wohl aber auf eine gewisse globale Steuerharmonisierung oder aber auf den angedeuteten Ausgleich gedrungen werden. Wie in Einzelstaaten pflegt so etwas nur von einer „Zentralmacht" durchsetzbar zu sein, im Weltmaßstab also von einer globalen Macht, der Weltrepublik.

Zur Ethik der Welt-Marktordnung gehört ein interessantes Rechtsphänomen: die Entwicklung eines globalen Handelsrechtes (lex mercatoria), das sich weder dem üblichen Urheber positiven Rechts, dem Staat, noch den staatlichen Substituten für die internationale Ebene, etwa den Vereinten Nationen, verdankt. Die rechtssystematische Bedeutung dieses „globalen Rechts ohne einen Staat" (Teubner 1997) darf man aber nicht überschätzen. Das Handelsrecht hat nämlich diese staatenübergreifende Tendenz schon länger, außerdem macht es nur einen kleinen Teil der Rechtsordnung aus. Ferner kennen wir staatsfreie Sonderrechte mit eigener Jurisprudenz und eigener Gerichtsbarkeit von den Religionen, besonders ausgeprägt im Judentum, Christentum und Islam. Und vor allem hat ein Weltrecht ohne Staat neben positiven auch negative Seiten. Soweit die Entwicklung mit voller Zustimmung aller Beteiligten erfolgt, entlastet sie zwar die obligatorische Gerichtsbarkeit und erinnert daran, daß öffentliche Gewalten einen legitimatorisch sekundären Charakter haben. Sie sollen Rechtsdefizite beheben, was dort, wo die Defizite voröffentlich und doch rechtsförmig behoben werden, überflüssig ist. Andererseits beläuft sich die Entwicklung auf eine Art anonymer, der demokratischen Legitimation entzogenen Weltgesetzgebung. Hier braucht es zumindest eine demokratische Kontrolle zweiter Stufe: Man überwache, wie sich die lex mercatoria entwickelt, und greife bei bedenklichen Fehlentwicklungen korrigierend ein. Und dafür reicht Teubners Vorschlag, eine Repolitisierung des genannten Weltrechts über hochspezialisierte, isolierte Diskurse, nicht aus.

15.2 Welt-Wirtschafts- und Weltfinanzpolitik

In der Wirtschafts- und Finanzpolitik sind Handlungsbedarf und Handlungsfähigkeit auseinandergebrochen. Obwohl die Staaten für die Daseinssicherung Verantwortung tragen, ist ihre Gestaltungsmacht durch die wirtschaftliche Globalisierung stark geschwächt worden (s. Kap. 6.2). Ohne in den wirtschaftstheoretischen Streit zwischen neoklassischen Monetaristen und Keynesianern einzugreifen, erscheint in dieser Situation die vollständige Abstinenz von einer Welt-Wirtschafts- und Weltfinanzpolitik kaum als sinnvoll. Krisen vom Ausmaß der Weltwirtschaftskrise aus dem Jahre 1929 schaden nämlich so gut wie allen Seiten.

Das Spektrum der für die Wirtschafts- und Finanzpolitik zuständigen Leitbilder beginnt bei der vollständigen Zurückhaltung des radikalen Wirtschaftsliberalismus und gelangt über viele Zwischenstufen bis zu jenem radikalen Sozialismus, der alle Zuständigkeit dem Staat überträgt. Zumindest in der politischen Wirklichkeit haben aber die Extrempositionen an Überzeugungskraft verloren, so daß als Leitbild nur ein „mittlerer Weg", die soziale Marktwirtschaft, übriggeblieben ist. Deren Akzente werden allerdings unterschiedlich gesetzt und reichen von einem Minimum an Sozialem bis zu einer fast-sozialistischen Wirtschaft. Teils wirtschaftstheoretisch, teils sozialpolitisch sind etwa die Fragen umstritten, wie weit die Wirtschaftsverläufe durch eine antizyklische Konjunkturpolitik zu stabilisieren und wie weit Einkommen und Vermögen durch Umverteilung zu korrigieren sind.

Selbst wenn sich ein Teil der einschlägigen Kontroversen diskursiv entscheiden läßt, ist die Ethik einer Welt-Rechtsordnung nicht der dafür zuständige Ort; sie benennt lediglich einige Gesichtspunkte. Als erstes erinnert sie an Subsidiarität, Föderalismus und die großregionale Zwischenstufe. Ihretwegen dürfen eine Welt-Wirtschaftspolitik und ein eventuelles Welt-Wirtschaftsministerium nur geringe Zuständigkeiten erhalten. Und weil der internationale Wettbewerb der Standorte den internationalen, nicht bloß wirtschaftlichen Wohlstand befördert, wäre ein weitgehender Verzicht auf wirtschaftspolitische Souveränität der Staaten und Großregionen kontraproduktiv. Ohnehin müssen die einzelnen Staaten zwei Vorbedingungen selber erfüllen: Vor- und außerökonomisch müssen sie für ein Wirtschafts- und Handelsrecht und eine wirksame Gerichtsbarkeit und dafür sorgen, daß es keine nennenswerte Korruption gibt. Und die ökonomische Vorbedingung besteht in jener soliden Wirtschafts- und Finanzpolitik, die weiß, daß auch eine Keynesianische Wirtschaftspolitik nicht so viel Schulden machen darf, daß deren Tilgung den Handlungs- und Investitionsspielraum beeinträchtigt. Nur unter diesen Vorbedingungen ist an eine erfolgreiche Welt-Wirtschaftspolitik zu denken. Für sie selbst drängen sich nach Auskunft der Erfahrung vier Aufgaben auf:

Ein *erstes* Problem stellen die internationalen Finanzmärkte, deren Volumen mittlerweile das des Welthandels und der Weltproduktion übersteigt. Da der Wert einer Währung von Faktoren abhängt, die wie die Wirtschaftskraft eines Landes, seine Geldpolitik und die Staatsfinanzen durch den Wettbewerb positiv beeinflußt werden, ist auch hier dem Markt Raum zu lassen. Wie man aber auf nationaler Ebene umsichtige Steuerungsinstrumente einrichtet, so empfehlen sie sich auf globaler Ebene ebenfalls. Insbesondere drängt sich eine zu den nationalen Notenbanken analoge Institution auf. Falls die Staaten sich nicht zu einer globalen Währungsunion zusammenschließen – und gegen einen Zusammenschluß sprechen sowohl souveränitäts- als auch wirtschaftspolitische Gründe –, wäre die Institution keine Weltbank im strengen Sinn: keine allen nationalen Notenbanken vor- und übergeordnete globale Notenbank. Es wäre lediglich eine „subsidiäre Weltbank", die freilich andere Aufgaben als jene „Internationale Bank für Wiederaufbau und Entwicklung" (IBRD) zu erfüllen hat, die mißverständlich Weltbank genannt wird, sich aber auf multilateral gewährte Entwicklungshilfe konzentriert.

Institutionell könnte die „subsidiäre Weltbank" an die „Bank für internationalen Zahlungsausgleich" (BIZ, Sitz in Basel) anknüpfen. Rechtlich dem Völkerrecht unterworfen und der Struktur nach eine Aktiengesellschaft, die zu 85 % in den Händen der Zentralbanken liegt, verwaltet diese Bank der Zentralbanken etwa 10 % der gesamten Weltwährungsreserven. Darüber hinaus bildet sie das wichtigste Forum einer internationalen Zusammenarbeit der Notenbanken und der

Bankenaufsichtsbehörden. Sowohl ihr Aufgabenfeld als auch ihre Durchsetzungsbefugnisse müßten aber erweitert werden, auch wenn sie durch großregionale Notenbanken wie die Europäische Zentralbank entlastet wird.

Mögliche Instrumente einer subsidiären Weltbank wie eine Devisenumsatzsteuer („Tobin-Steuer") zur Dämpfung spekulativer Transaktionen sind wirtschaftstheoretisch strittig. Unstrittig sind dagegen drei Mittel einer globalen Bankenaufsicht: eine verbesserte Offenlegung der Handels- und Anlageergebnisse, global gemeinsame Aufsichtsregeln und eine Beschränkung risikobehafteter Bankgeschäfte auf ein bestimmtes Verhältnis zum Eigenkapital der Finanzinstitute. Und zur Durchsetzung derartiger Forderungen braucht es effiziente Sanktionen, teils positiver Art wie günstigere Kreditkonditionen, teils negativer Art wie gleitend schlechtere Konditionen bis hin zum Ausschluß von gewissen Finanzmärkten.

Durch sorgfältige Analyse der Wirtschafts- und Finanzpolitik der Länder und Großregionen könnte sie zusätzlich als Frühwarnerin vor drohenden Krisen tätig werden. Außerdem eignet sie sich als Forum für währungspolitische Verhandlungen und Streitbeilegungen.

Eine subsidiäre Weltbank gehört in die Verantwortung einer Weltrepublik, aber nicht ihrer Regierung; denn nach einschlägiger Erfahrung sprechen zumindest drei Gründe generell für regierungsunabhängige Notenbanken: Gemäß dem ökonomischen Argument braucht es Schutz vor den (tendenziell grenzenlosen) Kreditansprüchen des Staates; nach dem politischen Argument bedarf es einer von tagespolitischen Erfordernissen unbeeinträchtigten Geldpolitik; und das technische Argument weist auf die rasche Entscheidungsfindung bei schnell wechselnden Szenarien (vgl. Payer 1982). Zusammen dürften sie die drei Gegenargumente entkräften: Nach dem Prioritätenargument gelte es, hinsichtlich beschäftigungs-, wachstums- und verteilungspolitischer Ziele wechselnde Prioritäten zu setzen, wofür die jeweilige Regierung zuständig sei. Dagegen spricht, daß die Geldwertstabilität die langfristig beste Voraussetzung für wechselnde Prioritäten darstellt. Das Koordinationsargument ordnet zweitens die Geldpolitik in die allgemeine Wirtschaftspolitik ein und der zuständigen Gesetzgebung unter. Dagegen sprechen aber die drei genannten Pro-Argumente. Und drittens, dem demokratiepolitischen Argument, eine der politischen Kontrolle entzogene öffentliche Institution sei ein Fremdkörper in der Demokratie, läßt sich entgegenhalten, daß sowohl die Mitglieder einer unabhängigen Notenbank als auch die Aufgaben demokratisch legitimiert sind, überdies die Aufgaben von einer weisungsentzogenen Notenbank besser als von einer weisungsgebundenen erfüllt werden. Auch von Museen, Theatern und Universitäten weiß man, daß sie ihren Auftrag für eine Demokratie am besten erfüllen, wenn sie trotz staatlicher Unterstützung sich möglichst weisungsunabhängig entfalten.

Eine *zweite* Aufgabe ergibt sich aus der (relativen) Konkurrenz von Unternehmen, die längerfristig „denken", und Kapital, das kurzfristig „denkt". Nicht etwa nur das „anrüchige Kapital", das sich in wenigen, überaus reichen Händen sammelt, verlangt nämlich nach raschem Erfolg, sondern auch das der institutionellen Anleger, die Pensionsfonds, Lebensversicherungen, private Hochschulen oder gemeinnützige Stiftungen vertreten, nicht zuletzt das der Kleinaktionäre. Ob jemand mit seinen Kapitalerträgen sich eine Luxusjacht kaufen, eine alte Tante unterstützen oder eine (Hoch-)Schule betreiben will, ändert wenig an seinem Interesse für eine möglichst hohe und sichere Rendite. Und weil der Wettbewerb den Druck auf kurzfristigen Erfolg verschärft, drängt sich ein Gegensteuern auf, für das die Ethik keine Instrumente, aber eine Aufgabe benennt: Weil eine zu starke finanzielle Welt zu viel Kurzfristigkeit „produziert", sind sowohl die inner- als auch die außerwirtschaftlichen Gegenkräfte zu stärken.

Gegen die Konzentrationswellen, die die Globalisierung begleiten, drängt sich nicht bloß ein Wettbewerbsrecht, sondern auch – *drittens* – eine Unternehmensförderung auf, die der Gefahr einer ökonomischen Oligarchie entgegensteuert: die Förderung des unternehmerischen Mittelstandes und der Kleinunternehmen. Erleichtert wird sie durch eine „Explosion des Individualismus": Während jene „globalen Konsumenten", die überall in der Welt nach denselben Gütern, einschließlich derselben Art von Gast- und Beherbergungsstätten, verlangen, eine Minderheit bleiben, zählen mehr und mehr die regionalen und lokalen Unterschiede. Selbst multinationale Konzerne sehen sich gezwungen, an den verschiedenen Orten unterschiedlich, also multilokal, zu handeln. Warum sollen die Unternehmen dann nicht unmittelbar großenteils regional und lokal verschieden bleiben?

Statt ihren Themenkreis auf die Aufgaben der traditionellen Wirtschaftstheorie einzuengen, könnte eine Welt-Wirtschaftspolitik für eine *vierte*, genuin globalistische Aufgabe sensibel werden. Die Aufgabe ergibt sich aus den regionalen Besonderheiten von Unternehmen, also aus Unterschieden etwa der Unternehmensführung (hinsichtlich Geschäftszwecken, Erfolgsmaßstäben, Wahrnehmungs- und Entscheidungsstrukturen), der betrieblichen Mitbestimmung, der Mitbestimmung am Arbeitsplatz und des innerbetrieblichen Kooperations- und Arbeitsstils. Die Globalisierung droht nun die Unterschiede auch dort einzuebnen, wo es selbst nach rein wirtschaftlichen Kriterien nicht nötig wäre. Geschieht es trotzdem, so findet eine Art Kolonialisierung fremder Wirtschaftskulturen statt, die nach einem Gegensteuern verlangt.

15.3 Globale Gerechtigkeit

Schon in der Welt-Wettbewerbsordnung und der Welt-Wirtschaftspolitik geht es um das moralische Korrektiv eines sich selbst überlassenen Weltmarktes, um die globale Gerechtigkeit. Aus ihrem weiten Bereich greifen wir exemplarisch zwei Themen auf: Fragen gemeinsamer Sozialstandards und einer globalen Entwicklungspolitik.

15.3.1 Sozialstandards

Kritiker des Sozialstaates sehen ihn mancherorts zu einem Fürsorgestaat entarten, der nicht bloß die öffentlichen Haushalte strapaziere, sondern auch „Besserverdienende" pauschal der ungerechten Bereicherung verdächtige. Beim Thema globaler Sozialstandards sind derartige Befürchtungen unangemessen; denn es geht hier um Mindestbedingungen. Zum Zweck einer interkulturellen Gültigkeit sind sie aus dem Gedanken der Menschenrechte zu entwickeln (s. schon Höffe 1981, 124f.); dazu einige Vorschläge (vgl. Kap. 3.3–3.4):

(1) Aus dem negativen Freiheitsrecht „Integrität von Leib und Leben" ergeben sich Minimalanforderungen an die Arbeitsbedingungen. Menschenrechtlich illegitim ist eine Arbeit, die die Gesundheit schädigt: aufgrund der Lärm-, Licht- oder Luftverhältnisse, durch Dünste oder Strahlen, auch durch eine erschöpfende und abstumpfende Arbeitsweise oder durch die übermäßige (tägliche, wöchentliche und jährliche) Arbeitsdauer. In einem weiteren Sinn gehört hierhin auch das Verbot der Kinderarbeit.

(2) Aus dem Recht auf persönliches Eigentum folgt das Verbot sowohl einer willkürlichen als auch einer entschädigungslosen Enteignung. (3) Offensichtlich verbieten die negativen Freiheitsrechte die Sklaverei (einschließlich Leibeigenschaft und Erbuntertänigkeit), ferner die Zwangsarbeit. (4) Ebenso offensichtlich illegitim sind Diskriminierungen aus Gründen von Rasse, Hautfarbe und Geschlecht, von

Religion, politischer Überzeugung und sozialer Herkunft; beispielsweise verbietet sich eine ungleiche Entlohnung von Mann und Frau. (5) Aus einem elementaren Sozialrecht, dem Subsistenzrecht, ergeben sich Mindestlöhne. Diese müssen freilich nicht überall auf der Welt identisch sein, hängen vielmehr von regionalen Faktoren wie Lebenshaltungskosten und üblichem Lebensstandard ab. Nicht zuletzt kommt es auf die jeweiligen Ressourcen an; wo eine Hungersnot herrscht, läuft die Forderung auf einen Mindestlohn ins Leere.

(6) Zu den elementaren Sozialrechten gehören auch elementare Sozialleistungen hinsichtlich Familienstatus, Krankheit, Unfall, Arbeitslosigkeit und Alter. Erneut sind regionale Unterschiede anzuerkennen. Wo Solidargemeinschaften wie Familien, Sippen oder Zünfte noch lebendig sind, ist weniger einzufordern als dort, wo sie wegen der Individualisierung des Lebens an Kraft verloren haben. Außerdem darf man nicht übersehen, daß Sozialleistungen nicht bloß eine Folge der Entmachtung von Solidargemeinschaften kompensieren, sondern sie auch verursachen können (s. Kap. 5.2). (7) Die Vereinigungs- und die Koalitionsfreiheit gebieten, Gewerkschafts-, Berufs- und Unternehmensverbände zuzulassen.

(8) Dazu kommt ein Sozialstandard zugunsten der künftigen Generationen, der aber nicht auf ökologische Themen verengt werden darf, vielmehr soziale und kulturelle Ressourcen miteinschließen muß. Nach dem zuständigen Prinzip intergenerationeller Gerechtigkeit darf keine Generation mehr an Ressourcen verbrauchen, als sie an Äquivalenten oder Substituten hervorbringt. Und der exzessive Verbrauch gar nicht oder aber schwer regenerierbarer Ressourcen ist ganz zu beenden (s. Kap. 15.5).

(9) Noch in einer anderen Hinsicht ist der Begriff der Sozialstandards zu erweitern: Solange die Berufsarbeit den Regelfall bildet, um für sich und seine Familie einen angemessenen Lebensunterhalt zu gewinnen, solange sie darüber hinaus wichtige Chancen zur Selbst- und Fremdachtung sowie der Selbstverwirklichung bietet und solange die Chance zur entsprechenden Berufsarbeit auch von der Ausbildung abhängt, sind allen Menschen angemessene Ausbildungschancen zu bieten.

Zweifellos ist die Weltrepublik bei Sozialstandards bestenfalls subsidiär, nämlich nur dort gefordert, wo die Gemeinwesen die Standards nicht von sich aus anerkennen. Warum hat sie aber überhaupt eine Zuständigkeit? Staaten wollen sich zwar im internationalen Wettbewerb für ihre Sozialstaatlichkeit nicht dadurch bestraft finden, daß sie

Arbeitsplätze und Steuereinnahmen an unsoziale Staaten verlieren. Ein derartiges Eigeninteresse rechtfertigt aber noch keine (weltrepublikanische) Zwangsbefugnis; zu ihren Gunsten sprechen zwei andere Argumente:

Das erste welt-bürgerliche Argument ist dort einschlägig, wo die Gewinne unsozialer Staaten einer dünnen Oberschicht zugute kommen. Hier dürfen sich die Benachteiligten in ihrer Rolle als Welt-Bürger an die Weltrepublik wenden und von ihr Hilfe für soziale Minimalstandards erwarten. Das zweite, völkerrechtliche Argument geht vom Wettbewerb der Volks-Wirtschaften bzw. nationalen Standorte aus. Weil man um der höheren Attraktivität für Kapital und Unternehmen willen die sozialen und ökologischen Kriterien der Konkurrenten zu unterbieten sucht, kommt es zwangsläufig zu einer Ermäßigung dieser Kriterien. Obwohl sie nicht der eigenen Bevölkerung dient, kann man sie wegen der Standortkonkurrenz nicht im nationalen Alleingang verhindern, es braucht vielmehr weltweit verbindliche Vereinbarungen. Für sie ist die Weltrepublik zuständig, und im derzeitigen Geflecht internationaler Organisationen bietet sich die Internationale Arbeitsorganisation (ILO) an. Deren Instrumentarium, um Absprachen zustande zu bringen und durchzusetzen, ist allerdings zu verbessern.

Wie innerstaatlich, so sind auch zwischenstaatlich zwangsfreie Maßnahmen vorzuziehen. In diesem Sinn können die sozial verantwortlicheren Staaten freiwillig Großregionen fairen Handels (fair trade zones) einrichten, die nur den Wettbewerbern Zugang erlauben, die Minimalbedingungen erfüllen, etwa daß den Arbeitern und Angestellten keine „Hungerlöhne“ gezahlt werden, daß sie elementare Sozialleistungen (hinsichtlich Familienstatus, Krankheit, Unfall, Arbeitslosigkeit und Alter) erhalten und daß die Wettbewerber elementare Umweltstandards beachten. Zum fairen Handel gehören freilich mehr als nur Sozialstandards; es kommt auch auf tarifäre und nicht-tarifäre Handelshemmnisse oder auf die Entwicklung von Exportindustrien in den ärmeren Ländern an. (Zum größeren Thema s. Brenton u. a. 1997, Spraos 1983.)

15.3.2 Entwicklung

Die Schwierigkeiten dieses Themas beginnen bei der Bezeichnung, da normativ und politisch umstrittene Gesichtspunkte hereinspielen. Während im früher üblichen Ausdruck „unterentwickelt“ eine Herablassung der reicheren Länder, allerdings auch das Interesse der ärmeren anklingt, den reicheren gleichzuziehen, hebt der Ausdruck „ehemalige Kolonien" eine Teilursache heraus. Eine weitere Schwierigkeit liegt im näheren Kriterium, da das Bruttosozialprodukt pro Kopf weder eine Auskunft über die tatsächliche Verteilung gibt (eine kleine Schicht sehr Reicher kann das Bild verzerren) noch über marktferne Leistungen wie etwa die unbezahlte Haus- und Feierabendarbeit noch über die reale inländische Kaufkraft. Gleichwohl ist der Kern der Sache wenig strittig: eine materielle Armut, die selbst die Grundbedürfnisse Nahrung, Kleidung und Wohnen nicht angemessen zu befriedigen erlaubt und sich häufig noch mit einem geringen Bildungs- und Ausbildungsstand und einem Mangel an elementarer Gesundheitsversorgung und elementarem Rechtsschutz verbindet. (Zur weitläufigen Diskussion s. Dürr 1991, Hauser 1990–1991, Menzel ^{2}1993, O'Neill 1986, Opitz 1991, Pogge 1989, Teil III, Sen 1981, Wagner/Kaiser 1995; zur Statistik s. auch Human Development Report 1998.)

Zweifellos gebietet die Menschenliebe, Notleidenden zu helfen. Das Gebot gehört aber nicht zu den geschuldeten Rechtspflichten, sondern zum verdienstlichen Mehr. Soll bei der Entwicklung die Weltrepublik zuständig sein, dann müßte die Gerechtigkeit gefragt sein. Nach einem „Dogma der Gerechtigkeitsdebatte" (Höffe 1996, 204) gilt als exklusiver Kern die Verteilungsgerechtigkeit, die sich wiederum auf das jeweilige Ergebnis, nicht die Anfangsbedingungen beziehe. Die Tatsache, daß es reiche und arme Länder gibt, erscheint hier schon als zureichendes Argument, um eine Umverteilung vorzunehmen. Die Voraussetzung, es gebe eine vorgegebene Menge von Ressourcen, die auf alle Staaten möglichst gleich zu verteilen sind, übergeht jedoch den Umstand, daß das zu Verteilende großenteils erarbeitet werden muß und man für die entstandene Situation mitverantwortlich ist. Ein Verdrängen der Mitverantwortung dagegen führt zu „moral hazard": zu einer strukturellen Ermutigung, vielleicht sogar einem Freifahrtschein für Fehlverhalten (s. z. B. Pogge 1989). Entscheidend ist nicht der gegenwärtige Stand der Verteilung, sondern eine Verbindung der originären Verteilung mit der seitherigen Eigenleistung und der Korrektur von Unrecht.

Hinsichtlich der letzten Grundlage aller Verarbeitung, der Erde mitsamt ihren Bodenschätzen, Pflanzen und Tieren, kommt es in der Tat auf Verteilungsgerechtigkeit an. Sie betrifft aber nicht, wie der „philanthropische Blick" annimmt, die gegenwärtige, sondern jene anfängliche Verteilung, die sich „im Dunkel der Vorgeschichte" verliert. Nun konnten sich die Menschen aufgrund der seither verstrichenen Zeit an ihre äußeren Bedingungen anpassen und durch eigene Leistungen, etwa ihre Arbeits- und Sozialkultur, einschließlich ihrer Bevölkerungsentwicklung, für ein erträgliches Auskommen selbst unter extremen Naturgegebenheiten sorgen. Vom Standpunkt der Gerechtigkeit legt sich daher nahe, die einzelnen Gemeinwesen für ihr derzeitiges Auskommen zunächst einmal selbst verantwortlich zu machen. Ursachen, die den betreffenden Ländern selber anzulasten sind, ein Politikversagen, gibt es in der Tat. Dazu gehören die Vernachlässigung ländlicher Entwicklung, die politische Bevorzugung der Großgrundbesitzer und Großhändler vor den Kleinbauern und Kleinhändlern, die „Ausbeutung" der Landbewohner zugunsten der Städter und die Förderung wenig sinnvoller Prestigeobjekte. Mitverantwortlich sind auch geringe Einkommens- und Vermögenssteuern für die Reichen, außerdem eine weit verbreitete „Mißwirtschaft und Korruption", nicht zuletzt das Bevölkerungswachstum. In all diesen Bereichen ist eine nachhaltige Verbesserung nur von inneren Reformen zu erwarten.

Viele der Faktoren sind allerdings weniger der Bevölkerung insgesamt als einer Machtelite anzulasten, der es nicht auf das Gemeinwohl, sondern auf Machterhalt und Selbstbereicherung ankommt. Und dafür trägt die derzeitige Weltordnung über das in ihr geltende Souveränitätsverständnis eine Mitverantwortung. Denn es ist insofern unqualifiziert, als es den Staaten die Kriterien überläßt, nach denen sie ihre Regierung bestimmen. Jede Gruppe, die innerhalb des Staates eine Übermacht an Gewaltmitteln kontrolliert, kann damit rechnen, als legale Regierung anerkannt zu werden und zwei ebenfalls unqualifizierte Befugnisse zu erhalten: Das (unqualifizierte) Rohstoffprivileg beinhaltet die Verfügungsgewalt über die Rohstoffe des Staates, einschließlich der Befugnis, Eigentumsrechte an den Rohstoffen international rechtsgültig zu übertragen. Und das (unqualifizierte) Kreditprivileg berechtigt, im Namen des Staates Kredite aufzunehmen und deren Schuldentilgung dem Staat trotz wechselnder Regierungen aufzubinden. Offensichtlich trägt das doppelte Privileg zur Stabilisierung der jeweiligen Regierung bei, allenfalls weckt es die Macht- und Geldgier anderer Gruppen und stabilisiert insofern den Wechsel korrupter Regierungen. Die Chancen auf Abhilfe durch Demokratisierung und durch eine die Gesamtbevölkerung umfassende wirtschaftliche Entwicklung werden jedenfalls gesenkt.

Nicht überall, wo es jemandem schlecht geht, steht ihm eine gerechtigkeitsgebotene Hilfe zu, wohl aber dort – so ein erster Grund –, wo die Not von außen mitverschuldet ist, und diese Hilfe gebührt ihm nach Maßgabe des Mitverschuldens. In diesem Sinn drängt sich eine Änderung der derzeitigen Weltordnung in Richtung auf ein qualifiziertes, nicht länger an bloßer Macht orientiertes Souveränitätsverständnis auf. Zum Zweck, die Entwicklungschancen der armen Länder zu verbessern, sind für die völkerrechtliche Anerkennung einer Regierung und vor allem für ihr Rohstoff- und ihr Kreditprivileg minimale Bedingungen von materialer Demokratie bzw. Gemeinwohl zu verlangen. (Zu diesem Thema vgl. Pogge 1998.)

Neben den selbstverantworteten und den von außen mitverantworteten Ursachen ist für mangelnde Entwicklung ein drittes Faktorenbündel zuständig: massives Unrecht von außen. Bei Kolonialisierung, bei Sklaverei und der Vertreibung aus angestammten Lebensräumen gebietet die korrektive Gerechtigkeit, Entschädigung (Kompensation) zu leisten. Sie ist auch dort gefragt, wo man lange Zeit gewissen Gruppen den Zugang zu Eigentum, gleicher Bildung und sozialem Aufstieg versperrte. Ein zweiter Grund für eine gerechtigkeitsgebotene Hilfe liegt also im Ausgleich für vergangenes Unrecht. Dabei kann es zu Güterkonflikten kommen, da die Kompensation vergangenen Unrechts, zum Beispiel gegen Frauen, in Konkurrenz zum Prinzip der Gleichbehandlung tritt.

Genausowenig wie es bei der korrektiven Gerechtigkeit einen pauschalen Anspruchsberechtigten gibt, existiert ein pauschaler Anspruchsverpflichteter. Weder kann undifferenziert jedes arme Gemeinwesen sich auf vergangenes Unrecht berufen, noch schuldet die Entschädigung vergangenen Unrechts undifferenziert die gesamte reichere Welt; gemäß dem Verursacherprinzip ist vielmehr der jeweils Verantwortliche zuständig. Das rechtsmoralische Prinzip, das der Wiedergutmachungspflicht Deutschlands nach dem Nationalsozialismus zugrundeliegt, kann für ehemalige Kolonialmächte kaum falsch sein. Ohnehin erfreuen sie sich bis heute eines Vorteils, etwa eines bleibenden kulturellen Einflusses oder eines Netzes von Handelsbeziehungen.

Im Einzelfall mag die genaue Abgrenzung der Verantwortung schwierig sein. Außerdem gibt es mittelbare Nutznießer. Ferner läßt sich nicht leicht entscheiden, über wie viele Generationen man sich auf das frühere Unrecht berufen darf: Haben heutige Bewohner der Insel Samos das Recht, von Athen Wiedergutmachtung zu verlangen, weil es im Jahr 440 v. Chr. Samos zerstört hat? Hier kommt es auf die

Frage an, ob das frühere Unrecht die Chancen der heute Lebenden noch erheblich beeinträchtigt. Da man in den fast hundert Generationen, die seitdem verstrichen sind, genug Chancen für eine kreative Verarbeitung hatte, lautet die Antwort zweifellos: Nein; weder schuldet Athen heute eine Wiedergutmachung an Samos noch Rom eine an Karthago. Anders verhält es sich mit dem Geschichtsbewußtsein, das über dem Ruhm, den Athen oder Rom verdienen, ihr Unrecht nicht unterschlagen darf.

Anders sieht auch die Situation bei den Ureinwohnern von Nord- und Südamerika aus. Die weitgehende Tötung ihrer Eliten und die Schwächung, oft sogar Zerstörung der autochthonen Sozial- und Politikstrukturen durch Konquistadoren und Kolonialherren verlangt relativ lange Verarbeitungsprozesse. Diese konnten aber über viele Generationen hinweg kaum in Gang gesetzt werden. Außerdem können sich ganze Subkontinente nicht mit dem behelfen, was den Bürgern eines relativ kleinen Gemeinwesen wie Samos offensteht, mit einem Auswandern, das überdies durch die mit Nachbarn gemeinsame Sprache und Kultur erleichtert wird. Entsprechendes gilt für die Gemeinwesen Afrikas, die zunächst unter der Kolonialisierung, später unter einer nicht immer glücklichen Entkolonialisierung litten, Entsprechendes für die Afroamerikaner. Sie alle verdienen eine längere gerechtigkeitsgebotene Hilfe.

Ein weiteres Argument korrektiver Gerechtigkeit begründet eine gerechtigkeitgebotene Hilfe: Die Liberalisierung des Weltmarktes hat nicht nur in der Ersten Welt das Pro-Kopf-Einkommen erhöht, sondern auch in der Dritten Welt mehr als 500 Millionen Menschen über die Armutsschwelle gebracht. Trotzdem kommt der kollektive Vorteil des liberalisierten Weltmarktes nicht allen Gruppen und Völkern gleichermaßen zugute. Infolgedessen haben sowohl die Gruppen als auch die Gemeinwesen, die das größere Risiko der Liberalisierung tragen – sei es vorübergehend oder auf Dauer –, einen Anspruch auf Ausgleich ihres Sonderrisikos. Und weil hier eine gerechtigkeitsgebotene, zudem kollektive Pflicht vorliegt, hat die Weltrepublik eine originäre Zuständigkeit.

15.4 Globale Solidarität und globale Menschenliebe

Die Sozialmoral reicht über die Gerechtigkeit hinaus in den Raum von Solidarität und Menschenliebe. Namentlich Utilitaristen tun sich freilich mit diesem differenzierten Konzept schwer. Zu Recht sagt Singer ([4]1990, 229): „Wenn es in unserer Macht steht, etwas Schreckliches zu verhindern, ohne daß dabei etwas von vergleichbarer moralischer Bedeutung geopfert wird, dann sollten wir es tun." Daraus folgt zwar, daß die Hilfe für die Hungernden in der Dritten Welt eine echte „Pflicht" sei, aber nicht, daß sie nichts Wohltätiges oder Großzügiges, nichts Supererogatorisches sei. Denn im Rahmen der echten Pflichten gibt es sowohl die geschuldeten Rechts- als auch die verdienstlichen Tugendpflichten und zwischen beiden die Solidarität.

Der Gedanke einer Solidarität der Menschheit setzt beim Umstand an, daß alle Menschen einerseits verletzbar und leidensfähig sind und sich andererseits wechselseitig helfen können. Diese zwei Bedingungen allein sind aber gegen die Differenz von Solidarität und Menschenliebe indifferent. Zur Solidarität gehört drittens, daß die Not nicht klarerweise fremd- oder aber selbstverschuldet ist; dort wäre nämlich die Gerechtigkeit, hier die Menschenliebe gefragt. Die für die Solidarität charakteristische Zusatzbedingung, eine globale Schicksalsgemeinschaft, liegt beispielsweise bei derart einschneidenden Veränderungen der globalen Rahmenbedingungen vor, daß sie die übliche Vorsorgefähigkeit des Menschen übersteigen. Da im Prinzip jede Gruppe, jeder Staat davon betroffen sein kann, ohne daß ein Teil von ihnen die Allein- oder auch nur die Hauptverantwortung trüge, sitzt hier die Menschheit im selben Boot, so daß Hilfe auf Gegenseitigkeit, also Solidarität, angesagt ist.

Eine Solidarität der gesamten Menschheit muß nicht so stark wie unter Familienmitgliedern und Freunden, nicht einmal so stark wie unter den Bürgern desselben Staates ausfallen. Auch wenn sie nur in abgeschwächter Intensität geboten ist, bleibt sie doch eine moralische Pflicht. Und damit sie sich nicht in wohlklingenden Appellen erschöpft, empfiehlt sich das, was sich innerstaatlich bewährt hat, auch zwischenstaatlich einzurichten: globale Sozialversicherungen für jene globalen Aufgaben, bei denen die Menschheit eine Schicksalsgemeinschaft bildet.

Bei Leistungen, die moralisch verbindlich, aber weder gerechtigkeitsgeboten noch im Rahmen funktionierender Solidargemeinschaften geschuldet sind, ist nicht mehr die Institution des Geschuldeten zuständig, im Weltmaßstab also nicht die Weltrepublik. Würde sie trotzdem tätig werden, so überschritte sie ihre (rechts-)moralisch begründeten Zwangsbefugnisse und machte sich eines gravierenden Unrechts schuldig. Nicht auf staatliche Einrichtungen kommt es hier an, sondern auf Individuen und ihre vorstaatlichen Organisationen, auf freie Hilfswerke. Für sie sprechen nicht nur moralische, sondern auch pragmatische Gründe: Hilfswerke verfügen häufig über langjährige Erfahrungen und gute Sozialnetze vor Ort; sie schwächen psychologische Barrieren auf seiten der Hilfsbedürftigen ab und beeinträchtigen weniger deren Selbstachtung; und im Fall von Religionsgemeinschaften kommt eine Gemeinsamkeit hinzu, die das Vertrauen zwischen den Notleidenden und den Helfern erleichtert. Nicht zuletzt erlaubt die Vielfalt der Hilfswerke, durch eine thematische und regionale Spezialisierung auf die unterschiedlichen Arten von Not sachgerechter zu antworten.

Theoretiker der entsprechenden Hilfe stellen gern das hochgemute Ziel auf, menschliches Leid in all seinen Formen und Dimensionen zu überwinden (vgl. H. P. Müller 1996). Dieses superlativische Ziel ist aber in einem negativen Sinn utopisch, da es die Aufgabe und die Leistungsfähigkeit der Hilfswerke übersteigt. Selbst bei bestem Willen und Einsatz können sie nicht verhindern, daß jemand einem schweren Unfall zum Opfer fällt, daß ihm Nahestehende sterben, daß er im Alter gebrechlich wird und daß eine tiefe Freundschaft oder eine enge Partnerschaft zerbricht. Offensichtlich ist auch bei derartigem Leid Hilfe wünschenswert, für die aber in der Regel nicht die Hilfswerke zuständig sind. In der verbreiteten Neigung zum superlativischen Ziel verbirgt sich eine Allmachtsillusion, die unnötig ist. Denn auch ohne Hoffnungen, die nur enttäuscht werden können, sind die verbleibenden Aufgaben anspruchsvoll genug.

Da die konkrete Hilfe sowohl von der Art der Not als auch von der Hilfsfähigkeit des Helfenden abhängt, gibt es hier keine generell gültigen Vorschläge, sondern nur einige Kriterien; sie verstehen sich fast von selbst: (1) Wo die Hilfsbedürfnisse die Hilfsfähigkeit übersteigen, verdient einerseits die größere Not den Vorrang vor der geringeren und bei in etwa gleich großer Not die der Näherstehenden den Vorrang vor den Fernerstehenden. (2) Nach bisheriger Erfahrung bleibt ein beschämend großer Teil in „Zwischenkanälen“ hängen. Dem kann man nur durch umsichtigere und wirksamere Hilfe entgegensteuern. (3) Zum Zweck eines nachhaltigen Erfolgs, aber auch um die Selbstachtung der Hilfsbedürftigen zu stärken, ist, wo immer möglich, die Hilfe zur Selbsthilfe der direkten Hilfe vorzuziehen.

(4) Hilft man aus jedweder Not, unabhängig von ihren Ursachen, so droht die Gefahr eines grundlegenden Mißbrauchs („moral hazards“): Wo man weiß, daß die Feuerwehr selbst bei grob fahrlässiger

Not hilft, ohne anschließend die Betreffenden zur Verantwortung zu ziehen, wird die Vor- und Umsicht geschwächt und zur Fahrlässigkeit ermutigt. Gegen einen „Freifahrtschein für Fehlverhalten" sprechen mindestens fünf Gründe: Die Hilfsbereitschaft wird mißbraucht; der umsichtig Handelnde steht als der Dumme da; es droht die Gefahr, daß die Hilfsfähigen – aus Angst, mißbraucht zu werden oder als der Dumme dazustehen – ihre Hilfsbereitschaft einschränken; weil ein Großteil der Hilfskapazitäten andernorts aufgebraucht wird, verhält man sich gegen diejenigen, die unverschuldet in Not geraten, ungerecht, da sie weniger Hilfe erhalten, als sie verdienen; nicht zuletzt wird die Not perpetuiert, sogar provoziert, statt sie im Rahmen des Möglichen zu beheben. Gegen die Mißbrauchsgefahr empfiehlt sich eine Doppelstrategie: Einerseits verdient bei gleich großer Not die unverschuldete Not einen Vorrang. Andererseits ist die Hilfe an strenge Bedingungen zu knüpfen, beispielsweise an Reformen auf seiten der Notleidenden und an eine Überprüfung der Reformen. Und bei grober Fahrlässigkeit ist auf ein (teilweises) Zurückzahlen der Hilfe zu dringen.

Bei lebensbedrohender Not drängt sich die Vermutung auf, statt freiwilliger Wohltätigkeit liege eine geschuldete Rechtspflicht vor, eine Hilfspflicht, deren Mißachtung als unterlassene Hilfeleistung sogar strafbar sei (O'Neill 1990, 229f.). Eine Nachprüfung stößt aber auf Bedenken:

Im Zivilrecht heißt Unterlassung jene Nichterfüllung einer Rechtspflicht, die den anderen berechtigt, entweder Schadensersatz zu verlangen oder von einem Vertrag zurückzutreten oder auch eine Vertragsstrafe einzufordern. In dem für unsere Frage entscheidenden Strafrecht bestimmt sich eine Unterlassungsstraftat (Omissivdelikt) durch zwei Elemente: durch die Verletzung eines strafrechtlich geschützten Rechtsgutes und die Unterlassung einer rechtlich verbindlichen Handlung. Je nach Art der unterlassenen Handlung liegt eine „echte" oder eine „unechte" Unterlassungsstraftat vor. Dort unterbleibt schuldhaft eine gebotene Handlung; beispielsweise wird ein schweres Verbrechen nicht angezeigt (§ 258 StGB). Und hier wird ein Schaden durch Unterlassung seiner Verhütung verursacht, obwohl eine Rechtspflicht zur Verhütung bestand. Ihre Fürsorgepflicht verletzt beispielsweise eine Mutter, die durch Nichternähren ihres Kindes dessen Tod herbeiführt (vgl. § 223 b StGB), ein Passant, der einen Schwerstverletzten verbluten läßt, verstößt gegen seine Pflicht zur Hilfeleistung (vgl. § 323c StGB). Eine Mutter freilich, die aufgrund schwerer eigner Not weder Muttermilch hat noch Säuglingsnahrung aufbringen kann, ist entschuldigt. Und wer einen Schwerstverletzten zum Krankenhaus fährt, sollte zumindest dann nicht bei anderen Schwerstverletzten anhalten, wenn er damit das Leben des ersten gefährdet.

Die unterlassene Anzeige heißt deshalb eine „echte" Unterlassungsstraftat, weil eine wohldefinierte, konkrete Einzelhandlung unterbleibt. Das Herbeiführen des Kindstodes dagegen und ebenso das Verblutenlassen sind deshalb „unechte" Unterlassungsstraftaten, weil es jeweils eine große Vielzahl von Handlungsmöglichkeiten gibt, unter denen die Mutter bzw. der Passant frei wählen, die sie aber nicht allesamt zurückweisen dürfen. Zweierlei teilt jedoch die unechte mit der echten Unterlassungsstraftat: Es gibt einen wohldefinierten, sogar individuellen Täter der Rechtsverletzung und ein wohldefiniertes Opfer; bei der „unechten Unterlassungsstraftat" ist es sogar eine natürliche Person, das Kind oder der Schwerverletzte, bei der „echten Unterlassungsstraftat" dagegen eine juristische Person, die Rechtspflege bzw. Staatsanwaltschaft. (Zum Strafrecht s. Gallas 1989, zur generellen Unterscheidung von Tun und Unterlassen s. Birnbacher 1995.)

Ohne Zweifel wird bei lebensbedrohender Not das erste Bestimmungselement, die Verletzung eines strafrechtlich geschützten Rechtsgutes, erfüllt. Man könnte deshalb an ein Tötungsdelikt denken, allerdings nicht an dessen gravierendste Form, an Mord; da zwei seiner Kriterien, Vorsatz und niedriger Beweggrund, in der Regel fehlen. Das zweite Element trifft aber nicht zu. Wenn man über die Medien von lebensbedrohender Not irgendwo in der Welt erfährt, fehlt es an wohldefinierten Tätern und wohldefinierten Opfern. Statt dessen pflegt die Not der einen Gruppe mit der vieler anderer Gruppen zu kollidieren; und niemand, weder ein Individuum noch ein einzelnes Hilfswerk, kann auch nur den gravierendsten Teil, die lebensbedrohende Not, in aller Welt beheben. Zu Recht gilt deshalb in der moralphilosophischen Tradition die Hilfspflicht als eine unvollkommene, das heißt: nicht in allen Notfällen ausnahmslos zu befolgende Pflicht.

Außerdem können Individuen in der Regel keine wohldefinierte Hilfe bringen; Geldspenden beispielsweise müssen erst in personelle oder Sachhilfe umgesetzt, Sachspenden zumindest noch verteilt werden. Und da bei beiden Aufgaben viele Hindernisse auftauchen, kann man sich kaum sicher sein, daß schließlich wirklich geholfen wird. Nicht zuletzt handelt es sich um kumulative Effekte, derentwegen man sich, anders als bei Straßenrand-Verletzten, entlasten kann: Die Hilfe eines einzelnen ist nicht viel mehr als ein Tropfen, der durch andere Tropfen leicht ausgeglichen werden kann, so daß die individuelle Unterlassung keinen Tod verursacht, ihn nicht einmal in wohldefinierter Weise mitverursacht. Eine „gewisse" Mitschuld trifft zwar zu; sie fällt aber weniger unter ein Tötungsdelikt als unter Hartherzigkeit. Insofern bleibt die globale Hilfe moralisch geboten, die Unterlassung verletzt aber – sofern die Not nicht mitverschuldet ist – das Gebot der Menschenliebe und nicht eine Rechts- oder Gerechtigkeitspflicht.

15.5 Globaler Umweltschutz

Daß der Mensch die Umwelt gefährdet, obwohl er sie zum Überleben braucht, zeugt durchaus von Torheit, nämlich von einer kurzsichtigen Unersättlichkeit und mangelnden Einsicht in die ökologischen Folgen. Mitverantwortlich ist aber auch ein strukturelles Marktversagen: Solange die Vorteile eines ökologisch belastenden Handelns dem Handelnden zugute kommen, die Nachteile aber der Gesamtheit überlassen bleiben, solange also distributiver Vorteil und kollektiver Schaden auseinanderfallen, ist die Belastung der Umwelt rational. Der Umweltschutz kann sich daher nicht von allein durchsetzen, sondern bedarf rechtskräftiger Vereinbarungen. Und solange man sie nur im nationalen Rahmen trifft, können Unternehmen in Staaten mit niedrigen Umweltstandards ausweichen, womit sie die Arbeitsplätze ökologisch strengerer Länder gefährden und indirekt zu einem Abschwächen strengerer Standards drängen. Die Hoffnung, ein aktiver Umweltschutz werde zu einem Wettbewerbsvorteil (Jänicke ²1992), erfüllt sich nur in wenigen Hinsichten.

Selbst eine vorsichtige Extrapolation der gegenwärtigen „ökologischen Weltlage" kommt zu so düsteren Aussichten, daß der Umweltschutz in der Weltrechtsordnung den gleichen Rang wie die Sicherung globaler Sozialstandards verdient. Und entgegen einer verbreiteten Ansicht ist der Umweltschutz in der Dritten Welt kein Luxus für die Reichen, vielmehr leiden dort vor allem die Armen unter der Luftverschmutzung, dem unhygienischen Trinkwasser und wachsenden Müllbergen. Niemand, weder ein Individuum noch eine Gruppe noch ein Unternehmen, darf sich wie ein Heuschreckenschwarm verhalten, der irgendwo einfällt, alles auffrißt und dann weiterwandert.

Der globalen Verantwortung – könnte man einwenden – widerspricht die staatliche Souveränität. Wo die Umwelt ein grenzüberschreitendes öffentliches Gut ist, dort gehört sie aber gar nicht einzelnen Staaten. Selbst die Forderung nach Souveränitätsverzichten zielt an der Sache vorbei; sie unterstellt nämlich, daß man von einem Recht Abstand nimmt, obwohl man es in Wahrheit gar nicht besitzt. Nicht der Souveränitätsverzicht ist bei grenzüberschreitenden Belastungen angesagt, sondern der Respekt vor der Souveränität der anderen Staaten (Höffe [3]1995, 193). Und schon bei Nachbarschaftsproblemen ist die Weltrechtsordnung gefordert. Denn sie muß die gemeinsamen Kriterien, ein Welt-Umweltrecht, bestimmen und gegebenenfalls dem ökologisch bedrohten Staat zu seinem Recht verhelfen. Das Prinzip Subsidiarität bleibt freilich gültig: Wo lokale oder nationale Instanzen Erfolg versprechen (zur Streitschlichtung zwischen ostafrikanischen Halbnomadenvölkern s. Bächler 1997, 379–382), soll sich die Weltrepublik zurückhalten. Daß „lokale Institutionen" „das beste Mittel" seien (*Ecologist* 1993, 192), kann man aber nicht erwarten. Denn bei hinreichenden Gewinnaussichten (hinsichtlich Arbeitsplätzen, Gewerbesteuer und anderen Vorteilen) nehmen die unmittelbar Betroffenen Risiken in Kauf, die die mittelbar Betroffenen zu Recht ablehnen; denn ohne Teilhabe an den Vorteilen bleiben sie auf den Nachteilen sitzen.

Derselben Ungerechtigkeit sind unsere Kinder und Kindeskinder ausgesetzt. Während die jetzt lebende Generation, als Kollektiv betrachtet, Geschädigter und Nutznießer zugleich ist, werden die künftigen Generationen bloß geschädigt. Im Gesellschaftsvertrag zwischen den Generationen kann es daher nicht nur auf Tausch der vertrauten Leistungen und Gegenleistungen ankommen; mindestens ebenso wichtig ist die Qualität der natürlichen Umwelt. Grundlegender als der Gedanke der Tauschgerechtigkeit ist für den Umweltschutz aber der der korrektiven Gerechtigkeit. Weil die naturale Natur, von keiner Generation geschaffen, ihnen allen eine prinzipielle Vorgabe darstellt, ist sie ein Gemeineigentum der Menschheit, die Allmende der Gattung, dergegenüber sich ein Gleichheitsprinzip aufdrängt. Es ist das ökologische Prinzip im intergenerationellen Welt-Bürgerrecht und besagt, daß jeder Generation und, innerhalb der Generationen, jedem Individuum die naturale Natur gleichermaßen gehört. Infolgedessen muß jede Generation und jedes Individuum, das sich etwas vom Gemeineigentum nimmt, ihm in anderer Weise etwas Gleichwertiges zurückgeben.

Gäbe es keinerlei Technik, mit deren Hilfe man Ersatz schaffen könnte, so wäre nur eine so geringe Nutznießung erlaubt, daß beispielsweise die fossilen Energievorräte noch für mindestens einige Dutzend Generationen reichen. Mit Hilfe der Technik läßt sich jedoch ein gleichwertiger Ersatz schaffen, wobei man die Gleichwertigkeit aber nicht nur in technischen Begriffen einschätzen darf. Auch ästhetische Wertminderungen sind zu berücksichtigen, außerdem neue Gefahren, so daß der *leitende Gerechtigkeitsgrundsatz* lautet: Die Summe aus naturaler Natur und künstlichen („technischen") Äquivalenten, die ökologische Bilanz, darf sich nicht verschlechtern. Dabei kommt es nicht auf den absoluten Wert, sondern den Pro-Kopf-Wert an. Eine Generation, die sich das Recht nimmt, durch eine wachsende Bevölkerung die Umwelt stärker zu belasten, hat die Pflicht, die ökologische Bilanz im selben Maß zu steigern, wie sie sie mehr zu belasten droht. Nach Maßgabe der wichtigsten ökologischen Gesichtspunkte kann man diesen Leitgrundsatz noch spezifizieren:

1) Der Abbau („Ausbeutung") erneuerbarer Ressourcen muß im Einklang mit der Regenerationsrate stehen, gegebenenfalls unter Berücksichtigung des Umstands, daß man zusätzlich äquivalenten Ersatz („Substitute") schafft.

2) Der Abbau nichterneuerbarer Ressourcen muß im Einklang mit der Ersatzrate, das heißt der Rate der Schaffung von äquivalenten Substituten, stehen.

3) Die bei der Schaffung von Substituten entstehenden zusätzlichen Lebensrisiken müssen durch die Verminderung anderer Lebensrisiken mindestens ausgeglichen werden. Hier darf und muß eine wissenschaftlich-technisch-ökonomische Zivilisation auf eine insgesamt nicht steigende Risikobilanz achten.

4) Die Abgabe von Schadstoffen darf die Assimilationsfähigkeit der Natur nicht übersteigen. Auf die Anschlußfrage, wie man nach diesem Grundsatz den vom Menschen verursachten und vielleicht unvermeidbaren Anteil am wachsenden „Ozonloch" beurteilen soll, muß die Antwort heißen: Das Wachsen des Ozonlochs, wenn es tatsächlich unvermeidbar ist, muß entscheidend geringer werden.

5) Die zahlenmäßige Entwicklung der Gesamtbevölkerung muß mit den Grundsätzen 1–4 verträglich sein.

Die beste Strategie gegen Gerechtigkeitsverletzungen, effiziente Sanktionen, sind naturgemäß zwischen den Generationen schwierig einzuführen. Zwei Möglichkeiten lassen sich aber überlegen. Zum einen könnte man die intergenerationelle Gerechtigkeit in Verfassungsrang erheben, also zur verbindlichen Vorgabe für die gewöhnliche Gesetzgebung machen. Zum anderen könnte man nach dem Muster

„Renten gegen ökologische Bilanz“ die Altersvorsorge heranziehen: Im Fall ungerechten Verhaltens der vorangehenden Generation werden deren Renten durch die nachfolgende Generation gekürzt. Allerdings müßte gegen Willkürentscheidungen der Kindergeneration Vorsorge getroffen werden, etwa duch Einrichtung eines Gerichtshofes, der aber nicht Einzelfälle, sondern ein sich über Jahre erstreckendes, kollektives Verhalten zu beurteilen hätte. Außerdem müßte man das Problem eines Kollektivschuldprinzips lösen, das offenbar dem legitimatorischen Individualismus widerspricht.

Nicht bloß bei der natürlichen Umwelt schuldet die jeweils lebende Generation, den nachfolgenden Generationen keine ärme Welt zu hinterlassen. Es kommt auch an: auf Errungenschaften der Kultur, einschließlich Sprache, Literatur, Kunst, Musik und Architektur; auf die zivilisatorische Infrastruktur wie Verkehrswege und Kanalisation, wie das Bildungs- und das Gesundheitswesen, die architektonische Qualität der Städte und den Erholungswert der Landschaft; auf wissenschaftliches, medizinisches und technisches Wissen (einschließlich Verfahren und Geräte); auf rechtliche und soziale Institutionen; auf Kapitalakkumulation statt wachsender Staatsverschuldung; schließlich auf Umwelt und Bevölkerungsentwicklung.

In all diesen Bereichen muß jede Generation, statt lediglich zu verbrauchen, die Fähigkeit eines dreidimensionalen (und nicht bloß ökonomischen) Sparens pflegen (vgl. Höffe [3]1995, Kap.11): ein „konservierendes Aufsparen“: ein Bewahren von Institutionen und Ressourcen, ein „investives Ansparen“ (von Kapital, Infrastruktur, Zukunftstechniken) und ein „präventives Ersparen“: ein Verhindern von Kriegen, ökologischen Katastrophen, wirtschaftlichen oder sozialen Zusammenbrüchen. In der Wirklichkeit der Staatenwelt findet jedoch das genaue Gegenteil statt, der Vorrang des Konsumtiven: Während innerhalb des Bruttosozialproduktes die Gegenwartsausgaben: die Soziallasten, die Kosten für das Gesundheitswesen, die Altersvorsorge und die Tilgung der Staatsschulden, gestiegen sind, haben die Zukunftausgaben: die Investitionen in das Bildungswesen und andere Bereiche sozialer und materieller Infrastruktur, abgenommen. Daß der konsumtive Anteil am Bruttosozialprodukt sich zulasten des investiven Anteils vermehrt, bedeutet aber eine Ungerechtigkeit gegen die künftigen Generationen; die Gegenwart lebt auf Kosten der Zukunft. Soweit dies nicht nur regional, sondern in globaler Vernetzung geschieht, ist einmal mehr die Weltrepublik gefragt.

16. Ausblick

Ziehen wir Bilanz: Wie sieht eine Weltgesellschaft aus, die sich selbst organisiert und ihre Selbstorganisation sittlich-politischen Ansprüchen unterwirft?

16.1 Eine komplexe Weltordnung

Nach dem universalen Rechtsgebot sind die menschlichen Beziehungen von Willkür und Gewalt freizusetzen und einem gerechtigkeitsbestimmten Recht zu unterwerfen. Das gerechte Recht wiederum darf nicht den betroffenen Parteien, es muß gemeinsamen, „öffentlichen" Gewalten überantwortet werden: einem Staat im weiten Verständnis; im Gegensatz zur Devise „Abschied vom Staat" besteht ein universales Staatsgebot. Schließlich erhält die Staatsform dann ihre gerechte Gestalt, wenn sie sich, so das universale Demokratiegebot, den Anforderungen der qualifizierten Demokratie unterwirft und im Zuge einer normativen Modernisierung auf Menschenrechte, Volkssouveränität und Gewaltenteilung verpflichtet.

Alle drei Gebote genügen ihrer Universalität erst, wenn sie im Weltmaßstab anerkannt werden. Weil das gesamte Beziehungsgeflecht der Menschheit, die Weltgesellschaft, sich dem Recht zu unterwerfen, das Recht an die Staatlichkeit zu binden und die Staatlichkeit auf die qualifzierte Demokratie zu verpflichten hat, ist eine demokratische Weltrechtsordnung geboten, deren krönenden Abschluß eine Weltrepublik bildet. Trotzdem muß sie nicht die staatlich einfache Form eines homogenen Weltstaates annehmen: eines vielleicht dezentralen, aber hierarchisch von oben nach unten einheitlich gegliederten, überdies allzuständigen Gemeinwesens.

Nicht etwa nur aus „leidvoller Erfahrung" oder anderen pragmatischen Gründen geht es um eine mehrfach komplexe Weltordnung. Dafür sprechen auch die im Verlauf der Studie angeführten prinzipiellen Argumente: das Eigenrecht von Sachbereichen wie Wirtschaft, Wissenschaft, Technik und Kunst, die Grundsätze der Subsidiarität und des Föderalismus sowie das Recht auf Differenz. Im Gegensatz zu einem despotischen Weltreich erhebt eine Weltrepublik weder einen sozialen noch einen politischen Exklusivanspruch: Sie ist freiheitlich-demokratisch, föderal und subsidiär verfaßt und läßt ausdrücklich andere Mächte neben sich zu.

Die Weltrepublik, so eine *erste Komplizierung*, ist ein föderales Gemeinwesen, das sich aus zwei grundverschiedenen Subjekten bildet: aus Einzelstaaten und aus den natürlichen Subjekten, den Welt-Bürgern.

Wie jede Gesellschaft, so ist auch die Weltgesellschaft, *zweitens*, nicht bloß *Rechts*gesellschaft, weshalb die Weltordnung sich nicht in einer Weltstaatsordnung erschöpft. Weil Mitleid und Hilfsbereitschaft geboten sind, ist die globale Rechtsinstitution, die Weltrepublik, nicht die einzige globale „Dachorganisation“. Neben den geschuldeten gibt es auch freie Institutionen; die Pflicht-Weltordnung ergänzt sich um eine Wahl-Weltordnung und der Weltstaat um eine vor- und außerstaatliche Weltgesellschaft.

Einen Beitrag zur freien Welt-Ordnung leisten beispielsweise Hilfswerke und deren globale Kooperation. Auch die Wissenschaften, ferner die verschiedenen Bereiche der Kultur und ebenso die des Sports organisieren sich in eigenen Institutionen. Dasselbe trifft auf die (Welt-) Religionen zu und, unbeschadet staatlicher Rahmenbedingungen und Steuerungsversuche, auf Handel und Wirtschaft. Die Weltverbände der Wissenschaften, der Weltfußballverband und das Internationale Olympische Komitee, die Weltkirchen, der (mehr oder weniger ökumenische) Weltkirchenrat und die Internationale Handelskammer – sie und viele andere globale Vereinigungen haben zwar eine Rechtsform. Auch steht ihnen keine „Lizenz zu Korruption und Kriminalität“ zu. Davon abgesehen sind sie aber der Zuständigkeit einer Weltrepublik entzogen. Sie bilden sich in eigenen Lebenswelten aus, folgen eigenen Gesetzen und normativen Leitkriterien und blühen dann am besten auf, wenn ihre Eigenständigkeit von außen respektiert wird. Da sie aus einer eigenen Welt von Vereinen, Verbänden und Körperschaften bestehen und diese sich in der Regel von unten nach oben aufbauen (selbst das Muster einer strengen Hierarchie, die katholische Kirche, entsteht aus relativ selbständigen Ortsgemeinden), praktizieren sie Prinzipien der Weltrepublik, lange bevor eine politische Weltorganisation sich abzuzeichnen beginnt, womit sich Subsidiarität und Föderalismus als generell geltende Sozialprinzipien erweisen.

Eine *dritte Komplizierung* ergibt sich aus den beiden sozialen Grundmustern, die teils nebeneinander, teils gegeneinander bestehen, teilweise aber auch ineinandergreifen: dem Markt und dem Recht. Als Inbegriff des freien, aber auch agonalen Spieles menschlicher Kräfte erstreckt sich der Markt über die Wirtschaft hinaus auf Wissenschaft, Kultur und Sport, nicht zuletzt, über Wahlen und Abstimmungen, auf die Politik. Dem freien Wettbewerb kann der Wille zugrundeliegen, sich auszuzeichnen und durch besondere Leistung Ansehen zu erringen; es kann auch der Wille sein, sich Vorteile zu verschaffen, oder auch, bald ausdrücklich, bald mitlaufend, dem Gemeinwohl zu dienen. Der Markt ist jedenfalls nicht illegitim, so daß auch auf globaler Ebene die Frage nicht heißt: „*entweder* Weltmarkt *oder* Weltrecht", sondern lediglich: „Wieviel und welcherart Markt?", und ebenso: „Wieviel und welcherart Recht und Staat?".

Ohne das rechte Maß können sich die leitenden Visionen nicht erfüllen: Weil der Wettbewerb Kräfte stimuliert, verhilft er zu wirtschaftlicher, wissenschaftlicher, kultureller und politischer Blüte. Weil ein gerechtes Recht sowohl der Gewalt als auch Wettbewerbsverzerrungen entgegentritt, überdies strukturellen Wettbewerbsverlierern zur Seite springt, sorgt es für Frieden und ein allseitiges Auskommen. Und weil das Recht den Wettbewerb zuläßt, verhindert sein Zusammenspiel mit dem Markt eine moralische Überforderung des Menschen. Weder müssen sie die Konkurrenzkräfte unterdrücken noch einen bloßen Altruismus pflegen. Es genügt, destruktiv-aggressive Kräfte in einen konstruktiven Wettstreit umzuwandeln und diesen den Anforderungen von Recht und Gerechtigkeit zu unterwerfen.

Die *vierte Komplizierung* folgt aus dem Umstand, daß das Recht im weiten, philosophischen Sinn an die Staatlichkeit im üblichen, engen Sinn nicht gebunden ist. Gewisse Sachbereiche können sich rechtsförmig und doch frei von einer Weltrepublik organisieren: Wo es allen Beteiligten auf eine besondere Sachkunde ankommt wie im Handel, in Wissenschaft, Kultur und Sport, wo außerdem Schnelligkeit und Flexibilität zählen, überdies Kostenersparnis und zusätzlich Diskretion, dort empfehlen sich Alternativen, etwa eine Schiedsgerichtsbarkeit. Die Weltrepublik kann gegebenenfalls Hilfe leisten, indem sie einen rechtlichen Rahmen oder modellhafte Regeln aufstellt (vgl. die „Model Rules on Arbitral Procedure" der Generalversammlung der Vereinten Nationen, vom 14. 11. 1958). Sie mag auch eine Liste von Schiedsrichtern führen (vgl. den Ständigen Schiedshof in Den Haag); die Schiedsgerichtsbarkeit selbst ist ihr aber entzogen. Eine „alternative Gerichtsbarkeit" pflegen auch die (Welt-)Religionen und weisen selbst ein Minimum an Hilfe von sich. Noch andere

Selbstorganisationen sind der staatlichen Aufsicht weitgehend enthoben, beispielsweise die Industrie- und Handelskammern und die Handwerkskammern, die sich ihrerseits zu internationalen Kammern zusammenschließen.

Eine *fünfte Komplizierung* erbringt die hohe Empfindlichkeit („Sensibilität") relativ autonomer Sachbereiche wie der Finanzmärkte. Hier empfiehlt sich für die globale Rahmenaufsicht und die (behutsame) Steuerung eine „subsidiäre Weltbank", die zwar im Rahmen der Weltrepublik verankert ist, um der besseren Problemlösung willen aber über ein hohes Maß an Selbständigkeit verfügt.

Die *sechste* Form, ein Bündel von *Komplizierungen*, ergibt sich aus dem Subsidiaritätsprinzip: Für den Rechtsschutz von Individuen und Gruppen, für das Gesundheits- und das Bildungswesen, für die Wirtschafts-, Wissenschafts- und Kulturförderung, für die Sozialversicherungen und für viele weitere Aufgaben liegt die primäre Zuständigkeit beim Einzelstaat. Die Weltrepublik übernimmt hier allenfalls eine sekundäre und im wörtlichen Sinn subsidiäre, hilfsweise Verantwortung, die durch eine Demokratisierung aller Staaten noch entlastet wird. Für andere Aufgaben, vor allem für den Frieden zwischen den Staaten, auch für eine Welt-Marktordnung, für Sozial- und Umweltstandards und für die Bekämpfung der global organisierten Kriminalität, ist die Weltrepublik aber originär verantwortlich. Und in wieder anderen Bereichen, etwa der Welt-Wirtschaftspolitik, hat sie eine fakultative Zuständigkeit.

Verstärkt durch die Prinzipien der Demokratie und des Föderalismus ergibt sich aus den subsidiär gestaffelten Zuständigkeiten eine vertikale Gewaltenteilung. Von unten nach oben und nicht etwa umgekehrt aufgebaut, zeichnet sich die Weltrepublik durch eine vielfach gestufte Staatlichkeit aus. Im Fall von Bundesstaaten beginnt sie bei den Teilstaaten. Es folgen die einzelnen Staaten, die sich vielleicht – so die neuartige Zwischenstufe – nach dem Muster der Europäischen Union in kontinentale oder subkontinentale Einheiten zusammenschließen, so daß eine Weltrepublik im wesentlichen erst zur Konfliktlösung und Kooperation der (sub-)kontinentalen Unionen erforderlich ist. Auf der Ebene der Weltrepublik wiederum spielen verschiedenartige Gruppierungen eine Rolle. Schon heute mischen neben den (derzeit 185 den Vereinten Nationen angehörenden) Staaten etwa 300 inter- und supranationale Regierungsorganisationen und mittlerweile etwa 10 000 Nichtregierungsorganisationen mit. Dazu kommt ein kompliziertes Netz der globalen Öffentlichkeit und der global-öffentlichen Gewalten.

Man kann sich fragen, ob diese komplexe Ordnung noch einem gemeinsamen Muster folgt. Bei komplizierteren Organisationsformen spricht man gern von einem Netzwerk und versteht darunter das Miteinander vieler gleichberechtigter Einheiten ohne eine hierarchische Spitze. Für Systeme ohne Zentrum haben Deleuze und Guattari (1977; 1992, 11ff.) das Bild des Rhizoms vorgeschlagen: eines unter der Bodenfläche oder dicht darüber wachsenden Wurzelstockes mit einem weit gefächerten, sich ausbreitenden System von Wurzelsprossen, dem ebenfalls eine hierarchische Ordnung fehlt. Mathematiker und Naturwissenschaftler wiederum mögen an die Theorie dynamischer Systeme, die sogenannte Chaostheorie, denken, die, aus der Metereologie entstanden, die „chaotischen" Folgen von kleinen Veränderungen der Anfangsbedingungen untersucht.

Die (normativ ideale) Weltordnung ist aber anders strukturiert. Innerhalb der Pflichtordnung gibt es eine Gliederung, sogar eine klare, allerdings umgestülpte Hierarchie: Individuen schließen sich zu einem Staat, Staaten eventuell zu einem Bundesstaat, Zentral- und Bundesstaaten vielleicht zu einer (sub-)kontinentalen Union zusammen. Und entweder die Staaten direkt oder aber deren Unionen bilden die Weltrepublik. Eine derart umgestülpte Hierarchie hat aber statt einer Spitze, den weltstaatlichen Instanzen, viele Spitzen, letztlich die Gesamtheit der entscheidenden Subjekte, der natürlichen Individuen. In den Bereichen originärer Weltstaatszuständigkeit gibt es also, jedoch von unten legitimiert, eine eher traditionelle Hierarchie. Andererseits ist selbst diese quasi-hierarchische Staatlichkeit nur ein Teil der Weltordnung; denn zu ihr gehören auch der vielgestaltige Markt, außerdem freie Hilfswerke und andere nicht-staatliche Organisationen. Insofern folgt die Weltordnung einem Muster sui generis: Es gibt einen Komplex von Pflicht- und Wahl-Weltordnung und innerhalb des Pflichtanteils einen bunten Strauß von staatlichen und staatsähnlichen Instanzen auf verschiedenen Ebenen und in verschiedenen Funktionen.

16.2 Eine dritte demokratische Revolution

In zwei Hinsichten erbringt die föderale Weltrepublik eine Vollendung. Im globalen Gebäude von Recht und Demokratie stellt sie den letzten Baustein dar; sie ist dessen krönendes Dach. Und bei fehlendem Mauerwerk, also bei gravierenden Defiziten an Rechtstaatlichkeit und Demokratie, hilft sie bei den Einzelstaaten aus. In Ungeduld,

„von heute auf morgen", darf man auf diesen Erfolg aber nicht rechnen. Wie der private Rechtschutz, die Blutrache, nur langsam durch die öffentliche Gerichtsbarkeit abgelöst wurde, so ist auch die Globalisierung des Rechtsgebotes nicht „im Handstreich" zu erwarten. Und weil es auf kontinentaler oder (sub-)kontinentaler Ebene mehr Gemeinsamkeiten als im Weltmaßstab gibt, überdies der kleinere Rahmen die Aufgabe erleichtert, empfehlen sich – es sei wiederholt – als Zwischeninstanz die (sub-)kontinentalen Unionen.

Beim gesamten Prozeß ist streng darauf zu achten, daß nirgendwo das schon Erreichte aufs Spiel gesetzt wird. Weder darf die einzelstaatliche Demokratie bei der Bildung einer großregionalen Union, noch darf deren demokratisches Niveau bei der Bildung der Weltrepublik gefährdet werden. Die Errichtung einer demokratischen Weltordnung ist noch behutsamer vorzunehmen als der Umbau eines Schiffes auf hoher See: Wie das Schiff stets seetüchtig bleiben muß, so darf die Weltgesellschaft nie ihren in globaler Hinsicht doch relativen Friedens- und Rechtszustand gefährden; im Gegenteil soll sie die Seetüchtigkeit steigern, also das schon erreichte Maß an Rechtsstaatlichkeit und Demokratie verbessern. Darüber hinaus darf sie nicht vergessen, daß eine kollektive Verbesserung nicht genügt. Im Unterschied zu einem Schiff hat nämlich jedes Glied einer Weltrepublik, jede natürliche Person, einen Eigenwert, den man beim Umbau der Weltordnung nicht aufs Spiel setzen darf. Und weil hier ein strenges Junktim vorliegt, plädiert das Prinzip Vor- und Umsicht für ein Zwischenziel und empfiehlt sich zunächst mit einem globalen Staatenbund zufrieden zu geben: Um Erfahrungen zu machen und Rückfälle an qualifizierter Demokratie zu vermeiden, beginne man vor der föderalen mit einer konföderalen Weltrepublik.

Eine besondere Schwierigkeit bieten die vielen autokratischen, sogar despotischen Staaten, die im Inneren massiv die Menschenrechte verletzen, oft nach außen aggressiv sind und sich, obwohl es hier am dringendsten ist, gegen Souveränitätsverzichte sperren. Infolgedessen lassen sie sich selbst auf den konföderalen Vorläufer nicht ein. Hier bleibt nichts anderes übrig, als die einschlägigen Vor-Schritte einer Weltrechtsordnung zu gehen: Gegen nach außen gerichtete Aggression muß sich die Weltgesellschaft auf eine strategische Weltordnung und die dafür erforderlichen Verteidigungsanstrengungen einlassen. Gegen massive Menschenrechtsverletzungen im Inneren stellt sie sich auf Sezession und Intervention ein. Und zusätzlich entfalte sie beides: als Kritikinstanz eine starke Weltöffentlichkeit und als attraktives Ge-

genmodell gegen Autokratien die sowohl politisch als auch wirtschaftlich und kulturell „verlockende“ qualifizierte Demokratie. Denn, Rationalität vorausgesetzt, bilden sich schon um kleine Gruppen weitere Interessenten für Kooperation. In diesem Sinn pflegen Demokratien eine Suggestion auszustrahlen, der autokratische Gesellschaften nicht auf Dauer widerstehen können.

Demokratische Ansätze von der Art des germanischen Things, einiger mittelalterlicher Orden oder des (ost-)afrikanischen Palavers finden wir in vielen Kulturen. Daß sich ein ziemlich großes und sozial differenziertes Gemeinwesen als ganzes demokratisch verfaßt, kennen wir aus der Frühzeit aber nur von den Griechen. Ihre Errichtung von Demokratien kann daher als die erste demokratische Revolution gelten.

Da die griechischen Stadtrepubliken im Alexanderreich und dessen Nachfolgern aufgehen, da später das republikanische Rom zugunsten eines Kaiserreichs verschwindet und da die italienischen Stadtstaaten in der Regel mehr Adelsrepubliken und die deutschen Hansestädte mehr Kaufmannsrepubliken als Demokratien sind, erfolgt die zweite große Demokratisierungswelle erst im Fortgang der Neuzeit. Die dann teils gegen Feudalismus, teils gegen Absolutismus durchgesetzte Wiedereinrichtung der Demokratie hat den Rang einer zweiten demokratischen Revolution. Ihr gegenüber bedeutet die Bildung eines demokratischen Rechts- und Verfassungsstaates auf globaler Ebene, die einer subsidiären und föderalen Weltrepublik, die dritte demokratische Revolution. Im Gegensatz zur Französischen Revolution erfolgt sie nicht als eine handstreichartige Umwälzung, die durch Arglist und Gewalt mannigfaches Unrecht heraufbeschwört. Um dem Jakobiner-Terror ebenso zu entkommen wie den Gewalttaten im Zuge und Gefolge der Oktoberrevolution, geschieht sie auf dem Weg von Reformen.

Weil dabei die Gefahr abnimmt, daß Staaten von anderen Staaten verschlungen werden, ebenso die Gefahr, daß sich Groß- und Hegemonialmächte noch größer und breiter machen, sprechen nicht bloß rechtsmoralische Gründe gegen die Errichtung einer Weltrepublik durch einen einmaligen Rechtsakt. Auch aus Klugheitsgründen ist es besser, die entsprechenden Konfliktfelder Thema für Thema und in vielen kleinen Schritten in durchsetzungsfähige Rechtsgestalten zu überführen. Und vielleicht ist die republikanische Ordnung zwischen republikanisch verfaßten Staaten, die Weltrepublik, für einige Zeit nichts anderes als der Inbegriff all dieser nach und nach errichteten

Rechtsgestalten. In jedem Fall hat die Weltrechtsordnung noch lange den Charakter eines Versuchslabors, in dem neue Wege erprobt und je nach Erfahrung verbessert werden.

16.3 Eine realistische Vision

Welche nähere Gestalt auch immer die Weltrepublik annimmt – ein Standardvorwurf gegen sie heißt: lebensfernes Ideal. Der Skeptiker hält die Weltrepublik für eine vielleicht liebenswerte, bei nüchterner Betrachtung aber doch schwärmerische Utopie, für eine Weltfremdheit, die zur Ohnmacht des Sollens verurteilt ist. Und aus Angst vor einer allzu weitgehenden transnationalen Harmonisierung wünscht sich mancher, Weltbürger zu sein, ohne deshalb einen Weltstaat einrichten zu müssen. Bevor wir uns mit der Skepsis auseinandersetzen, sei der normative Anspruch bekräftigt: Erst im Gedanken einer Weltrepublik erfüllt sich ein moralisches Gebot, dessen Anerkennung die Menschen einander schulden, das universale Rechtsgebot. Die Herrschaft von Recht, Gerechtigkeit und Demokratie auch auf globaler Ebene, die subsidiäre und föderale Weltrepublik, *ist* die Meßlatte, an der sich die künftige Weltordnung messen muß.

Die Skepsis beruft sich entweder auf ein empirisches oder auf ein anthropologisches oder ein ethisches Argument. Nach dem *empirischen Gegenargument* zeichnet sich die Bildung einer Weltrepublik nicht im entferntesten ab. Die geringen Erfolge bei der Aufgabe, Kriege und Bürgerkriege zu beenden oder den internationalen Umweltschutz zu verbessern, legen sogar die Gegenbewegung nahe: daß bei zunehmender Vernetzung der Welt die Fähigkeit, die Probleme rechtsförmig zu lösen, abnimmt.

Über den bleibenden Defiziten darf man aber das schon Erreichte nicht übersehen, und dieses spricht per saldo eher für einen Fortschritt als einen Rückschritt: Die Vereinten Nationen beispielsweise haben zwar ihr selbstgesetztes Ziel, den globalen Rechtszustand, nicht annähernd erreichen, den Gegensatz, einen internationalen Naturzustand, aber ausdrücklich verwerfen können. Und obwohl vieles im trockenen Versichern und in der Schein-Wirklichkeit pathetischer Manifeste stehen bleibt, läßt sich nicht leugnen, daß in anderen Hinsichten der zwischenstaatliche Naturzustand mehr und mehr verabschiedet wird. Längst hat sich das bloße Neben- und Gegeneinander der Staaten in ein dichtes Netz von wirtschaftlicher, wissenschaftlicher und kultureller, selbst politischer, gelegentlich sogar ökologischer Zusammenarbeit transformiert.

Ein Großteil der zuständigen Verträge und Institutionen entspricht einem politischen Zuwenig, dem Ultraminimalstaat, denn es fehlt an exekutiver Macht. Und der Singular, der eine Ultraminimalstaat, ist einem Plural gewichen, einer sowohl regional wie thematisch komplexen Vielfalt. Obwohl sich auch dabei noch keine gemeinsame Staatsmacht abzeichnet, geht aber ein Teil der Verträge über unverbindliche Erklärungen oder einen losen Bund von Einzelstaaten hinaus. Dort, wo internationale Inspektionen vorgesehen sind, beginnt sogar der für die Weltrepublik erforderliche Abbau staatlicher Hoheitsrechte. Erweitert wird er, wo man zusätzlich internationale Schieds- oder Gerichtsinstanzen einrichtet. Und erhalten deren Entscheide eine Durchsetzungsmacht oder sind sonstige Kontrollmechanismen und Sanktionen vorgesehen, so ist eine globale Staatlichkeit unübersehbar. Die zweifellos vorhandenen Gegenbewegungen: zentrifugale Kräfte wie etwa ein wachsender Regionalismus oder Nationalismus, wie Rassenkonflikte und ideologischer Streit, nicht zuletzt das Beharren der Mächtigen auf hegemonialen Sonderrechten, darf man zwar nicht überschätzen. Immerhin entwickelt aber eine großregionale Verbindung wie die Europäische Union eine starke Ausstrahlung, so daß zumindest derartige Zwischeneinheiten hochattraktiv sind.

Es geht hier nicht um eine Bilanz der in den letzten Jahren erfolgten Entwicklungen; ohnehin gibt es kaum verläßliche Meßkriterien und Daten. Die geschichtliche Entwicklung bestätigt die empirische Skepsis aber nicht: Die Weltrepublik erscheint nicht als eine schwärmerische Utopie des grundsätzlichen Nirgendwo; und dafür ist ihre konzeptuelle Bescheidenheit mitverantwortlich. Es geht um keine so umfassend vollkommene Weltordnung, daß sie erst „am Ende aller Tage", im Eschaton bzw. im Jenseits, zu erreichen wäre. Weder gibt man sich einem Traum hin, der die Wirklichkeit der Welt zurechtbiegt, einer persönlichen oder kollektiven Illusion, noch wird jene Fülle des Wohlergehens versprochen, die die Religionen „Heil" nennen und zu Recht nicht für diese Welt erwarten. Die geforderte subsidiäre und föderale Weltrepublik ist etwas anderes: eine Utopie des Noch-Nicht, ein Ideal, dessen Verwirklichung die reale Menschheit rechtsmoralisch verpflichtet und zu dem sie, glücklicherweise, schon ein wenig unterwegs ist.

Das *zweite, anthropologische Gegenargument* geht von der klassischen (rechtsmoralischen) Regel „ultra posse nemo obligatur" aus und behauptet, eine Weltrepublik übersteige die Möglichkeiten der Menschen prinzipiell. Lediglich für ideale Menschen vertretbar, seien die realen Menschen hoffnungslos überfordert. Und der Grund liege nicht etwa im Mangel an kognitiven Kräften oder organisatorischen Fähigkeiten, wohl aber bei der menschlichen Motivation, letztlich einem zu starken Egoismus.

Das Zeitalter der Aufklärung hegte die entgegengesetzte Ansicht, nämlich die Hoffnung, eine friedliche Weltordnung käme so gut wie von allein, hinter unserem Rücken, zustande. Lediglich aufgrund des mechanischen Laufes der menschlichen Natur, namentlich des (egoistischen) Handelsgeistes – wie man damals erwartete – ist mit der Ausbildung einer Weltrepublik freilich nicht zu rechnen. Einiger „moralischer" Anstrengungen bedarf es denn doch. Daß diese aber kein realistisches Maß überschreiten, läßt sich mit dem in der Aufklärungsepoche beliebten „Teufels-Test" zeigen (Giambattista Vico, *La Scienza Nuova*, Kap. II 7; David Hume, *Essays: Moral Political and Literary*, Nr. III; Immanuel Kant, *Frieden*, VIII 366): Weil eine Frieden und Recht garantierende, also nicht nur provisorische, sondern peremtorische Weltrechtsordnung einen nicht bloß kollektiven, sondern auch distributiven Vorteil erbringt, lassen sich selbst Teufel, hier verstanden als streng eigennützige, aber nicht boshafte Wesen, darauf ein.

Einem *dritten, ethischen Gegenargument* erscheint die Weltrechtsordnung, selbst wenn sie möglich sei, als nicht wünschenswert. Nach einem alten Topos sei nämlich der erklärte Gegensatz zum Recht, der Krieg, nicht bloß für Zerstörungen und Leid, sondern auch für jene größeren Veränderungen verantwortlich, die den Stillstand der Geschichte verhindern. Daß dort, wo radikal Neues ausbleibt, die Welt nachhaltig verarmt, ist richtig. Bevor man im Namen geschichtlicher Offenheit den Krieg rehabilitiert, prüfe man aber die empirische Voraussetzung: Sind die großen Neuerungen der Menschheit, entweder alle oder viele oder zumindet die wichtigsten, tatsächlich kriegsbedingt? Und ebenso: Sind die großen Friedensepochen tatsächlich Zeichen zivilisatorischer Langeweile?

Von den vielen Gegenbeispielen zur zweiten Frage dürfen hier drei genügen: Im „Perikleischen Zeitalter", den Friedensjahren unter Perikles, erfreut sich Athen nicht bloß an Wohlstand, sondern auch an einer kulturellen Blüte: Die Akropolis wird gebaut, Sophokles schreibt seine Tragödien, und Philosophen wie Anaxagoras und Protagoras treten auf. Ähnlich sieht es in der Friedenszeit unter Augustus, dem „Augusteischen Zeitalter", aus. Auch in Deutschland gediehen nicht etwa während des Dreißigjährigen Krieges, wohl aber bald nach seinen Verwüstungen Literatur, Musik, Architektur und Philosophie.

Für die erste Frage wiederum läßt sich auf die radikale Erneuerung von Religionen verweisen, wie sie etwa Siddharta, genannt Buddha, oder Jesus, genannt Christus, vornehmen. Religiöse Exklusivansprüche und vor allem religionsexterne Faktoren wie Herrschaftsinteressen weltlicher oder kirchlicher Eliten können zwar kriegsbereit machen. Die religiösen Erneuerungen selbst gehen aber nicht aus einem Krieg hervor, sondern pflegen ihm nachdrücklich zu widersprechen. Mit kulturellen Neuerungen verhält es sich ähnlich: Das chinesische Theater, die indische und persische Erzählkunst und die attische Tragödie, ebenso: die griechische Philosophie und Medizin, das römische Recht und die gotische Hallenkirche, ferner: die Barock-Fuge, die klassische Symphonie und die großen naturwissenschaftlichen Entdeckungen, selbst die der Uranspaltung – sie alle sind kriegsunabhängige Entwicklungen. Dasselbe gilt für Erfindungen wie die Buchdrukkerkunst, die Entdeckung andersartiger Kulturen oder die Einführung eines allgemeinen Schul- und Hochschulwesens – sie ziehen den genannten Topos in Zweifel und können eine um die offene Zukunft bangende Menschheit beruhigen: Ihr Innovationspotential ist auch ohne Kriege enorm.

Dazu kommen die Innovationskräfte, die jenem Wettbewerb innewohnen, den die subsidiäre und föderale Weltrepublik ausdrücklich beibehält: der Konkurrenz der Sprachen und Religionen, der Wirtschaftsräume und Wirtschaftsformen, der Gestalten hoher und volkstümlicher Kultur, nicht zuletzt dem Wettbewerb der Bildungswesen und Forschungszentren. Der Frei-Raum des Wettbewerbs tritt außerdem der Gefahr entgegen, die Friedens- und die Altruismusbereitschaft des Menschen zu überfordern. Wie das Schwert zu einem Winzermesser, so kann Aggressivität zu Wettbewerb „umgeschmiedet" werden. Beachtliche Neuerungen gehen auch aus der Kooperation und der kreativen Nachahmung hervor. Weiterhin haben Veränderungen soziale und psychische Belastungen, nicht selten ein hohes Maß an Entfremdung zur Folge, die wiederum die sozialen und psychische Kreativität herausfordern. Nicht zuletzt bleibt ein anderer Motor der Geschichte erhalten: der Kampf gegen die vielfältige Knappheit naturaler Natur und gegen ihre nicht minder vielfältige Überlastung.

In allen drei Argumenten läßt sich also die Skepsis entkräften, weshalb der normative Anspruch wiederholt sei: Die vielfältige Globalisierung schafft oder verschärft einen Handlungsbedarf, der, soll er den Ansprüchen von Recht, Gerechtigkeit und Demokratie genügen, nach einer Rahmenordnung verlangt, die an die Stelle der Gewalt das Recht setzt, das Recht auf Gerechtigkeitsprinzipien verpflichtet und das gerechte Recht einer subsidiären und föderalen Weltrepublik überantwortet.

Literaturverzeichnis

Achenwall, G./Pütter, J. S.: *Elementa Iuris Naturae*/Anfangsgründe des Naturrechts (1750), lat./dt., hrsg. u. übers. v. J. Schröder, Frankfurt/M. 1995.

Adorno, Th. W.: *Minima Moralia*. Reflexionen aus dem beschädigten Leben, in: Gesammelte Schriften, Bd. 4, Frankfurt/M. 1980.

Aischylos: Die *Orestie*, übers. v. E. Staiger, Stuttgart 1958; gr. Tragoediae, hrsg. v. G. Murray, Oxford: Clarendon Press, 1960, 207–367.

–: Die *Perser*, in: Tragödien und Fragmente, hrsg. v. F. Stoessl, Zürich 1952, 161–199; gr. Tragoediae, 53–95.

Albrow, M. 1996: The global age: state and society beyond modernity, Cambridge: Polity Press; dt. Abschied vom Nationalstaat: Staat und Gesellschaft im globalen Zeitalter, Frankfurt/M. 1998.

Althusius, J.: *Politica* methodice digesta et exemplis sacris et profanis illustrata (1603); Nachdruck der 3. Auflage 1614: Cambridge, Mass.: Harvard University Press, 1932, Aalen 1961; dt. Grundbegriffe der Politik [Auszüge], Frankfurt/M. ²1948.

Altvater, E./Mahnkopf, B. ²1997: Grenzen der Globalisierung. Ökonomie, Ökologie und Politik in der Weltgesellschaft, Münster.

Amnesty International Report 1997, London.

– 1998, London.

Anderson, B. R. ⁷1996: Imagined communities: reflections on the origin and spread of nationalism, London u. a.: Verso; dt. Die Erfindung der Nation: zur Karriere eines folgenreichen Konzepts, Frankfurt/M. u. a. ²1993.

Angell, N. 1910: The great illusion: a study of the relation of military power in nations to their economic and social advantage, London: Heinemann; dt. Die große Täuschung: eine Studie über das Verhältnis zwischen Militärmacht und Wohlstand der Völker, Leipzig 1910.

Arendt, H. ⁴1995: Elemente und Ursprünge totaler Herrschaft, München u. a.; engl. The origins of totalitarianism, New York: Harcourt and Brace, 1951.

Aristoteles: *Metaphysik*, übers. v. H. Bonitz, neu hrsg. v. U. Wolf, Reinbek 1994; gr. Metaphysica, hrsg. v. W. Jaeger, Oxford: Clarendon Press, 1963.

–: Die *Nikomachische Ethik*, übers. v. O. Gigon, München ²1975 (¹1955); gr. Ethica Nicomachea, hrsg. v. I. Bywater, Oxford: Clarendon Press, 1979.

–: *Politik*, übers. v. O. Gigon, München ³1978; gr. Politica, hrsg. v. W. D. Ross, Oxford: Clarendon Press, 1990.

–: *Staat der Athener*, übers. v. M. Chambers, Berlin 1990; gr. Athênaiôn politeia, hrsg. v. H. Oppermann, Stuttgart 1961.

Arnim, H. H. v. 1977: Gemeinwohl und Gruppeninteressen. Die Durchsetzungsschwäche allgemeiner Interessen in der pluralistischen Demokratie, ein Beitrag zu verfassungsrechtlichen Grundfragen der Wirtschaftsordnung, Frankfurt/M.

Asbach, O. 1998: Internationaler Naturzustand und Ewiger Friede. Die Begründung einer rechtlichen Ordnung zwischen Staaten bei Rousseau und Kant, in:

Hüning, D./Tuschling, B. (Hrsg.): Recht, Staat und Völkerrecht bei Immanuel Kant, Berlin, 203–232.

–/*Hüning, D.* 1998: Naturzustand und Rechtsbegründung: der Abbé de Saint-Pierre zwischen Hobbes und Rousseau, in: Archiv für Rechts- und Sozialphilosophie 84/3, 307–327.

Augustinus: *De civitate dei*, Turnhout 1955; dt. Vom Gottesstaat, 2 Bde., Zürich/München 1955.

Axelrod, R. 1984: The evolution of cooperation, New York: Basic Books; dt. Die Evolution der Kooperation, München 1987.

Bächler, G. 1997: Wie sich Umweltkonflikte friedlich regeln lassen, in: D. Senghaas (Hrsg.): Frieden machen, Frankfurt/M., 376–396.

Bachteler, T. 1997: Explaining the democratic peace: the evidence from ancient Greece reviewed, in: Journal of Peace Research 34: 3, 315–322.

Bacon, F.: *Neu-Atlantis*, übers. v. G. Bugge, Stuttgart 1997;

Barber, B. 1989: Neither leaders nor followers: citizenship under strong democracy: in: M. Beschloss (Hrsg.): Essays in honor of James MacGregor Burns, Englewood Cliffs, nj: Prenctice-Hall, 117–132.

– 1991: Art. Democracy, in: D. Miller (Hrsg.): The Blackwell Encyclopedia of Political Thought, Oxford, 114–119.

– 1994: Strong democracy: participatory politics for a new age, Berkeley: University of California Press; dt.: Starke Demokratie: über die Teilnahme am Politischen, Hamburg 1994.

Barker, E. ^{6}1967: Greek political theory: Plato and his predecessors, London: Methuen.

Barnaby, F. (Hrsg.) 1991: Building a more democratic United Nations, London: Cass.

Barry, B. 1977: Justice between generations, in: Law, morality, and society: essays in honour of H. L. A. Hart, Oxford: Clarendon Press.

– 1986: Can states be moral? International morality and the compliance problem, in: Ethics and International Relations 2, 61–84.

Bätzing, W. 1984: Die Alpen: Naturbearbeitung und Umweltzerstörung; eine ökologisch-geographische Untersuchung, Frankfurt/M.

Bayertz, K. (Hrsg.) 1998: Solidarität. Begriff und Problem, Frankfurt/M.

Beck, U. (Hrsg.) 1998: Politik der Globalisierung, Frankfurt/M.

– (Hrsg.) 1998 a: Perspektiven der Weltgesellschaft, Frankfurt/M.

Becker, W. 1996: Anerkennung und Toleranz. Über die politischen Tugenden der Demokratie, Erlangen.

Bedau, H. A. (Hrsg.) 1969: Civil disobedience: theory and practice, Indianapolis: Pegasus Books.

– (Hrsg.) 1991: Civil disobedience in focus, London: Routledge, 1991.

Beitz, Ch. R. 1979: Political theory and international relations, Princeton, nj: Princeton University Press.

– 1989: Political equality: an essay in democratic theory, Princeton, nj: Princeton University Press.

– 1983: Cosmopolitan ideals and national sentiment, in: Journal of Philosophy 80, 591–600.

Beitz, Ch. R. u. a. (Hrsg.) 1985: International ethics, Princeton: Princeton University Press.

Beitz, W. G. /Wollenschläger, M. 1980/81: Handbuch des Asylrechts, 2 Bde, Baden-Baden.
Benjamin, M. 1990: Splitting the difference: compromise and integrity, in: Ethics and Politics, Lawrence.
Bentham, J.: A Plan for an Universal and Perpetual Peace (1843), in: The works of Jeremy Bentham, hrsg. v. J. Bowring, Bd. 2, Edinburgh 1843, 546–560; dt. in: Jeremy Benthams Grundsätze für ein künftiges Völkerrecht und einen dauerhaften Frieden (Principles of International Law), hrsg. v. O. Kraus, Halle 1915, 96–137.
–: *Anarchical fallacies*, in: J. Waldron (Hrsg.): Nonsense on stilts: Bentham, Burke, and Marx on the Rights of Man, London u. a.: Methuen, 1987.
–: *Declaration of Rights* (1816), in: B. Parekh (Hrsg.): Bentham's Political Thought, London 1973.
–: *Political thought*, London: Croom Helm, 1973.
Bernhardt, H. 1981–1990: Encyclopedia of public international law, 12 Bde., Amsterdam: North-Holland.
Bernholz, P./Streit, M./Vaubel, R. (Hrsg.) 1998: Political competition, innovation and growth: a historical analysis, Berlin/Heidelberg.
Bienen, D./Rittberger, V./Wagner, W. 1998: Democracy in the United Nations system: cosmopolitan and communitarian principles, in: Archibugi, D./Held, D./Köhler, M. (Hrsg.): Re-imagining political community: studies in cosmopolitan democracy, New York: Cambridge University Press 287–308.
Bierbrauer, G. 1996: Sozialpsychologie, Stuttgart u. a.
Birnbacher, D. 1995: Tun und Unterlassen, Stuttgart.
Bleicken, J. [2]1978: Die Verfassung der Römischen Republik: Grundlagen und Entwicklung, Paderborn [1]1975.
– [2]1994: Die athenische Demokratie, Paderborn.
Blomert, R. (Hrsg.) 1993: Transformationen des Wir-Gefühls: Studien zum nationalen Habitus; Frankfurt/M.
Böckenförde, E.-W. 1967: Die Entstehung des Staates als Vorgang der Säkularisation; wiederabgedruckt in: ders.: Recht, Staat, Freiheit: Studien zur Rechtsphilosophie, Staatstheorie und Verfassungsgeschichte, Frankfurt/M. 1991, 92–114.
– 1982: Mittelbare/repräsentative Demokratie als eigentliche Form der Demokratie, in: Staatsorganisation und Staatsfunktion im Wandel. Festschrift K. Eichenberger, Basel, 301 ff.
Bodin, J.: *Les six livres de la république* (1583), Nachdruck: Aalen 1977; dt. Jean Bodins Sechs Bücher über den Staat, München 1981.
Boxill, B. 1987: Global equality and national integrity, in: Social Philosophy and Policy 5, 143–168.
Brandt, R. 1992: Morality, utilitarianism, and rights, Cambridge.
Bredekamp, H. 1999: Thomas Hobbes' visuelle Strategien: der Leviathan: Urbild des modernen Staates; Werkillustrationen und Portraits, Berlin.
Brenton, P. u. a. 1997: International trade: a European text, Oxford u. a.: Oxford University Press.
Breuer, S. 1998: Der Staat. Entstehung, Typen, Organisationsformen, Reinbek.
Brown, M. /Lynn-Jones, S. M. /Miller, S. E. 1996: Debating the democratic peace, Cambridge, Mass. u. a.: mit Press.

Bruha, Th. 1989: Das Demokratisierungsdilemma der Europäischen Gemeinschaft, St. Gallen.
Brunkhorst, H. 1997: Die Kontingenz des Staates, in: W. Kersting (Hrsg.): Gerechtigkeit als Tausch. Auseinandersetzungen mit der politischen Philosophie Otfried Höffes, Frankfurt/M.,
– 1997a: Solidarität unter Freunden, Frankfurt/M.
– 1998: Demokratischer Experimentalismus: Politik in der komplexen Gesellschaft, Frankfurt/M.
Brzezinski, Z. 1997: The grand chessboard. American primacy and its geostrategic imperatives, New York: Basic Books; dt. Die einzige Weltmacht: Amerikas Strategie der Vorherrschaft, Weinheim u. a. 1997.
Buchanan, A. 1997: Theories of secession, in: Philosophy and Public Affairs 26, 31–61.
Buchanan, J. M. 1977: Freedom in constitutional contract: perspectives of a political economist, College Station: Texas A and M University Press.
Buchheit, L. C. 1978: Secession: the legitimacy of self-determination, New Haven: Yale University Press.
Bujo, B. 1993: Die ethische Dimension der Gemeinschaft: das afrikanische Modell im Nord-Süd-Dialog, Freiburg, Schweiz.
– 1998: Welches Weltethos begründet die Menschenrechte?, in: Jahrbuch für christliche Sozialwissenschaften 39, 36–53.
Bull, H. (Hrsg.) 1986: Intervention in world politics, Oxford: Clarendon Press.
Bull, H.-P. 1995: Privatisierung öffentlicher Aufgaben, Verwaltungsarchiv 1995, 621–631.
Burdeau, G. 1956: La démocratie: essai synthétique, Brüssel: Office de Publicité.
Caesar, R. 1987: Art. Lastenausgleich, in: Staatslexikon Bd. 3, Freiburg i. Br., 844–847.
Camus, A.: Le premier homme, Paris: Gallimard 1994; dt. *Der erste Mensch*, Reinbek 1995.
Carr, E. H. ²1949: The twenty years' crisis 1919–1939: an introduction to the study of international relations, London: MacMillan, ¹1946.
Cassese, A. 1995: Self-determination of peoples: a legal reappraisal, Cambridge u. a.: Cambridge University Press.
Castel de Saint-Pierre, Ch.-I.: Projet pour rendre la Paix perpétuelle en Europe (1713–1717); Nachdruck: Paris 1981; dt. Der Traktat vom ewigen Frieden, Berlin 1922.
Cattacin, S./Kissling-Näf, I. (Hrsg.) 1997: Einleitung: Subsidiäres Staatshandeln in modernen Gesellschaften, in: dies. (Hrsg.): Subsidiäres Staatshandeln – L'agir étatique subsidiaire, Bd. 3: Sonderheft der Schweizerischen Zeitschrift für Politische Wissenschaft, Zürich.
Cerny, Ph. G. 1995: Globalization and the changing logic of collective action, in: International Organization 49/4; dt. Globalisierung und die neue Logik kollektiven Handelns, in: U. Beck (Hrsg.) 263–296.
Childers. E./Urquhart, B. 1994: Renewing the United Nations system, Uppsala: Dag Hammarskjöld Foundation.
Chomsky, N. 1996: Class warfare. Interviews with David Barsamian, Monroe, Maine: Common Courage Press; dt. Haben und Nichthaben, Bodenheim 1998.

Chwaszcza, Ch. 1997: Sezession und Selbstbestimmung, in: P. Koller/K. Puhl (Hrsg.): Akten des 19. Internationalen Wittgenstein Symposions 1996: Aktuelle Probleme der politischen Philosophie, Wien.

–/*Kersting, W.* (Hrsg.) 1998: Philosophie der internationalen Beziehungen, Frankfurt/M.

Cicero, M. T.: *De natura deorum*/Vom Wesen der Götter, lat./dt., Stuttgart 1995.

–: *De officiis*/Vom rechten Handeln, lat./dt., Darmstadt 1987.

–: *Tusculanae disputationes*/Gespräche in Tusculum, lat./dt., München 1984.

Clastres, P. ³1991: La société contre l'état: recherche d'anthropologie politique, Paris: Les Editions de Minuit ¹1974; dt. Staatsfeinde: Studien zur politischen Anthropologie, Frankfurt 1976.

Comenius, J. A.: Angelus pacis (1667), wiederabgedruckt in: Opera omnia, Bd. 13, Prag 1974; dt. Friedensengel, Würzburg 1993.

Conrad, L. I. (Hrsg.) 1996: The world of Ibn Tufayl: interdisciplinary perpectives on Hayy ibn Yaczan, Leiden/New York: Brill.

Cronin, Th. E. 1989: Direct democracy: The politics of initiative, referendum, and recall, Cambridge, Mass.: Harvard University Press.

Crucé, E.: Le Nouveau Cynée ou discours d'Estat représentant les occasions et moyens d'establir une paix générale et la liberté du commerce par tout le monde (1623); dt. Der neue Kineas oder Abhandlung über die Gelegenheiten und Mittel, einen allgemeinen Frieden sowie die Freiheit des Handels auf dem ganzen Erdkreise zu begründen (Auszüge), übers. v. W. Neft, in: K. v. Raumer: Ewiger Friede, 289–320.

Czempiel, E. O. (Hrsg.) 1969: Die anachronistische Souveränität. Zum Verhältnis von Innen- und Außenpolitik, Köln/Opladen.

– 1993: Die neue Souveränität – ein Anachronismus? Regieren zwischen nationaler Souveränität, europäischer Integration und weltweiten Verflechtungen, in: H.-H. Hartwich/G. Wewer (Hrsg.): Regieren in der Bundesrepublik, Opladen, 145–158.

– 1994: Die Reform der UNO: Möglichkeiten und Mißverständnisse, München.

– 1995: Are democracies peaceful? Not quite yet. Peace Research Institute Frankfurt Reports No. 37, Frankfurt.

Dagger, R. 1997: Civic virtues. Rights, citizenship and republican liberalism, Oxford: University Press.

Dahl, R. A. 1983: Federalism and the democratic process, in: J. R. Pennock/J. W. Chapman (Hrsg.): Liberal democracy, New York, 95–108.

– 1989: Democracy and its critics, New Haven/London.

– ²⁰1997: A preface to democratic theory, Chicago: University of Chicago Press (¹1956); dt. Vorstufen zur Demokratie-Theorie, Tübingen 1976.

Dahrendorf, R. 1998: Anmerkungen zur Globalisierung, in: U. Beck (Hrsg.) 1998 a, 41–54.

Dante Alighieri: *Die göttliche Komödie*, übers. v. W. G. Hertz, München ²1982; ital. La comedia, in: Le opere di Dante Alighieri, hrsg. v. d. Società Dantesca Italiana, Bd. 1–4.

–: *Monarchia*, lat./dt., übers. u. komm. v. R. Imbach u. Ch. Flüeler, Stuttgart 1989.

Davidson, B. 1992: The black man's burden: Africa and the curse of the nation-state, New York: Times Books.

Decker, F. 1993: Umweltschutz und Staatsversagen. Eine materielle Regierbarkeitsanalyse, Opladen.
Deleuze, G./Guattari, F. 1977: Rhizom, Berlin.
–/– [6]1992: Anti-Ödipus, Frankfurt; frz. L'anti-oedipe, Paris: Les Éditions de Minuit, 1980.
Derrida, J. 1991: L'autre cap suivi de la démocratie ajournée, Paris: Les Éditions de Minuit; dt. Das andere Kap, Frankfurt/M. 1992.
Deuerlein, E. 1972: Föderalismus: die historischen und philosophischen Grundlagen des föderativen Prinzips, Bonn.
Dichmann, W. 1994: Subsidiarität – Herkunft, sozialpolitische Implikationen und ordnungspolitische Konsequenzen eines Prinzips, in: ordo. Jahrbuch für die Ordnung von Wirtschaft und Gesellschaft, Bd. 45, Stuttgart u. a., 195–243.
Diderot, D.: *Encyclopédie,* ou dictionnaire raisonné des sciences, des arts et des métiers, Nachdruck der Ausg. 1751–1776: Elmsford, nj.: Pergamon Press, 1969.
Diels, H./Kranz, W.: Die Fragmente der Vorsokratiker, 3 Bde, Zürich 1996–1998.
Dietze, A./Dietze, W. (Hrsg.) 1989: Ewiger Friede? Dokumente einer deutschen Diskussion um 1800, Leipzig/Weimar.
Dilthey, W. 1958: Der Aufbau der geschichtlichen Welt in den Geisteswissenschaften, in: Gesammelte Schriften, Bd. 7, Stuttgart 1958, 79–188.
Dinkler, E. 1973: Eirene: der urchristliche Friedensgedanke, Heidelberg.
Diogenes Laërtius: Vitae philosophorum, gr. Text hrsg. v. H. S. Long, 2 Bde, Oxford: Clarendon, 1964; dt. Leben und Meinungen berühmter Philosophen: Buch I–X, Hamburg 1967.
Dogan, M. (Hrsg.) 1988: Comparing pluralist democraciesstrains in legitimacy, Boulder: Westriver Press.
Downs, A. 1957: An economic theory of democracy, New York: Harper and Row; dt. Ökonomische Theorie der Demokratie, hrsg. von R. Wildenmann, Tübingen 1968.
Doyle, M. 1983: Kant, liberal legacies, and foreign affairs, in: Philosophy and Public Affairs 12, 205–235 u. 323–353.
– 1986: Liberalism and world politics, in: American Political Science Review 80, 1151–1163.
– 1995: Die Stimme der Völker. Politische Denker über die internationalen Auswirkungen der Demokratie, in: O. Höffe (Hrsg.): Immanuel Kant, Zum ewigen Frieden, Berlin, 221–244.
Dubois, Pierre: De recuperatione Terre Sancte. Traité de politique générale (1306), hrsg. v. Ch.-V. Langlois, Paris 1891; engl. New York 1956.
Duns Scotus, J.: Ioannis Duns Scoti opera omnia, hrsg. v. C. Balic, Vatican: Typis Polyglottis Vaticanis, 1960ff.
Durkheim, E. [10]1978: De la division du travail sociale: étude sur l'organisation des sociétés supérieures, Paris: Presses universitaires de France ([1]1893); dt. Über soziale Arbeitsteilung: Studie über die Organisation höherer Gesellschaften: Frankfurt/M. 1992.
Dürr, E. (Hrsg.) 1991: Soziale Marktwirtschaft in Entwicklungs- und Schwellenländern, Bern/Stuttgart.
Dworkin, R. 1981: What is equality?, in: Philosophy a. Public Affairs 10, 283–345.
– 1985: A matter of principle, Cambridge, Mass.: Harvard University Press.
– [8]1993: Law's empire, Cambridge, Mass.: Belknap Press: [1]1986.

– [8]1996: Taking rights seriously, London: Duckworth ([1]1977); dt. Bürgerrechte ernstgenommen, Frankfurt/M. 1984.
Ebbinghaus, J. 1929: Kants Lehre vom ewigen Frieden und die Kriegsschuldfrage, Tübingen.
– 1957: Die Idee des Rechtes, Meisenheim.
Ecologist, The: journal of the Wadebridge Ecological Centre, publ. by Ecosystems Ltd, Sturminster Newton, Dorset.
Ehrenberg, V. [2]1965: Der Staat der Griechen, Zürich.
Elster, J./Roemer, J. R. (Hrsg.) 1991: Interpersonal comparisons of well-being, Cambridge: Cambridge University Press.
Epiktet: Entretiens *(Diatriben)*, gr./frz., 4 Bde, Paris: Les Belles Lettres, 1962–1965.
Epikur: *Kyriai Doxai*, in: Epicurea, hrsg. v. H. Usener, Leipzig 1887.
Erasmus von Rotterdam: Querela Pacis undique gentium ejactae profligataeque (1517); lat./dt. in: Ausgewählte Schriften, hrsg. v. W. Welzig, Bd. 5, Darmstadt 1968, 359–451.
Fénélon, F. de Salignac de la Mothe: Les aventures de *Télémaque* (1699), Paris: Gallimard, 1995; dt. Die Abenteuer des Telemach, Stuttgart 1984.
Ferguson, A.: *An Essay on the History of Civil Society* (1767), Cambridge: Cambridge Univ. Press, 1995; dt. Versuch über die Geschichte der bürgerlichen Gesellschaft, Frankfurt/M. 1988.
Fetscher, I. 1990: Toleranz: von der Unentbehrlichkeit einer kleinen Tugend für die Demokratie, historische Rückblicke und aktuelle Probleme, Stuttgart.
Fichte, J. G.: Zum ewigen Frieden. Ein philosophischer *Entwurf* von Immanuel Kant (1796), in: Gesamtausgabe der Bayerischen Akademie der Wissenschaften, Stuttgart-Bad Cannstatt 1964 ff., Bd. I. 3, 217–228.
–: *Die Bestimmung des Menschen* (1800), I. 6, 145–311.
–: *Der geschloßne Handelsstaat* (1800), I. 7, 1–147.
Fisch, J. 1984: Die europäische Expansion und das Völkerrecht: die Auseinandersetzung um den Status der überseeischen Gebiete vom 15. Jahrhundert bis zur Gegenwart, Stuttgart.
– 1996: Darf man Menschenrechte mit Gewalt durchsetzen? in: Kursbuch 126, 21–30.
– 1997: Das Selbstbestimmungsrecht – Opium für die Völker, in: E. Reiter (Hrsg.): Grenzen des Selbstbestimmungsrechts. Die Neuordnung Europas und das Selbstbestimmungsrecht der Völker, Graz, 11–33.
Fishkin, J. S. 1991: Democracy and deliberation: new directions for democratic reform, New Haven: Yale University Press.
Fogel, R. W. [2]1994: Without consent or contract: the rise and fall of American slavery, New York: Norton ([1]1989).
Forbes, I./Hoffman, M. (Hrsg.) 1993: Political theory, international relations, and the ethics of intervention, New York: St. Martin's Press.
Forst, R. 1994: Kontexte der Gerechtigkeit: politische Philosophie jenseits von Liberalismus und Kommunitarismus, Frankfurt/M.
Forsthoff, E. 1938: Die Verwaltung als Leistungsträger, Stuttgart/Berlin.
– 1964: Strukturwandlungen der modernen Demokratie: Vortrag gehalten vor der Berliner Juristischen Gesellschaft am 21. Juni 1963, Berlin.
– [2]1971: Der Staat der Industriegesellschaft. Dargestellt am Beispiel der Bundesrepublik Deutschland, München.

Fraenkel, E. [6]1974: Deutschland und die westlichen Demokratien, Stuttgart [1]1964.
– [7]1979: Deutschland und die westlichen Demokratien, Stuttgart.
Fraenkel, M. 1986: Föderalismus und der Bundesstaat, Bern u. a.
Franck, Sebastian: *Das Krieg büchlin des frides* (1539), Nachdruck der Ausgabe Frankfurt/M. 1550: Hildesheim/New York 1975.
Frantz, C.: *Der Föderalismus als leitendes Prinzip* für die sociale, staatliche und internationale Organisation (1879), Mainz.
French, P. A. 1979: The corporation as a moral person, in: American Philosophical Quarterly, 16.
Frenkel, M. 1984: Föderalismus und Bundesstaat, Bern.
Freud, S. 1948: *Das Unbehagen in der Kultur*, in: Gesammelte Werke, Bd. 14, London: Imago ([1]1930), 419–506.
Frey, D. 1994: Selbstbestimmung, Sezession und Gewaltverbot, in: I. Seidl-Hohenveldern/H. J. Schötter (Hrsg.): Vereinte Nationen, Menschenrechte und Sicherheitspolitik – völkerrechtliche Fragen zur internationalen Konfliktbegrenzung, Köln u. a., 31–74.
Friedenswarte, Die 1944: Blatt für internationale Verständigung und zwischenstaatliche Organisation, Basel, Nr. 44.
Friedrich II., König von Preußen: Anti-Machiavell: ou Essai de critique sur le Prince de Machiavell, publié par M. de Voltaire; dt. Anti-Machiavell: oder Prüfung der Regeln Niccolò Machiavells von der Regierungskunst eines Fürsten (1739/42); Der *Antimachiavell* oder Untersuchung von Machiavellis ‚Fürst', Leipzig 1991.
Friedrich, C. J. [2]1966: Demokratie als Herrschafts- und Lebensform, Heidelberg.
– 1968: Trends of federalism in theory and practice, New York: Praeger.
Gallas, W. 1989: Studien zum Unterlassungsdelikt, Heidelberg.
Gantzel, K. J. (Hrsg.) 1995: Kriege nach dem Zweiten Weltkrieg 1945 bis 1992: Daten und Tendenzen, Münster.
Gauchet, M. 1989: La révolution des droits de l'homme, Paris: Gallimard.
– 1995: L'essence représentative de la démocratie, in: ders.: La révolution des pouvoirs: la souveraineté, le peuple et la représentation 1789–1799, Paris: Gallimard.
Gauthier, D. P. 1986: Morals by agreement, Oxford: Clarendon.
– 1988: Morality, rational choice, and semantic representation, in: E. F. Paul u. a. (Hrsg.): The new social contract. Essays on Gauthier, Oxford u. a.: Blackwell.
Geerlings, W. 1997: ‚De civitate dei' XIX als Buch der Augustinischen Friedenslehre, in: Ch. Horn (Hrsg.): Augustinus: De civitate dei, Berlin, 211–233.
Geisst, Ch. R. 1984: The political thought of John Milton, London u. a.: Macmillan.
Gellner, E. 1983: Nations and nationalism, Ithaca u. a.: Cornell University Press; dt. Nationalismus: Kultur und Macht, Berlin 1999.
– 1988: Plough, sword, and book: the structure of human history, London u. a.: Collins Harvill; dt. Pflug, Schwert und Buch: Grundlinien der Menschheitsgeschichte, Stuttgart 1990.
Gentz, F.: Über den Ewigen Frieden (1800), in: Historisches Journal, 2. Jg., Bd. 3, Berlin 1953, 711–790.
Georg von Podiebrad: *Tractatus pacis toti christianitati fiendae* (1462–64), in: J. Kejr (Hrsg.): The Universal Peace Organization of King George of Bohemia, Prag 1964, 71–82; dt. in: G. Messler: Das Weltfriedensmanifest König Georgs

von Podiebrad. Ein Beitrag zur Diplomatie des 15. Jahrhunderts. Kirnbach über Wolfach 1973, 37–49.

Gese, H. [3]1989: Zur biblischen Theologie, Alttestamentliche Vorträge, Tübingen ([1]1977).

Gierke, O. v.: *Das deutsche Genossenschaftsrecht* (1868), Bd. 4: Die Staats- und Korporationslehre der Neuzeit, Graz 1968.

– [5]1958: Johannes Althusius und die Entwicklung der naturrechtlichen Staatstheorien, Breslau ([1]1880).

Giesen, K-G. 1992: L'éthique des relations internationales, Brüssel: Bruylant.

Gilgamesch-Epos, übers. v. A. Schott, Stuttgart 1988.

Giordano, Ch. 1994: So viel Staat wie nötig, so wenig Staat wie möglich: Ein interkutureller Vergleich, in: A. Riklin/G. Bathina (Hrsg.): Subsidiarität. Ein interdisziplinäres Symposion, Baden-Baden, 133–161.

Glotz, P. 1983: Ziviler Ungehorsam im Rechtstaat, Frankfurt/M.

Görres, J.: Der allgemeine Frieden, ein Ideal (1798) in: Gesammelte Schriften, Bd. 1: Politische Schriften der Frühzeit 1795–1800, Köln 1928, 11–63.

Goethe, J. W. v.: *Brief des Pastors *** an den neuen Pastor zu **** (1773), in: Gedenkausgabe der Werke, Briefe und Gespräche, hrsg. v. E. Beutler, Bd. 4, Zürich 1949, 126–139.

Gosepath, S./Lohmann, G. (Hrsg.) 1998: Philosophie der Menschenrechte, Frankfurt/M.

Grieco, J. M. 1990: Cooperation among nations: Europe, America, and non-tarif barriers to trade, Ithaca: Cornell University Press.

Griffin, J. 1986. Well-being: its meaning, measurement, and moral importance, Oxford: Clarendon Press.

Grimm, D. (Hrsg.) 1990: Wachsende Staatsaufgaben – sinkende Steuerungsfähigkeit des Rechts, Baden-Baden.

Grimm, J./Grimm W.: *Deutsches Wörterbuch*, 17 Bde, Leipzig 1854ff.; Nachdruck: 33 Bde., München 1984.

Groom, A. J. R./Light, M. (Hrsg.) 1994: Contemporary international relations. A guide to theory, London u. a.: Pinter.

Grotius, H.: *De jure belli ac pacis* libri tres (1625); Neuausgabe: Washington 1913–1925; dt. Drei Bücher vom Recht des Krieges und des Friedens, übers. u. eingel. v. W. Schätzel, Tübingen 1950.

Guinier, L. 1994: The tyranny of the majority: fundamental fairness in representative democracy, New York: The Free Press.

Günther, K. 1990: Der Wandel der Staatsaufgaben und die Krise des regulativen Rechts, in: D. Grimm, Wachsende Staatsaufgaben, Baden-Baden.

Habermas, J. 1973: Legitimationsprobleme im Spätkapitalismus, Frankfurt/M.

– 1986: Moralität und Sittlichkeit, in: W. Kuhlmann (Hrsg.): Moralität und Sittlichkeit. Das Problem Hegels und die Diskursethik, Frankfurt/M., 26–37.

– 1989: Otfried Höffes politische Fundamentalphilosophie, in: Politische Vierteljahresschrift 30/2, 320–327; wiederabgedruckt als: Grenzen des vernunftrechtlichen Normativismus, in: ders.: Die nachholende Revolution, Frankfurt/M. 1990, 71–81.

– [2]1990: Strukturwandel der Öffentlichkeit, Frankfurt/M. ([1]1962).

– 1992: Faktizität und Geltung. Beiträge zur Diskurstheorie des Rechts und des demokratischen Rechtsstaats, Frankfurt/M.

– 1995: Kants Idee des Ewigen Friedens – aus dem historischen Abstand von 200 Jahren, in: Kritische Justiz 28, 293–319.
– ²1997: Die Einbeziehung des Anderen: Studien zur politischen Theorie, Frankfurt/M. (¹1996).
– 1998: Die postnationale Konstellation: politische Essays, Frankfurt/M.
Hafen, Th. 1994: Staat, Gesellschaft und Bürger im Denken von Emanuel Joseph Sieyès, Bern.
Hahn, K. 1975: Föderalismus: die demokratische Alternative. Eine Untersuchung zu P.-J. Proudhons sozial-republikanisch-föderativem Freiheitsbegriff, München.
Hailbronner, K. 1997: Der Staat und der Einzelne als Völkerrechtssubjekte, in: W. Vitzthum (Hrsg.) 1997.
Hamilton, A./Jay, J./Madison, J.: The *Federalist Papers* (1788), hrsg. v. I. Kramnick, London/New York 1987; dt.: Die Federalist Papers, Darmstadt 1993.
Hansen, M. H. 1995: Die Athenische Demokratie im Zeitalter des Demosthenes, Berlin.
Hart, H. L. A. 1961: The concept of law, Oxford: Clarendon Press; dt. Der Begriff des Rechts, übers. v. A. v. Baeyer, Frankfurt/M. 1973.
Hartmann, N.· ⁴1962: Ethik, Berlin.
Hartney, M. 1995: Some confusions concerning collective rights, in: W. Kymlicka (Hrsg.): The rights of minority cultures, Oxford: Oxford University Press, 202–227.
Hasenclever, A./Mayer, P./Rittberger, V. 1996: Justice, equality, and the robustness of international regimes: a research design, Tübingen.
Hauser, J. A. 1990–1991: Bevölkerungs- und Umweltprobleme der Dritten Welt, 2 Bde., Bern u. a.
Hayek, F. A. v. 1976: Law, legislation and liberty. A new statement of the liberal principles of justice and political economy, Bd. 2: The mirage of social justice, London: Routledge and Kegan Paul; dt. Recht, Gesetzgebung und Freiheit. Eine neue Darstllung der liberalen Prinzipien der Gerechtigkeit und der politischen Ökonomie, Bd. 2: Die Illusion der sozialen Gerechtigkeit, München 1981.
Häyry, M. 1994: Liberal utilitarianism and applied ethics, London u. a.: Routledge.
Hegel, G. W. F.: *Über die wissenschaftlichen Behandlungsarten des Naturrechts*, seine Stellung in der praktischen Philosophie und sein Verrhältnis zu den positiven Rechtswissenschaften (1803), in: Werke in 20 Bänden, Frankfurt/M. ⁷1980, Bd. II, 434–530.
–: Grundlinien zur Philosophie des Rechts *(Rechtsphilosophie*, 1821), VII.
–: *Phänomenologie des Geistes* (1807), III.
Heitmeyer, W. (Hrsg.) 1996: Die bedrängte Toleranz. Ethnisch-kulturelle Konflikte, religiöse Differenzen und die Gefahren politisierter Gewalt, Frankfurt/M.
Held, V. 1984: Rights and goods: justifying social action, New York: Free Press.
Herder, J. G.: *Auch eine Philosophie der Geschichte* zur Bildung der Menschheit (1774), in: Sämtliche Werke, hrsg. v. B. Suphan, Bd. 5, Berlin 1891; Nachdruck: Hildesheim 1967. Ändern 452 s. Koselleck
–: *Briefe zur Beförderung der Humanität* (1793–97), Leipzig 1954.
–: *Ideen zu einer Philosophie der Geschichte* der Menschheit (1785), Wiesbaden 1985.

Hernandez, C. 1997: How different are the civilizations? A view from Asia, in: Internationale Politik und Gesellschaft 2 (1997), 117–129.
Herodot: Historien, übers. v. A. Horneffer, hrsg. v. H. W. Haussig, Stuttgart 1963; gr. Historiae, hrsg. v. C. Hude, Oxford: Clarendon Press, 1963.
Herrigel, E. 1948: Zen in der Kunst des Bogenschießens, Konstanz.
Herskovits, M. 1947: Statement on human rights, in: American Anthropologist 49, 539–543.
Hesse, J. J. /Zöpel, Ch. (Hrsg.) 1990: Der Staat der Zukunft, Baden-Baden.
Hesse, K. 1962: Der unitarische Bundesstaat, Karlsruhe.
Hilderbrand, R. C. 1990: Dumbarton Oaks: the origins of the United Nations and the search for postwar security, Chapel Hill u. a.: University of North Carolina Press.
Hirst P. Q. /Thompson, G. F. 1996: Globalization in question. The international economy and the possibilities of governance, Cambridge: Polity Press.
–/– 1998: Globalisierung? Internationale Wirtschaftsbeziehungen, Nationalökonomien und die Formierung von Handelsblöcken, in: U. Beck (Hrsg.) 1998, 85–133; engl. ‚The problem of globalization': international economic relations, national economic management and the formation of trading blocs, aus: Economy and Society, vol. 21, 4/1992, Routledge, London 1992.
Hobbes, Th.: *Leviathan* or the matter, form and power of a commonwealth, ecclesiastical and civil (1651), Cambridge u. a.: Cambridge University Press, 1991; dt.: Leviathan oder Stoff, Form und Gewalt eines bürgerlichen und kirchlichen Staates, Neuwied/Berlin 1966; Frankfurt/M. 1984.
Hobsbawm, E. G. 1990: Nations and nationalism since 1780: programme, myth, reality, Cambridge u. a.: Cambridge University Press: Nationen und Nationalismus. Mythos und Realität seit 1780, Frankfurt/M. /New York ²1992.
Höffe, O. 1975: Strategien der Humanität. Zur Ethik öffentlicher Entscheidungsprozesse, Freiburg/München; Neuauflage Frankfurt/M. ²1985.
– 1979: Die Menschenrechte als Legitimation demokratischer Politik, in: Freiburger Zeitschrift für Philosophie und Theologie 26, 3–24.
– 1981: Sittlich politische Diskurse, Frankfurt/M.
– ³1985: Ethik und Politik. Grundmodelle und -probleme der praktischen Philosophie, Frankfurt/M.
– 1987: Politische Gerechtigkeit. Grundlegung einer kritischen Philosophie von Recht und Staat, Frankfurt/M.
– 1988: Den Staat braucht selbst ein Volk von Teufeln. Philosophische Versuche zur Rechts- und Staatsethik, Stuttgart.
– 1989: Der Revolution noch eine Zukunft? Kants Utopie der Weltrepublik, in: Reformatio 38, 210–219.
– 1990: Kategorische Rechtsprinzipien. Ein Kontrapunkt der Moderne, Frankfurt/M.
– (Hrsg.) ²1992: Einführung in die utilitaristische Ethik, Tübingen.
– 1993: Eine Weltrepublik als Minimalstaat. Moralische Grundsätze für eine internationale Rechtsgemeinschaft, in: Zeitschrift für Kulturaustausch 1, 39–44.
– (Hrsg.) 1995: Immanuel Kant, Zum ewigen Frieden, Berlin.
– ³1995: Moral als Preis der Moderne. Ein Versuch über Wissenschaft, Technik und Umwelt, Frankfurt/M.

– 1996: Vernunft und Recht. Bausteine zu einem interkulturellen Rechtsdiskurs, Frankfurt/M.
– 1996a: Sed authoritas, non veritas, facit legem. Zum Kapitel 26 des *Leviathan*, in: W. Kersting (Hrsg.): Thomas Hobbes, Leviathan oder Stoff, Form und Gewalt eines bürgerlichen und kirchlichen Staates, Berlin, 235–257.
– 1997: Positivismus plus Moralismus: zu Augustinus' eschatologischer Staatstheorie, in: Ch. Horn (Hrsg.): Augustinus, De civitate dei, Berlin, 259–287.
– 1997a: Subsidiarität als Gesellschafts- und Staatsprinzip in: Schweizerische Zeitschrift für Politische Wissenschaft, 259–290.
– (Hrsg.) 1997b: Platon, Politeia, Berlin.
– 1998 (Hrsg.): Lesebuch zur Ethik, München.
– 1999: Wieviel Politik ist dem Bundesverfassungsgericht erlaubt?, in: Der Staat 38, 171–193.
– 1999a: Gibt es ein interkulturelles Strafrecht? Ein philosophischer Versuch, Frankfurt/M.
– 1999b: Descartes oder Sokrates, in: Frankfurter Allgemeine Zeitung, 16. 1. 99.
– 1999c: In: W. Schlicht / H.-H. Dickhuth (Hrsg.): Gesundheit für alle. Fiktion oder Realität, Schorndorf.
– 1999d: Humanitäre Intervention? Rechtsethische Überlegungen, in: Neue Zürcher Zeitung, 8./9. 5. 99.
– (Hrsg.) 1999e: Immanuel Kant, Metaphysische Anfangsgründe der Rechtslehre, Berlin.
– ²1999: Aristoteles, München (¹1996).
Hohfeld, W. N. 1966: Fundamental legal conceptions as applied in judicial reasoning and other legal essays, hrsg. v. W. W. Cook, New Haven: Yale University Press (¹1919).
Hollerbach, A. ⁷1989: Art. Staatskirchen und Staatsreligionen, in: Staatslexikon: Recht, Wirtschaft, Gesellschaft, hrsg. von der Görres-Gesellschaft, Bd. 5, 182–186.
Homann, K. (Hrsg.) 1994–98: Wirtschaftsethische Perspektiven, 4 Bde., Berlin.
Hondrich K. O. /Koch-Arzberger, C. 1992: Solidarität in der modernen Gesellschaft, Frankfurt/M.
Honneth, A. (Hrsg.) 1993: Kommunitarismus: eine Debatte über die moralischen Grundlagen moderner Gesellschaften, Frankfurt/M.
Horn, Ch. 1996: Philosophische Argumente für einen Weltstaat, in: Allgemeine Zeitschrift für Philosophie 21, 229–251.
Huber, E. R. (Hrsg.) 1987: Dokumente zur deutschen Verfassungsgeschichte, Bd. 2: Deutsche Verfassungsdokumente 1851–1900, Stuttgart u. a.
Hugo, Ludolph: *De statu regionum Germaniae* (1661), Gießen 1689.
Human Development Report 1998: published for the United Nations Development Programme (UNDP), New York: Oxford University Press.
Hume, D.: *Of the original contract* (1777), in: Political essays, hrsg. v. K. Haakonssen, Cambridge: Cambridge University Press, 1994, 186–201; dt. Über den ursprünglichen Vertrag, in: Politische und ökonomische Essays, Bd. 2, Hamburg 1998, 301–324.
–: *Of the origin of government*, in: The philosophical works, 4 Bde., Bd. 3: *Essays*: moral, political, and literary, London 1882, Nachdruck: Aalen 1964, 113–117.

Huntington, S. P. 1993: The clash of civilizations?, in: Foreign Affairs 72, Heft 3, 22–49.
– 1996: The clash of civilizations and the remaking of world order, New York: Simon and Schuster; dt. Der Kampf der Kulturen: die Neugestaltung der Weltpolitik im 21. Jahrhundert, München 1997.
Husserl, E. ³1996: Die Krisis der europäischen Wissenschaften und die transzendentale Phänomenologie. Eine Einleitung in die phänomenologische Philosophie, Hamburg.
Ibn Thofaïl: Hayy ben Yaqdhan. Roman philosophique (ca. 1170), arab. Text mit franz. Übers., hrsg. von L. Gauthier, Beirut ²1936; dt. Der Ur-Robinson, München 1987.
Ingold, T./Riches, D./Woodburn, J. (Hrsg.) 1991: Hunters and gatherers, Oxford u. a.: Berg.
Isensee, J 1988: Gemeinwohl und Staatsaufgaben im Verfassungsstaat, in: ders./ P. Kirchhof (Hrsg.): Handbuch des Staatsrechts der Bundesrepublik Deutschland, Bd. iii: Das Handeln des Staates, Heidelberg, 1–82.
– 1955: Staat im Wort. Sprache als Element des Verfassungsstaates, in: J. Ipsen u. a. (Hrsg.): Verfassungsrecht im Wandel, Köln u. a., 571–590.
– 1969: Das legalisierte Widerstandsrecht: eine staatsrechtliche Analyse des Art. 20 Abs. 4 Grundgesetz, Bad Homburg.
– 1995: Weltpolizei für Menschenrechte. Zur Wiederkehr der humanitären Intervention, in: Juristen Zeitung 50, 421–476.
– (Hrsg.) 1998: Solidarität in Knappheit. Zum Problem der Priorität, Berlin.
–*/Kirchhof, P.* (Hrsg.) 1987–1997: Handbuch des Staatsrechts der Bundesrepublik Deutschland, Bd. 1–9, Heidelberg.
Jacobsen, T. 1943: Primitive democracy in ancient Mesopotamia, in: Journal of Near Eastern Studies 3, 159–172.
Jacobson, H. K. ²1984: Networks of interdependence: international organizations and the global political system, New York: McGraw-Hill (¹1979).
James, W. 1977: A pluralistic universe, Cambridge, Mass. u. a.: Harvard University Press (¹1908).
Jänicke, M. ²1992: Umweltentlastung durch industriellen Strukturwandel: eine explorative Studie über 32 Industrieländer, Berlin.
Jansen, W. 1975: Art. Frieden, in: O. Brunner u. a. (Hrsg.): Geschichtliche Grundbegriffe. Historisches Lexikon zur politisch-sozialen Sprache in Deutschland, Stuttgart, Bd. 2, 543–591.
Jaspers, K. ²1983: Kant: Leben, Werk, Wirkung, München ¹1975.
Jellinek, G. ³1914: Allgemeine Staatslehre, Berlin ¹1900.
Jennings, R./Watts, A. ⁹1992: Oppenheims international law, Bd. 1: Peace, Harlow: Longman.
Johannes von Salisbury: Policraticus (1159), Oxford 1909.
Kaiser, M./Wagner, N. ³1995: Ökonomie der Entwicklungsländer: eine Einführung, Stuttgart.
Kaler, E. 1885: Ethik des Utilitarismus, Hamburg.
Kälin, W. (Hrsg.) 1991: Droit des réfugiés: enseignement de 3e cycle de droit 1990, Fribourg: Éditions Universitaires.
Kant, I.: *Anthropologie* in pragmatischer Absicht, in: Gesammelte Schriften, hrsg. v. d. Königlich Preußischen Akademie der Wissenschaften, Berlin 1902 ff. (Akademie-Ausgabe), Bd. VII, 117–334.

–: Zum ewigen *Frieden.* Ein philosophischer Entwurf, VIII, 341–386.
–: *Grundlegung* zur Metaphysik der Sitten, IV, 385–463.
–: *Idee* zu einer allgemeinen Geschichte in weltbürgerlicher Absicht, VIII, 15–32.
–: *Kritik der reinen Vernunft*, erste Auflage (A): IV, 1–252; zweite Auflage (B): III, 1–552.
–: *Kritik der Urteilskraft*, V, 165–485.
–: Die Metaphysik der Sitten. Erster Teil: Metaphysische Anfangsgründe der *Rechtslehre*, VI, 203–372.
–: Die Metaphysik der Sitten. Zweiter Teil: Metaphysische Anfangsgründe der *Tugendlehre*, VI, 373–493.
Kaser, M. 1993: Ius gentium, Köln u. a.
Kelsen, H. 1944: The strategy of peace, in: The American Journal of Sociology 49, 381–389.
– 1944 a: Peace through law, Chapel Hill, N. C.: University of North Carolina Press; Wiederabdruck: New York: Garland, 1973.
– ²1960 Reine Rechtslehre, Wien.
Kelso, W. A. 1978: American democratic theory – Pluralism and its critics, Westport, Conn.: Greenwood Press.
Keohane, R. O. 1989: International institutions and state power: essays in international relations theory, Boulder: Westview Press.
Kersting, W. ²1993: Wohlgeordnete Freiheit: Immanuel Kants Rechts- und Staatsphilosophie, Berlin ¹1984.
– 1995/96: Globale Rechtsordnung oder weltweite Verteilungsgerechtigkeit? Über den systematischen Grundriß einer Politischen Philosophie der internationalen Beziehungen, in: Politisches Denken. Jahrbuch der Deutschen Gesellschaft zur Erforschung des Politischen Denkens, Stuttgart, 197–246.
– 1996: Philosophische Probleme der internationalen Beziehungen, in: K. Bayertz (Hrsg.): Angewandte Ethik, Stuttgart.
Ketteler, W. E. v.: Freiheit, Autorität und Kirche (1862), in: Sämtliche Werke und Briefe, Bd. 1.1: Schriften, Aufsätze und Reden 1848–1866, Mainz 1977, 225–364.
Kettner, M. 1997: Otfried Höffes transzendental-kontraktualistische Begründung des Menschenrechts, in: W. Kersting (Hrsg.): Gerechtigkeit als Tausch? Auseinandersetzungen mit der politischen Philosophie Otfried Höffes, Frankfurt/M.
Kielmansegg, P. Graf 1977: Volkssouveränität: eine Untersuchung der Bedingungen demokratischer Legitimität, Stuttgart.
Kimminich, O. 1983: Grundprobleme des Asylrechts, Darmstadt.
– 1985: Rechtsprobleme der polyethnischen Staatsorganisation, Mainz.
– 1985 a: Die Entstehung des neuzeitlichen Völkerrechts, in: I. Fetscher/H. Münkler (Hrsg.): Pipers Handbuch der politischen Ideen, 5 Bde., München, Bd. 3, 73–100.
– 1995: Der Mythos der humanitären Intervention, in: Archiv des Völkerrechts, 430–458.
Kirch, G./Mackenscheidt, K. 1985: Staatsmann, Demagoge, Amtsinhaber, Göttingen.
Kirchhof, P. 1992: Der deutsche Staat im Prozeß der europäischen Integration, in: ders./Isensee, J. (Hrsg.): Handbuch des Staatsrechts, Bd. 7, Heidelberg, 855–887.

– 1993: Europäische Einigung und Verfassungsstaat der Bundesrepublik Deutschland, in: J. Isensee (Hrsg.): Europa als politische Idee und als rechtliche Form, Berlin, 63–101.
Kissinger, H. A 1994.: Diplomacy, New York u. a.: Simon and Schuster.
Klein, A./Schmalz-Bruns, A. (Hrsg.) 1997: Politische Beteiligung und Bürgerengagement in Deutschland. Möglichkeiten und Grenzen, Baden-Baden.
Klemme, H. F. (Hrsg.) 1992: Immanuel Kant: Über den Gemeinspruch: Das mag in der Theorie richtig sein, taugt aber nicht für die Praxis – Zum ewigen Frieden. Ein philosophischer Entwurf, Hamburg.
Kommission der Europäischen Gemeinschaft 1992: Environment legislation, Vol. 1 General policy, Brüssel/Luxemburg.
Koselleck, R. 1972: Art. Bund, Bündnis, Föderalismus, Bundesstaat, in: ders./O. Brunner/W. Conze (Hrsg.): Geschichtliche Grundbegriffe. Historisches Lexikon zur politisch-sozialen Sprache in Deutschland, Stuttgart, Bd. 1, 582–671.
– *u. a.* 1992: Art. Volk, Nation, Nationalismus, Masse, in: ders. u. a. (Hrsg.): Geschichtliche Grundbegriffe, Bd. 7, 141–431.
Koslowski, P. (Hrsg.) 1997: Weltwirtschaftsethos: Globalisierung und Wirtschaftsethik, Wien.
Kotkin, J. 1993: Tribes: how race, religion, and identity determine success in the new global economy, New York: Random House; dt. Stämme der Macht: der Erfolg weltweiter Clans in Wirtschaft und Politik, Reinbek 1996.
Kramer, F./Sigrist, Ch. (Hrsg.) 1978: Gesellschaften ohne Staat. Gleichheit und Gegenseitigkeit, Frankfurt/M.
Krasner, S. D. 1978: Defending the national interest: raw materials investments and U. S. foreign policy, Princeton, NJ: Princeton University Press.
Kreindler, R. H. 1997 (Hrsg.): Transnational Litigation: A Practitioner's Guide, TwoVolumes, Oceana.
Kreuzer, S. 1986: Gratwanderung: Forschungs- und Technologiepolitik zwischen Rechtsversagen und Staatsversagen, Pforzheim.
Küng, H. 1990: Projekt Weltethos, München/Zürich.
Kunig, Ph. 1981: Das völkerrechtliche Nichteinmischungsprinzip. Zur Praxis der Organisation der Afrikanischen Einheit (OAU) und des afrikanischen Staatenverkehrs, Baden-Baden.
Kymlicka, W. 1991: Liberalism, community, and culture, Oxford: Clarendon Press.
– 1995: The rights of minority cultures, Oxford u. a.: Oxford University Press.
Langewiesche, D. 1995: Nation, Nationalismus, Nationalstaat: Forschungsstand und Forschungsperspektiven, in: Neue politische Literatur, Frankfurt/M., 40 (1995), 190–236.
Lasson, A. 1868: Das Culturideal und der Krieg, Berlin.
Layne, C. 1994: Kant or Cant: The myth of the democratic peace, in: International Security 19, 5–49.
Lee, E.-J. 1997: Asiatische Werte als Zivilisationsleitbild? in: Internationale Politik und Gesellschaft 2, 130–140.
Leibniz, G. W. (1715): *Observations sur le projet d'une paix perpetuelle de Mr. l'Abbé de S. Pierre*, in: Opera omnia, Bd. 5, Genf 1768, 56–60.
Leist, A. 1991: Intergenerationelle Gerechtigkeit. Verantwortung für zukünftige Generationen, hohes Lebensalter und Bevölkerungsexplosion, in: Praktische

Philosophie. Grundorientierungen angewandter Ethik, hrsg. v. K. Bayertz, Reinbek.
Lenk, H./Maring, M. (Hrsg.) 1992: Wirtschaft und Ethik, Stuttgart.
Leo XIII.: Rerum novarum (1891), in: Texte zur katholischen Soziallehre, hrsg. v. Bundesverband der Katholischen Arbeitnehmer-Bewegung (KAB) Deutschlands, Kevelaer [5]1982.
Lévinas, E. 1987: Humanisme de l'autre homme, Paris: Fata Morgana; dt. Humanismus des anderen Menschen, Hamburg 1989.
Lévi-Strauss, C. [2]1967: Les structures élémentaires de la parenté, Paris: Mouton [1]1949.
Lillich, R. B. 1993: Humanitarian intervention through the United Nations: Towards the development of criteria, in: Zeitschrift für ausländisches öffentliches Recht und Völkerrecht, 53.
Lindner, C. 1990: Kritik der Theorie der partizipatorischen Demokratie, Opladen.
Link, W. 1998: Die Neuordnung der Weltpolitik. Grundprobleme globaler Politik an der Schwelle zum 21. Jahrhundert, München.
List, Fr.: Das nationale System der politischen Ökonomie (1841), Berlin 1982.
Locke, J.: *Two Treatises* of Government (1689), Cambridge [3]1970; dt. Zwei Abhandlungen über die Regierung, Frankfurt/M. [4]1989.
Loth, W. [7]1987: Art. Marshallplan, in: Staatslexikon, Bd. 3, Freiburg i. Br., 1023–1024.
Ludus de Antichristo, hrsg. v. G. Vollmann-Profe, Göppingen 1981.
Luhmann, N. 1993: Das Recht der Gesellschaft, Frankfurt/M.
– 1995: Gesellschaftsstruktur und Semantik. Studien zur Wissenssoziologie der modernen Gesellschaft, Bd. 4, Frankfurt/M.
Luthardt, W. 1994: Direkte Demokratie: ein Vergleich in Westeuropa, Baden-Baden.
Lutz, H. (Hrsg.) 1977: Zur Geschichte der Toleranz und Religionsfreiheit, Darmstadt.
Macedo, S. 1990: Liberal virtues: citizenship, virtue, and community in liberal constitutionalism, Oxford: Clarendon Press.
– 1992: Charting liberal virtues, in: J. W. Chapman/W. A. Galston (Hrsg.): Virtue: Nomos XXXIV, New York und London: New York University Press, 204–232.
Machiavelli, N.: *Discorsi* sopra la prima deca di Tito Livio, in: Opere, hrsg. v. S. Bertelli, Bd. I, Verona 1968.
–: *Il Principe*/Der Fürst, ital./dt., Stuttgart 1986.
MacIntyre, A. 1984: Is patriotism a virtue? The Lindley lecture, Lawrence: University of Kansas, 3–20; dt. Ist Patriotismus eine Tugend?, in: A. Honneth (Hrsg.): Kommunitarismus, Frankfurt/M. 1988, 84–102.
– [2]1985: After virtue: a study in moral theory, London: Duckworth [1]1981; dt. Der Verlust der Tugend: zur moralischen Krise der Gegenwart, Frankfurt/M [2]1997.
– 1988: Whose justice? Which rationality? Notre Dame, Ind.: University of Notre Dame Press.
MacNamara, R. S. 1995: In retrospect: the tragedy and lessons of Vietnam, New York, NY: Times Books; dt. Vietnam: Das Trauma einer Weltmacht, Hamburg 1996.
Madison, J.: Universal Peace (1792), in: The Papers of James Madison, Bd. 14, hrsg. v. R. A. Rutland u. a., Charlottesville, Va.: University Press of Virginia, 1983, 206–209.

Mager, W. 1984: Art. Republik, in: O. Brunner (Hrsg.): Geschichtliche Grundbegriffe: Historisches Lexikon zur politisch-sozialen Sprache in Deutschland, Bd. 5, Stuttgart, 459–651.

Mahabharata. Indiens großes Epos, übers. v. B. Roy, München 1989.

Maier, H. 1990: Der Föderalismus – Ursprünge und Wandlungen, in: Archiv des öffentlichen Rechts 115, 213–232.

Manin, B. 1995: Les principes du gouvernement représentativ, Paris: Calmann-Lévy.

Maôz, Z./Russett, B. M. 1993: Normative and structural causes of democratic peace, 1946–1986, in: American Political Science Review 87, 624–638.

March, J. G. /Olsen, J. P. 1989: Rediscovering institutions: the organizational basis of politics, New York u. a.: Free Press.

–/– 1995: Democratic governance, New York u. a.: Free Press.

Mark Aurel: Ad se ipsum libri XII, Leipzig [2]1987; dt. Des Kaisers Marcus Aurelius Antonius *Selbstbetrachtungen*, Stuttgart 1988.

Marshall, Th. H. 1992: Bürgerrechte und soziale Klassen, Frankfurt/M. u. a.

Marsilius von Padua: *Defensor Pacis* (1324), hrsg. v. R. Scholz, Hannover 1932; lat./dt. Der Verteidiger des Friedens, 2 Bde., Berlin 1958.

Marswick, D. 1984: Offensives und defensives Selbstbestimmungsrecht, in: Der Staat 24, 523 ff.

Marx, K./Engels, F.: Die *deutsche Ideologie*, in: Werke (MEW), Berlin 1966 ff., Bd. III.

–/–: *Zur Kritik der Hegelschen Rechtsphilosophie*, I, 378–391.

–/–: *Manifest der kommunistischen Partei*, IV, 459–493.

Maunz, Th. 1990: Staatlichkeit und Verfassungshoheit der Länder, in: Isensee/Kirchhof, Bd. 4, 427–442.

Mauss, M. 1923/24: Essai sur le don: forme et raison de l'échange dans les societés archaïques, wiederabgedruckt in: Sociologie et Anthropologie, Paris: Presses Universitaires de France, [5]1993; dt. Die Gabe. Form und Funktion des Austauschs in archaischen Gesellschaften, Frankfurt/M. 1968.

Meier, Ch. 1980: Die Entstehung des Politischen bei den Griechen, Frankfurt/M.

Menzel, U. [2]1993: Das Ende der Dritten Welt und das Scheitern der großen Theorie, Frankfurt/M. [1]1992.

Mill, J. S.: *A few words on non-intervention* (1859), in: Collected Works, Bd. 18, Toronto: University of Toronto Press, 1977.

–: *On liberty* and *Considerations on representative government*, Oxford: Blackwell, 1948; dt. Über die Freiheit, Stuttgart 1974; Betrachtungen über die repräsentative Demokratie, Paderborn 1971.

–: *Utilitarianism* (1861), Glasgow: Collins, 1982; dt. Der Utilitarismus, Stuttgart 1994.

Mitchell, B. R. 1992: International historical statistics: Europe 1750–1988, London: Macmillan.

Mohrs, Th. 1995: Vom Weltstaat: Hobbes' Sozialphilosophie, Soziobiologie, Realpolitik, Berlin.

Mommsen, Th.: *Römisches Strafrecht*, Leipzig 1899; Nachdruck: Darmstadt 1955.

Mong Dsi (Meng Zi): Die menschliche Natur ist gut, in: Die *Lehrgespräche* des Meisters Meng K'o, Köln 1982.

Montesquieu, Ch.-L. de: *De l'esprit des lois* (1748), in: Oeuvres complètes, Bd. ii, Paris 1949, 227–995; dt. Vom Geist der Gesetze, übers. u. hrsg. v. E. Forsthoff, Tübingen 1951.
Moore, J. N. (Hrsg.) 1974: Law and civil war in the modern world, Baltimore u. a.: John Hopkins University Press.
Morgan, L. 1851: League of the Hode'nosaunee or Iroquis, Rochester.
Morgenthau, H. J. 1948: Politics among nations: the struggle for power and peace, New York: Knopf; dt. Macht und Frieden: Grundlegung einer Theorie der internationalen Politik, Gütersloh 1963.
Mosler, M. 1991: Der internationale Gerichtshof, in: B. Simma u. a. (Hrsg.) 1991, 927–964.
Mueller, D. C. 1996: Constitutional democracy, New York u. a.: Oxford University Press.
Müller, F. 1997: Wer ist das Volk? Die Grundfrage der Demokratie, Berlin.
Müller, H. P. 1996: Über soziale Gerechtigkeit heute, in: Merkur 50, 34–46.
Müller, J. P. 1971: Vertrauensschutz im Völkerrecht, Köln.
Müller, K. E. 1997: Geschichte der antiken Ethnologie, Reinbek bei Hamburg.
Mugdan, B. 1899: Die gesammten Materialien zum Bürgerlichen Gesetzbuch für das Deutsche Reich, 6 Bde, Berlin; nd: Aalen 1979.
Nardin, T. u. a. (Hrsg.) 1992: Traditions of international ethics, Cambridge: Cambridge University Press.
Nederveen Pieterse, J. P. 1998: Der Melange-Effekt: Globalisierung im Plural, in: U. Beck (Hrsg.) 1998a, 87–124.
Needham, J. 1954–1988: Science and civilization in China, 9 Bde., Cambridge: Cambridge University Press; dt. Wissenschaft und Zivilisation in China, Frankfurt/M. 1984.
– 1977: Wissenschaftlicher Universalismus. Über Bedeutung und Besonderheit der chinesischen Wissenschaft, Frankfurt/M.
Nestle, W. 1938: Der Friedensgedanke in der antiken Welt, Leipzig.
Nida-Rümelin, J. 1993: Kritik des Konsequentialismus, München.
Niebuhr, R. 1947: Moral man and immoral society: a study in ethics and politics, New York: Scribner, [1]1932.
Nielsen, K. 1988: World government, security, and global justice, in: S. Luper-Foy (Hrsg.): Problems of international justice, Boulder, Col.: Westview Press.
Nietzsche, F.: Die *Fröhliche Wissenschaft*, in: Werke. Kritische Studienausgabe, hrsg. v. G. Colli u. M. Montinari, Berlin 1988, Bd. III, 343–651.
–: Zur *Genealogie der Moral*, V, 246–412.
–: *Götzendämmerung*, VI, 55–161.
–: *Jenseits von Gut und Böse*, V, 9–243.
Nuscheler, F./Steffani, W. 1972: Pluralismus. Konzeptionen und Kontroversen, München.
Nussbaum, M. C. 1996: Kant und stoisches Weltbürgertum, in: M. Lutz-Bachmann/J. Bohman (Hrsg.): Frieden durch Recht, Frankfurt/M., 45–75.
O'Neill, O. 1986: Faces of hunger. An essay on poverty, justice and development, London u. a.: Allen and Unwin.
– 1990: Constructions of reason: explorations of Kant's practical philosophy, Cambridge u. a.: Cambridge University Press.
– 1998: The method of A Theory of Justice, in: O. Höffe (Hrsg.) 1998a, 27–43.

Oberreuter, H. (Hrsg.) 1980: Pluralismus: Grundlegung und Diskussion, Opladen.
Oeter, S. 1998: Integration und Subsidiarität im deutschen Bundesstaatsrecht. Untersuchungen zu Bundesstaatstheorie unter dem Grundgesetz, Tübingen.
Olson, M. 1965: The logic of collective action: public goods and the theory of groups, Cambridge, Mass.; dt. Die Logik des kollektiven Handelns: Kollektivgüter und die Theorie der Gruppen, Tübingen 1968.
Opitz, P. (Hrsg.) 1991: Grundprobleme der Entwicklungsländer, München.
Ossenbühl, F. 1971: Die Erfüllung von Verwaltungsaufgaben durch Private, in: Veröffentlichungen der Vereinigung der Deutschen Staatsrechtslehrer, Berlin, H. 29, 138 ff.
Otte, G. 1974: Art. Gewohnheitsrecht, in: Historisches Wörterbuch der Philosophie, hrsg. v. J. Ritter, Basel, 617–620.
Ozouf, M. 1998: La muse démocratique. Henry James ou les pouvoirs du roman, Paris: Calmann-Lévy.
Pateman, C. 1970: Participation and democratic theory, Cambridge: University Press.
– ²1985: The problem of political obligation: a critique of liberal theory, Cambridge: Polity Press.
Payer, Ch. 1982: The World Bank: a critical analysis, New York u. a.: Monthly Revier Press.
Penn, W.: An Essay Towards the Present and Future Peace of Europe, by the Establishment of an European Dyet, Parliament or Estates (1693); Nachdruck: Hildesheim u. a. 1983; dt. Ein Essay zum gegenwärtigen und zukünftigen Frieden von Europa durch Schaffung eines europäischen Reichstags, Parlaments oder Staatenhauses, übers. v. K. v. Raumer, in: K. v. Raumer: Ewiger Friede, 321–341.
Perraton, J. u. a. 1998: Die Globalisierung der Wirtschaft, in: U. Beck (Hrsg.) 1998, 134–168.
Perry, M. J. 1998: The idea of human rights: four inquiries, New York u. a.: Oxford University Press.
Philosophical Forum, The 1996/97: Philosophical Perspectives on National Identity, Bd. 28, H. 1–2.
Pieper, S. U. 1994: Subsidiarität: Ein Beitrag zur Begrenzung der Gemeinschaftskompetenzen, Köln u. a.
Pinzani, A. 1999: Habermas' Theorie der Rechte im Vergleich, [im Erscheinen].
Pippin, R. 1999: Dividing and deriving in Kant's Rechtslehre, in: O. Höffe (Hrsg.): Immanuel Kant, Metaphysische Anfangsgründe der Rechtslehre, Berlin, 41–62.
Pitt, W. d. J. ³1940: The war speeches of William Pitt the Younger: with a foreword by W. S. Churchill, Oxford: Clarendon Press.
Pius XI: *Quadragesimo anno* (1931), in: Texte zur katholischen Soziallehre, Kevelaer ⁵1982, 91–152.
Platon: *Gorgias*, in: Werke, griech./dt., hrsg. v. G. Eigler, übers. v. F. D. E. Schleiermacher u. a., Darmstadt 1971 ff.
–: *Kriton*, II, 71–107.
–: *Nomoi*/Die Gesetze, VIII. 1/2.
–: *Politeia*/Der Staat, IV.
–: *Politikos*/Der Staatsmann, VI, 403–579.
–: *Protagoras*, I, 83–217.

Plessner, H. 1960: Das Problem der Öffentlichkeit u. die Idee der Entfremdung, Göttingen.
Pogge, Th. 1988: Rawls and global justice, in: Canadian Journal of Philosophy 18, 227–256.
– 1989: Realizing Rawls, Ithaca u. a.: Cornell University Press.
– 1992: Cosmopolitanism and sovereignty, in: Ethics 103, 48–75.
– 1998: Eine globale Rohstoffdividende, in: Chwaszcza/Kersting (Hrsg.), 325–362.
Proudhon, P.-J.: *Du principe fédératif* et de la nécessité de reconstituer le parti de la révolution (1863), Paris: Bossard, 1921.
–: *La fédération et l'unité en Italie*, Paris: Dentu, 1862.
Pufendorf, S.: De iure naturae et gentium (1672), London; dt. Über das *Naturrecht*, in: Über die Pflicht des Menschen und des Bürgers nach dem Gesetz der Natur, Frankfurt/M. u. a. 1994, 45–50.
Püttner, G. 1977: Toleranz als Verfassungsprinzip: Prolegomena zu einer rechtlichen Theorie des pluralistischen Staates, Berlin.
Radbruch, G. ^{3}1965: Vorschule der Rechtsphilosophie, Gesamtausgabe Bd. 3, Göttingen, 121–227.
– ^{8}1973: Rechtsphilosophie, Göttingen.
Rahner, K. 1977: Toleranz in der Kirche, Freiburg i. Br. u. a.
Randelzhofer, A. (Hrsg.) ^{7}1995: Völkerrechtliche Verträge: Vereinte Nationen, Beistandspakte, Menschenrechte, See-, Luft- und Weltraumrecht, Umweltrecht, Kriegsverhütungsrecht, München.
Raumer, K. v. 1953: Ewiger Friede. Friedensrufe und Friedenspläne seit der Renaissance, Freiburg/München.
Rawert, P. 1990: Die Genehmigungsfähigkeit der unternehmensverbundenen Stiftung, Frankfurt a. M.
Rawls, J. 1971: A theory of justice, Cambridge, Mass.: Harvard University Press; dt. Eine Theorie der Gerechtigkeit, Frankfurt/M. 1975.
– 1993: Political liberalism, New York u. a.: Columbia University Press; dt. Politischer Liberalismus, übers. v. W. Hinsch, Frankfurt/M. 1998.
– 1993 a: The law of peoples, in: S. Shute/S. Hurley (Hrsg.): On human rights. The Oxford Amnesty lectures, New York: Basic Books; dt. Das Völkerrecht, in: S. Shute/S. Hurley (Hrsg.): Die Idee der Menschenrechte, Frankfurt/M. 1996, 53–103.
Réaume, D. 1988: Individuals, groups, and right to public goods, in: University of Toronto Law Journal 38, 1–27.
Renan, E.: Qu'est-ce qu'une nation et autres essais politiques (1882), Paris: Presses Pocket, 1993.
Renteln, A. D. 1990: International human rights: universalism versus relativism, Newbury Park, Calif.: Sage.
Reuter, K. ^{4}1991: Föderalismus. Grundlagen und Wirkungen in der Bundesrepublik Deutschland, Heidelberg.
Rich, A. 1984/90: Wirtschaftsethik, Bd. 1: Grundlagen in theologischer Perspektive, Bd. 2: Marktwirtschaft, Planwirtschaft, Weltwirtschaft aus sozialethischer Sicht, Gütersloh.
Richli, P. 1998: Zweck und Aufgaben der Eidgenossenschaft im Lichte des Subsidiaritätsprinzips, Basel.

Riklin, A. 1992: Donato Gianotti – ein verkannter Vordenker der Gewaltenteilung aus der Zeit der Florentiner Renaissance, in: Zeitschrift für Neuere Rechtsgeschichte, 129–161.

Rinderle, P. 1994: Die Idee einer wohlgeordneten Staatengemeinschaft, in: Politische Vierteljahresschrift 35/4, 658–698.

– 1998: Politische Vernunft. Ihre Struktur und ihre Dynamik, Freiburg/München.

– 2000: Welche moralischen Tugenden braucht der Politiker in der liberalen Demokratie? [im Erscheinen].

Risse-Kappen, Th. 1994: Demokratischer Friedern? Unfriedliche Demokratien? Überlegungen zu einem theoretischen Puzzle, in: G. Krell/H. Müller (Hrsg.): Frieden und Konflikt in den internationalen Beziehungen, Frankfurt/M., 159–189.

Rittberger, V. (Hrsg.) 1993: Regime theory and international relations, Oxford: Clarendon Press.

– 1994: Internationale Organisationen: Politik und Geschichte; europäische und weltweite zwischenstaatliche Zusammenschlüsse, Opladen.

– *u. a.* (Hrsg.) 1997: Zivilisierung der internationalen Politik? Analysen, Bd. 52, Opladen.

Rorty, R. 1988: Der Vorrang der Demokratie vor der Philosophie, in: ders: Solidarität oder Objektivität? Stuttgart, 82–125.

– 1989: Contingency, irony, and solidarity, Cambridge u. a.: Cambridge University Press; dt. Kontingenz, Ironie und Solidarität, Frankfurt/M. 1989.

– 1993: Human rights, rationality, and sentimentality, in: S. Shute/S. Hurley (Hrsg.): On human rights. The Oxford amnesty lectures, New York: Basic Books, 111–134; dt. Menschenrechte, Rationalität und Gefühl, in: Shute/Hurley (Hrsg.): Die Idee der Menschenrechte, Frankfurt/M. 1996, 144–170.

Rosenau, J. N. 1992: Citizenship in a changing global order, in: ders./E. O. Czempiel (Hrsg.): Governance without government, Cambridge u. a.: Cambridge University Press.

Rouland, N. 1991: Aux confins du droit. Anthropologie juridique de la modernité, Paris: Jacob.

Rousseau, J.-J.: Du *contract social* ou principes du droit politique, in: Oeuvres complètes, Paris: Gallimard, 1959ff., Bd. iii, 349–470; dt. Vom Gesellschaftsvertrag oder Grundsätze des Staatsrechts, Stuttgart 1991.

–: *Discours sur l'origine et les fondements de l'inégalité* parmi les hommes, III, 111–237; dt. Abhandlung über den Ursprung und die Grundlagen der Ungleichheit, in: Schriften, hrsg. v. H. Ritter, München 1978, 165–302.

–: *Discours sur l'économie politique*, III, 241–280.

–: *Projet de constitution pour la Corse*, III, 901–952.

Russett, B. M. 1993: Grasping the democratic peace: principles for a post-cold war world, Princeton, nj: Princeton University Press.

Sachsenspiegel, hrsg. v. C. Schott, Zürich 1984.

Savigny, F. C. v.: System des heutigen römischen Rechts, 8 Bde., Berlin 1840–1856; Nachdruck: Aalen 1981.

Scharpf, F. W. 1994: Optionen des Föderalismus in Deutschland und Europa, Frankfurt/M.

Scheler, M. 1915: Das Ressentiment im Aufbau der Moralen, in: Gesammelte Werke 3, Bern 1955, 32–147.

– 1915 a: Der Genius des Krieges und der deutsche Krieg, Leipzig.
– 1916: Der Formalismus in der Ethik und die materiale Wertethik. Neuer Versuch der Grundlegung eines ethischen Personalismus, Bern [4]1954.
– 1916a: Krieg und Aufbau, Leipzig.
– 1931: Die Idee des Friedens und der Pazifismus. Berlin; Bern/München 1974.
– [2]1960: Die Wissensformen und die Gesellschaft, Bern ([1]1926).
Schiller, F. v.: Wilhelm Tell (1805), in: Schillers Werke, Nationalausgabe, Weimar 1980, Bd. 10, 129–277.
Schlegel, F.: Versuch über den *Republikanismus*. Veranlaßt durch die Kantische Schrift zum ewigen Frieden (1796), in: Kritische Friedrich-Schlegel-Ausgabe, Bd. 7, München u. a. 1966, 11–25.
Schmitt, C. 1932/1963: Der Begriff des Politischen, Text von 1932 mit einem Vorwort und drei Corollarien, Berlin 1963.
– [2]1973: Verfassungsrechtliche Aufsätze aus den Jahren 1924–1954. Materialien zu seiner Verfassungslehre, Berlin.
Schofield, M. 1991: The stoic idea of the city, Cambridge u. a.: Cambridge University Press.
Schultz, U. (Hrsg.) 1974: Toleranz: die Krise der demokratischen Tugend und sechzehn Vorschläge zu ihrer Überwindung, Reinbek.
Schumpeter, J. A. 1919: Zur Soziologie der Imperialismen; wiederabgedr. in: ders.: Aufsätze zur Soziologie, Tübingen 1952, 72–146.
– [2]1950: Kapitalismus, Sozialismus und Demokratie, München.
Schuster, M. (Hrsg.) 1996: Die Begegnung mit dem Fremden. Wertungen und Wirkungen in Hochkulturen vom Altertum bis zur Gegenwart, Stuttgart u. a.
Schütz, A./Luckmann, Th. 1979/1984: Strukturen der Lebenswelt, 2 Bde, Frankfurt/M.
Schwan, A. 1981: Pluralismus und Wahrheit, in: F. Böckle (Hrsg.): Christlicher Glaube in moderner Gesellschaft, Freiburg u. a., 144–216.
Seifart, W. (Hrsg.) 1987: Handbuch des Stiftungsrechts bearb. von Axel von Campenhausen, München.
Sen, A. K. 1981: Poverty and famines: an essay on entitlement and deprivation, Oxford: Clarendon Press.
– 1987: On ethics and economics, Oxford u. a.: Blackwell.
Seneca, L. A.: *De beneficiis* libri vii, Leipzig 1914.
–: *De clementia*, lat./engl., Leiden: Brill, 1969.
–: *Epistulae* morales ad Lucilium/Briefe an Lucilius über Ethik, lat./dt., Stuttgart 1977ff.
–: *De otio*/Über die Muße, lat./dt., Stuttgart 1996.
Senghaas, D. 1993: Überlegungen zu einer Kasuistik internationaler Interventionen, in: W. Kühne (Hrsg.): Blauhelme in einer turbulenten Welt. Beiträge internationaler Experten zur Fortentwicklung des Völkerrechts und der Vereinten Nationen, Baden-Baden.
– 1995: Geokultur: Wirklichkeit oder Fiktion. Drei Abhandlungen zur Debatte über den „Zusammenprall der Zivilisationen", Bern.
Shue, H. 1980: Basic rights: subsistence, affluence, and U. S. foreign policy, Princeton, nj: Prindeton University Press.
Sidgwick, H. 1908: The elements of politics, Nachdruck: London, Bristol: Thoemmes, 1996.

Siebert, H.[6] 1994: Außenwirtschaft, Stuttgart.
Sieyès, E. J.: Politische Schriften 1788–1790, München [2]1981.
Sigrist, C. 1967: Regulierte Anarchie. Untersuchungen zum Fehlen und zur Entstehung politischer Herrschaft in segmentären Gesellschaften Afrikas, Olten u. a.
Simma, B. u. a. (Hrsg.) 1991: Charta der Vereinten Nationen: Kommentar, München; engl. ders. (Hrsg.): The Charter of the United Nations: a commentary, Oxford u. a.: Oxford University Press, 1995.
Singer, D./Small, M. 1972: The wages of war 1816–1965: a statistical handbook, New York: Wiley.
–/– 1982: Resort to arms: international and civil wars; 1816–1980, Beverly Hills, Calif.: Sage.
Singer, P. [4]1990: Praktische Ethik, Stuttgart ([1]1984); engl. Practical ethics, Cambridge: Cambridge University Press [2]1995 ([1]1979).
Skinner, Q. 1986: Ambrogio Lorenzetti: The artist as political philosopher, in: Proceedings of the British Academy 72, 1–56.
Smith, A.: *Lectures on jurisprudence* (1763/66), in: The Glasgow edition of the works and correspondence of Adam Smith, hrsg. v. A. S. Skinner, Oxford: Clarendon Press, 1976ff., Bd. V; dt. Vorlesungen über Rechts- und Staatswissenschaften, Sankt Augustin 1996.
–: The *theory of moral sentiments* (1759), I; dt. Theorie der ethischen Gefühle, Hamburg 1994.
–: An inquiry into the nature and causes of the *wealth of nations* (1779), II; dt. Der Wohlstand der Nationen: eine Untersuchung seiner Natur und seiner Ursachen, München 1974.
Solon: Dichtungen. Sämtliche *Fragmente*, München 1945.
Solowjew, W. [7]1990: Kurze Erzählung vom Antichrist, München ([1]1900).
Spiro, D. E. 1994: The insignificance of the liberal peace, in: International Security 19/2, 50–86.
Spraos, J. 1983: Inequalising trade? A study of traditional North/South specialisation in the context of terms of trade concepts, Oxford: Clarendon Press.
Statistisches Jahrbuch 1998, hrsg. v. Statistischen Bundesamt, Stuttgart.
Steck, O. H. [2]1982: Der Schöpfungsbericht der Priesterschrift: Studien zur literaturkritischen und überlieferungsgeschichtlichen Problematik von Genesis i, 1–2, 4a, Göttingen [1]1975.
Steiger, H. 1992: Art. Völkerrecht, in: O. Brunner/W. Conze/R. Koselleck (Hrsg.): Geschichtliche Grundbegriffe, Stuttgart, Bd. 7, 97–140.
Stern, S. M. 1970: Aristotle on the world state, Columbia, SC: University of South Carolina Press.
Sternberger, D. 1982: Verfassungspatriotismus, in: Grundfragen der Demokratie, Folge 3, hrsg. v. der Niedersächsischen Landeszentrale für politische Bildung, Hannover.
Stewart, W. H. 1984: Concepts of federalism, Lanham u. a.: University Press of America.
Stiftung Entwicklung und Frieden (Hrsg.) 1995: Globale Trends: Fakten, Analysen, Probnose, Frankfurt/M.
Stirner, M.: *Der Einzige und sein Eigentum* und andere Schriften, München 1968.
Stoicorum veterum fragmenta, hrsg. v. H. v. Arnim, 4 Bde, Leipzig 1903–24.

Strindberg, A. 1916: Der bewußte Wille in der Weltgeschichte, München u. a.
Suárez, F.: Tractatus *de legibus, ac Deo legislatore* (1613); Madrid: Instituto de estudios politicos, 1967.
Suffian, T. S. ²1992: An introduction to the legal system of Malaysia, Kuala Lumpur: Penerbit Fajar Bakti (¹1988).
Tacitus: Germania, lat./dt., München 1983.
Taylor, Ch. 1989: Cross-purposes: the liberal-communitarian debate, in: N. L. Rosenblum (Hrsg.): Liberalism and the moral life, Cambridge, Mass.: Harvard University Press, 159–182; dt. Aneinander vorbei: Die Debatte zwischen Liberalismus und Kommunitarismus, in: A. Honneth (Hrsg.): Kommunitarismus, Frankfurt/M. 1992, 103–130.
– 1992/93: Wieviel Gemeinschaft braucht die Demokratie?, in: Transit. Eurpäische Revue, 5, 5–21.
Taylor, M. 1982: Community, anarchy, and liberty, Cambridge u. a.: Cambridge University Press.
Tesón, F. R. 1988: Humanitarian intervention: an inquiry into law and morality, Dobbs Ferry, NJ: Transnational Publishers.
Teubner, G. 1997: Global law without a state, Aldershot: Dartmouth, 1997.
– 1998: Vertragswelten: Das Recht in der Fragmentierung von Privaten Governance Regimes, in: Rechtshistorisches Journal 17, 234–265.
Thierrey, P. 1997: La tolérance. Société démocratique, options, vertus, Paris: Presses Universitaires de France.
Thomas von Aquin: In decem libros ethicorum Aristotelis ad Nicomachum expositio *(Sententia libri Ethicorum)*, Turin: Marietti, ³1986.
Thompson, D. F. 1987: Political ethics and public office, Cambridge, Mass.: Harvard University Press.
Thomson, J. E. /Krasner, S. D. 1989: Global transactions and the consolidation of sovereignty, in: E. O. Czempiel/J. N. Rosenau (Hrsg.): Political change and theoretical challenges: approaches to world politics for the 1990s, Lexington, Mass.: Lexington Books, 195–219.
Thukydides: Historiae, hrsg. v. H. S. Jones u. J. E. Powell, Oxford ²1942; dt. Geschichte des peloponnesischen Krieges, übers. v. G. P. Landmann, München 1991.
Tocqueville, A. de: *De la démocratie en Amérique* (1835–41), Oeuvres complètes, Bd. I, Paris: Gallimard, ⁴1979; dt.: Über die Demokratie in Amerika, übers. v. H. Zbinden, Stuttgart 1959/1962.
Tomuschat, C. (Hrsg.) 1993: Modern law of self-determination, Dordrecht u. a.: Nijhoff.
Tönnies, F.: *Gemeinschaft und Gesellschaft*: Grundbegriffe der reinen Soziologie (1887), Neudruck der 8. Auflage von 1935: Darmstadt ³1991.
Tönnies, S. ²1997: Der westliche Universalismus. Eine Verteidigung klassischer Positionen, Opladen (¹1995).
Troitzsch, K. G. 1979: Volksbegehren und Volksentscheid, Meisenheim.
Tugendhat, E. 1998: Die Kontroverse um die Menschenrechte, in: Gosepath, S./ Lohmann, G. (Hrsg.): Philosophie der Menschenrechte, Frankfurt/M. 48–61.
Usteri, M. 1954: Theorie des Bundesstaates: ein Beitrag zur Allgemeinen Staatslehre, ausgearbeitet am Beispiel der Schweizerischen Eidgenossenschaft, Zürich.
– 1977: Die Funktion der Regierung im modernen föderalistischen Staat, Wien: Braumüller.

Vattel, E. de: *Le droit des gens* ou principes de la loi naturelle (1758), hrsg. v. M.P. Pradier-Fodéré, Paris: Guillaumin, 1863; dt. hrsg. v. W. Schätzel, Tübingen 1959.
Vázquez de Menchaga, F.: Controversias fundamentales y otras de más frecuente uso *(Controversiae illustres*, 1564), lat./span., 4 Bde, Valladolid: Cuesta, 1931–1934.
Verdon, M. 1996: ‚Keynes and the classics': a study in language, epistemology, and mistaken identities, London: Routledge.
Villiers, B. 1994: Evaluating federal systems, Cape Town: Juta.
Vitoria, F. de: De potestate civili (1565), hrsg. v. V. Urdnoz, Madrid 1960, orientiert am Druck: Salamanca 1565; dt. Über die staatliche Gewalt, Berlin 1992.
–: *Relectio secunda de Indiis* (1539); lat./dt. Vorlesungen i und ii (Relectiones). Völkerrecht – Politik – Kirche, Stuttgart 1997.
Vitzthum, W. Graf v. (Hrsg.) 1997: Völkerrecht, Berlin/New York.
Voltaire: *De la paix perpétuelle* (1769), in: Oeuvres complètes, Bd. 39, Paris ²1827, 201–247.
Wagner, A. 1969: Das Gesetz der zunehmenden Staatstätigkeit (1901), in: H. C. Recktenwald (Hrsg.): Finanztheorie, Köln, 241 ff.
Wagner, N./Kaiser, M. ³1995: Ökonomie der Entwicklungsländer: eine Einführung Stuttgart u. a.
Waitz, G. 1862: Grundzüge der Politik, Kiel.
Waldron, J. (Hrsg.) 1987: Nonsense on stilts: Bentham, Burke, and Marx on the Rights of Man, London u. a.: Methuen.
Waltz, K. N. 1954: Man, state, and war: a theoretical analysis, New York: Columbia University Press.
– 1979: Theory of international politics, Reading, Mass.: Addison-Wesley.
Walzer, M. 1990: Nation and universe, in: The Tanner lectures on human values XI, Salt Lake City, 507–556.
– 1992: Sphären der Gerechtigkeit. Ein Plädoyer für Pluralität und Gleichheit, Frankfurt/M. /New York; engl. Original: Spheres of justice. A defense of pluralism and equality, New York: Basic Books, 1983.
– 1996: Lokale Kritik – globale Standards: zwei Formen moralischer Auseinandersetzung, Hamburg: Rotbuch; engl.: Thick and thin: moral argument at home and abroad, Notre Dame u. a.: University of Notre Dame Press.
– 1997: On toleration, New Haven u. a.: Yale Univ. Press, dt.: Über Toleranz: von der Zivilisation der Differenz, Hamburg 1998.
Waschkuhn, A. 1995: Was ist Subsidiarität? Ein sozialphilosophisches Ordnungsprinzip: von Thomas von Aquin bis zur ‚civil society', Opladen.
Weber, M. ⁵1976: Wirtschaft und Gesellschaft: Grundriß der verstehenden Soziologie, Tübingen ¹1922.
Weidenfeld, W. 1996: Demokratie am Wendepunkt. Die demokratische Frage als Projekt des 21. Jahrhunderts, Berlin.
Wendt, A. 1992: Anarchy is what states make of it: the social construction of power-politics, in: International Organization 46, 391–425.
Wesel, U. 1997: Geschichte des Rechts: von den Frühformen bis zum Vertrag von Maastricht, München.
Wetzel, M. /Rabaté, J.-M. (Hrsg.) 1993: Ethik der Gabe. Denken nach Jacques Derrida, Berlin.

Wheare, K. [4]1963: Federal government, London: Oxford University Press.
Wieacker, F. 1967: Privatrechtsgeschichte der Neuzeit, Göttingen.
Willke, H. 1983: Entzauberung des Staates. Überlegungen zu einer sozietalen Steuerungstheorie, Königstein/Ts.
– 1997: Supervision des Staates, Frankfurt/M.
Wittgenstein, L.: *Philosophische Untersuchungen*, Frankfurt/M. [4]1984
Wittmann, F. (Hrsg.) 1980: Volksgruppenrecht: ein Beitrag zur Friedenssicherung, München u. a.
Wolff, R. P./Marcuse, H./Moore, B. 1966: Kritik der reinen Toleranz, Frankfurt/M.
Wright, Q. [3]1971: A study of war, Chicago: University of Chicago Press ([1]1941)
Yerushalmi, Y. H. 1995: ‚Diener von Königen und nicht Diener von Dienern': einige Aspekte der politischen Geschichte der Juden; Vortrag gehalten in der Carl-Friedrich von Siemens-Stiftung am 19. Oktober 1993, München.
Ziebura, G. 1993: Nationalstaat, Nationalismus, supernationale Integration. Der Fall Frankreich, in: H. A. Winkler/H. Kaelble (Hrsg.): Nationalismus – Nationalitäten – Supranationalität, Stuttgart, 34ff.

Personenregister

Achenwall, G. 51
Adorno, Th. W. 265 f.
Aeneas 180
Aischylos 98, 230, 368
Albrow, M. 173
Alexander der Große 203, 234, 236, 239
Althusius, J. 50 f., 126, 131, 142
Altvater, E. 15
Anaxagoras 431
Anderson, B. R. 175
Andokides 245 f.
Angell, N. 288
Antiphon 234
Apel, K-O. 71
Arendt, H. 355
Aristoteles 14 f., 19, 32, 45 f., 48 ff., 105, 114, 119, 126, 130 f., 135, 183, 190–193, 195, 213, 217, 222 f., 229–236, 238, 243, 262, 282, 286, 302, 335, 368
Arnim, H. H. v. 202
Artemis 233
Asbach, O. 256 f.
Athene 98, 368
Augustinus 49, 103, 229, 244, 247–253, 255, 257, 304, 431 f.
Aurel, Marc 235 f.
Austin, J. 49, 58
Averroes (Ibn Ruschd) 253
Axelrod, R. 101

Bach, J. S. 19, 188
Bächler, G. 419
Bachteler, T. 285
Bacon, F. 259
Barber, B. 118, 219
Barker, E. 111
Barnaby, F. 332
Barry, B. 200
Bätzing, W. 158
Bayertz, K. 89
Beck, U. 13, 19
Becker, W. 205
Bedau, H. A. 198
Beethoven, L. v. 19, 188
Beitz, Ch. R. 303 f., 354
Beitz, W. G. 359
Benjamin, M. 113
Bentham, J. 42 f., 49, 58, 263, 265
Bernhardt, H. 377
Bernholz, P. 318
Berthold von Regensburg 248
Bienen, D. 332
Bierbrauer, G. 154
Birnbacher, D. 417
Bleicken, J. 110
Bloch, E. 265
Blomert, R. 183
Boccaccio, G. 23
Böckenförde, E.-W. 117, 194
Bodin, J. 145, 156, 167, 241, 306, 376 f.
Boxill, B. 297
Brandt, R. 42
Bredekamp, H. 315
Brenton, P. 409
Breuer, S. 95
Brown, M. 282
Bruha, Th. 320
Brunkhorst, H. 93, 107
Brzezinski, Z. 273
Buchanan, A. 390
Buchanan, J. M. 54
Buchheit, L. C. 379
Bujo, B. 65, 73
Bull, H. 393
Bull, H.-P. 133
Burdeau, G. 107
Burke, E. 49

Caesar, R. 188

Calvin, J. 131
Camus, A. 101
Carr, E. H. 268
Cassese, A. 379
Castel de Saint-Pierre, Ch.-I. 255f.
Cattacin, S. 128
Cerny, Ph. G. 14
Childers, E. 332
Chomsky, N. 149
Chrysipp 235ff.
Chwaszcza, Ch. 391
Cicero, M. T. 14, 190, 195, 197, 234f., 237, 239, 246
Clastres, P. 96
Comenius, J. A. (Bischof) 255
Conrad, L. I. 46
Cronin, Th. E. 212
Crucé, E. 256
Czempiel, E. O. 153, 286, 332

Dagger, R. 192
Dahl, R. A. 107, 148
Dahrendorf, R. 21
Dante Alighieri 253f.
Davidson, B. 175
Decker, F. 153
Deleuze, G. 426
Demokrit 21, 234, 253
Derrida, J. 111
Descartes, R. 15
Deuerlein, E. 142
Dichmann, W. 128
Didymus, Arius 235
Diels, H. 234, 260
Dietze, A. 263
Dietze, W. 263
Dilthey, W. 286
Dinkler, E. 246
Diogenes Laërtius 234ff.
Diogenes von Sinope 234, (253)
Dogan, M. 153
Downs, A. 107
Doyle, M. 282
Dubois, Pierre 254
Duns Scotus, J. 49
Durkheim, E. 49, 220
Dürr, E. 410
Dworkin, R. 40

Ebbinghaus, J. 264
Ehrenberg, V. 232
Elster, J. 43
Engels, F. 43f., 174
Epiktet 234
Epikur 48, 235
Erasmus von Rotterdam 255, 336
Euklid 50

Fénélon, F. de 190
Ferguson, A. 190
Fetscher, I. 205
Fichte, J. G. 103, 257, 259, 263
Fisch, J. 379, 382, 393, 396
Fishkin, J. S. 212
Flodoard von Reims 254
Fogel, R. W. 44
Forbes, I. 393f.
Forst, R. 296
Forsthoff, E. 107, 158
Fraenkel, E. 203
Franck, S. 255
Frantz, C. 142
French, P. A. 385
Frenkel, M. 142, 152
Freud, S. 265
Frey, D. 379, 382
Friedrich II., König von Preußen 190
Friedrich, C. J. 107, 152

Gallas, W. 417
Gantzel, K. J, 288
Gauchet, M. 108, 117
Gauthier, D. P. 54, 112
Geerlings, W. 247
Geisst, Ch. R. 105
Gellner, E. 179
Gentz, F. 263
Georg von Podiebrad 254
Gese, H. 158
Gianotti, D. 105
Gierke, O. v. 50, 142
Giesen, K-G. 276
Giordano, Ch. 139
Glotz, P. 198
Goethe, J. W. v. 19, 205, 263
Gomperz, H. 264f.
Görres, J. 263

Gosepath, S. 63
Gratian 115
Grieco, J. M. 276
Griffin, J. 43
Grimm, D. 153
Grimm, J. 291
Grimm W. 291
Groom, A. J. R. 276
Grotius, H. 240f., 306, 394
Guattari, F. 426
Guinier, L. 112
Günther, K. 153

Habermas, J. 40, 44, 47, 75, 117f., 175, 183, 187, 265, 354
Hafen, Th. 142
Hahn, K. 142
Hailbronner, K. 359
Hamilton, A. 99
Hansen, M. H. 110, 190
Hart, H. L. A. 265, 376
Hartmann, N. 89
Hartney, M. 385
Hasenclever, A. 276
Hauser, J. A. 410
Hayek, F. A.
Häyry, M. 42
Hayy ben Yaqdhan 46
Hegel, G. W. F. 15, 49, 101f., 264, 266, 270, 336, 354, 374
Heidegger, M. 15
Heitmeyer, W. 205
Held, V. 385
Heraklit 232, 269
Herder, J. G. 263, 382
Herder, J. G. 336, 346
Hermes 233
Hernandez, C. 35
Herodot 178, 233
Herrigel, E. 336
Herskovits, M. 73
Hesse, J. J. 158
Hesse, K. 150
Hierokles v. Alexandria 238
Hildebrand, R. C. 327
Hilderbrand, R. C. 327
Hiob 315
Hirst P. Q. 24, 171
Hobbes, Th. 15, 49, 50ff., 58, 62, 83, 97, 100, 103, 115, 145, 155f., 167, 190, 200, 240ff., 269f., 276, 315
Hobsbawm, E. G. 183
Höffe, O. 10f., 34f., 39, 42, 44f., 50, 58, 63, 65, 71, 75, 81, 92f., 101, 104, 115f., 118, 121, 128, 131, 138, 156, 163, 193, 198, 200, 203, 205, 219, 233, 236, 249, 258, 261, 296, 300, 304, 308, 369, 376, 394, 407, 410, 419, 421
Hoffman, M. 257
Hohfeld, W. N. 68
Hollerbach, A. 123
Homann, K. 124
Homer 19
Hondrich K. O. 89
Honneth, A. 296
Hood, Robin 61, 72
Horkheimer, M. 265
Horn, Ch. 303
Huber, E. R. 147
Hugo, L. 126
Humboldt, W. v. 215, 263
Hume, D. 49, 75, 105, 242, 431
Hüning, D. 256
Huntington, S. P. 29ff., 33, 268
Husserl, E. 188

Ibn Thofaïl (Abubacer) 46
Ingold, T. 96
Isensee, J. 89, 128, 155, 185, 393
Isis 233
Isokrates 231

Jacobsen, T. 111
Jacobson, H. K. 276
James, W. 203
Jänicke, M. 418
Jansen, W. 247
Jaspers, K. 316
Jaucourt, L. de 142
Jefferson, Th. 204
Jellinek, G. 63, 95, 132, 264
Jennings, R. 379
Jesaia 25, 245, 247f., 315
Jetro 128
Johannes von Salisbury 252

Justinian, Kaiser 254

Kaiser, M. 410
Kaler, E. 42
Kälin, W. 359
Kallikles 61
Kant, I. 15, 19, 28, 48f., 51, 54, 83–86, 88, 103, 105ff., 109, 114, 117, 155, 189ff., 222f., 230, 236f., 242, 244, 253, 257f., 260–265, 272, 278, 282, 284–288, 290f., 302, 306f., 310, 316, 318f., 321, 329, 335, 358f., 373–375, 394, 397, 431
Kaser, M. 236
Kelsen, H. 264f., 376
Kelso, W. A. 203
Keohane, R. O. 276
Kersting, W. 83
Ketteler, Bischof W. E. v. 128
Kettner, M. 71
Kielmansegg, P. Graf 107
Kimminich, O. 242, 359, 379, 385, 393
Kirch, G. 113
Kirchhof, P. 320
Kissinger, H. A. 268
Kissling-Näf, I. 128
Klein, A. 117, 212
Kleinias 243
Klemme, H. F. 264
Koch-Arzberger, C. 89
Koselleck, R. 142, 180, 380
Koslowski, P. 124
Kotkin, J. 301
Kramer, F. 53
Kranz, W. 234, 260
Krasner, S. D. 24
Kreindler, R. H. 366
Kreuzer, S. 153
Kroesus, König von Lydien 233
Küng, H. 32
Kunig, Ph. 393
Kymlicka, W. 385

Langewiesche, D. 175
Las Casas, B. de 241
Lasson, A. 264
Layne, C. 289
Lee, E.-J. 35
Leibniz, G. W. 256
Leist, A. 183, 200
Lenk, H. 124
Leo XIII., Papst 128
Lévinas, E. 69
Lévi-Strauss, C. 53
Light, M. 276
Lillich, R. B. 393
Lincoln, A. 113
Lindner, C. 117
Link, W. 276, 332
List, F. 259
Livius, Titus 190
Locke, J. 49–52, 105, 190, 242
Lohmann, G. 63
Loth, W. 188
Luckmann, Th. 188
Ludwig XIV. 157
Luhmann, N. 115, 153, 193
Lukas, Evangelist 251
Luthardt, W. 212
Luther, M. 252, 264
Lutz, H. 205
Lykophron 48
Lynn-Jones, S. M. 282

Macedo, S. 220
Machiavelli, N. 190, 286
MacIntyre, A. 73, 134, 177, 233, 296, 301f.
Mackenscheidt, K. 114
MacNamara, R. S. 275
Madison, J. 99, 105, 191f.
Mager, W. 114
Mahnkopf, B. 15
Maier, H. 142, 152
Manin, B. 107
Maôz, Z. 282
March, J. G. 107, 276
Marcuse, H. 205
Marcuse, L. 265
Maring, M. 124
Markus, Evangelist 251
Marshall, Th. H. 63
Marsilius von Padua 211, 253, 255
Marx, K. 42f., 102, 153, 174
Matthäus, Evangelist 204, 251, 375

Maunz, Th. 145
Mauss, M. 53
Meier, Ch. 111
Menzel, U. 410
Merkur 233
Micha 245
Mill, J. S. 42, 44, 112, 117, 119, 190, 394
Miller, S. E. 282
Milton, J. 105
Mitchell, B. R. 288
Mohrs, Th. 218
Mommsen, Th. 368
Mong Dsi (Meng zi) 65
Montesquieu, Ch.-L. de 105f., 142, 190, 229, 286f.
Moore, B. 205
Moore, J. N. 393
Morgan, L. 66, 111
Morgenthau, H. J. 268
Morus, Th. 22
Moses 128, 214, 229
Mosler, M. 333
Mozart, W. A. 19
Mueller, D. C. 107
Mugdan, B. 216
Müller, F. 107
Müller, H. P. 415
Müller, J. P. 280
Müller, J. v. 142
Müller, K. E. 262

Napoleon I. 272
Nardin, T. u. a. 276
Nederveen Pieterse, J. P. 18
Needham, J. 17
Nestle, W. 246
Nida-Rümelin, J. 42
Niebuhr, R. 268
Nielsen, K. 303
Nietzsche, F. 15, 43, 49, 153, 374
Nikolaus von Kues 248
Nuscheler, F. 203
Nussbaum, M. C. 235, 237

Oberreuter, H. 203
Ockham, W. v. 134, 296, 309
Oeter, S. 379
Olsen, J. P. 107
Olson, M. 200
O'Neill, O. 50, 410, 417
Opitz, P. 410
Orest 368
Ossenbühl, F. 162
Otte, G. 115
Ozouf, M. 114

Pateman, C. 212
Payer, Ch. 405
Penn, W. 255
Perikles 431
Perraton, J. 24
Perry, M. J. 63
Pieper, S. U. 128
Pinzani, A. 118
Pippin, R. 83
Pitt, W. d. J. 272
Pius XI., Papst 128
Platon 14f., 19, 48, 61, 105, 108, 113, 119, 130, 135, 190–193, 229ff., 234f., 238, 243, 245, 250f., 261f., 284, 304, 335, 339
Plessner, H. 117
Plotin 250
Pogge, Th. 313, 410, 412
Probus, Kaiser 247
Protagoras 48, 431
Proudhon, P.-J. 142
Pufendorf, S. 51, 83
Püttner, G. 205
Pythagoras 121

Rabaté, J-M. 53
Radbruch, G. 265, 364
Rahner, K. 205
Randelzhofer, A. 377
Raumer, K. v. 255
Rawert, P. 216
Rawls, J. 40, 50 75, 117, 198, 206f., 220, 266
Réaume, D. 387
Renan, E. 186
Renteln, A. D, 66
Reuter, K. 142
Rich, A. 124
Riches, D. 96

Richli, P. 53, 128
Riklin, A. 105
Rinderle, P. 42, 114
Risse-Kappen, Th. 290
Rittberger, V. 276f., 279, 331f.
Roemer, J. R. 43
Rorty, R. 73, 80, 89, 204, 203
Rouland, N. 65
Rousseau, J.-J. 49ff., 54, 96, 103, 158, 176, 190, 211, 256f., 259, 262, 278f.
Rufinus T. v. Aquileja 252f.
Russett, B. M. 282

Sallust 190
Samuel, Prophet 141, 214
Saner, H. 288
Savigny, F. C. v. 216
Scharpf, F. W. 142
Scheler, M. 89, 93, 203, 265, 302
Schelling, F. W. J. v. 263
Schiller, F. v. 172
Schlegel, F. 49, 263
Schmalz-Bruns, A. 117, 212
Schmitt, C. 153, 264, 301ff.
Schofield, M. 235
Schultz, U. 205
Schumpeter, J. A. 107, 282, 285
Schuster, M. 178f.
Schütz, A. 188
Schwan, A. 203
Seifart, W. 216
Sen, A. K. 124, 410
Seneca, L. A. 235, 237f.:
Senghaas, D. 394
Shakespeare, W. 19
Shue, H. 182
Sidgwick, H. 176
Siebert, H. 25
Sieyès, E. J. 142
Sigrist, C. 96
Sigrist, Ch. 53
Simma, B. 332
Singer, D. 282, 288, 410
Singer, P. 82
Sinuhe von Ägypten 178f.
Skinner, Q. 246
Small, M. 282, 288
Smith, A. 44, 49, 96, 104, 178, 187, 190, 193, 232, 262, 264
Solon 48, 120f.
Solowjew, W. 316
Sophokles 431
Spiro, D. E. 289
Spraos, J. 409
Steck, O. H. 158
Steffani, W. 203
Steiger, H. 242, 377
Stern, S. M. 236
Sternberger, D. 177
Stewart, W. H. 142
Stirner, M. 46
Streit, M. 318
Strindberg, A. 21
Suárez, F. 241
Suffian, T. S. 124
Sully, M. de Béthune, Herzog von 255, 258
Swift, J. 272

Tacitus, P. C. 190, 214, 262
Tarquinius, röm. König 233
Taylor, Ch. 213, 223
Taylor, M. 96
Tesón, F. R. 394
Teubner, G. 402
Thierrey, P. 205
Thomas von Aquin 126, 131, 253ff.
Thompson, D. F. 24, 171, 193
Thomson, J. E. 24
Thukydides 115, 285
Tocqueville, A. de 114, 142, 145, 149, 286f., 289
Tomuschat, C. 379
Tönnies, F. 133
Tönnies, S. 66
Trajan, Röm. Kaiser 239
Troitzsch, K. G. 212
Tugendhat, E. 52

(Pseudo-) Ulpian 83, 86
Usteri, M. 142

Varro, M. T. 247
Vattel, E. de 166, 377
Vaubel, R. 318

Vázquez de Menchaga, F. 241
Vegetius 375
Vergilius Maro, P. 180
Vico, G. 431
Vigilantius, J. F. 84
Villiers, B. 150
Vitoria, F. de 241 f., 357, 394
Vitzthum, W. Graf v. 377
Voltaire (F.-M. Arouet) 256
Vorländer, K. 264

Wagner, A. 156
Wagner, N. 410
Wagner, W. 332
Waitz, G. 145
Waldron, J. 43
Waltz, K. N. 268
Walzer, M. 205, 296 f., 301
Waschkuhn, A. 128
Watts, A. 379
Weber, M. 96, 102, 193, 269
Weidenfeld, W. 107
Wesel, U. 96
West, M. L. 48
Wetzel, M. 53
Wheare, K. 142
Wieacker, F. 216
Willke, H. 153 f.
Wittgenstein, L. 15, 183
Wittmann, F. 385
Wolff, R. P. 205
Wollenschläger, M. 359
Woodburn, J. 96
Wright, Q. 288

Xenophon 230

Yerushalmi, Y. H. 132

Zenon von Kition 231, 236, 239, 253, 261, 303
Ziebura, G. 383
Zöpel, Ch. 158
Zwingli, U. 336

Sachregister

Absolutismus 13, 35, 127, 155ff., 165, 428
Abwehrrechte 71, 75, 103
Amnesty International 17, 169, 171, 301, 331, 347
Anarchie 96f., 101, 103, 108, 264, 269, 279, 281, 306, 309
Anthropologie
  philosophische ~ 21, 31ff., 56, 64, 109f., 114, 189, 236, 370
  Kultur~ 139
  Sozial-~ 131, 136, 370
  transzendentale ~ 56, 300, 340
Arbeitslosigkeit 20, 91, 94, 125, 164, 169, 394, 408f.

Besonnenheit 82, 194f., 201, 217ff.
Bestechlichkeit s. Korruption
Bretton Woods, Abkommen von 18
Bürgerkriege 13, 20, 62, 205, 255, 288, 297, 372, 374, 381, 429
Bürgertugend 10, 39, 114, 117, 190ff., 205, 207f., 211, 214, 216, 219ff., 228, 291, 339, 346
  Welt~ 228, 335ff., 340f., 346ff., 354
Bürgerrechte 22, 28f., 238, 242, 258f., 317, 336f., 341, 355f., 358, 360ff., 373, 377, 392, 419
Buddhismus 23, 30f., 387, 432

Charta der Vereinten Nationen 326f., 329, 332ff., 378f., 397
China 17, 23, 35, 150, 173, 179, 183, 288, 300, 306, 311ff., 327, 378
Christentum 23, 30f., 33, 35, 74, 122f., 126f., 129, 131, 133, 174, 206, 241, 247ff., 251ff., 261, 300, 357, 387f., 402, 432

Datenschutz 73, 159, 161, 361
Demokratie 13, 45
  Friedfertigkeit der ~ 275, 282ff.
  herrschaftsausübende ~ 110ff., 118, 120, 136, 141
  herrschaftslegitimierende ~ 107ff., 119
  liberale ~ 14, 47, 69, 118, 157, 177, 186, 213, 220, 223, 286, 289, 394
  partizipatorische ~ 117ff., 121f., 185, 211, 321f.
  qualifizierte ~ 9, 13, 17, 25, 29, 36, 39, 41, 45, 154, 156, 159, 168, 171, 174, 176, 184f., 194, 197f., 205, 207f., 216, 220, 222, 267, 282, 286, 294, 304, 317, 337, 360, 422, 428
  rechtssichernde ~ 114ff.
  soziale ~ 119, 175
  Total~ 108, 118
Demokratiegebot, universales 25, 39, 141, 267, 320, 325, 422
Demokratiemündigkeit 109f., 112, 119
Demokratisierung, weltweite 10, 18, 28f., 39, 159, 163, 165, 171, 228, 243, 267, 282, 285, 291, 294, 411, 425, 428
Deregulierung (der Güter- und Finanzmärkte) 18, 161
Deutschland 24, 42, 113, 123, 142ff., 150f., 160, 177, 181, 186, 188f., 203, 213, 263, 284, 289, 299, 305, 310f., 313, 336, 347, 359, 361, 412, 428, 432
Dezentralisierung 129, 145ff., 163, 166, 239, 299, 422
Differenz, Recht auf ~ 29, 56, 76, 120ff., 184, 298, 337, 344f., 356f., 395, 422
  Prinzip der ~ 141

Diskriminierung 355, 362 f., 388, 392, 407
Diskursgemeinschaft 185
Dumbarton Oaks, Abkommen von 327, 332

Eigentum 16, 46, 48 f., 52, 63, 65, 72, 79, 124 f., 180, 301, 324, 361 f., 368 f., 386, 407, 411 f.
Entkolonialsierung 20, 330, 381, 413
Entwicklungshilfe 120, 168, 330, 347, 404
Etatismus 9, 130, 216
Ethik, Individual~ 235, 268
  Rechts~ 84 f., 102, 238, 247, 249, 251, 327, 403
  Sozial~ 42, 65, 73 f., 126 f., 268, 273, 406
  Staats~ 102, 113, 238, 247, 249, 251, 402
  Tugend~ 84 f., 192
  Wirtschafts~ 406
Eurozentrismus 32 f.
Exekutive 98, 101 f., 105 f., 152, 156, 245, 281, 327, 334
  globale ~ 279, 295, 320, 334, 354, 393, 430

Föderalismus 10, 39, 105, 123, 126 ff., 136 f., 141 ff., 175, 228, 256, 293 f., 299, 303, 305, 307 ff., 315 ff., 319, 323, 325 f., 323, 334, 336 f., 339, 341 ff., 370, 391, 393, 403, 422 f., 425 ff., 432 f.
Folter 372 f., 395, 398
Frankreich 23, 43, 123, 146, 157, 173, 188, 257, 272 f., 284, 288 f., 313, 317, 327, 380, 383
Freiheit
  Meinungs~ 47, 70 ff., 124, 322, 384, 389
  negative ~ 40 f., 44 f., 51 ff., 61, 64, 66, 71, 79, 88 f., 96, 102 ff., 106, 108, 112, 124, 140 f., 157, 217, 317, 322
  positive ~ 46 f., 64, 74 ff., 79, 88 f., 109, 112, 124, 137 f., 140 f., 158, 204 f.
  Presse ~ 73, 124, 291, 322, 389
  rationale Handlungs~ 52, 55, 61, 67 f., 71, 79, 86, 116, 149, 190
  Religions~ 62, 70 ff., 122 f., 158 f., 174, 186, 374, 384
  Versammlungs~ 322, 398
Freiheitsrechte 46, 71 ff., 102 f., 120, 204, 285, 324 f., 384, 389, 391
  negative 66 ff., 75 ff., 112, 204, 263, 325, 407
  positive 74 ff., 89, 112, 204, 325
Fremdanerkennung, originäre 85 ff., 140
Freundschaft 19, 21 f., 56, 74, 77, 93 f., 143, 193, 208, 213, 233, 245, 247, 262, 347, 358, 381, 388, 390, 414 f.
Frieden 10, 24, 117, 119, 143, 156, 244 ff.
  ewiger ~ 230, 243 ff., 335
  globale ~sordnung 13, 27 f., 229, 249, 251, 263 ff., 278, 282, 291, 315 f., 324 ff., 342, 374 ff., 397, 424, 431
  zwischenstaatlicher ~ 244 ff., 281, 291, 310, 324, 329 ff., 351, 374 ff., 397, 425, 427
  sozialer ~ 158, 240, 243, 252, 284
Fundamentalphilosophie
  politische 39 f., 45

GATT 18, 400
Gattungsegoismus (speciesism) 80 ff., 177
Gefangenendilemma 98 ff., 221, 270 ff., 280, 290
Gemeinwesen 16, 21, 45 f., 48, 63, 77, 126, 181, 222, 298
  partikulares ~ 14, 27 f., 236
  vorliberales ~ 69, 408
Gemeinwohl 42 ff., 54, 60, 119, 133, 155, 164, 201, 214, 216, 411 f., 424
Gerechtigkeit 10, 25, 27, 35, 40, 43, 45, 59 f., 63, 75, 82, 133 f., 142, 156, 188 f., 194, 201, 204, 227, 245, 263, 269, 278, 331 f., 338, 345, 374 f., 394, 413 f., 424, 429
  anamnetische ~ 16, 323, 346

ausgleichende ~ 79
globale ~ 27, 29, 399, 407ff.
intergenerationelle ~ 160, 200, 344, 408, 420
kompensatorische ~ 82, 112, 139, 159
korrektive ~ 78, 138, 208, 412f., 419
rechtslegitimierende ~ 43f., 49, 119, 155
rechtsnormierende ~ 43f., 58, 61, 64, 79, 199, 295, 352, 364, 422
politische ~ 58, 267
Proto-~ 10, 80ff., 87, 196, 310
soziale ~ 74, 89
Tausch~ 55, 69, 74, 79f., 246, 410
Verfahrens~ 74, 102, 104, 373
Verteilungs~ 53, 63, 74, 79, 138, 196, 246, 410
Gerechtigkeitssinn 109, 194, 199ff., 206f., 215, 222, 281, 291, 335, 338f., 343ff.
Gerechtigkeitsprinzipien 9f., 39, 58ff., 67, 79, 88f., 97, 102ff., 106, 109ff., 118, 120f., 136, 140f., 182, 188, 227, 388, 420, 433
Gerichtshöfe
global zuständige G. 17, 114, 145, 167f., 232, 301, 308, 317, 320, 328, 333, 363, 367, 370f., 372ff., 379, 382, 421
Gesellschaftstheorie 40
Gesellschaftsvertrag 48, 50f., 54, 112, 190, 308f., 419
Gewalt (violentia) 16, 25, 27f., 40, 45, 61, 67ff., 75, 80, 97, 100, 102, 109, 140, 175, 177, 201, 206, 208, 227, 229, 232, 258, 262, 267, 274, 277, 295, 309f., 324, 326, 352, 367, 375, 378, 380, 390, 396, 398, 400, 422, 424, 428, 433
Gewalt (potestas)
öffentliche ~en 13, 25, 41, 45, 51f., 95ff., 102, 106ff., 119, 127, 137, 141, 144, 150f., 161, 167, 174, 193, 195, 198, 227, 267, 279, 292, 295, 298, 302f., 309f., 319, 327, 354, 369, 375, 402, 422, 425
Gewaltenteilung 13, 35, 104ff., 114f., 133, 136, 141ff., 152, 162, 261, 279, 285, 327f., 332, 364, 422, 425
Gewaltfreiheit 61, 124, 229, 255, 283, 342f., 375
Gewaltgemeinschaft 16, 27f.
Gewaltverzicht 69f., 74, 76f., 206, 326
Gewohnheitsrecht 35, 58f., 115, 124, 365
internationales ~ 241, 293, 365, 379
Gleichberechtigung 73, 86, 143, 148, 180, 203, 212, 237, 239, 325f., 328, 341, 344, 356, 377, 381, 426
Globalisierung 9f., 13ff., 22ff., 31f., 39, 52, 56, 72, 168, 171ff., 181f., 184, 189, 234, 251, 267, 277, 282f., 291, 293, 297, 300, 304, 306, 308, 361, 401, 403, 406f., 427, 433
Globalismus, staatstheoretischer 10, 296, 303ff., 315
Global players 18, 26
Grammatik, transzendentale 58ff., 135
Großbritannien 23, 42, 123, 147, 188, 212, 241, 272f., 284f., 288f., 313, 317, 327
Grundrechte 63, 73, 97, 136, 155, 157, 175, 259

Handlungsfähigkeit 55f., 63f., 67f., 70ff., 74, 78, 80f., 83, 85, 87, 160, 166, 170, 172, 227, 324, 338, 389, 403
Handlungsfreiheit s. Freiheit
Handlungstheorie 55, 364, 387
Hegemonie 29, 33, 144, 185, 234, 237, 239, 247, 258, 272ff., 281, 285f., 312, 322, 327, 331ff., 353, 401, 428, 430
Herrschaft 51, 62, 65, 95ff., 101, 103, 107ff., 136, 149, 159, 166, 191, 227, 242, 247, 254, 263, 279, 312, 325, 357, 376, 391, 429

demokratische s. Demokratie
despotische ~ 106, 108, 273, 316, 423, 427
legitime 65, 96, 107, 171, 312, 325, 376
~sfreiheit s. Anarchie
tyrannische 108, 114, 191, 197, 282
Hinduismus 30

Ideal 11, 27f., 39, 41, 50, 104f., 120f., 133, 182f., 190, 207, 220, 230f., 235f., 247, 254, 256, 269, 274ff., 294, 325, 328, 363f., 426, 429ff.
Imperativentheorie 58
Imperialismus 16, 33, 35f., 143f., 161, 175, 282, 285f.
Indien 23, 35, 185, 289, 306, 311f., 328, 378
Individualismus, legitimatorischer 45ff., 53f., 126, 129f., 194, 325, 386, 406, 421
Interesse, transzendentales 55ff., 66f., 70f., 369, 388
Internet, s. Weltnetz, elektronisches
Intervention 9f., 162f., 258, 317, 351, 358, 376ff., 393ff., 427
Intoleranz 35f., 66
Islam 30f., 33, 35, 66, 122f., 254, 257, 300, 394, 402

Japan 24f., 30, 36, 173, 179, 183, 198, 336, 383, 387
Judentum 20, 23, 30, 122f., 132, 253f., 300f., 388, 402
Judikative 97, 103ff., 114, 116f., 123, 150, 152, 159, 162, 167, 170, 193, 279
globale ~ 279, 295, 305, 320f., 328, 333f., 341, 354, 363, 365f., 371, 374, 393, 401

Klugheit 34, 42, 45, 50, 112, 191, 194, 201, 217, 219, 240, 252, 261, 428
Kollektivismus, legitimatorischer 46, 129, 386
Kolonialismus 16, 20, 23, 35f., 66, 241f., 357, 365, 392, 407, 412f.
Kommunikation 18, 21, 54, 70ff., 169, 174, 387f.
Kommunitarismus 10, 122, 133f., 192, 232ff., 238, 296ff., 315, 339, 348, 355
Konfuzianismus 30, 65
Konsens 33, 35, 46, 66, 69, 366, 368, 376
Kooperationsgemeinschaft 17, 19, 27, 29, 40
Korruption 20, 104, 114, 142, 193, 330, 404, 411, 423
Kosmopolitismus 27, 176, 229, 233ff., 253, 257, 301, 303, 335ff., 339, 341, 343f., 354
Kriminalität 9, 16, 28, 58, 60f., 360ff., 400, 423, 425
Kulturpolitik 123f., 137, 158
Kulturrelativismus 56, 64, 73, 80

Legislative 26, 58, 60, 72, 97, 104ff., 109, 112, 115f., 120f., 144, 146f., 151f., 155, 159, 167, 170, 199, 202, 207, 212, 219, 365
globale ~ 241, 279, 281, 295, 310, 320f., 323, 327, 332, 334, 341f., 354, 366, 374, 393, 401, 403, 405, 420
Liberalisierung, ökonomische 18, 24, 26, 168, 400, 413
Liberalismus 9, 15, 50, 174, 192, 199, 206, 220, 223, 266, 283, 403
Liechtenstein 143, 306, 356

Macht 14, 26, 40, 58, 62, 100, 105, 108, 117, 142, 154f., 199f., 208, 247, 265, 269f., 273f., 279, 291f., 327, 331f., 353, 356, 383, 411f.
~gleichgewicht 102, 199, 242, 258, 271ff., 281
~mißbrauch 66, 113f., 156, 315, 332
~politik 133, 136, 158ff., 202, 212, 216, 261, 268, 273, 285, 327, 332
~zentrum 26, 157, 402
Mafia 60f.

Marktwirtschaft 124f., 193, 403
Medien 24, 70, 117, 171, 174, 199f., 202, 208, 211, 285, 290f., 321ff., 343ff., 352, 365, 417
Medizin 9, 17, 23, 25, 29, 31f., 159, 174, 218, 300, 340, 421, 432
Menschenliebe 27, 44f., 74, 77, 82, 89ff., 133, 242, 259, 300, 357, 399, 410, 413ff., 418
Menschenpflichten 69, 72
Menschenrechte 13, 17, 20, 24, 28f., 35, 39, 43f., 47, 62ff., 68ff., 72f., 75ff., 96f., 104, 106, 108f., 112, 115, 118, 120, 122, 124, 136, 142, 155, 167f., 173, 175ff., 181f., 186, 204, 206, 227, 266, 268, 276, 293ff., 297, 301, 304, 308, 317, 323ff., 330f., 344f., 351, 354ff., 364ff., 372f., 376f., 392ff., 397f., 407, 422, 427
  Allgemeine Erklärung der ~ 76, 122, 330, 355, 358, 394
Menschenrechtspakte 24, 377, 379
Menschenwürde 65, 69, 73, 205f.
Minderheitenschutz 383, 390f.
Mindeststandards, soziale 28, 119, 125, 138, 394, 407ff., 418
Mißwirtschaft 20, 411
Mitleid 32, 53, 82, 89, 133, 262, 287, 300, 347, 423
Modernisierung, normative 29ff., 39, 56, 58, 64, 93, 96, 109f., 114ff., 126, 128, 134ff., 140, 153, 156, 171, 174, 177, 179ff., 184f., 188, 193, 210, 215, 217f., 227, 229, 239f., 254, 270, 282, 358, 422
Moral 46, 77, 89, 125, 133, 177f., 184, 222, 233, 262, 268, 297, 300
  Rechts~ 28, 63, 83, 85ff., 96, 98f., 103f., 112, 119, 199, 241, 249, 251, 258ff., 280, 291ff., 295, 302, 304, 306, 308, 319f., 322, 325f., 329, 332f., 337f., 344f., 355, 357f., 360, 368, 374, 376f., 384, 391ff., 397, 412, 428, 430
  Sozial~ 44f., 77, 89, 413
Moralität, juridische 84, 99, 191, 197, 223, 265
Nationalstaat s. Staat
NATO 167, 169, 268, 290
Nationalismus 16, 177, 179f., 184, 210, 339, 430
Naturrecht 51, 83, 237, 240f., 264, 357, 376f.
Naturzustand 52f., 96, 98, 100f., 232, 238, 240, 242, 269f., 276, 279, 302f., 305, 308f., 429
Neutralität des Staates 33, 59, 123, 204, 255
NGO s. Organisation, nichtregierungsabhängige
Normenflut 116

Öffentlichkeit 110, 115, 117f., 133, 159, 185, 212, 261, 291
  globale ~ 10, 17, 231, 315f., 320ff.
Ökonomie, politische 11, 14, 176, 259, 283, 386
Ökonomismus 9, 26
OEEC/OECD 18, 268
Organisation, internationale 10, 17f., 24, 142, 167, 169, 172, 232, 239, 256, 268, 275ff., 291, 293f., 307, 317, 323, 378, 409
  nichtregierungsabhängige ~ 14, 17, 129, 169, 170f., 276f., 293, 321, 329, 331, 334, 340f., 344, 347, 425f.
OSZE 167

Parlamentarismus 117, 286, 311, 314, 321
Paternalismus 47f., 260
Patriotismus 20, 176ff., 187, 190, 209
  Verfassungs~ 183f., 187, 190, 197
Pazifismus 282, 286f., 315
Plebiszit 117, 147, 186, 211f., 323f.
Pleonexie 93, 164, 217, 284, 362
Pressefreiheit s. Freiheit
Philosophenherrschaft 113, 191, 235, 261
Philosophie 15, 17, 23, 26, 34, 36, 39, 46, 50, 61, 134, 174, 203, 229ff., 237, 243f., 248, 261, 264, 266f., 300, 311, 320, 340, 351, 363, 399, 432

Moral~ 84, 296
politische ~ 13ff., 39f., 45, 105, 155, 190, 235, 238, 304
Rechts- und Staats~ 14, 26, 105, 142, 190, 257, 264f., 315, 336, 355
Sozial~ 126, 296
theoretische ~ 258

Rationalität, ökonomische 32, 34, 93, 98, 271, 274, 400, 428
s. auch Vernunft
Recht 9f., 13f., 16, 22, 35, 46, 50, 58, 60ff., 135, 140f., 183, 196ff., 233, 263ff., 293f., 301ff., 323, 333, 335ff., 353ff., 381ff., 389, 401ff., 410, 412, 416, 422
s. a. Naturrecht, Völkerrecht
rechtliche Ehrbarkeit 83ff., 196
rechtliche Selbstbehauptung 84f.
Rechtsbereitschaft 22, 280, 342
Rechtsdiskurs
inter-/transkultureller 36, 323, 364, 367
Rechtsfähigkeit 80f., 227, 300, 336, 369, 379, 385, 397
Rechts- und Staatsgebot 39, 61, 80, 88, 140, 196, 267, 303f., 337, 394, 422, 427, 429
Rechtsgemeinschaft
globale 28, 97, 253
Rechts- und Staatsgeschichte 34, 113
Rechtsintersubjektivität 85f.
Rechtslegitimation 52
Rechtsmaximen 83, 191
Rechtsmoral s. Moral
Rechts- und Staatsordnung 9, 27f., 134, 227, 234, 291f., 297f., 423
Rechts- und Staatsphilosophie 14, 26, 105, 142, 190, 257, 315
Rechtsstaat 63, 102f., 114, 116, 124, 141, 156f., 204, 330, 343, 360, 401, 427
Rechtssubjektivität 85
Rechts- und Staatstheorie 14, 34
Rechtsverständnis 47, 364f.
Rechtsvertrag, originärer 51, 58f., 63f., 69, 71, 75, 80, 82, 84, 88, 96ff., 100ff., 107, 112, 308, 329, 343
Regeln, qualifizierte 22, 25, 35, 40f., 51, 54, 58ff., 68, 71f., 79, 81, 88f., 93, 96f., 99f., 104, 111, 140f., 150, 161, 170, 201, 227, 240f., 245, 267, 276, 279, 281, 297, 301, 309, 326, 329, 334, 353, 365, 373, 393, 395, 401, 405, 424
Regionalisierung 20, 30, 148
Religion 30ff., 66, 159, 174, 178, 182, 204, 233, 246, 249, 259, 304, 357, 382, 388, 390, 392, 394
Religionsfreiheit s. Freiheit
Ressourcenknappheit 67, 76ff., 93, 103, 124, 138, 162, 166, 268, 357, 408, 410
Römisches Reich 142, 145, 156, 173, 180, 239, 246f., 250, 273, 380

Schicksalsgemeinschaft 15f., 19ff., 26, 90ff., 172, 186, 414
Schweiz 123, 142f., 144f., 147, 149ff., 167, 185, 306, 311, 313, 323, 326, 336f., 365, 402
Selbstbestimmung 10, 108, 184, 297, 299, 324, 351, 376ff., 393
Selbstorganisation 9, 13, 39, 107, 111, 153, 189, 202, 211, 220ff., 380f., 422, 425
Sezession 10, 288, 351, 376, 379, 390, 395, 427
Sicherheit 13, 42, 98, 100, 156f., 161, 163f., 167, 169f., 192, 214, 240, 242, 246, 268ff., 290, 308, 310, 318, 320, 326, 330, 361, 393, 397
Sitte 18, 21f., 33, 59, 84, 113, 134, 182, 195, 203, 229, 246, 279, 287, 335, 346, 380f.
Solidarität 10, 65, 74, 77, 82, 89ff., 94ff., 136, 142, 149, 187, 214, 246, 298, 300, 355, 357f., 391, 399
antagonistische ~ 91ff.
globale ~ 27, 172, 175, 399, 413ff.
Sowjetunion 128, 188, 289, 312, 327
Sozialdarwinismus 59
Sozialenzyklika 128
Soziallehre, christliche 74, 126ff.

Sozialismus 30, 128, 142, 218, 403
Sozialmoral 44f., 77, 89, 413
Sozialrechte 40, 64, 74ff., 109, 119, 137f., 325, 388, 408
 kollektive ~ 79
Sozialstaatlichkeit 13, 129, 137f., 156ff., 161f., 169f., 186, 214f., 219, 266, 356, 358, 399, 407f.
Sozialtheorie 40, 97, 126, 130
Soziologie 11, 14
Spieltheorie 98, 100, 269
Sprach- u.Vernunftbegabung 15, 17, 21, 71, 109, 131, 254
Staat
 Entmachtung des
 Einzel~es 10, 13f., 39, 128, 132f., 135, 153f., 159, 161ff., 166, 168, 170, 172f., 176, 227, 293, 319
Staatenrechte 10, 316, 324 ff
Staatsaufgabe 13, 319, 338f., 395
Staatslegitimation 51, 53, 99, 127, 133, 136, 146
Staatspositivismus 127
Staatstheorie 126f., 135, 137, 146, 153, 156, 161, 167, 192, 206, 213, 240, 249, 253, 255, 264, 296f., 301, 303, 376
Staatsvertrag
 originärer ~ 58, 63f., 99ff., 127
 Welt~ 309ff., 337
Strafrecht 35, 65, 104, 144, 300, 354, 367ff., 416f.
 interkulturelles ~ 104, 364, 367ff.
Subsidiarität 10, 126ff., 131ff., 139, 143f., 216, 294, 312, 371, 403, 422
 konstruktive ~ 129
 kritische ~ 129
 ~sprinzip 127ff., 131, 136ff., 143, 153, 161, 163, 228, 293, 296, 307, 317, 320, 366, 371, 399, 419, 425
 traditionelle ~ 128, 136
 weltstaatliche ~ 318f.
Systemtheorie 9, 27, 115, 153, 193

Tausch 53, 55, 246
 negativer ~ 66
 ~gerechtigkeit 55, 69, 79, 246, 419
 ökonomischer ~ 53
 transzendentaler ~ 53, 56, 58, 64, 68f., 78, 87, 324, 369
Technik 9, 15, 17, 19, 23, 25, 29, 31f., 50, 73, 133, 137, 150, 158f., 161, 163, 174, 217ff., 265, 271, 291, 300, 302, 319, 340, 361f., 405, 419ff.
Terrorismus 9, 16, 28, 169, 342, 361, 372, 428
Todesstrafe 212, 300, 373
Toleranz 194, 203, 205ff., 214, 220, 220, 256, 345
 religiöse ~ 36, 109, 122f., 186, 256, 317
Totalitarismus 108, 114, 156, 165, 177, 223, 285
Trittbrettfahrer 92ff., 98, 209, 342, 369, 402

Umwelt
 ~belastung 9, 16, 19, 169, 217f., 308, 342
 ~schutz 13f., 28, 116, 158ff., 168, 200, 219, 330, 345, 351, 391ff., 399, 418ff.
 ~staat 158
Ungehorsam, bürgerlicher 198, 342f., 360
Urvertrag, politischer 49, 51, 53, 56f., 58, 121, 126
USA 24f., 112, 123, 125, 142, 144ff., 149, 152, 175, 183, 186, 191, 205, 273, 286, 289, 306, 311, 313, 317, 322, 333, 357, 383f., 391
 Unabhängigkeitserklärung der ~ 391f.
Utilitarismus 42ff., 48, 53f., 129, 263, 265, 413
Utopie 14, 22, 25, 27, 67, 97, 153, 158, 161, 223, 236, 244, 256, 265f., 278, 331, 399, 415, 429f.

Verantwortung
 intergenerationelle ~ 13, 160, 172, 177, 215, 344, 346, 408, 419ff.
 soziale und ökologische ~ 14, 26, 124, 351, 401

Vereinte Nationen (UNO) 24, 167, 169, 245, 268, 276f., 281, 301, 306, 311f., 316, 323, 325ff., 342, 344f., 363, 378, 381, 394, 396f., 402, 424f., 429
  Sicherheitsrat der ~ 326ff., 334, 363, 387
Vernunft 21, 23, 64, 99, 109f., 234f., 237, 252ff., 261, 263, 273, 304, 340, 348
Vertragstheoretiker 42, 49ff., 105, 115, 145f., 155f., 167, 190, 200, 240ff., 315
Vertragstheorie 49, 52, 54, 103, 130, 192, 240
Völkerbund 142, 245, 256, 259, 261, 263, 325, 328
Völkerrecht 11, 14, 17, 22, 95, 107, 166, 169ff., 229ff., 237ff., 257f., 261, 264f., 275f., 280, 293, 302, 305, 308ff., 329f., 334, 346, 353, 359, 372, 365ff., 376ff., 404, 409, 412
Völkerwanderung (Migration) 9, 20, 36, 155, 168ff., 203, 219, 259, 356, 418
Volkssouveränität 35, 107, 11, 117f., 293, 295, 310

Weltbank 17, 24, 169, 378, 404f., 425
Weltbürgerrecht 22, 238, 242, 258f., 336, 341, 355f., 358, 360ff., 373, 377, 392, 419
Weltbürgertugenden 10
Weltdemokratie 27, 267, 327, 339, 342
Weltfriedensordnung 13
Weltgedächtnis 16f., 323, 346
Weltgesellschaft 15, 21, 25, 27, 260, 281, 299f., 308ff., 319, 322, 338, 340, 346, 348, 367, 369, 402, 422f., 227
Welthandel, Weltmarkt 19, 23, 26, 174, 227, 283, 310, 351, 399f., 400, 404, 407, 413, 424
Weltkrieg 13, 16, 24, 264ff., 277, 281, 284, 288f., 355f., 395
Weltpolizei 279, 353f.
Weltöffentlichkeit 17, 231, 316, 320f., 323, 352, 427
Weltordnung, demokratische 28
Weltrechtsordnung 27
Weltreligionen 23
Weltrepublik 9f., 27ff., 227f., 254, 259, 267, 278f., 291ff., 296, 299f., 303ff., 317ff., 325ff., 335ff., 346ff., 351ff., 370f., 373, 376f., 396f., 399, 401, 405, 408f. f., 413f., 419, 421ff.
Weltnetz, elektronisches 18, 358, 361f.
Weltrechtssinn 335, 338f., 341ff., 354, 364ff.
Weltstaat 10, 27f., 227, 234, 241, 247, 257, 267, 276ff., 306, 317, 396, 423
  homogener ~ 10, 236, 238f., 254, 292, 296, 299, 303, 422
  komplementärer ~ 136, 254, 293, 309f.
  Unregierbarkeit des ~es 121, 241, 306, 315
Wettbewerbsverzerrung 27, 400ff., 424
Wirtschaft 9f., 14f., 18ff., 23ff., 31ff., 121, 132, 138, 149f., 155, 158ff., 163f., 167f., 169ff., 187, 190, 217f., 229, 239, 246, 256f., 259f., 269, 272f., 279, 286ff., 292, 300, 302, 312, 326, 329f., 331, 333, 351ff., 357, 360, 362, 375f., 379, 394, 396, 400f., 403ff., 422 ff.
  ~skrise 128
  ~sliberalismus 149, 283
  ~sordnung 72, 124f.
  ~spolitik 132, 137, 158
  ~ssanktionen 398
  ~swachstum 138
Wissenschaft 9, 17, 19, 23, 25f., 28, 31f., 95, 117, 134, 155, 157, 159, 161f., 163f., 169, 174f., 216f., 221, 274, 288, 291, 300, 319, 340, 359, 375, 420ff.
  ~sfreiheit 70, 158, 203
  ~politik 137, 158

Wohlstand 25, 62, 174, 205, 245, 261 f., 283, 315 f., 318, 356, 399 f., 404, 431

Zivilisation 16, 25, 28 ff., 132, 175, 205, 309, 317, 331, 358, 367, 420 f., 431

Zurechnungsbereitschaft 87
~fähigkeit 47, 81 f., 86 ff., 140, 303 f.

Zwangsbefugnis 39 ff., 44 ff., 50, 53, 56, 59, 63, 89, 94, 97, 136, 204, 221, 223, 237, 242, 254, 259, 302, 308, 345, 347, 367, 409, 414

Buchanzeigen

Otfried Höffe im Verlag C. H. Beck

Otfried Höffe
Aristoteles
1996. 315 Seiten mit 7 Abbildungen. Paperback
Beck'sche Reihe Band 535
Reihe „Denker"
Herausgegeben von Otfried Höffe.

Otfried Höffe
Immanuel Kant
4., durchgesehene Auflage. 1996. 332 Seiten mit 8 Abbildungen. Paperback
Beck'sche Reihe Band 506
Reihe „Denker"
Herausgegeben von Otfried Höffe.

Otfried Höffe (Hrsg.)
Lexikon der Ethik
In Zusammenarbeit mit Maximilian Forschner, Alfred Schöpf
und Wilhelm Vossenkuhl
5., neubearbeitete und erweiterte Auflage. 1997. 364 Seiten. Paperback
Beck'sche Reihe Band 152

Otfried Höffe (Hrsg.)
Lesebuch zur Ethik
Philosophische Texte von der Antike bis zur Gegenwart
2. Auflage. 1999. 438 Seiten. Paperback
Beck'sche Reihe Band 1341

Otfried Höffe (Hrsg.)
Klassiker der Philosophie
Band 1: Von den Vorsokratikern bis David Hume
3., überarbeitete Auflage. 1994. 571 Seiten mit 23 Porträtabbildungen. Leinen
Band 2: Von Immanuel Kant bis Jean-Paul Sartre
3., überarbeitete Auflage. 1994. 565 Seiten mit 23 Porträtabbildungen. Leinen

Verlag C. H. Beck München

Reihe „Denker" in der Beck'schen Reihe – Eine Auswahl
Herausgegeben von Otfried Höffe

Rolf Wiggershaus
Theodor W. Adorno
2., überarbeitete und um ein Nachwort erweiterte Auflage. 1998.
152 Seiten mit 6 Abbildungen. Paperback
Beck'sche Reihe Band 510

Andreas Graeser
Ernst Cassirer
1994. 235 Seiten mit 5 Abbildungen. Paperback
Beck'sche Reihe Band 527

Klaus Fischer
Galileo Galilei
1983. 239 Seiten mit 6 Abbildungen. Paperback
Beck'sche Reihe Band 504

Heiner Roetz
Konfuzius
2., überarbeitete Auflage. 1998. 133 Seiten mit 4 Abbildungen. Paperback
Beck'sche Reihe Band 529

Wolfgang Kersting
Niccolò Machiavelli
2. Auflage. 1998. 188 Seiten mit 5 Abbildungen. Paperback
Beck'sche Reihe Band 515

Gregor Schöllgen
Max Weber
1998. 188 Seiten mit 7 Abbildungen. Paperback
Beck'sche Reihe Band 544

Verlag C.H. Beck München